부당해고의 구제

정 진 경

景仁文化社

평생을 헌신하신 어머니,

묵묵히 내조해 준 아내와

세상을 떠난 여동생에게

이 책을 바칩니다.

책머리에

이 책은 2008년 8월 필자가 서울대학교에서 박사학위를 받은 "부당해고의 구제"라는 논문을 기초로 하여 그 후의 연구 성과를 반영하고 책의 형식에 맞게 내용을 정리한 것이다.

필자는 1980년대 초의 억압적인 정치상황하에서 대학생활을 하면서 법학도로서 자연스럽게 국민의 기본권에 관심을 갖게 되었고, 1985년 대학원에 진학하면서 그 중에서도 근로자의 권리와 관련된 노동법을 전공하게 되었다. 특히, 1988년 서울대학교 노동법연구회의 창립회원으로 참여하게 된 것이 노동법을 지속적으로 공부하는데 중요한 계기가 되었다. 필자는 오래전부터 근로자의 생존권과 관련하여 중요한 의미가 있는 부당해고의 구제를 큰 주제로 하여 계속하여 글을 써 왔으며 박사학위논문은 이러한 글들을 엮어서 보완한 것이었다.

필자가 노동법을 공부하기로 마음먹었던 시기는 노동법을 공부한다는 것 자체를 불온시하였던 시절임을 생각하면 그간의 우리 사회는 어떤 말로도 표현하기 어려울 정도로 몰라보게 변화하였다. 필자는 이러한 사회적 변화에 따라 일방적인 근로자의 보호를 목적으로 하던 우리 노동법도 합리적인 노사관계를 규율하는 규범으로서 새롭게 정립되어야 한다고 생각하였고 이러한 생각에 기초하여 합리적인 부당해고 구제제도를 연구하게 되었다. 1997년 미 듀크 로스쿨에서의 장기연수기회에 미국의 부당해고 구제제도를 공부하게 된 것은 연구에 큰 자극이 되었다. 이 책에는 이와 같은 필자의 생각이 곳곳에 반영되어 있으며 특히 20년 이상 판사로 근무하여 온 사람으로서 실무에도 도움이 될 수 있도록 되도록 많은 실무적인 문제들에 대하여 언급하였다.

오랜 기간 서울대학교 노동법연구회의 회장으로서 연구회를 이끌어주시고 필자를 지도해 주신 김유성 교수님과 박사논문이 나올 수 있도록 지도하고 격려해 주신 이흥재 교수님, 이 책이 출판될 수 있도록 추천해 주시고 도와주신 이철수 교수님께 감사드리며, 그 외에 연구회의 여러 선·후배와 동료들에게도 감사드린다. 연구회에서의 활발한 토론은 필자에게는 늘 신선한 자극이었고 이견을 제시하면서도 필자를 이해하고 지지해 준 회원들은 필자가 새로운 시각에서 부당해고 구제제도를 분석하고 연구함에 있어 큰 힘이 되었다.

어린 시절 병고를 겪을 때 헌신적으로 보살펴주셨고 나약한 모습을 보일 때마다 엄한 질책으로 일찍 세상을 뜨신 선친 사후의 어려움을 필자가 극복할 수 있도록 해 주신 어머니, 넉넉한 마음으로 지금까지 숨 가쁘게 살아 온 필자를 이해하고 불평 없이 내조해 주었으며 어려운 순간 항상 남편의 든든한 지지자가 되어 준 아내, 국내의 안정된 직장을 포기하고 적지 않은 나이에 외국 유학을 시작하여 각고의 노력으로 그 뜻을 성취하고도 이국땅에서 교통사고로 아깝게 세상을 떠난 누이동생, 이 3인의 여성을 특별히 기억하고자 한다. 특히, 어린 시절 어려움을 함께 하고도 살아생전 오빠로서 따뜻한 말 한마디 해 주지 못한 여동생에게 죄스러운 마음을 금할 수 없으며 최선을 다해 열심히 살다 간 여동생의 영혼만이라도 평안한 안식을 얻기를 기도할 뿐이다. 항상 바쁘다는 핑계로 많은 시간을 함께 하지 못한 준영, 남영 두 아들에게도 이 자리를 빌려 미안한 마음을 전한다.

이 책이 앞으로 우리 실정에 맞는 합리적인 부당해고 구제제도를 마련
함에 있어 하나의 계기가 될 수 있다면 필자로서는 그 이상의 바람이 없
을 것이다.

2009. 5.
鄭鎭京

목 차

◇ 책머리에

제1장 서 론 ∘ 1

제2장 사법적 구제 ∘ 15

근로기준법상 부당해고관련규정표

개정\내용	1953. 5. 10. 제정 (법률 286호)	1961. 12. 4. 개정 (법률 791호)	1989. 3. 29. 개정 (법률 4099호)	1997. 3. 13. 제정 (법률 5309호)	2007. 1. 26. 개정 (법률 8293호)	2007. 4. 11. 개정 (법률 8372호)
① 일반적 해고제한1)	27조 1항	좌동	좌동	30조 1항	좌동	23조 1항
① 처벌	110조2)	좌동3)	107조4)	110조	삭제	좌동
② 해고시기 제한5)	27조 2항	좌동	좌동	30조 2항	좌동	23조 2항
② 처벌	110조6)	좌동7)	107조8)	110조	좌동	107조
③ 해고예고 규정9)		제27조의 2	좌동	32조 1항	좌동	26조
③ 처벌		110조10)	좌동11)	113조	좌동	110조
경영상 이유에 의한 해고				31조	좌동	24조
노동위원회 구제신청12)			27조의3	33조	좌동	28조
노동위원회 구제절차			준용규정13)	좌동14)	직접규정15)	좌동16)
금전보상					33조의 3 3항	30조 3항
이행강제금					33조의 6	33조
구제명령					113조의 217)	111조
휴업수당18)	38조	좌동	좌동19)	45조 1항20)	좌동	46조 1항
임금지불21)	36조 1항	좌동	좌동	42조 1항	좌동	43조 1항

주 ▶

1) 사용자는 근로자에 대하여 정당한 이유 없이 해고하지 못한다.
2) 2,000환 이하의 벌금.
3) 2년 이하의 징역 또는 20만 환 이하의 벌금.
4) 5년 이하의 징역 또는 3,000만 원 이하의 벌금, 이후 조문에 무관하게 법정형 동일.
5) 사용자는 근로자가 업무상 부상 또는 질병의 요양을 위한 휴업기간과 그 후 30일간 또는 산전산후의 여자가 근로기준법에 규정된 휴업기간과 그 후 30일간은 해고하지 못한다.
6) 2,000환 이하의 벌금.
7) 2년 이하의 징역 또는 20만 환 이하의 벌금.
8) 5년 이하의 징역 또는 3,000만 원 이하의 벌금, 이후 조문에 무관하게 법정형 동일.
9) 사용자는 근로자를 해고하고자 할 때에는 적어도 30일 전에 그 예고를 하여야 한다.
10) 2년 이하의 징역 또는 20만 환 이하의 벌금.
11) 2년 이하의 징역 또는 1,000만 원 이하의 벌금, 이후 조문에 무관하게 법정형 동일.
12) 사용자가 근로자에 대하여 정당한 이유 없이 해고한 때에는 당해 근로자는 노동위원회에 구제를 신청할 수 있다.
13) 구 노동조합법 제40조 내지 제44조 규정 준용.
14) 노동조합 및 노동관계조정법 제82조 내지 제86조 규정 준용.
15) 근로기준법 제33조의 2 내지 6.
16) 근로기준법 제29조 내지 제33조.
17) 1년 이하의 징역 또는 1,000만 원 이하의 벌금, 이후 조문에 무관하게 법정형 동일.
18) 사용자의 귀책사유로 인하여 휴업하는 경우에는 사용자는 휴업기간 중 당해 근로자에 대하여 평균임금의 100분의 60 이상의 수당을 지급하여야 한다.
19) 휴업수당이 평균임금의 100분의 70 이상으로 하한이 인상됨.
20) 평균임금의 100분의 70에 상당하는 금액이 통상임금을 초과하는 경우에는 통상임금을 휴업수당으로 지급할 수 있다는 단서추가(1996. 12. 31. 법률 5245호로 개정시에 개정됨).
21) 임금은 통화로 직접 근로자에게 그 금액(1997. 3. 13. 제정 이후 전액)을 지급하여야 한다.

제1장 서 론

제1절 사회적 변화와 부당해고 구제제도

우리나라의 노동법제는 1953년 제정된 근로기준법과 노동조합법, 노동쟁의조정법을 중심으로 규율되어 오다가 60년대 이후의 급격한 경제발전과 그에 따른 사회·경제적 상황의 변화, 그리고 노동운동의 꾸준한 역량 강화로 시대의 변화에 맞는 새로운 노동법제가 필요하게 되었고, 그에 따라 1997년에는 새로운 근로기준법과 노동조합 및 노동관계조정법이 제정되는 등 새로운 노동법제가 수립되었다.

그러나 그 후로도 우리의 노사관계법과 제도를 국제적인 기준과 우리의 현실여건에 부합하도록 개선하여야 한다는 사회적 논의가 지속되어 2007. 1. 26. 부당해고와 관련한 근로기준법 규정이 대폭 개정되기에 이르렀다.[1]

이와 같이 우리의 근로기준법은 여러 차례 변경되었고 현재는 부당해고와 관련하여 다수의 조항을 두고 있으나, 그 조항의 대부분은 노동위원회에 대한 부당해고 구제신청과 관련된 것이다.

부당해고와 관련하여 원칙적인 구제방법이고 더욱 근본적인 해결방법이라고 생각되는 민사소송을 통한 구제는 현재까지도 구체적인 구제방법이 법원의 해석에 맡겨져 있고 많은 부분이 일반 민법상의 이론에 의존하고 있는 형편이다.

또한, 노동위원회를 통한 구제방법도 그 이론적인 문제점은 물론이려니와 다수의 조항이 민사소송을 통한 구제방법과의 관련성을 깊이 있게 고려하지 아니한 채 만들어진 것이다.

---

1) 2007. 4. 11. 법률 제8372호로 전문 개정된 것은 2007. 1. 26. 개정된 근로기준법을 알기 쉽게 정리한 것에 불과하므로 조문의 위치만이 바뀌었을 뿐 내용은 동일하다.

노동법은 노동력을 팔지 않고서는 생존할 수 없는 자본주의 사회에서의 근로자의 경제적 종속성과 노동과정에서 필연적으로 사용자의 지휘·명령을 받게 되는 인격적 종속성을 인식하고, 시민법적 원리를 수정하여 근로자가 인간적인 생활을 할 수 있도록 근로관계를 규율하는 법규범을 말하며,2) 본래 산업경제사회의 발전과 함께 유동하는 사회에 적응하면서 발전하여온 법으로서 사회적 변화에 따라 함께 변화할 수밖에 없다.3)

한국전쟁 중으로서 좌우의 대립이 극심하였고 전쟁의 참화로 인하여 근로자의 경제적 상황이 열악하기 그지없었던 1953년 처음 근로기준법이 제정되던 당시에 비하여 세계적인 경제대국으로 성장한 오늘의 경제현실은 상전벽해로 표현해야 할 정도로 몰라보게 달라졌으며, 근로자의 권리의식도 과거와는 비교할 수 없게 높아졌다. 이와 같이 우리의 사회상황이 달라진 오늘날에 있어서는 노동법의 사명도 과거와는 같지 않을 것이며, 근로자의 보호라는 노동법의 기본적인 사명은 유지한다고 하더라도 이와 함께 합리적인 근로관계의 규율이라는 노동법의 규범으로서의 기능도 강조되어야 한다.

근로자의 생존권을 확보하고 인간다운 생활을 도모하고자 하는 노동법의 목적과 근로자를 보호하기 위한 많은 규정도 근로자의 권리가 침해되었을 때 신속하고 적절한 구제를 받을 수 없다면 무의미하다. 시대의 변화에 따라 근로자 보호와 함께 합리적인 근로관계의 규율이라는 노동법의 기능을 염두에 두고 근로기준법의 제정 당시에 비하여 우리의 사회상황이 완전히 변하였고 현재도 하루가 다르게 급격하게 변화하고 있는 현재의 시점에서, 법률규정의 미비로 인하여 사실상 판례에 의하여 정립되어온 우리의 부당해고 구제법제를 검토하고 분석해 보는 것은 의미 있는 작업일 것이다.

---

2) 임종률, 「노동법」, 제7판, 박영사, 2008, 3~7면.
3) 김유성, 「노동법 Ⅰ-개별적 노사관계법-」, 법문사, 2006, 12~13면.

이 책은 우선 현재까지 판례에 의하여 정립되어 온 부당해고 구제제도를 살펴봄으로써 전체적인 노동판례의 흐름을 파악할 것이며, 이를 기초로 기존의 일률적인 부당해고무효 및 임금청구에 터잡은, 경직되고 단순한 부당해고 구제제도의 한계를 지적하고, 그러한 한계를 극복하고 구체적인 부당해고 사안에 맞는 다양한 구제수단을 마련하기 위하여 새로운 해석론을 시도할 것이다.

이러한 새로운 해석론이 장기적으로 입법으로 연결되어, 근로자의 생존권과 밀접한 관련이 있는 부당해고에 대하여 효과적이고도 합리적인 구제제도를 마련하는데 일조를 하고자 함이 이 책의 목적이다.

제2절 논의의 대상과 범위

사용자의 자의적인 부당한 해고에 대한 구제방법과 관련한 쟁점들에 관하여 우리나라의 노동법이 어떻게 대처하고 있는지를 검토할 것이다.

부당해고 구제방법과 관련하여서는 많은 쟁점이 있으며, 법원을 통한 구제 이외에 노동위원회를 통한 부당해고 구제신청절차가 있는바, 이 책에서는 먼저 법원을 통한 사법적 구제에 관하여 검토하고, 이어서 우리나라의 특이한 행정적 구제인 노동위원회를 통한 부당해고 구제신청제도에 대하여 살펴보고자 한다.

이 책은 최초의 근로기준법 제정 이후 50년 이상 실무를 통하여 확립되어 온 부당해고 구제제도를 분석하는 것으로서 방대한 영역에 걸쳐 있으며 각 소주제 별로 다양한 특성이 있다.

사법적 구제 중 소의 이익과 신의칙 · 실효의 원칙 부분은 미시적으로는 판례의 논리적 일관성을 문제 삼을 수도 있겠지만, 큰 틀에서는 불가피한 측면이 있다.

소의 이익의 문제는 다른 민사소송 일반에 있어서의 소의 이익확대경향에 발맞추어 함께 해결되어 나가야 하는 것이고, 다른 일반 민사사건에서와는 달리 부당해고사건에서 실효의 원칙 내지 신의칙을 적극적으로 적용하는 것은 논리적으로 문제가 없는 것은 아니나 제소기간이 법에 규정되어 있지 않은 상황에서 구체적인 사건을 다루는 법원의 입장으로서는 불가피한 측면이 있다. 이 부분은 이에 대한 기존의 논의가 단편적인 자료들에 의존하여 일방적으로 주장된다는 느낌이 들었기에 향후의 논의에 있어 기초자료가 될 수 있도록 이에 관한 일반적인 이론을 정리하고 관련 판례들을 빠짐없이 수집하여 분석함에 중점을 두었고, 판례가 시기에 따라 어떤 변화를 보이는지를 보여주고자 하였다. 향후의 발전적인 논의를 위하여 판결에 대한 간단한 평석을 시도할 것이다.

소급임금의 산정부분에서는 판례의 논리적 문제점을 분석함에 주력할 것이다.

정당한 이유 없는 해고는 그 구체적인 태양이 매우 다양하고 금지규정 위반의 효과가 일반적으로 무효로 해석되지는 않으며, 우리 근로기준법상 부당해고가 무효라는 아무런 규정도 없는데 왜 법원은 일관하여 그 법적 효력이 무효라고 판시하고 있는 것일까, 대법원이 해고가 휴업수당에서 말하는 휴업에 포함된다고 해석하면서도 왜 부당해고로 인한 미불임금 지급청구와 관련하여 특별법인 근로기준법상의 휴업수당 규정을 적용하지 않고 일반법인 민법 제538조 제1항을 적용하는 것일까, 휴업수당 규정과 민법 제538조의 관련성을 찾자면 휴업수당 규정은 민법 제538조 제1항과 관련된 것으로 보이는데 판례는 왜 중간수입공제와 관련하여 논의되는 민법 제538조 제2항과 관련지어 중간수입공제의 한계로서 휴업수당을 인정하고 있는 것일까, 민법 제538조 제1항에 의한 반대급부의 청구라면 약정된 임금을 인정하여야 하는데 왜 근로하였더라면 받을 수 있었던 임금 전액을 소급임금으로 인정하는 것일까, 사용자가 지급하여야 할 반대급부가 임금이어서 과실상계는 안 된다고 하면서 왜 전액불의 원칙에 반하여 중간수입공제는 인정하는 것일까 등의 문제의식을 갖고 판례의 분석을 시도할 것이다.

판례가 열악한 노동현실에서 근로자 보호를 위하여 노력하다 보니 전체적으로는 법 논리가 왜곡되어 있고, 이러한 근로자를 보호하기 위한 해석이 당시의 상황에서는 상당부분 긍정적인 역할을 하였으나 노동현실이 급변한 현재에 있어서는 오히려 합리적인 노동분쟁의 해결에 장애가 되고 있음을 보이고자 하며, 이를 바탕으로 결론에서 새로운 해석론을 전개할 것이다.

위자료와 취업청구권에 대한 판례의 태도는 결론에 있어서는 타당하나 법적 논거가 불투명하므로, 그 논거를 명확히 함에 주력하고자 한다. 근로기준법이 근로자를 정당한 이유 없이 해고하지 못한다고 규정하고 있고 이는 근로자의 생존권을 확보하고자 하는 중요한 금지규정이므로, 이에 위반한 부당해고를 불법행위로 보는 것은 일반적으로 문제가 없을 것이다. 그런데 대법원은 사용자가 근로자를 해고사유가 없음을 알면서도 악의적으로 해고한 경우와 같이 매우 제한적인 경우에 한하여 불법행위의 성립을 인정하면서 위자료 청구를 받아들이고 있는데, 그것이 소급임금의 인정을 위한 불법행위와는 다른 별개의 성립요건을 천명한 것인지, 아니면 불법행위가 성립되는 대표적인 경우를 예시한 것에 불과한지, 만일 위자료 인정을 위한 불법행위와 소급임금 산정을 위한 불법행위의 성립요건을 별개로 본다면 그 논거는 무엇인지가 문제된다.

위 문제들에 관하여 차례로 살펴보고, 끝으로 위자료 인정을 위한 불법행위의 논리구성을 위하여 취업청구권 논의가 어떤 의미가 있는지를 검토한다.

취업청구권과 관련하여서는 삼익악기사건(대법원 1996. 4. 23. 선고 95다6328 판결)을 중심으로 검토할 것이다. 위 대법원 판결이 취업청구권을 인정한 것인지의 여부를 명시적으로 밝히지 아니하여 그 인정 여부를 둘러싸고 논의가 분분한 실정인바, 위 판결의 의미와 취업청구권의 법적 성질 등에 관한 분석을 위하여 독일과 일본의 취업청구권 논의에 관하여 먼저 살펴본 후, 위 판결이 취업청구권을 인정한 중요한 판례임을 밝히고, 취업청구권의 법적 근거와 취업청구권에 대한 논의가 부당해고 구제제도와 관련하여 갖는 의미에 대하여 언급할 것이다.

가처분 부분은 만족적 가처분이나 임의의 이행을 구하는 가처분문제 등 대부분의 법적인 문제가 해결되었기에 구체적으로 어떤 경우에 어떤 보전처분을 발할 것인지가 실무상의 문제로서 남아 있는 정도이다. 노동 가처분의 특성을 검토한 후 구체적으로 부당해고와 관련한 가처분에 관한 실무의 현황을 소개하면서 그와 관련된 문제들에 대한 필자 나름대로의 의견을 제시하고자 한다. 실무에 도움을 주기 위해 많은 정보를 제공하고자 하였고, 미비한 부분은 우리보다 경험이 앞서고 우리의 실무에 큰 영향을 준 일본의 자료로 보완할 것이다.

형사처벌에 관한 연구는 일반적인 부당해고죄가 2007. 1. 26.의 근로기준법 개정으로 폐지되어 그 가치에 대하여 의문이 있을 수 있다. 하지만, 부당해고죄 처벌규정은 2007. 6. 30.까지의 사건에 대하여는 아직도 적용되고 있고, 현재도 금품미청산 처벌규정 등 노동관계법에 산재한 형사처벌 규정의 해석과 관련하여 충분히 검토할 가치가 있다. 이에 대한 분석을 통하여 민·형사 책임이 구분 없이 혼용되고 있는 우리 현실에서 외국의 입법례도 없는 법을 깊이 있게 검토하지 않고 만들었을 때 그 법률이 현실적으로 어떻게 적용되며 어떤 문제를 야기하는가를 살펴보고, 민사적인 문제는 형벌보다는 민사적인 수단으로 해결하여야 하며 사용자에 대한 제재를 위해서는 징벌적 성격을 가미한 위자료의 인정이 더욱 합리적이고 효율적임을 보이고자 한다. 구체적으로는 위 규정의 위헌성과 관련한 헌법재판소의 결정과 그에 대한 논의를 소개하고, 이어서 부당해고죄에 대한 각급 법원의 판결에 대한 분석을 시도할 것이다.

노동위원회를 통한 행정적 구제 부분은 많은 법적인 문제가 있다. 노동분쟁을 노동위원회를 두어 담당하게 하는 국가는 많지 않고, 특히 순수한 권리구제 문제로서 사법판단의 대상인 부당해고를 행정기관인 노동위원회에서 담당하도록 한 국가는 우리를 제외하고는 없다. 그럼에도, 노동위원회를 통한 부당해고구제는 2007. 1. 26. 근로기준법 개정을 통하여 그 규정이 대폭 늘게 되었다.

먼저, 부당해고 구제신청제도부분에서는 부당해고 구제신청제도의 전반에 대하여 소개한다.

제도의 도입과 그 법적 성격, 그리고 노동위원회를 통한 또 하나의 구제절차인 부당노동행위 구제신청과의 관계에 관하여 검토한 후, 신청절차, 심사와 판정, 구제명령에 이르기까지의 과정을 법규정을 중심으로 상세히 소개한다.

또한, 현재는 노동조합 및 노동관계조정법에 의하여 부당노동행위 구제신청을 한 경우로 제한되었으나, 종전에 해고의 효력을 다투는 근로자의 지위에 관하여 많은 논쟁이 있었고 현재까지도 일정한 의미가 있으므로 그 논쟁에 관하여 소개하고, 구제명령과 관련하여서는 중요한 법적인 쟁점인 중간수입공제 문제와 구제이익에 관하여 법리적인 문제를 살펴본다. 구제이익은 재심판정취소소송과 관련한 소의 이익과 밀접한 관련이 있으므로 개략적으로만 검토한다.

구제명령에 대한 불복 및 불이행에 대한 처벌부분에서는 지방노동위원회 및 중앙노동위원회의 판정에 대한 불복절차를 소개하고, 이어서 중요한 법적인 쟁점인 부당해고 재심판정취소소송에 있어서의 소의 이익에 관하여 살펴본다. 현재 부당해고 재심판정취소소송을 제기한 후에 사업장이 소멸하거나 근로자가 사직한 경우, 계약기간이 만료되거나 해고무효확인소송의 민사판결이 확정된 경우 등의 소의 이익의 문제, 그리고 부당노동행위 구제신청과 관련한 소의 이익의 문제가 논의되고 있는바, 이에 관한 판례를 중심으로 법적인 문제들을 검토한다.

끝으로, 2007. 1. 26. 근로기준법 개정으로 신설된 확정된 구제명령 불이행에 대한 형사처벌에 관하여 소개한 후, 확정된 구제명령에 대하여 형사처벌과 위 근로기준법의 개정으로 함께 신설된 이행강제금이 병행하여 부과된다면 이중처벌금지원칙에 위반되는 것이 아닌가에 관한 법적인 논의를 검토한다.

금전보상제와 이행강제금부분에서는 2007. 1. 26. 근로기준법 개정으로 노동위원회를 통한 부당해고 구제명령의 실효성 확보를 위하여 도입한 금전보상제와 이행강제금에 대하여 살펴본다.

2007년 신설된 제도로서 현재까지 집적된 실무례가 존재하지 아니하므로, 주로 법규정을 중심으로 제도를 소개하되, 향후 제도의 실행과 관련하여 예상되는 사실적 · 법률적 문제들을 검토한다.

특히 금전보상제의 경우 부당해고 구제수단의 다양화와 관련하여 중요한 의미가 있으므로 이와 관련한 외국의 법제도와 일본에서의 도입 논의 등을 검토하여 결론부분의 새로운 해석론과 관련한 참고자료로 삼고자 한다.

노동위원회의 문제점과 노동법원부분은 현재 노동위원회를 통한 부당해고의 구제와 관련하여 지적되고 있는 각종의 문제들, 특히 법원을 통한 민사소송에 의한 구제와의 관련성을 검토하지 않고 노동위원회의 부당해고 구제신청에 있어서 도입한 각종의 새로운 제도들로 인하여 필연적으로 야기될 수밖에 없는 판결과의 괴리 문제를 검토하고, 이어서 노동위원회에 의한 부당해고 구제신청제도의 개선과 관련하여 논의되는 노동법원 도입론에 대하여 비판적으로 검토한다.

부당해고 구제절차의 일원화를 위하여 노동위원회의 심판기능을 폐지하고 부당해고와 관련한 조정기관으로 만들며, 법원은 이와 유기적으로 연결되어 노동사건을 신속하게 효율적으로 처리할 수 있도록 함이 바람직하고, 그 첫 단계로서 현재 유명무실화된 노동전담재판부를 대폭 강화하는 방안을 제시하고자 한다.

결론 부분에 있어서는 위와 같은 현재의 부당해고 구제제도와 관련한 검토를 토대로 노동판례의 전체적인 경향을 언급한 후 시대상을 반영하여 근로자를 강력하게 보호하기 위해 시도하였던 일률적인 부당해고 무효론에 기초한 부당해고 구제제도가 그 경직성으로 인하여 구체적인 사안에 맞는 합리적인 구제에 오히려 장애가 되고 있는 문제점에 대하여 지적한 후, 이를 바탕으로 부당해고구제에 관한 새로운 해석론을 전개하고자 한다. 이어서 장기적으로는 재판부 간의 편차와 혼란을 극복하기 위하여 이러한 해석론에 대한 입법이 필요함을 지적하는 것으로 결론을 마무리할 것이다.

이와 같이 이 책은 소주제별 특징에 따라, 법리적으로 논란이 있고 개인적으로 약간의 이견은 있으나 결론에 있어 판례의 견해가 불가피하다고 생각되는 부분은 향후의 연구를 위한 자료로 삼고자 하였고(소의 이익과 신의칙·실효의 원칙에 관한 부분), 필자의 생각과 다른 부분에 대하여는 비판적으로 분석하고 이를 바탕으로 새로운 해석론을 시도하고자 하였으며(소급임금산정에 관한 부분), 결론에는 찬동하나 논거가 부족한 부분은 이를 보완하고자 하였다(위자료와 취업청구권 부분). 또한, 별다른 법적인 쟁점은 없으나 실무와 관련하여 필요한 부분은 학설 및 국내외의 실무와 관련한 다양한 정보를 제공하면서 이에 대한 개인적인 견해를 부가하였으며(가처분부분), 비록 폐지되기는 하였으나 필자의 새로운 해석론에 중요한 근거가 된다고 생각하는 부분은 그 결과를 분석하고 이에 대한 견해를 제시하고자 하였다(형사처벌부분). 행정적 구제와 관련하여서는 새로운 법규정이 많고 집적된 사례가 없어 사례를 분석하기보다는 제도 자체를 소개하고 법리적인 문제와 실무적 관점에서 일어날 수 있는 문제를 분석하는데 주력하였다.

이런 모든 논의를 바탕으로 결론에서 부당해고 구제제도의 새로운 해

석론을 전개할 것이다. 필자는 오랜 기간 법조 실무가로 근무하여 온 사
람으로서 이 책은 이론서로서의 성격과 함께 현재 실무에 종사하고 있는
사람들에 대한 실무지침서로서의 역할도 염두에 두고 작성된 것임을 밝
혀 둔다.

제2장 사법적 구제

[개요] 제2장 사법적 구제는 총 7개의 절로 구성되어 있으며, 부당해고와 관련한 근로자의 소송, 그중에서도 특히 민사소송으로서의 해고무효확인소송과 해고기간 동안의 소급임금 및 위자료 청구, 나아가 그 보전처분으로서의 가처분과 비록 근로기준법의 개정으로 폐지되었으나 현재에도 일정한 의미가 있는 부당해고에 대한 형사처벌에 관하여 다루고 있다.

제1절과 제2절은 부당해고와 관련한 본안 판단에 앞서 문제되는 소송요건으로서의 소의 이익과 특히 제소기간이 규정되어 있지 않은 우리나라에서 제소시점과 관련하여 문제되는 신의칙·실효의 원칙을 다룰 것이다. 부당해고기간 동안의 소급임금청구나 위자료 청구는 소의 이익과 관련하여 문제가 없으므로, 소의 이익은 해고무효확인소송을 중심으로 살펴본다.

제3절에서는 부당해고기간 동안의 소급임금청구와 관련하여 그 법적 근거 및 청구할 수 있는 임금의 범위, 중간수입공제에 관한 현재 판례의 태도와 그 문제점에 대한 비판을 시도할 것이다.

제4절에서는 부당해고와 관련한 위자료 청구에 있어서의 판례의 논리를 검토하고 그 법적인 근거를 제시하고자 할 것이며, 위자료에 관한 대법원 판결 중 복직거부와 관련한 판결은 소위 취업청구권의 인정 여부와 관련하여 논란이 되었고 취업청구권의 인정 여부가 부당해고 구제제도에 있어 중요한 의미가 있으므로, 제5절에서 복직거부와 취업청구권이라는 별도의 제목으로 이에 관하여 살펴본다.

제6절에서는 부당해고와 관련한 가처분의 특성 및 개별 가처분에 대하여 검토하고, 제7절에서는 개정 근로기준법에서 폐지된 부당해고죄에 대

한 기존의 논란 및 실제의 법 적용 실태에 대한 분석을 통하여 그 문제점
에 대한 분석을 시도할 것이다.

제1절 해고무효확인소송과 소의 이익[1]

I. 개 설

1. 의 의

소의 이익은 공익적 견지에서는 무익한 소송제도의 이용을 통제하는 원리이고 당사자의 견지에서는 소송제도를 이용할 이익 또는 필요성을 말한다.[2]

소의 이익이 없는 경우에는 법원은 본안에 관하여 판단하지 아니하고 소각하의 판결을 하게 된다. 이에 의하여 법원은 본안판결을 필요로 하는 사건에만 집중할 수 있고 또한 불필요한 소송에 응소하지 않으면 안 되는 상대방의 불이익을 배제할 수 있게 된다. 소의 이익은 지나치게 넓히면 국가의 적정한 재판권의 행사를 저해하고 남소를 허용하게 되지만, 반면 이를 과도하게 좁히면 법원의 본안판결부담은 절감하게 되나 당사자의 헌법상 보장된 재판을 받을 권리를 부당하게 박탈하는 결과가 되므로, 소의 이익을 판단함에 있어서는 소 이외의 다른 민사분쟁의 해결수단, 행정적 구제·입법적 구제의 존부나 민사사법권의 한계를 기준으로 신중히 판단하여야 한다.[3]

---

1) 이 부분은 정진경, "부당해고구제소송에서의 소의 이익"(노동법연구 12호, 서울대학교 노동법연구회, 2002, 35면 이하)을 수정·보완한 것이다.
2) 「주석 민사소송법(II)」, 한국사법행정학회, 1991, 639면.
3) 이시윤, 「민사소송법」, 신정 4판, 박영사, 2001, 261면.

2. 부당해고 구제소송과 소의 이익

부당해고의 구제와 관련한 기본적인 소송형태는 민사소송으로서의 해고무효확인과 미불임금의 지급을 구하는 소송이며, 그 중에서 소의 이익과 관련하여 주로 문제되는 것은 해고무효확인의 소이다.

확인의 소에 있어서의 소의 이익은 권리 또는 법률상의 지위에 현존하는 불안, 위험이 있고 그 불안, 위험을 제거함에 확인판결을 받는 것이 가장 유효적절한 수단일 때에 인정된다.[4] 즉, 확인의 이익을 판단함에 있어서는 ① 구체적인 분쟁의 해결을 위하여 확인소송을 거쳐 확인판결을 받는 것이 유효적절한가, ② 확인대상인 소송물이 원·피고 사이의 분쟁해결에 적절한 것인가, ③ 원·피고 사이의 분쟁이 확인판결에 의하여 즉시 해결되지 않으면 안 될 정도로 절박하게 성숙하였는가, ④ 소송물인 권리 또는 법률관계에 대하여 확인판결에 의하여 분쟁을 해결함에 적합한 피고를 선택하였는가 라는 각 점에 대하여 종합적으로 검토하여 개별 소송에서 이익의 존부를 검토하여야 하며, 일정한 원칙이 일률적으로 적용될 수는 없다.[5]

확인의 이익은 현재의 권리 또는 법률관계의 존부를 목적으로 하는 경우에 한하여 허용되는 것이므로, 과거의 권리관계의 존부 확인은 청구할 수 없음이 원칙이다.[6] 다만, 과거의 법률관계의 존부에 대한 확인을 구하는 것이라고 하더라도 실질적으로는 현재의 법률관계의 존부의 확인을

---

4) 대법원 1991. 12. 10. 선고 91다14420 판결.
5) 이승영, "직위해제·면직처분을 받은 후 그 임용기간이 만료된 사립학교 교원이 무효확인을 구할 소의 이익이 있는지", 21세기 사법의 전개, 송민 최종영 대법원장 재임기념문집 간행위원회, 2005, 168면; 박수근, "근로계약의 유기화 현상에 따른 부당해고 구제절차에 있어 구제이익", 조정과 심판 10호, 중앙노동위원회, 2002 여름, 13면.
6) 이시윤, 앞의 책, 271면.

구하는 취지로 볼 수 있는 경우나 과거의 법률관계로부터 파생된 현존하는 일체의 법률적 분쟁을 한꺼번에 직접적이고 발본적으로 적절하게 해결하기 위하여 현재의 법률상태에 영향을 미치고 있는 과거의 기본적 법률관계의 존부를 확정할 필요가 있다고 인정되는 경우에는 과거의 법률관계에 대한 존부의 확인을 구하는 소송이라도 확인의 이익이 있는 것으로 보아 허용된다.[7]

그런데 해고무효확인의 소의 소송물은 소장의 청구취지에 표시된 해고의 무효 여부로서 해고, 즉 근로계약관계를 종료시킨 사용자의 일방적인 의사표시라는 과거의 법률행위가 무효라는 점에 대하여 판결로써 공적 확인을 하여 달라는 것이다.[8]

이와 같이 과거의 법률행위인 해고에 대하여 무효확인판결을 구하는 소송에서 확인의 이익이 인정되기 위해서는 비록 과거의 법률관계라 할지라도 현재의 권리 또는 법률상 지위에 영향을 미치고 있고 현재의 권리 또는 법률상 지위에 대한 위험이나 불안을 제거하기 위하여 그 법률관계에 관한 확인판결을 받는 것이 유효적절한 수단이라고 인정되어야 한다.[9]

부당해고를 당하였을 때 근로자는 일반법원에 민사소송으로서 해고무효확인의 소를 제기함이 원칙이나, 근로자가 공무원인 경우에는 면직이나 해임, 파면처분 등에 대한 취소나 무효확인을 구하는 행정소송을 제기하게 된다. 또한, 일반 근로자라도 노동위원회에 부당해고 구제신청을 하는 때에는 지방노동위원회의 구제명령 또는 기각결정이 있게 되며, 이에 대하여 중앙노동위원회에 재심을 신청하고 중앙노동위원회가 내린 재심판정에 대하여 불복이 있는 경우에는 관계당사자는 중앙노동위원회위원장

---

7) 대법원 1993. 9. 14. 선고 92누4611 판결.
8) 대법원 1995. 4. 11. 선고 94다4011 판결.
9) 대법원 1991. 6. 25. 선고 91다1134 판결; 김지형, 「근로기준법 해설」, 청림출판, 2000, 569면.

을 피고로 하여 행정소송을 제기할 수 있다.

행정처분의 취소를 구하는 항고소송에 있어서의 소의 이익과 확인의 소에 있어서의 소의 이익과의 관계를 어떻게 볼 것인지에 관하여는 이견이 있을 수 있으나 부당하게 해고된 근로자는 본인의 선택에 따라 민사소송으로서의 해고무효확인의 소를 제기할 수도 있고 노동위원회에 대한 구제신청을 거쳐 행정소송으로서의 재심판정취소소송을 제기할 수도 있다 할 것인데 어떠한 방식을 택하는가에 따라 소의 이익을 달리 보는 것은 부당하다고 할 것이므로 같은 기준을 적용하여야 할 것이다.[10]

이하에서는 부당해고 구제소송과 관련한 대표적인 소송형태인 해고무효확인소송과 재심판정취소소송의 소의 이익에 있어서 공통된다고 생각되는 유형인 정년이나 사망, 복직한 경우나 양립불가능한 직업을 얻은 경우, 직위해제 후 해임된 경우, 유니온 숍 협약에 따른 해고에 관한 판례들을 살펴본 후, 이어서 가장 논란의 대상이 되고 있는 근로계약기간의 만료와 관련된 판례의 동향을 검토한다.

근로계약기간의 만료와 관련된 소송 중 교수 재임용거부와 관련된 소송은 2003년 헌법재판소의 재임용제도에 대한 헌법불합치 결정으로 인정되게 된 재임용기대권과 관련한 소의 이익 문제가 있으므로 별도로 검토하고, 공무원의 해고관련 행정소송에 있어서의 소의 이익의 문제도 그 특성이 있으므로 별도로 검토한다.

부당해고로 인한 행정소송에 있어서의 소의 이익과 관련한 특수한 문제들은 부당해고 구제신청을 다루는 장에서 검토하기로 한다.

---

10) 이승영, 앞의 논문, 169면.

II. 소의 이익과 관련한 일반적 유형

1. 정년, 사망

소송시에 이미 정년이 초과된 때에는 해고무효확인소송의 소의 이익이 없다고 함이 확립된 판례이다.

대법원은 정년이 55세인데 소송 당시에 이미 그 정년을 초과한 사안에서 소를 각하한 원심판결을 확정하였다.[11] 원고들에 대한 조건부 징계해직처분 및 의원해직처분이 무효임이 확인되거나 또는 취소된다고 할지라도 원고들이 이미 근무정년을 초과하여 피고의 직원으로서의 신분을 회복할 수 없다면 위 처분의 무효확인이나 취소청구에 관한 소는 확인의 이익 또는 권리보호의 요건을 갖추지 못하였다고 판시하였다.

한편, 대법원은 상고심 심리종결일 현재 공무원법상의 정년을 초과하였거나 사망하여 면직된 경우에도 원고들의 면직처분무효확인의 소는 확인의 이익이 없다고 판시하였다.[12] 통상 소의 이익의 존부에 관한 판단의 기준시점에 대하여는 사실심 변론종결 당시를 기준으로 하여야 한다고 하고 있고,[13] 상고심이 법률심으로서 사후심적 구조를 취하고 있다는 점을 고려한다면 판결의 무효사유나 재심사유에 해당하는 사유가 발생하지 않는 한 소의 이익과 같이 소송요건에 관한 것이라고 하더라도 사실심 변론종결 후에 생긴 사정은 고려하지 아니함이 타당하다고 생각된다.[14] 그

---

11) 대법원 1984. 6. 12. 선고 82다카139 판결; 同旨 대법원 1996. 10. 11. 선고 96다10027 판결.
12) 대법원 1991. 6. 28. 선고 90누9346 판결; 대법원 1993. 1. 15. 선고 91누5747 판결.
13) 김치중, "부당해고 구제재심판정 후에 사업장이 없어진 경우 사용자가 재심판정취소를 구할 소의 이익이 있는지 여부", 대법원판례해설 19-2호, 법원도서관, 1993. 12., 310~311면.
14) 김치중, "노동위원회의 처분에 대한 쟁송에 있어서의 소송법적 제문제", 특별법연구

런데 대법원은 1977년의 전원합의체 판결에서 다수의견으로 사실심 변론 종결 당시까지도 구 국가배상법 제9조(2000. 12. 29. 개정되기 전의 것)의 규정에 의하여 배상심의회의 결정을 거치거나 배상결정신청을 한 때로부터 3월을 경과한 때라야 제소할 수 있다는 전치주의에 관한 제소요건을 갖추지 못한 채 본안판단을 한 원심판결을 설사 상고심에서 3월이 경과되었다 하여도 위법하다 하여 파기환송하였음에도,[15] 앞서 본 사건의 소의 이익에 있어서는 사실심 변론종결 후의 사정을 고려하여 위와 같이 소를 각하하였다.[16]

(2) 대법원은 면직으로 인한 퇴직기간을 재직기간으로 인정받지 못함으로써 받게 된 퇴직급여 등에 있어서의 과거의 불이익은 면직처분으로 인한 급료, 명예침해 등의 민사상 손해배상청구소송에서 그 전제로서 면직처분의 무효를 주장하여 구제받을 수 있다고 판시하였다.[17] 하지만, 원고가 파면처분의 취소를 구하는 소송에서는 소송의 사실심 변론종결 전에 원고가 허위공문서등 작성죄로 징역 8월에 2년간 집행유예의 형을 선고받아 확정되었다면 원고는 지방공무원법 제61조의 규정에 따라 위 판결이 확정된 날 당연퇴직되어 그 공무원의 신분을 상실하고, 당연퇴직이나 파면이 퇴직급여에 관한 불이익의 점에 있어 동일하다 하더라도 최소한도 이 사건 파면처분이 있은 때부터 위 법규정에 의한 당연퇴직일자까지의 기간에 있어서는 파면처분의 취소를 구하여 그로 인해 박탈당한 이익의 회복을 구할 소의 이익이 있다고 판시하였다.[18]

행정소송의 무효확인소송도 공권력을 발동하여 행하여진 행정처분의

5권, 법문사, 1997, 537~538면.
15) 대법원 1977. 5. 24. 선고 76다2304 전원합의체 판결.
16) 대법원 1995. 7. 14. 선고 95누4087 판결.
17) 대법원 1991. 6. 28. 선고 90누9346 판결.
18) 대법원 1985. 6. 25. 선고 85누39 판결.

효력을 다투는 것으로서 그 본질에 있어서는 위법한 행정행위의 취소, 변경을 구하는 항고소송과 동일하며, 다만 그 하자의 경중에 따라 취소할 수 있는 행정행위는 쟁송에 의하여 그 효력을 부정할 수 있는 데 비하여 무효인 행정행위는 쟁송에 의하지 않고도 그 효력을 부정할 수 있음에 지나지 않는바,[19] 당사자가 무효임을 주장하는 경우와 취소를 구하는 경우를 위와 같이 구별하여 소익을 달리 보는 것이 정당한 것인지 의문이다.

2. 복직하거나 양립 불가능한 직업을 얻은 경우

1) 근로자가 이미 복직한 경우에 있어서는 해고무효확인의 소의 이익이 없음이 원칙이고 대법원은 원직이 아닌 직으로 복직한 경우에도 동일하게 해석하고 있다.[20] 하지만 원직에 복직된 경우라 할지라도 무효확인의 소가 현재의 근로자의 권리나 법률상의 지위의 불안, 위험을 제거할 필요가 있는 때에는 소의 이익이 인정된다. 대법원은 국가보위입법회의법 부칙 제4항에 의하여 해직되었다가 복직한 후 면직처분의 무효확인을 구하는 소송에서, 원·피고 사이에 원고의 면직처분의 무효 여부에 관하여 다툼이 있고 원고가 면직으로 인한 퇴직기간을 재직기간으로 인정받지 못하고 있어 퇴직급여, 승진 소요연수의 계산 및 호봉승급 등에 있어서 현재에도 계속하여 불이익한 대우를 받고 있으므로 그 법률상의 지위의 불안, 위험을 제거할 필요가 있고 다른 소송수단으로는 위와 같은 원고들의 권리 또는 법률상의 지위의 불안, 위험을 제거하기에 미흡하다는 이유로 면직처분무효확인의 소의 확인의 이익을 인정하였다.[21]

2) 언론사의 일괄사표제출요구를 거절하였음에도 1980. 8. 2. 사직서를

19) 박성덕, "항고소송의 당사자적격", 행정소송에 관한 제문제(상), 재판자료 67집, 법원행정처, 1995, 223～224면.
20) 대법원 1991. 2. 22. 선고 90다카27389 판결.
21) 대법원 1991. 6. 28. 선고 90누9346 판결.

제출하여 선별수리된 다른 사원과 함께 해직처리되고 그 후 불법연행된 상태에서 강요로 인하여 1980. 8. 8. 사직서를 제출하고 그 무렵 퇴직금 등의 급여를 수령한 언론인이 해직 후 활발한 정치활동을 하여 오다가 1990. 7. 26.에 이르러 해고무효확인소송을 제기한 사안에서는 소의 이익을 인정하였다.[22] 대법원은 해고로 언론인의 지위가 사실상 박탈된 이후에 정당원이 되었다 하여 이미 행하여진 해고의 무효확인과 부당해고로 인한 손해배상을 구할 이익이 없게 된다고 할 수 없고, 언론인으로 복직한 후에도 정당원의 신분을 유지하면 그때 가서 비로소 이를 문제로 삼을 수 있음에 불과하다고 하였다.

3. 직위해제 후 해임된 경우

사립학교 교원이 직위해제 무효확인소송의 계속 중 직위해제사유와 별개의 사유로 해임처분된 경우의 확인의 이익 유무에 관하여 대법원은 직위해제무효확인소송의 확인의 이익을 부정하고 상고를 기각하였다.[23] 대법원은 해임처분을 받음으로써 사실심 변론종결시를 기준으로 하여 교원의 신분을 가지고 있지 아니하므로 직위해제가 무효라고 하더라도 직위해제무효확인의 소는 과거의 법률관계의 확인청구에 지나지 않는다고 하였다.

4. 유니온 숍 협약에 따른 해고

사용자가 유니온 숍 협약에 따라 노동조합을 탈퇴한 근로자를 해고한 경우, 노동조합을 상대로 조합원지위확인을 구하지 않고 곧바로 해고무효확인소송을 제기한 것에 관하여는 소의 이익을 인정하였다.[24] 대법원은

---

22) 대법원 1993. 8. 24. 선고 92다55480 판결.
23) 대법원 1998. 8. 21. 선고 96다25401 판결.

이 경우 해고근로자가 노동조합을 상대로 하여 조합원지위확인을 구하는 소를 제기하여 승소한다고 하더라도 바로 해고의 효력이 부정되는 것은 아니고, 해고무효확인소송에서도 그 선결문제로 조합원지위의 존부에 관하여 판단을 할 수 있으므로 원고가 노동조합을 상대로 조합원지위의 확인을 구하지 아니하고 곧바로 해고무효확인소송을 제기하였다고 하더라도 소의 이익이 인정된다고 하였다.

5. 계약기간의 만료

1) 1994년 이전의 판결

3년의 기간을 정하여 사립대학의 조교수로 임용된 원고가 해임처분의 무효확인을 구하는 소송도중에 임용기간이 만료되었고 규정상 임용권자에게 임용기간이 만료된 자를 다시 임용할 의무를 지우거나 그 요건 등에 관하여 아무런 근거규정을 두지 아니한 사안에서 대법원은 해임처분의 무효확인을 구할 이익이 있다고 하여 원심판결을 파기하였다.[25] 대법원은 임용기간이 만료됨으로써 대학교원으로서의 신분관계는 당연히 종료되었다고 하면서도, 원고는 해임처분으로 말미암아 해임처분이 있은 날로부터 3년간 공직 또는 교원으로 임용될 수 없는 결격자로 취급될 수밖에 없을 뿐 아니라, 그 결격기간이 경과한 뒤라도 징계해임처분을 받은 전력은 공직 또는 교원으로 임용되는 데에 있어서 그러한 전력이 없는 사람보다 불이익한 장애사유로 작용할 것이므로, 원고로서는 공직이나 교원으로 임용될 수 있는 법률상 지위에 대한 위험이나 불안을 제거하기 위하여 해임처분의 무효확인을 구할 이익이 있다고 하였다.

24) 대법원 1995. 2. 28. 선고 94다15363 판결.
25) 대법원 1991. 6. 25. 선고 91다1134 판결.

대법원은 나아가 면직처분의 무효확인을 구하는 것은 과거의 법률행위인 면직 그 자체의 무효확인을 구하는 것으로 볼 것이 아니라 그 면직이 무효임을 전제로 현재도 종전과 같은 신분을 계속 유지하고 있다는 확인을 내포한 청구로 이해하여야 하며, 사립학교 부교수에 대한 면직처분이 있은 뒤 그 후에 사립학교법과 학교법인의 정관 등에 의하여 부교수의 재임기간을 넘겨 재임용되지 아니하였다 하더라도 그것만으로는 그에게 그 무효확인을 구할 이익이 없다고 할 수 없을 뿐만 아니라, 그에 대한 면직처분이 무효인 바에야 특별한 사정이 없는 한 그의 신분은 그대로 존속된다고 보아야 한다고 판시하면서 상고를 기각하여, 교원에게 있어서 임용기간이 경과하였어도 면직처분이 무효라면 그 신분이 존속됨이 원칙이라는 판결까지 하였다.[26]

또한, 계약기간을 1년 30일로 하여 그 기간만료로 당연 퇴직하는 내용의 근로계약을 체결하고 해외취업을 하였다가 사직원을 제출하여 의원면직되자 사직원의 제출이 강요에 의한 것으로서 의원면직 조치가 사실상 해고에 해당한다는 이유로 해고무효확인의 소를 제기한 사안에서, 원심은 이는 과거의 법률관계의 확인을 구하는 것이어서 부적법한 소라고 판시하였으나,[27] 대법원은 그 확인을 구할 이익이 있다고 하여 원심판결을 파기하였다.[28]

지방전문직공무원 채용계약 해지 무효확인을 구하는 사안에서도 지방전문직공무원은 채용기간이 정해진 채용계약에 의하여 채용되는 자로서 그 기간이 종료되면 원칙적으로 그 계약에 기한 신분관계는 종료된다고 하면서도, 무효확인을 구할 법률상 이익이 있다고 판시하여, 소를 각하한 원심을 파기하였다.[29] 대법원은 의사표시가 무효인지 여부는 최소한 그

---

26) 대법원 1991. 7. 23. 선고 91다12820 판결(대법원 2000. 5. 18. 선고 95재다199 전원합의체 판결에 의하여 폐기됨).

27) 서울고법 1991. 4. 23. 선고 91나5664 판결.

28) 대법원 1991. 11. 26. 선고 91다17528 판결.

의사표시가 된 때로부터 채용기간이 만료할 때까지의 보수지급청구권의 존부에 관한 선결문제가 될 뿐만 아니라, 특히 해지사유가 공무원으로서의 업무태만과 복무상 의무의 위반이라는 불명예스러운 것이어서 비록 그와 같이 채용계약이 해지된 전력이 공무원 등으로 임용됨에 있어서 법령상 결격사유가 되는 것은 아니더라도 그와 같은 전력이 없는 사람에 비하여 불리한 장애가 될 것임은 의심의 여지가 없으므로, 보수청구권 등의 권리를 회복하거나 다른 권리 또는 법률상 지위에 대한 위험이나 불안을 제거하기 위하여 채용기간의 만료에도 불구하고 지방전문직공무원 채용계약 해지의 의사표시의 무효확인을 구할 법률상 이익이 있다고 하였다.

2) 1995년 이후의 판결

이와 같이 계약기간의 만료와 관련하여 부당해고 구제소송에 있어서의 소의 이익을 비교적 널리 인정하고 있던 대법원 판례의 태도는 1995년 이후에 변경된다.

대법원은 소송계속 중 교수의 임용기간이 만료된 사안에서 직위해제 및 면직처분의 무효확인을 구하는 소는 확인의 이익이 없다고 하여, 원심판결을 파기하고 소를 각하하였다.[30] 대법원은 계약기간을 정하여 임용된 교원은 학교법인의 정관이나 대학교원의 인사규정상 임용기간이 만료되는 교원에 대한 재임용의무를 부여하는 근거규정이 없다면 그 교수는 임용기간의 만료로 당연히 교수의 신분을 상실하므로, 직위해제 및 면직처분이 무효라고 하더라도 교수의 신분을 회복할 수 없어 직위해제 및 면직처분의 무효확인을 구하는 청구는 과거의 법률관계의 확인청구에 지나지 아니할 뿐 아니라, 직위해제 또는 면직된 경우에는 징계에 의하여 파면 또는 해임된 경우와는 달리 공직이나 교원으로 임용되는 데에 있어서 법

---

29) 대법원 1993. 9. 14. 선고 92누4611 판결.
30) 대법원 1995. 4. 7. 선고 94다4332 판결.

령상의 아무런 제약이 없고, 위와 같은 전력이 있으면 공직 또는 교원으로 임용되는 데에 있어서 그러한 전력이 없는 사람보다 불이익한 장애사유로 작용한다 할지라도 그것만으로는 법률상의 이익이 침해되었다고는 볼 수 없다고 하였다.

해고처분 후에 단체협약 소정의 자동퇴직사유가 발생한 사안에서도, 원심은 일반적으로 징계해고가 본인에게 미치는 영향은 단순히 현재의 직장이나 임금수입을 잃게 되는 것 만에 그치는 것이 아니라 사회적인 명예의 손상과 재취업의 기회가 제한되는 심각한 결과에까지 이르는 것이어서, 비록 원고가 자동퇴직되어 더 이상 피고회사의 사원으로서의 신분회복이 불가능하다 하더라도 해고의 무효확인을 구할 이익이 있다고 보았으나,[31] 대법원은 원심 판결 중 피고 패소부분을 파기하고 해고무효확인 청구에 관한 소를 각하하였다.[32] 대법원은 과거의 법률행위에 불과한 해고에 대하여 확인소송을 구하는 이유가 단순히 사회적인 명예의 손상을 회복하기 위한 것이라면 이는 현존하는 권리나 법률상의 지위에 대한 위험이나 불안을 제거하기 위한 것이라고 할 수 없고, 그것이 재취업의 기회가 제한되는 위험을 제거하기 위한 것이라 하여도 이러한 재취업 기회의 제한이 법령 등에서 규정되어 있는 등의 특별한 사정이 없는 한 이는 사실상의 불이익이지 법률상의 불이익이라고 할 수 없어 이를 두고 권리나 법률상의 지위에 현존하는 위험이나 불안이 있는 것이라고 할 수도 없다고 판시하였다.

3) 2000년 전원합의체판결 이후

위와 같이 혼선을 보이던 대법원 판결은 2000년 전원합의체 판결로써

---

31) 부산고법 1993. 11. 26. 선고 93나395 판결.
32) 대법원 1995. 4. 11. 선고 94다4011 판결.

통일된다.

2000. 5. 18. 대법원은 전원합의체 판결의 다수의견으로, 위 대법원 1995. 4. 7. 선고 94다4332 판결이 대법원 1991. 7. 23. 선고 91다12820 판결에서 판시한 의견을 변경하면서도 대법관 4인으로 구성된 부에서 판결하였음을 이유로 위 94다4332 판결에 대한 재심을 청구한 사안에서 재심청구를 받아들이면서, 임용기간 만료 후에는 직위해제 및 면직무효확인을 구할 이익이 없다고 판시하였다.

대법원은 임용기간 만료 후의 소의 이익과 관련하여 기간을 정하여 임용된 사립학교 교원이 임용기간 만료 이전에 해임·면직·파면 등의 불이익 처분을 받은 후 그 임용기간이 만료된 때에는 그 불이익 처분이 무효라고 하더라도 학교법인의 정관이나 대학교원의 인사규정상 임용기간이 만료되는 교원에 대한 재임용의무를 부여하는 근거규정이 없다면 임용기간의 만료로 당연히 교원의 신분을 상실한다고 할 것이며, 따라서 임용기간 만료 전에 행해진 직위해제 및 면직 처분이 무효라고 하더라도 교수의 신분을 회복할 수 없는 것으로서 이 사건 직위해제 및 면직처분의 무효확인을 구하는 청구는 과거의 법률관계의 확인청구에 지나지 않는다고 하였다. 이어서 직위해제 또는 면직된 경우에는 징계에 의하여 파면 또는 해임된 경우와는 달리 공직이나 교원으로 임용되는 데에 있어서 법령상의 아무런 제약이 없을 뿐만 아니라, 현행 사립학교법과 같이 교원의 임기 만료시에 교원인사위원회의 심의를 거쳐 당해 교원에 대한 재임용 여부를 결정하도록 하는 의무규정도 없었던 구법 관계하에서 임기가 만료된 사립학교 교원들인 원고들에 대하여는 위와 같은 전력이 있으면 공직 또는 교원으로 임용되는 데에 있어서 그러한 전력이 없는 사람보다 사실상 불이익한 장애사유로 작용한다 할지라도 그것만으로는 법률상의 이익이 침해되었다고 볼 수 없으므로 그 무효확인을 구할 이익이 없다고 판시하였다.[33]

이에 대하여 반대의견은, 임용기간 만료 전에 행해진 직위해제 및 면직 처분의 무효확인청구는 교원 신분의 회복이라는 측면에서는 과거의 법률관계의 확인청구에 불과하여 더 이상 확인의 이익이 없게 되었다고 할 수 있으나, 이 사건 직위해제 및 면직 처분의 존속은 임용기간이 만료된 교원이 누릴 수 있는 재임용에 관한 절차적인 권리를 침해하는 것일 뿐만 아니라, 원고들의 사회적인 명예를 손상하고 나아가 원고들이 교원으로 다시 임용되는 데 있어서도 불이익한 장애사유로 작용하여 원고들의 인격적 이익에 관한 권리나 교원으로 임용될 수 있는 법률상의 지위에도 현실적으로 영향을 미치는 것이며, 이러한 권리 또는 법률상의 지위에 대한 위험이나 불안은 이 사건 직위해제 및 면직 처분에 대하여 무효확인을 받음으로써만 근본적으로 제거될 수 있다고 하여 즉시 확정의 이익이 있다고 하였다.

그 후 근로계약기간을 정한 경우에 있어서 근로계약 당사자 사이의 근로관계는 단기의 근로계약이 장기간에 걸쳐서 반복하여 갱신됨으로써 그 정한 기간이 단지 형식에 불과하게 된 예외적인 경우를 제외하고는 특별한 사정이 없는 한 그 기간이 만료됨에 따라 사용자의 해고 등 별도의 조처를 기다릴 것 없이 근로자로서의 신분관계는 당연히 종료되고, 이러한 경우 근로자로서의 지위를 회복하는 것이 불가능하게 되었다고 할 것이므로 중앙노동위원회 판정의 취소를 구할 소의 이익은 없다고 판시한 사례가 있다.[34]

이에 대하여는 전문적인 학식과 교수능력 및 도덕성을 갖추어야 할 교원이 바로 그러한 자격기준이 부정된다는 사유로 직위해제 및 면직처분을 당하였다면, 이러한 교원은 교원으로 다시 임용되지 못할 여지가 많으

---

33) 대법원 2000. 5. 18. 선고 95재다199 전원합의체 판결.
34) 대법원 2001. 4. 10. 선고 2001두533 판결.

므로 위와 같은 처분의 존속은 법률상의 지위에 위험이나 불안을 초래하는 것으로 보아야 하고, 헌법상의 교육을 받을 권리가 실효성 있게 보장되기 위해서도 교원의 권위가 존중되어야 하고 교원의 사회적인 명예는 특별히 보호할 필요가 있기에 명예회복의 필요라는 이익 자체를 독립한 법률상의 이익으로 보아야 한다는 비판이 있다.[35]

소의 이익과 관련한 앞서 본 대법원 2000. 5. 18. 선고 95재다199 판결의 다수의견에 대한 반대의견도, 다수의견이 소의 이익에 관한 종래의 관념에 집착하여 직위해제 또는 면직된 교원이 받게 되는 재취업 기회의 제한이라는 불이익이 단순한 사실상의 불이익에 불과하다거나 직위해제 및 면직처분으로 인한 명예의 손상에 대하여는 손해배상청구소송에 의한 구제방법이 따로 있다는 등의 이유를 내세워 교원의 임용기간이 만료되어 교원 신분을 다시 회복할 수 없으면 언제나 그 직위해제 및 면직 처분에 대한 무효확인청구의 소의 이익이 부정된다고 한 것은, 소의 이익의 범위를 논함에 있어 고려하여야 할 국민의 자유와 권리를 확대하고자 하는 민주화의 요청, 즉, 소송절차상의 제약요소들을 완화하여 국민이 법원의 분쟁 해결절차에 좀 더 쉽게 접근할 수 있도록 하여야 한다는 점을 간과함으로써 국민의 권리구제에 철저를 기하지 못한 것이라고 비판하고 있다.

Ⅲ. 교수의 재임용기대권과 관련한 소의 이익

1. 개 설

교수 재임용거부와 관련한 소송에서는 앞서 본 계약기간의 만료와 관련한 일반적인 소의 이익 문제 외에 2003년 헌법재판소의 재임용제도에

---

35) 이승영, 앞의 논문, 171면 참조.

대한 헌법불합치 결정으로 인정되게 된 재임용기대권과 관련한 소의 이익 문제가 있다.

대학교원의 재임용제도는 대학사회의 연구분위기를 제고하기 위하여 도입된 제도로서 대학교원에 대하여 기간을 정하여 임용하고 그 기간 만료시에 재임용 여부를 심사·결정하는 제도이며, 기간제임용제도라고도 불린다.36) 재임용제도는 1975. 7. 23. 개정되어 1976. 1. 1.부터 시행된 교육공무원법과 사립학교법을 통하여 처음 도입되었는데, 그 이전에는 대학교수들은 국가공무원법, 교육공무원법, 사립학교법 등을 통하여 형의 선고, 징계처분 또는 법정사유에 의하지 아니하고는 해직할 수 없도록 하여 정년까지 신분을 보장받고 있었다.37)

그런데 재임용제도는 본래의 취지와는 달리 사학재단의 전횡과 비리에 항의하고 대학운영의 민주화를 주장하거나 정권에 비판적인 교수들을 제거하기 위한 수단으로 악용된다는 비판이 계속하여 제기되었고,38) 재임용에서 탈락된 교수들이 그 부당성을 주장하며 법원에 소송을 제기하였다.

국·공립대학의 교수는 행정심판절차를 거쳐 원처분청을 상대로 행정소송을 제기하였고, 사립대학의 교수는 학교법인을 상대로 민사소송을 제기하여 그 효력을 다투었는데, 1991. 5. 31. 교원지위향상을 위한 특별법이 제정되어 불복절차가 일원화되었다.39) 하지만, 사립대학 교수의 경우 학교법인을 상대로 한 민사소송과 위 법률에 따른 재심위원회의 재심 및 재심위원회를 상대로 한 행정소송은 임의적·선택적인 것으로서 어느 쪽이든 선택할 수 있었으나, 국·공립대학의 교수는 교육부 교원징계재심

---

36) 김선수, "교수 재임용거부에 대한 판결례의 검토", 노동법연구 7호, 서울대학교 노동법연구회, 1998, 283면; 이지영, "사립학교 교원재임용거부의 위법성을 다투는 소송에 관한 검토", 서울중앙지방법원 노동재판실무연구회 2008. 5. 26. 발표문(미공간), 1면.
37) 김선수, 앞의 논문, 280면.
38) 이지영, 앞의 논문, 2면.
39) 김선수, 앞의 논문, 284면.

위원회의 재심절차가 반드시 거쳐야 하는 행정심판절차이며, 재심위원회의 결정에 불복이 있는 경우에 원칙적으로 처분청을 상대로 원처분인 재임용거부처분의 취소를 구하는 행정소송을 제기하였다.[40]

2. 재임용거부와 관련한 기존 대법원 판례

대법원은 1987. 6. 9. 사립대학 교수에 대하여 사립학교법[41] 제53조의2 제2항에 의하여 계약기간을 정하여 임용된 교원은 그 기간이 만료된 때에는 재임용계약을 체결하여야 하고, 만약 재임용계약을 체결하지 못하면 재임용거부결정 등 특별한 절차를 거치지 않아도 당연 퇴직되는 것이므로, 학교법인이 교원인사위원회의 심의결정에 따라 교원을 재임용하지 아니하기로 한 결정 및 통지는 교원에 대하여 임기만료로 당연 퇴직됨을 확인하고 알려주는데 지나지 아니하고, 이로 인하여 교원과 학교법인 사이에 어떠한 법률효과가 발생하는 것은 아니어서 교원은 이에 대한 무효확인을 구할 소의 이익이 없다고 판시하였다.[42]

또한, 국·공립대학의 교수에 대하여도 교육공무원법의 어디에도 임용권자에게 임용기간이 만료된 자를 다시 임용할 의무를 지우거나 재임용절차 및 요건 등에 관하여 아무런 근거규정을 둔 바 없으므로 현행 교육공무원법 하에서는 임용기간이 만료됨으로써 대학교원으로서의 신분관계는 당연히 종료되는 것이고, 따라서 임용권자가 임용기간이 만료된 자를 다시 임용할 것인가의 여부는 결국 임용권자의 판단에 따른 재량행위에 속한다고 하면서, 교육공무원법의 규정에 따라 총장, 학장이 하는 임용제

---

40) 김선수, 앞의 논문, 284~285면; 교원지위향상을 위한 특별법은 2005. 1. 17. 개정되어 교원징계재심위원회는 교원소청심사위원회로, 재심청구는 소청심사청구로 각 변경되었고, 현재는 심사위원회가 교육과학기술부 산하에 설치되어 있다.
41) 1981. 2. 28. 법률 제3373호로 개정된 것.
42) 대법원 1987. 6. 9. 선고 86다카2622 판결.

청이나 그 철회는 행정기관 상호 간의 내부적인 의사결정과정의 하나일 뿐, 그 자체만으로는 직접적으로 국민의 권리, 의무가 설정, 변경, 박탈되거나 그 범위가 확정되는 등 기존의 권리상태에 어떤 변동을 가져오는 것이 아니므로 이를 행정소송의 대상이 되는 행정처분이라고 할 수는 없다고 하여 소를 각하한 원심43)을 확정하였다.44)

이러한 대법원 판례의 태도는 헌법재판소가 2000헌바26 사건에 대한 헌법불합치결정을 하기까지 일관되게 유지된다.45)

3. 헌법재판소 결정46)

헌법재판소는 1993년 세무대학의 교수재임용과 관련된 사안에서 처음 합헌결정을 하였고,47) 1998년에도 대학교원의 기간임용제를 규정한 구 사립학교법 제53조의2 제3항은 전문성·연구실적 등에 문제가 있는 교수의 연임을 배제하여 합리적인 교수인사를 할 수 있도록 하기 위한 것으로 그 입법목적이 정당하고, 대학교육기관의 교원에 대한 기간임용제와 정년보장제는 국가가 문화국가의 실현을 위한 학문진흥의 의무를 이행함에 있어서나 국민의 교육권의 실현·방법 면에서 각각 장단점이 있어서, 그 판단·선택은 헌법재판소에서 이를 가늠하기보다는 입법자의 입법정책에 맡겨 두는 것이 옳으므로, 위 조항은 헌법 제31조 제6항이 규정한 교원지위 법정주의에 위반되지 아니한다고 하여 다시 합헌결정을 하였다.48)

---

43) 대구고법 1988. 7. 15. 선고 87구198 판결.
44) 대법원 1989. 6. 27. 선고 88누9640 판결.
45) 김선수, 앞의 논문, 287~288면.
46) 헌법재판소 2003. 2. 27. 선고 2000헌바26 결정; 결정에 이르기까지의 헌법재판소
    의 결정과 그에 대한 평석은 박상훈, "교수재임용제에 대한 헌법불합치 결정", 노동
    법연구 14호, 서울대학교 노동법연구회, 2003, 229면 이하 참조.
47) 헌법재판소 1993. 5. 13. 선고 91헌마190 결정.
48) 헌법재판소 1998. 7. 16. 선고 96헌바33, 66, 68, 97헌바2, 34, 80, 98헌바39 결정.

하지만, 헌법재판소는 2003년 그간의 입장을 바꾸어 재임용제도에 관하여 헌법불합치결정을 선고하였다.[49] 헌법재판소는 객관적인 기준의 재임용 거부사유와 재임용에서 탈락하게 되는 교원이 자신의 입장을 진술할 수 있는 기회 그리고 재임용거부를 사전에 통지하는 규정 등이 없으며, 나아가 재임용이 거부되었을 경우 사후에 그에 대해 다툴 수 있는 제도적 장치를 전혀 마련하지 않고 있는 구 사립학교법 제53조의2 제3항[50]은, 현대사회에서 대학교육이 갖는 중요한 기능과 그 교육을 담당하고 있는 대학교원의 신분의 부당한 박탈에 대한 최소한의 보호요청에 비추어 볼 때 헌법 제31조 제6항에서 정하고 있는 교원지위 법정주의에 위반된다고 판시하였다. 다만, 그 위헌성은 기간임용제 그 자체에 있는 것이 아니라 재임용 거부사유 및 그 사전구제절차, 그리고 부당한 재임용거부에 대하여 다툴 수 있는 사후의 구제절차에 관하여 아무런 규정을 하지 아니함으로써 재임용을 거부당한 교원이 구제를 받을 수 있는 길을 완전히 차단한 데 있다고 하였다.

헌법재판소는 위 구 사립학교법 제53조의2 제3항에 "이 경우 국·공립대학의 교원에게 적용되는 임용기간에 관한 규정을 준용한다."라는 내용만을 추가한 1997. 1. 13. 법률 제5274호로 개정된 사립학교법 제53조의2 제3항에 대하여도, 이 사건 사립학교법 조항은 위 2000헌바26 사건에서 헌법불합치결정의 대상이 되었던 조항에 그 후문으로 사립대학 교수의 임용에 있어 국·공립대학 교수에게 적용되는 임용기간을 준용함으로써 사립대학 교수의 지위를 국·공립대학 교수와 같이 보장하고 있으나 '기간임용제'의 본질은 달라진 바가 없으므로, 이 사건에 있어서도 위 2000헌바26 결정과 달리 판단할 사정의 변경이나 필요성은 인정되지 아니한

---

49) 헌법재판소 2003. 2. 27. 선고 2000헌바26 결정.
50) 1990. 4. 7. 법률 제4226호로 개정되고, 1997. 1. 13. 법률 제5274호로 개정되기 전의 것.

다고 하여 헌법불합치 결정을 하였다.[51]

이러한 헌법불합치결정에 따라 2005. 1. 27. 법률 제7354호로 사립학교법이 개정되어, 제53조의 2 제4항을 개정하고 제5항 내지 제8항을 신설하여 재임용심사절차 및 기준, 불복절차에 관한 규정을 두었다. 위 법은 공포일부터 시행하되, 위 법 시행 당시 종전의 규정에 의하여 기간을 정하여 임용되어 재직중인 대학교육기관 교원의 재임용 관련절차에 대하여만 개정규정에 의하도록 하였다.[52]

4. 헌법불합치결정 이후의 대법원판결

위와 같은 헌법불합치결정에 따라 2004년 대법원은 종래의 태도를 바꾸어 기간제로 임용되어 임용기간이 만료된 국·공립대학의 조교수는 교원으로서의 능력과 자질에 관하여 합리적인 기준에 의한 공정한 심사를 받아 위 기준에 부합되면 특별한 사정이 없는 한 재임용되리라는 기대를 가지고 재임용 여부에 관하여 합리적인 기준에 의한 공정한 심사를 요구할 법규상 또는 조리상 신청권을 가진다고 할 것이니, 임용권자가 임용기간이 만료된 조교수에 대하여 재임용을 거부하는 취지로 한 임용기간만료의 통지는 위와 같은 대학교원의 법률관계에 영향을 주는 것으로서 행정소송의 대상이 되는 처분에 해당한다고 하여, 소를 각하한 원심판결을 파기하였다.[53]

사립학교법이 적용되는 경우에 관해서도, 현행 사립학교법 제53조의2 제4항 내지 제8항의 규정 내용에 비추어 볼 때, 기간제로 임용되어 임용기간이 만료된 사립대학 교원으로서는 교원으로서의 능력과 자질에 관하

---

51) 헌법재판소 2003. 12. 18. 선고 2002헌바14, 32 결정.
52) 부칙 제1, 2항.
53) 대법원 2004. 4. 22. 선고 2000두7735 전원합의체 판결.

여 합리적인 기준에 의한 공정한 심사를 받아 위 기준에 부합되면 특별한 사정이 없는 한 재임용되리라는 기대를 가지고 재임용 여부에 관하여 합리적인 기준에 의한 공정한 심사를 요구할 권리를 가진다고 할 것이므로, 임면권자가 임용기간이 만료된 사립대학 교원에 대하여 한 재임용을 거부하는 결정 및 통지는 그 대학교원의 권리관계에 영향을 주는 것으로서 임면권자와 사이에 재임용거부결정 및 통지의 효력 여부에 관하여 다툼이 있는 이상 그 대학교원은 그 거부결정 및 통지의 무효확인을 구할 소의 이익이 있다고 판시하였다.[54]

구 사립학교법[55]이 적용되는 사안에 관하여는, 구 사립학교법 제53조의2 제3항에 대한 헌법불합치결정이 선고되기 전에 재임용이 거부된 사립대학 교원이 위 헌법불합치결정이 선고된 후 재임용 거부결정에 대한 무효확인소송을 제기한 경우, 장래효만 규정하고 있는 2005. 1. 27. 법률 제7352호로 개정된 사립학교법을 소급하여 적용할 수 없다고 하면서도, 기간제로 임용되어 임용기간이 만료되는 사립대학 교원은 재임용 여부에 관하여 합리적인 기준에 의한 공정한 심사를 요구할 권리가 있음을 인정하였고, 이에 따라 소의 이익이 있음을 전제로[56] 재임용거부결정의 위법성 여부를 판단하였다.[57]

5. 민사소송에 의한 구제유형

이와 같이 현 사립학교법이 적용되는지의 여부와 무관하게 임용기간이 만료되었으나 재임용이 거부된 사립학교 교원은 임용권자와의 사이에 재임용거부결정의 위법성을 소로써 다툴 이익이 인정된다.[58]

---

54) 대법원 2006. 3. 9. 선고 2003다52647 판결.
55) 1997. 1. 13. 법률 제5274호로 개정되기 전의 것.
56) 이지영, 앞의 논문, 7면.
57) 대법원 2008. 2. 1. 선고 2007다9009 판결.

이러한 소송은 민사소송의 경우 주로 재임용거부결정이 무효임을 확인하는 무효확인소송의 형태로 제기되는데, 이와 더불어 현행 사립학교법이 정한 재임용 심사 기준에 따라 적법한 재임용 심사를 받았다면 재임용을 받을 수 있었던 사립대학 교원이 위법하게 재임용을 거부당한 경우에는, 그 거부결정이 불법행위에 해당함을 이유로 임금 상당의 손해배상을 구할 수 있다.[59]

하지만, 정관이나 인사규정 또는 임용계약에 재임용 강제조항이 있거나 그 외 임용계약이 반복 갱신되는 등 특별한 사정이 없는 이상 임용기간이 만료된 사립학교 교원은 임용기간 만료로 대학교원 신분을 상실하므로, 재임용이 거부된 사립대학 교원이 임용기간 만료 이후에도 대학교원의 신분이 유지됨을 전제로 임금 그 자체의 지급을 구하는 것은 허용될 수 없고,[60] 임용기간 이후에도 계속 교수의 지위에 있다는 취지의 확인을 구할 수도 없다.[61]

재임용거부결정이 절차적 위법을 넘어 실체적으로 위법하여 임용권자에게 재임용의무가 있다고 판단되는 사안에서 직접 재임용절차이행의 소를 제기할 수 있는지가 문제된다. 만일 이러한 소송형태가 가능하다면 무효확인을 구하는 소송의 소의 이익이 문제될 수 있다.[62]

이와 관련한 대법원의 판결은 없으나 구 사립학교법이 적용되는 사안에서, 만약 피고가 합리적 기준과 정당한 평가에 의하여 재임용심사를 하였더라면 원고의 재임용을 거부할 사유가 없는데도 불구하고 재임용거부를 한 것이라면, 교원으로서의 능력과 자질에 관하여 합리적인 기준에 의

---

58) 이지영, 앞의 논문, 7면.
59) 대법원 2006. 3. 9. 선고 2003재다262 판결.
60) 대법원 2006. 3. 9. 선고 2003다52647 판결.
61) 이지영, 앞의 논문, 12면.
62) 이지영, 앞의 논문, 12면.

한 공정한 심사를 받아 위 기준에 부합되면 특별한 사정이 없는 한 재임
용되리라고 기대하고 있는 원고의 권리, 즉 공정한 재임용심사를 받을 권
리를 침해하는 것으로서 징계처분과 비슷하고, 재임용이 거부된 원고로서
는 피고를 상대로 재임용거부의 무효확인을 구하는 것보다 재임용절차의
이행을 구하고 그 판결을 받아 간접강제로 집행까지 할 수 있는 것이 원
고의 위 권리에 대한 위험이나 불안을 제거하는 데 있어서 보다 유효·적
절한 수단이라고 하여, 피고에게 원고를 재임용하는 절차를 이행하라는
이행판결을 한 하급심판결이 있다.[63]

또한, 본안이 아닌 재임용심사절차이행 가처분사건에서 교원소청심사
위원회에서 재임용거부처분이 취소되어 그 결정의 형성력으로 인하여 채
권자들과 채무자 사이의 재임용거부처분이 취소되었고, 따라서 채무자는
채권자들에 대하여 관계법률 등에 따라 적법한 재임용심사절차를 이행할
의무가 있다고 하여 이를 구한 채권자들의 청구를 인용한 사례가 있다.[64]

이에 관하여는 구 사립학교법이 적용되는 사안에 있어서는 재임용절차
이행을 구하는 것은 무리가 있으나, 개정된 사립학교법이 적용되는 사안
에서는 법이 임용기준, 절차에 대해 상세히 규정하고 있고 학교에서도 이
러한 취지를 반영하여 내부절차 및 심사의 기준에 관한 규정을 정관, 인
사규정, 학칙 등의 형태로 자세히 마련하였으므로 재임용의 실체적 위법
성에 대해 판단하기 용이한 점, 재임용이 실체적으로 위법하다면 결국 학
교에 재임용의무가 있는 것임에도 이를 무효확인소송의 형태로만 인정하
면 학교가 또다시 재임용거부결정을 하는 것을 막을 수 없고 교원은 다
시 새로운 재임용거부결정에 대하여 소송을 하여야 하는 점, 이는 재임용
거부에 대한 사법심사를 인정하자는 대법원판례 및 현행법의 취지에 반
하는 점을 고려하면 재임용절차를 이행하라는 주문과 재임용절차를 이행

---

63) 서울중앙지법 2005. 11. 18. 선고 2005가합64069 판결.
64) 부산지법 동부지원 2008. 5. 8.자 2008카합14 결정.

할 때까지 손해배상을 인정하는 것이 가능하다고 보아야 한다는 주장이
있다.[65]

IV. 공무원의 해고관련 행정소송에 있어서의 소의 이익

1. 개 설

공무원의 근로관계와 민간 근로자의 근로관계가 동일한 법리의 지배를
받는가에 관하여는 이론이 있을 수 있으나, 현재 우리 대법원은 그 소의
이익에 대하여 별다른 차이를 두지 않고 직위해제와 같은 행정처분의 무
효확인의 소도 확인의 소의 일종이므로 청구의 내용인 권리관계 또는 법
률상 이익의 존부에 관하여 즉시 판결로써 확정을 받아야 할 법률상의 이
익 내지 필요가 있는 경우에 허용된다고 보고 있다.[66]

2. 직위해제처분 후 다른 직위가 부여된 경우

직위해제처분은 공무원이 공무원법 소정의 사유가 있을 경우에 공무원
의 신분관계는 존속시키면서 다만 그 직위만을 부여하지 아니하는 처분
으로서,[67] 징계처분과 같이 공무원관계의 질서유지를 목적으로 한 공무원
으로서 지켜야 할 의무의 불이행에 대한 제재가 아니라, 직무의 효율적

---

65) 이지영, 앞의 논문, 19~20면.
66) 김완섭, "직위해제처분을 받았다가 다른 직위를 부여받은 경우에 그 직위해제처분의
    무효를 구할 소익의 유무", 대법원 판례해설 8호, 법원도서관, 1988. 12., 314~315
    면 참조.
67) 대법원 1981. 1. 13. 선고 79누279 판결.

수행을 목적으로 하여 과하여진 행정주체의 일방적인 공무원관계 변경행위라고 해석되고 있다.[68]

대법원은 3개월간의 직위해제처분을 받았다가 이어서 해임처분을 받았는데 그 후 원고가 불복하여 소청심사청구를 하자 소청심사위원회가 해임처분을 정직 3개월로 변경하는 결정을 하고 그에 따라 피고(서울특별시 종로구청장)가 원고에 대한 해임처분을 정직 3개월로 변경함과 동시에 원고를 다른 직위로 전보한 사안에서, 직위해제처분의 무효확인을 구할 소익은 없다고[69] 판시하였다.[70] 대법원은 직위해제란 공무원에 있어서 그 직위를 계속 유지시킬 수 없는 사유가 있어 그 직위를 부여하지 아니하는 처분으로서 공무원이 직위해제처분을 받았다가 얼마 후에 다른 직위를 다시 부여받았다면 그 직위는 이미 회복되었다고 볼 것이므로 그 직위해제처분에 어떤 하자가 있음을 이유로 그 무효확인을 구할 소송상의 이익은 없다고 하였다.

3. 직위해제처분과 징계면직·해임과의 관계

직위해제처분과 해임처분은 그 목적과 성질이 다른 처분이므로 해임처분이 직위해제처분과 동일한 사유를 이유로 하였다고 하더라도 일사부재리의 원칙에 위배되지 않는다고 함이 판례이다.[71] 하지만, 동일한 사유를 가지고 직위해제처분을 하였다가 해임이나 파면을 한 경우에 양자의 관계를 어떻게 볼 것인지에 관하여는 양자가 전혀 무관한 별개의 행정처분

---

68) 김완섭, 앞의 논문, 311면.
69) 김완섭, 앞의 논문, 315~316면.
70) 대법원 1987. 9. 8. 선고 87누560 판결; 그리하여 직위해제처분에 대한 무효확인 청구부분에 관하여는 직권으로 파기하여 그 부분에 관한 소를 각하하였으나, 징계처분(정직)취소청구에 대하여는 원고의 상고를 기각하였다.
71) 대법원 1983. 10. 25. 선고 83누340 판결; 同旨 대법원 1983. 10. 25. 선고 83누184 판결.

임을 이유로 하여 선행 직위해제처분은 후행 해임징계처분으로 말미암아 아무런 영향을 받지 않는다는 견해와 그렇지 않고 직위해제 해당사실과 동일한 사실이나 직위해제 해당사실을 포함한 다른 사실을 이유로 해임처분을 하였을 경우에 한하여 선행 직위해제처분이 그 효력을 상실한다고 하는 견해가 대립하고 있다.[72]

원고에 대한 직위해제처분을 한 후 징계권자가 직위해제처분사유와 동일한 사유로 중앙징계위원회에 징계의결을 요구하여 원고에 대한 파면이 의결된 사안에서, 원심은 직위해제 처분이 그 뒤에 있은 파면처분에 의하여 실효되었음을 전제로 직위해제처분의 무효확인을 구하는 원고의 청구를, 직위해제 사유와 파면사유가 동일한 경우에는 뒤에 이루어진 파면처분에 의하여 그전에 있었던 직위해제 처분은 그 효력을 상실케 된다고 하여 효력상실설의 입장을 취하면서도 직위해제 처분사유 중의 일부가 뒤에 있는 파면처분의 사유에서 빠진 위 사안에 있어서는 그 파면처분에 의하여 그전에 이루어진 직위해제 처분의 효력이 상실되지 않는다고 판시하여 원고의 청구를 배척하였다.[73]

그러나 대법원은 원심을 파기하였다.[74]

대법원은 직위해제처분 후에 그와 동일한 사유를 들어 파면처분을 하였다면 이로써 직위해제처분은 효력을 상실하는 것이고 이 경우 징계사유와 파면사유가 동일한지의 여부는 중요한 사유들이 동일하여 전체적으로 볼 때 동일사유로 볼 수 있는지의 여부에 의하여 결정되어야 한다고 판시하여 효력상실설의 입장을 취하면서[75] 동일 사유의 기준을 제시하였다. 위 사안에서 중앙징계위원회가 징계권자의 징계의결 요구사항 중의

72) 김완섭, 앞의 논문, 312~313면.
73) 서울고법 1979. 8. 29. 선고 78구239 판결.
74) 대법원 1981. 1. 13. 선고 79누279 판결.
75) 대법원 1981. 1. 13. 선고 79누279 판결; 同旨 대법원 1980. 9. 30. 선고 79누65 판결; 대법원 1979. 7. 24. 선고 79누154 판결; 대법원 1978. 12. 26. 선고 77누148 판결.

일부를 징계사유에서 제외한 것은 그 사항이 징계사유가 되지 않거나 그에 관한 인정자료가 없어 이를 제외한 것으로서 양 사유를 전체적으로 살펴볼 때 원고에 대한 직위해제 사유와 파면처분 사유는 동일한 것으로 봄이 타당하여 원고에 대한 직위해제 처분은 후에 한 파면처분에 의하여 효력이 상실된 것이라고 하였다. 또한, 이러한 경우 직위해제 처분의 효력이 상실되었다고 하더라도 피고가 이를 다투고 있어 그 확인을 구할 이익이 있는 한 직위해제 처분의 무효확인을 구할 이익이 있다고 판시하였다.

4. 당연 퇴직의 행정처분성

1981. 4. 20 법률 제3447호로 개정되기 전의 국가공무원법 제73조의 2 제4항은 직위해제된 자가 6월이 경과하여도 직위를 부여받지 못한 경우에는 6월이 경과한 날에 당연 퇴직한다고 규정하고 있었는바,76) 대법원은 당연 퇴직처분의 무효확인을 구하는 원고의 소를 각하한 원심의 조처는 정당하다고 판시하였다.77) 당연 퇴직은 직위해제 처분에 의한 직위해제 상태가 일정기간 존속하는 경우에 그 직위해제 상태의 일정기간 존속이라는 사실에 대한 효과로서 발생되는 것에 불과한 것이어서, 직위해제 처분이 무효로 되거나 취소되면 당연 퇴직의 효과는 발생하지 않았던 것으로 되는 것이며 직위해제처분 외에 당연 퇴직의 행정처분이 있는 것은 아니라고 할 것이므로, 당연 퇴직의 인사발령은 행정소송의 대상이 되지 않는다고 하였다.

---

76) 위 규정은 1981. 4. 20. 개정되어 "第3項의 規定에 의하여 待機命令을 받은 者에 대하여는 任用權者 또는 任用提請權者는 能力回復이나 態度改善을 위한 敎育訓練 또는 特別한 硏究課題의 賦與등 필요한 措置를 하여야 한다."라고 변경되었다.
77) 대법원 1981. 1. 13. 선고 79누279 판결; 同旨 대법원 1980. 9. 30. 선고 79누65 판결; 대법원 1979. 11. 27. 선고 79누208 판결; 대법원 1977. 9. 28. 선고 76누144 판결.

V. 소 결

전반적으로 보아 해고무효확인의 소에 있어서의 소의 이익에 관하여 대법원은 점차로 엄격한 해석을 하여왔다. 물론 소의 이익이라는 개념이 무익한 소송을 막고자 하는 공익적 견지에서 고안된 개념으로서 소의 이익의 범위를 무한정 넓힐 수는 없겠으나 사실상 해고가 무효임을 확인하는 내용의 판결이 선고되면 근로자와 사용자 간의 분쟁이 종결되는 경우가 허다함에도, 심지어 사실심 종결 후에 사정까지 고려하여 소의 이익이 없음을 이유로 원심을 파기하고 소를 각하한 것은 지나치다는 느낌이 든다.

95재다199 전원합의체 판결의 반대의견이 적절하게 지적한 바와 같이, 소의 이익이라는 개념은 원래 무익한 소송제도의 이용을 통제함으로써 법원의 부담을 경감해 주고자 하는 국가적·공익적 견지에서 고안된 개념이나 국민의 기본적 인권의 보장이 강조되고, 국가에 대한 국민의 지위가 특별히 중요시되는 오늘과 같은 시대에 있어서는 소송제도를 이용하는 국민의 권리를 법원의 부담 경감이라는 국가적 이익만을 내세워 제한하는 것이 더는 용인되어서는 아니 될 것이다.

남소를 방지한다는 명목으로 소의 이익의 범위를 지나치게 좁게 제한하는 것은 실질적으로 분쟁이 있음에도 불구하고 법원이 법률적인 분쟁이 아니라고 판단하여 재판을 거부함으로써 국민의 재판을 받을 권리를 본질적으로 침해하는 결과를 초래하게 된다. 소의 이익이란 개념이 더는 국민으로 하여금 법원에 의한 분쟁해결의 기회에 접근하기 어렵게 만드는 제약이나 장벽으로 작용하여서는 아니 되며, 소의 이익에 관한 논의는 어디까지나 국민으로 하여금 그들이 주장하는 분쟁을 가능한 한 재판에 의하여 해결할 수 있도록 길을 열어 준다는 데 주안점을 두고 논의되어야 한다.

이러한 관점에서 볼 때, 소의 이익에 관한 판례의 태도, 특히 계약기간의 만료와 관련된 판례들이 과거의 법률관계에 관하여도 확인의 이익을 인정하는 범위를 점점 넓혀 가는 시대의 추세[78]와는 반대로 노동사건에 있어서는 소의 이익에 관한 종래의 관념에 집착하여 그 범위를 엄격하게 해석한 이유는 1980년대 말 이후에 폭발적으로 증가한 노동사건과 무관하지 아니한 것으로 보인다. 노동관계소송의 폭증에 대응하여 근로자들과 사용자 간의 분쟁을 조기에 종식시키고 산업현장의 평화를 확보하고자 노동사건에서 신의칙을 활발히 적용하는 판례를 확립하여 나감과 동시에 노동사건에 있어서의 소의 이익과 관련하여 더욱 엄격한 해석을 하게 된 것이라 생각한다.

일반적인 소의 이익 확대와 관련하여 대법원은 최근 몇 개의 주목할 만한 전원합의체 판결을 한 바 있다.

먼저 영업정지처분취소와 관련한 전원합의체 판결이 있다. 이 판결은 제재적 행정처분이 그 처분에서 정한 제재기간의 경과로 인하여 그 효과가 소멸되었으나, 부령인 시행규칙 또는 지방자치단체의 규칙의 형식으로 정한 처분기준에서 제재적 행정처분을 받은 것을 가중사유나 전제요건으로 삼아 장래의 제재적 행정처분을 하도록 정하고 있는 경우, 선행처분인 제재적 행정처분을 받은 상대방이 그 처분에서 정한 제재기간이 경과하였다 하더라도 그 처분의 취소를 구할 법률상 이익이 있는지 여부에 관한 것으로서 항고소송에 있어서 소의 이익을 엄격하게 해석한 대법원 1995. 10. 17. 선고 94누14148 전원합의체 판결[79]을 변경한 것이다.[80]

---

78) 이승영, 앞의 논문, 168면.
79) 다수의견으로, 행정처분에 효력기간이 정하여져 있는 경우, 그 처분의 효력 또는 집행이 정지된 바 없다면 위 기간의 경과로 그 행정처분의 효력은 상실되므로 그 기간 경과 후에는 그 처분이 외형상 잔존함으로 인하여 어떠한 법률상 이익이 침해되고

대법원은 제재적 행정처분의 가중사유나 전제요건에 관한 규정이 법령이 아니라 규칙의 형식으로 되어 있다고 하더라도, 그러한 규칙이 법령에 근거를 두고 있는 이상 그 법적 성질이 대외적·일반적 구속력을 갖는 법규명령인지 여부와는 상관없이, 관할 행정청이나 담당공무원은 이를 준수할 의무가 있으므로 이들이 그 규칙에 정해진 바에 따라 행정작용을 할 것이 당연히 예견되고, 그 결과 행정작용의 상대방인 국민으로서는 그 규칙의 영향을 받을 수밖에 없으므로 그러한 규칙이 정한 바에 따라 선행처분을 받은 상대방이 그 처분의 존재로 인하여 장래에 받을 불이익, 즉 후행처분의 위험은 구체적이고 현실적인 것이라고 판시하였다. 그리하여 대법원은, 이와 같이 규칙이 정한 바에 따라 선행처분을 가중사유 또는 전제요건으로 하는 후행처분을 받을 우려가 현실적으로 존재하는 경우에는, 선행처분을 받은 상대방은 비록 그 처분에서 정한 제재기간이 경과하였다 하더라도 그 처분의 취소소송을 통하여 그러한 불이익을 제거할 권리보호의 필요성이 충분히 인정되고 선행처분의 취소를 구할 법률상 이익이 있다고 하였다.

다른 2개의 전원합의체 판결은 구 사립학교법(2005. 12. 29. 법률 제7802호로 개정되기 전의 것)과 관련된 것이다.

하나는 구 사립학교법상의 절차에 따라 선임된 임시이사들이 그 선임사유가 종료한 때에 정식이사를 선임하는 내용의 이사회결의를 한 경우, 임시이사들이 선임되기 전에 적법하게 선임되었다가 퇴임한 최후의 정식이사들에게 위 이사회결의의 하자를 다툴 소의 이익이 있는지 여부와 관련한 판결이다. 대법원은 다수의견으로, 종전이사는 구 사립학교법 제20

있다고 볼 만한 별다른 사정이 없는 한 그 처분의 취소를 구할 법률상의 이익이 없고, 행정명령에 불과한 각종 규칙상의 행정처분기준에 관한 규정에서 위반 횟수에 따라 가중처분하게 되어 있다 하여 법률상의 이익이 있는 것으로 볼 수는 없다고 하였다.

80) 대법원 2006. 6. 22. 선고 2003두1684 전원합의체 판결.

조의2 제1항에 의한 이사취임승인의 취소 등에 뒤이어 같은 법 제25조에 의하여 교육인적자원부장관이 선임한 임시이사들로만 구성된 임원진이 존재하다가 임시이사 선임사유가 해소된 경우, 자신이 정식이사로서의 지위를 회복하는지 여부 또는 스스로 새로운 정식이사를 선임할 권한이 있는지 여부와 관계없이 학교법인의 설립목적을 구현함에 적절한 정식이사를 선임하는 문제와 관련하여 직접적인 이해관계를 가지는 사람이라 할 것이어서, 종전이사들은 구 사립학교법상의 임시이사들이 정식이사를 선임하는 내용의 이사회 결의에 대하여 법률상의 이해관계를 가진다고 할 수 있으므로 그 무효 확인을 구할 소의 이익이 있다고 판시하였다.[81]

다른 하나는 학교법인 임원취임승인취소처분의 취소를 구하는 소송에 관한 판결이다. 대법원은 종래 이사의 임기가 만료되고 거기다가 구 사립학교법 제22조 제2호의 임원결격기간까지 경과되었다면 임원취임승인취소처분의 취소를 구하는 소는 법률상 이익이 없어 부적법하고, 임시이사 선임처분의 취소를 구하는 소 역시 법률상 이익이 없다고 판시하여 왔으며,[82] 또한 학교법인의 이사에 대한 취임승인이 취소되고 임시이사가 선임된 경우 그 임시이사의 재직기간이 지나 다시 임시이사가 선임되었다면 당초의 임시이사 선임처분의 취소를 구하는 것은 법률상 이익이 없어 부적법하다고 판시한 바 있었는데[83] 이러한 판례의 태도를 변경하고 소의 이익을 인정하였다.[84] 대법원은 임시이사 선임처분에 대하여 취소를 구하는 소송의 계속 중 임기만료 등의 사유로 새로운 임시이사들로 교체

---

81) 대법원 2007. 5. 17. 선고 2006다19054 전원합의체 판결의 8인 대법관의 다수의견.
82) 대법원 1995. 3. 10. 선고 94누8914 판결; 대법원 1997. 4. 25. 선고 96누9171 판결; 대법원 1999. 6. 11. 선고 96누10614 판결; 대법원 2003. 3. 14.자 2002무56 결정; 대법원 2003. 3. 14. 선고 2002두10568 판결; 대법원 2003. 10. 24. 선고 2003두5877 판결 등.
83) 대법원 2002. 11. 26. 선고 2001두2874 판결.
84) 대법원 2007. 7. 19. 선고 2006두19297 전원합의체 판결(반대의견 없이 전원일치의 판결이 이루어졌다).

된 경우, 선행 임시이사 선임처분의 효과가 소멸하였다는 이유로 그 취소를 구할 법률상 이익이 없다고 보게 되면, 원래의 정식이사들로서는 계속 중인 소를 취하하고 후행 임시이사 선임처분을 별개의 소로 다툴 수밖에 없게 되며, 그 별소 진행 도중 다시 임시이사가 교체되면 또 새로운 별소를 제기하여야 하는 등 무익한 처분과 소송이 반복될 가능성이 있으므로, 이러한 경우 법원이 선행 임시이사 선임처분의 취소를 구할 법률상 이익을 긍정하여 그 위법성 내지 하자의 존재를 판결로 명확히 해명하고 확인하여 준다면 위와 같은 구체적인 침해의 반복 위험을 방지할 수 있을 뿐 아니라, 후행 임시이사 선임처분의 효력을 다투는 소송에서 기판력에 의하여 최초 내지 선행 임시이사 선임처분의 위법성을 다투지 못하게 함으로써 그 선임처분을 전제로 이루어진 후행 임시이사 선임처분의 효력을 쉽게 배제할 수 있어 국민의 권리구제에 도움이 된다고 하였다. 그러므로 취임승인이 취소된 학교법인의 정식이사들로서는 그 취임승인 취소처분 및 임시이사 선임처분에 대한 각 취소를 구할 법률상 이익이 있고, 나아가 선행 임시이사 선임처분의 취소를 구하는 소송 도중에 선행 임시이사가 후행 임시이사로 교체되었다고 하더라도 여전히 선행 임시이사 선임처분의 취소를 구할 법률상 이익이 있다고 판시하였다.

소의 이익의 범위를 확대하여 국민의 권리구제 기회를 확대하고자 하는 시도는 권리보호 범위의 확대 경향과 또한 그에 대한 수요가 상존하고 있는 현대사회의 상황에 맞는 적절한 태도이다. 따라서 부당해고 구제소송에 있어서도 소의 이익의 문제는 이러한 현대적 추세 및 위와 같은 최근 대법원의 일반적인 소의 이익 긍정추세에 발맞추어 계속하여 소의 이익을 긍정하는 방향으로 발전되어 나가야 할 것이다. 소의 이익의 범위를 확대하고자 하는 위 대법원 판결들이 앞으로 해고무효 관련소송에서 어떠한 영향을 미칠 것인지 주목된다.

제2절 해고관련 소송과 신의칙·실효의 원칙[1]

Ⅰ. 개 설

1. 신의성실의 원칙(신의칙)

1) 의 의

신의성실의 원칙(신의칙)이란 사회공동체의 일원으로서 서로 상대방의 신뢰를 헛되이 하지 않도록 성의 있게 행동하여야 한다는 원칙이다.[2] 우리 민법 제2조 제1항은 "권리의 행사와 의무의 이행은 신의에 좇아 성실히 하여야 한다."라고, 제2항은 "권리는 남용하지 못한다."[3]라고 각 규정하고 있고, 민사소송법 제1조 제2항은 "당사자와 소송관계인은 신의에 따라 성실하게 소송을 수행하여야 한다."라고 규정하여 신의칙이 실체법뿐만 아니라 절차법에 이르기까지 법 전반에 걸쳐 적용되는 일반원칙임을 선언하고 있다.[4]

'신의'나 '성실'이라는 개념은 사람의 행동이나 태도에 대한 윤리적·도덕적 평가를 나타내는 것인데 신의칙은 이를 법적 평가에 도입한 것이

---

1) 이 부분은 정진경, "해고무효확인소송과 신의칙·실효의 원칙"(사법논집 43집, 법원도서관, 2006, 537면 이하)을 수정·보완한 것이다.

2) 곽윤직, 「민법총칙」, 제7판, 박영사, 2003, 60면; 고상룡, 「민법총칙」, 제3판, 법문사, 2003, 44면; 백태승, 「민법총칙」, 개정판, 법문사, 2004, 89면.

3) 신의칙과 권리남용과의 관계에 대하여는 중복적용설이 통설이라 한다(고상룡, 앞의 책, 65면; 김상영, "민사소송에서의 신의칙에 관한 판례동향", 법학연구 39권 1호(통권 47호)(김균보교수 정년기념논문집), 부산대학교 법과대학, 1998. 12., 2~3면.

4) 김상영, 앞의 논문, 2면.

다.5) 신의칙은 윤리규범성을 띠며 오늘날 사법이념의 일반적·추상적 내용을 선언한 것으로서 가치의 보충을 요하는 일반조항이다.6) 따라서 신의칙은 확고한 법률적 지위에도 불구하고 그 실체가 불확실하며 그 판단이 판사의 재량에 맡겨져 있어 예측불가능하고, 적용범위에도 제한이 없어 법적 안정을 저해할 위험이 있다.7) 그렇다고 하여 모든 예상가능한 경우를 법률로 규정하여 사회현상을 규율하고 분쟁을 해결하려고 하는 것은 불가능하므로8) 신의칙과 같은 추상적이고 일반적인 규정은 불가피한 것이다. 법적 안정은 위와 같은 신의칙의 특성을 이해하고 그 요건을 가능한 한 명확히 함에 의하여 해결할 수밖에 없다.9)

2) 연혁 및 기능

신의칙은 '선 및 형평(bonum et aequum)'을 기초로 하여 창조된 로마법의 선의소송(bonae fidei indicia) 및 일반적 악의의 항변(exceptio doli generalis)에 기원을 둔 것이라 한다.10)

---

5) 곽윤직, 앞의 책, 60면; 백태승, 앞의 책, 89면.

6) 백태승, 앞의 책, 89~90면; 곽윤직, 앞의 책, 61면; 이은영, 「민법총칙」, 제4판, 박영사, 2005, 78면; 「민법주해 [1] 총칙(1)」, 박영사, 2002, 93~94면(양창수 집필부분)(이하 '주해총칙(1)'이라 한다); 박상훈, "해고무효의 주장과 실효의 원칙-최근 대법원 판례의 경향에 대한 비판적 고찰"(이하 '실효의 원칙'이라 한다), 노동법연구 3호, 서울대학교 노동법연구회, 1993, 14~15면.

7) 주해총칙(1), 104면; 고상룡, 앞의 책, 44면; 최광준, "신의칙에 관한 민사판례의 동향-실효의 원칙을 중심으로", 법학연구 39권 1호(통권 47호)(김균보교수 정년기념 논문집), 부산대학교 법과대학, 1998. 12., 213~214면.

8) 1794년 프로이센 일반 란트법의 입법자들은 19000개가 넘는 조문으로 구성된 방대한 법전을 만들어 판사의 자의적 해석을 배척하려고 하였으나, 곧 그러한 방대한 법조문으로도 당대의 사회현상을 빠짐없이 규율하는 것은 불가능하다는 점을 깨닫게 되어 독일 민법전의 제정 당시에는 신의칙과 같은 일반조항의 필요성이 대두하였다고 한다(최광준, 앞의 논문, 214면).

9) 최광준, 앞의 논문, 214면; 김학동, "실효의 원칙(2)"(이하 '실효원칙2'라 한다), 판례월보 153호, 판례월보사, 1983. 6., 10면.

근대법에서는 프랑스 민법이 "계약은 신의에 따라서 이행하여야 한다."[11]라고 하여 신의칙에 관한 규정을 둔 것이 최초이며, 그 후 독일 민법이 "계약은 거래관행을 고려하여 신의성실의 요구에 따라 해석하여야 한다.",[12] "채무자는 거래관행을 고려하여 신의성실의 요구에 따라 급부할 의무를 진다."[13]라고 하여 신의칙을 규정하였다. 신의칙은 이때까지는 법률행위의 해석과 채무의 이행에 관한 원칙이었으나 독일의 학설과 판례는 이를 기초로 신의칙을 채권법 전체에 통하는 최고원칙으로 삼았다.[14]

스위스 민법은 제2조 제1항에서 "모든 사람은 권리의 행사와 의무의 이행에 있어서 신의성실에 따라 행동하여야 한다."라고 규정하여 신의칙을 민법 전체에 걸치는 원칙으로 발전시켰다.[15]

일본 민법이 스위스 민법을 본받아 제1조 제2항에서 신의칙을 민법 전반에 걸친 원칙으로 규정하였고, 우리 민법도 동일하다.[16]

우리의 구 민사소송법은 1990. 1. 13. 개정되면서 제1조 후문에서 "당사자와 관계인은 신의에 좇아 성실하게 이에 협력하여야 한다."라고 신의성실의 원칙에 관한 규정을 신설하여 절차법에도 신의칙이 적용됨을 명백히 하였고, 2002. 1. 26. 제정된 신 민사소송법은 제1조 제2항에서 이를 규정하고 있다.

신의칙은 법의 일반원칙으로서 채권관계뿐만 아니라 널리 물권관계나 가족관계, 공법 및 소송법에도 적용되는 것으로 이해되고 있다.[17] 따라서,

---

10) 주해총칙(1), 75~76면; 백태승, 앞의 책, 90면.
11) 프랑스민법 1134조.
12) 독일민법 157조.
13) 독일민법 242조.
14) 곽윤직, 앞의 책, 81면.
15) 곽윤직, 앞의 책, 61면; 백태승, 앞의 책, 91면.
16) 주해총칙(1), 78면.
17) 이영준, 「민법총칙」, 개정증보판, 박영사, 2007, 50~61면; 이은영, 앞의 책, 75~76면; 백태승, "신의성실의 구체적 원칙에 관한 판례의 태도", 민사법학 16호, 한국

사용자에 의하여 해고를 당한 근로자가 해고무효확인과 해고기간 동안의 임금을 청구하는 경우에도 신의성실의 원칙이 적용된다.[18]

　신의칙은 법률행위 해석원리로서 기능하며,[19] 당사자들에게 법률상 또는 계약상 주어지는 의무 외에도 부수의무로서 새로운 의무를 발생시키기도 하고, 반대로 법률적으로 주어진 권리라고 하더라도 권리부여근거규정의 존재목적에 어긋나는 불성실하거나 부당한 권리행사를 제한하는 기능을 하기도 하며, 계약내용을 통제하거나 보정하기도 한다.[20]

　신의칙에서 유래하는 구체적인 원칙으로는 사정변경의 원칙, 모순행위금지의 원칙(금반언의 원칙), 실효의 원칙 등이 거론되고 있다.[21]

2. 실효의 원칙 일반론

　권리자는 일반적으로 권리를 행사하는 것에 관하여 어떠한 법적인 강제를 부담하지 않는다.[22] 하지만, 권리자는 어떤 권리든 이를 실제로 행사함에 있어서는 그 권리를 신의에 좇아 성실히 행사하여야 하고 권리는 남용하지 못하는 것이므로, 권리자가 실제로 권리를 행사할 기회가 있었음에도 상당한 기간이 경과하도록 권리를 행사하지 아니하여 의무자인 상대방으로서도 이제는 권리자가 권리를 행사하지 아니할 것으로 신뢰할

사법행정학회, 1998. 6., 193면; 김상영, 앞의 논문, 1면.
18) 김지형, 「근로기준법 해설」, 청림출판, 2000, 572면.
19) 곽윤직, 앞의 책, 62면; 백태승, 앞의 논문, 193면.
20) 백태승, 앞의 책, 91～92면; 최광준, 앞의 논문, 215～216면; 신의칙의 기능을 해석기능, 형평기능, 보충기능, 수정기능으로 분류[주해총칙(1), 101면]하거나, 권리창설적 기능, 권리변경적 기능, 권리소멸적 기능으로 분류(이영준, 앞의 책, 73면)하기도 하는 등 학자에 따른 표현의 차이가 있으나 그 내용은 큰 차이가 없다.
21) 고상룡, 앞의 책, 46～54면; 백태승, 앞의 논문, 194～207면.
22) 이영준, 앞의 책, 791면; 小西國友, "解雇無效の主張と失效の原則", 實務民事訴訟講座(9), 日本評論社, 1970. 8., 344～345면.

만한 정당한 기대를 가지게 된 다음에 새삼스럽게 그 권리를 행사하는 것이 법질서 전체를 지배하는 신의성실의 원칙에 위반하는 것으로 인정되는 결과가 될 때에 그 권리의 행사가 허용되지 않는다는 것이 실효의 원칙이다.[23]

민법은 시간의 경과에 의하여 권리가 소멸되는 제도로서 소멸시효와 제척기간을 두고 있다. 하지만, 이들은 그 기간이 고정적이고 권리에 따라서는 적용되지 않는 경우도 있으며, 특히 권리자가 자기의 청구권을 오랫동안 행사하지 않았고 그러한 태도로 인하여 상대방도 권리자가 그 권리를 더는 행사하지 않으리라는 기대가 생긴 것이 정당화되는 경우에는 소멸시효의 기간이 너무 길다고 생각되므로, 형식적으로 도식화된 소멸시효기간을 보정하고 정당하게 하기 위하여 개개의 구체적인 경우에 적합한 자발적이고 유동성 있는 법률제도로서 만들어 놓은 것이 실효의 원칙이다.[24]

실효의 원칙의 근거에 관하여는 많은 논의가 있었는데, 1934년 Siebert가 그의 저서[25]에서 실효의 원칙은 형식적으로는 적법한 권리행사이지만 구체적인 사안에서 특별한 사정으로 그 권리행사를 허용할 수 없는 경우에 올바른 판결을 내리기 위하여 발달된 것으로서 신의칙의 하나의 특별한 유형이라고 주장하였으며, 이러한 주장은 독일의 판례와 학설에 의하여 수용되었다.[26]

---

23) 대법원 2005. 10. 28. 선고 2005다45827 판결; 대법원 1992. 12. 11. 선고 92다23285 판결; 따라서 전의 권리불행사가 신의칙에 반하는 것이 아니라 후의 권리행사가 신의칙에 반하는 것이다(이영준, 앞의 책, 791면); 김학동, "실효의 원칙(1)"(이하 '실효원칙1'이라 한다), 판례월보 152호, 판례월보사, 1983. 5., 12면.

24) 김학동, 실효원칙1, 20~21면; 윤철홍, "판례에 나타난 실효의 원칙", 민법의 과제와 현대법의 조명(홍천룡박사 화갑기념), 21세기 국제정경연구원, 1997, 36면; 김찬돈, "실효의 원칙", 형평과 정의 7집, 대구지방변호사회, 1992. 12., 138~139면.

25) Siebert, Verwirkung und Unzulässigkeit der Rechtsausübung, S.59[김학동, 실효원칙1, 16면 각주 31)에서 재인용].

26) 김학동, 실효원칙1, 16면.

현재 실효의 원칙은 신의칙의 제한적 기능에서 파생된 것이고, 새삼스럽게 권리를 행사하는 것이 이제까지 권리를 행사하지 아니하던 것과 모순된다는 점에서 모순행위금지의 원칙의 특칙으로 이해되고 있으며,27) 영미법상의 금반언의 원칙의 한 유형이다.28)

이러한 실효의 원칙은 법적으로 특별한 관계가 있거나 있었던 사람 사이에 적용되는 원칙이지만29) 그 요건이 존재하는 한 채권법에 한하지 아니하고 물권법, 공법, 소송법 등 모든 법 영역에 적용되는 원칙으로서 개인이 소에 의하여 법원의 판단을 구하는 권리인 소권에도 적용된다.30)

3. 실효의 원칙의 요건

실효는 권리자가 장기간에 걸쳐 권리를 행사하지 아니하고 그로 인하여 권리의 행사가 신의칙에 위반되어 허용되지 않기에 이른 것이므로, 그 요건은 ① 권리자가 상당한 기간 권리를 행사하지 않았어야 하고(시간요소), ② 의무자인 상대방이 권리가 행사되지 않으리라고 신뢰할 만한 정당한 사유(사정요소)31)가 있어야 한다.32)

---

27) 이영준, 앞의 책, 791면; 백태승, 앞의 논문, 203면; 윤철홍, 앞의 논문, 36면; 김학동, 실효원칙1, 17면.

28) 김학동, 실효원칙1, 16면; 최광준, 앞의 논문, 216면; 小西國友, 앞의 논문, 346면.

29) 주해총칙(1), 94면; 윤재식, "해고무효의 주장과 실효의 원칙", 법학논집(김용철선생 고희기념), 박영사, 1993. 12., 924~925면; 백태승, 앞의 책, 93면.

30) 小西國友, 앞의 논문, 345면; 주해총칙(1), 143면; 김학동, "실효의 원칙에 관한 판례분석"(이하 '판례분석'이라 한다), 사법연구 7집, 한학문화, 2002. 12., 114면; 윤재식, 앞의 논문, 924면; 이광범, "실효의 원칙의 의의 및 그 원칙의 소송법상 권리에 대한 적용가부", 대법원 판례해설 27호, 법원도서관, 1997. 7., 15면.

31) 의무자가 이제 더 이상 권리의 행사가 없을 것이라고 기대하게 하는 기타의 사정이라고 하여 사정요소라고 한다[주해총칙(1), 143면].

32) 대법원 1992. 12. 11. 선고 92다23285 판결; 대법원 1992. 5. 26. 선고 92다3670 판결; 김지형, 앞의 책, 572면.

①은 시간적 요건을 말하는 것으로서 어느 정도의 기간[33] 동안 권리행사를 하지 않아야 실효의 요건을 충족시키느냐 하는 것이 문제된다. 하지만, 소멸시효나 제척기간에서와 같이 일정하게 절대적인 기간을 정하는 것은 불가능할 뿐만 아니라 실효의 목적에도 위배되는 것이므로 결국 개별적 사건의 구체적인 상황과 성질에 따라 판단하는 수밖에 없다.[34] 개별적인 경우에 요구되는 시간의 장단은 사정요소에 의하여 영향을 받는다.[35] 전시나 전후의 경우에는 권리자의 권리행사가 실제적으로나 법적으로 방해받는 것이므로 이러한 장애가 있는 경우에는 권리자가 장기간 권리를 행사하지 않았더라도 실효가 배제된다.[36]

실효의 원칙이 적용되기 위해서는 단순히 권리의 장기간 불행사라는 사실의 존재만으로는 부족하고 결국은 ②의 요건에 따라 실효의 적용 여부가 결정된다.[37] ②는 구체적으로 어떠한 경우에 권리자의 권리행사가 신의칙에 반하여 부당한가의 문제로서,[38] 권리행사가 신의칙에 반한다고 보이는 특별한 사정[39]이 존재하여야 한다는 것이다.[40] 즉, 첫째 권리자 측의 행위를 평가하여 권리자의 권리불행사로부터 권리자의 권리행사를 이제 예상하지 않아도 좋다고 하는 사실을 객관적으로 인정할 수 있어야 하고, 둘째 의무자 측의 행위를 평가하여 권리자가 권리를 행사하지 않으

---

33) 박상훈 변호사는 임금의 소멸시효기간과 같은 3년을 일응의 기준으로 주장하고 있다(박상훈, 실효의 원칙, 41면).
34) 김지형, 앞의 책, 572면; 최광준, 앞의 논문, 217면; 윤철홍, 앞의 논문, 41면.
35) 김학동, 실효원칙2, 10∼11면.
36) 김학동, 실효원칙2, 18면.
37) 최광준, 앞의 논문, 217면; 백태승, 앞의 논문, 203면; 윤철홍, 앞의 논문, 42면; 이광범, 앞의 논문, 14∼15면; 小西國友, 앞의 논문, 353면.
38) 최광준, 앞의 논문, 217면.
39) 우리 판례는 근로자 측에는 이의 없는 퇴직금의 수령과 동종업체의 취업을, 사용자 측에는 새로운 인사체제의 구축을 가장 중요한 특별사정으로 보고 있다는 견해가 있다(윤재식, 앞의 논문, 927면).
40) 김학동, 실효원칙2, 11면; 백태승, 앞의 논문, 203면.

리라는 인식하에 의무자가 이에 맞추어 일정한 행위를 하였으므로 권리
자의 권리행사를 허용하는 것이 의무자로부터 보아 기대불가능한 것이어
야 한다.[41]

권리자나 상대방의 선의, 악의, 과실유무 등 당사자의 주관적인 요소는
신의칙에 기한 전반적 가치판단의 자료가 될 뿐이고 그것 자체가 결정적
인 기준이 되는 것은 아니다.[42]

권리자 측에 귀책사유가 있음은 요하지 않는다. 다만, 권리자가 권리를
행사하기 위하여 그가 할 수 있는 모든 것을 행한 경우에는 실효되지 않
으며,[43] 중대한 문제로서 이를 확정하는데 오랜 기간이 필요한 경우, 즉
시 권리자가 권리를 행사하는 것이 실제로 방해되고 있는 경우,[44] 권리행
사의 지체가 관청의 부적절한 심의에 기인하는 경우, 권리자에게 장기간
고려할 시간이 허용되어야 하는 경우 등에는 권리행사기간에 대한 고려
가 요청된다.[45]

그 외에 당사자들 간의 이익을 형량하여 권리자와 의무자 사이의 상충
하는 이익들 가운데 의무자의 신뢰에 따른 이익에 대한 보호가치가 권리
자의 이익에 대한 보호가치보다 덜하여서는 안 된다.[46]

대법원은 실효의 원칙이 적용되기 위하여 필요한 요건으로서의 실효기
간의 길이와 의무자인 상대방이 권리가 행사되지 아니하리라고 신뢰할
만한 정당한 사유가 있었는지의 여부는 일률적으로 판단할 수 있는 것이

---

41) 이영준, 앞의 책, 793~794면; 김학동, 실효원칙2, 11면; 최광준, 앞의 논문, 217면;
  윤철홍, 앞의 논문, 42면.
42) 김학동, 실효원칙2, 11면; 윤재식, 앞의 논문, 927~928면.
43) 윤철홍, 앞의 논문, 43면.
44) 박상훈 변호사는 5공화국 해직자의 경우 5공화국 종료시를 기준으로 상당한 기간을
  판단하여야 한다고 주장한다(박상훈, 실효의 원칙, 41면).
45) 김학동, 실효원칙2, 12면.
46) 최광준, 앞의 논문, 217면.

아니라 구체적인 경우마다 권리를 행사하지 아니한 기간의 장단과 함께
권리자 측과 상대방 측 쌍방의 사정 및 객관적으로 존재한 사정 등을 모두
고려하여 사회통념에 따라 합리적으로 판단하여야 할 것이라고 한다.[47)

4. 실효의 원칙의 효과

1) 항변사유 여부

해고무효확인의 소에 있어서 실효 여부는 법원이 직권으로 판단할 수
있는 것인지, 아니면 피고의 항변이 있어야 판단할 수 있는 것인지가 문
제된다.

실효의 원칙에 반하는 권리의 행사는 권리남용으로서[48) 상대방은 실효
의 항변으로써 대항할 수 있으며, 실효의 원칙으로 인해 권리 그 자체가
소멸하는 것이 아니라 권리행사가 제한되어 허용되지 않는 것이고[49) 권
리의 박탈은 법률에 규정이 있는 경우에 한하여야 한다는 견해가 있다.[50)
이 견해에 따르면 사용자의 실효 주장은 근로자의 권리행사를 저지하는
항변사유에 불과하므로 피고의 항변이 있어야 법원은 실효 여부를 판단
할 수 있다.[51)

---

47) 대법원 2005. 10. 28. 선고 2005다45827 판결; 대법원 1992. 12. 11. 선고 92다
    23285 판결.
48) 이영준, 앞의 책 794~795면.
49) 이은영, 앞의 책, 85면; 김학동, 실효원칙2, 13~14면; 윤재식, 앞의 논문, 932면; 백태
    승, 앞의 책, 100면; 小西國友, 앞의 논문, 357면; 김학동, 실효원칙2, 15면.
    反對, 윤철홍, 앞의 논문, 44면(실효로 말미암아 일시적으로 권리의 행사가 저지되
    는 것이 아니라 사실상 실효로 권리를 더는 주장할 수 없게 되어 소멸한다고 주장
    한다).
50) 곽윤직, 앞의 책, 67면.
51) 윤재식, 앞의 논문, 934면; 하지만 독일의 학설은 실효의 주장을 항변이라고 하면서
    도 직권에 의하여 고려되어야 한다고 한다(김학동, 실효원칙2, 14면).

하지만, 아래에서 보는 바와 같이 실효의 원칙에 반하는 경우에 해고무
효확인소송을 각하하여야 한다면 이는 소송요건이고, 또한 신의칙위반과
권리남용은 강행규정에 위배되는 것으로서 당사자의 주장이 없더라도 법
원이 직권으로 판단할 수 있다고 함이 판례이므로,[52] 해고무효확인소송에
있어서도 소의 제기 자체가 신의칙에 위반된 것인지를 직권으로 판단할
수 있다 할 것이다.[53]

다만, 현실적으로는 원고의 제소가 신의칙에 위반한 부적법한 것인지에
대한 판단을 위해서는 그에 관한 사실인정이 우선되어야 할 것이므로, 사
실상 사용자가 그 주장 및 증명을 하여야 하는 부담을 지게 될 것이다.

2) 주문의 형태

실효의 원칙에 반하는 해고무효확인소송에 대하여 구체적으로 소제기
자체가 부적법하다고 하여 소를 각하하여야 하는 것인지, 아니면 원고의
청구를 받아들일 수 없어 청구를 기각하여야 하는 것인지가 문제된다.

이 경우 청구기각의 판결을 하여야 한다는 견해가 있으며,[54] 실무상으
로는 통일되어 있지 않다.

소권도 실효될 수 있는 것이고 해고무효를 주장하는 권리의 행사가 신
의칙에 반하는 경우라면 소제기 자체가 소권의 남용으로서 부적법하다고
볼 수도 있으므로 소를 각하[55]함이 옳다고 생각한다.[56] 이에 대하여는 매

---

52) 대법원 1995. 12. 22. 선고 94다42129 판결, 대법원 1989. 9. 29. 선고 88다카
17181 판결.
53) 同旨 백태승, 앞의 책, 90면; 최광준, 앞의 논문, 215면; 한삼인, "신의성실의 원칙에
관한 판례분석", 고시계 47권 11호, 국가고시학회, 2002. 11., 99면.
反對 곽현수, "해고당한 근로자가 퇴직금을 수령한 경우 해고무효를 주장할 수 있는
지 여부", 대법원 판례해설 15호, 법원도서관, 1992. 6., 134~135면.
54) 박상훈, 실효의 원칙, 26면; 고상룡, 앞의 책, 63면; 김학동, 판례분석, 118면.
55) 김상영, 앞의 논문, 14면.
56) 대법원 2005. 10. 28. 선고 2005다45827 판결; 김상영, 앞의 논문, 14면; 차형근,

우 부당하게 근로자의 권리를 해하는 것이라는 반대가 있을 수도 있겠으
나 아래에서 보는 바와 같이 법률관계 자체가 실효되는 것으로 본다면 실
체적 권리의 행사가 허용되지 않는 것이나 소권 행사가 허용되지 않는 것
이나 근로자에게 주어지는 결과는 차이가 없으므로 그 이론적 구성이 적
절하고 실효기간이 합리적으로 산정된다면 별다른 문제는 없으리라 생각
한다.57)

현재 대법원은 다른 일반적인 경우에는 상대방이 이제 더는 권리자가
권리행사를 하지 않을 것으로 신뢰할 만한 정당한 기대에 관하여 엄격하
게 해석하여 소권의 실효를 부정하는 것이 대부분이나, 노사 간의 고용관
계에 관한 분쟁은 신속한 분쟁해결이 요청된다고 하여 비교적 쉽게 소권
의 실효를 인정하고 있다.58)

3) 실효의 범위

또한, 실효되는 것이 권리인가, 아니면 법률관계 그 자체인가에 관하여
도 논란이 있다. 전자의 견해는 실효되는 것은 권리이고 법률관계 자체는
실효되지 않기 때문에 해고무효로 인하여 존재하는 것으로 된 근로관계
자체는 실효되지 않고 실효되는 것은 임금청구권, 재해보상청구권, 휴업
수당청구권, 퇴직금청구권과 같은 근로관계로부터 발생한 각종의 권리라
고 하는 반면,59) 후자의 견해에 의하면 법률관계의 존재 자체를 주장하는
것 또한 이 원칙에 위배된다고 한다.60)

"해고소송에 있어서의 실효의 원칙", 판례연구 6집, 서울지방변호사회, 1993. 1.,
  457면; 小西國友, 잎의 논문, 358면.
57) 小西國友, 앞의 논문, 358〜359면.
58) 김상영, 앞의 논문, 7〜8면.
59) 김학동, 실효원칙2, 14면; 小西國友, 앞의 논문, 357면.
60) 윤재식, 앞의 논문, 932면; 곽현수, 앞의 논문, 133면; 박상훈, 실효의 원칙, 26면; 윤철
  홍, 앞의 논문, 44면; 이은영, 앞의 책, 95면.

5. 판례의 경향

앞서 본 바와 같이 신의칙은 그 내용이 명확하지 않고 유동적이어서 성질상 법적 안정성이라는 법이념에 배치될 위험성이 있으므로 우리 대법원은 이를 극히 예외적으로 인정하고 있다.

그러함에도 다른 분야에 있어서와 달리 1990년대의 해고무효확인과 관련한 대법원 노동사건 판결에 있어서는 실효의 원칙을 적용하여 원고의 청구를 배척한 사례들을 쉽게 발견할 수 있다.

대법원 판례에서 실효의 원칙이 처음으로 언급된 것은 1988. 4. 27. 공법상의 행정서사업 허가처분의 취소와 관련된 것이었고[61] 해고무효확인의 소와 관련하여서는 한국전력공사사건 I[62]이 최초의 것이다.

그 이전에는 해고무효확인의 소에서 원고의 청구를 배척하는 근거를 신의칙 또는 금반언의 원칙에서 찾았으나, 실효의 원칙을 언급한 위 대법원 판결 이후에도 '실효의 원칙'을 언급하기도 하고 종래와 같이 '신의칙' 또는 '금반언의 원칙'을 언급하기도 하는 등 양자를 혼용하고 있다.

신의칙이 앞서 본 바와 같이 일반조항으로서 법적 안정성을 해할 우려가 있으므로 가급적 그 원칙을 특정하고 요건을 엄격히 할 필요가 있는데, 대법원 판례가 들고 있는 사안들은 대부분 일정한 시간의 경과를 언급하고 있어 선후의 행위가 모순되기만 하면 성립되는 금반언의 원칙보다는 실효의 원칙에 가까워 보이지만, 실효의 원칙도 신의칙의 파생원칙 중의 하나로서 사정요소를 판단하기 위해서는 신의칙을 적용해야 하고, 판례가 언급하는 퇴직금의 이의 없는 수령 등이 이후의 해고무효주장과 모순되는 행위라고 볼 여지도 있으며, 또한 앞으로 소개하는 판결들 중에

---

61) 대법원 1988. 4. 27. 선고 87누915 판결.
62) 대법원 1990. 8. 28. 선고 90다카9619 판결.

는 실효의 원칙보다는 신의칙이나 금반언의 원칙과 관련성이 더 있어 보이는 것도 있으므로 대법원의 태도가 특별히 부당한 것으로는 생각하지 않는다. 이와 같이 대법원이 들고 있는 실효의 원칙을 언급한 사례와 신의칙 또는 금반언의 원칙을 언급한 사례를 구별할 뚜렷한 기준이 있는 것은 아니다.

  이하에서는 해고무효확인의 소에 있어서 사용자의 신의칙 주장과 관련한 대법원 판결들을 구체적으로 검토하기로 한다.

  다만, 대법원 판례가 시기적으로 상당한 변화를 보이고 있는데, 특히 유사한 사안에서 종전의 판결과 결론을 달리하여 실효의 원칙을 최초로 적용, 근로자의 해고무효확인청구를 배척한 한국전력공사사건 Ⅱ63)는 중요한 의미가 있는 것이므로, 이를 기준으로 그 전과 후의 판례로 구분하여 살펴보기로 한다. 위 판결은 비록 전원합의체 판결은 아니지만 사실상 기존의 대법원 판례를 변경한 것이고,64) 그 이후 신의칙을 적용하여 근로자의 청구를 배척한 사례가 급격하게 증가한 점을 고려하면 충분히 그 전후의 판례를 구분하는 판결로서의 의미가 있다고 생각한다.

  시기별로 중요한 선례로서의 가치가 있는 판결들을 우선적으로 검토하고 이어서 기타의 판결들에 나타난 대체적인 경향을 분석해 보기로 한다. 이해의 편의를 위하여 판결 중 신의칙이나 실효의 원칙을 언급한 것은 그 인정 여부를 표시하고 원심판결을 파기한 것인지의 여부도 함께 표시하기로 한다.

---

63) 대법원 1992. 1. 21. 선고 91다30118 판결.
64) 同旨 박상훈, "해고무효확인소송과 신의칙"(이하 '신의칙'이라 한다), 1996 노동판례비평, 민주사회를 위한 변호사 모임, 1997, 162면.

II. 한국전력공사사건 II[65] 이전의 판례

1. 대성운수사건 I[66] 이전

이 시기의 판례는 해고무효확인의 소에 있어서 신의칙에 관하여는 별다른 언급이 없이 퇴직금이나 해고수당을 수령한 사실만으로 해고의 정당성을 인정하고 해고조치에 승복한 것으로 단정할 수는 없다고 판시하였다.

판결 중에는 해고수당이나 퇴직금의 수령을 전후하여 해고의 부당성을 다투고 있어서 해고조치에 승복하였다고 볼 수 없다고 한 경우도 있으나,[67] 전반적으로는 부당해고를 당한 후 퇴직금이나 해고수당을 수령한 사실만으로는 해고조치에 승복한 것으로 볼 수 없으므로 그 후라도 소송이나 가처분신청 등으로 다투는 것이 가능하다는 취지로 판시하고 있다.[68] 따라서 신의칙이나 금반언의 원칙, 또는 실효의 원칙을 이유로 청구를 배척한 사례는 없다.

2. 대성운수사건 I[69]

대법원은 회사가 해고한 근로자에게 지급할 퇴직금과 갑근세반환금 등을 청산하여 변제공탁하고 근로자가 그 공탁을 조건 없이 수락하고 출급

---

65) 대법원 1992. 1. 21. 선고 91다30118 판결.
66) 대법원 1989. 9. 29. 선고 88다카19804 판결.
67) 대법원 1987. 9. 22. 선고 87다카1187 판결; 대법원 1987. 4. 28. 선고 86다카1873 판결.
68) 대법원 1989. 5. 23. 선고 87다카2132 판결; 대법원 1972. 6. 27. 선고 71다1635 판결; 대법원 1971. 12. 14. 선고 71다1638 판결.
69) 대법원 1989. 9. 29. 선고 88다카19804 판결(인정, 원심파기); 이하 신의칙이나 금

청구를 하여 수령하였다면 그 근로자는 그때에 회사의 해고처분을 유효한 것으로 인정하였다고 볼 수밖에 없으므로 그 후 8개월 가까이 지나 제기한 해고무효확인청구는 금반언의 원칙에 위배되어 위법하다고 판시하였다.

이는 해고무효확인소송과 관련하여 신의칙 내지 금반언의 원칙을 언급한 최초의 판결이다. 하지만, 금반언에 대한 언급이 징계해고사유의 존부에 대한 판단 후에 부가적으로 이루어진 것으로서 위 부분이 어느 정도 선례로서의 의미가 있는 것인지에 관하여는 의문이 있었는데,[70] 이어지는 대성운수사건 Ⅱ 등에서 다시 금반언의 원칙이 언급됨으로써 선례로서의 의미가 있는 것임이 확인되었다.

3. 대성운수사건 Ⅱ[71]

대법원은 피고회사가 원고를 해고한 후 원고에게 퇴직금과 해고수당을 지급하려고 하였으나 원고가 변제를 받지 아니하여 이를 공탁하였던바, 원고는 아무런 조건의 유보 없이 공탁금을 수령하였으니, 원고가 공탁금을 수령할 때 피고회사의 해고처분을 유효한 것으로 인정하였다고 볼 수밖에 없다고 하면서, 원고가 해고당한 후 약 1개월이 지난 다음 동종업체에 취업하여 피고회사에 있어서와 유사한 임금을 지급받으며 근무하고 있음에도 해고당한 때로부터 무려 3년 가까이나 경과하여 제기한 원고의 이 사건 해고무효확인 청구는 금반언의 원칙에 위배되는 것이라고 판시하였다.

대성운수사건 Ⅰ과 위 판결은 금반언의 원칙을 언급하고 있으나 모두

반언의 원칙, 또는 실효의 원칙을 인정한 판결은 '인정', 배척한 판결은 '부정'이라고 표시한다.

70) 박상훈, 실효의 원칙, 13면.

71) 대법원 1990. 11. 23. 선고 90다카25512 판결(인정, 상고기각).

변제공탁된 퇴직금을 수령한 사안으로서 그 무렵까지 퇴직금을 직접 수령한 사안과는 결론을 달리하였기에 그 이유가 공탁물 수령자가 아무 이의 없이 공탁물을 수령하면 공탁서에 기재된 공탁원인 사실을 승낙하는 효과가 발생한다는 일관된 변제공탁에 관한 판례법리[72]에 의한 것인지, 아니면 신의칙 내지는 금반언의 원칙에 의한 것인지가 문제되었다. 변제공탁의 법리에 따라 판단한다면 공탁금 수령시에 이의를 유보하였는지의 여부만이 문제되며 그 후의 사정은 고려할 필요가 없으나[73] 신의칙 내지 금반언의 원칙에 따라 판단하는 경우에는 퇴직금수령 이후 제소시까지의 사정도 함께 고려하여야 하는 것이다.[74] 그런데 이의유보 없는 공탁물수령이라는 행위는 공탁원인의 수락이라는 추정을 가능하게 하는 것일 뿐이고,[75] 공탁금수령시의 채무자에 대한 이의유보의 의사표시는 반드시 명시적으로 하여야 하는 것은 아니고 묵시적인 이의유보의 의사표시도 가능하므로,[76] 회사로부터 직접 퇴직금을 수령한 경우와 구별하여 명시적인 이의를 유보하지 아니한 변제공탁 된 퇴직금의 수령에 특별한 법적 의미를 부여하기는 어렵다.[77]

또한, 대성운수사건 Ⅱ 판결 약 2개월 후에 선고된 판결에서 근로자들이 회사가 공탁한 해고수당과 퇴직금을 이의를 유보함이 없이 수령하였고, 그 중 일부가 다른 회사에 취업을 하였다고 하더라도, 이들에 대한 해고처분이 있자 그 즉시 이것이 부당노동행위라고 하여 지방노동위원회에 구제신청을 하여 지방노동위원회에서 구제명령이 있었고, 이에 대한 원고

---

72) 대법원 1980. 8. 26. 선고 80다629 판결; 대법원 1982. 11. 9. 선고 82누197 판결.
73) 최광준, 앞의 논문, 219면.
74) 곽현수, 앞의 논문, 131면.
75) 정태세, "공탁금수령에 있어서 이의유보의 의사표시", 대법원 판례해설 12호, 법원도서관, 1990. 11., 299면.
76) 대법원 1989. 7. 25. 선고 88다카11053 판결(이 판결은 묵시적인 이의유보를 긍정한 최초의 판결이다).
77) 곽현수, 앞의 논문, 131면; 최광준, 앞의 논문, 219면.

의 불복으로 계속 다투고 있으면서 위와 같이 공탁한 해고수당과 퇴직금을 수령하였다면 해고당한 근로자들이 그 해고를 적법한 것으로 인정하였다고 볼 수는 없다고 판시하였는데,[78] 이 판결이 공탁된 퇴직금을 수령한 사안인 88다카11053 판결을 원용하지 아니하고 직접 퇴직금을 수령한 판결들을 원용한 것은, 신의칙 적용과 관련하여 대법원이 공탁된 퇴직금을 수령하는 것에 퇴직금의 직접 수령과 구별되는 별다른 의미를 부여하지 않고 있음을 보여주는 것이다.[79]

4. 한국전력공사사건 I[80]

1) 사안의 개요

피고인 한국전력공사가 징계심사위원회를 개최하여 피고의 직원으로 근무하던 원고가 수용가로부터 금품을 받았다는 이유로 원고 스스로 사직원을 제출하면 의원면직으로 처리하되 이에 불응할 경우에는 징계해임으로 처리한다는 내용의 조건부 징계해임결의를 하고 그 사실을 원고에게 통지하였다. 이에 원고는 사직원을 제출하여 의원면직 된 것으로 처리되었다. 원고는 10년 이상이 지나 피고의 취업관리요령에 의하면 인사위원회가 징계결의를 함에 있어서는 반드시 본인을 출석시켜 그의 진술을 듣도록 되어 있음에도 위 인사위원회는 원고의 출석 없이 징계결의를 하였으니 위 조건부 징계해임 처분은 무효이고 이에 따른 의원면직처분 또한 무효이므로 원고는 피고의 사원임의 확인을 구한다는 소를 제기하였다.

---

78) 대법원 1991. 1. 25. 선고 90누4952 판결.
79) 곽현수, 앞의 논문, 132면; 윤재식, 앞의 논문, 929면; 차형근, 앞의 논문, 457면.
80) 대법원 1990. 8. 28. 선고 90다카9619 판결(부정, 원심파기).

2) 원심판결[81]

원고가 사직원을 제출한 1978. 7. 5.부터 10년 10개월이 지난 1989. 5. 8.에 이르기까지 위 징계처분이나 의원면직처분에 대하여 아무런 법적 구제절차를 취하지 않았다. 원고와 같은 날에 유사한 이유로 징계처분을 받았던 직원들은 1980년경부터 1983년경 사이에 여러 차례 법원에 소송을 제기하여 일부는 승소판결을 받았음에도 원고는 그 소송에 참여하지 않았다. 반면에 피고는 위 징계처분 이후 원고가 고용관계의 소멸을 다투지 않을 것으로 믿고 10여 년간에 걸쳐 새로운 인사체제를 구축하여 이제 이를 번복한다는 것은 피고의 인사노무관리 및 경영에 심각한 영향을 줄 것이라는 점은 능히 추단된다. 위와 같이 새로운 인사체제가 형성되고 10년이라는 장기간의 세월이 흐른 지금에 와서 새삼 위 징계처분의 효력을 다투는 것은 비록 위 징계처분에 원고주장과 같은 하자가 있다 하더라도 자의적인 고용관계상의 권리행사로서 신의칙에 반하여 허용되지 않는다.

3) 대법원판결[82]

권리의 행사는 신의에 좇아 성실히 하여야 하고 남용할 수가 없는 것이고, 특히 권리자가 장기간에 걸쳐 그의 권리를 행사하지 아니하여 의무자인 상대방으로서도 이제는 권리자가 그 권리를 행사하지 아니할 것으로 믿을 만한 정당한 사유를 갖게 되거나 행사하지 아니할 것으로 추인하게 되고 새삼스럽게 그 권리를 행사하는 것이 신의성실의 원칙에 반하는 결과가 될 때에는 이른바 실효의 법리에 따라 그 권리행사가 허용되지 않는다고 볼 것이다. 그러나 여기서 권리자가 그 권리를 행사하지 않은 것이 문제가 되는 것은 비록 권리자의 주관적인 동기가 고려되지 않는다 하더

---

81) 서울고법 1990. 2. 28. 선고 89나46310 판결.
82) 대법관 김주한, 이회창, 배석이 참여하였다.

라도 그에게 권리행사의 기회가 있어서 이를 현실적으로 기대할 수가 있었음에도 불구하고 행사하지 않은 경우에 한하는 것이다.

원고가 조건부 징계해임결의의 통고를 받고 사직원을 제출한 후 소정의 퇴직금을 수령하였고, 당시 원고와 함께 유사한 비위사실로 징계처분을 받은 사람들 가운데 일부가 피고를 상대로 징계결의무효확인의 소를 제기하여 일부 승소한 사실이 있으며 원고는 이를 알고서도 이 사건 징계결의의 무효를 주장하는 소를 제기하지 아니하다가 징계처분일로부터 10년 남짓 기간이 경과한 후에 이르러서야 이 사건 소송을 제기하였다. 하지만, 원고가 퇴직금을 수령하였다 하여 이 사건 조건부 징계해임결의절차에 원고 주장의 하자가 있어서 그 결의 자체가 무효라는 것까지 알면서 이를 승인한 것으로 단정하기는 어렵다. 또한, 그 후의 일련의 소송에서 원고와 같이 조건부 징계결의에 따라 사직원을 제출하여 의원면직으로 처리된 사람으로서 승소판결을 받은 사람은 한 사람도 없다가 1984년경부터 원고와 같은 경위로 의원면직처분을 받은 사람들이 소송을 제기하기 시작하였으나 하급심에서 승패가 엇갈리자 원고는 그 최종적인 결과에 관심을 가지고 있다가 1988. 4. 25.경에야 대법원의 상고기각판결로 소외인의 승소가 확정되자 이 사건 소를 제기한 것이다. 한편, 피고로서도 그동안 이 사건 징계처분의 효력을 다투는 소송이 잇달아 제기되어 왔고 그 중 일부에 대하여는 피고가 패소판결을 받아 확정되는 등의 사정이 있었던 것임을 알 수 있다.

이로써 보면 원고의 이 사건 권리행사의 지체가 그의 단순한 주관적인 동기에서 비롯된 것으로 보기 어렵고 상대방인 피고로서도 이제는 원고가 그의 권리를 행사하지 아니할 것이라고 신뢰할 정당한 사유가 있었다고 볼 수 없으니, 원고의 이 사건 권리행사가 신의성실에 반하여 그 권리가 실효되었다고 단정할 수는 없는 것이다.

4) 평 석

이 판결은 의원면직 된 후 10년 이상이 경과한 후에 소가 제기된 사안에 관한 것으로서 행정사건인 대법원 1988. 4. 27. 선고 87누915 판결에서의 실효의 원칙에 관한 판시를 처음으로 노동사건에 받아들인 것이다. 특히 신의칙에 근거한 금반언의 원칙 주장을 배척하고 근로자의 해고무효확인소송을 인용한 다른 판례들은 모두 사용자 측의 상고를 기각하는 소극적인 판결이었음에 반하여 이 사건은 근로자의 상고를 받아들여 원심판결을 파기하였다는 점에 그 특색이 있다.

위 판결은 법리적으로는 실효의 원칙의 적용범위를 '권리행사의 기회가 있어서 이를 현실적으로 기대할 수가 있었음에도 불구하고 행사하지 않은 경우'로 제한하고 있는 점을 문제로 지적하는 견해가 있다. 실효의 원칙은 권리행사가 현실적으로 기대될 수 있는 기회가 반드시 존재하여야 적용되는 것이 아니라 오히려 권리자의 권리불행사로부터 형성된 상대방의 정당한 신뢰가 중시되어야 한다는 것이다.[83] 그러나 권리자의 권리행사의 기회가 없었던 경우조차 실효의 원칙을 적용하기는 곤란하며, 이는 적어도 특별사정으로 고려될 수 있는 것으로서[84] 권리행사의 기회가 있었음에도 이를 행사하지 아니한 경우에 비하여 그렇지 못한 경우는 권리자에 대한 비난가능성이 적어져 권리자의 이익에 대한 보호가치가 상대방의 신뢰에 대한 보호가치보다 우선할 가능성이 크다. 따라서 권리행사의 기회가 없었던 경우에는 실효의 원칙의 적용 자체를 전면적으로 부정할 것은 아니라고 하더라도 일반적인 경우에 비하여 신뢰요건에 대한 판단을 엄격히 하여야 하므로,[85] 사실상 실효의 원칙을 적용하기 어려

---

83) 백태승, 앞의 논문, 207면; 주해총칙(1), 145면; 하지만 小西國友는 권리자가 권리를 행사할 기회가 존재해야 하고 권리행사에 관한 기대가능성이 존재하지 않았던 경우에는 권리는 실효되지 않는다고 하고 있다(小西國友, 앞의 논문, 351~352면).
84) 박상훈, 실효의 원칙, 29면.
85) 최광준, 앞의 논문, 222~223면.

울 것이다.

5. 기타 판결들

1) 해고무효확인청구 인용례

이 시기에 해고무효확인소송에서 해고무효주장을 받아들인 대부분의 사례들은 해고수당이나 퇴직금을 이의 없이 수령하는 것이 해고처분에 승복하는 것임을 전제로 해고처분 즉시 부당노동행위 구제신청을 하여 계속 다투면서 공탁금을 수령하였거나,[86] 퇴직금의 수령이 징계해고무효 확인 등 소송의 제기 후이거나,[87] 징계위원회 개최통보를 받을 때부터 징계에 대하여 투쟁할 것임을 명백히 하였고 징계해고된 후에도 피고 회사 노동조합장으로 계속 재직하면서 징계해고의 철회를 요구하다가 변호사의 조언에 따라 피고 회사가 공탁한 공탁물을 출급, 수령하였으며, 피고 회사와 단체교섭을 함에 있어 원고 등 해고자복직문제도 교섭내용에 포함시켜 해결을 시도하다가 노동조합 측의 단체협약안을 만들면서 해고자 문제는 법원의 판단에 따르기로 하면서 소를 제기한 경우[88]와 같이, 근로자가 퇴직금 등을 수령함에 있어 명시적인 이의를 유보하지 아니하였다 하더라도 묵시적으로 이의를 유보하였다고 봄이 상당한 특별한 사정이 있는 경우에만 해고처분에 승복한 것으로 볼 수 없다고 판시하고 있다.

그 외의 사례로는 피고회사로부터 정리해고 통보를 받은 다음, 다시 사직서를 제출하지 아니하면 타회사에 취업하는 데에 지장이 있을 것이니 사직서를 제출하라는 취지의 종용을 받고 사직서를 제출한 후, 퇴직금, 해

---

86) 대법원 1991. 1. 25. 선고 90누4952 판결(상고기각).
87) 대법원 1991. 5. 14. 선고 91다2656 판결(부정, 상고기각).
88) 대법원 1991. 5. 14. 선고 91다2663 판결(부정, 상고기각).

고수당 등을 수령한 경우에, 근로자는 정리해고가 유효한 것임을 전제로
하여 그 사무처리과정의 하나로서 피고 회사의 요구에 따라 사직서를 제
출하고 퇴직금을 수령하였음에 불과하고 위 정리해고와 무관하게 별도로
사직의 의사를 표시한 것으로 볼 수 없으므로, 위 원고들이 위 정리해고
처분의 무효임을 알고 이를 추인하였다거나 그 위법에 대한 불복을 포기
하였다고 볼 수 없다고 판시한 예[89]와 법인의 대표자로부터 인사권 등 제
반권한을 위임받아 행사하여 온 자와 업무관계로 언쟁을 하였다가 그의
지시로 원고의 출근을 저지하고 권고사직으로 처리하면서 원고에게 퇴직
금을 지급하자 이를 수령한 경우 원고가 자진하여 사직의 의사표시를 하
였다거나 위 해고처분을 추인하였다고 보기 어렵다고 판시한 예[90]가 있다.

2) 해고무효확인청구 배척례

이 시기에 신의칙 내지 실효의 원칙을 인정하여 해고무효확인청구를
배척한 판결들은 이의를 유보함이 없이 퇴직금이나 퇴직금의 공탁금을
수령한 것은 해고처분을 유효한 것으로 인정[91]하였다고 보아야 한다면서
그로부터 상당한 기간이 경과한 후에 제기한 해고무효확인의 소는 신의
칙 또는 금반언의 원칙에 반하여 허용될 수 없다고 판시[92]하고 있다.[93]

---

89) 대법원 1990. 3. 13. 선고 89다카24445 판결(상고기각).
90) 대법원 1991. 6. 28. 선고 91다1806 판결(상고기각).
91) 해고권은 형성권이고 그 행사는 단독행위이기 때문에 근로자에 의한 승인의 유무는
   해고의 효력에 영향을 미치지 않는다(이흥재, "해고제한에 관한 연구", 법학박사학
   위논문, 서울대학교, 1988, 16면). 다만, 수령이 사용자의 합의해지신청에 대한 승낙
   의 의사표시로 해석되는 경우는 근로자는 그 효력을 다툴 수 없다[「註釋 勞働基準
   法(上卷)」, 東京大學 勞働法硏究會, 有斐閣, 2003, 338~339면].
92) 일본도 제반 사정으로부터 당해 해고를 승인한 것이라고 인정되는 경우에는 당해
   근로자는 해고가 무효임을 주장하지 못한다고 한다(菅野和夫, 「勞働法」, 第7版, 弘
   文堂, 2005, 425면).
93) 대법원이 퇴직금 수령행위를 엄격한 의미의 의사표시로 보는 입장은 아니라고 하는
   견해가 있으나(김학동, 판례분석, 115면), 대법원이 사용하는 '해고의 인정'이라는

이에 속하는 사례로는 근로자들이 해고당한 뒤 회사로부터 아무런 이의를 보류함이 없이 퇴직금을 수령한 후 별다른 사유 없이 1년 7개월 남짓 경과된 뒤 해고무효확인소송을 제기한 경우 퇴직금수령시에 해고수당을 수령하지 아니하였다고 하더라도 해고처분에 대한 불복을 표시한 것으로 볼 수 없고 따라서 위 소는 신의칙상 허용되지 아니한다고 판시한 예,94) 근로자가 해고통지를 받은 후 동종업체에 취업하여 종전회사에서와 같은 액수의 월급을 받고 있으며 종전회사로부터 퇴직금까지 수령한 후 8개월이 지난 뒤에 해고무효확인청구소송 등을 제기한 것은 금반언의 원칙에 위배되어 위법하다고 판시한 예,95) 해고 또는 면직된 후 이에 대하여 별다른 이의를 하지 않고 있다가 아무런 이의나 조건의 유보 없이 퇴직금을 수령하고 그 후 약 7개월 또는 9개월이 지나 소를 제기한 경우 신의칙이나 금반언의 원칙에 위배된다고 판시한 예96)가 있다.

하지만, 이러한 판례의 태도에 대하여는 퇴직금을 조건 없이 수령하였다고 하여 당사자에게 해고의 효력을 다투지 않을 의사가 있었다고 보고, 권리불행사에 대한 상대방의 신뢰를 일반론으로 이끌어 내는 것은 의문이며, 모든 모순된 행위에 금반언의 원칙이 적용되는 것이 아니라 극히 모순된 행위에 예외적으로 적용되는 것이므로, 퇴직금을 이의 없이 수령한 후에 해고무효의 소를 제기한다고 하더라도 금반언의 원칙을 통해 해결해야 할 사안이라고는 보기 어렵다는 비판이 있다.97)

용어는 일반적으로는 해고의 효력을 다툴 권리의 포기라는 의미로 사용되므로 신의성실의 원칙 나아가 실효의 원칙의 적용이 문제된다(박상훈, 실효의 원칙, 39면).
94) 대법원 1991. 4. 12. 선고 90다8084 판결(인정, 상고기각).
95) 대법원 1991. 5. 28. 선고 91다9275 판결(인정, 상고기각).
96) 대법원 1991. 10. 25. 선고 90다20428 판결(인정, 원심파기).
97) 최광준, 앞의 논문, 219~220면(하지만, 실효의 원칙의 적용가능성은 배제하지 않고 있다).

III. 한국전력공사사건 II 이후의 판례

1. 한국전력공사사건 II[98]

1) 사안의 개요

이 사건의 사안도 한국전력공사사건으로서 앞서 본 한국전력공사사건 I의 사안과 매우 유사하다. 즉, 피고인 한국전력공사가 인사위원회를 개최하여 피고의 전기원으로 근무하던 원고가 수용가로부터 금품을 받았다는 이유로 원고에게 사직을 권고하여 원고 스스로 사직원을 제출하면 의원면직으로 처리하되 이에 불응할 경우에는 징계해임으로 처리하도록 하는 내용의 조건부 징계해임결의를 하고, 그 사실을 원고에게 통지함에 따라 원고가 사직원을 제출하자 의원면직으로 처리하였다. 원고는 그로부터 12년이 경과한 후에 피고의 정관 및 취업규칙에 따른 징계절차를 위반하였다는 이유로 의원면직처분의 무효를 주장하였다.

2) 원심판결[99]

한국전력공사사건 I 판결의 판시와 동일한 내용을 언급하면서 원고의 이 사건 권리행사의 지체가 그의 단순한 주관적인 동기에서 비롯된 것으로 보기는 어렵고, 상대방인 피고로서도 이제는 원고가 그의 권리를 행사하지 아니할 것이라고 신뢰할 정당한 사유가 있었다고 볼 수 없으며, 또한 원고에 대한 위 의원면직처분에 의하여 원고와 피고 사이의 근로관계가 그 무렵 사실상 종료되어 이 사건 소의 제기에 이르기까지 12년 정도

---

98) 대법원 1992. 1. 21. 선고 91다30118 판결(인정, 원심파기).
99) 서울고법 1991. 7. 12. 선고 91나15692 판결.

의 시일이 경과하였다 하여, 곧바로 원고가 다시 피고의 전기원으로 근무
하는 것이 현실적으로 어려운 상황으로 되었다고 단정할 수도 없다고 판
시하여 원고 승소판결을 선고하였다.

3) 대법원판결[100]

사용자와 근로자 사이의 고용관계(근로자의 지위)의 존부를 둘러싼 노동
분쟁은, 그 당시의 경제적 정세에 대처하여 최선의 설비와 조직으로 기업
활동을 전개하여야 하는 사용자의 입장에서는 물론, 근로자로서의 임금수
입에 의하여 자신과 가족의 생계를 유지하고 있는 근로자의 입장에서도
신속히 해결되는 것이 바람직한 것이므로, 위와 같은 실효의 원칙이 다른
법률관계에 있어서보다 더욱 적극적으로 적용되어야 할 필요가 있다.[101]

이 사건과 같은 징계해임처분의 효력을 다투는 분쟁에 있어서는, 징계
사유와 그 징계해임처분의 무효사유 및 징계해임된 근로자가 그 처분이
무효인 것을 알게 된 경위는 물론, 그 근로자가 그 처분의 효력을 다투지
아니할 것으로 사용자가 신뢰할 만한 다른 사정(예를 들면, 근로자가 퇴
직금이나 해고수당 등을 수령하고 오랫동안 해고에 대하여 이의를 하지
않았다든지 해고된 후 곧 다른 직장을 얻어 근무하였다는 등의 사정), 사
용자가 다른 근로자를 대신 채용하는 등 새로운 인사체제를 구축하여 기
업을 경영하고 있는지의 여부 등을 모두 참작하여 그 근로자가 새삼스럽
게 징계해임처분의 효력을 다투는 것이 신의성실의 원칙에 위반하는 결
과가 되는지의 여부를 가려야 한다.

이 사건에 있어서의 여러 사정을 참작하면 원고가 이 사건 의원면직처

---

100) 대법관 윤관, 최재호, 김주한, 김용준이 참여하였다.
101) 이에 대하여는 노동분쟁이 신속히 해결되는 것이 바람직하다고 하더라도 신속한
　　해결을 위한 도구로 신의칙이 사용될 수는 없다는 비판이 있다(최광준, 앞의 논문,
　　225면).

분으로 면직된 때로부터 12년 이상이 경과된 후에 새삼스럽게 그 처분의 무효를 이유로 피고와의 사이에 고용관계가 있다고 주장하여 이 사건과 같은 소를 제기하는 것은, 앞에서 본 바와 같은 노동분쟁의 신속한 해결이라는 요청과 신의성실의 원칙 및 실효의 원칙에 비추어 허용될 수 없는 것이라고 볼 여지가 있다.[102] 만일 원고가 피고로부터 퇴직금을 수령한 바 있다면, 원고가 이 사건 의원면직처분이 무효임을 알게 된 후에도 수령한 퇴직금을 반환하지 아니하고 그대로 보유하고 있다는 사정도 위와 같은 실효의 원칙을 적용함에 있어서 고려되어야 한다.

4) 평 석

이 판결은 대법원이 실효의 원칙을 받아들여 근로자의 청구를 배척한 최초의 사례이다. 또한, 이 판결은 대법원이 조건부 징계해임처분이 피고의 정관, 취업규칙 및 취업관리요령의 규정에 의한 절차를 위반하여 이루어진 것으로서 무효이며, 원고가 사직원을 제출하고 이에 따라 의원면직된 것으로 처리되었다고 하더라도 이는 순수한 자의에 의한 의원면직과는 성질이 달라서 의원면직처분이 위 조건부 징계해임처분과 불가분의 관계가 있는 것이므로 무효인 징계해임처분에 기하여 행하여진 이 사건 의원면직처분도 무효라고 판시한 원심판결을 수긍하면서도 실효의 원칙을 들어 원심을 파기환송하였다는 점과 사실상 한국전력공사사건 Ⅰ과 동일한 사안[103]에서 정반대의 결론을 내면서도 전원합의체가 아닌 소부

---

102) 同旨 대법원 1992. 10. 13. 선고 92다24462 판결(한국전력공사사건, 인정, 상고기각). 위 판결은 원고의 소를 각하한 제1심 판결을 유지한 원심을 정당하다고 하여 각하설을 취하였다.

103) 소외인에 대한 대법원 판결이 있은 1년 후에 제기한 사건인가(한국전력공사사건 Ⅰ) 2년 4개월 정도가 지나서 제기한 사건인가(한국전력공사사건 Ⅱ)가 상반되는 결론을 도출할 만큼 본질적인 차이가 있는 것으로는 보이지 않는다(최광준, 앞의 논문, 224면).

에서 판결을 하였다는 점이 주목된다. 그리고 노동분쟁에 있어서 실효의 원칙이 다른 법률관계에 있어서보다 더욱 적극적으로 적용되어야 할 필요가 있음을 밝힘으로써 다른 소송에 있어서는 거의 인정되지 아니하는 실효의 원칙이 이 판결을 계기로 노동사건에서 널리 인정되기 시작하여 이후의 대법원 판결에서는 신의칙 또는 실효의 원칙을 적용하여 원고의 청구를 배척하는 사안이 반대의 사안을 압도하게 되고, 적극적으로 원심판결을 파기하고 원고의 청구를 배척하는 사안이 급증하게 된다.

또한, 1980년의 특수한 상황하에서 해직된 공무원이나 정부투자기관의 임직원들이 장기간이 경과한 후에 제기한 소송에 관하여 실효의 원칙을 적용하여 배척하는데 큰 영향을 미친 것으로 보인다. 1980년 국가보위비상대책위원회에서 주도한 정화계획과 관련하여 해직된 근로자들이 제기한 소송에서 위 판결의 판시에 따라 대법원이 신의칙 또는 실효의 원칙에 의하여 원고의 청구를 배척한 사례는 다음과 같다.[104]

5) 배척사례

① 1980년 국가보위비상대책위원회에서 주도한 공직자 및 정부투자기관 임직원에 대한 정화계획에 의한 정화대상 임직원으로 내정되어 사표 제출을 종용받고 사직원을 제출한 후 사용자가 제공한 퇴직금을 아무런 이의를 유보함이 없이 수령하고, 그 후 면직의 효력을 다투지 아니하고 지내오다가 '1980년 해직공무원의 보상 등에 관한 특별조치법'이 시행된 이후인 1989. 5.경에 이르러서야 비로소 함께 해직된 다른 직원들과 더불어 관계요로에 복직과 보상을 구하는 진정을 하고 1990. 5. 10. 면직처분

---

104) 이 판결들을 보면 대법원이 1980년 당시의 특수한 상황을 고려하지 않고 퇴직금 수령을 형식적으로 판단하여 해고처분의 유효성을 인정한 것으로 보고, 그 후 오랜 기간이 지난 후에 소가 제기되었다는 이유로 실효의 원칙을 적용한 것으로 보인다. 노동분쟁의 신속한 해결이라는 관점에서 오랜 기간의 경과를 가장 결정적인 요소로 판단한 듯하다.

이 무효임을 전제로 미지급임금의 지급을 구하는 소송을 제기한 사안에서, 제5공화국 당시의 사회분위기가 억압적이었다는 사정만으로는 1980년 면직당한 자가 그 후 제소시까지의 전 기간에 걸쳐 사법기관인 법원에 제소 등에 의한 사법적 구제까지도 구할 수 없을 정도로 외포상태가 연속되었다고는 단정할 수 없다고 하여 소송이 신의칙이나 금반언의 원칙에 위배된다고 하였다.105)

② 근로자들이 면직된 후 바로 퇴직금을 청구하여 수령하였으며 그로부터 9년이 지난 후 '1980년 해직공무원의 보상 등에 관한 특별조치법' 소정의 보상금까지 수령하였다면, 면직일로부터 10년이 다 되어 사용자로서도 위 면직처분이 유효한 것으로 믿고 이를 전제로 그 사이에 새로운 인사체제를 구축하여 조직을 관리·경영하여 오고 있는 마당에 새삼스럽게 면직처분무효확인의 소를 제기함은 신의성실의 원칙에 반하거나 실효의 원칙에 따라 그 권리의 행사가 허용되지 않는다.106)

③ 사용자로부터 해고된 근로자가 퇴직금 등을 수령하면서 아무런 이의의 유보나 조건을 제기하지 않았다면, 특별한 사정이 없는 한 해고처분을 유효한 것으로 인정하였다고 할 것이고, 따라서 사직원이 수리된 후 10년여가 경과된 시점에 이르러 해고의 효력을 다투는 소를 제기하는 것은 신의칙이나 금반언의 원칙에 위배된다.107) 소정의 퇴직금을 이의 없이

---

105) 대법원 1992. 3. 13. 선고 91다39085 판결(한국자동차보험주식회사사건, 인정, 상고기각); 이에 대하여는 5공화국 존속기간 중에는 원고가 법률상으로는 해고무효확인소송을 제기할 수 있었다고 하더라도 사실상 이를 제기할 수 없었다고 보는 것이 그 시대를 살아본 사람들의 일반적인 생각이며, 따라서 그 기간을 제외하고 보면 원고의 소제기가 지연된 것은 아니라는 비판이 있다(박상훈, 실효의 원칙, 35면).
106) 대법원 1992. 5. 26. 선고 92다3670 판결(부산공동어시장사건, 인정, 원심파기); 同旨 대법원 1992. 11. 13. 선고 92다13080 판결(한국수출공단사건, 인정, 상고기각); 대법원 1992. 12. 11. 선고 92다23285 판결(수산업협동조합중앙회사건, 인정, 원심파기).
107) 대법원 1992. 7. 10. 선고 92다3809 판결(한국방송공사사건, 인정, 원심파기); 同

수령하였으며, 1984. 4. 19.에는 에너지관리공단에 입사하여 종전보다 많
은 급료를 받고 있던 사안108)과 해고될 당시 피고 회사로부터 퇴직금 등
을 수령하면서 아무런 이의를 유보하거나 조건을 제시하지 않았고, 해고
직후부터 현재까지 미국에서 영주권을 취득하여 다른 생업에 종사하면서
다른 해고자들의 복직운동 내지 해고무효확인소송에 적극 참여하지 않은
사안109)에서도 소제기가 신의성실의 원칙이나 금반언의 원칙에 위배된다
고 하였다.

2. 개나리아파트사건110)

1) 사안의 개요 및 원심판결111)

원고는 개나리아파트관리사무소의 보일러기사로 근무하던 중, 위 아파
트의 기관실에서 동료직원 5~6명과 함께 속옷 차림으로 술을 마시다가
피고인 입주자대표회의의 대표자 및 입주자들에게 적발된 사실이 있었는
데, 피고는 위 음주사실 외에 원고가 위와 같이 적발당한 후에도 잘못을
반성하지 않고 이를 나무라는 피고의 대표자 및 입주자들에게 폭언을 하

旨 대법원 1993. 1. 26. 선고 91다38686 판결(동양화재해상보험주식회사사건, 인
   정, 원심파기); 대법원 1993. 5. 25. 선고 91다41750 판결(문화방송사건, 인정, 원
   심파기); 대법원 1993. 12. 28. 선고 92다34858 판결(청원군산림조합사건, 인정,
   원심파기).
108) 대법원 1992. 8. 14. 선고 91다29811 판결(한국방송공사사건, 인정, 원심파기); 이
   사건에서 대법원은 위와 같은 이유로 원고가 해고의 효력을 다투는 소를 제기하는
   것은 신의칙이나 금반언의 원칙에 위배되어 허용될 수 없어 원고의 이 사건 소가
   소의 이익이 없다고 판시하여, 각하설을 취하였다.
109) 대법원 1996. 12. 10. 선고 96다38445 판결(공보불게재, 문화방송사건, 인정, 상고
   기각).
110) 대법원 1992. 4. 14. 선고 92다1728 판결(심리미진 원심파기).
111) 서울고법 1991. 11. 26. 선고 91나29462 판결.

면서 항거하였다는 사실까지 추가하여 원고를 징계해고하였다.

원심은 피고가 위와 같은 비위사실만으로 원고를 징계해고한 것은 피고가 가지는 징계재량권의 범위를 벗어난 것으로서 그 절차의 적법 여부에 관하여 따질 필요도 없이 무효라고 판시하였다.

2) 대법원판결

해고나 징계해고를 당한 근로자가 퇴직금과 해고수당을 아무런 조건의 유보 없이 수령한 것이라면 특별한 사정이 없는 한 그 해고를 유효한 것으로 인정하였다고 보는 것이 상당하고, 상당한 이유 없이 그로부터 장기간이 경과한 뒤에야 해고무효의 확인청구를 하는 것은 신의성실의 원칙상 허용되지 않는다고 볼 것이다. 다만, 이와 같은 경우라도 해고의 효력을 인정하지 아니하고 이를 다투고 있었다고 볼 수 있는 객관적인 사정이 있다거나, 그 외에 상당한 이유가 있는 상황하에서 이를 수령하는 등 반대의 사정이 있음이 엿보이는 때에는 명시적인 이의를 유보함이 없이 퇴직금이나 해고수당을 수령한 경우라고 하여도 일률적으로 해고의 효력을 인정하였다고 보아서는 안 될 것이고, 해고무효의 확인청구소송의 제기가 늦어진 경우에도 먼저 부당노동행위 구제신청을 하느라고 늦어졌다거나 사용자와의 복귀교섭 결과를 기다리거나 사용자의 복귀약속을 믿고 기다리다가 늦어졌다는 등 상당한 이유가 있어서 그렇게 된 경우에는 신의성실의 원칙에 어긋나지 않는다고 보아야 할 것이다.

원심으로서는 원고가 해고수당과 퇴직금을 수령한 이유, 이의를 남겼는지 여부, 원고 소속 노동조합의 위원장이 부당노동행위 구제신청을 하고, 또 이를 취하한 이유나 경위, 원고와 상의하여 그렇게 한 것인지 여부, 원고가 이 사건 해고무효확인 등 청구소송을 해고 후 1년 10월이 지나서야 제기한 이유 등을 알아보아 이 사실관계에 터잡아 피고의 위 주장의 당부를 판단하여야 할 것인데 원심은 이 점에 관하여 살펴보지 아니한 잘못이 있다.

3) 평 석

이 판결은 한국전력공사사건 Ⅱ로 인하여 실효의 원칙이 널리 적용되기 시작하였는데, 그 적용범위와 관련하여 퇴직금을 이의 없이 수령하고 장기간이 경과한 뒤에야 해고무효확인청구를 하는 것이 신의칙상 허용되지 아니함을 원칙으로 하면서도, 단서를 두어 그러한 경우라도 해고의 효력을 인정하지 아니하고 다투고 있었다고 볼 수 있는 객관적인 사정이 있다거나, 그 외에 상당한 이유가 있는 상황하에서 이를 수령하는 등 반대의 사정이 있음이 엿보이는 때에는 해고의 효력을 인정하였다고 보아서는 아니 된다고 판시하여 기존의 판례를 정리하고 적용범위의 판단기준을 명확히 한 점에 의의가 있다.[112]

이후의 해고무효확인소송에서의 신의칙 적용 여부는 해고의 효력을 다투고 있었다고 볼 수 있는 객관적인 사정이나 상당한 이유의 판단에 집중되게 된다.

3. 서울신문사건[113]

1) 사안의 개요

원고는 피고인 서울신문사가 일괄사표제출요구를 거절하였음에도 불구하고 피고 회사는 1980. 8. 2.자로 원고에 대하여 사직서를 제출하여 선별수리된 다른 사원과 함께 아무런 징계절차나 사유설명도 없이 해직처리하였다. 그 후 원고가 같은 달 8. 사후 사직서를 제출하고 그 무렵 퇴직금 등의 급여를 수령하였으나 그것은 자의에 의한 것이 아니라 불법연행된 상태에서 강요에 의한 것이었다.

---

112) 박상훈, 신의칙, 165면.
113) 대법원 1993. 8. 24. 선고 92다55480 판결(부정, 상고기각).

원고는 해고 이후 이 사건 제소에 이르기까지 활발한 정치활동을 하여 온 한편, 소규모로 출판업을 경영하고 저술을 하는 등으로 생계를 유지하여 오면서 대통령, 문화공보부장관과 피고 회사 사장 등에게 부당해고의 억울함을 수차 호소하여 왔고 지금도 복직되면 정치활동을 중지하고 언론인 생활을 천직으로 삼고 정치활동을 중지할 각오를 피력하고 있다. 원고는 1990. 7. 26. 소를 제기하였다.

2) 대법원판결

원고로서는 해고 후 소제기시까지 해고의 효력을 인정하지 아니한 채 다투어 왔다고 할 것이고 피고 회사 측에서도 원고가 이 사건 해고처분을 승복하였으리라고 하는 신뢰를 형성하였다고 보기는 어렵다고 할 것이다. 원고가 비록 해고 후 명시적인 유보 없이 퇴직금 등을 수령하였고, 그 후 정치활동도 하고, 해고 후 약 10년 가까이 지난 후에 이 사건 소를 제기하였다 하더라도 그것이 신의칙에 위반된다고 할 수는 없다.

3) 평 석

5공화국 해직자의 해고무효확인소송 중 매우 드물게 보는 원고승소판결이며, 원고가 쟁송의 형태가 아닌 관계기관에 여러 차례 억울함을 호소하여 온 것을 가지고 해고의 효력을 다투어 왔다고 인정한 점에서 특색이 있다.[114] 다른 5공화국 하에서의 해직자 소송과 사실관계에 있어 다소의 차이는 엿보이나 원고가 해고된 지 10년 가까운 시간이 경과한 후에 소를 제기하였던 점을 고려하면 1980년의 특수한 상황을 상당부분 참작한 것으로 보인다.

---

114) 박상훈, 신의칙, 170면.

4. 한진중공업사건[115]

1) 사안의 개요

대한조선공사가 1980. 6.경 기업경영의 합리화를 위하여 그 소속부서 중 도장부를 분리, 독립시켜 그 계열회사로서 주식회사 대한특수도장을 설립하여 그 영업부분을 양도하였다. 원고들을 포함한 대한조선공사 도장부 소속 근로자들은 회사 측의 권고에 따라 대한조선공사에서 퇴직하고 신설된 대한특수도장에 신규입사하게 되면서, 그에 따른 제반 신분상의 불이익을 우려하여 그 대비책을 요구하였다.

이에 1980. 6.경 대한조선공사의 노동조합인 전국금속노동조합 대한조선공사지부가 원고들을 포함하여 당시 위 회사의 전적 방침에 따르는 도장부 소속 근로자들을 위하여 대한조선공사와의 사이에, 앞으로 신설된 대한특수도장이 조업이 불가능하여 고용을 유지하지 못하게 될 때에는 대한조선공사가 대한특수도장의 소속 종업원들을 모두 재취업시키기로 약정하였다. 그 후 원고들이 위 기업분할 조치에 순응하여 대한조선공사에서 퇴직하고 1980. 7. 1. 대한특수도장에 입사하여 근무하여 오던 중에, 대한특수도장이 1989. 7.경 폐업하면서 그달 31. 원고들을 포함한 근로자들을 모두 해고하였다.

원고들을 제외한 해고근로자들은 즉시 위 재취업약정을 근거로 대한조선공사를 상대로 고용관계 존재확인을 구하는 소송을 제기하여 승소하게 되자 피고 측이 항소하였으나 1992. 4. 8. 항소취하로 원고승소판결이 확정되었다. 원고들은 항소취하 직전인 1992. 4. 3.에 이르러서야 소송을 제기하였다.

---

115) 대법원 1994. 9. 30. 선고 94다9092 판결(부정, 상고기각).

2) 대법원 판결

근로자들이 신설계열회사로부터 해고당한 지 2년 8개월여의 기간이 경과된 후에 재취업약정을 근거로 하여 원래 근무하던 공사와의 사이에 고용관계가 존재한다는 확인 내지 임금지급을 청구하는 소를 제기한 경우, 이는 그동안 비슷한 처지에 놓인 다른 근로자들이 제기한 같은 취지의 관련소송의 추이를 기다렸다가 그중 일부 근로자들이 승소판결을 얻자 비로소 제소에 이르렀음이 분명하다면, 재취업약정에 기하여 공사와의 사이에 새로운 고용관계가 형성되었음에도 공사 측에서 그동안 전혀 근로의 기회를 제공하지 않은 사정을 감안하여 볼 때, 이러한 법률관계에 정통하지 못한 근로자들이 뒤늦게 제소를 하였다고 하여 그 소제기에 의한 권리의 행사가 실효의 원칙 내지는 신의성실의 원칙에 비추어 허용될 수 없는 것이라고 말할 수 없다.

또한, 근로자들이 비록 그 사이 각기 다른 회사에 입사하여 고액의 급료를 얻고 있었다고 하더라도, 이는 소송의 승소가능성에 대한 회의와 공사 측과의 사이에 생긴 법률관계에 대한 이해부족에서 연유된 것으로 보이므로 이 때문에 그 결론이 달라진다고 볼 수도 없다.

3) 평 석

원고들이 해고당한 지 3년 가까운 시간이 경과한 후에야 소송을 제기하였고 다른 해고된 근로자들이 소를 제기하였음에도 가담하지 아니한 점, 해고된 후 다른 회사에 입사하여 고액의 급료를 받아오고 있는 점 등을 고려하면 기존의 판례태도에 비추어 실효의 원칙이 적용될 수도 있었을 것이다. 하지만, 이 사건은 재취업 약정에 기하여 생긴 새로운 고용관계의 확인을 구하는 것으로서 단순한 부당해고로 인한 근로관계확인청구와는 다르다는 점을 참작한 것으로 보인다.[116)

또한, 원고들이 퇴직금을 수령한 사실도 없고, 원고들이 관리직이었던 관계로 다른 기술직 근로자들이 회사 측을 상대로 복직을 위한 집단소송을 제기하는데 동조하지 못하고 그 소송의 추이를 기다렸다가 위 근로자들의 승소가 확정될 단계에 이르러 비로소 소를 제기한 것이기에 피고 회사가 원고들이 권리를 행사하지 않을 것으로 믿고, 또 그와 같이 믿은 데에 정당한 이유가 있다고 보기 어렵다고 판단한 사안이다.117)

5. 관악학원사건118)

1) 사안의 개요

원고가 직권면직된 날로부터 2년 6개월이 지난 후인 1994. 7. 27. 이 사건 해임처분무효확인의 소송을 제기하고, 그전인 같은 해 6. 29. 명시적인 조건의 유보 없이 퇴직금을 수령하였다. 하지만, 원고는 이 사건 직권면직처분을 통지받고 이틀 후에 당시 피고 법인의 이사장직무대행자에게 이를 항의하는 항의문을 발송하고 그로부터 약 5개월 동안 간헐적으로 관악여자상업고등학교 서무과로 찾아가 자신의 복직을 요구하였다.

또한, 원고는 그 무렵 피고 법인으로부터 해고당하여 피고 법인을 상대로 해고무효소송을 제기하여 소송 계속 중이던 소외인 등과 위 소송의 경과를 지켜보면서 행동 통일을 하다가 1994. 6. 2. 서울특별시 교육청에 이사건 면직처분의 부당성을 지적하면서 구제를 요청하는 취지의 감사청원서를 제출한 다음 같은 달 29. 퇴직금을 수령하였고, 이로부터 불과 1개월

---

116) 김선중, "1. 기업분할에 의한 전적에 있어서 재취업약정의 의미, 2. 재취업약정에 의한 고용관계확인주장과 신의칙 내지 실효의 법리", 대법원 판례해설 22호, 법원도서관, 1995. 5., 389면.
117) 김선중, 앞의 논문, 389면.
118) 대법원 1996. 3. 8. 선고 95다51847 판결(부정, 상고기각).

만에 이 사건 소송을 제기하였다.

2) 대법원판결

위와 같은 인정사실에 비추어 보면 원고가 재심청구를 하지 아니하였고, 명시적인 이의를 유보함이 없이 퇴직금을 수령하였으며 이 사건 직권면직처분일로부터 약 2년 6개월 후에 이 사건 소가 제기되었다는 등의 사실만으로는 원고가 이 사건 소제기 이전에 위 직권면직의 결과를 시인하고 그 효력을 다투지 아니하겠다는 외관을 형성하였다고 볼 수 없으므로 원고의 이 사건 소제기가 신의칙 또는 금반언의 원칙에 반하지 아니한다고 판단한 원심의 조치는 정당하다.

3) 평 석

이 판결은 해고를 당한 근로자가 퇴직금과 해고수당을 아무런 조건의 유보 없이 수령한 것이라면 특별한 사정이 없는 한 그 해고를 유효한 것으로 인정하였다고 보는 것이 상당하고, 상당한 이유 없이 그로부터 장기간이 경과한 뒤에야 해고무효의 확인청구를 하는 것은 신의성실의 원칙상 허용되지 않는다고 보아야 한다는 원칙의 예외로서, 다만 이와 같은 경우라도 해고의 효력을 인정하지 아니하고 이를 다투고 있었다고 볼 수 있는 객관적인 사정이 있다거나, 그 외에 상당한 이유가 있는 상황하에서 이를 수령하는 등 반대의 사정이 있음이 엿보이는 때에는 명시적인 이의를 유보함이 없이 퇴직금이나 해고수당을 수령한 경우라고 하여도 일률적으로 해고의 효력을 인정하였다고 보아서는 안 된다는, 앞서 본 개나리아파트사건 판결에서 말하는 단서조항에 해당된다고 본 대표적인 판결이다.

신의칙에 관한 판시는 아니나 위 판결 중에 피고 법인이 원고를 직권면직함에 있어 사립학교법 및 피고 법인의 정관에 위배되어 무효인 피고 법인 인사규칙 제33조 단서에 따라 징계위원회의 동의를 얻지 아니하였으므로, 피고의 원고에 대한 직권면직처분은 절차상의 하자로 인하여 무효이고, 이 사건 소송의 계속중에 피고 법인이 징계위원회를 개최하여 동의를 얻었다고 하더라도 이러한 사유로 위의 하자가 치유된다고 할 수 없다고 한 부분도 주목할 가치가 있다.[119]

6. 한국증권거래소사건[120]

1) 사안의 개요

피고인 한국증권거래소의 직원으로서 노동조합의 상근 총무부장으로 근무하던 원고가 1985. 10.경 증권가 정보를 야당 국회의원에게 누설한다는 혐의를 받고 국가안전기획부로부터 내사를 받게 되었는데 국가안전기획부의 통보에 따라 피고가 원고에게 사직을 종용하다가 원고가 이에 불응하자 같은 해 12. 5. 원고를 징계면직하였다. 원고는 그 부당함을 호소하다가 1985. 12. 6. 국가안전기획부 사무실로 불법연행되어 1주일간 감금된 상태에서 가혹한 신문 및 조사를 받았으나 아무런 혐의점이 없어 결국 석방되었다.

피고의 인사규정 및 상벌규정에 의하면 징계처분을 받은 자는 처분을 받은 날로부터 30일 이내에 서면으로 재심을 청구할 수 있는데 원고는 당시 상황에서 징계면직처분의 무효를 다투어 복직하기는 어렵다고 판단하여 1985. 12. 16. 퇴직금이라도 수령할 생각으로 징계면직 발령일자와 같은 날인 1985. 12. 5.자로 된 사직원을 작성, 제출함과 동시에 종전의 징계면직처분을 취소하고 의원면직처리를 하여 달라는 취지의 재심청구를 하였다.

---

119) 同旨 박상훈, 신의칙, 175～176면.
120) 대법원 2000. 4. 25. 선고 99다34475 판결(인정, 원심파기).

피고는 이에 따라 1986. 1. 29. 인사위원회를 개최하여 원고에 대한 징계면직처분을 재심의하여 당초의 징계면직처분을 취소하고 원고 제출의 사직원을 수리하여 원고를 1985. 12. 5.자로 의원면직처리하기로 의결한 후 1986. 2. 3. 원고를 의원면직하였다. 원고는 의원면직처분 발령일인 1986. 2. 3. 이후 아무런 이의나 유보 없이 그에 따른 퇴직금을 수령하였다가 1988. 8. 31.과 1995. 1. 3. 이 사건 징계면직처분 및 의원면직처분의 부당성을 다투면서 피고에게 복직청원을 하고, 1995. 2. 7. 피고에게 이 사건 징계면직처분 및 의원면직처분과 관련한 자료요청을 하였으며, 같은 해 5. 19. 국민고충처리위원회에 탄원서를 제출하여 오다가 1998. 2. 17. 이 사건 소를 제기하였다. 원심은 원고가 당시의 억압된 상황하에서 징계면직처분이나 의원면직처분의 효력을 다툴 수는 없었으나, 그 후 피고에게 복직청원을 하고, 국민고충처리위원회에 탄원서를 제출하는 등 꾸준히 이 사건 면직처분의 효력을 다투어 오다가 이 사건 소에 이른 점에 비추어 신의칙이나 금반언의 원칙에 위반되지 않는다고 하였다.[121]

2) 대법원판결

원고는 자신이 작성, 제출한 사직원에 기하여 위와 같이 의원면직통보를 받고 퇴직금 등을 수령하면서 아무런 이의의 유보를 하지 않았는데, 선행처분인 징계면직처분에 대하여 그 처분 당시 이를 다투었다는 점은 이 사건 의원면직처분에 있어 특별한 사정으로 볼 수 없고 달리 특별한 사정의 존재를 찾아볼 수 없다.

적어도 원고가 피고에게 복직신청을 하였다가 거부통보를 받은 1988. 9.경부터 6년 4개월이 경과한 1995. 1. 3.까지 사이에 어떠한 조치를 취하였다고 볼 자료가 없는 이 사건에서는 원고가 이제 더는 이 사건 의원면

---

121) 서울고법 1999. 5. 27. 선고 98나44460 판결.

직처분의 효력을 다투지 않을 것이라는 피고의 신뢰가 형성되었다고 봄이 상당하다. 그 이후에 위 면직처분의 효력을 다투는 행위가 있었다고 하여도 이 사건 소의 제기는 노동분쟁의 신속한 해결이라는 요청과 신의칙이나 금반언의 원칙에 위반되는 것으로 허용되지 아니한다.

3) 평 석

이 사안은 원고가 국가안전기획부의 불법적인 체포와 감금 등에 의한 심리적 압박으로 면직처분에 관하여 다투는 것을 포기하고 사직원을 작성한 것으로 보이고 피고도 이를 알고 있었던 것으로 보인다. 그렇다면, 원고의 권리불행사에 대한 피고의 신뢰보다는 원고의 이익을 보호함이 상당하다 할 것인데도 한국전력공사사건 Ⅱ에서와 같이 근로관계의 특수성에 비추어 노동분쟁을 신속히 해결하는 것이 바람직하다는 생각에 기초하여 실효의 원칙을 적용하여 원고의 청구를 배척한 사례이다.[122]

또한, 그전에 사직서 제출행위의 외형적 형식보다 그 실질을 중시하여 사용자가 근로자의 의원면직을 종용한 경우 노동법적 관점에서 이를 부당해고로 보았는데, 위 판결은 근로계약관계에도 민법의 규정을 적용하여 사용자와 근로자 사이의 근로계약관계를 계약적 관점에서 규율하고자 한 점에 특색이 있다.[123]

---

122) 김용빈, "근로자가 징계면직처분을 받은 후 임의로 사직원을 제출하여 종전의 징계 면직처분이 취소되고 의원면직처리된 경우, 그 사직의 의사표시를 비진의 의사표시로 볼 수 있는지 여부와 해고무효소송에 있어 신의성실(실효)의 원칙", 대법원 판례해설 34호, 법원도서관, 2000. 11., 30면.

123) 김용빈, 앞의 논문, 30면.

7. 국립공원관리공단사건[124)

1) 사안의 개요

원고는 피고인 국립공원관리공단의 직원으로서 1992. 7. 10. 임용되어 피고의 지리산관리사무소 남부지소 소속 연곡매표소에서 근무하던 중 위 매표소의 다른 직원인 소외 1과 함께 1998. 12. 25. 10:40경부터 12:30경까지 인근에서 민박업, 숙박업을 하는 사람들과 위 매표소 숙직실에서 판돈 합계 623,000원으로 속칭 포커라는 도박을 하다가 신고를 받고 출동한 구례경찰서의 경찰관에게 적발되었다. 구례경찰서에서는 원고와 소외 1을 도박으로 입건하고 1998. 12. 29. 위 남부지소에 통보하였다. 위 남부지소에서는 1999. 1. 1.자로 원고와 소외 1에 대하여 사무소 대기근무를 명하였고, 피고는 1999. 1. 6. 일신상의 사정으로 인하여 부득이하게 사직을 원한다는 내용의 1999. 1. 6.자 원고 명의의 사직원을 근거로 원고에 대하여 의원면직처분을 하였다.

원고는 2004. 3. 8. 위 사직원이 피고 직원의 협박에 따라 피고의 직원으로서 원고의 형인 소외 2가 원고의 동의 없이 작성·제출한 것이므로 위 의원면직은 무효라는 이유로 피고를 상대로 위 의원면직처분의 무효확인 및 의원면직처분 다음날부터 복직될 때까지 봉급 상당액의 지급을 구하였다.

2) 원심판결[125)

원심은 다음과 같은 이유를 들어 원고가 피고의 신뢰에 반하여 이 사건 의원면직일로부터 5년여가 경과한 후에 이를 다투면서 이 사건 소를 제기

---

124) 대법원 2005. 10. 28. 선고 2005다45827 판결(인정, 상고기각).
125) 광주고법 2005. 7. 20. 선고 2004나8455 판결.

하는 것은 신의칙 내지 금반언의 원칙에 반하는 것으로서 부적법하다고
하여 원고의 소를 각하한 제1심 판결[126]을 유지하였다.

① 원고가 사직원을 직접 작성하여 피고에게 제출한 적은 없다고 하더
라도, 당시의 객관적인 정황, 소외 2가 원고의 사직원을 제출하게 된 경
위, 원고가 아무런 이의 없이 정상적인 퇴직금을 수령한 점, 그 후 원고가
피고의 퇴직자 모임인 지사모에 가입하고 피고로부터 매점을 수의계약으
로 임차하여 사용·수익한 점에 비추어 보면, 원고는 소외 2가 원고의 이
익을 위하여 위와 같이 사직원을 작성하고 제출하는 행위에 대하여 사전
에 동의하였거나 사후에 이를 추인한 것으로 보인다.

② 나아가 원고는 위와 같이 유리한 조건으로 봉급을 수령하고, 이의나
조건 없이 정상적인 퇴직금을 수령하였으며, 그 후 지사모에 가입하여 피
고로부터 위 각 매점을 임차하여 2년 동안 운영하는 등 이 사건 의원면직
을 유효한 것으로 인정하고 그에 대하여 다투지 않겠다는 의사를 묵시적
으로 표시하였다고 볼 것이고, 그에 따라 피고로서도 원고가 이 사건 의
원면직을 유효한 것으로 받아들이고 그에 대하여 다투지 않을 것으로 신
뢰하는 것이 상당하다.

3) 대법원판결

대법원은 실효의 원칙을 적용하기 위한 요건 및 그 충족 여부의 판단기
준에 관하여 기존의 판례의 내용을 그대로 인용하면서, 의원면직일로부터
5년여가 경과한 후에 위와 같은 소를 제기하는 것은 신의칙 내지 금반언
의 원칙에 반하는 것으로서 부적법하다고 한 원심의 판단을 정당하다고
하여 상고를 기각하였다.

---

126) 광주지법 2004. 9. 10. 선고 2004가합1709 판결.

4) 평 석

이 판결이 신의칙 내지 금반언의 원칙만을 언급한 원심의 판결을 정당하다고 하면서도 실효의 원칙에 관한 일반론을 언급한 것은 실효의 원칙이 신의칙의 일종이기에 대법원이 신의칙과 실효의 원칙을 엄격히 구분하여 사용하지 않는다는 것과, 그렇지만 위 사안은 신의칙이 구체화된 실효의 원칙에 더 적합한 사안임을 암시하는 것이라 생각한다.

2000년 이후에 선고된 해고무효주장과 관련한 대법원 판결로서 신의칙 내지 실효의 원칙을 언급한 판결은 앞서 본 한국증권거래소사건 판결과 이 판결만 판례공보에 게재되었으며, 신의칙 외에 실효의 원칙 일반론을 언급하고 있는 것으로는 유일한 판결이다. 또한, 이 판결은 소 제기 자체가 부적법하다고 각하하여 각하설을 취한 1심과 2심을 그대로 유지함으로써 각하설을 취하였다는 점에서도 의미가 있다.

8. 기타 판결들

1) 해고무효확인청구 인용례

사용자로부터 해고된 근로자가 퇴직금 등을 수령하면서 아무런 이의의 유보나 조건을 제시하지 않았다면 특별한 사정이 없는 한 그 해고의 효력을 인정하였다고 할 것이고, 따라서 그로부터 오랜 기간이 지난 후에 그 해고의 효력을 다투는 소를 제기하는 것은 신의칙이나 금반언의 원칙에 위배되어 허용될 수 없다고 함이 판례이므로 특별한 사정을 어떻게 볼 것인지가 중요하다.

이 시기의 판례는 퇴직금 등을 수령하였음에도 해고처분의 효력을 인정하였다고 볼 수 없는 사례로는 퇴직금 수령 전에 해고의 효력을 다투는 소를 제기하고 있거나,[127] 해고된 직후부터 해고의 효력을 다투어 온 경우,[128] 징계해고를 당한 근로자가 불복할 의사를 분명히 하면서 퇴직금의 일부를 지급받고 구제명령을 받은 후 나머지 퇴직금을 수령한 경우,[129] 근로자들이 퇴직금의 지급을 종용하였으나 바로 그 다음 날 부당해고 구제신청을 하고 퇴직금을 수령한 경우,[130] 근로자가 변제공탁된 퇴직금을 이의 없이 수령하였으나, 해고처분 후 곧바로 재심신청을 하였고 회사로부터 퇴직금을 송금받은 후 이를 돌려주었다가 회사가 다시 이를 변제공탁하자 수령하게 되었으며, 퇴직금 수령 후 1개월이 지나지 않아 노동위원회에 부당해고 구제신청을 한 경우,[131] 피고 회사에 근무하다가 원고들이 사직한 직후에 해고된 일부 근로자들이 피고를 상대로 제기하거나 그들이 실질적 당사자가 되어 있는 소송에서 정리해고의 정당성이 다투어지고 있었기 때문에 그 해고근로자들이 다투는 쟁점과 실질적으로 같은 쟁점을 가지고 있는 원고들이 이에 관한 법원의 판단을 기다렸다가 위 사건의 제1심판결이 선고되자 곧바로 소를 제기한 경우[132]에는 해고의 효력을 인정하였다고 할 수 없다고 하고 있고, 특별한 이유설시 없이 전형적인 문구만을 인용한 사례도 있다.[133]

또한, 원고들이 사직서제출 종용에 대하여 피고인 보험회사 측에 줄곧 항의하였고, 원고들을 비롯한 사원들이 사직서를 제출하자 회사 측이 사

---

127) 대법원 1992. 3. 31. 선고 90다8763 판결(상고기각); 대법원 1992. 12. 8. 선고 91다43015 판결(상고기각).

128) 대법원 1995. 2. 28. 선고 94다15363 판결(부정, 상고기각); 대법원 1993. 3. 9. 선고 92다29429 판결(상고기각).

129) 대법원 1993. 2. 12. 선고 92누10654 판결(부정, 상고기각).

130) 대법원 2002. 5. 14. 선고 2000두4675 판결(공보불게재, 부정, 상고기각).

131) 대법원 2005. 5. 26. 선고 2005두1152 판결(공보불게재, 부정, 상고기각).

132) 대법원 2005. 11. 25. 선고 2005다38270 판결(공보불게재, 부정, 상고기각); 이 사안에서 대법원은 원고들이 4개월분에 해당하는 퇴직위로금을 수령하고 약 2년가량의 기간 동안 아무런 이의를 제기하지 않았다는 사정만으로는 이 사건 소제기가 신의성실의 원칙에 반한다거나 실효의 원칙에 해당한다고 보기 어렵다고 판시하였다.

133) 대법원 1995. 11. 21. 선고 94다45753, 45760 판결(부정, 상고기각).

직처리와 동시에 사원들이 회사로부터 대출받은 대출금의 이율을 연 4%
에서 연 22%로 올리겠다고 하므로 이자부담을 두려워한 일부 사원들은
퇴직금으로 대출금을 상계하고 나머지 퇴직금을 수령하였으며, 퇴직금을
수령하지 않은 사원들에 대하여는 회사 측이 일방적으로 대출금과 퇴직
금을 상계처리한 후 나머지 퇴직금을 사원들의 은행계좌로 송금한 사안
에서는, 원고들은 자신들에게 미칠 불이익을 두려워하여 일단 퇴직금을
수령한 것에 불과하고, 또한, 해고된 직원들이 여러 차례 모여서 일방적인
사직서 수리조치에 대하여 회사 측에 이의를 제기한 사정 등 원고들의 해
고 전후의 사정을 종합적으로 고려하여 보면, 일부 원고들이 퇴직 후 일
시적으로 다른 직장에 근무하였다거나 원고들이 해고된 후 약 9개월 내지
1년 8개월 남짓 지나 이 사건 해고무효의 소를 제기하였다는 사정만으로
는 해고를 추인하였거나 그 소제기 행위가 신의칙에 반한다고 할 수는 없
다고 판단하였다.[134]

2) 해고무효확인청구 배척례

① 근로자가 사직원을 제출하였는데 회사가 다른 일자에 그 근로자를
해직처리한 사안에서, 그 해직처리는 근로자의 사직 의사표시와 불일치하
여 바로 효력을 발생할 수는 없다 하더라도, 이에 대하여 그 근로자가 아무
런 이의를 유보하지 아니한 채 퇴직금을 수령하였다면 그 근로자가 해직
처리의 효력을 인정한 것이므로 고용계약관계는 적법하게 해지되었다.[135]

② 회사의 자신에 대한 징계면직처분에 대하여 재심청구를 하였으나
기각되자 회사가 자신의 급여구좌에 입금한 해고예고수당을 반환하기 위
하여 이를 공탁까지 하였다가 그 후 아무런 이의 없이 회사로부터 퇴직금

---

134) 대법원 2003. 10. 10. 선고 2001다76229 판결(공보불게재, 부정, 상고기각).
135) 대법원 1995. 6. 30. 선고 94다17994 판결(인정, 상고기각).

을 수령하고, 그 후로는 부당노동행위 구제신청을 하는 등으로 징계면직 처분을 다툼이 없이 다른 생업에 종사하여 오다가, 징계면직일로부터 2년 10개월가량이 경과한 후 제기한 해고무효확인의 소는 노동분쟁의 신속한 해결이라는 요청과 신의성실의 원칙 및 실효의 원칙에 비추어 허용될 수 없다.[136)]

③ 원고가 징계해임사실을 통고받은 후 퇴직금을 다른 조건 없이 수령하였고, 그로부터 1년 5개월이 지난 1991. 9. 26.에 이르러 소송을 제기한 사안에서, 원고가 퇴직금을 수령한 이유, 그 당시 이의의 유보를 하였는지 여부, 원고가 해고 후 1년 6개월이 지나서야 이 사건 해고무효확인 등의 청구를 한 이유, 이 사건 해임처분에 대한 원고의 그동안의 태도, 다른 구제절차 등을 밟은 흔적이 있는지 등을 심리하여 원고의 소제기가 신의칙이나 금반언의 원칙에 반하는지의 여부를 판단하였어야 한다.[137)]

④ 원고가 1990. 12. 24. 해고된 후 같은 달 31. 피고가 지급한 퇴직금을 아무런 이의를 유보하지 아니하고 수령하였고, 위 해고가 부당하다는 이유로 1991. 2. 26. 전라남도지방노동위원회에 부당해고 구제신청을 하여 같은 해 4.경 기각되었으나 이에 대하여 불복을 제기하지 아니하여 위 결정이 확정되기까지 하였다면, 특별한 사정이 없는 한 그로부터 1년 7개월가량 경과한 후인 1992. 12. 2. 제기한 이 사건 해고무효확인청구는 신의칙이나 금반언의 원칙에 위배되어 허용될 수 없다.[138)]

⑤ 전국교직원노동조합(전교조) 가입을 이유로 해임된 사립학교 교사가 해고무효확인의 전소를 제기하였으나 헌법재판소의 사립학교법 관계 조항에 대한 합헌결정이 있자 스스로 전소를 취하하고 전교조에서 계속 활동하다가 정부의 구제방침에 따라 전교조를 탈퇴하고 공립학교 교사로

---

136) 대법원 1996. 11. 26. 선고 95다49004 판결(인정, 상고기각).
137) 대법원 1993. 9. 24. 선고 93다21736 판결(심리미진 원심파기).
138) 대법원 1995. 3. 10. 선고 94다33552 판결(인정, 원심파기).

신규임용된 경우, 공립학교 교사로 임명된 후로서 전소의 취하일로부터 2년 10개월이 지난 후에 다시 전소와 동일한 내용의 해고무효확인의 후소를 제기하는 것은 신의칙에 반하여 허용될 수 없다.[139]

⑥ 근로자가 비록 퇴직금 등을 수령하면서 사직서 등을 제출한 바가 없다 하더라도, 유리한 조건으로 퇴직금 등을 지급받고 전별금을 수령한 다음 기숙사에서 퇴사함으로써 징계해고의 효력을 인정하고 이에 대하여 더는 다투지 않겠다는 의사를 묵시적으로 표시하였다 할 것이며, 회사로서도 참가인이 위 해고의 효력을 다투지 아니할 것으로 신뢰함이 상당하다고 보인다. 따라서 근로자가 위와 같은 의사 내지 신뢰에 반하여 이 사건 징계해고의 효력을 다투는 것은 노동분쟁의 신속한 해결이라는 요청과 신의성실의 원칙 및 금반언의 원칙에 비추어 허용될 수 없다.[140]

⑦ 징계해고 후 6일 만에 다른 회사에 입사하였고 다른 회사에서의 보수도 해고된 회사보다 현저하게 낮다고 볼 수 없고, 또 복직의사가 없을 뿐만 아니라 복직이 현실적으로 어려운 상태에서 징계해고 후 9개월이 넘어 해고무효의 소를 제기하는 것은 신의성실의 원칙 내지는 실효의 원칙에 비추어 허용될 수 없다.[141]

이 사건은 근로자가 회사의 대표이사에 대한 근로기준법위반 진정사건에서 형사처벌을 구하면서 다투었고 제소시점도 그다지 늦지 않았던 점을 고려하면 신의칙 내지 실효의 원칙을 적용하기에는 부적절하다는 느낌이 든다. 그런데 원심판결[142]에 의하면, 원고는 진정사건의 진정인으로 진술함에 있어서 피고 회사에 근무할 의사가 없으므로 복직을 요구하지 않고 대표이사의 처벌만을 요구한다고 대답하면서 그 이유를 피고 회사

---

139) 대법원 1996. 10. 15. 선고 96다12290 판결(인정, 상고기각).
140) 대법원 1999. 6. 25. 선고 99두4662 판결(인정, 원심파기).
141) 대법원 1993. 4. 13. 선고 92다49171 판결(인정, 상고기각).
142) 서울고법 1992. 9. 30. 선고 92나19240 판결.

의 관리직사원과 싸웠고 또한 전종업원의 분위기 등을 생각할 때 피고 회사에서 계속 근무할 수 없기 때문이라고 밝혔으며, 그 후 자신이 요구한 휴가수당을 지급받았고 대표이사는 벌금 30만 원의 약식명령을 받았으며, 원고가 위 징계해고 당시 피고 회사에서 받던 보수보다 현재 많은 보수를 받고 있는 사실을 알 수 있다. 그렇다면, 원고가 그 후 해고무효의 소를 제기한 것은 실효의 원칙은 몰라도 신의칙상의 금반언의 원칙에 반하는 것으로 볼 수 있을 듯하다.

⑧ 원고는 해고를 당한 직후 피고가 가압류하지 아니한 원고의 퇴직금 중 2분의 1 부분을 아무런 이의 없이 수령하였으며, 피고가 원고를 상대로 손해배상을 구한 종전 소송에 있어서도 원고 승소의 제1심판결을 선고받고도 피고에 대하여 이 사건 해고가 무효라는 주장을 한 바가 없을 뿐만 아니라, 심지어는 피고의 항소를 기각한 제2심판결이 2000. 4. 1.경 확정되어 원고의 퇴직금 중 나머지 2분의 1에 관한 피고의 가압류가 해제되자 곧바로 아무런 이의를 보류함이 없이 나머지 퇴직금마저 수령하였다. 또한, 원고는 이 사건 해고 후 삼성생명보험에 입사하여 종전 소송중에도 거기에서 근무하고 있었다. 원고가 피고에게 복직을 요청하는 서면을 처음으로 보낸 2000. 5. 8.경은 이 사건 해고가 있은 때로부터 2년 이상이나 경과한 시점이었고 원고가 나머지 퇴직금을 수령한 이후였다. 그렇다면, 원고의 이 사건 청구는 신의칙 또는 실효의 원칙에 반하여 허용되지 않는다고 볼 여지가 있으니 원심으로서는 원고가 종전 소송 당시 피고의 청구에 응하면서 취한 입장과 이 사건 해고 후 위 삼성생명보험 등 다른 직장에서 근무한 기간 및 형태 등의 사정을 구체적으로 심리하여 이 사건 청구가 신의칙 또는 실효의 원칙에 반하는지 여부를 판단하였어야 한다.[143]

하지만 위 사건에 대하여 원심[144])은 이 사건 해고가 있은 후 곧이어

---

143) 대법원 2002. 12. 24. 선고 2002다52626 판결(공보불게재, 심리미진 원심파기).
144) 서울고법 2002. 8. 21. 선고 2002나5547 판결.

피고가 원고를 상대로 변상금의 지급을 구하는 종전 소송을 제기하여 이 사건 해고의 원인이 된 변상금 납부의무의 존부에 관하여 법원에 소송이 계속중이었던 점, 종전 소송의 항소심에서 피고의 항소가 기각되어 위 사건이 2000. 4. 1. 피고 패소로 확정된 후 얼마 지나지 아니한 2000. 5. 8. 원고가 피고에게 복직을 요청하는 서면을 보낸 점 등에 비추어 볼 때, 원고의 이 사건 청구가 신의칙 또는 실효의 원칙에 반하여 허용되지 않는다고 할 수는 없다고 판단하였다.

피고가 제기한 손해배상소송의 결론은 원고에 대한 해고무효 여부와 밀접한 관련이 있는 것이므로 원고가 위 소송에 응소하여 적극적으로 다투었다면 이는 결국 원고 자신에 대한 해고처분에 대하여 다툰 것으로 볼 수도 있는데, 대법원의 판결은 퇴직금의 수령 여부와 직접적으로 해고의 효력을 다투었는지의 여부에 지나친 비중을 둔 것이라 생각한다. 상호간에 소송이 계속되어 다툼이 있었다면 피고에게 원고의 권리불행사에 대한 정당한 신뢰가 있었다고 볼 수 있는지 의문이다.

IV. 소 결

1. 대법원 판례의 흐름

권리의 행사가 신의칙에 위배된다 하여 청구를 배척하는 것은 민사소송에서 극히 예외적이고 해고무효확인소송에 있어서도 신의칙이나 금반언의 원칙, 실효의 원칙을 들어 해고의 유·무효에 불구하고 근로자의 청구를 배척한 사례는 대성운수사건 I 판결이 나오기까지는 발견하기 어렵다.

위 대법원 판결이 해고무효확인 소송에 있어서 신의칙의 적용이 가능하다는 내용의 판시를 한 이래 해고무효확인의 소에 있어서 신의칙의 적용은 점차 그 폭을 넓혀 왔다. 특히, 한국전력공사사건 II를 계기로 소위 실효의 원칙이 확립되고, 이는 1980년의 국가보위비상대책위원회에서 주도한 정화계획에 의한 대량해직과 관련하여 1980년대 말 이후 몰려들기 시작한 해고무효확인소송에서 전면적으로 적용되게 된다. 그리하여 1989년의 대성운수사건 I 판결 이후 한국전력공사사건 II 판결이 나오기까지는 대법원판결이 해고무효확인청구 인용례와 배척례가 비슷한 수를 점하다가 한국전력공사사건 II 이후 배척례가 인용례를 압도하게 되었다.[145] 특히 주목할 만한 현상은 배척례의 상당수가 원심의 근로자 승소판결을 파기환송함으로써 대법원이 해고무효확인소송에 있어서의 실효의 원칙적용에 대한 강력한 의지를 천명하였다는 것이며, 이는 특히 1980년 정화계획과 관련한 해직사건에서 두드러진다.

대법원이 실효의 원칙을 적용하기를 꺼리는 다른 분야에서와 달리 노동사건에 있어서 신의칙의 적용을 확대한 이유는 이와 관련한 판례들이 1980년대 말과 1990년대 초반에 집중되어 있는 것과 관련이 있는 것으로 짐작된다. 노동위원회의 통계자료를 보면 1988년과 1989년을 계기로 부당노동행위구제신청과 부당해고 구제신청의 접수건수가 폭발적으로 증가한 것을 알 수 있다.[146]

---

145) 한국전력공사사건 II 판결 이후 신의칙 내지 실효의 원칙과 관련한 대법원 판결이 대량으로 선고된 1996년 말까지 사이에 필자가 검색한 총 28건의 사건 중 해고무효확인청구를 인용한 예가 9건인 반면 배척한 예는 19건에 달하고 있고, 이는 1989년의 대성운수사건 I 판결 이후 한국전력공사사건 II 판결 전까지의 사건으로서 필자가 검색한 11건의 사건 중 인용례가 6건인 반면 배척례가 5건에 불과한 것과 대비된다.

146) 1987년에 522건이던 부당노동행위구제신청건수가 1988년에는 1,439건, 1989년에는 1,721건으로 증가하였고, 노동위원회 심판사건 전체접수건수(부당해고 구제신청 등이 포함된다)는 1987년의 795건에서 1988년에는 1,707건, 1989년에는 4,477건(신설된 부당해고 구제신청건수 706건이 포함됨)으로 폭발적으로 증가한다(「2006년도 노동위원회 연보」, 노동위원회연보 9호, 중앙노동위원회, 2007. 6., 54면의 연도별 노동위원회 심판사건 종합통계 ≪초심≫ 표 참조).

1987년과 1988년의 사회적 변동을 계기로 노동운동의 역량이 증대하였고 이를 바탕으로 근로자들의 사용자를 상대로 한 투쟁이 강화되었으며 그 일환으로서 각종의 노동관계 분쟁이 폭발적으로 증가한 것으로 보인다. 이러한 상황하에서 근로자들과 사용자 간의 분쟁을 조기에 종식시키고 산업현장의 평화를 확보하기 위한 방편의 하나로서 노동사건에서 소의 이익에 대한 엄격한 해석과 함께 신의칙을 활발히 적용하는 판례가 확립된 것이 아닌가 생각한다. 이러한 점은 특히 1980년의 정화계획과 관련한 소송에서 잘 드러나고 있다.[147]

2. 판례의 문제점

1) 기존의 판결과의 비교

실효의 원칙을 전면적으로 노동사건에 적용하는 판례의 문제점은 그 이전의 판결들과 비교함으로써 검토할 수 있다.

한국전력공사사건 Ⅱ 판결이 나오기 직전까지도 해직되고 상당한 기간이 경과한 후에 제소한 사건에서 대법원이 신의칙이나 실효의 원칙의 주장을 배척하고 심지어 원심판결을 파기하면서까지[148] 근로자승소판결을 하였던 이유는 무엇일까?

그 이유는 신의칙의 적용 자체가 매우 예외적이라는 점도 있겠으나, 실효의 원칙이 적용되기 위해서는 권리자가 실제로 장기간 권리를 행사하지 아니한 것과 함께 의무자인 상대방으로서도 이제는 권리자가 권리를 행사하지 아니할 것으로 신뢰할 만한 정당한 기대를 가지게 되어 새삼스

---

147) 필자가 검색한 제5공화국 해직자의 해고무효확인소송에 관한 대법원 판결 13건 중 근로자가 승소한 것은 앞서 본 서울신문사건 1건이고, 나머지 12건은 모두 근로자가 패소하였으며, 그 중 8건이 근로자 승소의 원심판결을 대법원이 파기한 것이다.
148) 한국전력공사사건 Ⅰ.

럽게 그 권리를 행사하는 것이 법질서 전체를 지배하는 신의성실의 원칙에 위반하는 것으로 인정되어야 하는바 부당해고에 있어서는 부당해고의 주체가 바로 사용자이고 따라서 그에게 법적으로 보호할만한 정당한 신뢰를 인정하기 어렵기 때문이 아닐까 생각한다.[149] 우리 노동법은 정당한 사유 없이 근로자를 해고하지 못하도록 하여 근로자의 근로와 관련한 이익을 강력히 보호하고 있고, 이에 위반하여 근로자를 부당하게 해고한 사용자를 형사처벌까지 하였는데, 해고가 부당해고로 인정됨에도 신의칙을 적용하여 근로자를 부당하게 해고한 사용자를 보호한다는 것은 이해하기 어렵기 때문이다. 대법원이 이러한 점에 대한 충분한 고려 없이 해고무효확인소송에서 지나치게 근로자의 권리불행사에 대한 사용자의 정당한 신뢰를 형식적으로 판단한 느낌이 든다.

2) 시류에 영합

우리 대법원의 해고무효확인소송과 관련한 신의칙, 또는 실효의 원칙의 적용은 지나치게 시류에 영합한 것이라는 비판을 면하기 어렵다.

앞서 본 바와 같이 해고무효소송에 관한 대법원의 판례는 시대의 변화에 따라 상당한 차이가 있는바 노동사건이 이론적이기보다는 현실적, 실천적인 면이 있어서 시대상이나 사회상과 밀접한 관련이 있고 그 결론도 각자의 인생관이나 세계관에 따라 다를 소지가 있을 수 있음을 인정하더라도 해고무효소송과 관련한 대법원의 신의칙 적용은 지나치게 시대상의 반영에 충실하여,[150] 법적 판단이라기보다는 노동분쟁에 관한 정책판단이라는 느낌을 지울 수가 없다.

분쟁의 신속한 해결이라는 요청은 정도의 차이는 있겠으나 일반민사사

---

149) 박상훈, 실효의 원칙, 42~43면; 오종한, "해고무효의 주장과 신의칙", 노동법연구 3호, 서울대학교 노동법연구회, 1993, 58면.
150) 윤재식, 앞의 논문, 936면.

건에서도 통용될 수 있는 것이고 노동사건에 있어서만 특이한 것은 아니다. 사회적 변화를 수용하더라도 법원으로서는 그 변화의 움직임을 감지할 수 있도록 일정한 기준의 제시와 납득할 만한 이유의 설시가 있어야함에도 노동분쟁에 있어서의 우리 대법원에 의한 신의칙, 실효의 원칙의 적용은 뚜렷한 원칙을 발견하기 어려울 정도로 혼란스럽고, 특히 같은 시기에 제소한 동종의 사건들이 전원합의체 판결도 없이 불과 5개월도 안되어 결론이 뒤바뀌는 일은 납득하기 곤란하다.[151]

3) 신의칙의 본질적 문제점

신의칙 자체가 사회의 변천에 적합하도록 제정법의 경직성을 보완함으로써 살아있는 법을 지향할 수 있도록 하는 기능을 하는 것이고,[152] 그것이 가능하도록 하는 것은 일반조항으로서의 그 일반성, 추상성에 기인하는 것이다. 따라서 신의칙 자체가 법적 안정성을 해할 위험을 안고 있는 것이며 그 적용에 신중을 기하여야 하고, 최종의 수단으로서 채용되는 보충적인 원칙에 머물러야 한다.[153]

1933년 독일의 Hedemann 교수는 일반조항으로의 도피를 경고하였는바,[154] 우리 대법원 판례는 구체적 타당성을 의식한 나머지 노동사건에서

---

151) 윤재식, 앞의 논문, 936면.
152) 백태승, 앞의 논문, 208면.
153) 이영준, 앞의 책, 69면; 이은영, 앞의 책, 78~79면; 고상룡, 앞의 책, 54면; 주해총칙(1), 106면; 김학동, 실효원칙1, 18면; 윤철홍, 앞의 논문, 48면; 小西國友, 앞의 논문, 366면; 김학동, 실효원칙1, 19~20면.
154) 이영준, 앞의 책, 69면; 이은영, 앞의 책, 79면; 백태승, 앞의 논문, 208면; 주해총칙(1), 105면; 박상훈, 실효의 원칙, 16면; Hedemann 교수는 일반조항이 가져오는 폐해로서, 첫째 사건처리에 있어서 확고한 개념이나 이론의 구성을 회피하거나 포기하게 되는 법적 사고의 유약화, 둘째 신의칙의 강화가 계약의 구속력을 완화하는 방향으로 주장되기도 하고 강화하는 방향으로 주장되기도 하는 예에서 보는 바와 같은 불안정성, 셋째 법률가가 자신의 세계관을 법의 세계에서 관철하기 위한 도구

신의칙을 지나치게 적극적으로 활용하여 이론보다 편의를 쫓아 일반조항으로 도피하였다는 비난을 받을 소지가 있다. 하지만, 더 근본적인 문제점은 신의칙이 적용되는 한 재판부에 따라 결론이 다를 수 있는 위험성이 이미 신의칙 자체에 내재하여 있다는 것이다.[155)

3. 대안의 검토

1) 신뢰적 요건의 엄격한 해석

앞서 본 바와 같이 실효의 원칙이 적용되기 위해서는 시간요소와 사정요소가 존재하여야 하는바, 시간요소는 사정요소와 상호작용하는 것이므로, 결국은 구체적으로 어떠한 경우에 권리자의 권리행사가 신의칙에 반하여 부당한가를 가리는 사정요소에 대한 판단이 중요하다.[156)

그런데 퇴직금이 공탁되거나 현실로 제공되는 경우, 해고된 근로자는 그 생계를 유지하기 위하여 최소한의 생계비가 필요하고, 그 한정된 법적 지식으로 말미암아 해고에 불복이 있더라도 이의를 유보하고 공탁금을 수령하거나 퇴직금을 수령할 것을 요구하기는 어렵다.[157) 따라서 해고된 근로자가 이의를 유보하지 아니하고 퇴직금 등을 수령하였다고 하더라도 그것만으로 그 해고를 유효한 것으로 인정하는 의사표시로 보는 것은 곤란하고[158) 판례가 말하는 '특별한 사정'을 넓게 해석하여 해고된 근로자

로 될 수 있는 恣意를 들었다[주해총칙(1), 105면].

155) 일본에서도 법원은 해고 후 장기간을 경과한 후에 무효확인의 소를 제기하는 것은 신의칙상 허용될 수 없다고 하고 있으나, '장기간'이 어느 정도인지는 법원에 따라 판단이 달라 2년 수개월 후에도 무효를 주장할 수 없다고 한 것이 있는 한편, 8년경과 후에도 무효를 주장할 수 있다고 한 것도 있다(菅野和夫, 앞의 책, 425면 참조).

156) 백태승, 앞의 책, 100면.

157) 오종한, 앞의 논문, 57면.

158) 김학동, 판례분석, 114~115면; 최광준, 앞의 논문, 218~219면.

를 보호할 필요가 있다.[159]

또한, 근로자가 해고된 후 다른 직장에 취업하는 것은 그 생계를 유지하기 위하여 어쩔 수 없는 면이 있으므로 그것만으로 근로자가 해고를 다툴 의사를 포기하였다고 보아서는 곤란하다.[160] 무엇보다도 노동법이 사회적 · 경제적 약자인 근로자를 보호하기 위한 법이고 정당한 이유가 없는 해고는 근로자의 생존권을 위협하는 범죄행위인 점에 비추어, 부당해고를 자행한 사용자에게 해고된 근로자의 권리불행사에 대한 정당한 신뢰를 쉽게 인정하여서는 곤란하다.[161]

그리고 설사 일응 사용자의 신뢰가 정당하다고 하더라도, 근로자의 권리행사를 보호할 이익과 근로자의 권리불행사에 대한 사용자의 신뢰의 이익을 비교형량하여야 하며, 애매한 경우에는 근로자의 이익을 우선하여 근로자의 권리행사가 신의칙에 반하는 것으로 보아 배척하여서는 안 되는 것이다.[162]

2) 제소기간의 입법

해고무효확인소송과 관련하여 근로자를 보호할 필요가 아무리 크다고 하여도 해고가 정당한 이유가 없다고 판단되는 경우 시간의 경과에 무관하게 무조건 근로자를 구제하여야 하는 것은 아니다. 반대의 논리를 전개하는 분들도 있으나,[163] 앞서 본 한국전력공사사건 Ⅱ에서 지적하였듯이

---

159) 同旨 박상훈, 실효의 원칙, 42면.
160) 최광준, 앞의 논문, 220면.
161) 오종한, 앞의 논문, 58면; 박상훈, 신의칙, 178면; 김학동, 실효원칙2, 20면; 차형근, 앞의 논문, 458면; 김찬돈, 앞의 논문, 152면; 小西國友는 해고무효의 주장에 안이하게 실효의 원칙을 적용한다면 일방적으로 근로자의 권리의 내용을 약화시키고 근로자에 대한 사실상의 재판의 거부를 초래하게 된다고 경고한다(小西國友, 앞의 논문, 366면).
162) 최광준, 앞의 논문, 226면.
163) 박상훈, 실효의 원칙, 33면; 오종한, 앞의 논문, 55~56면.

근로자의 지위와 관련한 분쟁은 신속한 해결이 바람직하다.[164]

그런데 신의칙이란 그 자체가 법적 안정성을 저해할 위험이 상존하는 것으로서 최후에 보충적으로 적용되어야 하는 것이고, 따라서 특별규정을 두어 문제해결이 가능하다면 마땅히 입법을 하여 신의칙을 자의적으로 적용함으로 인한 법적인 불안정성을 제거하여야 한다.

한국전력공사사건 Ⅱ 판결은 사용자에 의하여 해고된 근로자가 해고의 효력을 다투는 경우, 해고가 부당노동행위라고 주장하여 노동위원회에 부당노동행위 구제신청을 하는 경우에 관하여는 노동조합법 제40조 제2항[165]에 그 구제신청을 하여야 할 기간이 부당노동행위가 있은 날로부터 3월 이내로 규정되어 있으나, 해고가 무효라고 주장하여 법원에 해고무효확인의 소 등을 제기하는 경우의 제소기간에 관하여는 우리 법에 아무것도 규정되어 있지 않기 때문에, 해고무효확인 소송에서는 실효의 원칙을 적극적으로 적용하여야 할 필요성이 더 절실하다고 하였다.[166]

부당노동행위란 근로자의 근로 3권에 대한 침해로서 행정절차에 의하여 신속히 구제할 필요성이 크다고 하더라도[167] 노동위원회에 구제신청을 하는 경우에는 신청기간이 3개월인데 법원에 제소하는 경우에는 제한 없이 인용될 수 있다는 것은 이해하기 어렵다.

또한, 현재의 근로기준법 제28조는 부당노동행위뿐 아니라 부당해고에 관하여도 노동위원회에 구제신청을 할 수 있도록 규정하고 있고, 이 경우 그 구제신청기간은 역시 3개월이므로 위 판결의 논리는 더욱 설득력이 있게 되었다.[168]

---

164) 小西國友, 앞의 논문, 343면; 윤제식, 앞의 논문, 925면; 김학동, 판례분석, 116면; 김용빈, 앞의 논문, 25면.
165) 현재의 노동조합 및 노동관계조정법 제82조 제2항에 해당한다.
166) 同旨 김용빈, 앞의 논문, 25면.
167) 오종한, 앞의 논문, 56면.
168) ILO의 고용종료협약은 제8조 제3항에서 근로자가 고용종료에 관하여 다툴 권리는

근로자의 지위와 관련한 노동분쟁은 신속히 해결할 필요가 있다는 점과 노동위원회에 구제신청을 하는 경우 신청기간이 3개월이라는 점, 해고가 무효로 판단되는 경우에 지급받게 되는 임금의 소멸시효가 3년이며, 불법행위에 기한 손해배상청구권이 그 손해 및 가해자를 안 날로부터 3년간 행사하지 아니하면 시효로 인하여 소멸된다는 점, 영국은 해고일로부터 3개월 이내에 고용법원에 구제를 신청하도록 되어 있고, 독일은 해고고지를 받은 후 3주 내에 소를 제기하도록 되어 있는 점169) 등을 고려하면, 3개월 이상으로 하되 3년을 넘지 않는 범위 내170)에서 해고무효확인소송의 제소기간을 법률로 정하는 것이 법적인 안정성을 기할 수 있고171) 당사자에게 예측가능성을 부여할 수 있다는 점에서 바람직하다.172)

3) 구제방법의 다양화

대법원이 해고무효확인소송에서 해고가 무효라고 인정됨에도 신의칙을 적용하여 근로자의 청구를 배척하는 방법을 취한 이유 중의 하나로 현재

그가 고용종료로부터 합리적인 기간 내에 권리를 행사하지 않으면 포기한 것으로 간주될 수 있다고 규정하고 있다(ILO, C158 Termination of Employment Convention, 1982).

169) 김소영·조용만·강현주, 「부당해고구제의 실효성 제고방안」, 한국노동연구원, 2002, 128면.

170) 사견으로는 1년 이내로 정해야 한다는 생각이며, 김선수 변호사는 현재의 부당해고 구제기간과 같은 3개월을 제안하고 있는바(김선수, "한국에서의 노동분쟁 처리기구로서의 법원의 구조 및 운영실태, 노동법원의 도입방향", 노동과 법 4호, 전국금속산업노동조합연맹 법률원, 2004, 352면), 노동분쟁의 신속한 해결 및 노사관계의 안정이라는 측면에서 바람직한 제안이라 생각한다. 현재 일본에서도 1년 이내의 적정한 기간을 출소기간으로 정하여야 한다는 주장이 설득력을 얻고 있다고 한다(김소영 등, 앞의 책, 128면).

171) 菅野和夫, 앞의 책, 425면.

172) 오종한, 앞의 논문, 57면; 이철수, "독일의 해고구제제도에 관한 소묘", 법학 48권 3호(통권 144호), 서울대학교 법학연구소, 2007. 9., 132면; 김소영 등, 앞의 책, 45면.

의 우리나라 부당해고 구제제도의 단순성을 들 수 있다. 즉, 해고된 지 오 랜 후에는 아무리 해고가 부당하게 이루어졌다고 하더라도 근로자를 원 직에 복귀시키고 사용자로 하여금 그간의 임금을 모두 지불하게 하는 것 은 법감정에 반하는 면이 있다. 사용자에게 잘못이 있더라도, 별다른 권리 행사에 있어서의 장애사유가 없었음에도 오랜 기간 권리행사를 하지 않 은 자로 인하여 이미 새로운 체계를 확립한 기업조직에 커다란 부담을 주 는 것은 수긍하기 어렵기 때문이다.

그런데 우리나라는 해고가 무효로 확인되는 경우에는 미불임금의 지급 과 근로관계의 회복 외에 달리 법원이 취할 수 있는 구제방법이 없다. 신 의칙이나 실효의 원칙이라는 극단적인 방법에 의하여 위와 같은 불합리 함을 제거하기보다는 법원이 해고 당시의 정황과 판결 당시의 여러 사정 을 종합적으로 고려하여 합리적인 구제방법을 선택하게 하는 것이 바람 직하다.[173] 차별적 해고나 부당노동행위에 의한 해고 등 비난가능성이 크 거나 부당하게 해고된 근로자를 원직에 복귀시키지 않는 한 사후적 구제 로서의 의미가 없는 경우에는 부당해고를 무효로 하여 원직에 복귀시키 는 것을 원칙으로 하되, 단순한 절차위반의 경우나 해고무효로 인한 원상 복귀가 곤란하거나 무의미한 경우에는 금전적 해결방법이나 재고용에 의 한 구제방법도 검토할 필요가 있다.[174] 그렇게 되면 법원이 원직 복귀 및 미불임금의 전액지급이 부당하다고 판단되는 해고무효확인소송에서 신의 칙이나 실효의 원칙과 같이 법적 안정성을 해할 수 있는 극단적인 방법을 사용하지 않고도 일정한 금액의 지불로써 원직 복귀를 대신하게 하거나, 복귀할 직을 특정하고 임금의 일정액을 감액지급하게 하는 등의 방법으 로 보다 현실에 적합하고도 유연한 합리적인 노동분쟁의 해결방안을 선 택할 수 있게 될 것이다.

---

173) 김소영 등, 앞의 책, 44면.
174) 이정, "부당해고에 대한 사법구제 및 법적 효력", 노동법학 13호, 한국노동법학회,
    2001, 65면.

제3절 부당해고와 소급임금의 산정[1]

I. 개 설

해고는 사용자가 행하는 근로계약의 장래를 향한 해약으로서의 법적 성격을 갖는다.[2] 근로기준법 제23조 제1항은 사용자는 근로자에 대하여 정당한 이유 없이 해고하지 못한다고 규정하고 있고, 정당한 이유 없는 해고는 위법한 것으로서 사법상 무효이다.[3]

이 경우 위법하게 해고당한 근로자는 근로기준법 제28조에 의하여 노동위원회에 부당해고 구제신청을 하거나 법원에 제소하여 사법적 구제를 받을 수 있다. 사법적 구제를 청구하는 형태는 주로 위법한 해고의 무효확인과 해고기간 동안의 임금을 구하는 것이다.

이와 관련하여 근로자가 해고기간 동안의 임금을 구할 수 있는 법적 근거가 무엇인지, 구할 수 있는 임금의 범위는 어떠한 것인지, 해고기간 동안 다른 직장에 근무하여 얻은 중간수입을 사용자가 지급하여야 할 임금

---

1) 이 부분은 정진경, "부당해고된 근로자의 임금청구와 중간수입공제"[노동법의 존재와 당위(김유성교수 정년기념), 박영사, 2006, 124면 이하] 및 정진경, "부당해고와 임금청구", 사법 5호, 사법발전재단, 2008. 9., 105면 이하를 수정·보완한 것이다.

2) 野田進, "解雇", 現代勞働法講座 10卷, 日本勞働法學會, 總合勞働硏究所, 1986, 204면.

3) 김형배, 「노동법」, 신판 제4판, 박영사, 2007(이하 '노동법'이라 한다), 602면; 임종률, 「노동법」, 제7판, 박영사, 2008, 528면; 이흥재, "해고제한에 관한 연구", 법학박사학위논문, 서울대학교, 1988, 163면; 하지만, 일본에서는 형성권인 해고권남용의 법적 효과가 논리필연적으로 무효로 되는가에 대하여 의문이 제기되고 있으며, 권리남용 무효론에 대하여도 의문을 제기하는 학자가 상당수에 이르고 있다고 한다(이정, "부당해고에 대한 사법구제 및 법적 효력", 노동법학 13호, 한국노동법학회, 2001, 47면).

액에서 공제할 수 있는 것인지 등이 문제된다. 이하에서는 차례로 이에 관하여 검토하여 보기로 한다.

II. 임금청구의 법적 근거

1. 임금청구설과 손해배상설

부당하게 해고된 근로자를 구제하는 방법으로는 크게 두 개의 견해가 대립되고 있다. 근로자와 사용자 사이의 근로계약관계가 여전히 존속한다고 보고 근로자가 해고의 무효 및 임금을 청구할 수 있다는 견해(임금청구설)[4]와, 근로자와 사용자 사이의 근로계약관계는 사용자의 해고를 이유로 하는 취업거절에 의하여 종료된다고 보거나 그 종료 여부와 무관하게 근로자는 임금 상당의 손해배상을 구할 수 있다는 견해(손해배상설)의 대립이 그것이다.[5]

우리의 경우 근로기준법이 정당한 이유 없이 근로자를 해고할 수 없도록 규정하고 있고 정당한 이유 없는 해고는 사법상 무효라고 함이 통설 및 판례의 태도이므로, 부당해고의 경우에는 그동안 근로관계가 유효하게 계속되고 있었던 것이 된다.[6] 그리하여 우리나라에 있어서는 근로자가 부

---

4) 菅野和夫, 「勞働法」, 第7版, 弘文堂, 2005, 425면; 「註釋 勞働基準法(上卷)」[이하 '勞働基準法(上)'이라 한다], 東京大學 勞働法硏究會, 有斐閣, 2003, 338면.

5) 박순성, "위법하게 해고된 근로자의 임금청구와 중간수입공제", 민사판례연구 14집, 민사판례연구회, 1992, 135면; 하경효, "부당해고의 구제내용", 노동법강의－기업구조조정과 노동법의 중요과제－, 이흥재·남효순 편저, 법문사, 2002, 242면 참조; 野田進, 앞의 논문, 218면.

6) 대법원 1981. 12. 22. 선고 81다626 판결; 그러나 대법원 1978. 2. 14. 선고 77다1648 판결이나 대법원 1996. 4. 23. 선고 94다446 판결의 판시에 의하면 손해배상청구를 부정하고 있지는 않다.

당해고기간 동안의 임금을 구할 수 있다는 임금청구설에 대하여 별다른 이견이 없다.[7]

그러나 임금청구설을 취한다고 하더라도 해고된 근로자가 구하는 금전이 근로의 제공을 전제로 하는 본래의 임금과는 다른 것이고, 근로관계가 법적으로 존속한다고 보더라도 사용자에게 해고와 관련한 일정한 의무를 인정한다면 근로자의 금전청구를 채무불이행이나 불법행위로 인한 손해배상으로 법논리를 구성하더라도 별 무리는 없어 보인다.

임금손해의 전보만을 목적으로 하는 것이라면 근로자의 입장에서는 굳이 불법행위책임을 인정할 필요가 크지 않다는 견해가 있다.[8] 하지만, 부당해고 기간 중의 근로자의 임금청구권을 엄격히 해석한다면 근로자가 청구할 수 있는 금액은 해고 당시의 근로계약상의 임금에 한정될 것이므로 부당해고 기간 중의 임금승급분에 대한 청구나 해고에 부수된 손해배상청구를 위해서는 불법행위책임으로 이론구성을 할 필요가 있으며,[9] 이 경우 구성요건,[10] 임금전액불의 원칙과 관련된 과실상계, 손익공제의 법리 등에 있어 상당한 차이가 있을 수 있다.

---

7) 다만, 김형배 교수는 사용자가 근로자를 부당해고하고 임금을 지급하지 않는다면 사용자는 채무불이행책임을 진다고 하고 있으나, 그것이 손해배상설을 취한 것인지는 불분명하며(김형배, 노동법, 608면), 김치선 교수는 부당노동행위로 해고된 경우 근로자는 해고의 무효를 주장하여 종업원으로서의 대우를 사용자에게 청구할 수도 있고, 그로 인한 피해의 배상을 청구할 수도 있다고 하여 양자를 선택적인 것으로 보고 있다(김치선, 「노동법강의」, 제2전정판, 박영사, 1989, 394면).

8) 하경효, 앞의 논문, 242~243면.

9) 정인섭, "부당해고와 소급임금의 산정", 노동법연구 5호, 서울대학교 노동법연구회, 1996, 325면; 일본의 경우 채무불이행에 의한 손해배상으로서 정기승급분 등을 청구할 수 있다는 판결이 있다[京都地判 1985. 10. 7. 昭和 59年(ワ)1691號 京都福田事件, 勞働判例 427호, 17면(제일법규 D1-Law.com 판례 ID 27613372에서 인용)].

10) 현재 민법 제538조 제1항에 의한 임금청구는 해고가 정당한 이유가 없는 것으로 판단되면 사용자의 책임 있는 사유는 별도로 검토하지 않는 경향이 있으나, 불법행위로 인한 손해배상청구로 구성하게 되면 사용자의 부당해고와 관련한 고의·과실을 근로자 측에서 증명하여야 하므로 구성요건에 있어 차이가 생길 수 있다.

2. 임금청구의 법적 근거

근로자가 부당하게 해고당한 경우에 근로를 급부하지 아니하고도 해고 기간 동안의 임금을 청구할 수 있다고 하더라도 그 구체적인 법적 근거가 무엇인지는 여전히 의문으로 남는다.

독일은 근로자를 부당하게 해고하고 근로수령을 거부한 것을 수령지체로 보아 민법 제615조에서 "근로 청구권자가 근로의 수령을 지체한 때에는 의무자는 그 지체로 인하여 급부하지 못한 근로에 대하여 약정된 보수를 추후 급부의 의무를 부담함이 없이 청구할 수 있다."라고 하여 명문의 규정을 두어 이 문제를 해결하고 있다.[11] 그러나 독일과 같은 명문의 규정이 없는 우리는 부당해고된 근로자의 임금청구권의 근거를 어디에서 찾을 것인가에 관하여 견해의 대립이 있을 수 있다.

수령지체의 효과라는 설은 근로자가 근로급부의 제공을 하였음에도 사용자가 이를 수령하지 아니하여 근로관계가 전개되지 못한 경우에는 민법 제400조의 규정에 의하여 근로자의 근로의 제공 또는 사용자에 대한 구두의 통지로서 근로급부 이행이 있었던 것으로 간주되고 근로자는 임금을 청구할 수 있다고 주장한다.[12]

이에 대하여 위험부담의 효과라는 설은 사용자가 근로자를 정당한 이유없이 해고하여 그 근로의 수령을 거부하는 경우에는 시간이라는 요소와 밀접하게 관련되어 있는 근로계약의 성질상 추완급부가 불가능하여 근로자의 근로급부의무는 사용자의 수령거절에 의하여 이행불능이 되고, 부당해고는 사용자의 책임 있는 사유로 보아야 하므로,[13] 민법 제538조

---

11) 독일 민법 제615조는 이어서 "그러나 그는 근로급부를 하지 아니함으로 인하여 절약한 것 또는 자신의 근로를 달리 사용함으로써 취득하거나 악의적으로 취득하지 아니한 것의 가액이 공제되도록 하여야 한다."라고 하여 중간수입의 전액공제 및 손해경감의무까지도 규정하고 있다.
12) 박순성, 앞의 논문, 137~138면 참조.

제1항에 의하여[14] 위험부담의 효과로서 근로자는 반대급부인 임금 전액을 청구할 수 있다고 한다.[15]

민법 제538조 제1항 제1문이 "쌍무계약의 당사자 일방의 채무가 채권자의 책임 있는 사유로 이행할 수 없게 된 때에는 채무자는 상대방의 이행을 청구할 수 있다."라고 하여 쌍무계약의 반대급부청구권에 관한 위험부담제도를 규정하고 있는데, 이 규정에 의하여 근로자의 임금청구권을 인정함이 통설이다.[16]

대법원도 사용자가 근로자를 해고한 경우 사용자의 근로자에 대한 해고처분이 무효인 경우에는 그동안 근로계약 관계가 유효하게 계속되고 있었는데도 불구하고 근로자가 사용자의 귀책사유로 말미암아 근로를 제공하지 못한 것이므로[17] 근로자는 민법 제538조 제1항에 의하여 계속 근

---

13) 하경효, 앞의 논문, 241~242면; 本久洋一, "違法解雇の效果", 勞働契約(講座21世紀の勞働法 4卷), 日本勞働法學會, 有斐閣, 2000, 206면.

14) 원래 민법 제538조 제1항은 매매와 같은 물건을 주는 급부를 예상한 것이므로, 근로의 제공이나 일의 완성을 내용으로 하는 계약 또는 물건의 이용을 취지로 하는 계약에는 적합하지 않다[「민법주해 [XIII] 채권(6)」(이하 '주해채권(6)'이라 한다), 박영사, 2002, 66면(최병조 집필부분)].

15) 勞働基準法(上), 339면; 박순성, 앞의 논문, 138면; 김소영 · 조용만 · 강현주, 「부당해고구제의 실효성 제고방안」, 한국노동연구원, 2002, 135면.

16) 김형배, 노동법, 602면; 김소영 등, 앞의 책, 31면; 本久洋一, 앞의 논문, 205면; 이때의 임금은 해고 당시의 임금이 아니라 근로자가 해고당하지 않았다면 받을 수 있었던 임금 전부라고 함이 판례 및 통설이다[대법원 1981. 12. 2. 선고 81다626 판결; 임종률, 앞의 책, 531면; 스게노가즈오(이정 역), 「일본노동법의 이론과 실제」(이하 '일본노동법의 이론과 실제'라 한다), 한국경영자총협회, 2004, 475면 참조].

17) 다만, 이러한 판결들이 부당해고의 경우 사용자의 귀책사유를 당연히 의제하는 것인지, 아니면 사실상 추정하는 것인지에 관하여 의문이 있을 수 있는바, 사용자에게 귀책사유가 없는 부당해고도 있을 수 있으므로 사실상의 추정으로 보아야 한다는 견해가 있다[김용직, "1. 노조와의 사전합의조항에 위배한 징계처분의 효력(무효), 2. 해고가 무효인 경우 근로자가 구속되어 근로를 제공하지 못한 기간 동안의 임금도 청구할 수 있는지 여부(소극)", 대법원 판례해설 22호, 법원도서관, 1995. 5., 409~410면].

로하였을 경우에 받을 수 있는 임금 전부의 지급을 청구할 수 있다고 판
시하고 있다.[18]

이와 같이 민법 제538조 제1항을 통상 위험부담의 문제에 포함시켜 원
칙규정인 채무자주의의 예외로 보고 있으나, 위험부담의 문제는 급부와
반대급부 간의 견련성을 특징으로 하는 쌍무계약에 있어서 양 당사자 모
두의 귀책사유 없이 급부가 불능이 된 경우에 누가 그 대가위험을 부담할
것인가에 관한 것으로서, 만약 일방 당사자에게 책임이 있다면 그 당사자
가 채무불이행 책임을 지면 되는 것이고 굳이 위험부담으로서 논할 필요
가 없다는 견해가 있다.[19] 민법 제538조 제1항은 채권자의 귀책사유를 전
제로 하는 점에서 민법 제537조의 채무자 위험부담주의에 대한 예외를
규정한 것이라고 보기는 어려우며, 따라서 이는 엄격한 의미의 순수한 위
험부담에 관한 규정이 아니라 채권자의 귀책사유 내지 수령지체가 없었
더라면 채무의 내용이 제대로 실현될 수 있었을 것에 대한 책임귀속에 관
한 규정이라는 것이다.[20] 그럼에도, 민법 제538조 제1항이 채권자 유책의
이행불능의 경우를 위험부담의 문제로 다루고 있는 것은 편의적 취급에
불과하며, 위 조항의 의의는 손해배상에 의하여 처리하는 경우의 채무자
의 주장·증명의 번잡함을 피하기 위해 편의적으로 반대급부청구권을 존
속시킨 것이다.[21] 그러므로 해고기간 중의 소급임금청구의 실질적 근거는

18) 대법원 1992. 3. 31. 선고 90다8763 판결; 대법원 1992. 12. 8. 선고 92다39860
    판결; 대법원 1993. 9. 24. 선고 93다21736 판결; 대법원 1995. 11. 21. 선고 94다
    45753, 45760 판결.
19) 「주석민법 채권각칙(1)」[이하 '주석채권각칙(1)'이라 한다], 제3판, 한국사법행정학
    회, 1999, 375면(주지홍 집필부분).
20) 김형배, 「민법학 강의」, 제7판, 신조사, 2008, 1181면; 하경효, 앞의 논문, 245면.
21) 本久洋一, 앞의 논문, 206면; 本久洋一은 실제로 채무를 면한 것에 의한 이익의 상
    환의무는 손해배상에 있어서의 손익상계의 기능을 하고 있고 민법 제538조 제1항의
    손해배상적 성격을 보이고 있으며, 이러한 의미에서 민법 제538조 제1항에 기한 청
    구권이 실은 채권자가 채무자의 계약목적을 좌절시킨 손해의 배상이라고 하는 견해

근로계약의 존속이 아닌 사용자의 유책하고 위법한 행위에 의하여 근로계약관계가 파탄된 것에서 구할 수 있고 민법 제538조 제1항에 의한 소급임금도 부당해고를 불법행위로 구성하는 경우의 일실이익의 손해배상과 문제구조가 동일한 것이라고 한다.[22] 필자는 이 견해에 찬성한다.

이러한 견해에 의하면 형평의 원칙에 입각하여 채무자는 불능이 된 급부에 대해 채무를 면하게 되고, 채권자에 대한 반대급부청구권을 상실하지 않게 될 뿐이며 위험부담의 문제라고는 보지 않는다.

하지만, 두 견해 모두 그 근간에는 공평의 원칙을 관철하기 위한 사상이 바탕이 되므로 그 법적 효과의 면에서는 별 차이가 없으며, 따라서 문제의 핵심은 위험부담원리가 적용되는가 아닌가의 여부가 아니라 공평의 원칙에 비추어 볼 때 당사자 간에 위험이 합리적으로 분배되었는가에 있다. 입법자는 민법 제538조의 경우에 채권자에게 위험을 이전시키는 것이 공평의 원칙에 부합하다고 판단한 것이며,[23] 이와 같이 반대급부청구권이 존속하는 이유는 채권자가 급부불능에 대하여 책임져야 하면 마치 채무자가 이행한 것처럼 다루어야 한다고 법이 평가하기 때문이다.[24]

민법 제538조 제1항이 적용되기 위해서는 사용자의 귀책사유를 요하므로 취업규칙의 징계해고사유에 해당하는 비위행위이지만 징계해고는 조금 가혹하고 사용자가 징계해고가 상당하다고 판단한 것도 무리는 아니었다고 보이는 경우라든가, 유니온 숍 협정에 의한 해고가 후에 제명처분 무효를 이유로 무효가 되었으나 사용자는 이를 해고 시에 인식하기가 곤란했던 경우에는 귀책사유가 부정되어 근로자의 임금청구가 불가능하다는 견해가 있다.[25]

는 정확한 것이라고 한다(위 논문, 206~207면); 김소영 등, 앞의 책, 135면.
22) 本久洋一, 앞의 논문, 207면; 김소영 등, 앞의 책, 135면.
23) 주석채권각칙(1), 375~376면.
24) 주해채권(6), 101면.

하지만, 실무상으로는 부당해고가 인정되는 경우에는 곧바로 금지규정에 위반하여 부당해고를 한 사용자에게 귀책사유가 있는 것으로 보고 부당해고기간 동안의 임금지급을 명하고 있을 뿐 사용자의 귀책사유를 별도로 검토하는 예는 보기 어렵다. 일본에도 제명을 이유로 한 유니온 숍 협정에 기한 해고는 제명이 무효인 경우에는 달리 해고의 합리성을 뒷받침할 특단의 사정이 없는 한 해고권남용으로서 무효이고, 그 경우 사용자의 수령거부에 의한 근로자의 이행불능은 채권자인 사용자의 책임에 속하는 사유에 의한 것이어서 근로자는 반대급부로서의 임금청구권을 상실하지 않는다는 판결이 있다.[26]

채권자의 귀책사유는 채무자의 귀책사유보다 넓게 해석되며, 계약에 반하는 채권자의 귀책사유 있는 행위에 의하여 야기된 것이 아닌 그 위험영역에 속하는 급부불능에 대해서까지 채권자의 귀책사유를 확대적용할 것인가에 관하여는 견해가 대립되나, 채권자의 어떤 작위나 부작위로 채무자의 이행실현이 방해되고, 이것을 채권자가 피하려고 하였으면 피할 수 있는 경우에 채권자의 귀책사유가 인정된다고 보며, 이행불능을 발생시킨 사유가 채권자에게 귀속되는 지배영역 안에 존재하는 경우에 채권자에게 책임이 인정된다.[27]

민법 제538조 제1항이 위험부담에 관한 정책적인 규정이므로, 책임 있는 사유란 원칙적으로 채무자의 급부가 불능으로 된 데에 원인이 된 채권

---

25) 임종률, 앞의 책, 531면; 일본노동법의 이론과 실제, 474~475면.
26) 最高裁一小判 1984. 3. 29. 昭和 55年(オ)1030號 淸心會山本病院事件, 勞働判例 427호, 17면(제일법규 D1-Law.com 판례 ID 27613257에서 인용); 이에 대하여 손해배상청구의 근거를 채무불이행에서 구하느냐 불법행위에서 구하느냐에 따라 차이가 있다는 주장이 있으나(小西國友, "違法な解雇と損害賠償", 解雇と勞働契約の終了, 有斐閣, 1995, 82면과 86면), 해고무효에 기한 임금청구도 위험부담에 관한 정책적인 규정으로서 그 실질이 손해배상청구와 다르지 않은 점을 생각하면 위와 같이 그 이론구성에 따라 차이를 둘 것인지는 의문이다.
27) 주석채권각칙(1), 379~380면.

자의 모든 유책한 계약위반 행태를 의미하며 객관적 주의의무 위반으로
족한 것으로서,[28] 사용자에게 주관적인 책임을 묻기 어려운 경우라도 금
지규정에 위반하여 근로자를 부당해고한 것 자체를 사용자의 귀책사유로
보아 소급임금을 지급하게 할 수 있을 것이다.[29]

이와 관련하여 민법 제538조 제1항의 채권자의 책임 있는 사유는 쌍무
계약의 유형에 따라, 그리고 계약의 구체적인 사정에 따라 달리 파악할
필요가 있고, 근로계약에 있어서는 사용자는 근로계약의 체결과 동시에
부수적 의무로서 근로자를 부당하게 해고하지 않을 부작위의무로서 위법
해고 피지의무를 부담하며,[30] 이러한 부수적 의무의 위반이 되는 부당해
고가 민법 제538조 제1항의 채권자의 책임 있는 사유에 해당된다는 주장
이 있다.[31] 그리하여 부당해고를 함에 있어 고의, 과실이 있었는지를 묻
지 않고 부당해고를 하였다는 사용자의 행위 자체가 근로관계의 일방당
사자인 사용자에게 부과된 의무위반으로서 민법 제538조 제1항의 요건을
충족시킨다고 한다.[32]

III. 임금청구의 범위

1. 임금산정의 기초

1) 문제점

근로자가 부당하게 해고된 경우 근로자가 근로를 제공하지 않고도 임

---

28) 주해채권(6), 103면.
29) 하경효, 앞의 논문, 245면.
30) 小西國友, 앞의 논문, 57면.
31) 전윤구, "부당해고에 따른 근로자의 손해배상청구에 관한 연구", 법학석사학위논문,
고려대학교, 1999, 18~21면.
32) 전윤구, 앞의 논문, 22면.

금을 청구할 수 있다고 하더라도 현실적으로 해고기간 동안의 근로자의 임금을 계산하기는 쉽지 않으며, 특히 해고기간이 장기간인 경우에 더욱 그러하다.

근로자의 해고기간 동안의 소급임금을 산정함에 있어 임금지급기일마다 정기적으로 지불되는 임금뿐만 아니라 상여금과 같이 비정기적 또는 상대적으로 장기간의 간격을 두고 지불되는 임금도 포함시킬 것인지, 소정근로시간에 대하여 지불되도록 약정된 임금 외에 시간 외 근로에 대하여 지불되는 소정범위 외의 임금도 포함되는 것인지, 소정범위 내의 임금 중에서도 각종 수당이 그 성격상 어디까지 포함되어야 하는 것인지, 특히 해고시점부터 복직시점까지 당해 기업의 임금제도, 승진제도, 고과사정방법 등이 변경된 경우에 어떻게 해고된 근로자의 임금을 산정할 것인지가 문제된다.[33]

2) 휴업수당규정[34]의 적용 여부

먼저, 사용자가 부당해고로 인하여 지급할 임금의 범위와 관련하여 그 것이 근로기준법 제46조의 휴업수당에 한정되는 것인지에 관한 의문이 있을 수 있다.

실제로 1980년대 초에 일부 지방노동위원회에서는 이를 인정한 사례가 있으나,[35] 대법원은 사용자의 부당한 해고처분이 무효이거나 취소된 때에는 근로자는 민법 제538조 제1항에 의하여 계속 근로하였을 경우에 받을 수 있는 임금 전부의 지급을 청구할 수 있다 할 것이고, 근로기준법 제38조[36]의 규정은 사용자가 그 귀책사유로 인하여 휴업하게 된 때에 근로자

---

33) 정인섭, 앞의 논문, 306면.
34) 근로기준법 제46조.
35) 정인섭, 앞의 논문, 305면.
36) 현재 근로기준법 제46조.

의 복지를 위하여 사용자는 그 휴업기간 중에도 최소한 평균임금의 100
분의 60 이상[37]을 근로자에게 지급할 의무가 있음을 규정한 것으로서, 민
법 제538조 제1항의 적용을 배제하고 있지는 않으므로, 근로자가 사용자
의 책임 있는 사유로 인하여 근로제공을 이행하지 못하였다는 사유로 사
용자의 임금지급의 이행을 구하는 경우까지 위 근로기준법의 규정을 들
어 사용자는 평균임금의 6할만을 지급하면 족하다고 해석할 수는 없다고
판시하였다.[38]

　근로기준법 제46조는 집단적인 사업경영상의 휴업을 의미하므로[39] 개
별적인 근로관계에 관한 부당해고의 경우에는 적용이 없다고 보면 간결
하나, 대법원이 부당해고기간 동안의 중간수입공제와 관련하여 근로기준
법 제46조의 휴업에 부당해고의 경우도 포함된다고 보면서 위와 같이 해
석하는 것은, 결론에 있어서는 타당해 보이지만, 근로자를 보호하기 위한
법으로서 특별법인 근로기준법보다 왜 민법이 우선 적용되어야 하는지를
논리적으로 설명하기가 쉽지 않아 보인다.

3) 임금액 산정의 기초

　사용자에게 해고기간 동안 근로자가 받을 수 있었던 임금의 지급을 명
함에 있어 근로자의 평균임금을 계산하여 그 평균임금 상당의 금액을 지
급하도록 한 판결들을 비판하면서 근로기준법상의 평균임금이라는 개념
은 어떤 이론적인 근거에 의하여 도출된 것이 아니라 근로자의 생활을 보
장하기 위한 실제적인 편의에 의하여 만들어진 개념에 불과하여 사용자
에게 평균임금 상당의 금액을 지급하도록 명하는 것은 아무런 이론적 근
거가 없는 것이라는 주장이 있다.[40]

---

37) 현재는 100분의 70으로 되어 있다.
38) 대법원 1981. 12. 22. 선고 81다626 판결.
39) 이종복, 「사법관계와 자율」, 이종복교수논문집간행위원회, 지명사, 1993, 430면.

그리하여 민법 제538조 제1항에 의하여 근로자가 청구할 수 있는 반대급부를 근로계약을 체결할 당시에 근로자가 약정된 소정의 근로를 제공하는 경우 사용자가 지급하기로 약정하였던 임금상당액이라고 하면서, 일반적으로 소정 근로의 대가인 통상임금과 가족수당 등 근로자로서의 지위를 유지함으로써 지급받을 수 있는 이른바 보장적 임금을 말한다고 주장한다.[41]

근로자가 청구할 수 있는 반대급부를 사용자와 근로자 사이에 약정된 고유한 의미의 임금이라고 본다면 일응 타당하나, 부당해고로 인한 임금청구의 본질은 사용자의 귀책사유로 인하여 근로자가 근로를 제공하지 못한 것이기에 사용자가 그러한 귀책사유 없이 근로자의 근로제공을 정상적으로 수령하였더라면 근로자가 받을 수 있었던 임금의 지급을 구하는 것[42]이므로 위와 같은 견해는 임금청구의 범위를 지나치게 협소하게 보는 것이다.

대법원도 해고처분이 무효인 경우 근로자가 지급을 구할 수 있는 임금은 계속 근로하였을 경우에 받을 수 있는 임금 전부로서[43] 평균임금 산정의 기초가 되는 임금의 총액에 포섭될 임금이 전부 포함되고 통상임금에 국한되는 것이 아니라고 한다.[44]

---

40) 박순성, 앞의 논문, 143면.

41) 박순성, 앞의 논문, 143~144면.

42) 勞働基準法(上), 339면.

43) 대법원 1981. 12. 22. 선고 81다626 판결; 대법원 1989. 5. 23. 선고 87다카2132 판결; 대법원 1992. 12. 8. 선고 92다39860 판결; 대법원 1995. 11. 21. 선고 94다45753, 45760 판결; 이윤승, "사용자의 근로자에 대한 해고처분이 무효인 경우에 근로자가 지급받을 수 있는 임금의 범위", 대법원 판례해설 18호, 법원도서관, 1993. 6., 504면.

44) 대법원 1993. 12. 21. 선고 93다11463 판결.

4) 기본적인 임금액 산정방법

부당해고기간 중의 임금과 같이 구체적인 근로의 제공이 없는 경우의 미불임금은 본질적으로 근로의 제공이 있었으리라고 가정한 상태 하에서의 대략적인 추산과정일 수밖에 없다.[45] 이러한 상황에서 특별한 사정이 없다면 해고 전의 평균임금은 해고기간 동안에도 근로자가 그 정도의 임금은 받을 수 있었음을 일응 추정할 수 있는 근거가 되는 것이라 생각한다.

즉, 소급임금 산정의 기초가 되는 임금을 먼저 확정한 후 부가적인 임금구성요소를 고려하는 방법도 있겠으나,[46] 현실적으로는 일응 평균임금을 기준으로 소급임금을 산정하되, 해고 전 3개월간의 임금을 기준으로 하여 근로자가 얻을 수 있었던 임금을 추산함이 부적절한 경우에는 평균임금 산정의 기초가 되는 기간을 3개월 이상으로 하거나 비정상적인 임금을 받은 기간을 산정기초에서 공제하는 방법으로 조정함으로써 구체적 타당성을 도모함이 상당하다. 이를 기초로 하여 임금수준의 변동이나 승급 등으로 임금액이 그 이상이 되어야 한다고 주장한다면 근로자가, 실제로 근무하였더라도 그 이하의 임금을 받았을 것이라고 주장한다면 사용자가 각 이를 증명하여 정리하는 방법이 일응 무난하다고 생각한다. 이경우 기존의 임금수준을 대부분 다툼없는 사실로 정리하고 당사자 사이의 쟁점만을 가려내어 법원이 판단할 수 있으므로 심리시간과 노력을 절약할 수 있다.

일본의 경우에는 직무수당과 생활수당 등을 포함한 월 임금을 기초로 사용자가 지급하여야 할 임금을 산정하는 경우가 많지만, 평균임금에 근거하여 산정하는 것도 적지 않고, 이 경우에는 해고 전 3개월 이내에 실행한 시간 외 근로에 대한 수당 등도 산입된다고 한다.[47]

---

45) 정인섭, 앞의 논문, 306면.
46) 정인섭, 앞의 논문, 306면.
47) 勞働基準法(上), 339~340면.

일본의 판결 중에는 택시운전사인 채권자들이 노동조합의 간부가 된 후 춘투가 시작되자 그 대책을 세우느라 취업시간이 적어 실적급으로 계산되는 해고 전 최종 3개월간의 평균임금이 현저히 낮은 사안에 관하여 판시한 예가 있다. 일본 법원은 위와 같은 경우 채권자들은 해고가 없었더라면 그 직전보다는 더 긴 시간 취업이 가능하였을 것으로 추인할 수 있지만, 아직 노사 간의 현안 사안이 상당부분 미해결로 남아 있고 채권자들이 노동조합의 간부로서 춘투개시전과 동일한 정도로까지 취업할 수 있다고는 보기 어렵다고 하여 해고 직전 1년간의 평균임금액과 동액의 임금청구권을 갖는 것으로 인정하였다.[48]

2. 구체적 검토

1) 개 관

먼저 노사 간에 단체협약 등에 의하여 소정 근로시간에 대하여 지급하기로 약정한 기본급과 각종 수당은 당연히 사용자가 지급하여야 할 금액에 포함될 것이며, 수개월마다 지급되는 상여금이나 정근수당도 그 평균액을 근로자가 지급받을 금액에 포함시켜야 한다.[49] 가족수당과 같이 과거에 근로자의 지위를 유지함으로써 지급받는 보장적 부분의 임금으로 평가하던 것이 소급지급되어야 할 임금액에 포함되는 대표적인 수당이다.[50] 다만, 특수한 지급조건이 충족되었을 경우에 한하여 부정기적으로 지급되는 것으로서 임금으로 보기 어려운 것은 포함되지 않는다.[51]

---

48) 福岡地小倉支決 1987. 6. 25. 昭和 61年(ヲ)441號 八幡タクシ事件, 勞働判例 5028호, 76면(제일법규 D1-Law.com 판례 ID 27805093에서 인용).
49) 「해고와 임금」(이하 '해고와 임금'이라 한다), 사법연수원, 2009, 469면.
50) 정인섭, 앞의 논문, 311면.
51) 대법원 1991. 6. 28. 선고 90다카25277 판결; 해고와 임금, 469~470면은 임금의 범주에 속하는 것이라도 정기적, 일률적으로 지급되는 것이 아니라면 포함시킬 수

개근수당, 출장수당, 연공수당, 자격수당과 같은 업무수당은 현실적인 근로의 제공과 밀접한 연관이 있는 것이며, 근로의 제공 이외에 나아가 현실적으로 제공된 근로에 대한 평가도 함께 고려하여야 하므로 소급지급되어야 할 임금에서 제외되어야 한다는 견해가 있으나,[52] 이러한 수당에 대한 인정도 근로를 제공하였더라면 받을 수 있었는가에 관한 추정의 문제이므로, 종전의 근무실적 등을 기초로 합리적으로 판단하여야 한다.

통근수당은 임금의 일부이기는 해도 다른 수당과 취지를 달리하는 것이고 그 성질은 현실적으로 근로를 하고 그 결과 통근비를 지출한 자에 대하여 실비를 지급하려는 것이기에 제외된다는 일본의 판결이 있다.[53] 이와 같이 수당이라는 명목으로 지급되는 돈이라도 그 성격이 실비변상적인 금품의 경우에는, 그 지급기준이 객관적으로 정해져 있다고 하더라도 임금에 해당하지 아니하므로 소급임금에서 제외된다.[54] 명목보다는 실질에 따라 결정되어야 한다.

2) 공무원의 각종 수당

공무원의 판공비, 정보비, 차량유지비, 정액급식비, 가계보조비 등과 관련하여 이들이 공무원보수규정, 국회공무원수당규정 등에 근거하여 지급되는 보수가 아니라 이와는 별도로 매 회계연도별로 경제기획원[55]에서 시달되는 세출예산 비목별 집행관리지침에 의하여 국회공무원에게 매월

없다고 하나, 사용자가 지급하여야 할 금액에 포함되는지의 여부는 근로자가 근로를 제공하였더라면 받을 수 있었는지의 여부이므로 지급의 정기성이나 일률성은 본질적인 문제가 아니다.

52) 정인섭, 앞의 논문, 311면.
53) 福井地判 1971. 3. 26. 昭和 43年(ワ)55號 福井放送事件, 勞民集 22-2호, 355면 (제일법규 D1-Law.com 판례 ID 27612189에서 인용); 菅野和夫, 앞의 책, 426면.
54) 정인섭, 앞의 논문, 313면.
55) 현재는 예산의 편성 및 그 집행의 관리를 기획재정부에서 담당하고 있다.

고정적으로 지급되는 급여이고, 위 집행관리지침에 ① 판공비는 기관운영비로서 개인의 보수적인 성격의 경비로 집행할 수 없도록 규정되어 있고, ② 정보비 역시 기관운영비로서 면직처분이 무효된 경우라도 면직기간 동안 소급하여 지급할 수 없도록 규정되어 있으며, ③ 정액급식비는 정보비의 집행지침을 준용하도록 규정함으로써 면직기간 동안 소급하여 지급할 수 없고, ④ 공무원자가운전 차량유지비지급지침에 차량유지비는 공무원이 그 소유 차량을 공무수행에 직접 사용하는 경우에 소요되는 유류비, 수선비 등의 비용 일부를 보조하는 급여라고 규정되어 있다는 점을 근거로, 이와 같은 위 각 급여에 대한 지급규정 및 지급 실태에 비추어 보면 위 각 급여는 근로제공의 대가로서 국회공무원에게 지급되는 보수라기보다는 기관운영 또는 실제 직무를 수행함에 있어 소요되는 경비를 보전해주는 실비변상적 급여라고 할 것이므로 이를 일실이익의 산정에 포함시킬 수 없다고 판시한 것이 있다.[56]

또한, 위 판결은 국회공무원에 대한 입법업무수당 등도 특수업무수당에 해당하는 것인데 면직처분 무효시 법원공무원 또는 행정공무원에게 특수업무수당을 소급하여 지급한다는 규정을 두고 있지 아니한 점을 들어 국회공무원에 대한 수당규정 소정의 직무수당, 입법지원수당, 입법업무수당 등은 일실수입의 산정에 포함될 수 없다고 판시하였다.

공무원의 경우 법률규정이 우선한다는 점과 국민의 세금으로 임금이 지급된다는 점이 고려되어 엄격한 해석을 한 것으로 보인다.

3) 실적에 따라 지급되는 수당

구체적인 근로제공의 양에 따라 지급되는 시간 외, 휴일, 야간근로수당이나 일정기간의 출근실적에 따라 지급되는 연월차수당은, 모든 근로자에

---

56) 대법원 1996. 4. 23. 선고 94다446 판결.

게 일률적으로 지급되는 것도 아니며 현실적으로 소정시간 외의 근로에
대하여 지급되는 것이므로, 해고기간 중의 임금산정에서 원칙적으로 제외
되어야 한다는 견해가 있으나,[57] 동의하기 어렵다.

시간 외 근무수당이라고 하더라도 근로자가 시간 외 근로를 하였고 회
사와 그 노동조합과의 사이에 체결된 단체협약에 당사자 간의 합의에 의
하여 1주일에 12시간 이내의 연장근로를 할 수 있도록 규정되어 있는 등
의 사정에 의하여 근로자가 해고되지 않았더라면 시간 외 근로를 하여 그
수당을 지급받을 것이 예상되는 경우에는 포함되어야 한다는 대법원 판
결이 있다.[58]

시간 외 근로를 불규칙적으로 하여온 경우에 그 수당의 산입 여부 및
어느 정도의 수당을 산입할 것인지가 문제되는바, 어느 정도의 수당을 지
급받을 것인지 예상하기 어렵다고 하여 이를 곧바로 배척할 것이 아니라,
일응 일정기간 동안의 평균 수당액을 기준으로 하되 실제로 근로한 타 근
로자의 예를 참조하여 합리적으로 결정하여야 할 것이다.[59]

---

57) 박순성, 앞의 논문, 143~144면; 정인섭, 앞의 논문, 312면; 菅野和夫, 앞의 책, 426
    면; 김지형, 「근로기준법 해설」, 청림출판, 2000, 574면은 근로자가 사용자로부터
    지급받을 수 있는 임금이라 함은 노사 간에 약정한 소정 근로시간 동안 근무하였을
    경우 근로자가 지급받기로 약정해 놓은 임금액을 말한다고 하면서도, 통상임금에 국
    한되지 아니하고 평균임금 산정의 기초가 되는 임금의 총액에 포섭될 임금이 전부
    포함된다고 하나, 노사 간에 약정한 소정 근로시간 동안 근무하였을 경우 지급받기
    로 약정한 임금액에 평균임금 산정의 기초가 되는 임금 전부가 포함될 수 있는지
    의문이다.
58) 대법원 1992. 12. 8. 선고 92다39860 판결.
59) 해고와 임금, 469~471면은 사용자가 지급할 금액이 소정 근로시간에 대하여 근로
    자에게 지급하기로 약정한 임금액임을 전제로 단체협약이나 취업규칙상의 규정, 보
    수규정 등에 의한 약정을 강조하고 있으나, 사용자가 지급할 금액을 어떤 급여금 산
    출의 기초가 되는 임금단위에 지나지 않는 통상임금을 기준으로 할 수는 없는 것이
    며, 만일 부당해고가 없었더라면 근로자가 제공하였을 것으로 예상되는 근로에 대응
    하는 모든 임금이 기준이 되어야 하므로, 근로의 제공이 합리적으로 예상되는지가
    기준이 되어야 한다(이윤승, 앞의 논문, 504면).

연월차휴가수당의 경우에도 근로자가 해고되기 전에 장기간 동안 개근하여 연, 월차수당을 받을 수 있었는데 회사가 형편상 실제로 연, 월차 수당을 주지 않고 휴가수당을 지급하여 왔으며 앞으로도 그러리라고 예상된다면, 연, 월차휴가 근로수당은 사용자가 근로자에게 지급하여야 할 금액에 포함된다.[60]

4) 해고기간 중 인상된 임금

기업전체적으로 근로자들의 임금이 인상된 경우에는 그 임금인상분도 근로자가 계속 근무하였더라면 받을 수 있었던 임금에 포함되어야 하므로,[61] 단체협약서에 매년 단체교섭을 통하여 임금인상을 결정, 시행하도록 되어 있어 이에 따라 매년 임금인상을 하여 왔다면 부당해고기간 동안의 근로자의 임금도 해고처분 이후에 체결된 단체협약서에 의하여 인상된 임금에 따라 산정하여야 한다.[62]

일본의 경우에도 위법한 해고기간이 장기에 걸친 경우에 그간 지급되었어야 할 상여나 제 수당, 혹은 승급 등을 어떤 범위에서 산입해 줄 것인가에 관하여는 확립된 산정방법이 없고, 지급되었던 임금, 임금의 구성 등 개개 사안의 실정에 응하여 해결하는 수밖에 없다고 한다.[63]

사용자에 의한 발령이 있어야 비로소 이루어지는 승급이나 승격은 인정하기 곤란하다는 견해가 있으나,[64] 승급이나 승격도 구체적인 경우에 따라 다를 것이며 일정한 요건을 갖춘 자에 대하여 일률적으로 승급이나 승격이 이루어지고 해고된 근로자도 계속 근로하였더라면 그 요건을 갖

---

60) 해고와 임금, 471면.
61) 박순성, 앞의 논문, 144~145면; 정인섭, 앞의 논문, 308면.
62) 대법원 1993. 9. 24. 선고 93다21736 판결.
63) 勞働基準法(上), 340면; 다만 위 책은 해고의 위법성의 정도도 고려된다고 하나 위 자료가 아닌 임금액의 산정에 있어 해고의 위법성이 왜 문제가 되는지 의문이다.
64) 菅野和夫, 앞의 책, 426면.

추었을 것으로 보이는 경우와 같이 당해 근로자가 근로하였더라면 승급
이나 승격이 이루어졌다고 추정할 수 있는 경우에는 인정함이 상당하다.

공무원의 승진과 관련한 보수증가액에 관해서는 국회 소속 공무원의
승진은 국가공무원법과 국회인사규칙 등에서 규정하고 있는 능력, 경력,
적성 등의 주관적인 조건과 상위계급의 결원 유무, 결원 정도, 승진대상자
의 수 등의 객관적인 조건에 따라 임용권자의 재량에 의하여 결정되는 것
이므로, 일정한 기간이 지나면 자동으로 승진된다거나 장차 승진될 것이
상당한 정도로 확실하게 예측할 수 있다는 등의 특별한 사정이 없는 한,
승진으로 장차 증가될 보수는 통상손해에 해당된다고 볼 수 없어 이를 일
실수입의 산정에 포함시킬 수 없다는 대법원 판결이 있다.[65]

5) 고과사정에 근거한 임금

임금액이 출근율, 생산량, 고과사정 등에 따라 달리 산정되는 경우에는
종업원의 평균액, 당해 근로자의 해고 전의 실적 등을 참작하여 가장 개
연성이 높은 기준에 따라 결정되며, 해고기간 중에 임금변동이 있는 경우
에도 마찬가지로 개연성이 높은 분배기준을 사용하여 인정할 수 있을 것
이다.[66]

해고기간 중의 사용자에 의한 고과사정에 근거한 상여와 승급이 사용
자의 재량 없이 완전히 객관적으로 결정되는 것이라면 이를 인정함에 문
제가 없으나,[67] 그렇지 않고 실질적인 고과사정을 하는 경우에 관하여는
다음과 같은 기준이 논의되고 있다.[68]

---

65) 대법원 1996. 4. 23. 선고 94다446 판결.
66) 菅野和夫, 앞의 책, 426면.
67) 정인섭, 앞의 논문, 308면.
68) 勞働基準法(上), 340면.

(1) 배 척

우리 하급심 판결 중에는 소규모 회사가 경영권 다툼 과정에서 대표이사가 직원들을 자기편으로 끌어들이기 위해 임금이나 상여금을 기준 없이 임의로 지급한 사안에서, 해고기간 동안의 상여금은 인정하지 아니하고, 임금도 종업원 중 최저임금 상승률도 배척하고 피고가 자인하는 노동부 산정의 협약임금상승률에 의한 상승분만을 인정한 사례가 있다.[69]

일본에서는 상여가 피고의 업적에 의하여 지급되고 사원의 근무성적과 출근율 등을 고려하여 산정되는 점 등에 비추어 상여에 관해서는 임금과 같이 해석할 수 없다고 하여 배척한 판결이 있다.[70]

(2) 평균적용

본인의 과거 수년 동안의 사정수준의 평균에 의하여 하거나 평균 또는 중간의 사정률에 의하여 한다는 것이다.

기본급을 본급과 직능급으로 나누어 직능급에 관해서는 전액 고과사정에 의하도록 되어 있는 경우에 관한 사례가 있다. 이 경우 원고들의 기본급은 피고의 고과사정을 기다려야 비로소 적정한 금액이 확정될 수 있는데 원고들이 취업하지 아니하여 피고의 고과사정을 받지 않았기에 구체적인 수액을 확정하는 것은 불가능하지만, 형평의 견지에서 보아 적어도 평균액의 한도에서 승급을 인정하는 것이 상당하다고 판결하였다.[71]

(3) 최저사정률 적용

해고가 없었더라면 받을 수 있었던 임금액에 관한 증명책임이 근로자

---

69) 서울북부지법 2008. 2. 15. 선고 2007가합8321 판결.
70) 東京地判 2001. 12. 25. 平成 10年(ワ)25339號 カジマ・リノベイト事件, 勞働判例 824호, 36면(제일법규 D1-Law.com 판례 ID 28071271에서 인용).
71) 앞의 福井放送事件.

에게 있다고 하여도, 고과사정에 관한 주장에 대한 증명을 못하였다고 하여 곧바로 최저사정률을 적용하는 것은 부당해 보인다.[72] 고과사정을 대략적이라도 추정할 수 있는 자료가 있는 경우에는 이를 근거로 합리적인 추정을 하여야 하며, 일반적으로 종전의 고과를 참작하여 추정할 수 있을 것이다.[73] 고과사정을 추정할 수 없는 신규입사자의 경우에는 원칙적으로 최저사정률을 적용할 수밖에 없을 것이다.[74]

(4) 법원의 재량

승급액이 명확하지 않을 때에는 법원의 판단에 의하여야 한다는 것이다. 취업규칙에 승급은 원칙적으로 연 1회 행하며, 상여는 각 결산기의 업적에 의하여 원칙적으로 연 2회 종업원에게 지급한다는 규정에 기하여 상무회에서 정하여진 지급기준에 따라 지급되는 경우에 관한 사례가 있다. 이러한 승급이나 상여의 지급은 단체협약에 의한 것은 아니라는 점에 비추어 보면 원고는 이를 지급하는 취지의 피고의 의사표시 없이도 당연히 정기승급분 등의 청구권을 갖는 것은 아니고, 이 사건 해고가 무효인 이상 피고는 원고에 대해서도 다른 종업원과 같이 지급의 의사표시를 하여야 하는 것이어서 채무불이행에 의한 손해배상으로서 이를 청구할 수 있다고 함이 상당하다고 판결하였다. 결과적으로 원고가 얻어야 할 이익에 관해서는 종전 상여에 있어서의 출근율 및 종전의 출근상황 등을 고려하여 정기승급은 90%, 상여는 95%를 인정하였다.[75]

---

72) 정인섭, 앞의 논문, 309면.
73) 정인섭, 앞의 논문, 309면.
74) 정인섭 교수는 신규입사자의 경우에 평균 고과를 적용하여야 한다고 하나 근로자가 이에 관한 고과사정을 추정할 수 있는 증명을 하기는 어려울 것이다.
75) 앞의 京都地判 1985. 10. 7. 京都福田事件.

6) 원천징수세액

사용자가 지급하여야 할 금액에서 원천징수세액은 공제된다.[76]

이에 대하여는 사용자의 원천징수의무는 공법상의 의무로서 사용자와 근로자 사이의 법률관계에 근거한 것이 아니므로, 사용자가 당연히 세금 등의 상당액을 소급임금에서 공제할 수 있는 권리가 있는 것은 아니라는 견해가 있다.[77] 이 견해는 소득세법의 적용은 정기적으로 발생하는 소득에 대한 것인데 부당해고시 지급을 명하는 소급임금은 이에 해당한다고 볼 수 없으며 실무상으로도 전혀 과세되고 있지 않다고 하면서 그 논거로서, 해고무효확인소송의 계속중 사용자가 근로자에게 일정 금액을 지급하되 근로자는 그 나머지 청구를 포기하기로 하는 내용의 소송상 화해가 이루어진 경우 이러한 화해금의 성질은 근로자가 해고무효확인청구를 포기하는 대신 받기로 한 분쟁해결금으로 보아야 하고, 비록 그 화해금액을 산정함에 있어 근로자의 임금 등을 기초로 삼았다 하더라도, 소득세법상 과세대상이 되는 근로소득, 퇴직소득, 기타소득 중의 어느 것에도 해당되지 아니한다고 한 대법원 판결[78]을 들고 있다.

위 견해가 적절히 지적한 바와 같이 부당해고시 지급을 명하는 소급임금은 근로제공이 전제가 되지 않는 것으로서 그 실질이 임금이 아닌 임금 상당의 손해배상액으로 봄이 옳고, 다만 근로자가 손해배상을 구하는 경우 손해배상의 법리상 사용자의 불법행위가 없었더라면 얻을 수 있었던 일실수입 이상을 구할 수는 없는 것이므로, 원천징수세액을 공제한 나머지 금액만을 수령할 수 있다고 해석함이 상당하다.

check-off 협정에 근거한 조합비는 원래 근로자가 노동조합에 지급하여야 하는 금액으로서, 제3자인 사용자가 반대채권으로서 상계하거나 공제

76) 대법원 1994. 10. 14. 선고 94다23364, 23371 판결 참조.
77) 정인섭, 앞의 논문, 314~315면.
78) 대법원 1991. 6. 14. 선고 90다11813 판결.

할 성질의 것은 아니라고 생각한다.[79)]

3. 산정기간

1) 시기와 종기

소급임금 산정의 기산일은 해고일까지의 임금은 지급된 것으로 보아 부당해고가 행해진 날의 다음날부터로 하는데 큰 문제가 없다.

다만, 종기는 보통 원직 복귀시로 하여야 할 것인데 이 경우에는 변론 종결시를 기준으로 장래의 청구가 되므로 근로자가 변론종결 이후의 장래의 임금도 미리 청구할 필요가 있는 것인지를 검토하여야 한다.[80)] 사용자가 근로자를 부당해고하고 임금을 지급하지 않는 경우에는 장래에도 사용자가 임의로 지불할 것을 기대하기 어렵다고 보아 통상 법원은 복직시까지의 임금청구를 인용하고 있다.[81)]

그런데 해고무효확인과 임금상당액의 지급을 구하는 소송에 있어서 해고무효확인은 해고의 무효 즉 근로자와 사용자 간의 고용관계의 존속을 확인함으로써 그 고용관계에 기한 원래의 지위를 회복하려는데 그 목적이 있는 것이고, 따라서 판결 주문에서의 복직시킬 때까지의 의미는 무효인 해고처분에 의하여 사실상 야기된 고용관계의 중단상태가 사용자 측

---

79) 정인섭, 앞의 논문, 315면.
80) 대법원 1999. 3. 9. 선고 97다58194 판결.
81) 일본에서도 해고가 무효인 피해고자에 대해 장래에도 임의의 지급을 기대할 수 없다고 보는 경우 장래의 임금지급청구를 인용하고 있는데(앞의 福井放送事件 참조), 판결확정일 다음날부터의 임금 및 상여금의 지급을 구하는 부분에 대하여 원고들과 피고와의 사이에 고용계약관계가 존재하는 것을 확인하는 본 판결이 확정된다면 특단의 사정이 없는 한 고용관계를 전제로 하는 법률관계가 구축되는 것이기에 미리 이를 청구할 필요가 있다고는 할 수 없어서 소의 이익이 없다고 판단한 것도 있다(앞의 カジマ・リノベイト事件).

의 행위에 의하여 종료될 때까지라는 뜻으로 해석하여야 한다.[82] 그리하여 대법원은 사용자가 제1차 해고를 취소하여 고용관계를 회복한 후 새로운 사유를 들어 제2차 해고를 하였다면 그것이 당연무효의 것이 아닌 한 무효인 제1차 해고로 인하여 야기된 고용관계의 중단상태는 해소되었으며, 제1차 해고의 무효에 따라 임금지급을 명한 집행권원의 집행력 또한 위 제2차 해고로 인하여 저지되었다고 보아야 한다고 판시하였다.

그리고 사용주가 해고되었던 근로자를 해고무효확인판결에 따라 복직시키면서 해고 이후 복직시까지 위 해고가 유효함을 전제로 이미 이루어진 인사질서, 사용주의 경영상 필요, 작업환경의 변화 등을 고려하여 복직 근로자에게 그에 합당한 일을 시킨다면 그 일이 비록 종전의 일과 다소 다르더라도 원직에 복직시킨 것이라고 할 수 있다.[83] 해고무효확인의 소는 근로자와 사용자 간의 고용관계의 존속을 확인함으로써 그 고용관계 자체를 회복하려는데 목적이 있다 할 것이지, 해고 전의 원직을 회복하는데 소송의 목적이 있는 것은 아니라 할 것이고[84] 사용자는 전직명령을 할 수 있으므로, 사용자가 근로자를 원직과 전혀 별개의 직으로 복직시키는 것도 원직 복직과 전직명령이 동시에 이루어진 것으로 볼 수 있기 때문에 전직의 효력을 다투는 것은 별론으로 하고 복직 여부는 다툴 수 없는 것으로 보인다.[85]

2) 제외기간

해고가 없었더라도 근로의 제공이 불가능한 기간이나,[86] 해고 후 사용

---

82) 대법원 1992. 8. 14. 선고 91다43558 판결.
83) 대법원 1994. 7. 29. 선고 94다4295 판결.
84) 대법원 1991. 2. 22. 선고 90다카27389 판결.
85) 김소영 등, 앞의 책, 37면.
86) 근로의 제공이 불가능한 기간이라 해도, 단체협약에 의하여 유급휴가가 보장된 여성 근로자의 임신·출산·육아기간, 그전의 근로제공으로 인한 업무상 부상 또는 질병

자가 정당한 사유로 폐업하고 그 후 해고가 무효로 확정된 경우에, 폐업 후의 기간에도 임금청구권이 발생하는지가 문제로 된다.

대법원은 해고가 없었다고 하더라도 취업이 사실상 불가능한 상태가 발생한 경우라든가 사용자가 정당한 사유에 의하여 사업을 폐지한 경우에는 사용자의 귀책사유로 인하여 근로제공을 하지 못한 것이 아니므로 그 기간에는 임금을 청구할 수 없다고 판시하였다.[87] 그 예로서 판례상 근로자의 구속기간,[88] 수배기간[89] 등이 있고, 그 외에 근로자가 질병으로 근로를 제공할 수 없었던 기간, 군복무기간, 천재지변으로 인한 휴업 등 불가항력에 의하여 사업이 일시 중단된 경우 등을 예상할 수 있을 것이다.[90]

파업 및 조업재개 준비기간에 대하여, 미국의 경우에는 파업시 근로관계가 일단 종료하는 것으로 보므로, NLRB(National Labor Relations Board)가 파업참가기간과 조업재개에 필요한 파업종료 후 5일간은 소급임금의 발생이 중단된다고 하고 있으나, 우리의 경우 파업기간 중에도 근로관계가 종료되지 아니하므로 파업에 이른 경위, 원인, 중단된 조업의 범위, 파업기간 중의 임금지급에 관한 단체협약이나 취업규칙의 규정 또는 관행, 다른 근로자에게 지급된 임금 지급범위 등 제반사정을 고려하여 판단해야 한다는 견해가 있다.[91]

또한, 영업양도에 의하여 승계되는 근로관계는 반대의 특약이 없는 한 계약체결일 현재 실제로 그 영업부문에서 근무하고 있는 근로자와의 근로관계만을 의미하고, 계약체결일 이전에 해당 영업부문에서 근무하다가

인 경우 등은 산정기간에 포함되어야 한다(정인섭, 앞의 논문, 320~321면).
87) 대법원 1994. 9. 13. 선고 93다50017 판결(이 판결에 대한 평석으로는 김용직, 앞의 논문, 402면 이하가 있다); 대법원 1994. 10. 25. 선고 94다25889 판결.
88) 대법원 1994. 9. 13. 선고 93다50017 판결; 대법원 1995. 1. 24. 선고 94다40978 판결.
89) 대법원 1994. 10. 25. 선고 94다25889 판결.
90) 해고와 임금, 471면; 정인섭, 앞의 논문, 320~322면.
91) 정인섭, 앞의 논문, 321면.

해고된 근로자로서 해고의 효력을 다투는 근로자와의 근로관계까지 승계되는 것은 아니므로,[92) 사용자가 종국적으로 해고 근로자에 대한 임금을 지급하지 아니할 목적으로 사업을 양도하였다는 등의 특단의 사정이 없는 한 그 영업양도가 이루어진 이후에 있어서는 근로자가 사용자의 귀책사유로 인하여 근로 제공을 하지 못한 경우로 볼 수 없고, 따라서 해고 근로자는 그 기간에 대한 임금까지 청구할 수는 없다.[93)

4. 관련판결

1) 판결의 내용

통상 법원이 부당해고를 인정하고 부당해고 기간의 임금상당액의 지급 청구를 받아들이는 경우에는 부당해고일(또는 그 다음 날)부터 복직할 때까지 임금상당액의 지급을 명하게 된다.

여기서 복직시는 해고근로자의 정년도달이나 사망시를 한도로 하여, 사용자가 근로자에 대하여 복직처분을 하거나 제2차 해고처분을 하는 등으로 무효인 해고처분에 의하여 야기된 고용관계의 중단상태가 사용자에 의하여 종료되는 시점을 말한다.[94)

이러한 법원의 태도에 대하여 장래의 이행을 명하는 판결을 하기 위하여는 채무의 이행기가 장래에 도래하는 것뿐만 아니라 채무불이행사유가 그때까지 계속하여 존재한다는 것을 변론종결 당시에 확정적으로 예정할 수 있어야 하는데,[95) 특별한 사정이 없는 한 해고무효판결이 선고되더라도 사용자의 근로수령거부상태가 변론종결 이후에도 확정적으로 계속되

---

92) 대법원 1996. 5. 31. 선고 95다33238 판결.
93) 인천지법 1995. 2. 24. 선고 94가합9111 판결.
94) 해고와 임금, 475면.
95) 대법원 1991. 6. 28. 선고 90다카25277 판결.

리라고 예상하기는 쉽지 않을 것이며, 근로자가 사망하거나 파업하는 경우, 사용자가 폐업을 하거나 직장폐쇄를 하는 경우, 사용자가 근로자에 대하여 새로운 징계처분을 하는 경우 등 임금청구권이 계속하여 발생하지 않을 가능성도 상당하므로 복직시까지의 임금지급을 명하는 것은 문제가 있다는 비판이 있다.[96]

2) 장래이행판결과 기판력

해고무효를 원인으로 해고 다음날부터 복직시까지 해고 당시의 평균임금에 상당하는 금액의 지급을 구하는 소송을 제기하여 전부승소의 판결을 선고받아 그 판결이 확정된 경우 해고기간 중의 정기승급 및 임금 인상분에 상당하는 임금의 지급을 추가로 청구하는 것이 가능할 것인지가 문제된다.

장래 이행기 도래분까지의 정기금의 지급을 명하는 판결이 확정된 경우 그 소송의 사실심 변론종결 후에 그 액수 산정의 기초가 된 사정이 뚜렷하게 바뀜으로써 당사자 사이의 형평을 크게 해할 특별한 사정이 생긴 때에는 전소에서 명시적인 일부청구가 있었던 것과 동일하게 평가하여 전소판결의 기판력이 그 차액 부분에는 미치지 않는다고 함이 판례이다.[97] 하지만, 이행판결의 주문에서 그 변론종결 이후 기간까지의 급부의무의 이행을 명한 이상 그 확정판결의 기판력은 그 주문에 포함된 기간까지의 청구권의 존부에 대하여 미치는 것이 원칙이므로, 사실심 변론종결 후 당사자 사이의 형평을 크게 해할 사정이 생겼다고 볼 수 없는 경우에는 기판력에 저촉된다.[98]

---

96) 박순성, 앞의 논문, 163~164면.
97) 대법원 1993. 12. 21. 선고 92다46226 전원합의체 판결; 대법원 1999. 3. 9. 선고 97다58194 판결.
98) 그리하여 위 대법원 1999. 3. 9. 선고 97다58194 판결은 원고의 상고를 기각하였다.

또한, 해고무효확인 판결에서 복직시까지의 임금지급을 명하였고 그 판결이 확정된 경우에, 사용자가 사실심 변론종결 전에 발생한 정년퇴직이라는 사유를 들어 변론종결일 이후의 임금지급을 거절할 수 있을 것인가.

이에 대하여 대법원은, 민사소송법 제505조[99]에서 청구에 관한 이의의 소를 규정한 것은 부당한 강제집행이 행하여지지 않도록 하려는 데 있는 것이고, 한편 그 이의의 원인을 사실심 변론종결 이후의 사유로 한정한 것은 변론종결시를 기준으로 확정된 권리관계를 변론종결 이전의 사유를 들어 다투는 것은 확정판결의 기판력에 저촉되기 때문인데, 해고가 무효임을 이유로 복직시까지 정기적으로 발생하는 임금의 지급을 명하는 판결에 있어서 변론종결 이후 부분은 변론종결시를 기준으로 확정된 권리관계라고 말할 수는 없고 이는 단지 장래의 권리관계를 예측한 것에 불과하므로, 그 부분의 집행배제를 구함에 있어서는 비록 종전 판결 변론종결 이전에 발생한 정년퇴직이라는 사유를 들고 있더라도 이를 가지고 확정판결의 기판력에 저촉된다고 볼 수는 없다고 하여 사용자의 주장을 받아들였다.[100]

3) 지연이자 등

소급임금을 산정함에 있어 월급제인 경우 근로자가 근로를 제공하였더라면 매월 임금을 수령할 수 있었을 것이므로 매월의 임금액에 대하여 그 때로부터 기산하여 지연이자를 지급하여야 하는지가 문제된다.

통상 매월의 임금액에 대한 지연손해금까지 청구하는 예는 거의 없으나, 청구하여 오는 경우에는 받아들이지 않을 수 없을 것이다.

이와 관련하여서는 소멸시효 기간 내인 3년분의 월급에 대한 민법 소정의 연 5%의 비율로 계산한 지연손해금을 인정하여 준 하급심 판결이 있다.[101] 다만, 근로기준법 제37조 제1항 소정의 연 20%의 비율로 계산

---

99) 2002. 1. 26. 전문개정되기 전의 것. 현재의 민사집행법 제44조에 해당한다.
100) 대법원 1998. 5. 26. 선고 98다9908 판결.

한 지연이자를 구하는 것에 대하여는, 위 조항은 근로자가 사망 또는 퇴직한 경우에 한하여 적용되는 것인데, 근로자가 근로관계의 존속을 전제로 임금을 청구하고 있으므로 받아들이지 않았다.

부당해고기간 동안의 임금청구와 관련하여서는 사용자가 해고시까지의 퇴직금 등을 청산하고 해고하였는데, 그 후 해고가 부당해고로 판정되었으나 해고의 효력을 다투는 동안 정년이 도래한 경우, 정년시를 기준으로 퇴직금 등을 산정하고 미지급금에 대하여 정년도래일 14일의 다음날부터 근로기준법 제37조 제1항에서 정한 지연이자를 청구할 수 있는지도 문제가 된다. 앞서 본 바와 같이 부당해고기간 동안의 임금은 고유의 의미의 임금과는 차이가 있는 점을 고려하면 부정적으로 해석하고 싶다.

또한, 부당해고시의 소급임금에 대하여 근로계약이 보조적 상행위라고 주장하면서 상사법정이율인 연 6%의 비율로 계산한 지연손해금[102]을 구해 오는 경우가 있는데, 마찬가지로 부당해고 기간 중의 소급임금을 근로계약에 따른 근로의 대가로서의 임금이라고는 보기 어려우므로 연 5%의 민사법정이율을 적용함이 상당하다고 생각한다.[103]

IV. 중간수입공제

1. 개 설

정당한 이유 없이 위법하게 해고된 근로자가 해고기간 중 다른 직장에

---

101) 서울북부지법 2008. 2. 15. 선고 2007가합8321 판결.
102) 대법원 1977. 4. 12. 선고 76다497 판결 참조.
103) 근로계약을 보조적 상행위로 보더라도 상사법정이율은 상행위로 인한 채무나 이와 동일성을 가진 채무에 관하여 적용되는 것이므로, 소급임금 청구를 임금 상당의 손해의 전보를 구하는 것으로 보게 되면 상사법정이율이 적용되지 않는다(대법원 2004. 3. 26. 선고 2003다34045 판결 참조).

취업하여 임금을 받았을 경우에 근로자가 사용자로부터 받을 임금에서 다른 직장에 취업하여 받은 임금, 소위 중간수입을 공제할 수 있는가 하는 점이 근로자의 일실수입을 산정함에 있어 중요한 문제로 된다. 중간수입의 공제와 관련하여서는 다음과 같은 점들이 검토되어야 한다.

첫째, 중간수입을 "전항의 경우에 채무자는 자기의 채무를 면함으로써 이익을 얻은 때에는 이를 채권자에게 반환하여야 한다."라고 규정한 민법 제538조 제2항에서 말하는 '자기의 채무를 면함으로써 얻은 이익'으로 볼 수 있는가, 즉 근로자가 근로급부의무를 면한 것과 중간수입 사이에 상당인과관계가 있는 것으로서 사용자가 지급하여야 할 임금에서 공제할 수 있는 것인가 하는가를 살펴보아야 한다.

둘째, 중간수입이 근로자의 채무면탈과의 인과관계가 인정된다면 민법 제538조와 "사용자의 귀책사유로 인하여 휴업하는 경우에는 사용자는 휴업기간 동안 그 근로자에게 평균임금의 100분의 70 이상의 수당을 지급하여야 한다. 다만, 평균임금의 100분의 70에 해당하는 금액이 통상임금을 초과하는 경우에는 통상임금을 휴업수당으로 지급할 수 있다."라고 규정한 근로기준법 제46조 제1항[104]과의 관계를 어떻게 파악할 것인가를 검토하여야 한다. 이와 관련하여서는 먼저, 민법 제538조 제1항의 사용자의 책임 있는 사유의 구체적인 의미는 무엇이며 근로기준법 제46조에서 말하는 사용자의 귀책사유의 의미와는 어떤 관계에 있는가를 살펴보아야 하고, 그 후 근로기준법 제46조가 민법 제538조 제2항의 중간수입공제의 한계로서 작용할 수 있는가를 검토하여야 한다.

셋째, 부당해고된 근로자의 일실수입청구를 임금청구로 본다면 "임금은 통화로 직접 근로자에게 그 전액을 지급하여야 한다. 다만, 법령 또는

---

104) 이하에서는 편의상 평균임금의 70%가 통상임금보다 저액임을 전제로 서술하고자 한다. 근로기준법 제46조 제2항에서는 "제1항에도 불구하고 부득이한 사유로 사업을 계속하는 것이 불가능하여 노동위원회의 승인을 얻은 경우에는 제1항의 기준에 못 미치는 휴업수당을 지급할 수 있다."라고 규정하고 있다.

단체협약에 특별한 규정이 있는 경우에는 임금의 일부를 공제하거나 통화 이외의 것으로 지급할 수 있다."라고 규정한 근로기준법 제43조 제1항의 임금전액불 원칙과 관련하여 중간수입공제를 인정할 수 있는가가 문제된다.

이하에서는 각 문제에 관한 학설과 판례를 차례로 살펴보고, 이어서 중간수입공제와 손해경감의무에 대하여 민법에 명문의 규정을 두고 있는 독일과는 달리 우리와 같이 명문의 규정이 없음에도 불구하고 판례법에 의하여 중간수입공제 및 손해경감의무를 인정하고 있어 우리에게 상당한 시사점을 줄 수 있다고 판단되는 미국의 예를 알아본 후 우리 판례의 태도를 비판적으로 검토하기로 한다.

2. 중간수입공제가부

1) 개 요

쌍무계약의 당사자 일방의 채무가 채권자의 책임 있는 사유로 인하여 이행할 수 없게 된 때에는 채무자는 상대방에게 반대급부의 이행을 청구할 수 있으나, 그로 인하여 채무자가 급부불능이 생기지 않았던 경우 이상으로 이익을 얻을 수는 없기 때문에 자기의 채무를 면한 것에 의하여 어떠한 이익을 얻은 때에는 채무자는 이를 상환하여야 하는바, 채무자가 상환하여야 할 이익은 채무를 면한 사실과 상당인과관계에 있는 것에 한정된다고 함이 통설이다.[105]

구체적으로 보면, 근로제공을 하지 못하여 절약된 교통비 같은 것이나 해고된 근로자가 회사로부터 받은 퇴직금이나 해고예고수당을 근로급부의무를 면함으로써 얻은 이익으로 보아 공제하여야 함에는 별다른 문제

---

105) 「주석민법(13) 채권(4)」, 신판, 有斐閣, 2003, 592면.

가 없다.[106) 하지만, 근로급부의무를 면한 근로자가 다른 직장에 취업하여 얻은 중간수입이 채무면탈과 상당인과관계에 있는 이익으로서 공제할 수 있는가 하는 점에 관하여는 견해의 대립이 있다.

2) 긍정설

위법하게 해고되어 근로를 거부당한 근로자가 그 근로거부로 인하여 얻은 시간을 이용하여 다른 곳에 취업하여 얻은 수입은 그것이 통상 얻을 수 있는 정도의 것이라면 채무를 면한 것과 상당인과관계가 있는 것으로서 민법 제538조 제2항에서 말하는 채무를 면함으로써 얻은 이익에 해당하여 공제하여야 한다는 견해이다.[107)

이 견해는 민법 제538조 제2항의 취지가 채무자로 하여금 급부불능이 생기지 않았던 경우 이상으로 이익을 얻게 하지 않기 위하여 채무자의 부당이득반환의무를 인정한 것이므로, 근로자가 해고기간 동안 다른 직장에 취업하여 얻은 중간수입을 해고기간 동안 근로자가 받을 수 있는 임금에서 공제하지 않게 되면, 다른 직장에 취업하여 얻은 수입이 부업적인 것이라고 인정되는 특별한 경우를 제외하고는 근로자를 해고가 없었던 경우보다 더 유리한 지위에 두게 되어 불공평하게 된다고 한다.[108)

3) 부정설

근로자가 위법하게 해고당한 사실과 그 근로자가 해고기간 동안 다른

---

106) 주석채권각칙(1), 390면.
107) 지원림, 「민법강의」, 제4판, 홍문사, 2005, 1122~1123면; 박홍규, 「노동법론」, 제2판, 삼영사, 1998, 326면 참조; 東京高判 1961. 1. 30. 昭和 33年(ネ)428號 米調達部東京支部救濟命令取消事件, 勞民集 12-1호, 37면(제일법규 D1-Law. com 판례 ID 27203315에서 인용); 勞働基準法(上), 340면.
108) 박순성, 앞의 논문, 150면; 주석채권각칙(1), 393면; 하경효, 앞의 논문, 246면 참조.

직장에 취업하여 얻은 이익 사이에는 상당인과관계가 존재한다고 할 수 없으므로 위법하게 해고를 당한 근로자가 사용자로부터 받을 수 있는 임금에서 중간수입을 공제하여서는 안 된다는 견해이다.[109]

이 설은 근로자가 다른 직장에 재취업하여 얻은 수입은 근로급부의무를 면한 시간을 이용한 것이라고 하더라도 그것과는 별개의 원인인 새로운 고용계약에 의하여 얻은 이익으로서 채무의 면탈과는 상당인과관계가 없으며,[110] 만약 상당인과관계가 있다고 인정한다면 다른 직장에 취업하여 성실하게 일한 자가 아무런 일도 하지 않고 시간을 보낸 자보다 불리하게 되고, 사용자가 근로자에게 이익의 상환을 청구할 수 있는지 여부가 단순히 근로자의 의사와 노력에 의하여 좌우되어 불합리하다는 점을 근거로 한다.[111] 더구나, 중간수입의 공제를 인정한다면 그 법률효과로서 임금을 지급할 의무가 있는 사용자가 근로자의 노력으로 자신의 채무를 그 한도에서 면제받는 결과가 되며, 근로자는 오로지 사용자의 임금부담을 덜어주기 위해 다른 직장에서 근로한 셈이 된다.[112] 그리고 경우에 따라서는 사용자가 지급하여야 할 임금액이 없어지는 경우도 생기는데, 그 경우 부당해고라는 위법행위를 한 사용자가 아무런 경제적 부담을 지지

---

109) 이장호, "휴업수당", 근로관계소송상의 제문제(상), 재판자료 39집, 법원행정처, 1987, 466면; 「주석 채권각칙(Ⅰ)」, 한국사법행정학회, 1985, 322면; 주석채권각칙(1), 390면.

110) 이우진, "부당해고 근로자의 중간수입공제에 관한 연구", 법학연구 12집, 한국법학회, 2003, 507면; 전윤구, 앞의 논문, 28면; 野田進, 앞의 논문, 218~219면; 하경효 교수는 중간수입공제의 문제는 상당인과관계의 문제가 아닌 민법 제538조 제2항의 규범취지를 고려하여 판단하여야 한다고 주장한다(하경효, 앞의 논문, 248~249면).

111) 윤성천, "Back Pay 명령과 중간수입공제문제 — 일본에 있어서의 쟁점을 중심으로 —", 노동법의 제문제(김치선박사 화갑기념), 박영사, 1983, 118~119면; 박순성, 앞의 논문, 146~147면; 주석채권각칙(1), 390면 참조; 이흥재, "해고제한에 관한 연구", 법학박사학위논문, 서울대학교, 1988, 202면.

112) 전윤구, 앞의 논문, 25면.

않게 되어 부당해고로부터 근로자를 보호한다는 사회법적 법원리가 허구화될 수 있다고 한다.[113] 또한, 사용자의 부당해고로 근로계약관계는 단절되거나 그 이행이 정지되고 노동력제공의무는 소멸하기 때문에 근로자는 해고기간 중에 자기의 노동력을 자유로이 처분할 수 있는 것으로서 그 처분의 결과 다른 사용자로부터 임금을 얻었다고 하더라도 부당해고에 의하여 취업불능을 초래한 사용자는 그 임금에 대하여 하등의 권리를 주장할 수 없다고 주장한다.[114]

한편, 중간수입공제의 문제는 이를 사용자의 부담을 줄이기 위한 공제대상으로 삼는 것이 정당한 것인가의 관점에서 검토되어야 한다면서, 해고된 근로자가 해고의 효력을 다투면서 다른 직장에 취업하여 소득을 얻는 행위는 소송이나 기타 구제방법이 실패할 경우에 대비하는 것으로서 그 소득은 성질상 처음부터 공제대상이 되는 이중적 소득이라고 할 수 없다고 해석함이 민법 제538조 제2항의 합목적적 해석에 부합한다는 견해도 있다.[115]

4) 소 결

근로자는 임금과 상환으로 일정기간에 걸쳐서 일정노동일의 일정시간의 근로를 계속적, 반복적으로 급부하는 것을 약정하였던 것이고, 부당해고는 사법상 무효로서 근로계약관계는 그대로 유지된다는 통설의 견해에 따르면, 해고의 효력이 다투어지고 있는 사이에는 현실적으로 근로급부가 행하여지고 있지 않아도 기본적인 근로관계는 존속하는 것이므로, 그 근로관계에 있어서 채무면탈과 자유시간의 취득, 그 자유시간을 이용한 중간수입 사이에는 그 수입이 부업적인 것이어서 해고가 없어도 당연히 취

---

113) 이흥재, 앞의 논문, 202면.
114) 野田進, 앞의 논문, 218면; 이장호, 앞의 논문, 465면 참조.
115) 김형배, 노동법, 605면.

득할 수 있었던 특별한 사정이 없는 한 상당인과관계가 있다고 보는 것이 타당하다.116)

민법 제538조의 취지는 채무자의 손해를 방지하기 위한 것이지 채무자의 법적 지위를 급부가 이행된 경우보다 더 유리하게 보장하기 위한 것은 아니다.117) 따라서, 사용자가 지급할 소급임금의 범위는 일차로 근로자가 입은 손해를 한도로 하는 것이며, 사용자가 전보할 손해액이 합리적 이유 없이 줄어든다고 하여 근로자가 해고가 없었던 경우 얻을 수 있었던 수입 이상을 얻게 하는 것은 제도의 취지에 맞지 않는다.118)

이에 대하여는 채무면탈을 이용하기는 하였지만 새로운 고용계약이라고 하는 별개의 원인에 의하여 얻은 이익이기에 상환의 대상이 아니라고 하는 비판이 있으나 이는 형식적인 고찰이며, 위와 같은 일련의 사정을 실질적으로 파악하고 위험부담 제도가 급부불능으로 인한 위험을 공평하게 부담시키기 위한 제도인 점을 생각하면 채무면탈과 중간수입 사이의 상당인과관계를 인정하고 이를 사용자가 지급하여야 할 임금액에서 공제함이 타당하다.119)

또한, 부정설은 인과관계를 긍정하여 중간수입을 공제하는 경우, 채권자의 손해경감의무에 대한 명문의 규정이 없어 중간수입을 얻을 수 있었음에도 악의적으로 얻지 아니한 경우라고 할지라도 얻을 수 있었던 수입을 공제할 수 없으므로120) 이와 비교하면 다른 직장에 취업하여 성실하게 일한 자가 아무런 일도 하지 않고 시간을 보낸 자보다 불리하게 된다고 주장한다. 하지만, 민법 제538조의 규정 자체가 공평의 원칙에 입각하여

---

116) 박순성, 앞의 논문, 150면; 주석채권각칙(1), 393면.
117) 주석채권각칙(1), 393면.
118) 근로자가 부당해고로 인하여 입은 유형·무형의 손해에 대한 전보는 이와는 별개의 문제이다.
119) 박순성, 앞의 논문, 150면; 이은영, 「채권각론」, 제5판, 박영사, 2005, 186면.
120) 윤성천, 앞의 논문, 107면; 이우진, 앞의 논문, 508면; 박순성, 앞의 논문, 151면; 전윤구, 앞의 논문, 32~33면.

위험을 부담시키고자 하는 것임을 고려하면 채권자의 손해경감의무를 인
정하여[121) 악의로 중간수입을 얻지 아니한 근로자의 경우 얻을 수 있었던
수익을 신의칙상 자기의 채무를 면함으로써 얻은 이익으로 보아 공제함
이 타당하다.[122) 채무자의 채무불이행시 채권자의 잔여자료 또는 유휴노
동력의 활용과 관련하여, 민법 제673조에 의하여 도급계약이 해제된 경우
에 그 해제로 인하여 수급인이 그 일의 완성을 위하여 들이지 않게 된 자
신의 노력을 타에 사용하여 얻은 소득뿐 아니라 얻을 수 있었음에도 불구
하고 태만이나 과실로 인하여 얻지 못한 소득도 당연히 손해액을 산정함
에 있어서 공제되어야 한다고 판시한 대법원 판결 등[123)에 의하면 판례도
채권자의 일반적인 손해경감의무를 부정하고 있다고 단정하기는 어렵다.

　근로자의 중간수입을 근로자의 채무면탈과 상당인과관계 있는 이익으
로 파악하는 경우에 구체적으로 어떠한 수입을 상당인과관계가 있는 중

---

121) 채권자의 손해경감의무는 계약법에서 상대방에 대한 배려의 정신을 구체화한 신의
　　칙의 구체적 발현으로서 오늘날 비교법이나 국제적 입법에 의하여 인정되고 있다
　　고 한다(김동훈, "채권자의 손해경감의무", 고황법학 4권, 2004, 129~134면).
122) 이은영, 앞의 책, 186면(다만, 신의칙상 사용자가 현재의 근로와 유사한 일을 적극
　　적으로 알선하였음에도 근로자가 응하지 않은 경우에만 공제함이 상당하다고 한
　　다); 주해채권(6), 106면(최병조 집필부분); 주석채권각칙(1), 393면.
123) 대법원 2002. 5. 10. 선고 2000다37296, 37302 판결; 이 판결에 대한 평석은 이주
　　현, "민법 제673조에 의한 도급계약 해제시 도급인이 수급인에게 배상하여야 할 손
　　해의 범위 및 그 경우 수급인의 손해액 산정에 있어서 손익상계의 적용 여부, 위
　　손해배상액 인정에 있어서 과실상계 및 손해배상의 예정액 감액은 허용되는지 여
　　부와 신의칙 적용 여부", 대법원 판례해설 40호, 법원도서관, 2002. 12. 참조); 그
　　외에 채권자의 손해경감의무와 관련되는 대법원 판결로는 하자 있는 이행시의 채권
　　자의 손해확대방지의무와 관련된 예(대법원 1995. 6. 30. 선고 94다23920 판결;
　　대법원 1993. 11. 23. 선고 92다38980 판결; 대법원 1999. 7. 13. 선고 99다12888
　　판결; 대법원 1990. 3. 9. 선고 88다카31866 판결), 채권자가 적기의 대체거래를
　　통해 손해를 감경할 가능성이 있었던 경우의 손해배상액 산정에 관한 예(대법원
　　1999. 10. 12. 선고 99다14846 판결), 채무불이행의 가능성이 컸음에도 지출한 비
　　용에 대하여 배상액을 제한한 예(대법원 2002. 2. 5. 선고 99다53674, 53681 판결)
　　등이 있다(김동훈, 앞의 논문, 118~121면 참조).

간수입이라고 할 것인가가 문제이다. 근로자가 종속노동을 면함으로써 얻은 자유시간을 이용하여 얻은 근로소득은 상당인과관계 있는 이익이고, 해고가 없었더라도 근로자가 취득할 수 있었던 자본소득이나 근로시간 이외의 시간을 이용하여 얻었던 소득은 상당인과관계가 없는 이익이라 할 것이나, 궁극적으로는 근로급부 이행불능으로 인하여 발생한 손해를 누구에게 부담시키는 것이 공평할 것인가 라고 하는 관점에서 개별적으로 판단하여야 한다.[124]

3. 중간수입공제의 한계와 휴업수당

1) 개 요

앞서 본 바와 같이 부당해고된 근로자는 그 채무가 채권자의 책임 있는 사유로 이행할 수 없게 된 것이므로 민법 제538조 제1항에 의하여 반대급부인 임금 전액에 대한 청구권을 잃지 않게 된다. 그런데 근로기준법 제46조는 사용자의 귀책사유로 인하여 휴업하는 경우에 근로자에게 평균임금의 100분의 70 이상을 지급하면 되는 것으로 되어 있어 그 규정 자체만으로는 근로자의 생활을 보장, 향상시키는 것을 목적으로 하는 근로기준법이 보장하는 휴업수당이 근로자와 사용자 모두를 평등한 법인격체로 파악하고 과실책임주의를 기초로 하는 민법이 보장한 임금청구권에 미치지 못하는 것이 된다.[125]

그리하여 근로기준법이 보장하고 있는 근로자의 휴업수당청구권과 민법에 의한 임금청구권이 어떠한 관계에 있는가, 근로기준법상의 휴업수당이 중간수입공제와 관련하여서는 어떠한 의미가 있는 것인가에 관하여

---

124) 박순성, 앞의 논문, 151면.
125) 이장호, 앞의 논문, 427면

많은 학설이 대립하고 있다.

크게는 양 규정의 관련성을 인정하고 휴업수당에 관한 근로기준법상의 규정이 중간수입공제의 한도로 작용한다는 견해와 민법 제538조 제1항에 의한 임금청구권과 근로기준법 제46조에 의한 휴업수당은 전혀 별개의 제도로서 휴업수당규정은 민법 제538조 제2항에 의한 중간수입공제와는 무관하다는 견해로 나눌 수 있으나 그 구체적인 입론은 다양하다.

2) 관련성 인정설

(1) 양 법조의 적용범위를 같게 보는 설

민법 제538조 제1항에서 말하는 채권자의 책임 있는 사유와 근로기준법 제46조의 사용자의 귀책사유의 범위를 동일하게 보는 견해이다.

다만, 양 규정의 적용범위를 동일하게 보면서도, 그 범위를 과실책임의 원칙에 의하여 고의·과실 및 이와 동시할 수 있는 경우로 좁게 보는 견해가 있고,[126] 근로계약에 있어서는 추완불가능성 등의 특수성으로 인하여 채권자의 채권지지 의무가 특히 가중되어 사용자로서 불가항력을 주장할 수 없는 모든 사유가 포함된다고 하여 귀책사유의 범위를 넓게 보는 견해가 있다.[127]

이와 같이 민법 제538조 제1항의 채권자의 책임 있는 사유와 근로기준법 제46조의 사용자의 귀책사유의 범위를 동일하게 보는 경우, 근로기준법 제46조의 의미는 그 법적 성격을 어떻게 보는가에 따라 달라진다.

즉, 부당해고된 근로자의 임금청구권의 근거를 사용자의 수령지체에 의한 것으로 보아 민법 제538조가 아닌 민법 제400조[128]에서 구하면서 근

---

126) 이장호, 앞의 논문, 428면(我妻榮 등의 견해로 소개되어 있다).
127) 이은영, 앞의 책, 183~184면; 이장호, 앞의 논문, 428면(島田信義 등의 견해로 소개되어 있다).
128) 민법 제400조는 "채권자가 이행을 받을 수 없거나 받지 아니한 때에는 이행의 제공

로기준법 제46조를 민법 제400조의 특칙으로 보는 견해[129]는 민법상의
임금청구권을 행사하기 위해서는 근로의 제공이라는 절차를 요하지만 근
로기준법상의 휴업수당청구권을 행사함에 있어서는 이를 요하지 않는다
는 점을 강조한다.[130] 하지만, 임금청구권의 근거를 민법 제538조에서 구
하고 근로기준법 제46조를 민법 제538조의 특칙으로 보는 견해[131]는 근
로자는 민법 제538조의 규정에 의하여 임금 전액을 청구할 수 있는 것이
지만 민법의 규정은 임의규정으로서 근로자에게 불리한 특약도 가능하고,
그러한 특약이 없는 경우에도 민법상의 규정만으로는 근로자보호에 부족
한 면이 있어 근로기준법 제46조는 평균임금의 70%까지는 근로자에게
불리한 특약을 금지하고, 벌칙을 부과하면서 그 의무의 이행을 보장함에
의미가 있다고 한다.[132]

(2) 근로기준법 제46조의 적용범위를 넓게 보는 설

민법 제538조의 채권자의 책임 있는 사유는 고의·과실 또는 신의칙상
그것과 동시할 수 있는 사유로 보면서 근로기준법 제46조가 일반적으로
기업경영의 이윤이 사용자에게 귀속하는 것에 대응하여 경영상의 이유에
서 발생하는 위험도 기업주가 부담하는 것이 타당하다는 공평의 관념과
임금을 유일한 생활수단으로 하는 근로자의 최저생활을 보장하여야 한다
는 점 등을 근거로 하여 만들어진 규정으로서 근로기준법 제46조에서 말
하는 사용자의 귀책사유라 함은 적어도 고의·과실 또는 이와 동시할 만
한 사유보다는 넓고 사용자의 관리·경영상의 책임범위에 속하는 사유,

있는 때로부터 지체책임이 있다."라고 하여 채권자지체에 관하여 규정하고 있다.
129) 주석채권각칙(1), 394면; 일본노동법의 이론과 실제, 223면.
130) 이장호, 앞의 논문, 428면.
131) 주석채권각칙(1), 394~395면; 그 외에 근로기준법 제46조는 휴업수당청구권이라
　　는 새로운 실체적 권리를 설정한 규정으로서 민법 제538조와는 근거가 다른 별개
　　의 것이라는 설이 있다[주석채권각칙(1), 395면].
132) 박순성, 앞의 논문, 153면; 이종복, 앞의 논문, 425면 등 참조.

다시 말하면 기업경영자로서 불가항력을 주장할 수 없는 경우를 포함하는 것으로 해석하는 견해이다.[133]

이 견해는 민법상의 임금청구권은 그 요건이나 절차가 엄격하고 소송 절차에 의하지 않으면 안 되는 불편이 있기 때문에 근로기준법 제46조는 널리 사용자의 책임을 인정하고 노동력의 제공 없이도 벌칙으로 휴업수당의 지불을 강제하는 데 의미가 있다고 한다.[134] 현재 우리나라의 다수설이며, 근로기준법 제46조의 휴업이란 집단적 휴업인지 개개인만의 휴업인지를 불문하여 특정근로자에 대하여 그 의사에 반하여 근로시키지 않는 경우도 포함함을 전제로 민법 제538조와 근로기준법 제46조의 관련성을 인정한다.[135]

구체적으로는 다음과 같이 두 가지 견해로 나누어 볼 수 있다.

먼저, 첫 번째 견해는 민법 제538조와 근로기준법 제46조를 통일적으로 파악하여 사용자의 고의·과실에 의한 휴업에는 양자가 동시에 적용되어, 민법에 의하면 전액의 임금청구권이 인정되지만 근로기준법은 그 중 70%의 평균임금의 범위에서 벌칙으로 그 지급을 강제하는 의미가 있다고 한다.[136] 다만, 사용자의 고의·과실 없이도 휴업수당을 지급하는 것이 상당하다고 인정되는 휴업의 경우에는 민법은 적용되지 않고 근로기준법에서 정한 최소한 평균임금의 70%의 지급이 강제되는 것이 되어 이 범위에서는 근로기준법이 노사 간의 법률관계를 실체적으로 규정한다

---

133) 박상필, 「한국노동법」, 대왕사, 1981, 409면; 박순성, 앞의 논문, 154면; 이장호, 앞의 논문, 428~429면; 이종복, 앞의 논문, 424면; 주석채권각칙(1), 395면; 片岡昇 저(송강직 역), 「노동법」, 삼지원, 1995(이하 「일본노동법」이라 한다), 491면; 일본노동법의 이론과 실제, 243면 등 참조.

134) 박상필, 앞의 책, 409면; 박순성, 앞의 논문, 153면; 주석채권각칙(1), 395면; 이종복 앞의 논문, 425~426면; 일본노동법, 491면 등 참조.

135) 박순성, 앞의 논문, 154~155면; 일본노동법, 493면; 일본노동법의 이론과 실제, 243면.

136) 박상필, 앞의 책, 410면.

고 한다.[137]

다음으로는 근로기준법 제46조의 휴업수당규정은 근로자보호의 이념을 실현하기 위한 특별한 노동입법의 산물로서 민법 제538조에 의한 임금청구권과는 다른 별개의 휴업수당청구권을 창설하는 규정이라는 견해가 있다. 이 견해는 위 학설이 근로기준법 제46조가 평균임금의 70% 이상을 지급하도록 한 의미를 한편으로는 그 한도에서 벌칙으로 이행의무를 강제하는 것으로 해석하고 다른 경우에는 실체적 권리관계를 창설하는 것으로 해석하는 것은 지나치게 기교적이라고 비판한다. 그리하여, 사용자의 고의·과실에 의한 휴업의 경우에 민법 제538조 제1항에 의하여 인정되는 전액의 임금청구권과 근로기준법에 의한 휴업수당청구권이 동시에 발생하여 양자는 경합관계에 있고, 휴업수당지급의 한도에서 민법상의 임금청구권은 소멸하며 임금의 지불이 평균임금의 70% 이상에 달할 때에는 휴업수당청구권도 소멸한다고 주장한다.[138]

(3) 중간수입공제에 관한 견해

민법 제538조와 근로기준법 제46조의 관련성을 인정하는 견해를 취하면, 부당해고는 통상 위법한 것으로서 민법 제538조의 채권자의 책임 있는 사유를 좁게 해석한다고 하더라도 그 범위 내에 포함된다고 해석하여야 하므로, 민법 제538조 제1항과 근로기준법 제46조의 요건을 모두 충족시키게 된다.

이 경우 중간수입공제와 관련하여 양 법조의 관계를 어떻게 볼 것인지가 문제되는바, 근로기준법 제46조를 민법 제538조의 특칙으로 보는 견해는 민법 제538조 제2항에 의하여 상당인과관계 있는 이익을 공제할 수 있

---

137) 이장호, 앞의 논문, 429면; 이종복, 앞의 논문, 424면 등 참조.
138) 이장호, 앞의 논문, 430~431면(淺井淸信의 견해로 소개되어 있다); 이종복, 앞의 논문, 425면 등 참조.

음을 전제로 근로기준법 제46조는 휴업에 의하여 얻은 이익을 상환해야
하는 절차상의 번거로움을 생략하고 법률관계를 간명하게 하기 위해 그
공제한도를 평균임금의 70%로 규정하였다고 본다.[139]

이에 대해 근로기준법 제46조와 민법 제538조의 관련성을 인정하면서
도 근로기준법 제46조가 민법 제538조와는 별개의 독립된 규정이라고 파
악하는 견해는 휴업수당액이 이익을 공제하는 한도를 정함에 있어 일응
의 표준이 된다고 한다.[140]

어느 견해든 중간수입과 근로자의 채무면탈과의 인과관계를 인정하면
서도 중간수입을 사용자가 지급하여야 할 임금에서 전액 공제하는 것은
극단적인 시민법 이론으로서 근로자의 최저생활을 보장하고자 하는 근로
기준법의 취지를 몰각하게 하며, 근로자의 노력으로 얻은 수입으로부터
사용자가 부당하게 이득을 얻게 된다고 하여, 공제를 하되 근로기준법 제
46조와 관련하여 그 한도를 평균임금의 30%로 제한하는 점에서 같은 결
론에 이르게 된다.[141]

중간수입의 공제를 일응 인정하면서도 중간수입을 적극적 이익으로 계
산하고 재취업과 소송활동으로 인한 제 경비 등의 위법해고로 인한 재산
적 손해 및 위법해고에 의한 정신적 고통과 생활불안, 구직활동과 새로운
직장에서의 근무에 수반하는 노고 등의 비재산적 손해는 소극적 이익으로
서 계산하거나, 사용자의 위법한 해고가 없었다면 근로자는 특별한 노력을
하여 다른 직장을 구할 필요가 없었던 것과 계약관계의 존속을 주장하는
근로자가 중간수입을 얻도록 방치한 것은 사용자 자신인 점을 고려하여
중간수입에 관한 사용자의 공제주장은 신의칙상 일정 정도로 제한되며,
근로기준법 제46조를 그 효과로서 공제한도액을 설정하는 것으로 해석하

---

139) 박순성, 앞의 논문, 155~156면; 일본노동법의 이론과 실제, 475~476면; 일본노
동법, 491면; 주석채권각칙(1), 396면.
140) 주석채권각칙(1), 396면; 박순성, 앞의 논문, 156면.
141) 박순성, 앞의 논문, 156면; 지원림, 앞의 책, 1123면; 주석채권각칙(1), 396면.

는 것은 이론적으로 곤란하지만 위와 같은 제한과 관련한 일응의 표준을 보여주는 것으로서 최저기준으로서의 가치를 갖는다는 주장이 있다.[142]

3) 관련성 부정설

근로기준법 제46조는 민법 제538조가 적용되는 경우에는 그 적용이 없다는 학설로서, 휴업수당에 관한 규정을 민법 제538조와는 무관한 것으로 보고 있다.

이 설은 다수설이 민법 제538조 제1항에 말하는 채권자의 책임 있는 사유를 고의·과실 또는 이와 동시할 수 있는 사유에만 한정하고, 근로기준법 제46조의 귀책사유를 불가항력을 주장할 수 없는 모든 사유로서 사용자로 하여금 휴업수당을 지급하게 하는 것이 사회적으로 정당하다고 생각되는 사유로 넓게 해석하는 것이 법적인 근거가 없고 논거도 박약하며,[143] 무엇보다도 민법 제538조에 의하면 임금 전액을 청구할 수 있는데 근로기준법 제46조에 의하면 평균임금의 70%밖에 청구할 수 없음에 대한 설득력있는 해명이 없다고 비판한다.[144] 또한, 경영위험부담론 등에 의하면 사용자에게 귀책사유가 없더라도 사용자의 반대급부책임을 인정하게 되는데, 사용자에게 귀책사유가 있는 경우에 책임이 더 가벼워지는 문제가 있다고 비판한다.[145]

그리하여 이 설은 근로기준법 제46조는 상시 5인 이상의 근로자가 종

---

142) 本久洋一, 앞의 논문, 207～208면.
143) 이종복, 앞의 논문, 426～427면.
144) 이종복, 앞의 논문, 427면(이종복 교수는 종래의 학설은 근로기준법 제46조가 근로자보호를 위한 것으로 본다면 민법과 같이 전액 지급하도록 하면서 그 절차상의 보장과 편의를 도모하였어야 함에도 그렇지 못하였고, 더욱이 제46조 제2항에서 노동위원회의 승인을 얻은 경우에는 제1항의 기준에 미달하는 휴업수당을 지급할 수 있도록 한 것을 설명할 수 없다고 비판한다).
145) 이종복, 앞의 논문, 427～428면.

사하는 사업 또는 사업장에만 적용된다는 집단법적 성격에 착안하여, 민법 제538조는 사용자와 개별적인 근로자관계에서의 휴업을 규제하는 반면, 근로기준법 제46조는 집단적인 사업경영상의 휴업에 관한 규정으로서 사업 전부 또는 일부의 휴업으로 인한 집단적·일괄적 휴업을 규율대상으로 한다고 주장한다.146) 즉, 민법 제538조는 개별적인 채권자와 채무자 사이에 채권자가 그 상대방과의 관계에서 급부불능에 대한 귀책사유가 있을 경우에 채무자의 반대급부청구권을 인정하는 규정이지만, 근로기준법 제46조는 사업장의 집단적 휴업에 대하여 사용자에게 귀책사유가 있는가를 물어 책임이 있는 경우 해당 근로자들 모두에 대하여 평균임금의 70% 이상을 일괄적으로 지급하도록 하는 규정으로서 양 법조는 전혀 별개의 것이며,147) 따라서 근로기준법 제46조에 의한 휴업수당청구권이 인정되는 경우에는 민법 제538조에 의한 임금청구권을 행사할 수 없다고 한다.148)

또한, 휴업이란 원래 그 성격이 집단적인가 개별적인 것도 포함되는가를 불문한다고 하더라도, 양 당사자가 근로관계의 존속을 인식하고 있음에도 불구하고 사용자가 근로자의 근로제공을 거부하거나 수령할 수 없는 경우로서 그 법적 성질은 수령지체이며, 근로관계 자체를 일방적으로 종료시키려는 의사로서 행한 해고와는 개념적으로 확연히 구별되어 특단의 사정이 없는 한 별개로 취급되어야 한다는 견해가 있다.149) 그 외 민법 제538조는 사용자의 고의·과실 또는 이와 동시할 수 있는 사유가 있는 경우에 전적으로 적용되며, 근로기준법 제46조는 임금확보를 위한 규정으로서 경영장애에 한해서만 적용된다고 하여 그 사유에 따라 양자의 적용 범위를 구별하는 견해가 있다.150)

---

146) 이종복, 앞의 논문, 430~431면.
147) 이종복, 앞의 논문, 431면.
148) 이종복, 앞의 논문, 434면.
149) 하경효, 앞의 논문, 248면; 전윤구, 앞의 논문, 26면.

4. 임금전액불의 원칙[151]과의 관계

1) 학 설

민법 제538조 제2항에 의하여 근로자가 해고기간 동안 얻은 중간수입을 공제하는 것이 근로기준법 제43조에서 규정하고 있는 임금전액불의 원칙에 위반하는 것이 아닌가 하는 의문이 제기된다. 대법원 판결은 별다른 설시 없이 공제를 인정하고 있을 뿐이어서 그 이론적 근거가 문제된다.

먼저, 채권자의 이익상환청구권은 일종의 부당이득반환청구권[152]으로서 채무자가 청구할 수 있는 반대급부청구권과는 별개의 청구권이기 때문에 두 청구권 상호 간에는 상계적상에 있는 경우에 한하여 상계할 수 있는 것이 원칙인데[153] 임금전액불의 원칙상 사용자는 근로자에 대한 채권을 가지고 임금채권에 대하여 상계할 수 없음에도 중간수입공제를 인정하는 것이 위법한 것은 아닌지 하는 의문이 있을 수 있다.[154] 하지만, 대법원은 민법 제673조에 의하여 도급계약이 해제된 사안에서 채무불이행이나 불법행위 등이 채권자 또는 피해자에게 손해를 생기게 하는 동시에 이익을 가져다준 경우에는 공평의 관념상 그 이익은 당사자의 주장을 기다리지 아니하고 손해를 산정함에 있어서 공제되어야만 하므로 해제로 인하여 수급인이 그 일의 완성을 위하여 들이지 않게 된 자신의 노력을 타에 사용하여 얻은 소득뿐 아니라 얻을 수 있었음에도 불구하고, 태만이나 과실로 인하여 얻지 못한 소득도 당연히 손해액을 산정함에 있어서 공

---

150) 주석채권각칙(1), 394면.
151) 근로기준법 제43조.
152) 이에 대하여는 중간수입은 새로운 법률상의 원인에 의한 근로자의 소득으로서 부당이득이 아니라는 견해가 있다(하경효, 앞의 논문, 248면).
153) 同旨 주석채권각칙(1), 322면.
154) 박순성, 앞의 논문, 158~159면.

제되어야 한다고 하여[155] 손익상계의 법리에 따라 직권으로 공제하였는 바, 민법 제583조가 공평의 관념에 입각한 위험부담인 점을 고려하면 위 대법원 판결의 취지가 준용될 수 있다고 생각한다.[156] 다만, 위 판결을 준용하여 중간수입을 당연 공제되어야 한다고 보는 경우에도 해고된 근로자의 일실수입을 순수한 임금으로 본다면 임금전액불과의 충돌의 문제는 남는 것으로 보인다.

이에 대하여는 첫째 근로기준법 제43조에서 말하는 임금은 현실의 근로급부를 대상으로 한 것이지만 민법에 의하여 인정되는 임금은 현실의 근로급부를 대상으로 한 것이 아니기 때문에 근로기준법 제43조는 민법에 의한 반대급부청구권에 대하여는 적용되지 않는다고 하는 견해가 있다.[157]

또한, 근로기준법 제43조는 민법에 의한 반대급부청구에도 적용이 있지만, 같은 조에 법령 또는 단체협약에 특별한 규정이 있는 경우에는 임금의 일부를 공제할 수 있다고 단서조항을 두고 있는데, 근로기준법 제46조가 평균임금의 70% 이상을 지급하도록 규정한 것이 근로자의 해고기간 내의 중간수입상환과 관련하여 그 결제수단을 간편하게 하기 위해 평균임금의 30%까지는 미리 임금액에서 공제할 수 있음을 전제로 한 것으로서 임금 전액불의 원칙에 대한 예외를 인정한 법령상의 근거가 되어, 중간수입의 공제를 인정한다고 하더라도 임금전액불의 원칙에 반하지 않는다는 견해가 있다.[158] 그 외 임금전액불의 원칙은 임금이 근로자 생존의 기본이므로 그것을 전액 근로자에게 건네주어 그 보호를 도모하려는 취지이나, 해고기간 중에 중간수입의 취득으로 근로자의 생존의 기본이 확

---

155) 대법원 2002. 5. 10. 선고 2000다37296, 37302 판결.

156) 주석채권각칙(1), 404면; 이득상환은 실질적으로 이득공제의 성질을 가지므로 채권자의 반대채권과 자동적으로 상계된다고 한다.

157) 박순성, 앞의 논문, 158면(松岡三郎의 견해로 소개되어 있다).

158) 박순성, 앞의 논문, 158~159면; 最高裁二小判 1962. 7. 20. 昭和 36年(才)190 號 米軍山田部隊事件, 民判集 16-8호, 1656면(제일법규 D1-Law.com 판례 ID 27002115에서 인용).

보되었다고 평가할 수 있고 소급임금지급과 중간수입상환의 결제를 간편하게 하기 위해 공제를 인정할 필요가 있다는 주장도 있다.[159]

2) 사 견

민법 제538조가 채무자에게 반대급부청구권을 인정한 이유는 공평의 원칙에 따라 채권자와 채무자 사이에 합리적으로 위험을 배분하고자 하는 것이므로,[160] 근로자가 민법 제538조 제1항에 의하여 반대급부청구권을 상실하지 아니하고 임금청구권을 행사할 수 있다고 하여도 이는 근로기준법이 근로자의 생존을 위하여 엄격히 그 지급을 보장하고 있는 근로의 제공을 전제로 한 근로의 대상으로서의 임금과는 성격이 다른 것이며, 채권자에게 급부불능으로 인한 책임을 묻기 위해 마치 채무자가 자신의 채무를 이행한 것처럼 다루는 것에 불과하다.[161]

즉, 엄밀히 말하면 부당해고로 인한 임금청구권은 사용자의 귀책사유로 근로자가 근로를 제공하지 못하게 된 것인데, 사용자의 귀책사유가 없었다면 근로자는 근로를 제공하고 임금을 받을 수 있었던 것이므로 그로 인한 위험을 사용자가 부담함이 상당하다는 것으로서, 이때 근로자가 받을 수 있는 임금이라 함은 당초에 사용자와의 사이에 약정된 임금이라기보다는 근로를 제공하였더라면 받을 수 있었던 임금 상당의 손해이며,[162] 따라서 손익상계의 법리에 따라 중간수입을 공제하지 못할 이유가 없다.[163]

---

159) 박홍규, 앞의 책, 327면.
160) 주석채권각칙(1), 375~376면.
161) 주해채권(6), 101면.
162) 김소영 등, 앞의 책, 135면.
163) 역으로 판례가 중간수입의 공제를 인정하면서 휴업수당규정에 의한 공제한도를 설정하고 있는 것은 해고기간 중의 소급임금을 형식적으로는 임금청구권으로 구성하면서도 위법해고에 의하여 근로자가 받아야 할 임금 이외의 불이익을 고려한 것으로서 손해배상적인 취급을 하고 있는 것임을 보여준다고 한다(本久洋一, 앞의 논문, 207면).

비록 법원이 현재 부당해고로 인한 근로자의 일실수입청구를 민법 제
538조에 의한 채무자의 반대급부청구권에 근거하여 인정함으로써 이를
임금청구라고 하여, 채무불이행이나 불법행위로 인한 손해배상청구에 있
어 적용되는 과실상계의 법리가 근로계약관계의 존속을 전제로 하는 위
와 같은 임금청구에는 적용될 여지가 없다고 하고 있으나,164) 민법 제538
조 제1항에 기한 임금청구의 실질이 손해배상청구라면 위 조항에 기한 청
구에 있어서도 과실상계의 법리를 적용할 수 있다고 보아야 한다. 학설도
쌍무계약에 있어서 당사자 일방의 채무가 당사자 쌍방의 책임 있는 사유
로 이행불능이 된 경우에는 과실상계의 법리를 적용하여야 한다고 보고
있다.165) 더욱이 중간수입공제의 문제는 사용자가 지급하여야 할 근로자
의 일실수입의 범위에 관한 것으로서 채무불이행이나 불법행위의 발생에
관한 과실상계의 문제와 차이가 있다.

앞서 본 바와 같이 부당해고기간 동안의 임금청구는 고유한 의미의 임
금청구와 차이가 있으며, 그 외 대법원이 근로관계의 존속을 전제로 한
임금의 청구를 하는 경우뿐만 아니라, 사용자의 부당해고가 불법행위에
해당함을 원인으로 한 손해배상청구를 하는 경우에도 중간수입의 공제를
인정하여166) 근로자의 부당해고시의 임금청구가 손해배상청구와 그 본질
에 있어 다르지 아니함을 시사하고 있는 점 등을 고려하면 부당해고로 인
한 근로자의 일실수입 산정시에 근로자의 중간수입을 공제할 수 있다고
봄이 상당하다.

---

164) 대법원 1993. 7. 27. 선고 92다42743 판결.
165) 이은영, 앞의 책, 185면; 주해채권(6) 109~110면(최병조 집필부분); 주석채권각칙
　　(1), 387~388면(주지홍 집필부분).
166) 대법원 1996. 4. 23. 선고 94다446 판결.

5. 대법원판례

1) 중간수입의 공제

해고가 무효임을 주장하여 해고기간 동안의 임금 내지 임금 상당의 손해배상을 구하는 부당해고 구제소송에서 사용자가 근로자의 중간수입의 공제를 주장할 경우 그 중간수입을 공제할 것인가에 관하여는 1991. 6. 28.의 대법원판결167)을 통하여 입장이 정리되었다.168)

위 판결은 사용자의 귀책사유로 인하여 해고된 근로자가 해고기간 중에 다른 직장에 종사하여 얻은 이익인 이른바 중간수입은 민법 제538조 제2항에서 말하는 채무를 면함으로써 얻은 이익에 해당하므로, 사용자는 위 근로자에게 해고기간 중의 임금을 지급함에 있어 이를 임금액에서 공제할 수 있다고 판시하여 해고와 중간수입과의 인과관계를 인정하고 민법 제538조 제2항에 근거하여 사용자가 지급하여야 할 임금액에서 중간수입의 공제를 긍정하였다.169)

2) 공제의 한계

다만, 중간수입공제의 한계와 관련하여서는 구 근로기준법 제38조170)는 근로자의 최저생활을 보장하려는 취지에서 사용자의 귀책사유로 인하여 휴업하는 경우에는 사용자는 휴업기간 중 당해 근로자에게 그 평균임

---

167) 대법원 1991. 6. 28. 선고 90다카25277 판결.
168) 최세모, "부당해고된 근로자의 임금 등의 청구소송에 있어 중간수입의 공제", 대법원 판례해설, 법원도서관, 1992. 10., 43면.
169) 일본의 판례도 동일하다[最高裁一小判 1987. 4. 2. 昭和 59年(オ)84號 あけぼのタクシ事件(제일법규 D1-Law.com 판례 ID 27800225에서 인용); 앞의 米軍山田部隊事件].
170) 현재의 근로기준법 제46조에 해당한다.

금의 100분의 70[171] 이상의 수당을 지급하여야 한다고 규정하고 있고, 여기에서 휴업이란 개개의 근로자가 근로계약에 따라 근로를 제공할 의사가 있음에도 불구하고 그 의사에 반하여 취업이 거부되거나 또는 불가능하게 된 경우도 포함된다고 할 것이므로, 공제를 함에 있어서 근로자가 지급받을 수 있는 임금액 중 구 근로기준법 제38조 소정의 휴업수당의 한도에서는 이를 이익공제의 대상으로 삼을 수 없고, 그 휴업수당을 초과하는 금액에서 중간수입을 공제하여야 한다고 하여 근로기준법상의 휴업수당을 중간수입공제의 한계로 판시하였다.[172]

위 대법원 판결의 판시는 그 후의 판결에서도 그대로 유지되어 판례로 확립되었다.[173]

일본에서는 중간수입공제의 대상과 관련하여 중간수입이 평균임금의 4할을 초과하는 경우에는 평균임금산정의 기초에 산입되지 않은 노동기준법 제12조 제4항 소정의 임금[174] 전액을 대상으로 이익액을 공제함이 허용된다고 하여, 6할을 초과한 임금 가운데 해고기간 중의 일시금이 포함되어 있는 경우에는 이 일시금도 중간수입공제의 대상으로 된다는 판례가 있다.[175]

3) 관련 문제들

(1) 불법행위를 원인으로 한 손해배상소송

대법원은 중간수입공제의 법리는 근로자가 쌍무계약인 근로계약에 기

---

171) 1989. 3. 29. 법률 제4099호로 개정되기 전에는 100분의 60.
172) 일본의 판례도 동일하다(앞의 あけぼのタクシ事件; 앞의 米軍山田部隊事件).
173) 대법원 1991. 12. 13. 선고 90다18999 판결; 대법원 1993. 11. 9. 선고 93다37915 판결 등.
174) 평균임금 산정을 위한 3개월간의 임금총액에는 임시로 지불된 임금, 3개월을 초과하는 기간마다 지불되는 임금 및 통화 이외의 것으로 지불된 임금으로서 일정한 범위에 속하지 않는 것은 산입하지 않는다고 규정하고 있다.
175) 앞의 あけぼのタクシ事件.

한 근로제공의무가 채권자인 사용자의 책임 있는 사유로 인하여 이행될 수 없었다고 하면서 근로관계의 존속을 전제로 한 임금의 청구를 하는 경우뿐만 아니라, 사용자의 부당해고가 불법행위에 해당함을 원인으로 한 손해배상청구를 하는 경우에도 그 손해의 범위를 산정함에 있어서는 손해배상의 일반이론에 따라 손해의 원인이 된 사실과 상당인과관계에 있는 이득을 모두 공제하여야 하므로 그대로 적용된다고 판시하였다.176)

(2) 공무원과 휴업수당

또한, 위 판결에서 대법원은 공무원도 임금을 목적으로 근로를 제공하는 근로기준법 제14조177) 소정의 근로자이므로, 공무원연금법, 공무원보수규정, 공무원수당규정 등에 특별한 규정이 없는 경우에는 공무원에 대하여도 성질에 반하지 아니하는 한 원칙적으로 근로기준법이 적용되고, 국가의 부당한 면직처분으로 인하여 공무원이 그 의사에 반하여 근로를 제공할 수 없는 경우 공무원의 최저생활을 보장할 필요성은 사기업의 근로자와 동일하므로 근로기준법 제46조는 공무원에게도 적용되어 공무원이 면직기간 중 다른 직장에서 수입을 얻은 경우, 공무원이 지급받을 수 있었던 보수 중 근로기준법 제46조 소정의 휴업수당의 한도에서는 이를 이익공제의 대상으로 삼을 수 없다고 판시하였다.

(3) 부업적 수입의 공제문제

부당해고로 인하여 근로를 제공하지 못한 근로자는 민법 제538조 제1항 본문의 규정에 의하여 사용자에 대하여 임금을 청구할 수 있고 이 경우 근로자가 자기 채무를 면함으로써 이익을 얻은 때에는 이를 사용자에게 상환하여야 하는 것이지만 그 상환하여야 할 이익은 채무를 면한 것과

---

176) 대법원 1996. 4. 23. 선고 94다446 판결.
177) 현재의 근로기준법 제2조 제1항 제1호에 해당한다.

상당인과관계에 있는 것에 한하므로 해고되기 전부터 처의 주도로 경영
하던 과수원에서 부업으로 얻어 온 수입은 일종의 부업적 수입으로서 해
고를 당하지 아니하였더라도 당연히 취득할 수 있었던 것이므로 이는 상
환하여야 할 이익에 해당하지 아니하여 이를 해고기간 동안의 임금상당
액에서 공제할 수 없으며,[178] 근로자가 해고기간 중에 노동조합기금으로
부터 지급받은 금원은 그가 근로제공을 면한 것과 상당인과관계에 있는
이익이라고는 볼 수 없으므로 공제의 대상이 되지 아니한다고 하였다.[179]

이와 관련하여 해고된 근로자가 다른 직장을 얻은 것이 아니라, 개인사
업을 한다든지 가족이 경영하는 사업을 도운 경우에 그로 인한 수익이 근
로자의 채무면탈과 상당인과관계 있는 이익인지가 문제되는바, 해고기간
동안 근로자가 자신의 근로뿐만 아니라 인적, 물적 설비와 자본을 투자하
여 개인사업을 한 경우에, 이를 통해 얻어진 수익은 근로소득이라고 보기
어려워 중간수입공제의 대상이 될 수 없다고 한 사례가 있다.[180]

(4) 중간수입의 공제기간

중간수입의 공제에 있어서는 중간수입이 발생한 기간이 임금지급의 대
상으로 되는 기간과 대응하여야 하므로 중간수입의 대상으로 된 기간과
시기적으로 대응하는 기간에 해당하는 봉급을 기준으로 근로기준법 소정
의 휴업수당을 제한 나머지 금액을 초과하는지 여부를 결정하여야 한다
고 판시하였다.[181] 일본에서도 어느 기간을 대상으로 지급된 임금에서 그
와는 시기적으로 다른 기간 내에 얻은 이익을 공제하는 것은 허용되지 않
는다고 하고 있다.[182]

---

178) 대법원 1993. 5. 25. 선고 92다31125 판결.
179) 대법원 1991. 5. 14. 선고 91다2656 판결.
180) 주석채권각칙(1), 398면(서울민사지법 1991. 7. 25. 선고 89가합36811 판결을 인
　　용하고 있다).
181) 대법원 1991. 6. 28. 선고 90다카25277 판결.

6. 미국법상의 손해경감의무

1) 개 요

미국법상 부당해고로 인한 근로자의 손해배상청구[183)]에 있어 일실수입 계산의 일반적인 방법은 근로의 대가로서의 임금에 배상기간을 곱하여 얻은 금액에서 근로자가 그 기간 실제로 얻었거나 상당한 주의를 기울였으면 얻을 수 있었던 금액, 즉 중간수입을 공제하여 그 잔액이 배상받을 수 있는 순수한 일실수입이 된다.[184)]

중간수입에서는 중간수입을 얻은 직장을 찾는데 든 비용이나 그 직장을 유지하는데 든 비용은 공제된다.[185)] 계산의 근거가 되는 임금은 근로자의 해고 당시의 수입이나[186)] 근로자가 해고되지 아니하였다면 근무하고 있을 직위의 수입을 기준으로 한다.[187)] 중간수입과 관련하여 미국법의 가장 중요한 원칙은 근로자의 손해경감의무이다.

2) 손해경감의무일반

근로자의 손해배상과 관련한 경감의무에는 두 가지 원칙이 있다. 첫째는 사용자는 근로자가 실제로 다른 직업을 통하여 얻은 수입을 공제받을

---

182) 앞의 あけぼのタクシ事件.

183) 미국의 부당해고로 인한 손해배상 전반에 관하여는 정진경, "미국에서의 부당해고의 사법적 구제수단에 관한 연구", 노동법학 10호, 한국노동법학회, 2000, 309면 이하 참조.

184) Sterling Drug, Inc. v. Oxford, 743 S.W.2d 380, 386~387 (Ark. 1988).

185) MACK A. PLAYER 외 2인 공저, EMPLOYMENT DISCRIMINATION LAW — Cases and Materials, 2d ed., West Publishing Co., 1995, 751면.

186) Diggs v. Pepsi-Cola Metropolitan Bottling Co. 861 F.2d 914, 922 (6th Cir. 1988)(Michigan법 적용).

187) Goins v. Ford Motor Co., 374 N.W.2d 184, 199 (Mich. Ct. App. 1983).

수 있다는 것이다. 이는 중간수입이 종전의 직업과 같은 종류나 지위의
직업으로부터 얻어진 것임을 요하지 아니하며, 따라서 완전히 다른 직업
으로부터의 임금도 사용자의 일실수입손해배상액에서 공제되어야 한
다.[188] 다만, 근로자가 실제로 얻은 수입이 근로자가 부당하게 해고되지
아니하였다고 하더라도 종전의 직업에 종사하면서 얻을 수 있었던 양립
가능한 직업으로부터 얻은 수입일 때에는 공제되지 아니한다.[189]

둘째는 사용자는 근로자가 받아들이지 아니하여 실제로는 아무런 수입
도 얻지 못하였어도 대체직업으로부터 얻을 수 있었던 수입을 배상하여
야 할 손해액에서 공제받을 수 있다.[190] Title Ⅶ[191]은 이와 관련한 명문
의 규정이 있다. 즉 부당한 차별을 받아 해고된 근로자의 중간수입이나
상당한 노력을 통하여 얻을 수 있었던 수입은 원래의 백 페이(back pay)에
서 감액되어야 한다고 규정하고 있다.[192]

위 둘째의 원칙은 해고된 근로자는 다른 유사한 직업을 얻음으로써 자
신의 손해를 줄이기 위하여 상당한 노력(reasonable diligence)을 하여야 할
의무가 있으며, 상당한 노력을 하지 아니하였다면 그동안의 손해는 배상
받을 수 없다는 것을 의미한다.[193] 그러나 상당한 노력의 의미는 명확하
지 않다. 일반적으로는 사용자가 원래의 고용에 견줄만한 고용기회가 있

---

188) Board of Educ. of Alamogordo Pub. Sch. Dist. No. 1. v. Jennings, 701 P.2d 361
   (N.M. 1985)(해고된 학교 행정관이 헬리콥터의 pilot이 되어 얻은 종전과 비슷한
   수입을 종전의 직업과는 완전히 별개의 직업에서 얻은 수입임에도 이를 공제하여
   야 한다고 판시).
189) People ex rel. Bourne v. Johnson, 205 N.E.2d 470, 473~474 (Ill. 1965).
190) Ford Motor Co. v. E.E.O.C., 458 U.S. 219, 231~232 (1982).
191) 사용자가 근로자를 그 근로자의 인종, 피부색, 종교, 성별 혹은 원국적으로 인하여
   차별하는 것을 금지한 연방법률로서 1964년 민권법(Civil Rights Act)에서의 위치
   때문에 흔히 Title Ⅶ이라고 지칭된다. 법전화되면서 42 U.S.C. §7622e에서 §7622
   e-17까지로 편찬되었다.
192) 42 U.S.C. §2000e-5(g) (1994).
193) Ensor v. Painter, 661 F. Supp. 21, 24~25 (E.D. Tenn. 1987).

었음을 증명하지 못하면 근로자가 구직을 위하여 상당한 노력을 하였는지의 여부는 문제되지 않는다.[194]

사용자는 반드시 적당하고도 원직에 견줄만한 대체적인 직업(suitable and comparable substitute employment)의 존재와 근로자가 상당한 노력을 기울이지 아니하였음을 모두 증명하여야 한다.[195] 따라서 비록 근로자가 손해경감을 위한 상당한 노력을 하지 아니하였더라도, 이는 상당한 노력을 통하여 회피할 수 있는 손해의 배상에만 장애가 되는 것이다.[196] 또한, 근로자의 상당한 노력은 노동시장의 개별적 특성에 비추어 판단되어야 하며 그 손해를 경감하기 위하여 영웅적인 노력을 할 것이 요구되는 것은 아니고 단지 손해경감을 위한 상당한 시도를 하는 것으로서 족하다.[197]

근로자가 얻을 수 있었던 수입을 손해배상액에서 감액하는 것은 근로자가 원래의 해고된 직업과 본질적으로 등가물인 직업, 즉 대체직업(substitute employment)을 얻을 기회가 있었을 때에만 가능하다.[198] 본질적인 등가성을 지닌 직업이란 근로자에게 사실상 동일한 임금, 지위, 책임, 근로조건, 승진기회 등을 제공하는 것을 의미한다.[199] 해고된 근로자는 원직과 다른 종류의 직업이나 더 미천한 의무를 수반하는 강등을 받아들일 의무는 없다.[200] 대체직업이 적절한 것인지의 여부를 판단함에 있어

---

194) Goodman v. London Metals Exch., Inc., 429 A.2d 341, 352~353 (N.J. 1981).

195) Frye v. Memphis State Univ., 806 S.W.2d 170, 173 (Tenn. 1991); Cassino v. Reichhold Chem., Inc., 817 F.2d 1338, 1345~1346 (9th Cir. 1987).

196) S.N. Mart, Ltd. v. Maurices Inc., 451 N.W.2d 259, 263 (Neb. 1990); Selland v. Fargo Pub. Sch. Dist. No. 1., 302 N.W.2d 391, 393 (N.D. 1981).

197) Ford v. Nicks, 866 F.2d 865, 873 (6th Cir. 1989).

198) *Ford Motor*, 458 U.S. 231~232 (1982); Flanigan v. Prudential Fed. Sav. & Loan, Assoc. 720 P.2d 257, 264~265 (Mont. 1986); *Frye*, 806 S.W.2d 173.

199) Sellers v. Delgado Community College, 839 F.2d 1132, 1138 (5th Cir. 1988); Rasimas v. Michigan Dep't of Mental Health, 714 F.2d 614, 624 (6th Cir. 1983).

200) *Ford Motor*, 458 U.S. 231~232; *Selland*, 302 N.W.2d 393; *Flanigan*, 720 P.2d 264; Cunningham v. Retail Clerks Union Local 1222, 149 Cal. App. 3d 296, 306

서는 지리적인 위치도 중요한 요소 중의 하나이다. 만일 근로자가 새로운 직업을 갖기 위하여 먼 곳으로 이동하여야 한다면 근로자는 그러한 경우에 새로운 직업을 얻지 않았다고 하여 손해배상액을 감경 당하지 아니한다.[201] 그러나 근로자가 상당한 기간이 지났음에도 원직에 견줄만한 직업을 구할 수 없는 경우에는 직업의 종류확대나 요구하는 임금수준의 저감, 혹은 지역적인 범위의 확대를 통하여 구직의 범위를 확대할 것이 요구되기도 한다.[202]

3) 특수한 문제들

(1) 사용자에 의한 복직제의

사용자가 근로자에게 선의로 복직할 것을 제의한다면 근로자는 이를 받아들여야 한다.[203] 부당한 고용차별행위를 한 사용자는 근로자에게 그가 구하던 직업을 조건 없이 제공함으로써, 그리하여 근로자에게 손해를 경감할 기회를 제공함으로써 백 페이(back pay) 배상책임의 발생을 정지시키게 된다.[204]

위와 같은 복직제의가 선임권(seniority)[205]의 구제를 수반하지 아니할 때에 근로자가 이를 받아들일 의무가 있는 것인지에 관하여는 의문이 있

(Cal. Ct. App. 1983); Arneson v. Board of Trustees, McKendree College, 569 N.E.2d 252, 258 (Ill. App. Ct. 1991).

201) *Rasimas*, 714 F.2d 625~626; *Cunningham*, 149 Cal. App. 3d 307; Hadra v. Herman Blum Consulting Engineers, 632 F.2d 1242, 1246 (5th Cir. 1980).

202) 소위 lower sights principle, *Hadra*, 632 F.2d 1246; *Goodman*, 429 A.2d 352.

203) Small v. Spring Industries, Inc., 388 S.E.2d 808, 811 (S.C. 1990).

204) *Ford Motor*, 458 U.S. 232.

205) 선임권 제도(seniority system)란 일시해고, 그 후의 복직, 배치전환, 승진, 휴가취득 등의 해당자를 인선함에 있어 근속기간의 장단을 기준으로 근로자들 사이에 서열, 우선순위를 두어 이에 의하여 일을 처리하는 제도를 말하며, 선임권은 근로자가 그로 인하여 유사한 상황의 다른 근로자에 대하여 갖게 되는 우선권을 말한다.

으나 사용자는 다른 사용자가 한 원직과 본질적으로 유사한 직업의 제시
와 비교하여 부당하게 근로자에게 불리하지 아니하다면 근로자가 구하고
자 하던 원래의 직업을 조건 없이 제의함으로써 족하고 이와 같은 제의에
소급적인 선임권의 보장이 부가되어야 할 필요는 없다. 결국, 근로자는 다
른 사용자로부터의 본질적으로 원직과 동등한 직업의 제시가 고용된 날
이후의 선임권만을 포함하는 것이라 하더라도 이를 받아들여 손해를 경
감할 의무가 있는 것이기에 사용자로부터의 고용제의도 근로자가 실제로
일을 시작한 날로부터의 선임권을 제의하는 것으로 충분한 것이다.

다만, 근로자가 그와 같은 사용자의 무조건의 복직제의를 받아들여 손
해경감의무를 이행하는 경우에 근로자가 이와 같이 복직제의를 받아들였
다고 하더라도 소송상의 권리는 그대로 잔존하며 후에 승소하는 경우에
는 완전한 배상을 받을 수 있다. 법원은 근로자에게 유효한 복직제의일
전에 발생한 백 페이(back pay)의 지급과 소급적인 선임권보상, 그리고 법
원 판결 이전의 근로자의 낮은 선임권으로 인하여 발생한 각종 손해에 대
한 배상 등을 명하게 될 것이다.206)

그러나 근로자가 일실수입에 대한 배상을 받을 권리를 보유하기 위하
여 손해를 경감하여야 할 의무는 근로자가 사용자에 대한 청구의 전부나
일부를 포기하도록 요구하는 것은 아니다. 사용자의 복직제의가 근로자의
소송의 포기 또는 백 페이(back pay)의 배상이나 선임권의 완전한 회복 등
의 구제방법에 대한 포기를 전제로 하고 있다면 이는 본질적으로 유사한
직업의 제공이라고 할 수 없으며, 따라서 그러한 조건적인 복직제의는 사
용자의 백 페이(back pay) 배상책임의 발생을 정지시킬 수 없다.207)

---

206) *Ford Motor*, 458 U.S. 232~234.
207) 위 판결, 232면, 주 18) 참조.

(2) 자영업을 시작한 경우

만일 해고된 근로자가 새로운 직업을 찾는 대신 자신의 개인적인 사업을 시작한 경우에는 공제되어야 할 적절한 금액을 산출하기가 어렵다. 해고된 근로자가 단지 자신의 회사를 설립하였다는 사실이 자동적으로 손해배상청구의 장애로 되는 것은 아니며, 다만 근로자가 사업을 통하여 돈을 번 경우에는 사용자의 책임은 그에 따라 제한된다.[208]

그러나 근로자가 얻은 수익의 일부는 기업, 위험부담 그리고 자본의 투자 등으로부터 나온 것이다.[209] 그러므로 근로자가 자기 자신의 돈을 사업에 투자하였다면 단지 근로자가 자기사업에 종사하는 동안에 투여한 근로자의 용역의 가치에 해당하는 금액만이 사용자의 손해배상액에서 감액되게 된다.[210]

근로자가 좋은 직업을 구할 수 있었음에도 무모하게 희망이 없는 사업에 뛰어들어 손해를 본 경우 등 근로자의 자기사업과 관련하여서는 많은 법적인 문제가 있다.

(3) 증명책임

부당하게 해고된 근로자는 다른 직업을 구하여 손해를 경감할 의무가 있다.[211] 누가 근로자가 다른 직업으로부터 수입을 얻었거나 얻을 수 있었음을 증명하여야 하는가? 예외적인 판결이 있기는 하나,[212] 대부분의 법원은 손해경감의무를 적극적인 항변사유로 보고 주장 및 증명책임을 사용자에게 지우고 있다.[213]

---

208) Cornell v. T.V. Dev. Corp., 215 N.E.2d 349, 352~353 (N.Y. 1966).
209) DAN B. DOBBS, LAW OF REMEDIES, Vol. 3, 2d ed., West Publishing Co., 1993, 483면.
210) Ridenour v. Kuker, 175 N.W.2d 287, 291 (Neb. 1970).
211) *Rasimas*, 714 F.2d 623; *Flanigan*, 720 P.2d 265.
212) Louisville & N.R. Co. v. Wells, 160 S.W.2d 16, 18~19 (Ky. Ct. App. 1942).

고용차별금지법214)에 관한 여러 판결도 먼저 근로자가 원고로서 다른 직업에서 실제로 얻은 수입을 계산할 수 있는 상당한 근거를 보인 후에는 사용자가 피고로서 중간수입의 액수와 상당한 노력의 결여를 증명하여야 할 책임을 진다고 한다.215)

사용자는 사실상 같은 승진기회, 보수, 직업상의 책임, 근로조건, 지위에 있어서 근로자가 원직과 본질적으로 같은 직업을 얻을 수 있었음을 증명하여야 하며 또한 근로자가 그러한 직업을 구함에 있어서 상당한 주의와 노력을 게을리하였음을 증명하여야 한다.216)

4) 병렬적 수입(collateral source benefits) 원칙

손해경감의무와 관련하여서는 병렬적 수입원칙이 있다. 병렬적 수입원칙에 따르면 원고가 피고와는 다른 근원에서 수입을 얻은 경우 통상 이러한 수입은 피고의 책임에 아무런 영향을 미치지 아니한다.217) 그리하여 해고된 근로자는 실업수당이나 사회보장정책에 따른 급여, 기타 이와 유사한 급여를 지급받고도 피고인 사용자로부터 통상의 손해를 공제 없이

---

213) Pratt v. Board of Educ. of Uintah Couty Sch. Dist., 564 P.2d 294, 298 (Utah. 1977); McGinnis v. Honeywell, Inc., 791 P.2d 452, 458 (N.M. 1990); *Board of Educ. of Alamogordo*, 701 P.2d 363.

214) 인종, 피부색, 국적, 성별, 종교로 인한 차별에 대응하여 제정된 앞서 본 Title Ⅶ, 연령으로 인한 차별에 대응하여 제정된 Age Discrimination in Employment Act (ADEA), 장애로 인한 차별에 대응하여 제정된 Americans with Disability Act (ADA), 성에 따른 임금차별에 대응하여 제정된 Equal Pay Act 등의 법률을 총칭하는 개념이다.

215) Horn v. Duke Homes, Inc., 755 F.2d 599, 607~608 (7th Cir. 1985); *Rasimas*, 714 F.2d 623.

216) Burtka v. Allied Integrated Diagnostic Servs., Inc., 438 N.W.2d 342, 343 (Mich. Ct. App. 1989); Smith v. City of Miner, 761 S.W.2d 259, 260 (Mo. Ct. App. 1988); *Selland*, 302 N.W.2d 393; *Pratt*, 564 P.2d 298; *Rasimas*, 714 F.2d 624.

217) Craig v. Y & Y Snacks, Inc., 721 F.2d 77, 83 (3d Cir. 1983).

배상받을 수 있다.[218] 이러한 실업수당 등은 임금의 대체물이 아니고 별개의 근원 즉 정부로부터 지급되는 것이므로 병렬적 수입으로 여겨지기 때문이다.[219]

실업수당 등의 급여가 주 정부의 실업수당기금에서 해고된 근로자에게 지급될 때에는 첫째 병렬적 수입원칙을 적용하면 근로자에게 부당하게 이중배상을 허용하게 되고, 둘째 실업수당은 사용자가 납세자로서 그 기금의 일부를 납부하는 것으로서 병렬적이라기보다는 사용자로부터의 직접적인 수입이므로 사용자가 배상하여야 할 손해액에서 이를 공제함이 마땅하다는 사용자 측의 주장이 있다.

하지만, 첫째 주장에 대하여는 잘못을 저지른 자가 자신과는 무관한 다른 근원에서 근로자에게 지급되는 급여로부터 이익을 얻어서는 아니 되는 것이며, 근로자로부터 그러한 이익을 박탈하여 사용자에게 귀속시켜야 할 아무런 이유가 없다고 비판할 수 있다.[220]

병렬적 수입원칙은 근로자가 얼마를 받아야 하는가보다 사용자가 얼마를 지급하여야 하는가에 중점을 두는 정책적인 고려가 담긴 것이다. 더구나 실업수당 등은 실업으로 인한 고통에 대한 위자의 성격도 있는 것이므로 병렬적 수입원칙이 단순히 근로자에게 이중배상을 허용하는 것이라고 보기도 곤란할 뿐만 아니라, 설사 이러한 원칙이 근로자에게 이중배상을 허용한다고 보더라도 이는 백 페이(back pay)가 배상된 경우에는 실업수당을 변상하도록 하는 입법 등을 통하여 해결할 수 있으며 사용자가 배상

---

218) *Rasimas*, 714 F.2d 627; Billetter v. Posell, 211 P.2d 621 (Cal. Dist. Ct. App. 1949); Hayes v. Trulock, 755 P.2d 830, 834~835 (Wash. Ct. App. 1988).

219) Washington Welfare Ass'n Inc. v. Poindexter, 479 A.2d 313, 317 (D.C. 1984); Smith v. Atlas Off-Shore Boat Serv., Inc., 552 F. Supp. 128, 130 (S.D. Miss. 1982).

220) *Craig*, 721 F.2d 83.

하여야 할 액수를 감액함으로써 해결할 문제는 아니다.[221]

근로자의 일실수입을 배상하는 판결을 함에 있어 사용자와 무관하게 근로자가 입게 된 병렬적인 손실에 관하여는 아무런 고려도 하지 아니하는 점을 생각하면 근로자가 해고기간 중 얻은 병렬적인 수입을 사용자의 손해배상액에서 고려할 수 없음은 명백하다고 한다.[222]

둘째 주장에 대하여는 실업수당은 사용자가 아닌 주 정부에 의하여 세금으로부터 형성한 기금에서 지급되는 것이라는 반박이 가능하다. 비록 사용자도 세금을 내고 기금의 형성에 기여하기는 하나 근로자에게 지급되는 실업수당은 사용자를 면책시키려는 것이 아니고 일정한 사회정책을 수행하려는 것이다. 따라서 사용자에게 일실수입의 손해배상을 명함에 있어 실업수당을 고려하지 아니하는 것이 근로자에게 원상회복 이상의 이익을 가져다주는 것은 아니다.[223]

또한, 사용자의 손해배상액으로부터의 공제를 배제하는 병렬적 수입원칙은 고용차별행위를 종식하고 피해자에게 완전한 피해회복을 하여 주려는 고용차별금지법의 입법목적에 적합한 것이다.[224]

이와 관련하여 판례는 "고용차별 사안에서 백 페이(back pay)의 배상은 과거의 차별로 인하여 야기된 손해를 배상하여 피해자를 원상으로 회복하여 주고 장래의 차별행위를 억지하고자 하는 두 가지 기능을 갖고 있다. 사용자가 아닌 주정부에 의하여 근로자에게 지급되는 실업수당을 사용자가 배상하여야 할 백 페이(back pay)에서 공제하는 것은 사용자가 법에 의하여 보호되는 근로자를 부당하게 해고함에 있어서의 경제적인 부

---

221) 위 판결, 83~84면.
222) NLRB v. Gullett Gin Co., 340 U.S. 361, 364 (1951).
223) 위 판결 364~365면.
224) *Craig*, 721 F.2d 84.

담을 덜어주는 것이며 그리하여 백 페이(back pay)가 갖는 예방의 목적을 희석하는 것이다. 실제로 이는 위법한 차별행위를 한 사용자에게 있어서 뜻밖의 수입이 되는 것으로서, 사용자는 위법하게 근로자를 해고하지 않았다면 근로자에게 지급하였어야 할 임금에 비하여 적게 지급하게 되는 것"이라고 설명하고 있다.[225]

실업수당의 공제가 사실심법원의 재량에 맡겨진 것인지에 관하여는 항소법원 간에 견해가 갈리고 있으나, 다수의 연방항소법원은 이는 법에 관한 문제로서(as a matter of law) 실업수당은 백 페이(back pay) 배상액에서 공제되어서는 아니 된다고 하고 있다.[226]

V. 소 결

우리 대법원의 판례에 대하여는 찬반양론이 대립하고 있는바 주로 다음과 같은 점들이 문제점으로 지적될 수 있다.

첫째, 사용자의 귀책사유로 근로자가 부당해고됨으로써 근로자의 근로급부가 불능이 된 경우에 적용되는 민법 제538조 제1항과 경영위험부담의 원리에 의하여 사용자가 휴업하게 되어 근로자가 일을 할 수 없게 된 경우에 적용되는 근로기준법 제46조는 그 법적 성질을 달리하는 것으로서,[227] 민법 제538조는 개별적인 근로관계에 적용되는 규정이지만 근로기준법 제46조는 집단적인 휴업에 적용되는 규정이다.[228]

즉, 근로기준법상의 휴업이란 사용자와 근로자 사이의 근로계약관계가 존속함을 전제로 사업의 전부 또는 일부를 사용자의 결정에 의하여 휴지

---

225) Gaworski v. ITT Commercial Finance Corp., 17 F.3d 1104, 1113 (8th Cir. 1994).
226) 위 판결, 1113~1114면 참조.
227) 김형배, 노동법, 603면.
228) 이종복 앞의 논문, 431면.

하는 것으로서 집단적 현상을 말하는 것이다.229)

또한, 휴업이란 근로관계의 양 당사자가 근로관계의 존속을 인식하고 있음에도 경제적 · 기술적 사정으로 인하여 사용자가 근로자의 근로제공을 거부하거나 수령할 수 없는 경우이므로, 사용자가 근로관계 자체를 일방적으로 종료시키려는 의사표시로서 행한 해고와는 개념적으로 구별되며 달리 취급되어야 한다.230)

판례가 근로기준법 제46조의 휴업에는 특정의 근로자에 대하여 근로자의 의사에 반하여 사용자가 취업을 거부하는 경우도 포함된다고 하여, 근로자가 그 직장을 떠나는 외관을 취하고 사용자의 의사도 전혀 근로계약관계의 존속을 의도하지 않았던 개별적 근로관계에 관한 사안인 부당해고의 경우까지도 근로기준법 휴업규정의 적용을 확장한 것은 부당하다.

둘째, 근로기준법 제46조가 적용되어 평균임금의 100분의 70을 수당으로 받는 휴업기간 중에도 근로자는 다른 직장에 가서 소득을 얻을 수 있으며, 이 경우 중간수입공제의 문제가 여전히 남게 되는 것이므로, 민법 제538조와 근로기준법 제46조의 관련성을 인정한다고 하더라도 법률규정의 내용상 근로기준법 제46조는 민법 제538조 제1항에 대한 특별규정이며, 중간이득공제에 관한 민법 제538조 제2항과는 그 성질 및 취지가 다른 규정으로 보아야 한다.231)

셋째, 판례는 중간수입공제와 관련하여 근로기준법 제46조의 휴업수당에 관한 규정을 적용하고 있는바, 이에 대하여는 부당해고 기간 근로자가 취득한 중간수입을 전액 공제하게 되면 근로자의 최저생활을 보장하고자 하는 근로기준법의 취지가 몰각되고, 근로자의 노력으로 얻은 수입으로부

229) 박상필, 앞의 책, 410면; 이장호, 앞의 논문, 434~435면.
230) 하경효, 앞의 논문, 246면.
231) 김형배, 노동법, 603~604면; 전윤구, 앞의 논문, 26면.

터 사용자가 부당이득을 얻게 되는 결과를 초래하기 때문에 판례의 태도가 타당하다는 견해가 있다.[232]

하지만, 민법 제538조 제2항만을 적용하여 중간수입을 공제하여도 근로자는 받을 수 있었던 임금 전액을 확보하게 되므로 근로자의 최저생활보장의 문제는 생기지 않으며, 오히려 근로기준법 제46조가 적용되면 근로자는 언제나 받을 수 있었던 임금 이상을 확보하게 되는 부당함이 초래된다.[233] 또한, 부당해고의 경우 사용자는 근로자로부터 전혀 근로를 제공받지 못하고도 임금을 지급하는 것이므로 설사 중간수입을 공제한다고 하더라도 이를 부당이득이라고 보기는 어렵다.

판례의 태도에 대하여 논리적으로 생각하면 이해하기 곤란한 면이 있지만 관련규정들을 교묘하게 짜맞추어 구체적 타당성을 도모한 창조적 법해석으로서 지지한다는 견해[234]가 있으나 동의하기 어렵고, 결국 판례는 근로자를 두텁게 보호한다는 명분하에 서로 법적 성격이 다른 규정들을 무원칙하게 절충한 것으로서[235] 근로자의 최저생활보장이라는 목적과 관련하여서도 불합리한 결과를 야기하고 말았다는 비판을 면하기 어렵다.

대법원 판례의 앞서 본 여러 가지 문제점을 지적하면서 아예 중간수입의 공제 자체를 부정하는 견해가 있다.[236] 중간수입이 사용자의 위법한 해고로 인하여 수입이 중단된 근로자가 생활의 유지와 소송수행을 위한 특별한 노력과 과중한 노동에 의해 획득한 것으로서, 휴업수당규정에 의하여 자동적이고 일률적으로 평균임금의 일정비율까지 소급임금의 감액을 허용하는 것은 형평을 결한 것으로서 도저히 적절하다고 보기 어렵다

---

232) 주석채권각칙(1), 396면; 박순성, 앞의 논문, 156면.
233) 김형배, 노동법, 604면.
234) 일본노동법의 이론과 실제, 476면; 임종률, 앞의 책, 533면.
235) 하경효, 앞의 논문, 247면.
236) 김형배, 노동법, 605면.

는 견해도 이와 유사하다.237)

하지만, 앞서 본 바와 같이 근로자는 소정 근로일의 전 노동시간을 통하여 사용자를 위하여 근무할 의무를 부담하는 것이므로 근로자가 채무의 면탈로 인하여 생긴 노동시간을 이용하여 얻은 중간수입은 근로자의 채무면탈과 상당인과관계가 있다고 할 것이고, 민법 제538조 제2항이 채무자로 하여금 급부불능이 생기지 않았던 경우 이상으로 이익을 얻지 못하도록 한다는 취지라면, 중간수입과 해고 사이의 인과관계가 인정된다면 중간수입을 사용자가 지급할 임금액에서 공제함이 마땅하다.

중간수입공제 부정설이 드는 피해고자가 입은 부당해고로 인한 고통은 위자료청구의 문제로 취급되어야 하며, 중간수입공제의 허부를 논함에 있어 거론될 성질의 것은 아니다. 또한, 부당해고가 비록 사용자의 귀책사유로 인한 것이라 하더라도 그 구체적인 태양은 악의적인 해고에서부터 실체적 정당성은 인정되나 사소한 절차상의 잘못이 있는 해고까지 천차만별일 것이고, 사용자는 근로를 제공받지 못하고도 임금을 지급하는 것이므로 중간수입을 공제하여 사용자의 부담을 줄이는 것이 일률적으로 부당하다고 단언하기는 어렵다.

결국, 중간수입공제와 관련한 대법원 판례가 법적인 문제점이 없지 아니함에도 절충적인 견해를 취한 가장 중요한 이유는 해고기간 중 근로에 종사하지 아니한 근로자와 근로를 타에 제공한 근로자 사이에 형평을 기하기 위한 것으로 보인다.238) 일반적으로 보아 해고기간 중에 생존을 위하여 타에 취업하여 수입을 얻은 근로자는 그러한 일을 하지 아니한 근로자에 비하여 법적으로 보호의 가치가 더 높다고 보아야 하는데 그로 인하여 얻은 수입을 사용자가 지급하여야 할 임금액에서 전액 공제한다는 것

---

237) 本久洋一, 앞의 논문, 205~206면.
238) 최세모, 앞의 논문, 43면.

은 부당하다고 느껴지기 때문이다.

하지만, 근로기준법 제46조에 의하여 중간수입공제에 한도를 설정한다고 하더라도 해고기간 중에 상당한 일자리가 있었음에도 근로하지 아니한 경우에는 근로자가 얻을 수 있었던 수입을 근로자에게 지급하여야 할 임금 중에서 공제하지 않으면서, 원직보다 훨씬 열악한 직장임에도 불구하고 생존의 위협으로 인하여 근로한 근로자가 얻은 중간수입은 일정부분을 공제한다는 것은 여전히 부당하다는 생각이 든다.

앞서 본 바와 같이 우리나라는 해고자가 근로기간 중 얻을 수 있었던 중간수입과 관련하여 특별한 규정이 없어 이를 공제할 수 없다는 견해가 있으나, 미국에서 손해경감의무를 인정하여 실제로 얻지 못한 중간수입이라 하더라도 일정한 요건하에 공제를 인정하는 것도 특별한 법규정이 있어서가 아니라 판례에 의한 것이고, 위험부담의 지도이념이 위험의 공평한 부담이라면 부당해고로 인한 일실수입을 산정함에 있어서도 근로자의 손해경감의무를 인정할 수 있을 것이다.

따라서 적당한 일자리가 있었음에도 취업하지 않은 근로자와의 형평을 위하여는 중간수입의 공제와 관련하여 법적인 문제가 있는 근로기준법 제46조를 적용하는 것보다는 실제로 얻은 중간수입을 전부 공제하고 실제로 얻지 못한 중간수입이라도 근로자가 손해경감의무에 위반하여 고의적으로 근로를 기피함으로 인한 것이라면 사용자가 지급하여야 할 임금액에서 공제함이 더 합리적인 해결방법이다.

악의적으로 근로자를 해고한 사용자를 보호하게 된다는 비판을 받을 수 있겠으나 이러한 경우에는 불법행위의 성립으로 인한 위자료의 액수를 현실화하여 사용자에게 그 지급을 명함으로써 문제점을 해결할 수 있고, 오히려 사소한 절차상의 잘못으로 근로자를 해고한 경우와 같이 사용자에 대한 비난가능성이 낮은 때에는 근로를 제공받지 못하고도 임금을 지급하여야 하는 사용자의 부담을 덜어주는 것이 합당하다.

보다 근본적으로는 부당해고 전부에 대하여 그 사법상 효력을 무효로 하고 근로관계가 유지됨을 전제로 임금의 지급을 구하는 현재의 획일적인 구제방식이 구체적인 사안에 따른 합리적인 구제를 방해하는 것은 아닌지를 검토할 필요가 있다. 부당노동행위로서의 해고에 대하여는 원직복귀를 원칙으로 하여야 하겠으나, 그렇지 아니한 경우에는 당사자의 의사와 구체적인 정황에 따라 근로관계의 해지를 전제로 하는 금전적 보상방법 등도 마련할 필요가 있다.

제4절 부당해고와 위자료[1]

I. 개 설

우리 헌법은 모든 국민에게 일할 기회를 통한 인간다운 생활을 영위케 하기 위하여 제32조에서 근로의 권리를, 제33조에서 근로자의 근로 3권을 보장하고 있다. 이에 따라 우리나라 근로기준법 제23조 제1항은 "사용자는 근로자에게 정당한 이유 없이 해고, 휴직, 정직, 전직, 감봉 그 밖의 징벌을 하지 못한다."라고 규정하여 민법상 고용계약에 있어서의 해고자유의 원칙에 근원적인 수정을 가하고 있다. 따라서 사용자가 정당한 이유 없이 근로자를 해고하였을 경우에는 그 처분은 위법한 것으로서 무효라고 해석되고 있고, 그러한 경우 부당해고된 근로자는 법원에 제소하여 사법적인 구제를 받거나 근로기준법 제28조 제1항의 규정에 의하여 노동위원회에 그 구제를 신청할 수 있다.

그런데 노동위원회에 의한 구제절차에 대하여는 당사자가 불복하는 경우 법원의 최종판단을 받게 되므로 결국 부당하게 해고당한 근로자는 법원의 판결을 통하여 구제받게 된다고 할 수 있다.

사용자가 정당한 이유 없이 해고한 경우 근로자가 법원에 대하여 구제를 구하는 가장 기본적인 형태는 주로 위법한 해고가 무효라는 확인을 구함과 동시에 그 해고기간 동안의 임금 또는 임금에 상당한 금액의 지급을 구하는 것이다.

우리 판례는 주는 급부와는 달리 하는 급부로서 시간이라는 요소가 중

---

[1] 이 부분은 정진경, "부당해고와 위자료"(노동법연구 7호, 서울대학교 노동법연구회, 1998, 305면 이하)를 수정·보완한 것이다.

요한, 일종의 정기행위인 고용계약에 있어서는 근로급부의 수령이 없는 경우에 통상은 근로급부라는 이행이 객관적으로 불능하게 되었다고 할 것이고, 그 불능이 사용자의 귀책사유로 인한 것이면 근로자는 민법 제538조 제1항에 의하여 반대급부청구권을 행사할 수 있게 되는 것이므로, 위법하게 해고된 근로자는 근로제공 없이도 민법 제538조 제1항에 의하여 바로 해고기간 동안의 임금을 청구할 수 있으며, 이 경우 해고된 근로자가 사용자에 대하여 청구할 수 있는 임금의 범위는 근로자가 계속 근로하였을 경우에 받을 수 있는 임금 전부의 지급을 청구할 수 있다고 하고 있다. 근로계약은 근로자가 사용자에게 근로를 제공하고 사용자는 이에 대하여 임금을 지급함을 목적으로 체결된 쌍무계약2)을 말하는 것이므로 부당하게 해고당한 근로자는 해고무효확인 및 임금청구소송에서 승소함으로써 위와 같이 자신의 근로제공 없이도 사용자로부터 임금을 전액 지급받게 되면 근로자의 손해는 일응 모두 전보된다고 할 수 있다.

그러나 근로계약이 임금의 지급을 목적으로 체결된 계약이라 하더라도 임금의 지급만으로 부당해고로 인한 근로자의 손해가 모두 회복되었다고 보는 것은 지나친 의제라는 느낌을 지울 수 없고 임금지급으로 회복되지 아니하는 손해가 있다면 그에 대한 배상의 길이 마련되어야 완전한 사법상의 구제가 이루어졌다고 할 수 있을 것이다.3)

부당해고의 경우에 임금과는 별도로 위자료까지 인정할 수 있을 것인가 하는 문제는 1980년대 후반부터 급증현상을 보이기 시작한 근로관계 사건에서 하급심의 실무를 중심으로 먼저 논의되기 시작하여 그 후 수차례의 대법원 판결을 거치면서 하나의 판례로서 정립되기에 이르렀다.

이하에서는 부당해고와 불법행위의 성부에 관한 판례의 흐름을 살펴보고 그 후 그와 관련한 법률적인 문제점을 검토하여 보기로 한다.

---

2) 근로기준법 제2조 제5호, 민법 제655조 참조.
3) 최진갑, "부당해고와 위자료청구", 판례연구 제6집, 부산판례연구회, 1996, 447면.

II. 판례의 경향

1. 초기의 판결

하급심판결로서 근로계약은 근로자가 사용자에게 근로를 제공함에 대하여 사용자는 그에 대한 반대급부로 근로자에게 임금을 지급하는 내용의 쌍무계약이라는 점을 전제로 하여 "사용자가 근로자를 부당하게 해고하였다고 하더라도 이는 결국 피고의 위 임금지급채무를 부당하게 이행하지 아니한 것에 불과하여 금전채무의 불이행으로 볼 수 있다 할 것이고, 특단의 사정이 없는 한 금전채무의 불이행에 의하여 채권자가 채권액 및 그에 대한 지연손해금 상당의 손해를 입는 것 이외에 따로 정신적 손해까지 입게 된다고 볼 수는 없다."라고 판시한 사례들4)이 발견된다.

대법원판결로는 이와 달리 사립학교 교사인 원고를 징계파면하고 출근을 저지하면서 급료를 지급하지 아니한 행위에 대하여 피고 학교법인이 원고를 징계파면한 행위는 사립학교법 제61조 소정의 징계방법의 종류와 양정에 관하여 사회통념상 요구되는 그 선택의 내재적 한계를 일탈한 위법이 있어 이는 이른바 징계권남용으로서 불법행위가 되고, 또 출근한 원고에게 근무를 못하게 하면서 급료를 지급하지 아니한 채 차별적 대우를 한 소위는 원고의 인격권침해로서 불법행위가 된다고 할 것이고, 나아가 원고가 이로 인하여 정신적 고통을 받았음은 경험칙상 인정되는 바이므로 피고는 이를 금전으로나마 위자할 의무가 있다고 판시5)한 것과 1980. 8. 초순경의 이른바 언론인 강제해직조치에 따른 의원면직처분에 대하여

---

4) 서울지법 동부지원 1988. 1. 14. 선고 87가합938 판결; 대전지법 천안지원 1991. 4. 2. 선고 90가합1833 판결; 서울고법 1992. 8. 21. 선고 92나15408 판결(대법원 1993. 10. 12. 선고 92다43586 판결의 원심판결임).
5) 대법원 1980. 1. 15. 선고 79다1883 판결.

"위 원고에 대한 의원면직처분이 불법행위가 되는 까닭은 피고가 위 원고의 의사에 반하여 사직서를 작성 제출케 하고 그 사직서에 기하여 의원면직처분을 하였다는 데에 있는바"라고 판시[6]하여 부당해고에 대하여 불법행위의 성립을 인정한 것이 있으나 그 논거는 불명확하다.

2. 1993년 이후 불법행위 성립이 인정된 대법원판결

대법원은 1993. 10. 12. 선고 92다43586 판결에서 "근로계약이 근로자의 근로제공과 이에 대한 사용자의 임금지급을 내용으로 하는 쌍무계약임은 원심의 설시와 같다고 할 것이나, 근로계약에 따른 근로자의 근로제공이 단순히 임금의 획득만을 목적으로 하는 것이 아닐 것이므로 사용자가 근로자를 부당해고한 것이 반드시 임금지급채무를 이행하지 아니한 것에 불과하다고만 말할 수 없고, 그것이 불법행위를 구성하는 경우도 있을 수 있다."라고 하여 일반의 쌍무계약과는 다른 근로계약의 특수성으로부터 부당해고로 인한 불법행위의 성립가능성을 인정[7]하고, 위와 같이 부당해고가 불법행위를 구성하는 경우에 있어서는 "그 해고가 법률상 무효라고 하여 해고 전의 상태로 돌아간다 하더라도 사회적 사실로서의 해고가 소급적으로 소멸하거나 해소되는 것은 아니므로, 임금채무나 그에 대한 지연손해금을 받게 된다고 하여 이것만 가지고 불법행위로 인한 정신적 고통의 손해가 완전히 치유되는 것이라고 할 수 없다."라고 판시하였다.

---

6) 대법원 1991. 7. 12. 선고 90다11554 판결; 다만 이 판결은 불법행위로 인한 면직처분 이후 정년까지의 일실 급료와 일실퇴직금 상당 손해의 배상을 구하는 것으로서 그 소멸시효기간이 쟁점인 사안으로 불법행위로 인한 정신적 손해의 배상에 관한 판결은 아니다.

7) 이와는 달리 원심은 사용자의 부당해고를 금전채무의 불이행으로 보아 특별한 사정이 없는 한 정신적 손해를 입게 된다고 볼 수 없다고 하여 원고 등의 위자료 청구를 기각하였다(앞서 든 서울고법 1992. 8. 21. 선고 92나15408 판결).

이와 함께 위 판결은 일반론으로서 "일반적으로 사용자가 근로자를 징계해고한 것이 정당하지 못하여 무효로 판단되는 경우 그 해고가 무효로 되었다는 사유만에 의하여 곧바로 그 해고가 불법행위를 구성하게 된다고 할 수 없음은 당연하다고 하겠으나, 사용자가 근로자를 징계해고할 만한 사유가 전혀 없는데도 오로지 근로자를 사업장에서 몰아내려는 의도하에 고의로 어떤 명목상의 해고사유를 만들거나 내세워 징계라는 수단을 동원하여 해고한 경우나, 해고의 이유로 된 어느 사실이 소정의 해고사유에 해당되지 아니하거나 해고사유로 삼을 수 없는 것임이 객관적으로 명백하고, 또 조금만 주의를 기울이면 이와 같은 사정을 쉽게 알아볼 수 있는데도 그것을 이유로 징계해고로 나아간 경우 등 징계권의 남용이 우리의 건전한 사회통념이나 사회상규상 용인될 수 없음이 분명한 경우에 있어서는 그 해고가 근로기준법 제27조 제1항[8])에서 말하는 정당성을 갖지 못하여 효력이 부정되는데 그치는 것이 아니라, 위법하게 상대방에게 정신적 고통을 가하는 것이 되어 근로자에 대한 관계에서 불법행위를 구성할 수 있다."라고 하여, 원칙적으로는 부당해고는 사법상의 효력이 부정되는데 그치는 것이지만 예외적으로 사용자의 징계권의 남용이 사회통념이나 사회상규상 용인될 수 없는 경우에는 근로자에 대한 관계에서 불법행위를 구성할 수 있다고 판시하였다.[9])

이 판결은 최초로 부당해고가 불법행위를 구성할 수 있음을 명확히 밝히는 동시에 그 이론적인 근거를 제시하였다는 점에서 커다란 의미가 있다.

또한, 대법원 1993. 12. 21. 선고 93다11463 판결은 부당노동행위에 관한 사안에서 근로계약에 따라 계속적으로 근로를 제공하는 근로자는 인간으로서의 존엄과 가치를 지닌 인격체이고 근로자의 근로제공은 단순히

---

8) 현재의 근로기준법 제23조 제1항.
9) 同旨 대법원 1993. 12. 24. 선고 91다36192 판결.

임금획득을 위하여 근로계약을 이행하는 것에만 의미가 있는 것이 아니고 근로를 통하여 이러한 인격을 실현한다는 측면도 아울러 갖고 있다고 하여 근로자의 인격과 불가분적으로 결합된 근로계약의 특수성을 보다 명확히 하고 "사용자가 강행규정인 노동조합법 제39조[10] 소정의 불이익취급금지규정을 위반하여 근로자를 부당하게 해고하거나 불이익처분을 함으로써 당해 해고 등이 무효인 경우[11]에 있어서 사용자가 그러한 불이익처분을 함에 있어서 내세우는 사유가 표면상의 사유에 불과하고 실질적으로는 근로자가 정당한 노동조합활동을 한 것을 이유로 근로자를 사업장에서 배제하려는 의도하에 일부러 어떤 표면상의 해고사유 등을 내세워 징계라는 수단을 동원하여 해고 등의 불이익처분이 이루어진 경우처럼 그러한 징계권의 남용이 우리의 건전한 사회통념이나 사회상규상 도저히 용인될 수 없음이 분명한 경우에 있어서는 그 해고 등 불이익처분의 효력이 부정되는데 그치는 것이 아니라 위법하게 상대방에게 정신적 고통을 가하는 것이 되어 근로자에 대한 관계에서 불법행위를 구성할 수 있다."라고 판시하여 부당노동행위의 경우에도 부당해고와 같은 논거에 의하여 불법행위가 성립할 수 있음을 밝혔다.

아울러 "이는 단순한 임금채무나 그에 대한 지연손해금을 지급받게 된다고 하여 이로써 사용자의 이러한 부당행위 등으로 말미암은 근로자가 입게 된 정신적 고통의 손해가 완전히 치유된다고는 할 수 없는 것이고, 사용자의 귀책사유는 부당노동행위로 인정되는 이상 사실상 추정된다."라고 하여 귀책사유의 존재를 사실상 추정하였다.

---

10) 현재의 노동조합 및 노동관계조정법 제81조.

11) 위 판결은 부당노동행위금지규정은 효력규정인 강행법규라고 풀이되므로 위 규정에 위반된 법률행위는 사법상으로도 그 효력이 없고, 근로자에 대한 불이익취급행위로서의 법률행위가 부당노동행위로서 무효인 이상 그것이 구 근로기준법 제27조(현재의 근로기준법 제23조) 소정의 정당한 이유가 있는지 여부는 더 나아가 판단할 필요가 없다고 판시하였다.

'징계권의 남용이 우리의 건전한 사회통념이나 사회상규상 용인될 수 없음이 분명한 경우'에 있어서는 그 해고가 근로기준법 제30조 제1항(현 근로기준법 제23조 제1항)에서 말하는 정당성을 갖지 못하여 효력이 부정되는데 그치는 것이 아니라, 위법하게 상대방에게 정신적 고통을 가하는 것이 되어 근로자에 대한 관계에서 불법행위를 구성한다는 대법원의 판례는 1996년에 이르러 '사용자의 부당해고 등에 대한 고의, 과실이 인정되는 경우'에 불법행위를 구성한다고 하여 그 표현이 다소 변경되었으나[12] 1997. 9. 26. 판결부터는 다시 종전의 표현을 사용하고 있다.[13]

다만, 사용자에게 부당해고 등에 대한 고의·과실이 인정되는 사례로서 적법한 절차를 거치지 아니한 경우를 추가한 것[14]이 있다.

3. 1993년 이후 불법행위 성립이 부정된 대법원판결

1) 사립학교교원에 대한 징계가 사립학교법과 재단법인의 정관의 규정에서 정한 절차에 따라 필요한 진상조사를 다하고 징계대상자를 출석시켜 진술케 하는 한편 징계대상자의 소행, 근무성적, 공적, 개전의 정 등을 참작하여 징계위원들의 자율적인 판단에 따라 행하여진 것이라면, 비록 그 징계양정이 결과적으로 재량권을 일탈한 것으로 인정된다고 하더라도 이는 법률전문가가 아닌 징계위원들이 징계의 경중에 관한 관련법령의 해석을 잘못한 데 불과하다고 할 것이어서 이러한 경우 징계의 양정을 잘못한 징계위원들에게 불법행위책임을 물을 수 있는 과실이 있다고 할 수 없을 것이다.[15] 즉, 이러한 경우는 오로지 원고를 대학에서 몰아내려는

---

12) 대법원 1996. 2. 27. 선고 95다11696 판결; 대법원 1996. 4. 23. 선고 95다6823 판결; 대법원 1997. 1. 21. 선고 95다24821 판결.
13) 대법원 1997. 9. 26. 선고 97다18974 판결; 대법원 1999. 2. 23. 선고 98다12157 판결.
14) 대법원 1997. 1. 21. 선고 95다24821 판결.

의도 아래 고의로 징계라는 수단을 동원하여 해임한 것이라거나, 또는 위 재심위원회가 조금만 주의를 기울였으면 그것이 결코 해임사유가 될 수 없다는 것을 쉽게 알 수 있었음에도 불구하고 건전한 사회통념이나 사회상규상 용인될 수 없을 정도로 징계권을 남용하였다고 볼 수 없다.16)

2) 근로자에 대한 해고 등의 불이익처분을 할 당시의 객관적인 사정이나 근로자의 비위행위 등의 정도, 근로자에 대하여 불이익처분을 하게 된 경위 등에 비추어 사용자가 근로자의 비위행위 등이 취업규칙이나 단체협약 소정의 근로자에 대한 해고 등의 불이익처분 사유에 해당한다고 판단한 것이 무리가 아니고, 아울러 소정의 적법한 절차 등을 거쳐서 당해 불이익처분을 한 경우라면, 사용자로서는 근로자에 대하여 해고 등의 불이익처분을 함에 있어서 기울여야 할 주의 의무를 다한 것으로 보아야 할 것이므로 비록 당해 해고 등의 불이익처분이 사후에 법원에 의하여 무효라고 판단되었다고 하더라도 거기에 불법행위책임을 물을 만한 고의·과실이 있다고 할 수는 없다.17)

이러한 판례들을 검토하여 보면 판례는 객관적인 사정 등으로 보아 사용자가 해고사유에 해당된다고 판단한 것이 무리가 아니고(징계위원회가 따로 구성되어 있는 경우에는 법률전문가가 아닌 징계위원들이 징계의 경중에 관한 관련법령의 해석을 잘못한 데 불과하다는 표현을 사용하고 있다), 절차상으로도 소정의 적법한 절차를 거친 것인 경우18)에는 부당해고가 불법행위를 구성하지 않는다고 하면서 그 근거로서는 이러한 경우에는

---

15) 대법원 1995. 2. 14. 선고 94다22125 판결; 대법원 1996. 4. 23. 선고 95다6823 판결.
16) 대법원 1995. 2. 14. 선고 94다22125 판결.
17) 대법원 1996. 2. 27. 선고 95다11696 판결; 대법원 1996. 4. 23. 선고 95다6823 판결.
18) 대법원 1997. 1. 21. 선고 95다24821 판결.

사용자에게 불법행위책임을 물을만한 고의·과실이 없음[19]을 들고 있다.

결국, 판례는 그 표현 여하에 불문하고 원칙적으로 부당해고는 사법상의 효력이 부정되는데 그치는 것이지만 예외적으로 사용자의 징계권의 남용이 사회통념이나 사회상규상 용인될 수 없는 경우에는 근로자에 대한 관계에서 불법행위를 구성할 수 있다고 보고 있으며, 이러한 판례의 견해는 삼익악기사건[20]에서 잘 확인되고 있다.[21]

III. 학설의 검토

1. 개 요

근로계약이 임금의 지급을 목적으로 체결된 계약이라 하더라도 임금의 지급만으로 부당해고로 인한 근로자의 손해가 모두 회복되었다고 보기는 어려운 것이 현실이고 임금 등의 재산적 손해의 전보만으로는 회복되지 아니하는 정신적 손해에 대하여도 배상의 길이 마련되어야 할 필요성은 인정된다고 할 것이다. 그러나 그 법리적 논거를 어떻게 마련하고 어떠한 범위에서 부당해고로 인한 정신적 손해의 배상을 인정할 것인가에 관하여는 여러 가지 견해가 있을 수 있다.

---

19) 앞서 본 바와 같이 부당노동행위에 관한 대법원 1993. 12. 21. 선고 93다11463 판결이 불이익처분이 부당노동행위로 인정되는 이상 사용자의 귀책사유는 추정된다고 한 것과 대비된다.

20) 대법원 1996. 4. 23. 선고 95다6823 판결.

21) 이 판결에서는 고의·과실이라는 표현을 사용하고 있으나 이는 부당해고가 불법행위를 구성하기 위한 요건으로서 사용자의 고의·과실을 들고 있던 1996년의 판결이었기 때문이며, 징계권의 남용이 우리의 건전한 사회통념이나 사회상규상 용인될 수 없음이 분명한 경우에 부당해고가 불법행위를 구성한다고 하는 현재의 판례에 따르더라도 결론에 있어서의 차이는 없으리라고 판단된다.

특히 부당해고를 단순한 임금채무의 불이행으로 이해하면서도 그로 인한 정신적 손해배상책임을 인정할 수 있을 것인지가 문제된다. 판례는 부당해고와 관련하여 일정한 경우에만 불법행위의 성립을 인정하면서 정신적 손해배상책임을 긍정하고 있으나, 부당해고를 단순한 채무불이행으로 보면서도 정신적 손해배상책임을 인정할 여지가 있는지에 관하여는 아무런 언급도 하지 아니하고 있으므로 그 가능성에 관하여 검토하여 보기로 한다.

2. 채무불이행 일반론에 따른 정신적 손해배상

1) 통설에 대한 검토

이론적으로는 채무불이행의 경우에도 정신적 손해에 대한 배상청구권을 인정하고 있는 통설[22]에 의하면 근로계약은 근로자가 사용자에게 근로를 제공함에 대하여 사용자는 그에 대한 반대급부로 근로자에게 임금을 지급하는 내용의 쌍무계약이라고 하더라도 채무불이행 즉 부당해고로 인하여 근로자에게 재산상의 손해배상으로 전보되지 못하는 정신적 고통이 있는 경우에는 위자료가 인정된다고 할 수 있다.

우리나라 통설은 독일과 같이 법률에 특별한 규정이 있는 경우에만 위자료를 인정한다는 규정[23]이 없고,[24] 채무불이행이든 불법행위든 보호법익에 대한 침해와 그로 인한 정신적 고통이 있는 경우에는 그에 대한 배상이 이루어져야 한다는 점[25]을 그 논거로 하고 있으며, 판례도 채무불이

---

22) 곽윤직, 「채권총론」(이하 '채권총론'이라 한다), 신정판, 박영사, 1997, 197면; 김형배, 「채권총론」(이하 '채권총론'이라 한다), 제2판, 박영사, 1999, 242면; 이은영, 「채권각론」, 제5판, 박영사, 2005, 765면.
23) 독일 민법 제253조는 법률에 규정이 있는 경우에 한하여 비재산적 손해의 금전에 의한 배상을 인정하고 있다.
24) 곽윤직, 채권총론, 197면.

행에 대하여 불법행위에 관한 규정을 유추적용하는 것을 인정한다고 하나[26] 이에 대하여는 의문이 있다.

통설이 인용하는 판결[27]은 불법행위로 인한 재산권침해에 있어서의 정신적 손해배상청구에 관한 것이므로 먼저 판례가 위와 같은 소송에 있어서 정신적 손해배상을 인용하고 있는 것인지에 관하여 살펴보고 다음으로 채무불이행책임과 위자료의 관계에 대하여 검토하기로 한다.

채무불이행의 경우 일반적으로 재산적 손해를 초래하므로 재산권침해의 불법행위에 있어 판례가 위자료청구권을 인정한다면 채무불이행에 있어서도 참고가 될 것이다. 하지만, 현행의 우리 법체계는 계약책임과 불법행위책임을 준별하고 있으며 비록 법률에 특별한 규정이 있는 경우에만 위자료를 인정한다는 별도의 조문은 없으나 우리 민법은 불법행위에 관한 부분인 민법 제751조(재산 이외의 손해의 배상)와 제752조(생명침해로 인한 위자료)에서 위자료청구권을 인정하고 있고 채무불이행에 관한 부분에서는 이에 관한 어떠한 준용규정도 두고 있지 않으므로, 설사 대법원이 불법행위로 인한 재산권침해에 있어서 위자료청구권을 인정한다고 하더라도 이러한 불법행위에 관한 판결이 곧바로 계약법상의 채무불이행의 경우에 위자료청구권을 인정하여야 한다는 근거로는 될 수 없다는 점만은 지적하여 두고자 한다.[28]

재산권침해와 관련한 판례는 일반적으로 타인의 불법행위로 인하여 물적 손해를 입은 피해자는 재산상 손해를 전보받으면 그로써 정신적 고통도 회복되는 것으로 보아 이를 이유로 위자료 청구권을 행사하는 것이 허

---

25) 이은영, 앞의 책, 766면.
26) 김형배, 채권총론, 242면.
27) 대법원 1971. 2. 9. 선고 70다2826 판결.
28) 同旨 조규창, "소유권침해와 위자료청구권"(이하 '위자료청구권'이라 한다), 판례연구 4집, 고려대학교 법학연구소, 1986, 137면.

용되지 아니하고 다만 비록 재산상 손해의 배상이 이루어진다 하여도 그
것으로 회복될 수 없는 정신적 손해가 남는다고 할 수 있는 특별한 사정
이 있는 경우에는 특별한 사정으로 인한 손해로서 가해자가 그러한 사정
을 알았거나 알 수 있었던 경우에 한하여, 즉 예견가능성이 존재하는 경
우에 한하여 그 재산침해로 인한 정신적 고통에 대한 위자료청구권이 인
정된다고 하고 있다.29)

우리 민법은 불법행위에 관한 조문인 민법 제763조에서 채무불이행에
있어서 손해배상의 범위에 관한 규정인 민법 제393조를 준용한다고 하고
있어 위와 같은 판시를 하는 듯하나, 특별한 사정에 대한 인식이나 예견
가능성은 계약책임에서 논할 수 있는 것이며 불법행위책임과는 근본적으
로 친하지 아니한 개념이다.30)

예견가능성의 판단시점을 계약의 체결시로 본다면 계약의 성립과 이행
간에 시간적인 간격이 존재하는 계약관계에 있어서는 계약체결시에 채무
자는 그의 채무불이행으로 채권자에게 발생할 특별한 손해에 대한 인식
이나 예견가능성이 문제될 수 있으나 불법행위에 있어서는 침해행위와
결과발생 간에 시차가 존재할 여지가 없으므로 재산권침해에 있어 피해
자에게 특별한 정신적 고통이 발생하리라는 객관적인 특별사정에 관한
예견가능성이란 고의적인 침해나 가해자가 피해자의 사정에 통달한 긴밀
한 인적관계에 있어야만 가능한 것이며,31) 통설에 따라 예견가능성의 판

---

29) 대법원 1992. 5. 26. 선고 91다38334 판결; 대법원 1991. 12. 10. 선고 91다25628
   판결; 대법원 1991. 6. 11. 선고 90다20206 판결; 대법원 1989. 8. 8. 선고 88다카
   27249 판결; 대법원 1994. 9. 9. 선고 93다50116 판결(부당소송사례).
30) 미국에 있어서도 특별한 사정에 대한 예견가능성은 계약책임에 있어서 손해배상의
   범위와 관련하여 논의되는 것이며 불법행위책임에 있어서 배상범위를 제한하는 것
   은 밀접한 인과관계(proximate cause)이다[정진경, "미국의 부당해고구제제도 - 사법
   적 구제를 중심으로 - "(이하 '미국의 부당해고구제제도'라 한다), 법학석사학위논
   문, 서울대학교, 1998. 8., 18~19면 참조].
31) 조규창, 위자료청구권, 149면.

단시점을 채무불이행시로 본다고 하더라도 채무자의 계약의 불이행으로 인하여 침해되는 채권자의 이익을 보호함을 목적으로 하는 채무불이행책임과는 달리 불특정 다수인을 대상으로 하여 여러 가지 침해로부터의 자유에 관한 이익을 보호함을 목적으로 하는 불법행위소송에 있어서는 특별사정에 대한 인식을 일반적으로 기대하기 어렵다.[32] 여하튼 판례는 문언만으로 보면 재산권침해에 있어서 특별손해로서의 정신적 손해배상청구에 대한 인용가능성을 인정하고 있는 듯하나, 자세히 검토하여 보면 결론에 있어서는 모두 정신적 손해배상을 부정하고 있고 결국 위와 같은 판례의 문틀은 사실상 위자료 청구권을 배척하는 경우에 사용하고 있는 것으로 보아도 무방하다.

다만, 저작권침해나 건물의 화재, 인근에서의 지하굴착공사로 인한 주택의 훼손 등에 있어서의 위자료청구에 관하여는 이를 인정하고 있는 판례들이 있다.

구체적으로 살펴보면, 저작권침해에 관하여 저작자는 고의 또는 과실로 저작인격권을 침해한 자에 대하여 손해배상에 갈음하거나 손해배상과 함께 명예회복을 위하여 필요한 조치를 청구할 수 있는 것으로서 저작인격권이 침해되었다면 특별한 사정이 없는 한 저작자는 그의 명예나 감정에 손상을 입는 정신적 고통을 받았다고 보는 것이 경험칙에 합치된다고 한 것,[33] 원고들의 건물에 화재가 발생함으로 말미암아 가재도구를 일시에 소실하게 되는 등 충격과 놀라움으로 정신적 고통을 받았다고 하여 위자료 지급을 긍정한 것,[34] 원고가 거주하던 주택이 지하굴착공사로 인하여

---

32) 이러한 이유에서 조규창 교수는 우리 민법 제763조가 제393조를 불법행위로 인한 손해배상에 준용하도록 규정한 것을 잘못된 것이라고 강력히 비판하고 있다(조규창, 위자료청구권, 149~150면 참조).
33) 대법원 1989. 10. 24. 선고 89다카12824 판결.
34) 대법원 1982. 9. 14. 선고 81다447 판결.

상당정도 훼손되었다면 그 충격과 주거생활의 불안 등으로 상당한 정신
적 고통을 받았을 것임이 경험칙상 인정된다 하여 그에 대한 위자료지급
을 긍정한 것,[35] 피고가 원고의 주택에 인접하여 건물을 신축하면서 안전
시설 등을 함이 없이 공사를 진행하고 지하굴착공사로 인하여 원고 주택
의 지반이 일부 붕괴되어 건물벽 등에 균열이 생겼다면 원고로서는 피고
의 위와 같은 공사행위로 말미암아 일상생활의 안온상태가 파괴되고 사
고에 대한 무방비상태에서 언제 손해가 발생할지 모르는 불안에 떨어야
하는 정신적 고통을 입었을 것임은 경험칙상 명백하고 이러한 정신적 고
통은 위 불법공사로 입은 재산상 손해를 전보받는다 하여 치유될 성질의
것이 아니라고 판시한 것,[36] 건물신축공사로 인하여 공사기간 동안 임차
인이 거주하는 피해자 소유의 주택이 2차에 걸쳐 파손되다가 급기야 신축
건물의 5층 옥탑이 무너져 내려 그 벽돌이 피해자의 주택을 덮쳐 지붕과
거실, 천정까지 파손되는 사고를 입는 등 계속적인 손해를 입는 상황이었
다면 피해자가 거주하지 않고 있어도 가옥파괴와 세입자의 생명, 신체, 재
산침해에 대한 불안으로 인하여 정신적 고통이 있었을 것임은 경험칙상
능히 인정된다고 한 것[37] 등이 있다.

그러나 이러한 사례들에 있어서의 위자료는 물적 침해에 기한 위자료
와 구별되어야 한다. 이러한 경우는 단순한 재산권침해에 대한 판결이라
기보다는 물적 침해가 피해자의 생활상의 평온 등의 생활상의 이익이나
사회적 신용 등의 인격적 이익의 침해를 동반하는 경우로서, 판례는 이러
한 경우에 생활상의 평온이나 인격권의 침해의 측면을 중시하여 통상손
해로서 위자료를 인정하였다고 봄이 상당하다. 따라서 이들 판례는 피해
자의 정신적 고통은 경험칙상 인정된다고 하여 통상의 손해로 보고 있으
며 그 정신적 손해발생에 대한 예견가능성을 요구하지 않는다.[38]

---

35) 대법원 1990. 1. 12. 선고 88다카28518 판결.
36) 대법원 1992. 12. 8. 선고 92다34162 판결.
37) 대법원 1993. 12. 24. 선고 93다45213 판결.

2) 새로운 해석론의 검토

판례가 불법행위로 인한 순수한 재산권침해에 있어서 사실상 위자료청구권을 인용하지 아니하고 있다면 불법행위로 인한 소유권침해에 있어서의 판례를 근거로 채무불이행으로 인한 손해배상청구에 있어서도 위자료청구권을 인정할 수 있다는 견해는 그 근거를 상실하게 된다. 하지만, 채무불이행으로 인한 정신적 손해배상의 근거를 채무불이행에 관한 규정 자체에서 구할 수는 없는 것인지 그 가능성에 관하여 검토할 필요가 있다.

판례는 임대차계약39)이나 건물신축도급계약40)과 관련하여 채무불이행으로 인한 위자료를 청구하는 경우에도 채무자의 채무불이행으로 채권자가 받은 고통은 그 재산적 손해에 대한 배상이 이루어짐으로써 회복된다고 보아야 할 것이므로 채권자가 재산적 손해의 배상만으로는 회복될 수 없는 정신적 고통을 입었다는 특별한 사정이 있고 임대인이 이와 같은 사정을 알았거나 알 수 있었을 경우에 한하여 정신적 고통에 대한 위자료를 인정할 수 있다고 판시하여 적어도 문언상으로는 채무불이행으로 인한 정신적 손해를 특별손해로 보고 그에 대한 인식 또는 예견가능성이 있었을 때에는 인용될 수 있다고 하고 있으며, 채무불이행의 경우에는 특별한 사정에 대한 인식이나 예견가능성이 존재할 수 있으므로 이론적으로는 채무불이행으로 인한 정신적 손해배상청구의 인용가능성을 인정하고 있다. 하지만, 판례는 앞서 본 불법행위로 인한 재산권침해의 경우와 같이 결과적으로는 모두 위자료 청구를 받아들이지 아니하고 있다.41) 따라서

---

38) 「민법주해 [Ⅸ] 채권(2)」, 박영사, 1995, 489~490면, 170) 참조.
39) 대법원 1994. 12. 13. 선고 93다59779 판결.
40) 대법원 1993. 11. 9. 선고 93다19115 판결.
41) 대법원 1980. 10. 14. 선고 80다1449 판결(소송대리인이 임의로 소를 취하한 사안); 전윤구, "부당해고에 따른 근로자의 손해배상청구에 관한 연구", 법학석사학위논문, 고려대학교, 1999, 56면.

일반론으로서 채무불이행책임에 있어서의 위자료청구권을 인정하기는 쉽지 않다고 생각되고 다만 근로계약의 법적 성격과 관련하여 부당해고에 있어서 채무불이행으로 인한 정신적 손해배상청구가 인정될 수 있는지에 관하여 살펴본다.

우선 근로계약의 법적 성격을 근로자가 사용자에게 근로를 제공하고 사용자는 그에 대한 임금을 지급하는 내용의 쌍무계약으로만 파악한다면 부당해고는 사용자가 임금지급채무를 부당하게 이행하지 아니한 금전채무의 불이행으로 보아야 하고 이러한 경우 부당해고로 인한 근로자의 통상손해는 임금 또는 임금 상당의 재산적 손해일 뿐이며 정신적 손해는 특별손해로서 사실상 이를 인정하기가 어려울 것이다.[42] 그러나 근로계약의 특수성을 사상한 채 법적 성격을 위와 같이만 파악하는 것이 올바른 것인지는 의문이며, 또한 부당해고에 있어서의 정신적 고통은 임금을 받지 못한데 따른 것이기보다는 오히려 부당하게 해고된 기간 동안 근로자가 정당한 이유 없이 취업을 거부당함으로써 발생한 것이기 때문에 부당해고를 단순한 금전채무의 불이행으로 보아 정신적 손해를 부정하는 것은 문제이다.[43] 부당해고를 어떻게 볼 것인가는 근로계약의 법적 성격을 어떻게 규정하는 것인가와 밀접한 관련이 있는 것이기에 근로계약의 법적 성격에 대하여 검토할 필요가 있다. 즉, 근로계약에 있어 사용자에게 금전채무로서의 임금지급의무 외에도 근로자의 근로제공과 관련하여 어떠한 의무가 존재한다고 할 수 있는지, 존재한다면 부당해고에 있어서 그러한 사용자의 의무위반을 이유로 하여 채무불이행에 기한 정신적 손해배상청구를 할 수 있는 것인지를 검토할 필요가 있다.

---

42) 同旨 최진갑, 앞의 논문, 452면.
43) 하경효, "부당해고시의 정신적 손해에 대한 배상책임"(이하 '정신적 손해에 대한 배상책임'이라 한다), 고려대 판례연구 6집, 고려대학교 법학연구소, 1994, 120〜123면 참조; 전윤구, 앞의 논문, 61면.

이는 종래 소위 취업청구권의 문제로서 논의되어 온 것인데 본격적인 취업청구권에 대한 논의는 절을 달리하여 살펴보기로 하고, 이하에서는 위자료청구권의 인정 여부와 관련하여 필요한 범위 내에서만 검토하기로 한다.

3. 취업청구권에 기한 정신적 손해배상

1) 취업청구권에 대한 논의

다른 계속적 채권관계와는 구별되는 근로계약의 특수성에 착안하여 사용자의 근로수령의무를 도출하고 여기에서 사용자가 근로자를 부당하게 해고한 경우에는 사용자의 의무에 위반하여 근로자의 인격적 이익을 침해하게 됨으로써 근로자에게 그로 인한 정신적 손해를 배상할 책임이 생기게 된다는 견해가 가능하다.

이와 관련하여 정당한 이유 없는 해고로 인한 근로자의 손해가 반드시 해고기간 동안의 임금상당액에만 국한되지는 아니할 것이기 때문에 부당해고로 인한 정신적 손해배상에 대하여 찬성하면서, 우리나라에 있어서는 명문의 규정에 의하여 사용자의 해고권이 제한되어 해고의 자유가 인정되지 아니하므로 해고의 자유를 전제로 한 권리남용설은 주장될 여지가 없으므로 해고권을 남용한 해고를 불법행위로 이론 구성하는 것에 반대하고, 부당해고를 채무불이행으로 파악하여 불법행위에 관한 위자료 규정을 유추적용하여야 한다는 견해가 있다.[44] 근로관계를 자유로운 노동인격의 실현관계로 파악하고 노동재산권과 노동인격권을 포괄한 노동의 보람을 통하여 자유로운 삶을 향유할 수 있는 권리인 '노동향유권'의 개념을

---

44) 김소영, "부당해고시 정신적 손해배상 여부", 노동법률 33호, 중앙경제사, 1994. 2., 14~17면.

설정하여 부당해고는 노동을 통한 자기 인격 발전의 계기와 동료애를 통한 사회적 인격관계의 형성, 직업보유에 따른 사회적 이익 등을 부당하게 침탈하는 것이고 근로자는 당연히 정신적 고통으로 인한 손해배상을 청구할 수 있다는 견해[45]도 근로관계에 있어서의 사용자의 근로수령의무를 전제로 하는 것으로 보인다.

　근로계약은 기본적으로 근로자의 근로제공과 이에 대한 사용자의 임금지급을 내용으로 하는 쌍무계약이라 할 것이나 근로계약은 다른 일반적인 쌍무계약과는 다른 특성을 지니고 있다. 즉 근로자가 사용자의 사업조직에 편입되어 1회적인 근로제공에 그치는 것이 아니라 계속적으로 근로급부를 하여야 하는 것이고 근로급부에 있어서는 인격과 근로급부를 분리시킬 수 없으므로 근로자는 약정한 근로를 급부하기 위하여 전인격을 사용자의 지배하에 두고 그 자신의 인격적 법익을 사용자에게 노출시키게 된다. 그런데 근로계약에 따라 계속적으로 근로를 제공하는 근로자는 인간으로서의 존엄과 가치를 지닌 인격체이고, 근로자의 근로권과 인간의 존엄과 가치는 헌법상 보장된 것이며, 근로자의 근로제공은 단순히 임금획득을 위하여 근로계약을 이행하는 것에만 의미가 있는 것이 아니고 근로(노동)를 통하여 이러한 인격을 실현한다는 측면도 아울러 갖고 있다.
　이러한 근로의 제공은 사용자에 의하여 조직된 경영질서 내에서 사용자의 지시에 따라 이루어진다는 근로계약의 본질적인 특성에 비추어 근로계약상 사용자가 근로자에 대하여 부담하는 의무는 임금지급의무에 한정되지 아니한다. 사용자는 근로자에 대하여 주된 의무로서의 임금지급의무 이외에 자신의 지배하에서 근로를 제공하는 근로자의 이익을 보호할 부수적 의무로서의 배려의무를 부담하게 된다.
　사용자의 배려의무의 핵심적 내용은 근로자가 사업장에 편입되어 사용

---

45) 이흥재, "해고제한에 관한 연구", 법학박사학위논문, 서울대학교, 1988, 200면.

자의 지시에 따라 근로를 제공하게 됨으로써 특별한 위험에 놓이게 되는 근로자의 이익, 즉 근로자의 생명, 신체, 건강 등을 보호하는 것으로서 소위 안전배려의무 또는 보호의무라고 불리고 있고 이는 판례와 학설에 의하여 인정되고 있다. 그렇지만, 배려의무는 이에 한정되지 아니하고 신의칙에 따른 계약해석을 통하여 헌법이나 다른 실정법상의 가치평가 등을 반영하는 유동적인 것으로 이해되며, 오늘날에 있어서는 그 내용이 근로자의 관념적인 인격적 이익의 영역에까지 확대되어 가고 있다.

그리고 취업청구권을 사용자의 배려의무로부터 근거 지우고자 하는 독일에서의 견해에 따르면 근로자의 인격권을 보호할 사용자의 의무는 소극적인 침해금지를 넘어 근로자가 인격을 발전시켜 나가는 것을 적극적으로 촉진하여야 할 행위의무까지 포함하는 것으로 이해하며, 따라서 근로자는 자신의 노동인격을 발전시켜 나가기 위하여 사용자에 대하여 취업을 청구할 권리를 갖게 되고 이에 대하여 사용자는 근로자의 근로급부를 수취할 의무를 부담하게 된다.46) 이러한 배려의무에 기하여 근로계약상 사용자는 근로자의 근로를 제공받는 것이 권리이기는 하나 그와 동시에 이를 수령하여 적절히 사용함으로써 근로자의 이익을 배려하여야 할 의무가 있다 할 것이다.

이렇게 사용자에게 근로계약과 관련하여 부수적 의무로서 근로자가 근로제공을 통하여 자신의 인격을 실현시킬 수 있도록 배려하여야 할 의무를 인정한다면 사용자가 부당하게 근로자를 해고하여 근로의 제공을 거부하는 것은 위와 같은 사용자의 의무에 위반하여 근로자의 인격적 법익을 침해하는 것이 되어 사용자는 그 정신적 손해를 배상할 책임이 생기게 되는 것이다.

---

46) 하경효, "근로자의 취업청구권"(이하 '취업청구권'이라 한다), 법실천의 제문제(김인섭변호사 화갑기념), 박영사, 1996, 415~416면; 다만 하경효 교수는 우리나라에 있어 근로자의 사용자에 대한 일반적인 취업청구권을 인정하기는 곤란하다고 한다(위 논문 416~417면).

　대법원도 사용자는 특별한 사정이 없는 한 근로자와 사이에 근로계약의 체결을 통하여 자신의 업무지휘권, 업무명령권의 행사와 조화를 이루는 범위 내에서 근로자가 근로제공을 통하여 참다운 인격의 발전을 도모함으로써 자신의 인격을 실현시킬 수 있도록 배려하여야 할 신의칙상의 의무가 있으며 사용자가 근로자의 의사에 반하여 정당한 이유 없이 근로자의 근로제공을 계속적으로 거부하는 것은 이와 같은 근로자의 인격적 법익을 침해하는 것이 되어 사용자는 이로 인하여 근로자가 입게 되는 정신적 고통에 대하여 배상할 의무가 있다[47]고 판시하였고, 나아가 "피고의 원고들에 대한 해고처분이 무효라는 판결이 선고되어 확정되었음에도 피고는 원고들에게 그 판결에서 지급을 명한 금원만을 지급하고 있을 뿐 원고들의 복직요구에도 불구하고 원고들을 복직시키지 아니한 채 원고들의 근로제공을 계속 거부하고 있음을 알 수 있는바, 피고가 이와 같이 원고들의 복직요구에도 불구하고 계속 원고들의 근로제공을 거부하면서 현실의 업무에 종사시키지 아니하는 것은 원고들의 인격적 법익을 침해하는 것이 되어 이로 인하여 원고들이 상당한 정신적 고통을 받았을 것임은 경험칙에 비추어 명백하다."고 하여 위자료를 통상손해로 인정하였다.[48]

　이에 대하여는 근로자의 인격 그 자체를 사용자의 지배하에 둔다는 것이 근로자의 존엄 및 인격의 자유로운 발전과 어떻게 정합적으로 결부되는지도 매우 의문스럽거니와 근로계약에 따라 구체적으로 근로한다는 것 자체가 일반적으로 근로자의 자유로운 자기실현이 되고 인격의 진정한 발전으로 이어진다고 하는 것도 너무나 막연하고 추상적이라고 비판하면

---

47) 사용자의 근로자에 대한 부당해고 등 불이익취급행위가 있는 경우 해고기간 동안의 임금지급만으로는 손해가 완전히 치유된다고 할 수 없다는 견해(김형진, "부당노동행위와 불법행위의 성립", 대법원 판례해설 20호, 법원도서관, 1994. 5., 406~407면)도 근로자의 취업청구권 긍정설의 영향을 받은 것으로 보인다.
48) 대법원 1996. 4. 23. 선고 95다6823 판결(삼익악기사건).

서 설사 근로자가 근로제공의 실현에 대하여 인격 등에 관한 이익을 갖는
다고 하여도 이러한 근로제공의 실현에 수반하는 근로자의 사실상 이익
은 근로활동에 수반되는 반사적 효과에 지나지 않는다는 비판이 있다.[49]
그러면서도 위 견해는 부당해고에 의하여 근로자가 입은 불이익 가운데
임금으로도 보상되지 아니하는 부분의 실체에 관하여는 근로계약에 있어
서의 근로는 임금에 대응하는 채무의 이행행위임과 동시에 그 이행주체
로서의 근로자에게는 날마다 전개되는 생활의 한 부분이라고 할 수 있으
며 그 자체로서 근로자의 생활이며 보호되어야 할 이익이고 사용자의 부
당한 해고처분은 바로 이 생활의 부정으로서 그 불이익은 임금에 의하여
배상될 성질의 것이 아니라고 하고 있다.[50]

그러나 취업청구권을 부정하는 경우에는 그 원인을 잃어 정신적 손해
배상책임을 인정할 근거가 없는 것이고, 위 견해는 임금만으로 보상되지
아니하는 불이익이 임금과 불가분의 것, 즉 계약차원에서 생긴 것임을 무
시하는 것으로서 부당하다고 할 것이다.[51] 또한, 위 견해는 위와 같이 근
로자의 인격의 개념이 부적절함을 전제로 대법원 1993. 12. 24. 선고 91다
36192 판결이 그전의 대법원 1993. 10. 12. 선고 92다43586 판결이나 대
법원 1993. 12. 21. 선고 93다11463 판결과는 달리 근로자가 인간으로서
의 존엄과 가치를 지닌 인격체이고 근로자가 근로를 통하여 이러한 인격
을 실현한다는 측면을 강조하거나 이 점을 위자료청구와 직접 관련 지움
이 없이 불법행위의 성립을 인정한 것은 정당하다고 하나,[52] 이는 부당해
고로 인한 불법행위의 성립과 그로 인한 정신적 손해의 배상이 부당해고

---

49) 최진갑, 앞의 논문, 455~456면.
50) 최진갑, 앞의 논문, 456~457면; 위 견해는 일본의 楢崎二郎의 견해를 인용한 것으
    로 보인다[楢崎二郎, "勞働契約と就勞請求權", 現代勞働法講座 10 (勞働契約·
    就業規則), 總合勞働硏究所, 1986, 37~38면 참조].
51) 同旨 宮島尙史, "就勞權－第一學習社事件を契機に", 勞働法律旬報 No. 1156,
    1986, 44면.
52) 최진갑, 앞의 논문, 468면.

와 그에 따른 임금의 부지급으로 인한 것이 아니라 부당해고와 그에 따른
취업거부에 따른 것이며,[53] 이러한 경우의 정신적 손해의 실체는 취업이
부당하게 거부됨으로써 근로자가 입게 되는 취업과 관련한 인격적 이익
의 침해인 점을 간과한 것으로 판단된다. 왜냐하면, 정신적 손해는 생명,
신체 기타 인격권 등 인격적 이익이 침해된 경우에 통상 발생하는 것이
고, 부당해고의 경우에는 이 중 인격권과 관련하여 논해질 수밖에 없기
때문에 인격권을 배제한 부당해고로 인한 정신적 손해란 상상할 수 없기
때문이다. 대부분의 이와 관련된 대법원 판결, 특히 사용자의 근로계약과
관련한 근로수령의무를 인정한 삼익악기사건[54]이 불법행위로 이론구성을
하면서도 근로자의 인격과 관련한 사용자의 근로수령의무를 설시한 것은
이 때문이라 할 것이다. 그러나 위 견해의 근본적인 문제는 매매계약 등
쌍무계약 일반과는 본질적으로 구별되는 근로계약의 특수성을 도외시한
채 근로자가 직장에서 배제되는 경우 임금 외에 여러 가지 생활상, 정신
상의 불이익을 입게 된다는 점을 간과한 것으로서 앞서 본 삼익악기사건
판결취지에 정면으로 반한다는 것이다.

2) 취업청구권과 위자료

그러나 근로관계에 있어서 사용자의 근로수령의무를 인정한다고 하여
부당해고의 경우에 해고무효에 따른 일반적 법률효과 이외에 곧바로 근
로수령의무위반으로 인한 정신적 손해배상청구권이 근거 지워지는 것은
아니다. 그 이유는 다음과 같다.
① 사용자의 근로수령의무 자체가 근로계약에서 인정되는 사용자의 주
된 의무가 아닌 신의칙상 인정되는 근로자의 인격을 실현시킬 수 있도록

---

53) 임금의 부지급 문제로 보게 되면 이는 재산적 이익에 대한 침해로서 정신적 손해는
  특별손해로 볼 수밖에 없다.
54) 대법원 1996. 4. 23. 선고 95다6823 판결.

배려하여야 할 부수적인 의무에 불과하여 사용자 측의 모든 이익도 함께 고려되어야 하는 것이기에 사용자의 업무지휘권·업무명령권의 행사와 조화를 이루는 범위 내에서 인정되는 것으로서 일정한 한계를 갖는다.[55]

② 통상의 부당해고란 해고와 임금 미지급의 문제로서 부당해고라고 판단되는 경우 그 사법적 효력이 부정되고 근로자가 부당해고 기간 중의 임금을 청구할 수 있는 것이 본래의 효과이나 이러한 임금지급채무 불이행의 경우에는 근로자의 정신적인 손해는 특별손해로 파악할 수밖에 없다.

근로수령의무의 문제는 임금지급문제보다도 부당해고와 이로 인한 근로자의 취업거부가 문제로 되는 것이며[56] 그러한 취업거부가 사용자의 근로수령의무에 위반하여 근로자의 인격권에 대한 부당한 침해가 있다고 판단하는 것은 임금지급이라는 금전채무의 불이행과는 별개의 것이기에 그 법적 판단도 달리 이루어져야 하는 것이다.[57] 그리하여 부당해고기간 중의 임금지급문제와는 다른 정신적 손해배상에 관한 독자적인 성립근거 및 요건에 관한 논의의 필요성이 생긴다.

3) 취업청구권과 채무불이행책임

취업청구권을 인정하여 사용자가 부당하게 근로자를 해고하여 근로의 제공을 거부하는 것은 사용자의 의무에 위반하여 근로자의 인격적 법익을 침해하는 것이 되어 사용자는 그 정신적 손해를 배상할 책임이 있다고 보더라도 그러한 책임을 채무불이행책임으로 볼 것인지는 별개의 문제이다. 현재 판례는 앞서 본 바와 같이 부당한 사용자의 복직거부 사례에서

---

55) 따라서 일정한 경우에는 취업청구권을 인정하는 것이 우리 학설에 비추어 근로자의 이익만을 고려한 나머지 사용자의 영업상의 이익이나 자유와 균형 있게 조화될 수 없는 결과에 이르게 한다는 견해(하경효, 취업청구권, 429~430면)에는 찬동하기 어렵다.

56) 하경효, 정신적 손해에 대한 배상책임, 121~122면.

57) 전윤구, 앞의 논문, 66~67면.

취업청구권을 긍정하는 표현을 쓰면서도 부당해고와 관련하여 정신적 손해배상을 인용하는 경우에 이를 채무불이행이 아닌 불법행위로 이론구성을 하고 있다. 그 이유는 무엇이고 이러한 판례의 태도는 타당한 것인가. 그 이유로 들 수 있는 것은 다음과 같다.

① 우리 민법상 불법행위에 관한 규정에서만 정신적인 손해의 배상을 일반적으로 인정하고 있고 관행적으로도 주로 불법행위와 관련하여 위자료를 인정하여 왔으며, 통설58) 및 판례59)가 불법행위와 채무불이행으로 인한 손해배상청구권의 경합을 인정하고 있으므로 취업청구권을 인정한다 하더라도 굳이 부당해고로 인한 위자료청구의 근거를 채무불이행에서 찾을 필요가 없다.

② 채무불이행의 경우 기본적으로는 채권침해이고 이 경우 그 재산적 손해의 배상을 받음으로써 일반적인 정신적 손해는 회복되는 것이며 재산적 손해의 배상으로 회복될 수 없는 손해는 특별손해로 보아야 하는데 현재의 판례는 사실상 이러한 특별손해를 인정하지 아니하고 있으므로, 이른바 불완전이행(적극적 채권침해)에 의하여 생명이나 신체 기타 인격적 이익이 침해되는 경우 등에 한하여 채무불이행으로 인한 정신적 손해배상이 문제될 수 있는바,60) 부당해고에 있어서 사용자의 부수적 의무위반으로서의 근로수령의무 위반과 이로 인한 근로자의 인격적 이익의 침해의 문제는 근로자의 인격권에 대한 침해로서 불법행위를 구성하는 것과 논리구조가 극히 유사하여 불법행위로 인한 손해배상책임을 인정하는 것이 채무불이행으로 이론구성을 하는 것과 사실상 차이가 없다.

③ 채권채무관계에 있어서도 고의로 상대의 인격적 법익을 침해하는 경

<hr>

58) 곽윤직, 「채권각론」(이하 '채권각론'이라 한다), 신정판, 박영사, 1997, 678~680면; 「주석 채권각칙(Ⅲ)」, 한국사법행정학회, 1986, 268~269면.
59) 대법원 1989. 4. 11. 선고 88다카11428 판결.
60) 김형배, 채권총론, 243면; 「民法註解 [Ⅸ] 채권(2)」, 박영사, 1995, 488면.

우와 같이 위법성이 대단히 커서 정신적 손해의 배상이 상당하다고 생각되는 경우에는 이를 채무불이행으로 볼 수도 있겠으나 그 행위 자체가 타인의 인격적 법익을 침해하는 불법행위를 구성한다고 볼 수 있을 것이다.[61]

④ 더 근본적인 문제는 채무불이행을 이유로 한 정신적 손해배상청구가 가능한가 하는 것이다. 계약책임과 불법행위책임을 준별하고 있는 현행의 법체계에 비추어 우리 민법이 불법행위책임에 있어서만 위자료에 관한 규정을 두고 있고 채무불이행책임에 있어서는 위자료에 관한 규정이나 준용규정을 두고 있지 아니한데 독일과 달리 법률에 규정이 있는 경우에만 정신적 손해배상을 인용한다는 규정이 없다는 이유로 채무불이행책임에 있어서도 위자료청구권을 인정할 수 있다는 논리에는 찬성하기 어렵다.[62]

영미의 경우 계약책임에 있어서 배상가능한 손해는 계약위반 자체에서 합리적인 추론에 의하여 자연적으로 발생한다고 여겨지는 손해, 즉 사물의 통상의 과정에 따라 발생하는 손해와 계약체결시에 그 계약위반의 가능한 결과로서 양 당사자가 고려하고 있었다고 합리적으로 추론되는 손해에 한정된다고 하여[63] 그 내용이 우리 민법 제393조와 매우 유사하나,

---

61) 조규창, "수급인의 중과실책임", 법실천의 제문제(김인섭변호사 화갑기념), 박영사, 1996, 362면 참조; 조규창 교수는 고의의 채무불이행과 인격권침해관련성이 있는 계약관계, 예를 들면 출생이나 전통적으로 존중되어 온 관혼상제를 목적으로 하는 계약위반에 있어서 채무자에게 중과실이 있는 경우에는 불법행위를 구성하여 위자료청구권이 인정된다고 한다.

62) 同旨 조규창, 위자료청구권, 157~159면.

63) Hadley v. Baxendale, 156 Eng. Rep. 145, 151 (Ex. 1854); 정진경, 미국의 부당해고구제제도, 77면 참조; 일본에서는 우리 민법 제393조에 해당하는 일본 민법 제416조의 규정에 관하여 이를 독일식으로 해석하여 상당인과관계를 규정한 것으로 새기는 통설적 견해에 대하여 위 조항이 독일법에서 유래하는 것이 아니라 영국의 위 판례에서 유래한 것으로서 제한배상주의를 규정한 것이라는 강력한 비판이 있다(곽윤직, 채권총론, 207면 참조).

영미법에서 말하는 예견가능성이 필요한 특별한 손해는 정신적 손해와는
전혀 무관한 것이고, 오히려 정신적 손해배상의 인정 여부는 불법행위책
임과 계약책임을 구별하는 중요한 요소로서 계약책임에 있어서는 인정되
지 않는다.64)

　이와 같이 채무불이행을 근거로 하여 정신적 손해배상청구를 인용하는
것은 사실상 불필요할 뿐만 아니라 법리적으로도 많은 문제가 있으므로,
부당해고에 있어 정신적 손해의 인정근거를 불법행위로 인한 근로자의
인격적 이익의 침해에서 구하는 판례의 태도는 극히 타당한 것이라 생각
한다.

4) 취업청구권 논의의 의의

　취업청구권을 인정한다고 하더라도 부당해고에 있어서 정신적 손해배
상의 청구근거를 채무불이행이 아닌 불법행위에서 찾아야 한다면 도대체
생소하고 논란의 여지가 많은 취업청구권을 논의하는 실익은 무엇일까.
정신적 손해배상의 근거를 불법행위책임에서 구한다면 취업청구권에 대
한 논의 없이 바로 어떠한 경우에 부당해고가 근로자의 인격적 이익을 침
해하는 불법행위가 되는지를 검토하는 것으로서 충분한 것이 아닌가. 이
러한 생각에서 근로자가 임금으로 보상되지 아니하는 불이익, 즉 그 인격
적 이익에 대한 침해를 입게 된 때에는 불법행위로 인한 손해배상청구를
인정하면 되므로 굳이 생소한 법적 권리로서의 취업청구권을 인정할 필
요는 없다는 견해가 있다.65)

　위 견해는 근로관계에 있어서 근로자가 사용자에 대하여 부담하는 근
로급부는 자신의 인격과 불가분하게 결합되어 제공되어야 하며, 근로자의
생활의 기초는 근로관계에 의하여 형성·규율 받게 되고 근로자의 인간

---

64) 정진경, 미국의 부당해고구제제도, 18면.
65) 하경효, 취업청구권, 429~430면.

으로서의 가치실현 및 사회적 인정 역시 근로를 통하여 얻어지게 된다고
한다. 따라서 사용자가 근로자에게 임금만을 지급한 채 취업을 거부하는
것은 근로자가 자신의 직업적 능력을 개발·발전시키지 못하도록 무위도
식을 강요하며, 또한 일반사회나 직장의 동료로부터 당해 근로자의 근로
에 대한 사회적 평가를 훼손시키는 인격권 침해행위라고 하면서 해고가
무효로 확인되었음에도 임금만을 지급한 채 계속적으로 복직을 거부하는
사용자의 행위는, 근로자의 명예나 인간으로서의 존엄과 가치를 침해하는
것으로서 특별한 사정이 없는 한 위법한 것으로 평가되어 불법행위가 성
립하며, 이러한 경우 근로자는 사용자에 대하여 정신적 손해에 대한 위자
료지급청구권을 갖게 되므로, 굳이 근로자의 취업청구권을 긍정하지 않더
라도 취업활동과 관련된 근로자의 이익을 불법행위법상의 인격권보호를
통하여 보호할 수 있다고 한다.[66]

이러한 주장은 일응 타당성이 있어 보이나 좀 더 생각하여 보면 이는
취업청구권 논의가 사용자의 정신적 손해배상책임과 불가분의 관계에 있
음을 보지 못하는 피상적인 견해라 생각한다.

취업청구권 부정설은 근로계약을 매매·임대차와 같은 쌍무계약으로
파악하여 사용자는 근로의 대가로서 임금을 지불하면 족하고 근로자의
근로제공은 근로계약상의 근로자의 의무일 뿐 권리가 아니라는, 즉 뒤집
어 말하면 사용자 측에서 보아 근로의 수령은 사용자의 권리일 뿐 의무가
아니라는 사고를 전제로 하는 것이다.[67] 따라서 이러한 취업청구권 부정
설을 취하게 되면 논리 필연적으로 사용자가 정당한 이유 없이 근로자를
해고하고 근로의 제공을 수령하지 않은 때에는 수령지체로 되어 근로의

---

66) 하경효, 취업청구권, 419~425면; 이 견해가 드는 인격권침해의 논거는 대법원
    1996. 4. 23. 선고 95다6823 판결(삼익악기사건)이 들고 있는 취업청구권의 법적
    근거와 매우 유사하다.
67) 김형배, 「근로기준법」(이하 '근로기준법'이라 한다), 제8판, 박영사, 2002, 235면; 하
    경효, 취업청구권, 417면.

수령 없이 임금을 지불하기만 하면 족하다는 결론에 이르게 된다. 설사 사용자의 부당한 해고 및 취업거부로 인하여 근로자에게 임금으로 보상되지 아니하는 불이익을 주었다고 하더라도 그것이 사용자 측에서 보아 단지 권리의 불행사일 뿐이라면 사용자 측의 해고 및 취업거부가 위법한 행위라고 판단하기는 곤란하다.

부당한 해고 및 취업거부가 불법행위를 구성하여 사용자가 이로 인한 근로자의 정신적 손해를 배상하여야 한다고 하기 위하여서는 그 전제로서 사용자의 취업거부를 법적으로 보호되는 근로자의 취업과 관련한 인격적 이익에 대한 위법한 침해로 구성하여야 하며 바로 이것이 취업청구권에 관한 문제라고 보아야 할 것이다.

결국, 부당해고로 인한 정신적 손해배상청구의 근거를 불법행위에서 구한다 할지라도 근로관계의 특성에서 비롯되는 사용자의 부수적 의무로서의 근로수령의무에 관한 논의인 취업청구권에 대한 논의는 필요한 것이고, 따라서 판례가 취업청구권을 긍정하는 태도를 보이면서도 부당해고로 인한 정신적 손해배상청구의 근거를 불법행위에서 찾은 것도 논리적으로 모순되는 것이 아니다.

4. 불법행위에 기한 정신적 손해배상

1) 개 요

앞서 본 바와 같이 부당해고로 인한 근로자의 정신적 손해에 대한 배상청구권의 근거를 채무불이행책임이 아닌 불법행위책임에서 구한다고 하더라도 그 구체적 근거를 어느 법조문에서 찾아야 하는지에 관하여는 논란의 여지가 있다.

민법 제750조에서 말하는 손해가 재산적 손해와 정신적 손해를 포괄하는 것이고, 민법 제751조의 규정은 제750조의 손해에는 정신적 손해도 포함되어 있음을 주의적으로 규정하였다는 견해가 일반적이나,[68] 이는 민법 제751조를 제750조와는 별도로 규정하고 있는 현행법의 체계를 지나치게 무시하는 해석이라는 비판이 있다.[69]

어느 견해를 취하든 부당해고가 정신적 손해배상책임을 야기하는 불법행위를 구성하기 위하여는 사용자의 부당해고가 위법하게 근로자의 임금채권을 침해하여 재산상의 손해를 가한 것인가의 여부와는 별도로 사용자가 부당하게 근로자의 인격적 법익을 침해하여 정신적 고통을 주었는지에 관하여 독자적인 요건을 검토하여 보아야 할 것이고, 이러한 불법행위가 성립하는 경우에는 그로 인한 정신적 고통은 경험칙상 인정되는 통상의 손해로 보아야 할 것이다.[70]

이러한 해석은 현행법의 체계나 부당해고와 관련하여 불법행위로 인한 정신적 손해배상책임을 인정한 대법원 판례의 태도에도 부합하는 것으로서 타당한 것이라 생각한다.

이하에서는 이러한 법적 사고를 염두에 두고 부당해고가 어떠한 경우에 불법행위가 되어 정신적 손해배상책임이 인정될 수 있는지에 관하여 검토한다.

부당해고가 어느 범위에서 불법행위를 구성하여 위자료청구가 받아들여질 수 있을지에 관하여는 부당해고는 강행법규에 위반하는 행위로서 원칙적으로 불법행위를 구성한다는 견해와 특별한 경우에 예외적으로 불법행위를 구성한다는 견해로 나누어 볼 수 있다.

---

68) 곽윤직, 채권각론, 823면; 「민법주해 [XVIII] 채권(11)」, 박영사, 2005, 348면(이동명 집필부분).
69) 同旨 「주석 채권각칙(IV)」, 한국사법행정학회, 1987, 153면; 조규창, 위자료청구권, 141~145면.
70) 하경효, "부당해고의 구제내용"(이하 '구제내용'이라 한다), 노동법강의 - 기업구조 조정과 노동법의 중요과제 -, 이흥재·남효순 편저, 법문사, 2002, 257~258면.

2) 원칙적으로 불법행위의 성립을 긍정하는 견해

부당해고가 불법행위라고 인정하기 위해서는 일반의 불법행위의 경우와 마찬가지로 사용자에게 고의·과실 및 책임능력이 요구되고, 해고행위 등 불이익처분이 위법성을 띠어야 하며, 부당해고 등으로 인하여 손해의 발생이 있어야 한다. 그런데 책임능력은 부당해고 등의 경우에는 특별히 문제될 것이 없으므로 불법행위의 성립 여부는 그 나머지 요건만이 문제가 된다 할 것이고, 부당해고가 성립되는 경우에 이를 불법행위의 성립요건과 관련하여 어떻게 파악할 것인가가 논의의 대상이 되고 있다.

이에 관하여 부당해고는 위법행위라고 할 것이고 부당해고의 경우에는 대체로 사용자 측의 고의 또는 과실이 인정될 것이기에 부당해고는 특별한 사정이 없는 한 불법행위라고 할 수 있다는 견해가 있다.[71]

또한, 사용자의 귀책사유는 부당노동행위로 인정되는 이상 사실상 추정된다는 판례[72]를 근거로 근로자에 대한 해고가 근로기준법 제23조 제1항이나 노동조합 및 노동관계조정법 제81조를 위반한 것에 근거하여 무효라고 판정하게 되면 부당해고에 대한 사용자의 귀책사유는 사실상 추정된다는 견해도 있다.[73] 즉, 사용자의 부당해고 등은 정당한 사유 없이 이루어진 것에 근거하여 무효라고 판단된 것이므로 특별한 사정이 없는 한 부당해고 등에 대한 사용자의 과실은 추정된다고 할 수 있을 것이고 다만 사용자가 자신에게 부당해고 등에 대한 고의·과실이 없는 특별한 사정을 증명하여 위 사실상의 추정을 깨뜨려 불법행위 책임을 면할 수 있다는 견해이다. 부당해고의 위법성에 관하여도 근로기준법 제23조 제1항의 불이익처분제한규정이나 노동조합 및 노동관계조정법 제81조의 불이익취급

---

71) 이재홍, "상급자의 지시에 의한 사직서제출과 진의 아닌 의사표시", 민사판례연구 [XV], 박영사, 1993, 37면; 이인호, "부당해고와 위자료청구", 1997 노동판례 비평, 민주사회를 위한 변호사모임, 1998, 216면.
72) 대법원 1993. 12. 21. 선고 93다11463 판결.
73) 김형진, 앞의 논문, 412~413면.

금지규정은 모두 강행법규로서 효력규정이며 위반한 자에 대하여는 처벌규정까지 두고 있었기에 이러한 규정들에 위반한 해고 등의 불이익처분은 사법상 그 효력이 없는 것은 물론이고 나아가 사용자의 이러한 부당해고 등은 강행법규에 위반한 것으로서 위법하다고 한다.

그리하여 이 견해는 우리 대법원이 "일반적으로 사용자의 근로자에 대한 해고가 정당하지 못하여 무효로 판단되는 경우에 그 해고가 무효로 되었다는 사유만에 의하여 곧바로 그 해고가 불법행위를 구성하게 된다고 할 수는 없다."라고 하면서 그러나 사용자가 ① 근로자를 징계해고할 만한 사유가 전혀 없는데도 오로지 근로자를 사업장에서 몰아내려는 의도하에 고의로 어떤 명목상의 해고사유를 내세워 징계라는 수단을 동원하여 해고한 경우나, ② 해고의 이유로 된 어느 사실이 소정의 해고 사유에 해당하지 아니하거나 해고사유로 삼을 수 없는 것임이 객관적으로 명백하고, 또 조금만 주의를 기울였더라면 이와 같은 사정을 쉽게 알아볼 수 있는데도 그것을 이유로 징계해고에 나아간 경우 등 징계권의 남용이 우리의 건전한 사회통념이나 사회상규상 용인될 수 없음이 분명한 경우에 있어서는 그 해고가 근로기준법 제23조 제1항에서 말하는 정당성을 갖지 못하여 효력이 부정되는데 그치는 것이 아니라 위법하게 상대방에게 정신적 고통을 가하는 것이 되어 근로자에 대한 관계에서 불법행위를 구성할 수 있다고 판시[74]한 것에 관하여, 위 판례가 부당해고가 불법행위를 구성할 수 있는 경우를 사용자에게 부당해고의 고의가 있거나 중과실이 있는 등 사용자에게 비난가능성이 큰 경우만을 사회통념이나 사회상규상 용인할 수 없는 것으로 보아 마치 그와 같은 경우에만 당해 부당해고가 위법성을 갖게 되어 불법행위를 구성할 수 있는 듯한 판시를 하고 있으나, 부당해고의 경우에 있어서만 불법행위성립요건이 다른 일반적인 불법

---

74) 대법원 1993. 10. 12. 선고 92다43586 판결; 대법원 1993. 12. 24. 선고 91다36192 판결.

행위와 달리 비난가능성이 큰 경우에만 구비된다는 것은 수긍하기 어려우므로 위 판례들의 판시 내용은 부당해고가 불법행위를 구성하는 전형적인 경우를 설시한 것으로 보인다고 한다.75)

결국, 강행규정인 근로기준법 제23조 제1항이나 노동조합 및 노동관계조정법 제81조에 위반한 부당해고 등의 불이익처분은 위법한 것이고, 이로써 당해 근로자는 정신적 고통을 받았다고 함이 경험칙상 타당하므로 사용자에게 귀책사유가 있는 한 이로 인한 정신적 손해에 대한 위자료를 구할 수 있다고 할 것이며, 이와 같은 정신적 손해는 임금지급의무를 이행함으로써 치유된다고도 할 수 없다고 한다. 또한, 근로자에 대한 해고 등의 불이익처분이 부당해고 또는 부당노동행위로 판명된 이상 사용자의 귀책사유는 사실상 추정된다고 한다.76)

그러나 이는 다음과 같은 점에서 비판될 수 있다.

① "일반적으로 사용자가 근로자를 징계해고한 것이 정당하지 못하여 무효로 판단되는 경우 그 해고가 무효로 되었다는 사유 만에 의하여 곧바로 그 해고가 불법행위를 구성하게 된다고 할 수 없음은 당연하다."라고 하여 부당해고 중 일정한 요건을 갖춘 것만이 제한적으로 불법행위를 구성한다고 보는 대법원판례의 태도에 반한다.

② 임금지급 채무불이행이 문제되는 부당해고와 정신적 손해배상이 문제되는 부당해고는 그 행위의 태양 및 보호법익에 차이가 있다 할 것이어서 그 성립요건도 개별로 파악하여야 할 것인데 이러한 점을 간과한 것이

---

75) 김형진, 앞의 논문, 412면; 그런데 이 견해는 판례가 예시하고 있는 경우를 불법행위의 구성요건인 고의·과실을 인정할 수 있는 전형적인 경우로 보는 듯하며 앞서 본 바와 같이 판례도 한 때 1996. 2. 27. 선고 95다11696 판결을 계기로 '징계권의 남용이 우리의 건전한 사회통념이나 사회상규상 용인될 수 없음이 분명한 경우'라는 위법성에 관한 표현 대신에 '사용자에게 부당해고 등에 대한 고의·과실이 인정되는 경우'라는 표현을 사용한 바 있다.
76) 김형진, 앞의 논문, 412~413면.

라 판단된다.[77)]

먼저, 사용자의 귀책사유는 부당노동행위로 인정되는 이상 사실상 추정된다는 판례를 근거로 근로자에 대한 해고가 근로기준법 제23조 제1항이나 노동조합 및 노동관계조정법 제81조를 위반한 것에 근거하여 무효라고 판정하게 되면 부당해고에 대한 사용자의 귀책사유는 사실상 추정된다는 주장에 관하여 본다.

이는 부당노동행위와 사법상의 효력이 부인되는 부당해고, 정신적 손해배상책임을 야기하는 불법행위로서의 부당해고가 각 성립요건이나 증명책임에 있어서 차이가 있다는 점을 간과한 주장이다.

우선 부당노동행위에 관하여 살펴보면 이는 헌법상 보장된 단결권을 보장하기 위한 것으로서 증명책임이 있는 근로자 측에 의하여 사용자가 근로자의 조합활동을 이유로 근로자에게 불이익처분을 하는 등의 부당노동행위를 한 것이 인정된다면 그 사법적 효력이 부인됨은 물론이나, 이러한 경우 사용자는 근로자가 정당한 노조활동을 하였음을 이유로 내세워 불이익처분을 하는 예는 있기 어렵고 실질적으로는 근로자가 정당한 노조활동을 한 것을 이유로 근로자를 사업장에서 배제하려는 의도를 갖고 있다 하더라도 표면적으로는 일부러 어떤 정당하게 여겨지는 해고사유 등을 내세워 징계라는 수단을 동원하여 해고 등의 불이익처분을 하게 될 것이므로, 사용자에게 불법행위의 요건으로서의 고의·과실이 없는 경우란 상상하기 힘들고 따라서 사용자의 귀책사유는 사실상 추정된다고 하여도 별 무리가 없다.

그러나 부당해고의 경우에는 판례가 "사용자의 근로자에 대한 징계양정이 결과적으로 재량권을 일탈, 남용한 것이라고 인정되어 징계처분이 징계권의 남용 등으로 무효라고 판단된다고 하여도"라는 표현을 사용하

---

77) 同旨 최진갑, 앞의 논문 449면은 위 이재홍의 견해가 부당해고가 갖고 있는 불법행위적 요소를 실증적으로 따져보지 아니한 너무나도 피상적인 견해라고 비판하고 있다; 전윤구, 앞의 논문, 71~72면.

여 해고 등의 불이익처분이 마치 사용자의 재량에 맡겨져 있어 사용자가
그 재량의 범위 내에서는 자유로이 근로자에 대하여 해고 등 불이익처분
을 할 수 있는 것처럼 보이나,[78) 우리 근로기준법 제23조는 사용자는 근
로자에 대하여 정당한 이유 없이 해고, 휴직, 정직, 전직, 감봉 기타 징벌
을 하지 못한다고 규정하여 해고의 부자유가 원칙으로 되어 있고[79) 정당
한 이유에 관하여는 사용자가 증명책임을 지는 것이므로, 사용자가 정당
한 이유에 대한 증명을 하지 못하는 경우 해고는 무효이고 사용자는 해고
기간 동안의 임금을 근로자에게 지급하여야 한다. 그러나 그렇다고 하여
그러한 해고로 인한 취업거부가 근로자에게 정신적 손해를 발생케 하는
불법행위이고 사용자에게 그에 대한 고의·과실이 추정된다거나 당연히
인정된다고는 할 수 없다.[80)

불법행위로서의 부당해고의 성립 여부 및 사용자의 귀책사유는 다시
검토되어야 하고 그 증명책임은 불법행위의 기본원칙에 따라 근로자에게
있다고 보아야 한다.

---

78) 징계권의 근거에 관하여 고유권설을 취하는 견해(최진갑, 앞의 논문 465~466면)가
있으나 이는 부당하다. 즉 징계권은 상하의 지배관계가 존속하는 경우에만 법적으로
가능할 것인데 근로자와 평등한 당사자 관계에 있는 사용자가 근로관계를 기초로
하여 근로자에 대하여 징계권을 갖는다는 것은 있을 수 없으며 징계의 근거는 공동
의 기업질서의 위반행위에 대한 제재를 규정한 노사의 공동규범에서 찾아야 한다(공
동규범설: 김형배, 근로기준법, 757~758면).

79) 사용자에게 기본적으로 해고의 자유가 있음을 전제로 부당해고가 일정한 경우에는
해고권의 남용으로서 불법행위를 구성한다는 견해(금동신, "부당해고와 손해
배상책임", 노동판례평석집 I, 경총신서 45권, 한국경영자총협회, 1995, 130~132
면, 최진갑, 앞의 논문 465~467면)와 우리나라에 있어서는 명문의 규정에 의하여
사용자의 해고권이 제한되어 해고의 자유가 인정되지 아니하므로 해고의 자유를 전
제로 한 권리남용설은 주장될 여지가 없다는 견해(김소영, 앞의 논문, 14~17면, 하
경효, 정신적 손해에 대한 배상책임, 126면)가 있다.

80) 특히 사용자가 정당한 이유에 대한 증명책임을 다하지 못하여 부당해고로 된 경우에
사용자에게 불법행위책임을 인정하여 위자료의 배상을 명할 수 있을 것인지 생각해
보라.

판례가 설시하고 있는 근로자에 대한 해고 등의 불이익처분을 할 당시의 객관적인 사정이나 근로자의 비위행위 등의 정도, 근로자에 대하여 불이익처분을 하게 된 경위 등에 비추어 사용자가 근로자의 비위행위 등이 취업규칙이나 단체협약 소정의 근로자에 대한 해고 등의 불이익처분 사유에 해당한다고 판단한 것이 무리가 아니고, 아울러 소정의 적법한 절차 등을 거쳐서 당해 불이익처분을 한 경우라든가 징계처분이 징계권의 남용 등으로 무효라고 판단된다 하더라도 그것이 법률전문가가 아닌 징계위원들이 징계의 경중에 관한 관련법령의 해석을 잘못한 데 불과한 경우에는 그 징계의 양정을 잘못한 징계위원들에게 불법행위책임을 물을 수 있는 과실이 있다고 할 수는 없으며, 또한 마찬가지로 근로자에 대한 해고 등의 불이익처분을 할 당시의 객관적인 사정이나 근로자의 비위행위의 정도, 근로자에 대하여 불이익취급을 하게 된 경위 등에 비추어 사용자가 근로자의 비위행위 등이 취업규칙이나 단체협약 소정의 근로자에 대한 해고 등의 불이익처분 사유에 해당한다고 판단한 것이 무리가 아니었다고 인정되고, 아울러 소정의 적법한 절차 등을 거쳐서 당해 불이익처분을 한 경우에는 사실상 추정되었던 고의·과실이 사용자의 증명에 의하여 깨어진 것이 아니라 근로자가 애초부터 사용자의 고의·과실을 증명하지 못한 것으로 보아야 한다.

다음으로, 위법성에 관하여 보아도 부당해고가 강행법규에 위반되었다고 하여 곧바로 불법행위에 있어서의 위법성까지 인정되는 것은 아니다. 앞서 본 바와 같이 임금지급채무 불이행이 문제되는 부당해고와 정신적 손해배상이 문제되는 부당해고는 그 행위의 태양 및 보호법익에 차이가 있으므로 임금지급채무 불이행으로서의 부당해고가 위법성이 인정된다고 하여도 근로자의 취업을 거부하여 근로자에게 정신적 손해배상책임을 야기하는 불법행위로서의 부당해고의 위법성은 별도로 검토되어야 한다.

3) 제한적으로 불법행위의 성립을 긍정하는 견해

부당해고가 강행법규에 위반되었다고 하여 곧바로 불법행위에 있어서의 위법성까지 인정되는 것은 아니므로 부당해고가 불법행위로서의 위법성이 인정되는 제한적인 경우에 한하여 불법행위가 성립한다는 견해가 있다.[81]

강행법규위반도 객관적인 법질서에 위반되는 것이므로 위법이라는 평가를 내릴 수는 있으나 이러한 경우의 위법은 불법행위법에서 말하는 위법과는 그 실질적 의미가 다르고, 부당해고가 근로기준법 제23조 제1항에 위반되었다면 이는 사용자의 일방적 의사표시인 해고가 그 효력을 갖지 못하여 사용자는 해고기간 동안의 임금을 근로자에게 지급하여야 함에 그친다.

불법행위에 있어서의 위법성과 관련하여 언급되는 공서양속 내지 사회질서위반은 손해의 공평·타당한 부담과 구체적 타당성을 존중하는 불법행위법의 지도원리에 비추어 사회적으로 허용되지 않는다는 것을 가리키는 것으로서 이는 강행법규위반과는 다른 차원의 문제이다.

위법성은 피침해이익의 성질과 침해행위의 태양과의 상관관계로부터 판

---

81) 일본에서는, 해고권 남용법리의 파생법리로서 해고권의 남용인 해고는 불법행위로서 사용자에게 손해배상의무를 발생시킬 수 있다고 하나 판례가 다룬 구체적인 사안은 사용자의 害意나 중대한 명예침해를 인정할 수 있는 사안이고 일반적으로 권리남용인 해고는 사용자의 고의·과실이 있는 한 근로자의 고용을 유지할 이익과 명예를 침해하는 불법행위가 될 수 있으나 고의·과실, 손해의 발생, 인과관계 등 불법행위의 성립요건을 하나하나 음미한 후 결론을 도출해야 하고 권리남용인 해고가 원칙적으로 불법행위로 된다고 하여서는 아니 된다고 한다(菅野和夫,「勞働法」,第7版, 弘文堂, 2005, 428면). 또한, 위법성에 관한 표현을 사용하지는 아니하였으나 타인에 의하여 가해진 정신적 고통이 모두 금전으로 배상되는 것은 아니며 첫째, 정신적 손해의 발생이 뚜렷하고 직접적이며, 둘째, 정신적 손해가 적법한 이익 즉 보호법익에 대한 침해에서 비롯되었고, 셋째, 정신적 고통이 사회통념상 인내의 정도를 초과할 것의 세 가지 요건을 갖춘 경우에만 금전으로 배상된다는 견해(이은영, 앞의 책, 766면)도 이와 유사한 것으로 보인다.

단하여야 하는 것이며 피침해이익이 확고한 것이면 침해행위의 불법성이
적더라도 가해에 위법성이 있는 것으로 되나, 피침해이익이 그 정도로 확
고한 것이 아니면 침해행위의 위법성이 크게 되지 않는 한 가해에 위법성
이 없는 것으로 되므로 그 피침해이익에 대한 파악이 중요하며 위법성의
구체적 판정에 있어서는 이 양쪽의 측면에서 문제를 검토하여야 한다.[82]

  필자로서는 기본적으로 이러한 견해에 찬동한다.
  부당해고를 그로 인한 임금 미지급의 관점에서 파악한다면 이는 재산
권에 대한 침해로서 해고의 효력과 밀접한 관계를 갖는 것이므로 바로 위
법성을 인정하여도 무방할 것이고, 임금의 미지급으로 인하여 정신적인
손해가 발생하였다고 주장하더라도 위법성의 판단에 영향을 미치지 아니
할 것이다. 왜냐하면, 이는 기본적으로 재산권에 대한 침해로서 이로 인하
여 생긴 정신적 손해는 임금지급이라는 금전채무의 이행에 의하여 원칙
적으로 회복되는 것이며 회복되지 아니하는 손해는 특별손해로 파악될
것이기 때문이다. 그러나 부당해고를 그로 인한 취업과 관련한 인격적 이
익에 대한 침해로서 파악한다면 부당해고로 인한 피침해이익은 근로제공
과 관련하여 근로자가 갖는 인격적 법익 내지 인격권이고, 이러한 법익은
소유권과는 달리 아직 불완전한 것이다. 따라서 인격권에 대한 침해가 불
법행위가 되기 위해서는 다른 권리에 대한 침해에 있어서보다 그 침해의
정도가 큰 것이 요구된다.
  또한, 인격권의 경우에는 침해를 둘러싸고 상충하는 다른 인격권 사이
의 조화와 이익형량이 이루어져야 하므로, 사용자의 부당해고로 인한 인
격권의 침해는 사용자와 근로자의 이익에 대한 객관적 평가 및 침해행위
의 비난가능성의 정도·기간·목적 등의 구체적 상황에 비추어 허용될

---

82) 최진갑, 앞의 논문, 457~460면, 「주석 채권각칙(Ⅲ)」, 한국사법행정학회, 1986,
    314면; 「註釋 民法(19) 債權(10)」[이하 '註釋債權(10)'이라 한다], 有斐閣, 1967,
    33면 참조.

수 없는 경우에 위법한 것으로 평가된다.[83]

대신 이러한 경우 위법성이 인정되어 불법행위가 성립된다면, 부당해고로 인한 근로자의 정신적 손해는 특별손해가 아닌 통상손해로 파악될 것이다.[84] 따라서 어떠한 측면에서 불법행위를 구성하는가에 따라 위법성에 대한 판단은 달라지는 것이며, 가해자의 주관적 요소도 위법성의 판단과 별개의 것이라고는 할 수 없다.[85]

위법성은 불법행위의 객관적 요건이라고 하나 범인이 아닌 자를 체포 또는 구금케 한 경우에 그 고소 또는 고발한 자의 고의나 과실의 유무에 따라 위법성이 결정되거나 상호(商號)에 대한 침해에 있어 부정한 목적이 요구되는 경우[86]와 같이 일정한 경우에는 가해자의 주관적 요소도 위법성의 판단에 영향을 미치게 된다.[87]

재산권침해로 인한 피해자의 위자료청구권에 있어 가해방법이 현저히 반도덕적이라든지, 피해자에게 현저한 정신적 타격을 줄 목적으로 가해한 경우, 피해자에게 현저히 정신적 고통을 느끼게 하는 상황하에서 가해행위가 이루어진 경우에는 위자료청구권이 인정되며, 이 경우에는 피해자에게 있어서 특수한 주관적·정신적 가치를 갖는 물건에 대한 가해의 경우와는 달리 피해대상인 재산이 피해자에게 특별히 주관적·정신적인 가치를 갖지 아니하여도 피해자가 큰 원한을 품게 되고 이들 피해자의 정신적 손해는 통상손해로서 예견가능성에 불구하고 피해자에게 위자료청구권이 인정된다고 하는 견해[88]도 이러한 경우에는 단지 재산권침해에 따른 정신적 손해가 아닌 직접적인 인격적 이익에 대한 침해로 파악하는 것이라

---

83) 전윤구, 앞의 논문, 79면.
84) 전윤구, 앞의 논문, 91면.
85) 하경효, 구제내용, 258면; 전윤구, 앞의 논문, 78~80면.
86) 곽윤직, 채권각론, 711~712면.
87) 하경효, 구제내용, 258면; 「주석 형법총칙(상)」, 한국사법행정학회, 1988, 410~411면; 김일수, 「한국형법 Ⅰ(총론上)」, 박영사, 1991, 499면.
88) 註釋債權(10), 195~196면.

생각한다.

그렇다면, 일반적으로 사용자가 근로자를 징계해고한 것이 정당하지 못하여 무효로 판단되었다고 하더라도 그 해고가 무효로 되었다는 사유 만에 의하여 곧바로 그 해고가 불법행위를 구성하게 된다고 할 수 없음을 전제로[89] 사용자가 ① 근로자를 징계해고할 만한 사유가 전혀 없는데도 오로지 근로자를 사업장에서 몰아내려는 의도하에 고의로 어떤 명목상의 해고사유를 내세워 징계라는 수단을 동원하여 해고한 경우나 ② 해고의 이유로 된 어느 사실이 소정의 해고 사유에 해당하지 아니하거나 해고사유로 삼을 수 없는 것임이 객관적으로 명백하고, 또 조금만 주의를 기울였더라면 이와 같은 사정을 쉽게 알아볼 수 있는데도 그것을 이유로 징계해고에 나아간 경우 등 징계권의 남용이 우리의 건전한 사회통념이나 사회상규상 용인될 수 없음이 분명한 경우에 있어서는 그 해고가 근로기준법 제23조 제1항에서 말하는 정당성을 갖지 못하여 효력이 부정되는데 그치는 것이 아니라 위법하게 상대방에게 정신적 고통을 가하는 것이 되어 근로자에 대한 관계에서 불법행위를 구성할 수 있다고 한 판례의 태도를 이해할 수 있게 된다.

즉 판례는 사용자에게 부당해고와 관련하여 가해자의 주관적 요소(고의 또는 중과실)까지 고려하여 침해행위의 불법성이 크다고 인정되는 경우에 한하여 근로자의 취업과 관련한 인격적 이익을 침해하는 불법행위가 된

---

89) 그런데 이러한 전제는 채무불이행의 경우에는 정신적 손해배상이 문제되지 않는다는 견해에 기초하거나 또는 이때의 정신적 손해는 경미한 것이기 때문에 재산적 손해의 배상으로써 치유될 수 있다는 관념을 취하게 될 때 가능한 것이라고 하면서 부당하다는 견해(하경효, 정신적 손해에 대한 배상책임, 123~124면)가 있으나, 판례는 임금의 부지급이, 즉 재산권침해가 문제되는 부당해고와 인격권에 대한 침해로서 정신적 손해배상책임이 문제되는 부당해고를 구별하여 전자의 부당해고가 당연히 후자의 부당해고로 될 수는 없다는 점을 밝힌 것에 불과하므로 위 비판은 부당하다고 생각한다.

다고 구성하고, 이러한 경우의 정신적 손해는 통상손해로 보고 있는 것으로 이해할 수 있다.[90]

III. 소 결

근로계약은 기본적으로 근로자가 사용자에게 근로를 제공하고 사용자는 이에 대하여 임금을 지급함을 목적으로 체결된 쌍무계약을 말하는 것이다. 그러나 부당하게 해고당한 근로자가 해고무효확인 및 임금청구소송에서 승소함으로써 자신의 근로제공 없이도 사용자로부터 임금을 전액 지급받게 되면 부당해고로 인한 근로자의 정신적 손해까지도 모두 회복되었다고 보는 것은 지나치게 부당하다고 느껴진다. 이러한 임금지급으로 회복되지 아니하는 손해의 사법상 구제에 관하여 1980년대 후반부터 급증현상을 보이기 시작한 근로관계 사건에서 실무상 문제되기 시작하여 현재는 하나의 판례로서 정립되기에 이르렀으나 그 법적 논거에 대하여는 아직도 학자들이나 실무가들 사이에 논의가 분분한 실정이다.

판례는 근로계약의 특수성으로 인하여 사용자가 근로자를 부당해고한 것이 반드시 임금지급채무를 이행하지 아니한 것에 불과하다고만 말할 수 없다고 하여 위자료청구의 인정근거를 밝히고 있으며, 나아가 사용자는 근로자가 근로제공을 통하여 참다운 인격의 발전을 도모함으로써 자신의 인격을 실현시킬 수 있도록 배려하여야 할 신의칙상의 의무를 부담한다고 하여 사용자의 근로수령의무까지 인정하고 있다.

이렇게 사용자에게 근로계약과 관련하여 부수적 의무로서 근로수령의무를 인정한다면 사용자가 부당하게 근로자를 해고하여 근로의 제공을 거부하는 것은 위와 같은 사용자의 의무에 위반하여 근로자의 인격적 법

---

90) 하경효, 구제내용, 259면.

익을 침해하는 것이 되는데, 우리의 통설이 채무불이행으로 인한 정신적 손해배상을 긍정하고 있고 우리의 판례도 불법행위로 인한 재산권침해나 채무불이행에 있어서 재산상의 손해배상으로 회복되지 아니하는 정신상의 손해에 대하여는 특별손해로서 특별한 사정에 대한 인식 또는 예견가능성이 있었던 경우에는 인용 가능하다고 판시하여 왔으므로 채무불이행으로 이론을 구성하여도 위자료청구를 인용할 수 있음에도 판례가 굳이 불법행위로 이론구성을 하는 이유는 무엇일까.

우리 민법 제763조가 채무불이행에 있어서의 손해배상의 범위에 관한 제393조를 준용하고 있고 통설이 채무불이행책임이나 재산권침해로 인한 불법행위책임에 있어서도 정신적 손해배상을 인정하고 있는데 영향을 받아 우리 대법원이 위와 같은 정신적 손해를 특별손해라고 하여 그 인용가능성을 열어 놓고서도 결과에 있어서는 이를 인정한 사례가 없는 것을 보면, 위 특별손해라는 말은 실제로는 위자료청구를 배척하기 위한 상용구에 지나지 않는 것이고, 명시적인 이론적 근거를 밝히지는 아니하였으나 채무불이행이나 순수한 재산권침해에 있어서 위자료 청구를 인용하는 것이 부당함을 대법원이 직관적으로 인식하고 있었던 것이 아닌가 생각한다. 다만, 채권채무관계나 재산권침해에 있어서도 상대방의 인격적 법익을 심하게 침해하여 정신적 손해의 배상을 인정함이 상당하다고 보이는 사례가 있을 수 있는데 채권채무관계에서 또는 재산권침해와 관련하여서도 상대방의 인격적 법익에 대한 침해로서의 불법행위의 성립은 가능한 것이므로 이런 경우에 우리 대법원은 곧바로 인격적 법익에 대한 침해로서의 불법행위의 성립을 인정하고 그로 인한 정신적 손해를 경험칙상 인정되는 통상의 손해로 보고 있다.

부당해고로 인한 위자료의 문제를 불법행위에 기한 청구로 파악하는 경우에는 부당해고와 임금의 미지급이 문제가 되는 것이 아니라 부당해고와 취업거부, 이로 인하여 근로자가 받게 되는 취업과 관련한 인격적 법익에 대한 침해가 문제되는 것이므로, 사법상의 효력이 부인되는 부당해고의 성립요건과는 별개로 성립요건을 검토하여야 할 것이다. 이러한 경우 부당해고로 인한 피침해 이익은 근로제공과 관련하여 근로자가 갖는 인격적 법익 내지 인격권이고 이러한 법익은 소유권과는 달리 아직 불완전한 것이므로 그에 대한 침해가 불법행위가 되기 위해서는 다른 권리에 대한 침해에 있어서보다 그 침해의 정도가 큰 경우에 위법성이 인정된다 할 것이며 이때에는 가해자의 주관적 요소도 함께 고려하여 부당해고의 위법성 여부를 판단하여야 한다.

이러한 견지에서 본다면 판례가 부당해고가 그 효력이 부정되는데 그치는 것이 아니라 위법하게 상대방에게 정신적 고통을 가하는 것이 되어 근로자에 대한 관계에서 불법행위를 구성하기 위해서는 '징계권의 남용이 우리의 건전한 사회통념이나 사회상규상 용인될 수 없음이 분명한 경우'이어야 한다면서 그 예시로서 '근로자를 징계해고할 만한 사유가 전혀 없는데도 오로지 근로자를 사업장에서 몰아내려는 의도하에 고의로 어떤 명목상의 해고사유를 내세워 징계라는 수단을 동원하여 해고한 경우나 해고의 이유로 된 어느 사실이 소정의 해고 사유에 해당하지 아니하거나 해고사유로 삼을 수 없는 것임이 객관적으로 명백하고, 또 조금만 주의를 기울였더라면 이와 같은 사정을 쉽게 알아볼 수 있는데도 그것을 이유로 징계해고에 나아간 경우 등'을 들고 있는 것은 불법행위가 성립하기 위한 대법원의 기준을 밝힌 것으로서 중요한 의미가 있다.

제5절 복직거부와 취업청구권[1)]

I. 개 설

　사용자로부터 부당하게 해고당한 근로자가 그 해고가 부당해고로서 무효임을 주장하여 그 주장이 법원이나 노동위원회에서 받아들여진 경우 사용자는 그 근로자를 사업장에 복직시켜야 할 것이다. 그러나 이와 같이 해고가 무효로 확인되어 근로계약관계가 존속하고 근로자가 복직을 요청함에도 사용자는 근로자에게 임금만을 지급하고 복직을 거부할 수 있는가. 고용 내지 근로계약관계에 있어서 근로자에게 근로할 의사가 있고, 근로가 가능함에도 사용자가 일을 시키지 아니하는 경우 당사자에게 있어서 가장 중요한 법적 문제는 임금청구권의 존부 및 범위일 것이다. 그러나 그 외에 이러한 경우 근로자가 사용자에 대하여 스스로를 취업시켜 줄 것을 구하거나 혹은 취업할 수 없음으로 인하여 생긴 손해의 배상을 임금과는 별도로 구하는 것이 법적으로 가능할 것인지가 문제된다.

　이것이 소위 취업청구권[2)]의 문제인데 이는 종래 독일에 있어서는 사용

---

1) 이 부분은 정진경, "복직거부와 위자료−취업청구권의 인정 여부를 중심으로"(노동법연구 6호, 서울대학교 노동법연구회, 1997, 498면 이하)를 수정·보완한 것이다.

2) 다만, 그 용어와 관련하여서는 '就業請求權'이라는 용어를 쓰는 학자(김형배, 하경효, 김소영)와 '就勞請求權'이라는 용어를 쓰는 학자(이흥재, 박홍규, 문무기), 근로청구권이라는 용어를 쓰는 학자(유성재) 등이 있는바 우리나라에서는 就勞라는 용어가 나소 생소하게 느껴지므로 다소의 문제점은 있으나 就業請求權이라는 용어를 사용하기로 한다. 다만, 어떤 용어를 써도 근로자를 주체로 하는 한 적극적인 의미로 느껴져 혼란을 피하기가 어려우므로, 개인적으로는 독일과 같이 '근로수령의무'로 부르는 것이 가장 무난하지 않을까 생각한다; 同旨「注解 民事執行法(7)」, 第一法規, 1984, 203면(就勞請求權이라는 용어는 사용자가 갖는 근로제공청구권과 혼동된다고 한다).

자의 '근로수령의무(Beschäftigungspflicht)'를 인정할 것인가의 형태로 독일 민법전시행이래 논의되어 온 것이고, 일본에서는 "취로청구권"의 존부의 문제로서 논의되어 온 것이다.

이에 관하여는 우리나라에 있어서 삼익악기사건3)이 있기까지는 본격적으로 논의되지 아니하였고 이를 명시적으로 인정하거나 부정하고 있는 대법원판례도 없었으나, 해고무효확인소송에서 승소한 근로자의 복직거부와 관련한 위 판결을 계기로 취업청구권의 인정 여부에 관하여 본격적으로 논의되게 되었다.

사용자로부터 부당하게 해고당한 근로자가 그 해고가 부당함을 주장하여 그 주장이 법원이나 노동위원회에서 받아들여진 경우 사용자는 그 근로자를 사업장에 복직시켜야 할 것이다. 그러나 위와 같이 해고가 무효로 확인되어 근로계약관계가 존속하고 근로자가 복직을 요청함에도 사용자는 근로자에게 임금만을 지불하고 그의 복직을 거부할 수 있는가가 위 판결의 쟁점이었는바, 이하에서는 위 판결에 이르기까지의 과정을 검토한 후 취업청구권의 인정 여부에 관하여 논의하되, 취업청구권의 문제가 일찍부터 논의되어 온 독일과 일본에서의 논의를 살펴본 후 우리나라의 상황을 살펴보고 끝으로 위 판결에 관하여 검토하기로 한다.

취업청구권에 기한 근로자의 가처분에 대하여는 절을 달리하여 관련되는 부분에서 살펴보기로 한다.

II. 삼익악기사건4)

1. 사안의 개요

1) 원고들 3인은 피고회사(주식회사 삼익악기)의 근로자로 근무하면서

---

3) 대법원 1996. 4. 23. 선고 95다6823 판결.

피고회사 노동조합의 간부로 활동하여 오다가 1991. 6. 1.부터 6. 9.까지 불법파업을 주도하였다는 이유로 같은 해 7. 11. 징계해고되었다.

2) 원고들이 이에 불복하여 해고무효확인등의 소를 제기하면서 1991. 6. 9. 원고들에 대하여 위 파업과 관련하여 징계문제를 비롯한 일체의 민, 형사상 책임을 묻지 않기로 하는 이른바 면책합의가 이루어졌다고 주장하였고 제1심5)은 이를 받아들여 위 원고들에 대하여 한 해고는 무효라고 판시하였다.

3) 피고가 불복 항소하여 진행된 제2심6) 판결은 원고들에 대한 징계해고는 별다른 사정이 없는 한 정당한 이유가 있다고 판시하면서 위 1991. 6. 9.자 합의가 징계문제를 비롯한 일체의 민, 형사상 책임을 묻지 않기로 하는 내용의 면책합의라는 원고들의 주장을 배척하였으나, 피고 회사의 대표이사가 1991. 6. 9. 원고들에 대하여 최대한 관용을 베풀 것을 약속하였고 이에 따라 원고들도 그 후의 불법파업에 참여하지 아니하고 오히려 그 수습에 노력한 사실을 인정하면서 원고들에 대한 징계해고가 위 약속에 위반하여 무효라고 판시하였다. 1993. 9. 28. 선고된 상고심 판결7)도 제2심의 위와 같은 사실인정은 정당하다고 하여 피고의 상고를 기각하였다.

4) 그런데 피고가 위와 같이 원고들에 대한 해고무효확인판결이 확정되었음에도 그 판결에 따른 임금만을 지급한 채 원고들을 복직시키지 아니하고 원고들의 근로제공을 계속 거부하자 원고들은 원고들에 대한 위 해고와 피고의 복직거부가 불법행위를 구성한다고 하여 임금상승누락분의

---

4) 대법원 1996. 4. 23. 선고 95다6823 판결.
5) 인천지법 1992. 3. 31. 선고 91가합15764 판결.
6) 서울고법 1993. 4. 7. 선고 92나24440 판결.
7) 대법원 1993. 9. 28. 선고 93다23350 판결.

손해배상청구와 아울러 위자료청구를 하여, 제1심[8]에서 임금상승누락분에 대하여는 일부승소판결을 받았고 위자료 청구는 모두 기각판결을 받자 위자료청구부분에 대하여만 항소하였다.

2. 원심법원의 판단[9]

1) 채무불이행으로 인한 위자료청구에 관한 판단

피고 회사의 복직거부행위가 근로계약상의 채무불이행으로 인정되기 위하여는 사용자의 근로수령의무 즉 사용자가 취업을 거부할 경우 근로자에게 임금청구권외에 별도로 현실로 취업할 것을 청구할 수 있는 권리 즉 취업청구권이 인정됨이 그 전제가 되며, 근로의 실현은 사용자 측의 인격적 수용에 의존하지 않을 수 없고 이러한 수용은 노동조합법 제42조 제1항[10]에 따른 부당노동행위에 대한 구제명령으로서의 원직 복직명령 등 특별히 명확한 법적 근거가 있는 경우를 제외하고는 법적으로 강제할 수 있는 것이 아니다.

따라서 위와 같은 특별한 경우를 제외하고는 근로자의 취업청구권과 채무불이행에 따른 손해배상책임이 생기게 된다는 의미에서의 사용자의 근로수령의무를 인정할 수 없으므로 피고회사의 복직거부행위가 근로계약상의 채무불이행이 된다고 볼 수 없다.

2) 불법행위로 인한 위자료청구에 관한 판단

위와 같은 이유에서 피고회사의 복직거부행위가 원고들의 취업청구권

---

8) 인천지법 1994. 9. 8. 선고 93가합19319 판결.
9) 서울고법 1994. 12. 23. 선고 94나35291 판결.
10) 현재의 노동조합 및 노동관계조정법 제84조 제1항에 해당한다.

을 침해하는 행위로서의 불법행위가 될 수는 없다 할 것이고 다만 견습공, 연구원, 배우, 수련의 등 근로자에게 있어 임금획득 외에 근로자의 능력이나 기술의 습득, 유지 또는 향상 등 근로로 인하여 취득할 별도의 이익이 있는 경우 등 특별한 사정이 있는 경우에는 사용자에 의한 취업거부가 근로자의 위와 같은 취업이익을 침해한 불법행위가 될 수는 있다 할 것이나 이 사건은 위와 같은 경우에 해당하지 아니한다.

3. 대법원의 판단

근로계약에 따라 계속적으로 근로를 제공하는 근로자는 인간으로서의 존엄과 가치를 지닌 인격체이고 근로자는 자신의 전인격을 사용자의 사업장에 투입하고 있는 점에서 근로관계에 있어서 근로자의 근로제공은 자신의 인격과 분리될 수 없는 것이고 한편 근로계약에 따른 근로자의 근로제공은 단순히 임금획득만을 목적으로 하는 것은 아니고 근로자는 근로를 통하여 자아를 실현하고 나아가 기술을 습득하고 능력을 유지·향상시키며 원만한 인간관계를 형성하는 등으로 참다운 인격의 발전을 도모함으로써 자신의 인격을 실현시키고 있다는 점도 부인할 수 없다.

사용자는 특별한 사정이 없는 한 근로자와 사이에 근로계약의 체결을 통하여 자신의 업무지휘권, 업무명령권의 행사와 조화를 이루는 범위 내에서 근로자가 근로제공을 통하여 참다운 인격의 발전을 도모함으로써 자신의 인격을 실현시킬 수 있도록 배려하여야 할 신의칙상의 의무를 부담한다. 따라서 사용자가 근로자의 의사에 반하여 정당한 이유 없이 근로자의 근로제공을 계속적으로 거부하는 것은 이와 같은 근로자의 인격적 법익을 침해하는 것이 되어 사용자는 이로 인하여 근로자가 입게 되는 정신적 고통에 대하여 배상할 의무가 있다.

피고가 원고들의 복직요구에도 불구하고 계속 원고들의 근로제공을 거부하면서 현실의 업무에 종사시키지 아니하는 것은 원고들의 인격적 법익을 침해하는 것이 된다.

III. 독일에서의 취업청구권에 대한 논의[11]

1. 제2차 대전 이전의 판례와 학설

1) 독일민법시행 후 제1차 대전 전까지

취업청구권에 관하여 명시적인 합의가 있는 경우에는 사용자의 계약상의 의무로서 당연히 인정되지만 그렇지 않은 경우에는 독일민법이 매매계약이나 도급계약에 있어서 매수인이나 도급인의 수취의무를 규정하고 있는 것과는 달리 고용 내지 근로계약에 관하여는 아무런 규정도 두고 있지 않았으므로 사용자의 근로수령의무를 고용 혹은 근로계약상의 의무로서 인정할 것인가가 독일민법시행 이래 판례·학설상의 중요논점의 하나였다.

초기에는 사용자에게는 근로수령의 권리는 있지만 의무는 없다고 함이 지배적인 견해였다. 독일제국 최고법원도 이러한 견해에 서서 근로자의 취업청구권을 부정하였고 학설도 고용이라 함은 근로와 보수의 교환계약이기에 사용자는 예를 들면 시장상황의 변화를 이유로 하거나 또는 그 같은 특별한 이유가 없어도 취업을 거부할 수 있다고 하였다.

이에 대하여 무대배우 등 근로를 계약을 통하여 실행함에 현저한 이익이 있는 피용자에게는 특히 취업청구권을 인정하여야 한다는 주장이 있

---

11) 下井隆史, 「勞働契約法の理論」 중 제2부 勞働者の就勞請求權(제1장 "ドイツにおける使用者の就勞請求權"), 有斐閣, 1985; 김소영, "근로자의 취업청구권", 한국노동연구 5집, 한국노동연구원, 1994 참조.

었으나 통설은 배우 등이 근로의 현실전개를 방해받음으로써 중대한 이
익의 침해를 받는다는 사실을 긍정하면서도 이익이 있는 것만으로 법규
에 없는 권리가 생길 수는 없고 그들은 그 이익을 계약체결시의 특약으로
도모하면 되는 것이기에 특약의 존재 없이 그러한 권리의 존재를 인정할
수는 없다고 하였다.

2) 1910년 독일제국법원 판결 이후[12]

그러나 1910년 독일제국법원이 근로를 부당히 거부당한 악단지휘자의
취업에 관하여 근로를 수령할 의무는 바로 부정되어야 하는 것은 아니고
특약이 있는 외에 주어진 경우에 있어서의 상황으로부터도 생길 수 있다
고 판시한 이래 이러한 이론은 판례와 학설에 의하여 더욱 발전되어 바이
마르 시대의 정설로 확립되었다.

먼저, Bewer는 위 판결 전의 통설에 대하여 이는 근로의 현실적 수행에
관한 근로자의 이익을 사용자의 자의에 따른 침해 하에 방치하는 것이고
그 때문에 명시적이 아닌 묵시적인 특약에 의한 근로수령의무를 인정하
여야 한다고 주장하면서 나아가 당해 근로관계의 성격 및 수반하는 상황
에서 직접 이러한 의무의 존재를 도출할 수 있다고 하였다.[13]

일찍이 통설의 대표적 주장자였던 Oertmann도 근로의 불수령이 채무불

---

12) 취업에 관하여 이익이 있다고 인정되어도 법규에 없는 권리가 생기지는 않는다는
　　초기의 판례, 학설이 제1차 세계대전을 전후로 하여 취업에 관하여 특별한 이익이
　　존재한다면 취업을 구할 권리가 직접 인정된다는 방향으로 변화하게 된 이유를 下
　　井隆史는 첫째 개념법학적 법실증주의에서 이익법학으로의 법의 일반이론 내지 법
　　학방법론에 관한 이론의 발전, 둘째 독일민법제정 당시에 있어서 고용계약은 로마법
　　적, 보통법적 시각에 근거한 것이었으나 그 후의 사회적 변동의 영향에 따라 인격적
　　종속개념을 중핵으로 한 독자적인 근로계약, 근로관계론이 정립된 데에서 구하고 있
　　다(下井隆史, 앞의 책, 71~75면).
13) Bewer, Das Recht auf Beschäftigung, Neue Zeitschift für Arbeitsrecht, 1921, S. 31
　　f[下井隆史, 앞의 책, 79면 각주 22)에서 재인용].

이행이 아닌 것은 물론이지만 경우에 따라서는 근로자에게 근로를 보장하는 것이 사용자에게 소로써 강제될 수 있는 의무로서 성립한다고 하였다. 더구나 그것은 특약이 있는 경우에 한하지 아니하고 당해 계약이 어느 종류의 유형적 특질을 갖는 경우 즉 성과급제계약, 도제계약 혹은 근로자가 취업에 관하여 물질적 또는 정신적 이익을 갖는 내용의 계약(배우 외에 학문적, 정치적 직무에 관한 자, 관리적 직무에 관한 자를 고용하는 계약 등)이 결부된 경우에는 특약이 없어도 가능하다고 하였다.[14)]

Kaskel, Hueck, Sinzheimer, Staub도 이론구성의 차이는 있어도 결론적으로는 위와 거의 동일한 주장을 하였고, 특히 1923년의 통일근로계약법초안 제46조에는 이러한 학설전개를 반영하여 사용자는 근로자가 취업에 특별한 이익을 갖는 때에는 근로수령의무를 부담한다고 규정되었다.[15)]

요약하면 제1차 세계대전 전의 판례와 학설을 지배하고 있던 이론이 바이마르 독일의 판례, 학설의 발전을 통하여 근로수령의무를 더 넓게 인정하여 근로자이익보호확대의 방향으로 수정되어 변화되었다고 말할 수 있다.

그러나 한편 근로를 수령할 권리는 있으나 의무는 없다고 하는 원칙은 거의 모든 판례, 학설에 의하여 승인되었고, 따라서 특수한 상황이라든가 명시, 묵시의 특약이 존재함이 인정되지 아니하는 이상 근로수령의무는 부정된다고 하는 해석론 자체는 일반적으로 지지되었으며, 그것이 현실의 법규제에 있어서도 위와 같은 피용자의 이익과는 역의 방향으로 기능하고 있었다.

결국, 바이마르 독일의 판례, 학설은 사용자는 제공된 노동력을 현실적으로 사용할 의무를 지지 않는다고 하는 원칙과 다만 어떠한 종류의 특별

---

14) Oertmann, Das deutsche Arbeitsvertragsrecht, 1923, S. 137[下井隆史, 앞의 책, 79면 각주 23)에서 재인용-].
15) 下井隆史, 앞의 책, 70면.

한 경우에는 의무를 지게 된다는 예외를 인정한 것이라 할 수 있다.

다만, 위와 같은 판례 및 통설의 견해에 대하여 Nipperdey는 통설과는 반대로 원칙적으로 근로급부의 의사가 있는 모든 근로자에게 취업청구권이 있다고 주장하였다. 그에 따르면 신의칙에 따라 해석한다면 근로수령의무를 긍정하는 것이 충분히 가능하고 다만 신의칙에 따라 근로자를 현실적으로 취업시키는 것과 모순되는 이익이 사용자 측에 존재하고 그것이 보호할 가치가 있는 때에는 취업청구권은 발생하지 않는다고 하며 그에 관한 증명책임은 사용자에게 있다고 하였다.16)

3) 나치스 체제의 성립 이후

1934년 제정된 국민노동질서법은 근로수령의무문제에 관한 법이론에 대하여도 근본적인 재검토를 요청하게 되었다. 나치스 이데올로기에 따른 근로관계의 법적 구성에 의하면 그것은 계약에 의하여 성립된 근로와 임금의 대가적 교환관계가 아니고 경영체로의 편입에 의하여 성립되는 특수한 인격법적 공동체관계이다. 이 공동체관계하에서 필연적으로 발생하는 상호적인 충실관계가 여러 가지 권리의무를 발생시키고 근로수령의무는 바로 근로, 복종, 경업피지, 보호, 임금지불, 휴가부여 등과 함께 충실의무의 내용의 일부를 구성하는 것으로 된다.

특히 근로수령의무가 긍정되어야 하는 근거에 관하여는 첫째 종래의 판례, 학설은 근로관계를 근로와 임금의 교환관계로서만 취급하여 왔으나 오늘날에는 인격법적 공동체관계로 취급되어야 하기에 상호적인 충실의무의 일부로서 매우 당연히 근로수령의무가 긍정되어야 한다는 것, 둘째로 국민노동질서법 제1조에 따라 근로는 오늘날 국가와 민족의 전체이익

---

16) Staudinger-Nipperdey, Kommentar zum bürgerlichen Gesetzbuch, Bd. 2, Recht der Schuldverhältnisse, 1928, Teil. 2. IX zu §611[下井隆史, 앞의 책, 81면 각주 36)에서 재인용].

을 가져와야 할 독일민족의 명예로운 의무이기에 근로가 현실적으로 수
행되어야 하는가는 사용자의 자유로운 처분의 대상이 아니라고 하는 것
이 학설상 강조되었다.[17]

다만, 이러한 나치스 시대를 압도한 근로수령의무론과는 달리 판례[18]
는 근로수령의무 존부의 문제에 관하여 판례를 크게 변경시킬 필요는 없
다고 하는 등 바이마르 독일 시대의 판례, 학설에 있어서의 논리를
그대로 따르고 있었다.

그런데 학설이 고창한 근로수령의무론은 거기서 나치스 이론에 있어서
의 이데올로기적인 구성을 제거하면 그것은 결국 바이마르 시대의 소수
설인 Nipperdey의 주장을 지지한 것에 지나지 않는다.

이러한 견해에 서면 근로수령의무문제에 관한 나치스 시대의 이론전개
도 요약하면 독일민법의 발전이고 나치스가 출현하지 않았어도 같은 방
향으로 나아갔을 것이라고 할 수도 있다. 그리고 현대 독일의 판례, 학설
을 지배하는 근로수령의무긍정론이 나치스 시대에 제창된 것과 기본적으
로 같은 이론구조를 갖고 있는 것에 관하여도 그것이 나치스적 사고와 필
연적인 관계를 갖지 않는 것이라는 논자들의 지적도 있다. 그러나 나치스
시대의 근로수령의무 원칙긍정론이 파시즘 법이론으로서 이데올로기적인
기능을 발휘하였음은 능히 추측할 수 있다.

---

17) 그러나 근로자의 취업청구권이 무조건 존재하는 것은 아니고 취업시키는 것과 모순
되는 중요한 경제적 이익이 기업가 측에 존재하는 경우 등은 예외로 한다는 것이고
그 예외에는 Nipperdey가 말했던 경영상의 장애나 해고의 효력이 당사자 사이에 다
투어지고 있는 경우 외에도 이 시기의 학설은 파시즘의 영향으로 현실로 취업시키는
것이 국민경제의 견지에서 부적절한 경우나 경영질서나 경영평화를 유지한다고 하
는 이익에 모순되는 경우가 포함된다고 한다.
18) 독일제국노동법원 판례는 없고 약간의 주 노동법원 판례들이 있을 뿐이다.

2. 제2차 대전 이후의 판례와 학설

1) 제2차 대전 직후의 시기

제2차 대전 종료 후 잠시 동안의 하급심판결이 바이마르 시대의 판례, 학설을 승계한 이론에 근거하고 있었으며 당시의 주 노동법원 판결들은 근로계약관계에 있어서 당사자 사이의 인격법적 결합을 근거로 하여 근로수령의무의 원칙적 긍정론을 도출하려는 것을 나치스적인 경영공동체와 충실의무사상에 근거한 것으로서 거부하고 근로관계를 채권계약관계로 보는 태도로 되돌아가 채권계약법의 일반원칙에 근거하여 근로수령의무는 일반적, 원칙적으로는 존재하지 아니하고 다만 근로자가 취업에 관하여 특별한 이익이 있는 경우에 예외적으로 그 존재가 긍정된다고 하였다.

이러한 판례의 논리를 체계화한 것으로는 Waechter의 견해가 있다.

그에 의하면 근로수령의무를 근로계약의 인격법적 특질로부터 연역하는 것은 명백히 나치스의 법사상에 의하여 강력히 영향을 받은 것이기에 거부되어야 한다고 하면서도 근로자에게 있어서 그가 습득하여온 직무를 통하여 활동하고 성장하는 이익은 간과되어서는 안 된다고 한다. 그러나 여기에서 바로 취업청구권의 근거를 찾는 것은 그에 관한 법률규정이 현행법에 없기 때문에 불가능하다고 한다. 취업을 청구할 권리 및 그 결과인 근로수령의무는 근로자에게 있어서 특별한 직업상 혹은 기타 정당한 이익이 긴요한 것으로서 요청되는 경우에는 인용되어야 한다고 하며 특히 근로자가 현실적인 취업에 관하여 이익을 갖고 있는 것[19]을 계약체결시에 상대방이 알았든가 또는 적어도 알 수 있었던 때에는 긍정되어야 한다고 주장하였다.[20]

---

19) 이에 해당하는 근로자로서 중상자, 사업장협의회위원, 병원의사나 대학교수 등 연구 전문직에 종사하는 자 등을 들고 있다.
20) Waechter, Die Beschäftigungspflicht des Arbeitgebers, Der Betrieb, 1955, S. 361

2) 1955년 독일연방노동법원 판결 이후

인격법적 공동체관계론에 얽힌 원칙적 긍정론은 우선 1950년대의 하급 심판결 가운데에서 전개되었다. 거기에서는 취업이 거부된 근로자는 특수한 경우만이 아니고 일반적으로 설사 임금을 지급받아도 이익침해로부터 완전히는 구제되지 않기에 근로수령의무가 원칙적으로 긍정된다고 하였다.

그러나 취업청구권에 관한 그간의 논쟁에 종지부를 찍고 그것이 일반적으로 승인되어 서독의 통설로 확인된 것은 1955. 11. 10. 있었던 독일연방노동법원의 판결이 계기가 되었다.

부당하게 해고된 여의사가 병원을 상대로 방사선과 주임과장으로서의 취업청구와 방사선과 과장으로서의 취업을 거부당함으로 인하여 생긴 모든 손해의 배상의무의 존재확인을 구한 사안에서 "근로관계는 인격법적 공동체관계(Persönenrechtliches Gemeinschäft−verhaltnis)이고 그것은 단지 독립된 행위자의 고용계약과 기타 채권관계에 있어서와 같은 단순한 개개의 특정 급부가 문제로 될 뿐만 아니라 그 적용범위에 있어서 근로자의 전인격을 포섭하고 그로 인하여 본질적으로 근로자의 생활을 형성하고 근로자의 인격을 규정하는 것이다. 그 때문에 사용자는 단지 그의 충실의무에 기해서만이 아니고 무엇보다도 기본법 제1조 및 제2조로부터 각인에게 과해진 의무에 기하여도 근로자의 존엄과 인격의 자유로운 발전을 침해할 가능성이 있는 모든 것을 중지하여야만 한다. 근로자가 일시적이 아닌 장기에 걸쳐 급여를 받지만 종래의 직무에 종사하지 못하는 경우에 이 두 개의 기본권조항은 침해받게 된다. 즉 아무것도 하지 아니하도록 강제하여 그 근로자를 직업공동체와 사회의 가치 있는 일원으로서 취급받지 못하도록 하는 것이다. 일반인들만이 아닌 대부분의 근로자는 대응

---

f[下井隆史, 앞의 책, 94면 각주 69)에서 재인용].

하는 근로를 통하지 아니한 임금의 수취행위를 경멸해야 하는 것으로 생각한다. 그리고 근로관계가 존속하고 있는 동안 그 노동력을 타인에게 제공할 수 없는 근로자는 그 직업상의 능력을 유지하고 발전시키는 것을 방해받게 된다. 그 때문에 사용자가 근로자의 이해가 없는 경우에 계약의 존속기간 중 임금을 계속하여 지급하면서 일을 시키지 아니하는 것은, 예를 들면 해약고지기간 중과 같이 극히 일시적인 시기에만 허용되는 것이다. 다른 모든 경우에는 그 같은 일에 대하여 그 같은 규제를 필요로 하는 특별한 이유가 있어야 하며 더구나 그 존부의 판단에는 신중한 조사가 항상 필요하다. 그리고 근로자에 대한 해고의 법적 효력이 부정된 이상 사용자는 해고의 이유로 취업을 거부할 수 없다."라고 하여 피고의 상고를 기각하여 원고의 청구를 모두 받아들였다.

이를 요약하면 인격법적 공동체적 사고에서 취업청구는 본(Bonn) 기본법 제1, 2조의 인격 보호의 견지에서 인정되어야 하고, 또 근로자의 해고의 법적 효력이 사회적으로 정당성을 결하여 무효로 된 이상 그 해고이유로 취업거부를 할 수는 없다는 것이다.[21]

학설은 거의 일치하여 위 판례가 기본법 제1, 2조에서 근거를 구하는 점에 대해서는 비판하면서도 원칙적, 일반적인 긍정논리를 지지하였다.

학설은 근로자는 일반적으로 취업을 소구하고 또 사용자의 귀책사유에 근거한 불취업에 의하여 생긴 손해의 배상을 청구할 권리를 갖지만 다만 사용자 측에 보호할 가치 있는 이익이 존재하기 때문에 근로의 수령을 기대할 수 없는 경우에는 이 권리가 예외적으로 소멸한다고 한다.

채권법의 일반원칙에 따르면 일찍이 바이마르 시대의 판례, 학설과 제2차 세계대전 후의 하급심판결에 있어서와 같이 근로의 수령이 의무가 되

---

21) 宮島尚史, "經營指揮權と就勞請求權－聯邦勞働裁判所 1955. 11. 10. 判決", 別冊 ジュリスト No. 23, 1969. 5., 210~211면.

는 것은 특약이 존재하지 않는 한 인정되지 아니하는 것이지만 근로관계
가 인격법적 공동체관계인 것이 널리 인식되기에 이른 오늘날에는 사용
자는 그 충실의무의 중요한 하나의 내용으로서 근로수령의무를 부담하는
것이 원칙적으로 승인되어야 한다고 말한다.

[평가] : 위 통설은 인격법적 공동체관계론[22)]으로부터의 연역의 논리
가 항상 선행하고 있으나 이와 함께 또는 그 속에 개재하여 근로관계의
현실에 착안한 이익형량이라고 해야 할 귀납의 논리가 보이는 점은 주목
할 만하다.

근로자에게 취업에 관하여 보호할 가치 있는 이익이 존재하기에 근로
수령의무가 긍정되어야 한다는 논리는 근로수령의무의 존부에 관한 구체
적인 법적 결정을 좌우하는 것은 결국 쌍방의 이익의 형량이라는 통설의
결론에 도달한다.

이에 관하여 Hueck는 "근로자가 취업에 관하여 갖는 이익은 극히 다종
다양하고 정신적 및 물질적인 것을 생각할 수 있다. 고려되어야 할 취업
이익을 기본적으로 모든 근로자에 관하여 생각하는 것이 가능하다. 근로
관계가 존속함에도 장기간에 걸쳐 직업활동을 방해당하는 것은 모든 근

---

22) 인격법적 공동체관계의 구체적 의미와 그 논리가 어떻게 근로수령의무와 관련되는
가에 관하여는 다음과 같이 설명된다.
근로자가 급부하도록 의무지워진 근로라는 행위는 매도인 등에 있어서의 단순한 물
적 급부행위와는 달리 근로자의 전인격이 투입된다고 하는 본질적, 결정적인 차이가
있다. 근로관계에는 다른 채권관계와는 구별되는 결정적 특징으로서 강도의 인격법
적 요소가 존재하고 따라서 그것은 인격법적 관계이다.
그리고 인격법적 관계이기에 당사자 쌍방을 구속하는 독자의 충실의무가 그 본질적
내용으로서 포함되지 않을 수 없고 특히 이 충실의무 때문에 공동체 관계인 본질을
갖게 된다. 또한, 근로관계가 이러한 인격법적 공동체관계이고 상호적인 충실이 양
당사자에게 요청되는 것에서 사용자에게 있어서의 충실의무의 구체적인 표현인 보
호의무의 하나로서 노동력을 놀려서는 안 된다고 하는 윤리적, 법적인 의무라든가
근로자를 상품으로서가 아닌 인격으로서 존중하고 그 취업에 대한 이익을 지켜야
할 의무가 생기게 된다.

로자에게 있어서 그 인격과 명예를 훼손당하는 것이다."라고 하고[23] 나아가 "근로자의 이익을 고려하여야 한다면 사용자 측에 관하여도 모든 정당한 이익을 고려하여야 함은 당연하다. 근로수령의무는 근로자가 취업에 관하여 고려할 가치가 있는 이익을 전혀 갖지 않는 경우 또는 사용자 측에 취업을 억제할 이익이 있고 그것이 우월한 경우에는 존재하지 않는다."라고 한다.[24]

근로자에게는 취업에 관하여 이익이 존재하기에 이에 반하는 사용자이익과의 형량에 의해 법적 결정이 이루어져야 한다는 위 통설의 이론은 1910년대 이래의 판례, 학설의 발전의 연속선상에 있는 것이다.

그렇지만, 위 통설에 있어서 법적 고려의 대상으로서 고려되어야 할 근로자의 이익으로서 인격적인 것이 특히 강조되고 때로는 보호되어야 하는 유일한 것인 양 논해지는 것은 이제까지의 모든 논리에 비하여 현저히 특징적이다.

고려되어야 할 근로자의 이익 가운데에 인격적인 것도 포함된다는 것, 말하자면 사용자의 취업거부조치가 근로자에 대한 인격권침해라고 법적으로 평가될 가능성이 있는 것을 법적으로 명확히 한 것은 긍정적으로 평가되어야 하나 현실로 취업하는 것에 관하여 근로자가 갖는 이익 속에 많은 태양의 재산권적인 이익이 포함되어 있는 것은 제2차 대전 이전의 많은 판례가 실증하고 있다. 그러므로 고려되어야 할 근로자의 이익이 인격적인 것뿐인 양 논하거나 그렇지 않더라도 그것을 과도하게 강조하는 것은 타당하지 않다.[25]

---

23) Hueck-Nipperdey, Lehrbuch des Arbeitsrechts, 6 Aufl, Bd. 1, 1955, S. 350[下井隆史, 앞의 책, 96면 각주 92)에서 재인용].
24) Hueck-Nipperdey, Lehrbuch des Arbeitsrechts, 6 Aufl, Bd. 1, 1955, S. 351[下井隆史, 앞의 책, 96면 각주 93)에서 재인용].
25) 下井隆史, 앞의 논문, 89~91면.

또한, 근로계약에 있어서 근로자에게 의무지워진 급부가 급부행위를 실행할 주체인 인간 그 자체에 불가분적으로 결합된 노동력의 발동이고, 더구나 그것이 사용자의 지휘명령 하에서 행해진다는 점에서 매매 등의 다른 채권계약유형에 있어서의 채무자의 급부와 결정적 차이가 있다. 따라서 그것을 인격의 투입이라고 말할 수 있고 또한 거기에서 재산권을 이전하는 모든 행위나 재산을 이용케 하는 행위와는 다른 문제가 생기는 것도 확실하다. 근로수령의무의 기초는 이러한 근로채무의 특질에 있다고 말할 수 있다.

그러나 무엇 때문에 충실의무, 공동체 관계라고 하는 구성이 취하여져야 하는가. 이러한 구성이 나치스 이데올로기에 따른 근로관계논리에 극히 가까운 구조를 갖는 것은 부정할 수 없고 자본제적 법질서 하에서의 근로관계법에 있어서 문제소재의 핵심을 애매하게 하는 위험성을 다분히 내포하고 있다는 비판이 가해지고 있다.[26)

3) 1985년 독일연방노동법원 판결 이후

위 1955년 판결이 취업청구권을 인정하면서 그 논거로 들고 있는 인격법적 공동체관계에 기한 사용자의 충실의무나 기본법상 보호되는 인격권 등은 그 후 많은 비판을 받게 되었다. 즉 근로관계를 인격법적 공동체관계로 보는 견해는 확실한 법적 근거를 제시할 수 없었고 기본법 제1, 2조에서도 사용자의 적극적인 행위의무를 도출할 수는 없다는 비판을 받게 되었다. 이리하여 학자들은 취업청구권의 새로운 근거제시 노력을 계속하게 되었다.

해고예고기간이 경과한 후의 계속취업청구권에 대한 1985. 2. 27.에 있었던 독일연방노동법원 대부(BAG Große Senat)의 판결은 위 1955년 판결

---

26) 下井隆史, 앞의 논문, 93면.

이후에 지속된 논쟁에 관하여 일단락을 지었다. 여기에서는 1955년 판결이 제시한 헌법상의 인격권보호라는 근거를 대신하여 독일민법 제242조의 신의칙을 근거로 한 사용자의 근로계약상의 배려의무, 즉 근로자와 사용자의 근로계약에서 취업청구권의 인정근거를 찾고 있다. 그리하여 배려의무는 사용자의 계약상의 부수적 의무로 이해되고 사용자의 근로수령의무(Abnahmepflicht)는 순수한 채권법상의 의무로서 승인되게 되었다.[27]

3. 현재의 상황[28]

현재 독일의 연방노동법원은 독일 민법 제242조에 근거하여 모든 직업에 있어서의 근로수령의무를 인정하고 있다. 다만, 현재 생산이 중단되었거나 근로가 무의미한 경우, 또는 근로자의 사용자에 대한 범죄행위가 의심되어 계속적인 근로제공이 중단되어야 하는 때에는 사용자의 근로수령의무는 면제된다.

구체적으로는 다음과 같다.

먼저, 해고가 무효라는 최종판결이 난 후에는 근로수령의무는 인정된다. 사용자가 해고가 유효하다고 생각하여 근로자의 근로제공을 거부하였다면 근로자는 복직을 청구할 수 있고, 근로계약은 계속하여 존속한다. 그러나 심각한 대립으로 인하여 근로자가 계속근로를 견딜 수 없는 경우에는 근로자는 근로관계의 종료와 해고제한법 제9조 제1항에 따라 보상을 구할 수 있다. 현실적으로는 해고 후에 근로자가 근로관계의 존속을 원하는 경우가 거의 없기 때문에 소송은 복직 없이 일정금액의 보상을 하는 것을 내용으로 한 화해로 종결된다.[29] 그리하여 일부학자는 이와 같이 무의미

---

27) 김소영, 앞의 논문, 135~136면.
28) 독일의 현재 상황을 파악함에 있어서는 필자의 e-mail 질의에 대한 독일 Ruhr-Universität Rolf Wank 교수의 2008. 10. 23.자 답신이 큰 도움이 되었다.
29) Achim Seifert, Elke Funken-Hötzel, *Wrongful Dismissals In The Federal Republic Of*

한 복직할 권리를 폐지하고 금전보상으로 대체하자고 주장하고 있다.[30]

해고시로부터 소송의 종료에 이르기까지는 이를 구분하여 살펴볼 필요가 있다.

사업장조직법은 특별한 경우를 규정하고 있다. 사업장에 존재하는 사업장협의회가 해고대상근로자 선정기준에 따르지 않았거나 선정기준을 위반한 해고, 동일 사업장의 다른 일자리나 사용자의 다른 사업장에서 계속 근로시키는 것이 가능한 경우, 적절한 재교육이나 향상교육 후에 계속 근로가 가능한 경우, 변경된 근로조건에 따른 계속근로가 가능하며 근로자가 이에 동의한 경우에 해당한다는 이유[31]로 해고를 반대하고 근로자가 사용자를 상대로 제소하면[32] 사용자는 소송의 종료시까지 종전과 동일한 근로조건으로 근로자를 고용하여야 한다.[33]

연방노동법원은 위 사업장조직법의 규정이 적용되지 않는 경우에도 근로수령의무를 확장하여 인정하고 있다.[34]

먼저 해고가 명백히 무효이면 근로수령의무는 인정되며, 그렇지 않은 경우에는 제1심인 노동법원의 판결까지 근로수령의무는 인정되지 않는다. 노동법원이 해고가 무효라고 판결하면 근로수령의무는 인정된다.

제2심인 주노동법원이 노동법원과는 달리 해고가 유효라고 판단하면 근로수령의무는 더 이상 존재하지 않게 되고, 그 외에는 노동법원이 명한 근로수령의무가 지속된다.

연방노동법원이 해고를 유효로 판단하면 근로수령의무는 종료되며, 그 외에는 근로수령의무가 존속한다.

Germany, IUSLabor-UPF(http://www.upf.edu/iuslabor/042005/Artic01.htm), 10면.
30) Achim Seifert 등, 앞의 논문, 18면.
31) 사업장조직법 제102조 제3항.
32) 근로자는 해고무효와 복직, 임금지급을 구하는 소송을 내게 된다.
33) 사업장조직법 제102조 제5항.
34) Achim Seifert 등, 앞의 논문, 10면.

하지만, 이러한 연방노동법원의 태도에 대하여는 연방노동법원이 판단하기까지는 아무도 해고의 유무효를 판단할 수 없으며, 불확실한 상황은 확실한 상황과 같은 방법으로 규정될 수 없고 법원의 조치를 필요로 한다는 비판이 있다.[35] 근로자는 가처분을 받을 수 있는데, 가처분은 해고의 유무효가 아닌 근로자의 승소가능성과 그가 직장을 떠나는 경우 입게 되는 손해에 의존하게 된다고 한다.

이와 같이 독일에 있어서 이론적으로는 사용자의 근로수령의무가 인정되며 근로자는 가처분이나 본안소송으로 복직을 구할 수 있고 사용자가 이를 이행하지 않으면 금전적 제재가 가능하다고 하나, 현실적으로 근로자가 복직을 구하는 사례는 없는 것으로 보인다.

IV. 일본에서의 취업청구권에 대한 논의

1. 개 설

일본에 있어서는 취업청구권이 하급심판결에 있어서 특히 피해고자의 지위보전가처분신청사건에 있어서의 취로방해금지명령의 가부를 둘러싸고 쟁점의 하나로 논의되어 온 것이다.

취업청구권에 대한 논의는 근로자가 사용자에게 현실적으로 사용되는 이익(취업이익)이 일반적으로 존재하는가의 문제와 그것이 긍정된다면 그 이익을 어떻게 법해석론으로 권리로서 구성하는가의 문제로 나누어 볼 수 있다.

우선 근로자가 일반적으로 취업이익을 갖는 것에 관하여는 오늘날 거의 공통의 인식이 성립되어 있다. 그러한 인식의 배경에는 근로자는 현실

---

35) Rolf Wank 교수의 비판이다.

적으로 근로하는 것에서 삶의 보람을 느낀다는 것, 즉 근로자는 물질적인 보수를 얻는 것에 만족하는 것이 아니라 근로하는 것을 하나의 가치로서 느끼고 있다는 이해가 존재하고 있는 것이다.[36] 이러한 근로자의 취업이 익을 근로계약관계가 계속되는 것에 의한 단순한 반사적 이익으로 파악하여 이를 법적 보호 밖에 둘 것인가 아니면 이를 법적으로 보호하여야 할 이익으로 파악할 것인가가 취업청구권 인정 여부의 문제이며 나아가 취업청구권을 인정한다 하더라도 이를 어떻게 권리로서 구성하는가에 관하여는 여러 가지 견해가 있을 수 있다.

또한, 취업청구권을 인정하는 경우 그 수령의무위반의 효과에 관하여는 임금 외에 수령지체로 인한 손해배상(주로 정신적 손해)청구가 가능하다는 점에 관하여는 별 이견이 없으나 현실적 이행의 강제는 어디까지 인정될 것인가에 관하여는 급부의 성질상 전혀 인정되지 아니한다는 견해,[37] 간접강제는 허용되어야 한다는 견해,[38] 취업의 내용이 무엇인가에 따라 구체적으로 판단하여야 한다는 견해[39] 등이 있다.

일본의 판례는 1951년을 고비로 부정설이 그때까지의 긍정설을 대신하여 우세하게 되었고 오늘날에는 취업에 있어서의 특별한 이익의 존재를 예외사유로 하는 원칙적 부정설[40]이 우세하며, 학설은 이와는 반대로 긍정설을 취하는 것이 많다.

---

36) 小西國友·菅野和夫,「演習 勞働法」, 有斐閣, 1983, 58~59면.
37) 三島宗彦, "勞働者·使用者の權利義務", 新勞働法講座 7권, 日本勞働法學會, 1966, 152~153면.
38) 片岡昇 저(송강직 역),「노동법」, 삼지원, 1995, 416면; 下井隆史, 앞의 논문 118면; 岸井貞男, "勞働契約論", 基本法コンメンタール, 第3版 勞働基準法, 日本評論社, 1990, 50면; 恒藤武二, "就勞請求權-讀賣新聞見習社員解雇事件-", 別冊 ジュリスト No. 13, 1967. 5., 26면.
39) 水谷英夫, "就勞請求權", 勞働法事典, 勞働旬報社, 1979, 305면.
40) 다만, 그 기본적인 논리는 부정설과 유사하므로 이하에서는 부정설의 범주에 넣어 검토하기로 한다.

2. 부정설

1) 전형적 부정설

전형적인 부정설의 기본적인 견해는 근로계약을 상품교환을 매개로 하는 채권법상의 교환계약에 불과하다고 하여 임금의 지불에 대응하는 근로제공의 기본적 의무를 중시하고 취업의 권리성 내지 보호의 필요성을 부정하고 있다. 즉 자본주의사회에 있어 근로계약은 매매, 임대차와 같이 쌍무계약이며 사용자는 근로의 대가로서 임금을 지불하면 족하고, "근로계약상 근로자의 근로제공은 근로자의 의무이고 권리로 생각되는 것은 아니며",[41] 따라서 사용자는 근로의 제공을 수령할 의무는 없고 정당한 이유 없이 근로의 제공을 수령하지 않은 때에는 수령지체로 되어 근로의 수령 없이 임금을 지불하여야 함에 그친다는 것이다.[42]

"계약에 있어서 대가에 대한 청구에 더하여 자기의 채무에 관하여 수령청구권을 인정할 이론상의 필요성 내지 타당성은 부족하고 또 이점에 관하여 근로계약을 다른 쌍무계약과 구별하여 수령청구권을 인정할 특단의 이유도 없다."[43]라고 한다.

근로자는 취업하지 아니하여 사용종속하의 고통스러운 노동에서 해방되었음에도 불구하고 임금을 지불받는 것이고 군이 취업을 권리로서 청구할 이유는 없다고 보는 것이다.[44] 이러한 견해를 취하여 취업거부를 채무불이행이 아니라고 보면서도 근로자가 임금으로 보상되지 아니하는 불

---

41) 名古屋地決 1950. 10. 18. 昭和 25年(ヨ)466號 渡邊工業事件(제일법규 D1-Law. com 판례 ID 27620148에서 인용); 東京地決 1956. 9. 14. 昭和 30年(ヨ)4777號 讀賣新聞事件(제일법규 D1-Law.com 판례 ID 27610856에서 인용).

42) 大藤敏, "就勞請求權", 裁判實務大系 5卷(勞働訴訟法), 靑林書院, 1985, 151면.

43) 吾妻光俊, "勞働者의 權利·義務", 勞働法大系 5 (勞働契約·就業規則), 有斐閣, 1964, 52면.

44) 山本吉人, "就勞請求權", 新版 勞働法演習 2, 有斐閣, 1982, 106면.

이익 – 손해를 본 때에는 불법행위로서 손해배상청구권을 취득한다는 견해[45])가 있다.

[비판] : 근로계약의 내용을 고찰함에 있어 매매계약 등 쌍무계약 일반 속으로 모든 문제를 해소시켜 버리고 매매계약 등과는 기본적으로 다른 근로계약의 특성을 전혀 고려하고 있지 않다. 쌍무계약이라고 해도 계약 유형에 따라 권리·의무의 견련·의존의 관계가 다르기에 각각의 계약에 있어서 권리·의무의 구조를 밝히는 것은 오늘날 일반적으로 필요불가결한 것으로 생각된다.

특히 근로계약에 있어서는 양자의 대응관계의 특수한 구조가 해명되어야 하는 것이기에 이러한 이론적 요청을 저버리고 민법상 쌍무계약일반론에서 조금도 나아가지 않는 점에 부정설의 중대한 결점이 있다.[46]

또한, 연혁적으로 보아도 이는 일찍이 독일에 있어서 개념법학적 법실증주의가 지배하고 고용이나 근로계약의 법 구조상 특질에 대한 인식이 거의 없었던 시대에 제창된 것인데 거기에 그대로 머무르고 있다는 점에서 결론의 당부 이전에 그 발상법 내지 방법론에 문제가 있다.[47]

2) 원칙적 부정설

취업청구권에 관하여는 원칙적으로 부정설을 취하면서 근로계약상 특약이 있는 경우나 취업에 특별한 이익이 인정되는 경우에는 예외적으로

---

45) 楢崎二郞, "勞働契約と就勞請求權", 現代勞働法講座 10 (勞働契約·就業規則), 總合勞働硏究所, 1986, 37〜38면; 이에 대하여는 취업청구권을 부정하는 경우에는 그 원인을 잃어 이러한 이익을 인정할 근거가 없는 것이고 위 견해는 임금만으로 보상되지 아니하는 불이익이 임금과 불가분의 것, 즉 계약차원에서 생긴 것임을 무시하는 것으로서 부당하다는 비판이 있다(宮島尙史, "就勞權 – 第一學習社事件を契機に", 勞働法律旬報 No 1156, 1986, 44면).
46) 本多淳亮, "勞働契約·就業規則論", 一粒社, 1981, 50면; 同旨 下井隆史, 앞의 논문, 108〜109면.
47) 下井隆史, 앞의 논문, 98면.

취업청구권이 긍정된다고 하는 견해이다.

근로는 근로자의 인격의 실현행위로서의 성질을 갖기는 하나 그러한 근로의 실현은 근로계약이 고도로 인적인 관계이기에 사용자 측의 인격적 수용에 의지하지 않을 수 없다. 이러한 수용은 노동조합법 제27조[48]에 기한 노동위원회의 원직 복귀명령 등 특별히 명확한 법적 근거가 있는 경우나 특약이 있는 경우를 제외하고는 법적으로 강제할 수 없으며 또 채무불이행에 의한 손해배상책임을 발생시킨다는 의미에서 근로수령의무를 일반적으로 긍정하는 것도 곤란하다고 한다.[49]

특약에 더하여 특별한 이익이 있는 경우가 예외로 된 이유는 그러한 이해의 존재가 암묵적 합의의 존재를 추정시키기 때문이라 하며,[50] 특별한 이익의 예로서는 배우, 광대, 가수 등의 출연계약, 연구, 발명, 편집 등의 일과 관련된 근로계약, 성과급제임금형태의 근로계약, 도제, 수습계약 등이 들어지고 있다.

"근로계약에 있어서 근로자는 사용자의 지휘명령에 따라 일정한 근로를 제공할 의무를 부담하고 사용자는 이에 대하여 일정한 임금을 지급할 의무를 부담하는 것이 가장 기본적인 법률관계이기에 근로자의 취업청구권에 관하여 근로계약 등에 특별한 정함이 있는 경우 또는 업무의 성질상 근로자가 근로의 제공에 관하여 특별한 합리적인 이익을 갖는 경우를 제외하고 일반적으로 근로자는 취업청구권을 갖는 것은 아니다."라는 취지의 판례들[51]은 이러한 견해에 선 것이며 현재 판례의 지배적 견해이다.

---

48) 우리나라 노동조합 및 노동관계조정법 제82조에 해당하는 규정이다.

49) 菅野和夫, 「勞働法」, 第7版, 弘文堂, 2005, 65~66면; 다만 특수한 사정이 있는 경우 사용사에 의한 취업기부기 근로자의 취업의 이익을 침해한 불법행위가 성립될 수 있음에 그친다고 한다.

50) 西迪雄, "就勞請求權－日本電氣大津製作所事件－, ジュリスト 臨時增刊 勞働判例百選, 1962, 27면.

51) 東京高決 1958. 8. 2. 昭和 31年(ラ)897號 讀賣新聞事件(제일법규 D1-Law.com 판례 ID 27611027에서 인용); 仙台地判 1963. 5. 10. 昭和 37年(ヨ)250號 ソニー事

이 견해에 선 판례들은 결론적으로는 특별한 합리적인 이익이 없다 하여 취업청구권을 부정하는 것이 대부분이나 "조리인은 그 일의 성질상 단순히 근로를 제공할 뿐 아니라 조리장 등의 지도를 받고 조리기술의 연마 습득을 요하는 것이 명백하며 조리인으로서의 기량은 설사 짧은 시간이라 해도 직장을 이탈한다면 현저히 저하되는 것이기에 신청인은 업무의 성질상 근로의 제공에 관하여 특별한 합리적 이유를 갖는 자이므로 취업청구권을 갖는다."라고 판시한[52] 예외적인 경우도 있다.

따라서 일본에서는 해고가 무효라는 판결이 확정되어도 근로자가 당연히 복직하여 취업할 수 있는 것은 아니라고 해석되고 있다.[53]

[비판] : 이 견해는 바이마르공화국시대에 독일의 판례·학설상 채용된 것이고 그것이 오늘날 일본의 판례에 영향을 주어 무비판적으로 도입되어 온 것[54]이지만 취업청구권을 원칙적으로 부정하면서 근로의 제공에 관하여 특별한 합리적인 이익이 있는 경우에 한하여 예외적으로 긍정하는 것은 논리에 비약이 있으며,[55] 또한 '특별한 합리적 이익'이 일반적 개념이기에 그 의의·정도 및 범위 등이 불명확하고 구체적인 적용의 기준이 그 자체로서 정하여지지 아니하는 난점이 있다.[56]

원칙적으로 부정론을 취하면서 취업과 관련한 근로자 측의 요청에 눌

件(제일법규 D1-Law.com 판례 ID 27611446에서 인용); 名古屋地判 1973. 7. 11. 昭和 46年(ㅋ)616號 NHK名古屋放送局事件(제일법규 D1-Law.com 판례 ID 27612385에서 인용); 橫兵地決 1960. 11. 15. 昭和 35年(ㅋ)478號 中央交通事件 (제일법규 D1-Law.com 판례 ID 27611231에서 인용); 東京地決 1969. 12. 15. 昭和 44年(ㅋ)2211號 國鐵品川機關區事件(제일법규 D1-Law.com 판례 ID 27622252에서 인용).

52) 名古屋地判 1970. 9. 7. レストラン-スイス事件(楢崎二郎, 앞의 논문, 27면에서 인용).
53) 「註釋 勞働基準法(上卷)」, 東京大學 勞働法研究會, 有斐閣, 2003, 339면.
54) 下井隆史, 앞의 논문, 109면.
55) 楢崎二郎, 앞의 논문, 29면.
56) 大藤敏, 앞의 논문, 149면.

려 문제의 본질을 근본적으로 돌아보지 아니한 채 부분적으로 타협하여
사태를 호도한 것이 아닌가 하는 의문이 있다.[57)

3. 긍정설

1) 개 요

판례의 동향과는 대조적으로 학설상으로는 긍정설이 다수설이다. 그 이
유로서는 오늘날 인간의 존엄 사상이 고양되고, 취업거부에 의한 정신적
고통과 명예감정의 침해에 대한 보호의 필요와 근로 자체에 의한 자기형
성과 존재의 자기확인 등의 이익보호의 필요가 요청되는 것이 지적될 수
있다. 사실 이러한 측면을 중시하는 것이 최근의 학설의 특색이나 그 입
론은 다채롭다.[58)

대체로 채권자 일반의 수령의무론에서 근거를 구하는 일반론적 견해,
이를 전제로 근로계약의 다른 계약과는 다른 특성을 부가하여 근거를 구
하는 견해, 오로지 근로관계의 특수성에서 취업청구권의 근거를 구하는
견해가 있다.

2) 일반론적 견해

"채권관계가 채권자·채무자 상호 간의 신뢰관계를 기초로 하고 채무
의 이행은 양자의 일치협력에 의하여 비로소 원만하고 완전하게 성취되
는 것임을 생각할 때 채무자가 적법하게 이행의 제공을 한 경우 이를 수
령하는 것은 단지 채권자의 권리일 뿐 아니라 의무이다."[59)라고 하여 채

---

57) 本多淳亮, 앞의 책, 51면.
58) 水野勝, "就勞請求權", 勞働法의 爭點, 增刊 ジュリスト, 1979. 9., 199면.
59) 大阪地決 1948. 12. 14. 昭和 23年(ヨ)1005號 木南車輛事件(「判例 勞働法 1-B」, 勞
    働法判例硏究會, 新日本法規, 1972, 571～573면에서 인용); 大阪地決 1949. 11.

권관계를 계약당사자가 기도하는 공동의 목적을 위하여 협력하여야 할 긴밀한 유기적 관계 혹은 신뢰에 기한 협력관계로 보는 유력학설을 전제로 쌍무계약에 있어서 긍정된 수령의무를 그대로 근로계약에 적용하여 사용자는 근로자로부터 근로급부를 수령할 의무가 있고 따라서 근로자는 취업청구권을 갖는다고 논하는 견해이다.

이 견해에서는 사용자가 근로수령을 거부한다 해도 임금이 지불되는 한 취업자체의 간접강제는 부정하는 것이 많다고 한다.[60]

[비판] : 쌍무계약상 일반적으로 수령의무를 인정하는 것 자체의 당부는 별론으로 하더라도 주로 매매·도급 등 물의 인도를 수반하는 계약을 중심으로 논하여진 수령의무를 쌍무계약 일반에 미치게 하여 그로부터 근로의 수령의무도 추론하는 것도 문제이거니와, 또 채권자에게 수령지체가 있는 경우에 채무자에게 계약해제권과 손해배상청구권을 인정하기 위하여 논하여져 온 수령의무이론을 근로자의 취업을 구하는 권리라고 하는 이질적인 문제에까지 적용할 수 있는가는 의문이며, 추상적·일반적인 수령의무의 개념을 끌어들여 취업청구권의 근거로 삼는 것은 곤란하다.[61]

3) 일반론을 전제로 근로계약의 특수성을 덧붙인 견해

① 신뢰관계를 이유로 하는 것

위 일반론적인 입장을 기초로 하여, "근로계약관계와 같이 특정인 간의 인격의 계속적 관계에 있어서는 매매 기타의 비계속적 계약에 비하여 채권자·채무자 간의 신뢰를 필요로 하는 계약관계에 있어서의 채권법의

---

29. 昭和 24年(ヨ)890號 松下電氣事件(제일법규 D1-Law.com 판례 ID 27610186 에서 인용).
60) 水野勝, 앞의 논문, 200면; 山本吉人, 앞의 논문, 107면; 大藤敏, 앞의 논문, 147면 參照.
61) 本多淳亮, 앞의 책, 51~52면; 下井隆史, 앞의 논문 110면; 大藤敏, 앞의 논문, 150 면; 恒藤武二, 앞의 평석, 27면; 楢崎二郎, 앞의 논문, 33면.

원칙인 채무이행의 수령이 단지 채권자의 권리일 뿐 아니라 의무임을 더욱 강화하는 것이고 약화시킬 사정은 조금도 없다. 근로계약관계가 정상적인 상태에 있는 한 근로자가 적법하게 근로의 제공을 할 때 이를 수령하여야 할 권리만이 아니라 수령하여야 할 의무가 있는 것이고 정당한 이유 없이 자의로 수령을 거절하고 반대급부인 임금지불을 하는 것에 의하여 면책될 수는 없다."62)라고 하거나, "근로계약에 있어서는 계속적인 계약관계이기에 강도의 신뢰관계를 필요로 하고 계약당사자는 신의칙이 요구하는 바에 따라 그 급부의 실현에 관하여 성실히 협력하여야 할 의무가 있다."라고 하여 이 견해에 서면서도 나아가, "근로자는 현실적으로 취업하여야 할 이익을 갖는다. 즉 근로자는 근로에 의하여 단지 그 생활을 위하여 필요한 임금을 얻는데 그치지 아니하고 근로 속에서 근로자로서의 충실한 생활을 충족시키고 근로를 통하여 자신감을 얻고 인격적 성장도 달성할 수 있는 반면, 가령 근로자가 취업하지 않는 기간이 영속한다면 당해 근로자의 기능은 저하하고 직업경력이나 승급승진 등 대우 상의 불이익을 입을 뿐 아니라 직업상의 자격조차도 잃을 수 있다. 그뿐만 아니라 사용자가 부당노동행위의사를 갖고서 취업거부를 한 경우를 생각한다면 취업청구권을 부정하는 것은 사용자의 부당노동행위를 부당하게 보호하는 결과로 된다."라고 하여 그 실질적인 측면에 관하여서까지 언급한 판결63)도 있다.

[비판] : 계약당사자 상호 간의 신뢰관계의 강조는 해고자유의 제약과 권리의 비양도성의 논거로는 되어도 근로수령의무를 근거지우기에는 박약하다.64) 또한, 신뢰관계를 강조하는 경우 사용자 측의 의무가 확대되는

---

62) 앞의 木南車輛事件.
63) 津地裁上野支決 1972. 11. 10. 昭和 47年(ク)13號 高北農機事件(제일법규 D1-Law. com 판례 ID 27424597에서 인용).
64) 水野勝, 앞의 논문, 200면; 楢崎二郎, 앞의 논문, 29면; 岸井貞男, 앞의 논문, 49~50면.

것과 함께 근로자 측도 '충실의무' 등과 연계되어 의무가 확대되며 노사 일체화, 공동체화로 나아갈 염려가 있으므로 그 권리의무관계의 한도를 보다 명확히 하는 것이 필요하다.[65]

② 근로관계가 긴밀하고 유기적인 인적결합관계라고 하는 특질을 중시하여 이러한 관계 하에서는 일반채권법상의 수령의무가 한층 강화된다고 하여 취업청구권을 긍정하는 견해가 있다. 특히 근로가 인간의 인격적 활동이며 인격형성과 발전에 있어서 중요하고 헌법상의 근로권의 보장은 이러한 인격적 가치에 어울리는 근로기회의 보장을 이념으로 하고 그 실현을 향하여 법의 있어야 할 방향을 규정한 것이며, 이에 따라 사용자는 근로계약에 의거한 신의칙상의 요청으로서 근로자의 근로에 포함되는 인격적 가치를 존중하고 그 실현을 부당하게 방해하지 않을 의무를 지고 그 결과로서 근로수령의무가 긍정된다고 한다.[66]

말하자면 종속노동관계에 선 근로자보호의 견지에서, 인간다운 생존의 확보라는 원리를 구체화하는 근로계약 하에서 근로를 단지 이윤추구의 수단으로만 취급하는 것을 반성하고, 근로에 수반한 인격의 형성과 발전의 이익도 보호의 대상으로 보아 이를 근로계약에 특유한 보호의무의 일환으로 근거지우는 견해이다.

[비판] : 근로관계가 긴밀하고 유기적인 결합관계인 것 또는 노동력의 급부가 노동인격을 떠나서는 이행될 수 없다는 것에서 직접 취업청구권을 근거지울 수는 없다.[67]

4) 근로계약의 특수성을 근거로 한 견해

① 근로계약은 근로자의 인격을 사용자의 지배하에 두고 사회적으로

---

65) 山本吉人, 앞의 논문, 108면.
66) 片岡昇, 앞의 책, 416면.
67) 楢崎二郎, 앞의 논문, 33면; 下井隆史, 앞의 논문, 111면.

의미 있는 근로를 하는 것 자체를 약정하는 것이다. 현실로 근로하는 것은 근로자의 존엄의 기초를 이루고 근로자의 인격의 자유로운 발전이다. 이것이 근로계약의 인간적 측면이며, 부당해고에 의하여 취업이 거부되는 때에는 설사 임금의 지급을 받더라도 근로자의 존엄이 침해되어 회복하기 어려운 정신적 손해를 입게 되고, 이런 점에서 취업청구권을 인정할 합리적 근거가 있다고 한다.[68]

[비판] : 그러나 인간 존엄의 사상과 인격의 자유로운 발전의 사상은 법적 판단의 지도이념에 지나지 않고 그것이 인격과 불가분인 근로의 법적 관계에 반영되어도 직접 취업청구권을 도출할 수는 없으며 이를 기초 지우기 위해서는 어떠한 법적 논리의 매개가 필요하다.[69]

근로자의 인격의 형성, 인간의 존엄, 인격의 자유로운 발전은 기업의 힘, 협력에 의하여 완성되는 것이 아니라 근로자 자신의 힘에 의하는 것이며, 이들은 인간다운 생활을 영위하기에 족한 임금지불의무, 안전배려의무를 사용자에게 인정할 수 있는 이유로는 되어도 취업청구권을 도출하기에는 무리이다. 생존권이념에 의한 근로계약이 근로자에게 인간다운 생활을 보장하는 것이라 하여도 자본주의사회하의 근로계약에서 근로자의 취업을 통한 인격형성을 사용자에게 의무지우는 것은 무리이다.[70]

② 원래 근로의무의 이행은 사용자의 협력에 의하여 비로소 완전하게 수행되는 것이고 근로급부는 근로 인격과 떨어져서는 이행될 수 없다는 점에 유의하여 근로자가 사용자의 지휘명령하에 자신을 두면 사용자는 제공된 노동력을 경영 내에 유효하게 조직할 의무를 부담하고 이는 근로자의 취업청구권에 대응한다고 한다.[71] 근로보호법상의 규제로 인하여 사

---

68) 淺井淸信, "就勞請求權", 法學セミナ 93號, 1963. 12., 65면.
69) 水野勝, 앞의 논문, 200면; 山本吉人, 앞의 논문 109면.
70) 山本吉人, 앞의 논문, 109~110면.
71) 峯村光郎, "經營秩序と團結活動", 勞働法實務大系 1, 總合勞働硏究所, 1969, 48면.

용자에게는 근로자보호의무가 있고 이에 기하여 취업시킬 의무가 있다고 하는 견해이다.

"신청인들이 피신청인 회사의 종업원인 지위를 보유하고 있는 이상 그 급부방법인 노동력은 기업조직 내에 편입되고 사용자 측의 경영지휘에 복종하면서 유기적 전체로서의 기업생산력을 구성해야 하는 것이기에 사용자 측은 신청인들이 제공하는 근로를 수령하여 피신청인 회사의 기업 내에 조직할 의무를 부담하는 것이고 정당한 이유 없이 그 근로의 제공을 면제하거나 거절할 수는 없다."라는 판결72)도 이러한 견해를 전제로 한 것으로 보인다.

[비판] : 근로인격의 개념이 불명확하고 이와 불가분의 관계에 있는 근로의 급부라고 하는 특질이 노동보호법의 규제와 어떻게 관련되고 보호의무의 기초가 되는지가 불분명하다.

또한, 노사의 일치협력이라고 하는 표현이 근로관계를 인격법적 공동체로 보는 생각의 잠재를 엿볼 수 있을 만큼 강한 것도 부정할 수 없다.73) 사용자가 경영 내에 노동력을 조직해야 할 의무가 있다고 하는 것도 사용자가 노동력을 조직할 의무를 부담하는가가 문제이기 때문에 근거의 논리가 아니고 결론을 바꾸어 말하는데 불과하다.74)

③ 사용자의 배려(보호)의무를 근거로 하는 것

근로권을 생존권의 보장을 지도이념으로 하고 따라서 인간의 존엄의 이념을 내포한 것으로 보아, 근로계약에 있어서 인정되는 배려(보호)의무에서 그 근거를 구하는 견해75)나, 사용자의 일반적인 배려의무(사용자는 근로자의 이익을 부당히 침해하여서는 아니 된다고 하는 의무, 보호의무

---

72) 東京地判 1949. 7. 25. 昭和 23年(モ)2985號 朝日新聞社事件(제일법규 D1-Law. com 판례 ID 27610137에서 인용).
73) 水野勝, 앞의 논문, 200면.
74) 下井隆史, 앞의 논문, 111면; 楢崎二郎, 앞의 논문, 33면.
75) 水野勝, 앞의 논문, 200면.

라고도 한다)가 인정됨을 전제로 근로자가 갖는 이익 중의 하나로 취업이
익을 포함시켜 사용자는 근로자의 취업이익을 부당히 침해하여서는 아니
된다고 하는 의무를 부담하게 되고 이를 근로자 측에서 보게 되면 근로자
는 보호의무를 근거로 사용자에 대하여 취업청구권을 갖는다고 할 수 있
다는 견해76)가 사용자의 일반적인 배려(보호)의무에서 취업청구권의 근거
를 구하고 있는 학설이다.

　[비판] : 계약당사자는 상대방의 이익을 배려하여야 한다고 하는 극히
추상적이고 그 외연을 획정하기 어려운 의무개념은 인정되어서는 곤란하
며 또 사용자의 배려의무를 인정한다면 필연적으로 근로자의 충실의무라
고 하는 것을 인정하지 않을 수 없지만 이 같은 추상적인 범위의 애매한
의무를 근로자에게 과하는 것은 근로자의 인격 내지 주체성을 침해할 위
험성이 내포되어 있는 것이다. 노사 어느 쪽에 있어서도 계약상의 의무는
예를 들면 안전배려의무나 경업피지의무와 같이 구체적인 범위획정이 더
용이하도록 개념구성이 되어야 한다.77)

　또한, 독일과 같은 노사의 인격법적 공동체사상이 결여된 일본에서 배
려(보호)의무가 그대로 손쉽게 도출할 수 있는가 하는 의문이 있다.78)

5) 근로의 의의, 본질로부터 근거를 구하는 견해

　① 근로의 본질에 있어서 대가인 임금을 얻는 것은 근로의 의미에 있어
서 중요하지만 하나의 요소에 불과하고 근로에는 근로하는 것 그 자체가
목적이라고 하는 또 하나의 중요한 의미가 있다. 결국, 근로는 일면에 있
어 임금의 획득을 위한 것이라는 의미에서 목적 실현을 위한 수단으로서

---

76) 小西國友・菅野和夫, 앞의 책, 59~60면; 清正寬, "就勞請求權－讀賣新聞社事件－",
　　別册 ジュリスト 134호, 1995. 10., 37면의 견해도 사용자에게 근로자의 이익을
　　손상하지 아니하도록 배려하여야 할 의무를 인정한다는 점에서 이와 유사하다.
77) 下井隆史, 앞의 논문, 112~113면.
78) 大藤敏, 앞의 논문, 151면; 楢崎二郎, 앞의 논문, 34면.

의 활동 즉 '일'이라는 의미와 동시에 다른 면에서 그 자체가 목적인 활동
즉 '놀이'라는 의미가 있다. 그리하여 법이론적으로도 근로계약에 있어서
는 '근로하는 것, 시키는 것'이 '임금을 받는 것, 주는 것'과 같이 노사의
권리의무로서 그 내용으로 된다. 근로는 본래 인간에게 있어서 그 자체가
목적이어야 하고 근로하는 자에게 있어서 자기실현이어야 한다. 법이론으
로서는 이 전제에 집착하여 원칙적으로 근로계약상의 권리로서 취업청구
권을 긍정한다고 하는 해석론에 입각하여 모든 근로자가 현실의 취업을
권리로서 청구할 수 있는 가능성을 법적으로 유보하려는 견해79)가 있다.

[비판] : 그러나 법논리는 사실과 가치의 통일의 논리이어야 하는 것이
고 위 견해는 근로의 당위론과 법적 판단이 단락되어 있다. 특히 현대의
자본주의가 분업의 추진을 통하여 근로 공정을 극단으로까지 분단하고
사회적 분업과 이질적인 경영체 내의 개별적 분업으로 인간을 세분화하
는 것이라고 생각한다면 근로 일반에 있어서의 삶의 보람을 강조하는 것
은 의문이다.80)

근로자가 근로계약을 체결하는 것은 전인격적으로 기업에 포괄되어 일
체화하기 위한 것은 아니고 임금 기타의 이익을 얻어 독자의 자주적인 생
활을 영위하기 위함이다. 사용종속에서 해방된 자유시간이 근로자의 인간
성 회복에 있어서 중요하다. 종속노동에 종사하는 것이 목적화된다든지
인격의 형성에 유용하다고 한다면 노사관계를 대립성 없는 관계로 보는
것이고 이는 결국 노사관계의 냉엄성, 근로의 실태, 소외현상을 직시하지
않은 결과라는 비판81)이 있다.

② 근로 속에는 인간을 인간답게 하는 요소, 결국 인간에 의한 자기실
현으로서의 생명활동이고 인간성과 인격의 형성에 있어 가장 중요한 활

---

79) 下井隆史, 앞의 논문, 116~117면.
80) 水野勝, 앞의 논문, 200면; 岸井貞男, 앞의 논문, 50면.
81) 山本吉人, 앞의 논문 110면.

동형태라고 하는 성격이 포함되어 있다.

자본주의 하의 소외노동에도 이러한 성격이 내포되어 있는 것은 부정할 수 없고 따라서 근로자는 근로에 의하여 삶의 의미를 느끼고 자기의 인간존재를 확인하는 것이다. 또 근로관계 하에서 행하여진 근로는 통상 직장의 집단조직 속에 근로자가 조직되어 집단작업, 집단적 협업의 형태로 전개된다. 근로자는 직장에 있는 이상 집단적 협업을 행하는 취업시간 내외에 직장의 동료와 교제하고 집단적 인간관계 속에서 많은 정신적 이익을 얻는다.

더구나 근로자는 하루의 태반을 직장에서 보낸다. 이러한 사정에서 근로자가 직장에서 근로를 계속한다고 하는 것은 직장의 동료와 교제하고 집단적 생활에 의한 이익을 향수하며 인간으로서의 명예·신용을 유지할 수 있는 것을 의미한다.

근로는 거기에 매일의 생활을 걸고 있는 근로자에게 있어서는 지위의 상징(status symbol)으로서의 의미가 있다. 바꾸어 말하면 근로자의 취업을 거부하는 것은 그를 집단적 작업조직과 집단적 인간관계에서 끌어내어 많은 정신적인 고통과 불이익을 현실적으로 주고 그 인간으로서의 긍지를 손상하는 것이다. 취업거부는 결코 취업에 특별한 이익이 인정되는 경우에만 불이익을 초래하는 것이 아니고 근로 자체가 갖는 본질적 성격으로부터 일반적으로 불이익을 초래하는 것이다.

그런데 헌법 제27조 제1항[82]의 근로권,[83] 더욱이 헌법 제13조[84]에 규정된 개인존중의 법이념은 정당한 이유 없이 사용자는 근로자의 취업을 거부할 수 없다고 하는 취업청구권을 근거지우는 것이라고 해석된다. 비록 위 각 규정 자체는 헌법상의 기본권을 보장함에 지나지 않는 것이라

---

82) 우리 헌법 제32조 제1항에 해당한다.
83) 本多淳亮은 근로권은 취업상태에 있는 근로자가 인간다운 근로를 지속하고 또 부당하게 해고되지 않는 것의 보장을 포함한다고 보고 있다(本多淳亮, 앞의 책, 53면).
84) 우리 헌법 제10조에 해당한다.

해도 그것은 공적인 질서로서 성립되어 있다고 인정되기에, 정당한 이유 없이 취업을 거부할 수 없다고 하는 것은 근로계약상으로도 일반적으로 당사자 사이의 합의를 규율하는 규범으로서 정립되어 있다고 판단된다. 취업청구권을 배제하는 특약은 공서위반으로서 위법무효라고 인정하지 않을 수 없다는 견해85)가 있다.86)

[비판] : 헌법상 근로권, 생존권이 규정된 것에 의하여 오늘날 사용자 에게 근로자를 현실적으로 취업시키는 것을 통하여 근로의 기쁨과 생활 의 양식을 제공하고 이에 의하여 근로자에게 인간다운 생활을 완전케 하 여야 한다는 새로운 공서(公序)가 성립하고 있다고 볼 수 있는가. 그러한 의미내용이 이해하기 어려운 이상 공서의 성립과 취업청구권의 법적 관 련성이 명확하지 아니하다.87)

또한, 근로권보장의 역사적, 본래적 의의가 근로기회의 보장인 점에 비 추어 근로권이 사용자에 대한 현실로 취업시킬 것을 구하는 권리라고까 지 보기는 어려우며 근로가 인간성과 인격 형성의 가장 주요한 형태라고 하는 것도, 쉽게 이해하기 어렵다.88)

---

85) 本多淳亮, 앞의 책, 53∼56면.
86) 이러한 本多淳亮의 견해는 앞서 본 下井隆史의 견해와 근로의 본질론에 있어서 근
    로가 갖는 생활수단으로서의 측면은 근로하는 하나의 중요한 요소에 불과하고 근로
    에는 근로 그 자체가 목적이라고 하는 중요한 의의를 갖는다고 보는 점에서 일치하
    나, 위 下井隆史의 견해에 있어서는 위 근로의 본질이 직접 권리와 결부되어 있는데
    비하여, 本多淳亮은 이를 사실상의 당위로만 파악하고 이러한 사실상의 당위와 법
    적 권리를 매개하는 논리로서 헌법상의 근로권과 개인존중의 법이념을 끌어들여 새
    로운 노동권론의 전개를 시도하고 있다는 점에서 차이가 있다고 한다[柳澤旭, "勞
    働法にみる勞動權－就勞請求權論をめぐって－", 社會法の現代的課題(林迪廣
    先生還曆祝賀論文集), 法律文化社, 1983, 236∼238면 參照].
87) 大藤敏, 앞의 논문, 151면.
88) 楢崎二郎, 앞의 논문, 34∼35면.

V. 우리나라에서의 취업청구권에 대한 논의

1. 판 례

우리나라의 대법원판례로서 취업청구권의 문제를 정면으로 다룬 것은 보이지 아니하고 다만 부당한 복직거부와 관련된 것으로서 사립학교 교사인 원고에 대한 징계파면이 징계권의 남용으로서 불법행위가 된다고 한 다음 "또 출근한 원고에게 근무를 못하게 하면서 급료를 지급하지 아니한 채 차별적 대우를 한 소위는 원고의 인격권 침해로서 불법행위가 되고 원고가 이로 인하여 정신적 고통을 받았을 것임은 경험칙상 인정된다."[89]라고 하면서 피고가 이를 위자할 의무가 있다고 판시한 원심의 판단을 지지한 것과, "피고가 원고를 부당하게 해고하고 그 해고무효확인판결이 확정되었음에도 장기간에 걸쳐 원고에 대한 복직을 거부함으로써 원고가 정신상의 고통을 받았을 것임이 명백하다 하여 피고는 이를 금전으로 위자할 의무가 있다고 판시한 원심의 판단이 정당하다."[90]라고 판시한 바가 있다.

취업청구권에 관하여는 아무런 언급도 없고 그 설시도 간단하여 판례의 태도를 정확히 이해하기는 어려우나 부당한 복직거부가 '인격권 침해'에 해당되어 불법행위가 성립된다고 한 점에 비추어보면 적어도 근로자의 근로제공에 대한 사용자의 수령이 오로지 사용자의 권리로서 수령 여부가 그 자의에 맡겨져 있다고는 보지 아니한 듯하다.

---

89) 대법원 1980. 1. 15. 선고 79다1883 판결.
90) 대법원 1994. 2. 8. 선고 92다893 판결.

2. 학 설

취업청구권이 아직 우리나라에서는 본격적으로 논의되지 아니하여 이에 관한 주장은 많지 않으나 현재까지 나온 주장들을 정리하여 보면 원칙적 부정설과 긍정설로 나누어 볼 수 있다.

1) 원칙적 부정설

법이론적으로 볼 때 사용자의 근로수령의무를 일반적으로 인정하면서 이를 근로자의 인격권으로부터 도출한다는 것은 무리이므로 취업청구권을 어느 경우에나 인정한다는 것은 적절하지 않다고 하면서, 다만 명시적 또는 묵시적 합의가 있다고 해석되는 경우에는 취업청구권을 인정하여야 한다.[91]

사용자에게 근로자의 인격적 법익과 관련한 배려의무를 인정할 실정법적 기초가 없이 취업청구권과 같은 추상적이며 외연의 확정이 곤란한 의무개념이 인정되어서는 곤란하고, 사용자의 배려의무를 인정한다면 필연적으로 근로자의 충실의무를 인정하게 됨으로써 근로자의 인격 내지 주체성을 침해할 위험이 있다.[92]

또한, 취업청구권을 긍정하게 된다면 사용자가 근로자에 대하여 근로수령의무를 부담하게 되는데, 이와 같이 급부수령을 법적인 의무로 파악한다면 동일한 급부에 대하여 채권을 가지는 자가 그 수령에 관하여 동시에 채무자로 되는 문제가 발생한다.[93]

묵시적 합의가 있다고 해석되는 경우는 사용자가 근로자를 취업시키지

---

91) 김형배, 「근로기준법」, 제8판, 박영사, 2002, 234～235; 전윤구, "부당해고에 따른 근로자의 손해배상청구에 관한 연구", 법학석사학위논문, 고려대학교, 1999, 65면.
92) 전윤구, 앞의 논문, 64면.
93) 전윤구, 앞의 논문, 65면.

아니하면 그것 자체가 근로자에게 불이익을 주는 근로관계가 이에 해당
하며 수습기능자·수련의사나 배우의 근로관계가 그 예이다.[94]

2) 긍정설

이에 해당하는 견해로는 민법의 일반원칙인 채권자 일반의 수령의무를
긍정하는 한 나아가 취업거부는 근로자의 존엄과 인격권을 침해하는 것
이 되므로 인정되어야 한다는 견해,[95] 사용자의 부당한 취업거부는 노동
재산권과 노동인격권을 포괄한 노동의 보람을 통하여 자유로운 삶을 향
유할 수 있는 권리인 '노동향유권'을 침해하는 것이고 취업청구권의 관념
은 노동향유권의 개념에 포섭된다고 하는 견해,[96] 취업청구권의 법적 근
거는 추상적으로 민법상의 신의칙에 근거한 사용자의 배려의무에서 찾기
보다는 구체적으로 근로계약의 특수성 내지 근로 자체의 의의와 본질에
서 찾아야 한다고 하면서 근로자는 자신의 근로를 통하여 생활에 필요한
경제적 수단을 취득할 뿐 아니라 인격적 주체인 인간으로서의 유지와 발
전을 위한 필요사항들을 얻고 있으며 임금 이외의 위와 같은 본질적 이익
은 구체적인 취업을 통하여 얻어지는 것이고, 이것이 근로계약의 특수성
이며 이러한 특수성에서 근로의 본질적 이익을 향유하기 위한 권리로서
의 취업청구권이 근거지워진다고 하는 견해,[97] 근로자의 취업청구권은 근
로자의 인격권의 실현이라는 헌법상의 가치질서에 비추어 그 당위성이
인정되며, 구체적인 법적 근거는 이러한 인간의 존엄과 가치를 보장하고
있는 우리 헌법 제10조의 기본이념을 대전제로 하면서 근로관계의 채권
관계로서의 본질에 비추어 사용자의 부수적 의무로서의 신의칙에서 구해

---

94) 김형배, 앞의 책, 235면.
95) 박홍규, 「노동법론」, 대경문화사, 1996, 372~373면.
96) 이흥재, "해고제한에 관한 연구", 법학박사학위논문, 서울대학교, 1988, 199~200면.
97) 문무기, "부당해고의 구제와 취로청구권", 노동법연구 5호, 서울대학교 노동법연구
　　회, 1996, 339~343면.

야 한다는 견해,[98] 사용자의 근로수령의무는 근로계약의 부수적 의무인 배려의무이며, 신의성실의 원칙의 해석·적용을 통해서 인정된다는 견해[99] 등이 있다.

VI. 소 결

1. 취업청구권의 실질적 근거[100]

① 근로계약은 근로자가 사용자의 지휘감독하에서 근로를 제공하고 그 대가로 임금을 지급받는 유상·쌍무계약으로서 근로관계는 기본적으로는 근로자의 생활유지를 위한 임금을 획득하기 위한 계약관계임을 부정할 수는 없으나, 근로자의 채무이행이 자신의 인격과 불가분하게 결합되어 있다는 점에서 그 특질이 있고 다른 매매나 임대차계약과는 다르다.

② 이러한 근로관계의 특질은 현실의 취업이 불가능한 경우 근로자에게 임금의 지불만으로는 보상될 수 없는 여러 가지 불이익을 초래한다. 근로자는 근로를 통하여 근로자의 기능의 향상, 인격의 형성 등 인간으로서 삶의 의미가 있는 생활을 하는 것이며 직장의 동료와 교제하고 집단적 인간관계 속에서 많은 정신적 이익을 얻는 것이고 자본주의 하의 소외노동이라 하여도 정도의 차이는 있으나 이를 부정할 수는 없다.

따라서 근로자의 취업을 거부하는 것은 근로자에게 많은 정신적인 고통과 불이익을 주고 그 인간으로서의 긍지를 손상하며, 그 외에 근로자의 기능저하, 직업경력상 승급·승진의 제한, 기타 대우 상의 불이익을 초래

---

98) 김소영, 앞의 논문 142~143면.

99) 유성재, "해고의 효력을 다투는 자의 계속근로청구권", 법학논문집 22집, 중앙대학교 법학연구소, 1997. 12., 414면.

100) 本多淳亮, 앞의 책, 53~55면; 下井隆史, 앞의 논문, 113~114면 참조.

한다. 취업거부로 인한 불이익은 근로 자체가 갖는 본질적 성격으로부터 일반적으로 초래된다.

③ 또한, 취업청구권이 부정되는 경우에는 사용자는 법적으로 그가 행한 해고처분 등이 위법무효로 확인되어도 임금을 지불한다면 취업거부를 할 수 있는 것이 되고 따라서 사용자는 임금지불만으로 직장에서 근로자를 배제하려는 목적을 달성할 수 있게 된다.

이 경우 근로자는 현실적으로 임금 외에 앞서 본 여러 가지 생활상, 정신상의 불이익을 입게 되므로 그 해결을 위하여 스스로 퇴직하는 길을 선택하게 될 것이다. 이는 사용자로 하여금 해고제한으로부터 해방되는 길을 선택할 수 있게 하여 주는 것으로서 명백히 부당하다.

④ 이러한 사용자의 취업거부로 인한 근로자의 현실적인 불이익이나 문제점은 이러한 근로자의 불이익을 법적으로 평가할 필요성을 야기하며 이는 근로자의 취업청구권의 실질적 근거로 작용하게 된다.[101]

2. 취업청구권의 법적 근거의 검토

① 그러나 근로의 의의에 관하여 위에서 서술한 것은 취업을 사실상의 당위로서 요구하는 이유로는 되어도 취업청구권이라고 하는 법적 권리를 직접적으로 근거지우는 것으로는 될 수 없고 그 법적 근거를 마련하는 것이 필요하다.

② 먼저, 부정설에 관하여 살펴보면 이는 근로계약의 내용을 고찰함에

---

101) 취업시켜줄 것을 청구하는 근로자에게는 많은 경우 나름대로 합리적이고 정당한 이익이 있는 것이기에 이러한 이익에 착안하여 이를 더욱 확대하여 就業請求權을 구성하여야 한다는 견해(山本吉人, 앞의 논문, 110~111면)가 있으나, 근로자 측에 그러한 이익이 존재한다는 것만으로는 사용자에게 勤勞受領義務가 있다고 할 수는 없으므로 위 견해에는 찬동하기 어렵다.

있어 매매계약 등 쌍무계약 일반 속으로 모든 문제를 해소시켜 버리고 매매계약 등과는 기본적으로 다른 근로계약의 특성, 즉 앞서 본 취업청구권에 대한 실질적 고려가 전혀 없어 이를 채택하기 어렵다.

③ 다만, 부정설의 견해에 서면서도 근로자가 임금으로 보상되지 아니하는 불이익(=그 인격적 이익에 대한 침해)을 입게 된 때에는 불법행위로 인한 손해배상청구를 인정하면 되므로 굳이 생소한 법적 권리로서의 취업청구권을 인정할 필요는 없다는 견해도 있을 수 있다.

그러나 불법행위로 구성하는 경우에 침해되는 인격적 이익의 실체적 내용은 무엇일까. 부정설과 같이 근로계약에 있어서 사용자의 근로수령은 의무가 아니고 그 권리일 뿐이라고 생각한다면 설사 사용자의 취업거부로 인하여 근로자에게 임금으로 보상되지 아니하는 불이익을 주었다고 하더라도 그것이 불법행위를 구성하기는 어렵다고 생각한다. 근로자가 사용자의 취업거부로 입게 되는 불이익을 법적으로 보호되는 근로자의 인격적 이익에 대한 침해로 구성하기 위하여는 근로자가 근로제공과 관련하여 사용자에 대하여 어떠한 형태로든지 권리를 갖고 있음을 전제로 하여야 한다.

④ 다음으로, 그 근거를 채권법상의 일반원칙에서 구하는 것에 관하여 살펴보면 우리나라의 경우 일본과 달리 민법학계의 통설[102]이 채권자에게 채무자의 이행에 협력하여야 할 의무 내지 수령의무가 있다고 보고 이를 전제로 채권자지체책임은 채권자의 협력의무의 불이행책임으로 보고 있으며 그 효과로서 민법이 규정하고 있는 고유한 효과 이외에 손해배상

---

102) 곽윤직, 「채권총론」, 박영사, 1981, 149~151면; 「주석 채권총칙(上)」, 한국사법행정학회, 1984, 341~342면; 판례는 "채권자는 채무자의 채무이행의 제공을 수령하여야 할 의무가 있고 만약 채권자가 위 의무에 위배하여 그 수령을 지체한 경우에는 그 이후에 있어서의 불가항력에 의한 이행불능에 대하여도 채권자에게 책임이 있다고 해석함이 신의성실의 원칙상 타당하다."라고 하여(대법원 1958. 5. 8. 선고 4290민상372 판결) 채무불이행책임설을 취한 것이 있다.

의무와 계약해제권을 추가로 인정한다.[103]

따라서 이런 통설의 입장에 선다면 근로계약도 채권계약의 일종으로서 사용자는 근로수령의무를 지고 근로자는 이에 대하여 취업청구권이 있다고 용이하게 입론할 수 있을 것이다.

그러나 주로 매매·도급 등 물(物)의 인도를 수반하는 계약을 중심으로 수령지체가 있는 경우에 채무자에게 계약해제권과 손해배상청구권을 인정하기 위하여 논하여져 온 수령의무이론을 근로자의 취업을 구하는 권리라고 하는 이질적인 문제에까지 적용하기에는 부적당하다는 비판을 면하기 어렵다.

⑤ 그렇다면, 우리 헌법 제10조의 인간으로서의 존엄과 가치, 행복추구권, 제32조 제1항의 근로권, 헌법 제34조의 인간다운 생활을 할 권리와 관련하여 검토하여 보는 방법이 있을 수 있다.

우리 헌법에서 말하는 근로권이 국가가 국민의 근로권의 실현을 위하여 필요한 조치를 강구하여야 할 정치적 내지 법적인 책무를 부담한다고 하는 측면만이 아니라 취업상태에 있는 근로자가 인간다운 근로를 지속하고 또 부당하게 해고되지 않을 권리까지도 포함하는 것인가에 관하여는 일할 환경에 관한 권리로서 이를 긍정하는 견해가 있으며,[104] 이는 근로권 속에 인간의 존엄에 상당한 생존의 이념이 포함되고 인간다운 생활에 필요한 근로조건 하에서 근로하는 것 및 그러한 취업을 유지할 권리로

---

103) 이에 대하여 有力說은 채권자지체의 본질은 채무자가 채무불이행책임을 면하게 되며 동시에 공평의 관념에 따라 급부의 지체로 인하여 발생한 불이익을 채권자에게 부담시킬 뿐이고 그 책임은 법정책임이라 한다(김형배, 「채권총론」, 제2판, 박영사, 1999, 300면). 또한, 채무불이행책임설에 대하여는 급부의무를 중심으로 하는 채권관계에서 양 당사자 사이에 공통된 목적은 있을 수 있으나, 그 공통성은 각 당사자가 자기의 이익에 따라 행동하는 것에 불과하며 당사자의 이익을 초월하는 공동이익이 채권관계에 내재된 것은 아니라고 비판한다[「민법주해 [Ⅸ] 채권(2)」, 박영사, 1995, 712~713면(이은영 집필부분)].

104) 허영, 「한국헌법론」, 박영사, 1994, 474~475면.

서 그 구체적 보장을 실현하는 것은 그 중요한 내용 중의 하나라고 판단
되기에 타당하다고 생각한다.

그러나 이러한 헌법상의 규정 자체는 헌법상의 기본권을 보장함에 지
나지 않는 것이므로 그로부터 직접적으로 취업청구권의 법적 근거를 도
출할 수는 없다.

⑥ 또한, 위와 같은 헌법해석에 비추어 사용자는 정당한 이유 없이 근
로자의 취업을 거부할 수 없다고 하는 것이 공적인 질서로 성립되어 있기
에 근로계약상으로도 일반적으로 당사자 사이의 합의를 규율하는 규범으
로서 정립되어 있다는 데서 취업청구권의 근거를 구하는 것을 생각할 수
있으나 그 개념이 지나치게 막연하고 과연 그러한 공서가 성립되어 있다
고 볼 수 있는가와 관련하여 문제가 있다.

⑦ 결국, 취업청구권의 법적 근거는 이러한 헌법상의 기본이념 및 근로
권의 의의와 매매나 임대차 등과는 달리 근로채무의 이행을 위해서는 근
로자의 전인격을 사용자의 지배하에 투입하여야 한다는 근로계약의 본질
적인 특성에 비추어 근로계약상 사용자는 근로자의 근로를 제공받는 것
이 권리이기는 하나 그와 동시에 이를 수령하여 적절히 사용함으로써 근
로자의 이익을 배려할 부수적 의무가 있다는 데에서 찾아야 할 것이다.

이는 일본에 있어서의 배려의무론과 유사한 것이나 필자로서는 이것이
독일식의 인격법적 공동체사상을 전제로 하는 것으로서 필연적으로 근로
자의 충실의무와 결합되는 것이라고 생각하지는 않는다. 왜냐하면, 독일
식의 공동체사상을 전제로 하지 아니하고 근로관계를 사용자와 근로자
간의 순수한 계약관계로 보더라도 매매나 임대차 등과는 다른 근로채무
의 본질적인 특성은 그대로 남는 것이기 때문이다.

다만, 사용자에게 근로계약상의 부수적 의무로서의 배려의무를 인정함
으로써 근로자의 충실의무와 용이하게 연결될 위험성은 있다고 생각하나
이에 관하여는 향후 더 정치한 이론구성을 통하여 해결해 나가야 할 것이

며, 긍정설의 입론이 어렵고 그 논거가 부족하다는 것만으로 취업청구권
을 부정하는 견해에는 동의하기 어렵다.

VII. 여론(餘論)

1. 삼익악기사건 판결의 해석

피고의 원고들에 대한 해고처분이 무효라는 판결이 확정되었음에도 피
고는 원고들에게 위 판결에서 지급을 명한 금전만을 지급하고 있을 뿐 원
고들의 복직요구를 계속 거절하였다. 이와 같은 부당한 복직거부로 인하
여 원고들이 입은 손해의 배상청구에 관하여 원심은 사용자의 복직거부
가 원고들과의 관계에서 채무불이행 또는 불법행위가 성립되기 위해서는
취업청구권이 인정되어야 함을 전제로 하는 것인데 일본에서의 원칙적
부정설을 그대로 받아들여 특별한 경우[105]를 제외하고는 취업청구권이
인정될 수 없다고 하여 원고들의 청구를 배척하였는바 이 결론이 부당함
은 앞서 본 바와 같다.

따라서 부당한 복직거부로 인한 불법행위의 성립과 임금 외의 위자료

---

105) 원심판결(서울고법 1994. 12. 23. 선고 94나35291 판결)은 취업청구권이 인정되는
　　경우로서 특별히 명확한 법적 근거가 있는 경우를 들고 있으며 그 예로서 구 노동
　　조합법 제42조 제1항(현재의 노동조합 및 노동관계조정법 제84조 제1항)에 따른
　　부당노동행위에 대한 구제명령을 들고 있으나(이는 일본의 菅野和夫의 견해를 그
　　대로 채용한 것으로 보인다), 우리나라 노동조합 및 노동관계조정법 제84조 소정의
　　노동위원회의 사용자에 대한 구제명령에 대하여는 현재 판례가 "위 구제명령은 사
　　용자에 대하여는 이에 복종하여야 할 公法上의 의무를 부담시킬 뿐 직접 노동자와
　　사용자 간의 私法上 법률관계를 발생 또는 변경시키는 것은 아니다."(대법원 1976.
　　2. 11. 선고 75마496 판결; 대법원 1992. 5. 22. 선고 91다22100 판결)라고 하고
　　있어 구제명령이 있는 경우 예외적으로 취업청구권이 생긴다는 주장은 이러한 점
　　에서도 인정하기 어렵다.

배상책임을 인정하여 원심을 파기환송한 이 사건 대법원 판결은 결론에
있어서 타당하다.

  그런데 이 판결이 근로자의 취업청구권을 인정한 판례인가에 관하여는
이 판결이 취업청구권 또는 사용자의 근로수령의무라는 표현을 명시적으
로 사용하지는 아니하였고 본래 취업청구권이 취업거부로 인한 채무불이
행책임성립 여부를 둘러싸고 논의가 되어 온 것인데 이 판결의 경우 채무
불이행책임에 관하여는 아무런 언급이 없어 다소의 의문이 있다. 즉 근로
자의 취업청구권을 인정하지 아니하면서 부당한 복직거부를 근로자의 인
격적 이익에 대한 침해로 보아 불법행위의 성립만을 인정한 판결로 볼 수
도 있다.
  그러나 이 판결이 사용자는 특별한 사정이 없는 한 근로자가 근로제공
을 통하여 참다운 인격의 발전을 도모함으로써 자신의 인격을 실현시킬
수 있도록 배려하여야 할 신의칙상 의무를 부담하고, 사용자가 근로자의
의사에 반하여 정당한 이유 없이 근로자의 근로제공을 계속적으로 거부
하는 것은 이와 같은 근로자의 인격적 법익을 침해하는 것이라고 판시하
여 일반적으로 사용자의 근로수령의무를 인정하는 취지로 파악되고 또한
이설이 없는 것은 아니나 앞서 본 바와 같이 사용자의 취업거부가 일반적
으로 근로자에 대하여 손해배상책임을 구성하기 위해서는 취업청구권이
전제되어야 하므로 이 판결은 비록 명시적으로 취업청구권이나 사용자의
근로수령의무를 인정하지는 않았으나 사실상 근로자의 일반적인 취업청
구권을 인정한 판례로서 중요한 의미가 있는 판결이다. 또한 위 판결은
취업청구권의 법적 근거를 신의칙에 기한 사용자의 근로계약상의 부수적
의무로서의 배려의무에서 구한 것으로 볼 수 있다.

2. 관련문제들

근로관계는 매매나 임대차와는 다른 본질적인 특성이 있으며, 근로자에게 있어 근로제공은 단순한 임금획득 이상의 의미가 있는 것임은 명백하다. 이러한 근로제공과 관련한 이익은 특정한 경우에 한정되는 것이 아니라 근로제공과 관련하여 일반적으로 인정할 수 있는 것이며, 조리사나 레지던트 등의 경우에 그러한 이익이 다소 두드러지게 나타난다고 하여 어떤 질적인 차이를 부여할 수 있는 것은 아니다. 따라서 근로계약과 관련하여 일반적인 취업청구권을 인정하는 위 대법원 판결의 태도는 온당한 것이다.

다만, 사용자의 근로수령의무라는 것이 근로계약상 사용자의 부수적 의무로서의 배려의무에 기인한 것이므로 그 부수적 성격으로 인하여 취업과 관련하여 고려되어야 하는 근로자의 이익과 함께 취업억제와 관련한 사용자 측의 모든 정당한 이익도 고려되어야 하므로, 실무상 어디까지 근로자의 취업청구권이 인정되어 그에 기한 법적 구제가 허용될 것인지는 명백하지 않다.

이 사건 판결과 같은 사안에서 근로자의 사용자에 대한 채무불이행에 기한 손해배상청구가 인용될 것인지, 근로자가 부당하게 해고당한 경우 임금지급가처분과 함께 취업청구권을 피보전권리로 한 취업방해금지가처분이 인용될 수 있을 것인지, 본안소송으로서 무효확인소송을 넘어 취업청구소송이 가능할 것인지, 가능하다면 그 강제방법은 어디까지 인정될 것인지 등 취업청구권과 관련한 부수적인 문제들이 산적하여 있으며 이에 관히여는 장래의 판례정립을 기다려 보아야 할 것이다.

근로계약을 민법상의 고용계약과는 이질적인 것으로 이해하여 부당해고와 관련한 취업거부로 인하여 받게 되는 근로자의 불이익을 법적으로 구제하기 위해서는 그 이론적 기초가 필요하며, 취업청구권은 이러한 이론적

기초로서 이해되는 개별적 근로관계 분야에 있어 중요한 문제이다.[106)

비록 그 부수적 성격으로 인하여 근로자의 취업청구권에 기한 권리구제가 제한적으로밖에 인정될 수 없다고 하더라도, 취업청구권은 부당해고 구제수단의 다양화와 구체적인 사안에 맞는 합리적인 구제수단의 마련과 관련하여 중요한 의미가 있다. 위 판결의 취지를 살려 앞으로 취업청구권을 유용한 부당해고 구제수단의 법적 근거로 발전시켜 나가야 한다.

---

106) 大藤敏, 앞의 논문, 142면.

제6절 부당해고와 가처분

Ⅰ. 개 설

1. 가처분의 의의

가처분은 사법상의 권리를 침해받을 염려가 있는 경우에 이를 예방하고 그 침해를 제거하여 권리의 보전을 꾀하는 소송법적 방법의 하나이다.[1] 가처분은 다툼의 대상(계쟁물)에 관한 가처분[2]과 임시의 지위를 정하기 위한 가처분[3]으로 나누어 볼 수 있다. 전자는 채권자가 금전 이외의 물건이나 권리를 대상으로 하는 권리를 가지고 있을 때 그 강제집행시까지 다툼의 대상(계쟁물)이 처분·멸실되는 등 법률적·사실적 변경이 생기는 것을 방지하고자 다툼의 대상의 현상을 동결시키는 보전처분이며, 후자는 당사자 사이에 현재 다툼이 있는 권리 또는 법률관계가 존재하고 그에 대한 확정판결이 있기까지 현상의 진행을 그대로 방치한다면 권리자가 현저한 손해를 입거나 급박한 위험에 처하는 등 소송의 목적을 달성하기 어려운 경우에 그로 인한 위험을 방지하기 위하여 잠정적으로 권리 또는 법률관계에 관하여 임시의 지위를 정하는 보전처분이다.[4] 전자는 원래 가압류에서 분화된 것임에 비해 후자는 그와 계열을 달리하는 것이고,[5] 전자

---

1) 「노동특수이론 및 업무상재해관련소송」(이하 '노동특수이론'이라 한다), 사법연수원, 2006, 77면.
2) 민사집행법 제300조 제1항에서 규정하고 있다.
3) 민사집행법 제300조 제2항에서 규정하고 있다.
4) 「법원실무제요 민사집행(Ⅳ)-보전처분-」[이하 '민사집행(Ⅳ)'라 한다], 법원행정처, 2003, 7~8면.
5) 「注解 强制執行法(4)」[이하 '强制執行法(4)'라 한다], 第一法規, 1979, 549면.

가 성질상 청구권을 보전하고 실현함을 목적으로 하는 소송사건인 반면에 후자는 실체법 요건에 기한 권리의 확정보다는 후견적인 보호기능을 하는 비송사건적 성질을 겸유한다.[6]

임시의 지위를 정하는 가처분에는 다툼이 있는 권리관계에 관하여 그 권리관계 자체 또는 그 권리관계로부터 파생하는 개개의 권리관계에 관하여 임시의 지위를 정하는 지위보전의 가처분, 청구권·형성권이 만족된 결과나 동일한 상태를 임시적으로 실현·형성하는 단행가처분(만족적 가처분), 부작위를 명하는 가처분 등이 있다.[7] 단행가처분의 경우에는 권리자가 가처분의 집행만으로도 실질적인 만족을 얻게 되고 본안소송의 필요성을 느끼지 못하게 되나, 이 경우에도 권리자의 지위는 임시적이므로 채무자의 제소명령이 있는 경우 본안의 소를 제기하여야 하고,[8] 가처분 신청인이 본안소송에서 패소하면 가처분 집행 전의 상태로 원상회복하여야 한다.[9]

가처분은 일반 민사소송에 비하여 집행보전 또는 다툼이 있는 권리관계를 잠정적으로 규정하기 위하여 행하는 것으로서 잠정적인 성질을 갖고(잠정성), 긴급한 필요에 의하여 발하여지는 것이므로 재판 및 집행절차가 신속히 이루어지며(긴급성), 본안소송에 부수하는 절차이다(부수성). 또한, 그 신청이 있는 것을 알게 되면 그 목적을 달성하기 어려운 경우가 많으므로 비밀리에 심리되고 발령되며 그 처분을 송달하기 전에 집행에 착수하고(밀행성), 법원이 신청취지에 반하지 않는 한 구체적으로 어떠한 처분을 하는 것이 본안의 권리를 보전하기 위하여 필요한 것인가를 판단하고 그 내용을 임의로 정할 수 있으며 심리방법에 관해서도 법원에 많은 재량을 주고 있다(재량성).[10]

---

6) 노동특수이론, 77면.
7) 노동특수이론, 77면.
8) 強制執行法(4), 562면.
9) 민사집행(Ⅳ), 9면.

2. 노동가처분 및 그 특질

해고의 효력을 다투는 재판에는 지위확인 및 미불임금의 지급을 구하는 본안소송과는 별도로 민사집행법에 의한 임시의 지위를 정하는 가처분방식에 의한 절차가 널리 이용되고 있다. 법원은 간이한 절차에 의한 일정한 판단에 기초하여 본안판결까지 사이에 잠정적으로 당사자 사이의 관계를 정하게 된다.11)

근대기업에 있어서 해고는 적정노동량의 유지와 불량노동력의 배제에 의한 노동의 질의 유지 향상이라고 하는 불가결한 기능을 수행하고, 따라서 해고는 기업경영에 있어 불가피한 현상이지만 근로자의 입장에서는 해고로 인하여 생활의 기초인 임금수입의 기회를 잃고 생활·생존에 위협을 받기 때문에 해고를 둘러싼 분쟁은 신속한 해결이 요청된다.12)

그런데 이러한 노동분쟁의 특수성으로 인하여 그 해결을 위한 특별한 기관을 두거나 절차를 마련하는 것이 근대국가의 일반적인 현상임에도 우리 노동법은 근로자에게 있어 최대의 관심사인 해고의 효력 내지는 복직문제에 관하여 아무런 특별규정을 두고 있지 않다.13) 그리하여, 연혁적으로 보면 시민법 체계에 속하는 사건을 대상으로 하였던 가처분제도가 그 지도원리를 달리하는 노동사건에도 널리 이용되고 있다.14) 일본에서 노동가처분은 1946년경 쟁의행위에 관한 업무방해금지가처분에서 출발한

---

10) 노동특수이론, 77~78면.
11) 「註釋 勞動基準法(上卷)」[이하 '勞動基準法(上)'이라 한다], 東京大學 勞動法硏究會, 有斐閣, 2003, 341면.
12) 萩澤淸彦, "解雇と假處分", 實務民事訴訟講座 9, 日本評論社, 1970, 211~213면; 김광년, "해고무효를 전제로 한 지위보전가처분과 임금지불가처분", 노동법과 현대법의 제문제(심태식박사 화갑기념), 법문사, 1983, 79면.
13) 萩澤淸彦, 앞의 논문, 213면.
14) 유원석, "노동사건에 있어서의 근로자측의 가처분", 재판자료 40집, 법원도서관, 1987, 613면.

것으로서 당초에는 미국의 금지명령과 대비하여 격렬한 비난을 받았으나, 그 발상이 근로자 측의 종업원 지위보전가처분에 전용되고 1948년과 1949년의 인원정리분쟁에서 널리 활용되면서 가처분이 노동분쟁해결에 있어 법적 수단의 주류로 자리 잡게 되었다.[15] 이와 같이 가처분이 선호되는 이유는 수수료가 저렴하고 절차가 신속하며, 증명이 소명으로 족하고 신청이 인용되면 당연히 집행력을 갖고 그 정지가 용이하지 않다는 장점이 있기 때문이다.[16]

　그러나 노동법은 인간의 추상적 평등을 배척하고 노사 간의 실질적 평등을 확보하려는 것이 그 기본이념임에 대하여 민사소송법은 당사자의 추상적 평등을 전제로 하고 있으며, 특히 보전소송절차에서는 밀행성이 요청되고 있는바 이와 같이 법역과 이념을 달리하는 민사소송법을 노동관계를 규율하기 위하여 적용함에는 주의를 요한다.[17] 노동법체계가 시민법 체계에 속하는 가처분제도를 차용한 이유는 주로 가처분의 간이 신속성 때문이지만, 노동사건은 일반 민사사건과는 다른 특성이 있으므로 노동가처분을 다룸에 있어서는 그 특성을 이해할 필요가 있다.[18]

　노동사건에 관한 가처분은 대개 임시의 지위를 정하기 위한 가처분이고, 다툼의 대상(계쟁물)에 관한 가처분은 드물다.[19] 그리고 가처분의 부수성·잠정성에 일대 변화가 생긴 현상을 가처분의 본안화 현상이라고 말하는데, 이는 널리 근래의 가처분 실무에서 나타나는 현상이기는 하나 특히 노동가처분에 있어 현저하다.[20] 노동가처분이 이와 같이 가처분 본

---

15) 萩澤淸彦, 앞의 논문, 214면; 「注解 民事執行法(7)」[이하 '民事執行法(7)'이라 한다], 第一法規, 1984, 152면.
16) 民事執行法(7), 83면.
17) 김광년, 앞의 논문, 80면.
18) 유원석, 앞의 논문, 613면.
19) 민사집행(Ⅳ), 360면; 民事執行法(7), 83면.
20) 조휴옥, "쟁의행위에 대한 가처분", 노동법연구 1권 1호, 서울대학교 노동법연구회,

래의 범위를 넘어 발전하여 특수한 영역을 형성하게 된 데에는 해고가처
분이 결정적인 역할을 하였으며, 이런 의미에서 해고가처분은 노동가처분
의 원형이라고 할 수 있다.[21]

노동가처분의 본안화 현상은 첫째, 당사자의 분쟁의 중점이 가처분 쪽
으로 옮겨와 본안소송이 무의미하거나 불필요하게 되는 경우가 많아지고,
둘째, 만족적 가처분이 점점 더 많이 이용되고 있으며, 셋째, 보전소송절
차가 본안에 비견되는 신중한 심리를 하는 결과 장기화되는 데에서 잘 나
타나고 있다.[22]

이러한 본안화 현상의 중심은 만족적 가처분이다.

노동사건은 대개 임시의 지위를 정하는 가처분으로서 만족적 가처분이
므로 가처분의 결과가 당사자에게 주는 영향이 크고, 임금지급가처분 등에
서와 같이 후에 가처분이 변경되더라도 채무자가 받은 손해를 배상받는
것이 사실상 불가능한 경우가 많다.[23] 또한, 노동사건에 있어서의 가처분
은 그 결과가 당해 소송 외에 미치는 파급효과도 중대하며 사회의 이목이
집중되어 있는 경우도 많으므로 그 심리에 있어서 신중할 것이 요구된
다.[24] 따라서, 변론·심문기일을 넣어 당사자에게 피보전권리와 보전의 필
요성에 관하여 충분한 주장과 소명의 기회를 주고 있고, 증명의 정도도 통
상의 보전소송에서 소명을 요구하는 것과는 달리,[25] 실무상 증명과 같은

1991, 166면; 노동특수이론, 78면; 加藤俊平, "地位保全の假處分", 實務民事訴訟
講座 9, 行政訴訟 Ⅱ·勞働訴訟, 日本評論社, 1970. 8., 261면; 强制執行法(4),
562면.

21) 萩澤淸彦, 앞의 논문, 211면.

22) 민사집행(Ⅳ), 360면; 民事執行法(7), 83~84면.

23) 노동특수이론, 78~79면; 松野嘉貞, "地位保全假處分の諸問題", 新實務民事訴訟
講座 11, 勞働訴訟, 日本評論社, 1982. 1., 57면; 今中道信, "賃金·退職金等支拂
の假處分の必要性", 實務民事訴訟講座 9, 行政訴訟 Ⅱ·勞働訴訟, 日本評論社,
1970. 8., 289면.

24) 조휴옥, 앞의 논문, 165~166면; 유원석, 앞의 논문, 614면.

정도의 고도의 심증을 얻을 때까지 증거조사를 계속하는 경우가 많다.[26]

그러나 노동가처분의 목적은 신속하게 만족을 얻고자 하는 것이고 노사 간의 관계와 당사자를 둘러싼 주변 상황이 극히 유동적이어서 상당한 기간이 경과한 경우의 가처분은 무의미하게 되는, 그리하여 지체된 절차에 의한 승소보다는 신속한 절차에 의한 패소가 더 나은 경우도 생길 수 있으므로[27] 신속한 심리의 요청도 외면하여서는 안 되는 것으로서 신중과 신속의 조화가 필요하다.[28]

또 노동분쟁은 자주적 해결을 지향하여야 하므로 노동가처분에 있어서는 소위 임의의 이행이 기대되는 가처분이 인정되고 있다. 재판의 강제집행에 의한 실현보다 채무자의 자각에 의거한 임의의 이행을 기대하고, 추상적인 법률상 지위의 형성에 그치는 임의이행의 가처분에 노동가처분의 묘미가 있으며, 이러한 가처분은 피보전권리를 확장하고 노동가처분의 기능을 강화하는 역할을 한다.[29]

임의의 이행을 구하는 가처분은 노사관계의 계속성·복잡성·유동성을 고려하면 필요성이 인정되며, 비록 강제집행이 곤란하다고 하여도 가처분에 의하여 일단 공권적 판단이 내려져 잠정적 규범이 확립되고, 대립하는 사회적 가치 중의 하나에 권위를 부여하게 된다.[30]

---

25) 민사집행법 제279조 제2항, 제301조.
26) 유원석, 앞의 논문, 615면; 노동특수이론, 79면.
27) 유원석, 앞의 논문, 614면; 김광년, 앞의 논문, 92~93면; 塚原朋一, "賃金假拂假處分の必要性(2)", 裁判實務大系 5卷(勞働訴訟法), 靑林書院, 1985, 133면.
28) 유원석, 앞의 논문, 615면; 松野嘉貞, 앞의 논문, 57면; 沖野威, "勞働事件における本案訴訟と假處分との役割", 新實務民事訴訟講座 11, 勞働訴訟, 日本評論社, 1982. 1., 16~17면.
29) 조휴옥, 앞의 논문, 167면.
30) 노동특수이론, 80면.

3. 노동가처분의 종류

노동가처분의 분류방법은 여러 가지가 있겠으나 신청인이 노사 중 어디에 속하느냐에 따라 크게 두 가지로 나누어 볼 수 있다.[31]

먼저, 근로자나 노동조합이 신청인이 되는 근로자측 노동가처분에는 임금지급가처분, 종업원으로서의 지위를 보전하기 위한 지위보전가처분, 취업방해금지가처분, 징계처분효력정지가처분, 전직명령효력정지가처분, 취업규칙효력정지가처분, 단결권방해배제가처분, 단체교섭응낙가처분, 직장폐쇄금지가처분 등이 있으며, 사용자가 신청인이 되는 사용자측 노동가처분에는 공장시설 등에 대한 출입금지가처분, 업무방해금지가처분, 쟁의행위금지가처분 등이 있다. 사용자측 가처분은 근로자측의 쟁의행위에 대한 대항수단으로서 자주 이용되고 있다.[32] 위와 같이 노사 쌍방의 어느 일방이 신청인이 되고 상대방이 피신청인이 되는 가처분 외에 제3의 유형으로서 근로자의 단체인 노동조합 내부에서의 분쟁이 원인이 되어서 조합원의 신분으로 노동조합을 상대로 조합총회 결의의 무효를 주장하거나 임원을 상대로 직무집행 정지를 구하는 가처분이 있을 수 있고,[33] 복수노동조합 병존시의 병존조합 사이의 단체교섭방해금지가처분이나 연합단체와 단위노동조합 또는 단위노동조합과 하부조직 사이의 가처분, 노동조합과 제3자 사이의 조합활동방해금지가처분 등이 있을 수 있다.[34]

근로자측 가처분은 개별적 근로관계에 관한 것과 집단적 근로관계에 관한 것으로 나눌 수 있는데, 이하에서는 개별적 근로관계에 관한 근로자측 가처분 중 부당해고와 관련하여 문제되는 임금지급가처분, 지위보전가처분, 취업방해금지가처분에 국한하여 차례로 검토하기로 한다. 노동가처

---

31) 조휴옥, 앞의 논문, 164면.
32) 노동특수이론, 80면.
33) 조휴옥, 앞의 논문, 164~165면.
34) 노동특수이론, 80~81면.

분에 대하여는 국내에서의 연구가 미진한 상태이므로 우리에게 많은 영향을 준 일본의 판례와 학설도 함께 검토하기로 한다.

II. 임금지급가처분

1. 개 요

1) 의 의

사용자가 근로자를 해고하였으나 그 해고가 무효인 경우에는 비록 사용자가 해고 후 근로를 제공받지 아니한 경우라도 근로자는 사용자에 대하여 근로계약상의 임금을 청구할 수 있으며, 이와 같이 임금청구권을 가진 근로자는 사용자에 대하여 본안소송을 제기하여 임금청구를 하여야 하나, 본안판결을 받기까지는 상당한 시일이 걸리므로 오직 임금만을 생계수단으로 하여 살아가는 근로자는 당장의 생계곤란을 피할 수 없게 된다.[35] 그리하여, 소송기간 중의 근로자의 생활곤란을 피하기 위하여 근로자를 취업시킬 것인가와 별도로 사용자에게 임금의 전부 또는 일부에 상당한 금액을 임시로 지불하게 할 필요가 있다.[36]

이러한 경우에 임금청구권을 피보전권리로 하여 사용자에 대하여 본안판결 확정 전에 임시로 근로자에게 임금상당액의 금전의 지급을 명하는 가처분이 임금지급가처분이다.[37]

이러한 가처분은 본안소송에 비하여 신속한 재판이 이루어지고, 또 본안소송이 제기되지 않더라도 가처분상태로 분쟁이 사실상 종결하고 마는

---

35) 유원석, 앞의 논문, 616면.
36) 勞働基準法(上), 341면.
37) 유원석, 앞의 논문, 616면.

경우도 많다.38)

2) 법적 성질 및 허부

임금지급가처분은 피보전권리인 임금청구권이 실현되는 것과 동일 또
는 유사한 법률상태의 형성을 목적으로 하는 가처분으로서, 본안소송에서
결정되어야 할 해고의 효력의 유무가 미확정인 상태에서 해고된 근로자
에 대하여 마치 본안판결에서 승소하여 강제집행을 한 것과 같은 결과를
향유할 수 있도록 하는 소위 만족적 가처분이다.39)

임금지급가처분을 구하는 근로자는 별다른 자산이 없고 생활에도 여유
가 없는 것이 보통이므로 채무자가 본안소송에서 승소하여도 임시로 지
급한 금전을 반환받는다는 것은 불가능하거나 현저히 곤란하게 되어 만
족성은 종국적인 것으로 되는바, 이러한 결과를 야기하는 만족적 가처분
은 가처분 본래의 가정성·잠정성에 반하여 허용될 수 없는 것이 아닌가
하는 문제가 있다.40)

이에 대하여는 소송적 확정에 의한 권리의 실현자체가 아니고 그 실현
을 저해하는 방해를 제거하기 위한 수단인 한 설사 그것이 가정적 만족이
어도 이를 권리보전으로 인정함에 별 지장이 없으며, 가처분이 없었던 것
과 같은 원상회복이 아니라고 하여도 원상회복의 법률적 가능성, 즉 급부
물의 반환청구권이 있거나 또는 적어도 이러한 법률적 가능성에 가름하

---

38) 勞働基準法(上), 341면.
39) 노동특수이론, 101면; 飯島健太郎, "賃金假拂假處分の必要性", 新裁判實務大系
　　16 勞働關係訴訟法(Ⅰ), 靑林書院, 2001, 250면; 瀧澤孝臣, "賃金假拂假處分の
　　必要性(1)", 裁判實務大系 5卷(勞働訴訟法), 靑林書院, 1985, 116～117면; 强制
　　執行法(4), 560～561면; 民事執行法(7), 181면.
40) 瀧澤孝臣, 앞의 논문, 117면; 强制執行法(4), 561면; 今中道信, 앞의 논문, 289면;
　　古舘淸吾, "賃金·退職金等支拂の假處分の必要性", 新實務民事訴訟講座 11,
　　勞働訴訟, 日本評論社, 1982. 1., 247～248면.

는 부당이득이나 손해배상청구권의 성립이 가능하면 가정적 성격에 반하
는 것이 아니라고 한다.[41] 원상회복이 불가능한 가처분을 금하는 법률상
의 규정은 없으므로 원상회복의 가능성을 움직일 수 없는 전제로 한 입론
은 부당하며, 오히려 채권자가 현재 현저한 손해를 입거나 급박한 강폭
하에 있음에도 이를 방치한다면 이것이 민사재판의 본지에 반하는 것이
므로 설사 원상회복의 불능을 초래한다 하여도 만족적 가처분을 허용하
여야 한다는 견해도 있다.[42]

현재에는 만족적 가처분이 인정되어야 한다는 점에 대하여는 이설이
없고, 구체적 사안에서 만족적 가처분이 허용될 수 있는 요건을 구비하였
는지의 여부가 문제되고 있다.[43]

2. 요 건

1) 개 설

임금지급가처분이 노동가처분이라는 이유로 그 특수성이 강조되는 경
향이 있으나, 법리적으로는 교통사고손해배상과 관련한 치료비 등에 상응
하는 금액의 임시지급을 명하는 가처분이나 명도단행가처분 등 다른 만
족적 가처분과 마찬가지로 민사집행법 제300조 제2항의 임시의 지위를
정하기 위한 가처분에 근거한 것으로서 노동가처분의 특수성을 이유로
만족성이 인정될 수는 없고, 민사집행법 제300조 제2항이 규정하고 있는

---

41) 強制執行法(4), 561면; 古館淸吾, 앞의 논문, 248면; 수中道信은 법률상의 원상회
   복 가능성은 결국 가처분재판이 잠정적·가정적 재판이고 그 종국적인 집행이 아니
   라고 하는 것에서 필연적으로 유래하는 것이므로 별다른 의미가 없다고 한다(수中
   道信, 앞의 논문, 289면).
42) 김광년, 앞의 논문, 86면; 수中道信, 앞의 논문, 290면.
43) 유원석, 앞의 논문, 616～617면; 瀧澤孝臣, 앞의 논문, 117면; 수中道信, 앞의 논문,
   290면; 古館淸吾, 앞의 논문, 248면; 民事執行法(7), 181면.

피보전권리로서의 다툼이 있는 권리관계와 보전의 필요성으로서의 현저한 손해를 피하는 등의 필요성이 존재하여야 한다.[44]

2) 피보전권리

임금지급가처분에서의 피보전권리는 임금청구권이다.

해고가 무효인 경우에는 피해고자는 종래와 같이 근로자로서의 지위에 있고, 부당해고의 경우에는 사용자의 귀책사유로 인하여 근로자가 근로를 제공하지 못한 것이므로 해고기간 동안에 근로자가 근로를 제공하지 않았다고 하더라도 "쌍무계약의 당사자 일방의 채무가 채권자의 책임 있는 사유로 이행할 수 없게 된 때에는 채무자는 상대방의 이행을 청구할 수 있다. 채권자의 수령지체 중에 당사자 쌍방의 책임 없는 사유로 이행할 수 없게 된 때에도 같다."라고 한 민법 제538조 제1항의 규정에 의하여 근로자는 임금청구권이 있다.[45] 해고를 불법행위로 이론 구성한다면 임금 상당의 손해배상채권이 성립할 것이다.[46]

3) 보전의 필요성

(1) 필요성의 유무

일반적으로 임시의 지위를 정하는 가처분에 있어서의 보전의 필요성은 특히 계속하는 권리관계에 끼칠 현저한 손해를 피하거나 급박한 위험을 막기 위하여, 또는 그 밖의 필요한 이유가 있을 경우에 할 수 있다.[47] 임

44) 瀧澤孝臣, 앞의 논문, 118면.
45) 民事執行法(7), 181면; 대법원 1992. 3. 31. 선고 90다8763 판결; 대법원 1992. 12. 8. 선고 92다39860 판결; 대법원 1993. 9. 24. 선고 93다21736 판결; 대법원 1995. 11. 21. 선고 94다45753, 45760 판결.
46) 民事執行法(7), 181면.
47) 민사집행법 제300조 제2항.

금지급가처분에 있어서도 보존의 필요성은 임금지급이 중단됨으로써 근로자 및 그 가족이 최소한의 생활유지에 곤란을 받는 곤궁한 상황에 처하게 되어 그러한 상황을 피할 필요성을 말한다.[48] 최소한의 생활유지의 기준은 헌법에서 말하는 인간다운 생활이 일응의 기준이 될 것이다.[49]

금전적 청구권의 보전은 본래 가압류의 방법에 의함이 원칙이므로, 그 예외로서 임시의 지위를 정하는 가처분에 의하는 경우에는 그 결과의 중대성에 비추어 고도의 필요성이 요구된다.[50] 또한, 채권자가 본안소송에서 승소한 경우에 채권자에 대하여 법률적으로는 부당이득반환청구권 혹은 손해배상청구권을 갖게 되지만 채권자가 임시로 지급받은 임금을 생활비 등으로 소비하고 다른 재산도 없어서 임시로 지급된 임금을 현실적으로 회수하는 것은 불가능하거나 현저히 곤란한 경우가 많다는 점도 고려되어야 한다.[51]

부당해고로 인한 가처분의 필요성을 인정함에 있어 가처분이 발령됨으로써 사용자가 입을 손해도 고려하여야 하는가에 대하여는 논란이 있다.[52] 민사집행법 제300조 제2항의 임시의 지위를 정하기 위한 가처분의 필요는 채권자 측 사정인 현저한 손해를 피하거나 급박한 위험을 막기 위하여, 또는 그 밖의 필요한 이유에 의하여 판단되어야 하며, 사용자 측의 손해는 민사집행법 제307조에 의한 특별사정에 의한 가처분취소의 사정으로 고려하면 족하다는 견해가 있으나, 가처분명령에 있어 해방공탁금제

---

48) 유원석, 앞의 논문, 617면; 飯島健太郎, 앞의 논문, 251면; 瀧澤孝臣, 앞의 논문, 119면; 强制執行法(4), 566면; 今中道信, 앞의 논문, 293~294면; 民事執行法(7), 157면.
49) 유원석, 앞의 논문, 617~618면.
50) 瀧澤孝臣, 앞의 논문, 119면; 强制執行法(4), 562면; 今中道信, 앞의 논문, 290면; 古舘淸吾, 앞의 논문, 251면; 서울중앙지법 2003. 12. 9.자 2003카합3610 결정.
51) 飯島健太郎, 앞의 논문, 250~251면; 塚原朋一, 앞의 논문, 132면; 今中道信, 앞의 논문, 290면.
52) 民事執行法(7), 157면.

도가 허용되지 않는 점53)을 고려하면 일단 가처분이 집행되면 사용자가 결정적인 타격을 받게 되는 경우에 특별사정에 의한 가처분취소의 길이 열려있다는 이유만으로 사용자 측 손해 주장을 봉쇄하는 것은 타당하다고 할 수 없으며, 필요성의 판단에 있어 쌍방의 이해를 비교교량하는 것이 공평의 이념에 적합할 것이다.54)

임금지급가처분의 실질적 종국성으로 인해 특히 1955년 이후 일본 법원은 피보전권리의 존부를 심리함에 있어 본안소송에 준하는 확신에 가까운 심증을 원하고, 또 노동사건 특유의 공방의 치열함으로 인해 심리기간이 장기화되었으며, 그 후에 가처분의 필요성이 없다 하여 신청을 기각할 수도 없으므로 해고 전 임금의 전액에 관해 가처분의 필요성을 인정할 수밖에 없었다.55) 즉, 보전의 필요성에 관하여는 해고되어 임금이 지불되지 않는다는 사실 하나만으로 특별한 사정이 없는 한 이를 인정하고,56) 해고통고시부터 재판시까지 아무리 오랜 시간이 경과하여도 본안판결확정시까지 종전에 지급받아 오던 임금액에 기초하여 임금의 임시지급을 명하며, 그 후에 임금이 인상되거나 승급, 혹은 연말에 다른 종업원에게 일시금이 지급되면 추가로 임시지급을 명하였다.57) 또한, 임금지급가처분의 필요성이 있다는 점은 채권자가 주장·소명하여야 함에도, 통상 채권자가 임금을 유일한 생활의 원천으로 하는 근로자이기에 해고에 의한 생활의 곤궁, 회복하기 어려운 손해를 입을 위험이 있다고 하는 추상적·형

---

53) 대법원 2002. 9. 25. 2000마282 결정; 해방공탁금을 인정하면 근로자가 임금을 받을 수 없게 되기 때문에 인정할 수 없다고 한다[民事執行法(7), 192면].

54) 김광년, 앞의 논문, 90~91면; 強制執行法(4), 562면; 今中道信, 앞의 논문, 292~293면.

55) 飯島健太郎, 앞의 논문, 251면; 今中道信, 앞의 논문, 301면; 塚原朋一, 앞의 논문, 132면; 이러한 사정은 노동가처분으로서 임금지급가처분에 앞서 등장한 지위보전가처분에 있어서도 별다른 차이가 없었다[沖野威, 앞의 논문, 4~10면 참조].

56) 塚原朋一, 앞의 논문, 132면.

57) 塚原朋一, 앞의 논문, 130~133면; 瀧澤孝臣, 앞의 논문, 115~116면(추가가처분이 수차에 이르는 예도 드물지 않았다고 한다).

식적 판단에 의해 사실상 가처분의 필요성을 경험칙상 추정된다고 보고[58] 임금 전액의 임시지급을 인정하는 경향이 있었다.[59] 사용자가 반증을 제출한 경우에 한하여 근로자는 필요성을 증명하면 되고, 가처분명령을 함에 있어 필요성에 대하여는 특별한 설시를 아니 하였다.[60]

이에 대하여는 민사소송법 본래의 전통적인 가처분이론을 대담하게 변용시킬 정도로 관대하고 지나친 것이라는 비판이 있다.[61] 즉, 금전의 임시지급을 명하는 가처분은 본안에 의한 해결에 이르기까지의 잠정적 조치로서 다른 동일 조건하의 종업원과 동일 수준의 임금을 보장하는 것은 아니고, 피보전권리가 소명된다고 하여 임금 전액의 임시지급을 명하는 것이 허용되는 것이 아니며, 특히 임금인상분, 승급분, 일시금, 혹은 과거분 임금의 임시지급을 명함에 있어서는 고도의 보전의 필요성이 요구되고, 장래의 기간에 대하여도 본안판결 확정시까지가 아닌 더 구체적으로 필요성이 있는 기간을 파악하여야 한다는 것이다.[62] 실제로 많은 근로자 세대에서 채권자의 임금을 유일한 생활의 원천으로 하는 경우가 많았던 과거에는 해고 등에 의한 생활의 곤궁을 추인하기 쉬웠을 것이나 근로자의 임금이 높은 수준으로 된 현재에 있어서 위와 같은 추정을 그대로 유지하기는 어려우며 구체적인 사정을 살펴 보전의 필요성을 신중하게 판단하여야 한다.[63]

---

58) 수中道信, 앞의 논문, 294면; 古館淸吾, 앞의 논문, 252면; 民事執行法(7), 187면; 대전지법 홍성지원 2001. 7. 6. 선고 2000카합505 판결; 서울지법 2000. 6. 30.자 2000카합1067 결정.

59) 노동특수이론, 101면; 飯島健太郎, 앞의 논문, 251면; 瀧澤孝臣, 앞의 논문, 123~124면.

60) 김광년, 앞의 논문, 90면; 古館淸吾, 앞의 논문, 252면; 서울지법 남부지원 1999. 1. 21.자 98카합6307 결정; 대전지법 홍성지원 2001. 7. 6. 선고 2000카합505 판결; 창원지법 거창지원 2003. 12. 4.자 2003카단1652 결정.

61) 瀧澤孝臣, 앞의 논문, 116면.

62) 塚原朋一, 앞의 논문, 131~133면.

63) 飯島健太郎, 앞의 논문, 252면; 民事執行法(7), 157면.

그리하여 1991. 1. 1. 시행된 일본 민사보전법에 의한 임의적 구두변론
의 채택[64]과 심리의 장기화로 인한 폐해의 지적에 따른 심리기간의 단축
을 위한 노력 등으로 가처분 본래의 모습으로 돌아가 가처분 필요성의 존
재가 피보전권리의 존재와 동등하게 심리되고 판단되어야 한다는 주장이
제기되었다.[65] 새로운 심리방식에 의하면 가처분사건의 심리에 있어 소명
에 의한다고 하는 원칙을 관철하고, 만약 소명절차에 의하여 피보전권리
에 관한 소명의 정도조차의 심증도 얻지 못한 때에는 기각하고 조속히 소
를 제기하여 본안에 관하여 심리재판하게 하며, 보전의 필요성에 관해서
도 임금에 의해 생활을 유지하여 온 채권자가 임금지급을 받지 못하게 된
때에는 특단의 사정이 없는 한 가처분의 필요성이 인정된다는 추상적·
형식적인 심리재판방식을 벗어나 채권자마다 보전의 필요성에 관하여 구
체적 사실을 확정하여 실질적으로 판단하게 된다.[66]

종전에는 피보전권리에 비하여 가처분의 필요성의 대한 심리를 형식적
으로 하여 온 경향이 있으나 가처분 필요성의 존재는 피보전권리의 존재
와 동등한 요건으로서 심리되어야 하며, 가처분 필요성의 존부에 관한 심
리·판단에 선행하여 피보전권리의 존부를 심리·판단하여야 할 필연성
은 없는 것으로서 가처분의 필요성을 먼저 심리하여 피보전권리에 대한
심리·판단 없이 신청을 기각할 수도 있다.[67]

이렇게 가처분의 필요성을 엄격히 판단하면 종래의 재판례에 비하여
근로자에 대한 보호가 약해지는 것이 아닌가 하는 비판이 있을 수 있지
만, 필요성을 엄격히 판단하는 대신 피보전권리의 판단을 간이화·신속
화하게 된다면 노동가처분의 본안화에 따른 폐해[68]를 시정할 수 있게 되

---

64) 일본 민사보진법 제3조.
65) 飯島健太郎, 앞의 논문, 251면; 沖野威, 앞의 논문, 8~10면.
66) 塚原朋一, 앞의 논문, 134면; 하지만 채권자가 다수에 의한 집단을 이루고 있는 경
　　우에는 채권자마다 개별적으로 보전의 필요성을 판단하기 매우 어려운 현실적 어려
　　움이 존재한다(塚原朋一, 앞의 논문, 136~137면); 沖野威, 앞의 논문, 10면.
67) 飯島健太郎, 앞의 논문, 256면; 强制執行法(4), 556면.

어, 해고된 근로자에 대하여 해고에 의해 초래된 생활의 곤궁을 조속히
해소하고 본안소송의 제기·수행에 있어서의 장애를 제거한다고 하는 가
처분 본래의 보호가 가능할 것이다.[69]

최근에 와서는 보전의 필요성이 없다는 이유로 임금지급가처분신청을
기각하는 사례들이 종종 발견되고 있으며,[70] 서울중앙지방법원의 경우 민
사 신청부에서 노동가처분사건까지 함께 처리함으로써 다른 신청사건의
예에 준하여 신속하게 처리하고 있다.[71]

(2) 필요성의 정도

가처분의 필요성은 그것이 가처분 자체를 근거 지움과 동시에 가처분
의 내용과 방법도 결정하게 되는 것으로서, 가처분의 필요성이 없는 가처
분은 허용될 수 없지만 필요성의 한도를 초과한 가처분도 허용될 수 없는
것이므로, 가처분 요건으로서의 필요성은 그 유무와 정도를 모두 충족하
는 것이어야 하고, 임금지급가처분이 당사자에게 야기하는 결과의 중대성
에 비추어 필요성의 유무는 물론 필요성의 정도도 엄격하게 판단되어야
한다.[72]

---

68) 沖野威는 진실로 구제를 필요로 하는 자가 법정에서 멀어지고 이에 비하여 구제의
    필요성이 적은 자가 가처분신청을 하는 것이 본안화의 최대의 폐해라고 한다(沖野
    威, 앞의 논문, 18면).
69) 瀧澤孝臣, 앞의 논문, 129면; 沖野威는 노동가처분의 재판은 결과의 중대함을 강조
    한 나머지 본안소송과 같은 정치한 심리를 거쳐 본안판결과 같은 내용의 판결을 하
    고, 이러한 심리판결 때문에 결과를 중대하다고 받아들이는 악순환에 빠져 있다고
    한다(沖野威, 앞의 논문, 16면).
70) 부산지법 2003. 6. 5.자 2003카합286 결정; 서울중앙지법 2003. 12. 9.자 2003카합
    3610 결정; 광주지법 2008. 1. 4.자 2007카합1124 결정; 광주지법 2008. 7. 15.자
    2008카합697 결정.
71) 담당 재판부 판사의 이야기에 의하면 심문을 거쳐 보통 신청 후 2개월 내에 결정이
    내려진다고 하고, 다른 임시의 지위를 정하는 가처분과 아무런 구별 없이 진행하고
    있다고 한다.

보전의 필요성의 정도는 필요성의 유무와는 달리 임금 등이 해고된 근로자에게 있어 유일한 생활수단이고 해고에 의하여 무수입으로 되었다는 사실로부터 곧바로 추정할 수는 없으며, 유일성과 무수입성으로부터는 임시지급을 근거지울 수 있음에 그치고 해고 전에 지급받아 오던 임금 등과 같은 금액의 임시 지급을 기간을 한정하지 않고 명할 필요성까지 있다고 단정할 수는 없다.[73] 또한, 임시지급의 내용을 결정할 필요성은 그 소명이 없다고 하여 이미 임시지급의 근거로서의 필요성이 소명된 이상 신청 자체를 기각할 수는 없고, 임시지급을 명하는 금액 및 기간이 적정하게 되도록 당사자 쌍방이 그 점에 관한 주장 및 소명을 하여야 한다.[74]

관리직이나 고액의 임금을 받는 근로자의 경우에는 오히려 저금 등의 상당한 자산이 있는 것으로 추인할 수 있다.[75] 이러한 근로자가 해고 전에 지급받아 오던 임금 전액의 임시지급을 구하는 경우에는 그 근로자와 가족의 생계를 유지함에 족한 금액을 초과하는 가처분신청은 그 한도에서 기각하여야 한다.[76]

채권자 및 그 가족의 생활의 곤궁을 판단하는 이상 가족 전체의 자력을 고찰하여야 하며, 부모 또는 배우자 등 가족구성원에게 수입이 있거나 자

---

72) 瀧澤孝臣, 앞의 논문, 121~122면; 强制執行法(4), 567면; 임금 등의 지급을 명하는 가처분의 필요성은 긴급상황의 현존 또는 그 구체적인 발생위험의 존재에 의하여 결정되어야 하며, 통상은 임금을 유일한 생계수단으로 하는 근로자가 해고에 의하여 수입이 끊어진 사실이 소명되면 위 필요성의 존재도 소명된 것으로 취급할 수 있을 것이나, 이 경우에 있어서도 ① 임금 전액의 지급을 명해야 하는가는 근로자 및 그 가족의 경제생활의 절박함을 피하기에 족한가의 견지에서 신중히 판단하고 결정해야 하며, ② 임시지급을 명하는 기간도 근로자가 본안소송을 수행하기 위해 다른 잠정적인 생활자금을 획득함에 필요한 기간을 판단하여 결정해야 한다는 일본 판결이 있다[東京地判 1976. 9. 29. 昭和 49年(モ)12776號 東亞石油事件(제일법규 D1-Law.com 판례 ID 27612654에서 인용)].

73) 瀧澤孝臣, 앞의 논문, 125면.

74) 瀧澤孝臣, 앞의 논문, 128면.

75) 飯島健太郎, 앞의 논문, 252면.

76) 瀧澤孝臣, 앞의 논문, 128~129면.

산이 있는 경우에는 근로자에 대한 임금지급이 중단되어도 최소한의 생활유지는 가능할 수 있다. 이와 같은 때에는 가족의 구성, 동거 여부, 가족 전체의 수입에서 당해 근로자의 임금이 차지하는 비중 등을 살펴 필요성의 유무를 검토하여야 한다.[77]

여성의 사회진출이 늘어난 오늘날에는 피해고 근로자가 남성인 경우에도 배우자에게 상당한 수입이 있는 것이 드문 일이 아니므로 해고에 의하여 생활이 곤궁하다는 추정이 작용할 영역은 줄어들고 있다.[78]

그 외 해고된 근로자가 다른 곳에 취업하여 소득이 있거나 실업보험금을 받게 되는 경우 등 다른 수입이 생긴 경우에는 임금지급이 중단되어도 최소한의 생활을 유지할 수 있는 경우가 있을 수 있으나, 실업보험금은 해고가 무효인 경우에는 지급되어서는 안 되는 금전이고 결국은 반환되어야 하므로 그러한 수입이 생겼다고 하여 일률적으로 필요성을 부정할 수는 없고 수입금액과 수입을 얻을 수 있는 기간 및 안정성 등을 잘 살펴 필요성을 판단하여야 한다.[79]

이와 유사한 문제로서 조합으로부터의 모금에 의한 기부금이 있거나 조합으로부터의 차입금에 의하여 생계를 유지하는 경우, 친척으로부터의 원조가 있는 경우에 그것이 장래에도 확실히 얻을 수 있는 것인 경우에는 가처분의 필요성을 판단함에 있어 고려되어야 하나, 이러한 것들은 일시적, 응급적인 것이 대부분이어서 이러한 것들로 인하여 가처분의 필요성이 부정되는 사안은 드물 것이다.[80]

해고로 인한 정신적 고통의 회복이나 부당노동행위의 시정은 임금지급

---

77) 유원석, 앞의 논문, 618면; 수中道信, 앞의 논문, 294～295면; 古館淸吾, 앞의 논문, 257면; 瀧澤孝臣, 앞의 논문, 124면.
78) 飯島健太郞, 앞의 논문, 252면.
79) 유원석, 앞의 논문, 618면; 瀧澤孝臣, 앞의 논문, 124～125면; 수中道信, 앞의 논문, 294면; 民事執行法(7), 158면.
80) 飯島健太郞, 앞의 논문, 256면; 瀧澤孝臣, 앞의 논문, 125면; 松野嘉貞, 앞의 논문, 48면; 수中道信, 앞의 논문, 297면; 民事執行法(7), 157～158면.

가처분의 목적이 되는 것은 아니므로 필요성은 오로지 근로자의 현재에 있어서의 생활 곤궁의 정도에 의해 정하여야 한다.[81) 임금지급가처분이 조합활동의 보호를 목적으로 하는 것은 아니기에 해고로 인하여 조합활동이 곤란하게 되었음을 이유로 필요성을 인정할 수는 없다.[82) 일시적·임시적·부가적 임금이나 지나치게 적은 금액은 정기적·계속적·본래적 임금에 비하여 직접적인 생활유지와의 관련성이 적기 때문에 필요성이 약하다고 보아야 한다.[83)

4) 손해담보를 위한 공탁

민사집행법은 법원이 보전처분을 함에 있어 그 처분으로 인하여 피신청인이 입을 손해에 대하여 담보제공을 명할 수 있도록 규정하고 있다.[84) 위 규정에 의하면 담보제공 여부는 법원의 재량이나 보전처분이 신속성의 요청에 따라 소명만으로 발하여지기에 피신청인이 부당한 보전처분으로 인하여 손해를 입을 위험성이 있어 이를 담보하고 보전처분의 남용을 방지하기 위하여 실무상 거의 모든 경우에 손해담보로서 일정액의 보증금을 공탁하도록 하고 있다.[85) 하지만, 임금지급가처분에 있어서는 신청인인 근로자가 곤궁한 상황에 처하여 있음을 이유로 이를 피할 수 있도록 하기 위하여 가처분을 발하면서 그 전제조건으로 근로자에게 보증금의 공탁을 명하는 것은 부적당하다는 이유에서 무보증으로 가처분을 발하는 경우가 많다.[86)

---

81) 今中道信, 앞의 논문, 298~299면; 民事執行法(7), 159면.
82) 古館淸吾, 앞의 논문, 258면.
83) 今中道信, 앞의 논문, 301; 古館淸吾, 앞의 논문, 261~262면; 民事執行法(7), 187면.
84) 민사집행법 제280조 제2항, 제3항.
85) 유원석, 앞의 논문, 619면.
86) 민사집행(Ⅳ), 365면; 塚原朋一, 앞의 논문, 131~132면; 松野嘉貞, 앞의 논문, 56면; 民事執行法(7), 161면.

서울중앙지방법원에서는 일정한 금액의 공탁 또는 그 금액을 보험금액으로 하는 지급보증위탁계약 체결문서를 제출할 것을 조건으로 임금지급가처분을 발하고 있다.[87]

3. 가처분명령

1) 주문례

임금지급가처분의 주문은
- 채무자는 채권자에게 10,000,000원을 임시로 지급하라.[88]
- 채무자는 채권자에게 2008. 5. 1.부터 본안판결 확정에 이르기까지 매월 10일에 월 2,000,000원의 비율로 계산한 돈을 임시로 지급하라.
등의 방식을 취한다.[89]

과거분은 합계하여 그 총액의 지급을 명하고 장래분은 이행기마다의 금액을 특정하여 이행기마다의 지급을 명하는 형태도 있다.[90]

2) 지급을 명하는 기간

(1) 과거분의 임금

가처분을 발함에 있어 임금지급기간은 필요성이 있는 범위의 기간에

---

87) 서울지법 2000. 6. 30.자 2000카합1067 결정; 서울중앙지법 2006. 12. 21.자 2006카합3699 결정; 서울중앙지법 2007. 2. 5.자 2006카합3609 결정; 서울중앙지법 2007. 6. 11.자 2007카합1213 결정; 서울중앙지법 2008. 5. 27.자 2008카합1386 결정; 서울중앙지법 2008. 9. 30.자 2008카합2678 결정; 서울중앙지법 2008. 12. 2.자 2008카합3449 결정.

88) 최근 이와 같이 일정액의 지급을 명하는 예도 종종 보이고 있다. 서울지법 2000. 6. 30.자 2000카합1067 결정; 서울지법 2006. 12. 21.자 2006카합3699 결정 등.

89) 노동특수이론, 102면.

90) 民事執行法(7), 192면; 서울중앙지법 2008. 5. 27.자 2008카합1386 결정.

한정되므로, 해고시부터 가처분 발령시까지의 기간의 임금에 대하여도 보전의 필요성을 인정할 수 있는지가 문제된다.

이에 대하여는 임금지급가처분은 현존하는 위험을 피하기 위한 것이기에 가처분 당시 경과하여 버린 과거기간 동안의 생활의 곤궁 상태는 이미 해소된 것이고, 따라서 과거 분의 임금지급청구는 그 필요성이 없다는 주장과,[91] 임금지급이 중단된 근로자가 가처분을 받을 때까지 생활의 곤궁을 받으면서 그 곤궁을 극복한 이익을 사용자에게 귀속시키는 것은 부당하므로 특별한 사정이 없는 한 임금지급중단 후부터 가처분 발령시까지의 과거분의 임금에 대하여도 필요성을 사실상 추정하여야 한다는 주장이 있다.[92]

이러한 경우의 가처분 필요성 여부에 대하여 일률적으로 단정하기는 곤란하고, 피해고 근로자가 해고 후 상당한 기간이 경과하여 가처분신청을 한 경우에는 통상 가처분신청 전까지의 기간에 대하여는 가처분 신청의 필요성을 인정하기 어려울 것이며,[93] 그렇지 아니한 경우에는 구체적, 실질적으로 가처분 신청의 필요성을 신중히 검토하여야 한다.[94]

---

91) 今中道信, 앞의 논문, 298면 참조.
92) 유원석, 앞의 논문, 620면(하지만, 가처분 단계에서는 해고의 무효 여부가 판정된 것이 아니므로 임금지급이 중단된 근로자가 가처분을 받을 때까지 생활이 곤궁하였다고 해도 가처분신청 전의 임금에 대한 보전의 필요성을 인정하지 아니하는 것이 근로자가 곤궁을 극복한 이익을 사용자에게 귀속시키는 것이라고 보기는 어렵다); 今中道信, 앞의 논문, 298면.
93) 今中道信, 앞의 논문, 298면; 서울지법 남부지원 1999. 1. 21.자 98카합6307 결정(신청일 이후분 인정); 서울고법 2008. 7. 17. 자 2008카합902 결정(결정일 이후분 인정); 서울중앙지법 2008. 12. 2.자 2008카합3449 결정(결정문 송달예정일 이후분 인정).
94) 古舘淸吾, 앞의 논문, 259면; 이에 대하여 가처분신청 전까지의 기간에 관한 임금의 보전 필요성을 원칙적으로 인정하되, 해고 후 상당한 기간이 경과한 후에 가처분신청을 한 경우에만 신청 전까지의 기간에 대한 임금의 보전필요성을 구체적, 실질적으로 검토하여야 한다는 이견이 있다(노동특수이론, 101면; 유원석, 앞의 논문, 620면 등 참조).

전에는 가처분의 본안화 영향도 있어서 과거 분에 관해서도 특별히 이유를 붙이지 아니하고 전부 인용하는 재판례가 다수였지만[95] 근래에는 가처분의 필요성 요건에 관해서 신중한 판단을 하게 되어 그 전부 또는 일부를 기각하는 사례가 증가하고 있다.[96] 채권자가 현재 생활할 수 있는 이상 가처분신청 당시에 이미 수개월 이상이 경과한 과거 분에 관해서는 원칙적으로 임시지급의 필요가 없고,[97] 다만, 사채업자로부터 고리의 사채를 얻어 생활해 와서 신속히 변제하여야 하는 것과 같은 특별한 사정이 소명되는 경우에 한하여 필요성이 긍정될 수 있을 것이다.[98]

임금인상분, 승급분, 다른 근로자들에 대한 일시금의 임시지급을 구하는 추가적 가처분은 다른 근로자들에게 지급된 후 2, 3개월 이상이 경과된 후에 신청되는 것으로서 과거 분 임금의 임시지급 문제로 되는 것이며, 종전의 임시지급 임금액으로 생활을 유지하고 있다고 통상 추정되기에 보전의 필요성에 관하여 특히 엄격한 심리가 필요하다.[99]

(2) 장래의 임금

임금지급을 명하는 장래의 기간에 대하여는 종래의 실무는 본안판결 선고시[100]나 본안판결 확정시[101]까지로 정함이 보통이었으나, 최근에는

---

95) 民事執行法(7), 186면; 창원지법 거창지원 2003. 12. 4.자 2003카단1652 결정; 서울중앙지법 2008. 5. 27.자 2008카합1386 결정.

96) 今中道信, 앞의 논문, 298면.

97) 통상 종전의 저금이나 친족에 의한 무상원조에 의하여 연명해온 것으로 추정된다 (塚原朋一, 앞의 논문, 135면); 瀧澤孝臣, 앞의 논문, 128면.

98) 飯島健太郎, 앞의 논문, 252면(동경지방재판소 노동부에서는 원칙적으로 과거분의 임시지급을 인정하지 않는다고 한다); 塚原朋一, 앞의 논문, 135면.

99) 塚原朋一, 앞의 논문, 135~136면.

100) 서울고법 2008. 7. 17. 자 2008카합902 결정.

101) 서울지법 남부지원 1999. 1. 21.자 98카합6307 결정; 대전지법 홍성지원 2001. 7. 6. 선고 2000카합505 판결; 서울지법 서부지원 2001. 5. 24.자 2000카합1858 결정; 광주지법 2005. 6. 17.자 2005카합400 결정; 서울중앙지법 2007. 2. 5.자 2006

통상 1년을 넘지 않는 범위 내에서 채권자가 필요한 노력을 하면 생계자금을 얻을 수 있는 시기까지로 정하기도 한다.[102]

일본에서도 전에는 '본안판결의 확정시까지'로 하는 재판례가 다수였지만 금전급부를 목적으로 하는 청구권의 보전은 본래 가압류에 의하여야 하며, 금전지급가처분이 인용되고 있는 유일한 예인 교통사고에 기한 손해배상금의 임시지급에 관하여 동경지방재판소에서 기간을 6개월로 한정하여 운용하는 점과 비교하여 현저하게 균형이 맞지 않고,[103] 근로자의 경우 다른 곳에 취직하여 수입을 얻을 가능성이 있어 임시지급의 필요성에 변경이 생길 가능성이 있다는 비판이 제기되어, 우선 '본안 1심 판결시까지'로 하는 재판례가 증가하였으며, 그 후 더욱 기간을 단축하여 동경지방재판소 노동부에서는 기간을 1년으로 한정하는 것이 원칙으로 되었다고 한다.[104]

가처분의 기간을 1년으로 한정한 것이, 결정을 받은 경우에도 임시지급 기간이 1년에 한정되어 있어 근로자가 신속히 본안소송을 제기한 후 심리의 촉진을 구하는 경우가 많아지고, 이것이 쟁점 및 증거의 정리, 나아가 노동관계 민사소송의 심리기간 단축 등 본안소송심리 촉진이라는 부수적 효과를 가져 왔으며, 또한 사용자로서는 법원에서 불리한 심증을 시사 받은 경우 결정을 받으면 후에 본안소송에서 승소한다 하여도 돌려받기 어려운 1년의 임금 임시지급을 명받게 되는 것을 예측할 수 있고, 근로자로서도 임금지급가처분 결정을 받아도 1년에 한정되고 그 후에 임시지급을

카합3609 결정; 서울중앙지법 2008. 5. 27.자 2008카합1386 결정; 서울중앙지법 2008. 12. 2.자 2008카합3449 결정.
102) 노동특수이론, 101~102면; 창원지법 기창지원 2003. 12. 4.자 2003카단1652 결정(과거분에 더하여 결정시로부터 6개월분 인정); 대구지법 서부지원 2008. 9. 9.자 2008카합113 결정(총 6개월분만 인정).
103) 古館淸吾, 앞의 논문, 252~253면.
104) 飯島健太郎, 앞의 논문, 253면; 沖野威, 앞의 논문, 10면; 民事執行法(7), 186~187면.

받게 될 보장이 없어서 쌍방이 1년분의 임금을 하나의 기준으로 삼아 화해를 하게 되는 효과가 생겼다.[105]

가처분의 보전처분으로서의 성격과 해고된 근로자에게도 손해의 경감을 위해 노력할 신의칙상 의무를 인정한다면 본안소송이 종결되기까지 장기간이 소요될 것으로 보이는 사건에서 임금지급을 명하는 장래의 기간을 일정한 범위 내로 제한하려는 최근의 동향은 합리적이라 생각한다.[106] 즉, 해고된 근로자에게 있어 임금 등이 유일한 생계수단이라고 하여도 근로자는 잠재적인 노동력을 계속하여 보유하고 있기 때문에 해고 후 다른 곳에 취업하여 임금 등을 획득하는 등 잠재적 노동력의 활용이 계획되기까지 필요한 기간에 한정되어야 한다.[107] 다만 기간제 근로자의 경우에는 계약기간까지를 상한으로 하여야 한다.[108]

이와 같이 재판시로부터 채권자가 필요한 노력을 한다면 생계비를 벌 수 있는 시기로서 직종 등을 고려하여 수개월, 특단의 사정이 없는 한 길어도 1년을 넘지 않는 범위에서 지급을 명함이 상당하다.[109]

가처분명령이 미치는 기간을 일정기간으로 제한하는 경우에 그 기간이 지나고도 가처분의 필요성이 존재한다면 다시 가처분신청을 받아, 피보전권리의 존부와 보전의 필요성에 관해서 심리하여야 한다.[110]

---

105) 飯島健太郎, 앞의 논문, 253~254면.
106) 反對 유원석, 앞의 논문, 620면.
107) 瀧澤孝臣, 앞의 논문, 127면; 强制執行法(4), 567면; 古館淸吾, 앞의 논문, 254면.
108) 서울중앙지법 2007. 6. 11.자 2007카합1213 결정(기간제로 임용된 대학 조교수 사례).
109) 塚原朋一, 앞의 논문, 135면; 瀧澤孝臣, 앞의 논문, 127면; 古館淸吾, 앞의 논문, 254면.
110) 勞働基準法(上)」, 341면(이는 가처분의 잠정적 성격을 유지하려는 시도이다); 塚原朋一, 앞의 논문, 135면; 瀧澤孝臣, 앞의 논문, 127~128면; 强制執行法(4), 568면; 古館淸吾, 앞의 논문, 254~255면; 신청인이 1심에서 승소하였으나 가집행에 기한 강제집행이 정지되었음을 이유로 가처분을 신청한 사안에서 가처분 결정정본 송달일부터 강제집행이 정지된 시점인 고등법원 판결선고시까지 임금의 임시지급을 명한 예로 서울중앙지법 2008. 9. 30.자 2008카합2678 결정이 있다.

하지만, 이와 같이 임시지급 기간을 한정하게 되면 신청을 인용한 가처분결정에 대해 사용자는 가처분이의나 취소신청에 의해 언제라도 다툴 수 있고, 선행의 임금지급가처분의 임시지급 기간이 경과하여 하게 된 후행의 가처분신청사건에 있어서 사용자가 해고의 유효성을 다시 주장하는 것을 제한하지 아니하고 법원도 선행의 임금지급가처분에 구속되지 않는다고 보기 때문에, 선행의 가처분에서 피보전권리가 존재한다고 판단되어도 후행의 가처분에서 그것이 부정될 수도 있는 것이어서, 당사자에게 있어서는 가처분이의 등, 후행 가처분, 본안소송 등의 각 절차가 개별로 진행되는 물리적인 부담에 더하여, 전과 같은 절차임에도 판단이 다를 가능성이 있다는 심리적 부담이 있다.111) 또한, 후행 가처분에 있어서는 선행 가처분 시에 제출된 주장·소명자료, 본안소송에서 제출된 주장 등이 일시에 제출되고, 근로자가 신속한 판단을 구하는 것이 대부분이어서 법원의 부담도 가볍지 않다. 심리시간을 단축하여 대부분의 사건을 1년 이내에 처리하는 것이 이 문제를 해결하는 방법이 될 것이다.112)

3) 지급을 명하는 금액

지급을 명하는 금액은 인간다운 생활을 유지하는 데 필요한 최소한의 금액이며, 그와 같은 금액이 구체적으로 어느 정도인지는 당해 근로자의 종전 생활수준 등을 참작하여 판단하여야 할 것이다. 1차적으로는 근로자가 종전부터 받아온 임금액이 기준이 될 것이고, 그 금액이 통상의 생계비를 초과하는 경우와 같은 사정이 있는 때에는 당해 근로자와 같은 생활수준에 있는 사람들의 통상의 생계비가 2차적인 기준이 된다.113)

실무상 종전에는 평균임금 상당액을 기준으로 하였으나,114) 임금지급

---

111) 飯島健太郎, 앞의 논문, 254~255면.
112) 飯島健太郎, 앞의 논문, 255면.
113) 노동특수이론, 620면.

가처분은 종전과 같은 생활수준을 보장하는 것도, 다른 종업원과 같은 생활수준을 보장하는 것도 아니기 때문에 임시 지급되어야 할 임금액도 근로자가 종래 받아온 임금액이 아니고, 위 임금액을 상한으로 하여 가처분의 필요성이 존재하는 한도의 금액으로서 근로자 및 그 가족이 보통의 생활을 유지하는 데 필요한 금액이다.[115]

구체적으로는 생계유지를 위하여 필요한 액수로서 근로자가 거주하는 지역의 가족 수에 따른 표준생계비 액이 일응의 기준이 된다.[116] 종래 지급받아 오던 임금액이 당연히 임시지급 받을 수 있는 금액은 아니며, 표준생계비를 넘는 임금의 임시지급을 구하는 경우에는 채권자가 채권자를 포함한 가족 전체의 생활에 필요한 비용을 소명할 필요가 있다.[117] 또한, 가처분은 본안에 부수된 것이어서 본안 이상의 만족을 주는 것은 허용되지 않으므로, 임시지급을 명하는 금액은 어떤 경우라도 피보전권리인 임금 등의 액을 초과할 수 없는 없다.[118]

임금이 유일한 생계수단이 아니거나 상당한 저금액이 있는 경우, 해고 후에 다른 곳에 취업하여 수입이 있거나 배우자가 수입이 있는 경우 등에는 임금지급가처분의 필요성이 부정되거나, 인정된다고 하더라도 지급을

---

114) 民事執行法(7), 185면; 서울지법 남부지원 1999. 1. 21.자 98카합6307 결정; 대전지법 홍성지원 2001. 7. 6. 선고 2000카합505 판결; 서울중앙지법 2008. 5. 27.자 2008카합1386 결정; 이에 대하여는 임금 중에서도 교통수당, 잔업수당, 정근수당 등 부가적 임금부분을 제외한 항상적, 고정적인 부분만이 근로자의 생활에 직접 관련된 된 것으로서 필요성이 인정된다는 견해가 있다(古館淸吾, 앞의 논문, 256면).

115) 飯島健太郎, 앞의 논문, 255면; 塚原朋一, 앞의 논문, 134~135면; 古館淸吾, 앞의 논문, 254면; 民事執行法(7), 187면; 광주지법 2005. 6. 17.자 2005카합400 결정(생계비 월 300만 원 인정); 서울고법 2008. 7. 17. 자 2008카합902 결정(평균임금의 70% 인정); 대구지법 서부지원 2008. 9. 9.자 2008카합113 결정(평균임금의 약 60% 인정).

116) 노동특수이론, 101면; 塚原朋一, 앞의 논문, 135면; 瀧澤孝臣, 앞의 논문, 126면.

117) 飯島健太郎, 앞의 논문, 255면; 古館淸吾, 앞의 논문, 254면.

118) 瀧澤孝臣, 앞의 논문, 126면; 强制執行法(4), 558면.

명하는 금액을 정함에 있어서 필요성이 인정되는 범위에 국한하여야 할 것이다.[119)

4) 집행기간

가처분에 대한 재판의 집행은 채권자에게 재판을 고지한 날로부터 2주를 넘긴 때에는 하지 못한다.[120) 그런데 임금지급가처분의 집행기간의 기산일을 가처분의 고지일로 한다면 가처분을 발령한 다음달 이후의 장래의 지급분에 대하여 집행불능이 되어 불합리하므로 임금지급가처분의 집행기간의 기산일은 가처분의 고지일이 아니고 매월의 지급일로 보아야 한다.[121)

5) 가처분의 취소

근로자가 임금지급가처분에 의하여 급부를 수령한 후에 당해 가처분이 취소될 수가 있다. 일본의 최고재판소는 이러한 경우에 근로자는 이를 반환하여야 한다고 판시하였다.[122)

① 사안: 위 판결은 피상고인 회사의 종업원들인 상고인들이 임금지급가처분 및 지위보전가처분을 신청하여, 임시의 지위를 정하는 가처분과 함께 해고일 다음날부터 본안판결 확정일까지 임금 상당의 금액을 임시로 지급하라는 취지의 가처분판결이 선고되었고, 그 가처분명령을 받아 이에 기하여 일정한 금액을 수령한 후 이를 노동조합의 투쟁자금으로 기증하

---

119) 유원석, 앞의 논문, 621면; 「勞働基準法(上)」, 341면; 飯島健太郎, 앞의 논문, 252면; 수中道信, 앞의 논문, 296면.
120) 민사집행법 제301조, 제292조 제2항.
121) 민사집행 (Ⅳ) 365면; 노동특수이론, 102면; 유원석, 앞의 논문, 621면.
122) 最高裁三小判 1988. 3. 15. 昭和 58年(オ)1406號 寶運輸事件, 勞働判例 523호, 16면(제일법규 D1-Law.com 판례 ID 27100077에서 인용).

였는데, 후에 항소심에서 지위보전가처분 부분은 유지하였으나 임금지급 가처분 부분은 취소하고 그 부분의 신청을 각하한 사안에 관한 것이다.

② 요지: 임금지급가처분 명령에 기한 강제집행에 의하여 가처분채권자가 돈을 수령한 후에 가처분이 항소심에서 취소된 경우에는, 가처분채권자는 임시로 지급된 임금과 대가적 관계에 있는 현실의 근로를 하는 등의 특단의 사정이 없는 한 가처분 채권자에 대하여 수령한 돈에 대한 반환의무를 부담하고, 그 범위는 부당이득의 규정에 준하여 정하여야 한다. 이러한 법리는 본안소송이 미확정이고 종업원으로서의 지위를 임시로 정하는 가처분명령이 동시에 발하여져 있던 때에 있어서도 같다.

③ 이유: 임금지급가처분은 임금의 전부 또는 일부에 상당하는 금액의 지불을 임시로 명하는 것이며, 그 집행에 의하여 피보전 권리가 실현된 것과 같은 상태가 사실상 달성되는 소위 만족적 가처분의 일종이지만, 이러한 유형의 가처분은 소명에 의해 임시의 이행상태를 작출하는 것을 목적으로 하는 임시의 지위를 정하는 가처분이고, 본질적으로 가정성, 잠정성을 면하는 것은 아니다. 임금지급가처분 집행에 의한 금전의 급부가 된 후에 위 가처분이 항소심에서 취소된 경우에는, 그사이에 생긴 가처분의 효과도 당초부터 발생하지 않았던 것으로 되고, 위 급부는 그 근거를 결하는 것이 되어 집행개시 전의 상태로 복원되어야 한다.

그리고 임금지급가처분은 가처분채권자에 대하여 근로의 급부 또는 그 제공을 의무지우는 것도 아니고, 가처분채무자의 임금지급의무도 당해 가처분절차 내에 있어서의 소송법상의 것으로서 임시로 형성되는 것에 그치며, 그 집행에 의하여 실체법상의 임금청구권이 즉시 소멸하는 것도 아니다. 따라서, 임시지급금 반환청구권은 위 임금청구권의 존부에 관한 실체적 판단과는 관계가 없는 것이기에 그것을 둘러싼 본안소송이 별도로 계속중이어도 임시지급금 반환청구권의 발생 또는 행사에 장애가 되는 것은 아니다.

또한, 지위보전가처분도 고용관계가 존속하는 상태에 있어서의 가처분 채권자의 포괄적인 지위를 소송법상 임시로 형성하고 그 임의의 이행을 기대하는 것에 지나지 않고, 이를 전제로 재판상 청구할 수 있는 임금청구권을 발생시키는 효과까지 갖는 것은 아니기에 위 가처분이 임금지급 가처분과 동시에 발하여져 있던 때에도 마찬가지로 해석해야 한다. 가처분채권자가 이를 계기로 임시지급금과 대가적 관계에 있는 현실의 근로를 하는 등의 특단의 사정이 없는 한, 지위보전가처분의 존재에 의하여 임시지급금 반환청구권이 좌우되어야 할 합리적인 근거는 없다.

임시지급금 반환청구권은 가집행에 근거하여 급부가 된 후에 본안 판결이 변경되었을 경우에 관한 일본 민사소송법 제198조 제2항[123])의 원상회복청구권과 비슷한 것이지만, 그 반환 의무의 범위에 관해서는 이러한 가처분의 특수성을 감안하여 공평을 이념으로 하는 부당이득의 규정에 준해서 이를 정함이 상당하다. 금전의 지급을 받는 것에 의한 이익은 그 가치가 수령자의 일반재산 안에 매몰되고 설사 이것이 소비되어도, 특별한 사정이 없는 한, 이익이 현존하는 것이라고 보아도 무방하고, 또한 수령자가 이를 타에 증여하는 것은 자기의 책임으로 하는 재산의 처분에 지나지 않고 이익의 현존을 좌우하는 것은 아니다.

가처분이 취소되지 않더라도 근로자가 본안판결에서 패소하여 해고가 유효로 된 때에도 근로자는 받은 돈을 반환하여야 한다.[124])

---

123) 1996. 6. 26. 개정 전의 것으로서 "본안판결을 변경하는 경우에는 법원은 피고의 신청에 의하여 그 판결에서 가집행의 선언에 기하여 피고가 급부한 것의 반환 및 가집행에 의해 또는 이를 면하기 위해 피고가 입은 손해의 배상을 원고에게 명하여야 한다."라고 규정하고 있으며, 현재의 일본 민사소송법 제260조 제2항에 해당한다.

124) 勞働基準法(上), 341면.

Ⅲ. 지위보전가처분

1. 개 요

1) 의 의

근로자의 지위보전가처분은 근로자가 부당하게 해고된 경우 해고가 무효임을 이유로 해고무효확인소송이나 고용관계존재확인소송의 본안판결 확정시까지 입을 현저한 손해 등을 피하기 위해 당사자인 근로자와 사용자 사이에 임시로 해고 전과 같은 내용의 근로계약상의 지위를 설정하는 임시의 지위를 정하는 가처분이다.125)

이 가처분은 사용자와 근로자 사이에 해고 전과 같은 내용의 포괄적인 법률상의 지위 내지 권리관계를 잠정적으로 형성하는 효력을 갖는 가처분이며,126) 본안인 해고무효확인소송 또는 고용관계존재확인소송에서 승소한 것과 같은 지위를 잠정적으로 인정하여 준다는 점에서 임시의 지위를 정하는 가처분 중 소위 만족적 가처분에 해당한다.127)

2) 법적 성질 및 허부

지위보전가처분의 형성의 효과는 가처분결정의 고지에 의하여 직접 발생하므로 강제집행은 생각할 여지가 없으며, 이 가처분이 발령되면 사용자는 근로자를 가처분에 의하여 형성된 법률상의 지위에 있는 것으로 대우할 것이 요청되나 사용자가 이와 같은 대우를 하지 않더라도 대우를 강제

---

125) 민사집행 (Ⅳ) 365~366면; 長門榮吉, "地位保全假處分の必要性", 裁判實務大系 5卷(勞働訴訟法), 靑林書院, 1985, 199면.
126) 民事執行法(7), 162면.
127) 유원석, 앞의 논문, 622면; 萩澤淸彦, 앞의 논문, 222면.

할 방법이 없다. 이 가처분에 의하여 형성된 지위로부터 파생하는 임금청
구권 등과 같은 개별적 권리에 대하여도 가처분이 집행권원이 될 수 있는
것이 아니므로 이 가처분은 임의의 이행을 구하는 가처분으로서,[128] 강제
집행에 의하여 그 내용을 실현할 수 있는 임금지급가처분과 대비된다.[129]

임의의 이행을 구하는 가처분은 노동가처분을 중심으로 전개된 것인데,
그것이 허용될 수 있는지의 여부에 관하여는 집행을 수반하지 않는 가처
분의 실효성을 중심으로 논의되어 왔다.[130]

학설로는 임의의 이행을 구하는 가처분은 그 내용의 실현이 채무자의
의향에 의존하는 것으로서 본래 긴급한 필요로 인하여 발해지는 가처분
으로서의 보전목적을 충분히 달성할 수 없는 것이기에 허용될 수 없다는
견해, 임의의 이행이야말로 재판의 본질적 실현방법이고 법치국가의 국민
인 이상 가처분에 따라야 하는 것을 기대할 수 있기에 일반적으로 인정해
야 한다는 견해, 임의의 이행이 기대되는 경우에만 필요성이 긍정되어야
한다는 견해[131]가 존재한다.[132] 일반적으로 필요성을 인정하는 견해는,
지위보전가처분은 실체 상 종전의 지위와 동일한 지위를 유지할 수 있기
에 노동관계의 유동성에 적응하고 노사관계의 복잡성에도 순응하는 유연
한 가처분으로서 도저히 집행 가능한 가처분으로는 이를 달성할 수 없다
고 한다.[133] 임의의 이행을 기대하는 것은 강제력을 가져야할 재판의 성
질과 어울리지 않지만, 이와 같은 가처분명령을 발하여 근로관계를 임시
로 형성한다면 이를 기초로 근로관계가 전개될 수 있고, 그 후 구체적 급

---

128) 노동특수이론, 102~103면; 長門榮吉, 앞의 논문, 197~198면; 松野嘉貞, 앞의
　　　논문, 37~39면; 民事執行法(7), 156면.
129) 長門榮吉, 앞의 논문, 199면.
130) 萩澤淸彦, 앞의 논문, 223면.
131) 萩澤淸彦, 앞의 논문, 223면.
132) 長門榮吉, 앞의 논문, 200면.
133) 萩澤淸彦, 앞의 논문, 223면.

부를 명하는 가처분이 발령되기 쉽다는 점에서 필요성의 근거를 구할 수 있다.[134]

본안소송에 있어서도 강제집행을 전제로 하지 아니한 확인이나 형성의 소가 인정되고 있고, 이행의 소라고 하더라도 모두 강제집행이 가능한 것도 아니므로 강제집행을 할 수 없다는 것이 가처분 불허의 이유가 될 수는 없다.[135] 임의의 이행을 기대하는 가처분도 보전의 필요가 존재하는 한 허용된다고 보아야 하고, 실무도 지위보전가처분에 있어서 임의의 이행이 기대될 수 있는가에 관하여 별도로 심리하지 않고 이를 인용하고 있다.[136] 다만, 기업의 폐지에 의하여 사용자의 임의의 이행이 주관적으로는 물론 객관적으로도 기대할 수 없는 때에는 가처분을 인용할 수 없을 것이다.[137]

원래 확인소송 자체가 개괄적이고 임의의 이행을 기대하는 것이기에 확인 소송을 본안으로 하는 임시의 지위를 정하는 가처분도 어느 정도 개괄적이고 임의의 이행을 기대하는 것이다.[138] 하지만, 이러한 가처분은 노동분쟁의 전신소송적 성격으로 인하여 가급적 결정적인 결론을 피하면서 당사자의 임의의 이행을 기대하고자 하는 법원의 경향이 반영된 것으로서 가처분절차에 있어 법원의 재량권한이 유용되어 성립된 것이며, 본래 보전소송으로서의 가처분에 기대되었던 것은 아니었다.[139]

---

134) 民事執行法(7), 156면.
135) 유원석, 앞의 논문, 622면.
136) 長門榮吉, 앞의 논문, 199~201면; 하지만 이러한 실무의 문제점을 지적하며 해고 후 다른 곳에서 평균적 생활을 유지함에 족한 정도의 안정된 계속적 수입을 얻고 있다면 원칙적으로 필요성을 결한다는 주장이 있다(松野嘉貞, 앞의 논문, 43~44면).
137) 長門榮吉, 앞의 논문, 201면.
138) 萩澤淸彦, 앞의 논문, 223면.
139) 萩澤淸彦, 앞의 논문, 224면; 지위보전가처분의 적법성을 인정한다고 해도 시급한 권리의 잠정적 실현이라고 하는 가처분의 긴급성과 임의이행을 기대한다고 하는 것이 모순되는 면이 있음은 부정하기 어렵다(松野嘉貞, 앞의 논문, 43면).

2. 요 건

1) 피보전권리

지위보전가처분의 피보전권리는 근로자가 근로계약상 취득한 제 권리
이다.[140] 노동사건에서 지위보전가처분의 본질은 해고상태에 놓인 근로자
의 현상을 변경하여 사용자와 사이에 존속되어 온 근로자의 지위를 정립
함에 있고, 그 지위에 따른 제 권리의 보장을 그 목적으로 한다. 근로자의
지위에 수반하는 제 권리 중에는 임금청구권, 사택이용권, 복리후생시설
이용권, 정기승급, 일률적인 상여금청구권 등이 있으며 근로자로서의 자
기실현의 자유와 권리도 빼놓을 수 없을 것이다. 이상의 제 권리는 근로
자의 지위에 내재하며 이에 포섭되는 것이다.[141] 기업별노조에 있어 조합
원의 자격은 종업원의 지위와 밀접하게 관련된 것이기는 하나, 조합활동
을 할 권리는 근로계약관계와 직접 관련된 것은 아니기에 지위보전가처
분의 피보전권리로 보기는 어렵고, 조합활동 방해금지가처분 등 별도의
절차를 통하여 구제받아야 한다.[142]

지위보전가처분의 본안소송은 위와 같은 피보전권리의 확인이며, 구체
적으로 말하면 해고무효확인소송 또는 고용관계존재확인소송이다. 이와
같이 근로자의 지위에 기한 제 권리를 일괄하여 확인소송의 대상으로 삼
는 이유는, 근로계약관계는 유동적인 것으로서 근로계약상의 제 권리도
수시로 변동하고 있고 이를 그때마다 재판으로 확인하여야 한다면 실로
번잡한 일이 아닐 수 없기 때문에, 이들 제 권리를 일괄 확인하여 분쟁의

---

140) 民事執行法(7), 155면.
141) 김광년, 앞의 논문, 81면; 松野嘉貞, 앞의 논문, 40~41면(그러나 특별승급, 승격,
    사정에 의하여 지급되는 상여금 등 사용자의 재량에 의해 정해지고 사용자의 의사
    표시가 있어야 권리의무관계가 확정되는 것은 보전의 범위에 속하지 아니한다); 民
    事執行法(7), 155면.
142) 松野嘉貞, 앞의 논문, 40~41면; 加藤俊平, 앞의 논문, 267면.

근본을 해결하고 이에 기한 그 권리의 구체적 실현을 당사자에게 맡기고
자 함이다.143)

2) 보전의 필요성

지위보전가처분에 있어서의 보전의 필요성은 근로관계의 존부에 대한
다툼으로 근로자로 취급되지 아니함으로써 현저한 손해가 발생하거나 또
는 발생할 위험이 급박하여 이를 피할 필요성을 말한다.144) 임금지급의
중단으로 발생하는 곤궁한 상황을 피할 필요성이 주된 내용이 될 것이나
그뿐 아니라 그밖에 사용자가 제공하여 온 복리후생시설을 이용할 수 없
게 되는 등의 근로자로 취급되지 아니함으로 인한 손해도 필요성 판단에
고려되어야 한다.145)

과거에는 지위보전가처분이 임의의 이행을 기대하는 가처분으로서 필
요성의 판단이 정형화되어 임금을 유일한 생활원으로 하는 근로자에게
있어 해고자로 취급되는 것은 본인 및 가족에게 회복하기 어려운 손해가
생길 위험이 있다는 것과 같은 추상적·획일적 기준에 의하여 판단되었
는데,146) 노동가처분이 임금지급가처분과 같은 집행을 예정하는 제2차 가
처분으로 진전되자 원칙으로 돌아가 필요성의 판단을 엄격히 하여야 한
다는 주장이 제기되었다.147)

---

143) 김광년, 앞의 논문, 93면; 民事執行法(7), 156면.
144) 민사집행 (IV) 366면; 長門榮吉, 앞의 논문, 200면.
145) 유원석, 앞의 논문, 623면; 하지만, 해고에 의하여 입게 된 정신적 손해의 회복만으
　　로는 가처분의 필요성을 인정하기 어렵다(松野嘉貞, 앞의 논문, 44면).
146) 加藤俊平, 앞의 논문, 264면; 松野嘉貞, 앞의 논문, 43면; 民事執行法(7), 156～
　　157면; 부산지법 1998. 10. 9.자 98카합5827 결정; 창원지법 2005. 9. 30.자 2004
　　카합283 결정.
147) 萩澤淸彦, 앞의 논문, 228면; 서울중앙지방법원 제50민사부는 징계해고의 효력을
　　임시로 정지하는 가처분을 발령하기 위해서는, 그러한 가처분이 해고된 신청인에
　　대하여 본안에서 승소한 것과 극히 유사한 만족을 얻게 하는 점에 비추어 해고가

사용자의 임의이행이 기대될 수 없는 경우에는 보전의 필요성이 없다는 견해가 있으나, 이는 당사자의 주관적 의사에 따라 사건의 승패를 결정짓고자 하는 것으로서 부당하다.[148] 하지만, 임의의 이행을 기대하는 가처분은 특정된 최적의 구체적 가처분을 할 필요와 관련하여 보전의 필요성이 문제될 수 있다. 임시의 지위를 정하는 가처분의 필요성까지는 있는 경우 채권자가 선택한 지위보전가처분이라는 구체적 방법이 보전목적을 달성함에 있어 최적의 것은 아니고 달리 임금지급 가처분과 같은 최적의 구체적인 가처분이 존재한다고 하더라도, 채권자로서의 근로자의 권리보호에 불충분하지만 그 가처분에 의해 어떤 종류의 잠정적인 법률적 효과가 형성되고 채권자가 그 정도의 법률효과로 만족한다면 굳이 보전의 필요성을 부정할 필요는 없는 듯하다.[149] 즉, 근로자가 지위보전만을 구하고 있음에도 법원이 굳이 임금지급의 형태로 가처분을 인용하는 것은 아무리 가처분에 관해 법원에 재량이 인정된다고 해도 상당하다고 보기 어려우며, 근로자가 지위보전의 신청만을 유지하는 경우 임의의 이행을 기대하는 가처분에 족한 필요성에 관한 주장과 소명이 없다면 그 신청을 기각함이 상당하다.[150]

원직 복귀와 임금지급을 명하는 부당노동행위 구제명령과 이행명령이 발령된 경우에 지위보전가처분의 필요성이 인정될 수 있는지가 문제된다.

이론적으로는 노동가처분의 필요성은 사용자가 그 의무를 이행하지 않아 근로자 측이 본안판결까지 기다릴 경우 현저한 손해나 급박한 위험이 있어서 이를 피하기 위하여 가처분이 필요한 것인지의 관점에서 판단되

현저하게 위법·부당하여 무효라는 점 및 그러한 해고로 인하여 신청인이 회복할 수 없는 현저한 손해를 입게 된다는 점이 충분히 소명되어야 한다고 판시하였다(서울중앙지법 2006. 5. 10.자 2006카합732 결정).

148) 민사집행 (Ⅳ) 366면.
149) 長門榮吉, 앞의 논문, 200~201면; 松野嘉貞, 앞의 논문, 43면.
150) 松野嘉貞, 앞의 논문, 43면.

어야 하는 반면에, 부당노동행위 구제명령에 대한 이행명령의 필요성은
일반적으로 이행명령을 발하는 것이 정상적인 집단적 노사관계질서의 회
복과 확보에 기여하는 것인지의 여부를 고려하여 판단하여야 하는 것으
로서 이행명령의 필요성과 지위보전가처분의 필요성은 그 판단기준이 다
르다.[151] 따라서 이행명령이 있다고 하여도 지위보전가처분의 필요성 유
무에 대하여는 별도의 신중한 판단이 필요하다고 하나,[152] 실제에 있어서
는 사용자가 구제명령을 이행하고 있다면 임시의 지위를 정하는 가처분
으로서의 지위보전가처분의 필요성이 없을 것이고,[153] 이행을 거부하고
있다면 임의의 이행을 구하는 지위보전가처분을 발하여도 그 실효성이
적을 것이다.[154]

3) 임금지급가처분이 동시에 신청된 경우의 보전의 필요성

지위보전가처분은 그 내용이 포괄적·개괄적이며 채무자의 임의의 이
행을 기대하는 것으로서 강제의 효력이 없기 때문에 그 지위를 전제로 하
여 임금청구권을 피보전권리로 한 임금지급가처분과 같은 별도의 구체적
가처분이 필요하게 된다. 근로자의 지위보전을 제1차 가처분으로 하고 그
임의의 이행이 이루어지지 아니할 때 이에 기하여 임금지급을 구하는 제2
차 가처분을 신청하는 경우도 있으나, 지위보전가처분과 임금지급가처분
을 동시에 신청하는 경우도 많다.[155]

---

151) 노동특수이론, 90면; 民事執行法(7), 159면.
152) 노동특수이론, 104면; 민사집행 (Ⅳ), 367면.
153) 民事執行法(7), 159면; 권창영, "개정된 부당해고구제제도가 임금지급·근로자지
    위보전 가처분에 미치는 영향", 민사집행법 실무연구 Ⅱ, 재판자료 117집, 법원도
    서관, 2009, 1021면.
154) 이행강제금, 금전보상 등 2007. 1. 26.의 근로기준법 개정을 통하여 도입된 제도들
    이 임금지급가처분 및 지위보전가처분에 미치는 영향에 관해서는 권창영, 앞의 논
    문, 1012면 이하 참조.
155) 김광년, 앞의 논문, 86면; 長門榮吉, 앞의 논문, 197면.

원래 제1차 가처분은 임의의 이행을 기대하는 개괄적 가처분이고, 제2차 가처분은 그 이행이 되지 않은 경우의 구체적 가처분으로 활용되어 왔던 것이기에 처음부터 양자가 함께 신청된 경우에 임금지급가처분을 인용하면서 동시에 지위보전가처분까지 인정할 필요성이 있는지가 문제된다.[156]

임의이행의 가처분인 지위보전가처분과 구체적 가처분인 임금지급가처분이 동시에 신청된 경우에 그 처리방법과 관련하여서는 세 가지를 생각할 수 있다.

첫째는 지위보전가처분만 인용하는 것이다.

그 논거는 근로계약관계의 존부에 관하여 임시의 지위를 설정하는 것은 근로제공과 임금지급이라는 쌍무계약관계를 설정하여 강제하는 것이므로 이러한 경우에 양자의 의무를 별개로 취급하여 근로제공이나 임금지급만을 명하는 것은 쌍무계약의 본지에 어긋난다는 것이다. 따라서 해고의 효력을 정지하는 근로자의 지위보전을 인정하는 이상 근로자의 지위에 기한 구체적 청구권은 채무자의 임의의 이행에 맡겨야 하고 구체적 가처분은 임의의 이행을 기대할 수 없을 때에 비로소 허용할 것이라고 한다.[157]

이 견해는 임의의 이행이 기대되는 이상 만족적인 가처분은 허용하지 아니함이 타당하고, 노동분쟁은 노사 간의 자주적인 해결이 바람직하며, 그것이 사법구제의 장에 들어왔을 때에도 그 구제는 노사 간의 자주성·유동성·복잡성에 상응하여 노사 간의 자주적 해결을 촉진시켜야 할 것이므로 추상적·포괄적인 임의이행 가처분이 노동분쟁해결에 적절한 방법이라는 사고에 입각해 있다.[158]

그러나 이에 대하여는 임의이행가처분이 사용자 측이 임의로 이행하지

---

156) 萩澤淸彦, 앞의 논문, 226면.
157) 松野嘉貞, 앞의 논문, 49면; 加藤俊平, 앞의 논문, 265면.
158) 김광년, 앞의 논문, 88면; 松野嘉貞, 앞의 논문, 49면; 加藤俊平, 앞의 논문, 265면; 今中道信, 앞의 논문, 299면.

아니하는 현실에 직면하여 법원이 기대한 기능을 발휘하지 못하게 되었고, 또한 집행이 가능한 가처분의 신청이 있었음에도 이를 각하하거나 기각하는 것이 가처분제도상 허용될 수 없다는 비판을 받게 되었다.159) 임의의 이행을 기대하는 지위보전가처분을 인용한다면 임금의 지급이 확실히 이행되어 강제력을 수반한 가처분을 할 필요가 없다는 심증이 형성되지 않는 한160) 지위보전가처분만을 인용할 수는 없으며, 설사 임의의 이행을 기대하는 가처분에 노사의 자주적 분쟁해결을 촉진하는 기능이 있음을 인정한다고 해도 이를 이유로 함께 신청된 강제력을 수반하는 임금지급가처분신청을 기각하는 것은 소송법적으로도 문제이다.161)

해고분쟁이 임의이행가처분에 의하여 일응 해결되기 위해서는 사용자로 하여금 근로자를 일단 취업상태로 복귀시키고 임금을 지급하게 하는 정도의 노조의 교섭력에 의한 담보가 필요한데, 일본에서 전후의 사용자에 대한 노조의 교섭력 우위가 기업정리·대량해고의 과정에서 붕괴되어 그 담보가 상실되자 임의이행가처분의 한계가 노정되었고 근로자는 가처분의 실효성을 위하여 제2차 가처분으로서 임금지급을 함께 구하는 사례가 증가하게 되었다. 게다가 선행하는 임의이행가처분 명령이 제2차 가처분명령의 내용을 구속하지 않는다는 판례의 태도가 양자를 함께 신청하는 경향을 촉진하였고 법원도 이를 함께 인용하게 되었다.162)

둘째는 임금지급가처분만을 인용하는 것이다.

그 논거는 지위보전가처분은 임의의 이행을 기대하는 가처분이어서 가처분이 발령되어도 반드시 근로자가 피해고자로 취급됨으로써 직면하게 되는 생활상의 곤궁을 타개할 수 있는 효과를 발휘하는 것은 아니고,163)

---

159) 김광년, 앞의 논문, 88면; 加藤俊平, 앞의 논문, 265면.
160) 그러한 심증이 형성되는 경우는 극히 예외적일 것이다.
161) 松野嘉貞, 앞의 논문, 49~50면; 今中道信, 앞의 논문, 299면.
162) 加藤俊平, 앞의 논문, 265~266면.
163) 長門榮吉, 앞의 논문, 198면.

근로자의 근로계약상의 주된 권리는 임금채권이고 해고된 근로자가 지위
보전가처분을 받고자 하는 주된 이유도 임금지급 중단으로 인하여 생긴
곤궁을 피하고자 하는 것이므로 임금지급가처분이야말로 위와 같은 경제
적 곤궁을 해소시킬 수 있는 가장 유효적절한 가처분이기에 임금지급가
처분이 발령되는 경우 단순한 임의의 이행을 구하는 지위보전가처분을
중복적으로 발령할 필요는 없다는 것이다.[164]

근로자가 고용계약상의 권리로서 취업청구권을 갖고 그것이 특히 보전
할 필요성이 있는 때에는 간접강제가 가능한 취업방해금지가처분을 발하
면 족하다고 한다.[165]

그러나 근로자에게 있어 임금이 중요한 것이기는 하나 근로자는 근로
계약상 임금청구권 외에도 앞서 본 복리시설이용권 등 근로계약, 취업규
칙, 단체협약 등에 정하여진 여러 가지 법적인 권리나 이익을 가지며, 그
밖에도 근로자로 취업하고 있음으로써 향유할 수 있는 유형·무형의 사실
상의 이익을 누리고 있다. 따라서 임금지급가처분에 의하여 임시로 일정한
금액을 지급받는 것만으로는 근로계약관계에 있는 근로자로서 취급하여
줄 것을 요구할 필요가 없어진다고 단정하기는 어렵다는 비판이 있다.[166]

셋째는 임금지급가처분과 근로자의 지위보전가처분은 서로 피보전권리
도 다르고 보전의 필요성도 일치하지 아니하므로 양자를 모두 인용하는
것이다.[167]

이에 대하여는 지위보전가처분은 근로계약관계가 존재하는 것을 임시
로 확인하는 것인데 그 본안은 확인소송이라고 해석되므로 확인소송에

---

164) 유원석, 앞의 논문, 624면; 長門榮吉, 앞의 논문, 198면; 萩澤淸彦, 앞의 논문, 226
     면 참조; 松野嘉貞, 앞의 논문, 50~51면.
165) 長門榮吉, 앞의 논문, 204면; 松野嘉貞, 앞의 논문, 51면; 松野嘉貞, 앞의 논문,
     52면; 加藤俊平, 앞의 논문, 266면.
166) 유원석, 앞의 논문, 624면; 加藤俊平, 앞의 논문, 268면.
167) 민사집행 (Ⅳ), 367면; 노동특수이론, 103면; 유원석, 앞의 논문, 624면.

대하여 미리 집행을 보전할 필요는 없고 그 실효성도 기대하기 어려우므로 임금지급가처분을 발하는 이상 임의의 이행을 기대하는 지위보전가처분을 발할 필요는 없다는 주장이 있으나,[168] 지위보전가처분 자체로서는 집행력이나 간접강제의 효력을 가지기 어렵다고 하더라도 그것이 법원의 명령으로서 유효하게 존속하는 이상 사용자에 대한 심리적 강제력이 있고 사용자의 해고권 행사를 사실상 제한하는 힘을 가지고 있으므로 보전의 필요성이 있다고 한다.[169]

즉, 지위보전가처분은 근로관계의 존속을 긍정하는 잠정적 형성선언을 함으로써 당사자 사이의 최대의 쟁점에 관하여 일시적·잠정적인 규범을 명확히 하는 점에서 의미가 있고, 근로자가 단체교섭 등을 통하여 직장에 복귀함에 유력한 계기가 된다. 또한, 근로자가 갖는 근로계약상의 권리는 임금채권만이 아니고 복리후생시설의 이용, 사회보험의 적용, 기술의 습득·유지 등 다수의 권리와 이익이 포함되고, 임금지급을 받는다면 일하지 않아도 좋다고 할 수는 없으므로 이를 포함한 포괄적인 지위를 설정하는 지위보전가처분을 임금지급가처분과 함께 인정할 필요가 있다는 것이다.[170]

대다수의 재판례는 양자를 모두 인용하는 입장을 취하고 있고,[171] 대부분 지위보전가처분의 필요성에 관하여 임금지급가처분과 실질적으로 동일한 내용의 판단기준을 따르고 있다.[172] 즉 양 가처분에 공통으로, 채권자는 임금을 유일한 생활의 원천으로 하는 근로자로 인정되기에 이 사건

---

168) 김광년, 앞의 논문, 88~89면; 加藤俊平, 앞의 논문, 266~267면.
169) 김광년, 앞의 논문, 89면.
170) 長門榮吉, 앞의 논문, 203면.
171) 民事執行法(7), 160면.
172) 서울중앙지법 2007. 2. 5.자 2006카합3609 결정; 서울중앙지법 2007. 6. 11.자 2007카합1213 결정; 서울중앙지법 2008. 5. 27.자 2008카합1386 결정; 서울중앙지법 2008. 9. 30.자 2008카합2678 결정; 서울중앙지법 2008. 12. 2.자 2008카합3449 결정.

해고로 인해 생활은 곤궁해지고 회복하기 어려운 손해를 입을 위험이 있다는 등의 판시만으로 근로자의 근로계약상의 지위를 정하는 가처분과 함께 본안판결의 확정에 이르기까지의 임금상당액을 임시로 지급하도록 사용자에게 명하는 것이 통례였다.[173]

그러나 임금지급가처분이 있다고 해도 지위보전가처분이 무의미한 것은 아니지만, 지위보전가처분과 임금지급가처분의 필요성에 차이가 있다고 하여 양 가처분을 병행하여 발령하는 것을 당연시하는 것도 문제가 있다. 근로수령의무, 임시지급의 대상으로 되는 임금 이외의 급여채권, 유급휴가, 주택과 복리후생시설의 이용 등을 구체적으로 검토한 후 지위보전가처분의 필요의 존부를 판단하여야 한다.[174]

일본의 경우 임금지급을 명하면 지위보전의 필요는 없다고 하여 임금지급만을 명하는 예가 많다고 한다.[175]

동일한 보전목적을 달성하기 위해 두 개의 가처분이 신청되고 그 중 하나의 가처분이 인용되는 것에 의해 보전목적이 달성되는 때에는 다른 가처분을 중복하여 할 필요는 없으므로, 지위보전가처분의 보전목적으로 주장되는 사유가 근로자가 피해고자로 취급되어 임금이 지급되지 아니함으로 인한 경제적 곤궁을 제거하기 위한 것이라면 그러한 보전목적을 달성하기 위한 가처분으로서는 임금지급가처분이 가장 유효적절하고 충분한 것이기에 임금지급가처분을 발하는 이상 중복하여 임의의 이행을 기대하는 효력밖에 없는 지위보전가처분을 할 필요는 없는 것이며, 지위보전가처분을 별도로 발할 필요가 있다고 하기 위해서는 임금지급가처분에 의

---

173) 대전지법 홍성지원 2001. 7. 6. 선고 2000카합505 판결; 서울중앙지법 2008. 12. 2.자 2008카합3449 결정; 長門榮吉, 앞의 논문, 201~202면(적은 수이긴 하나 종업원으로 취급되지 않는 것에 의한 유형·무형의 불이익 내지 고통, 조합활동상의 지장, 회사시설의 이용거부, 기술의 저하 등을 지위보전가처분의 필요성으로 별도로 거시하고 있는 재판례도 있다고 한다); 加藤俊平, 앞의 논문, 266면.
174) 長門榮吉, 앞의 논문, 194면; 民事執行法(7), 160면.
175) 勞働基準法(上), 341면; 松野嘉貞, 앞의 논문, 50면.

해서는 제거되지 않는 위험의 잔존, 즉 임금지급가처분에 의해서 보전되지 않는 근로계약상의 권리 또는 이익이 존재하고 이를 향유하지 못함으로 인해 현저한 손해를 입을 위험이 있어야 한다.[176] 가처분에서 누락된 것이 있어도 본안판결에서 공권적 판단을 받게 되므로 보전의 필요성이 없다하여 가처분신청이 기각되어도 피보전권리가 존재한다면 본안에서 승소판결을 받을 수 있다. 노동가처분의 본안화를 이유로 임금지급가처분만을 인용함은 부당하다는 것은 본말이 전도된 논의이고 가처분절차의 본래의 모습으로 돌아갈 필요가 있다.[177]

4) 임금지급가처분이 후에 신청된 경우의 구속력

지위보전가처분명령이 발하여졌음에도 채무자인 사용자가 임의로 임금을 지급하지 아니하여 채권자인 근로자가 다시 임금지급가처분을 신청한 경우에, 선행하는 지위보전가처분이 그 가처분에 의하여 형성되는 포괄적 권리관계의 개별적 내용을 이루는 임금채권을 피보전권리로 하여 신청된 후행의 임금지급가처분사건에서 법원을 구속하는 효력을 갖는지가 문제된다.[178]

이에 대하여 지위보전가처분의 필요성에 관한 판단의 기준은 대부분 근로자의 생활 곤궁 등 실질적으로는 임금지급가처분의 필요성의 판단기준과 동일한 내용이고, 병렬적인 가처분에 있어서는 양자는 일괄하여 판단되는 사례가 많은데 임금지급가처분이 후에 신청되었다고 필요성 판단의 기준이 달라진다는 것은 모순이며,[179] 지위보전가처분에 의하여 형성된 법적 상태는 일응 분쟁을 조정 해결하는 구체적 규범이므로 당연히 법

---

176) 長門榮吉, 앞의 논문, 204~205면; 松野嘉貞, 앞의 논문, 51면; 加藤俊平, 앞의 논문, 266면.
177) 松野嘉貞, 앞의 논문, 52면.
178) 유원석, 앞의 논문, 626면; 民事執行法(7), 160면.
179) 김광년, 앞의 논문, 92면.

원을 기속한다는 견해가 있다.[180)

그러나 지위보전가처분은 피보전권리가 포괄적이며 본안은 확인소송으로서 임의의 이행을 기대하는 가처분이지만, 임금지급가처분은 피보전권리가 위의 포괄적인 권리 내지 지위에서 파생된 구체적 권리이고 본안이 이행소송이며 강제집행이 가능한 가처분이므로 양자는 그 필요성의 판단 기준이 다르다.[181) 또한, 지위보전가처분에 의하여 형성된 법적 상태는 당사자를 구속하는 것이지 법원을 구속한다고 볼 수 없고, 가처분은 피보전권리와 보전의 필요성을 소명에 의하여 인정하며 본안에서 변경될 수 있는 것일 뿐만 아니라 특히 보전의 필요성은 수시로 변하는 것이므로, 사실상 법원이 선행 가처분의 취지를 존중함은 별론으로 하고 선행하는 지위보전가처분이 후행하는 임금지급가처분을 구속한다고 볼 수는 없다.[182)

3. 주 문[183)

1) 효력정지형

- 채무자가 2008. 4. 20. 채권자에 대하여 한 해고의 의사표시의 효력을 정지한다.[184)

---

180) 유원석, 앞의 논문, 626면; 民事執行法(7), 160면; 松野嘉貞, 앞의 논문, 42면(특히 임의의 이행을 기대하는 가처분이 선행되어야 하고 사용자가 임금지급을 하지 않는 경우에 임금지급가처분을 발령하여야 한다는 입장에서는 이와 같이 해석하지 않는다면 지위보전가처분을 발하는 의미를 잃게 된다고 한다).
181) 김광년, 앞의 논문, 92면.
182) 유원식, 앞의 논문, 626면; 松野嘉貞, 앞의 논문, 42면.
183) 아래의 세 가지 이외에 소수이기는 하나 "본안판결 확정에 이르기까지 채권자가 채무자의 종업원임을 확인한다."라는 형태의 지위확인형이 있다(松野嘉貞, 앞의 논문, 36면).
184) 부산지법 2003. 6. 5.자 2003카합286 결정; 서울중앙지법 2007. 2. 5.자 2006카합3609 결정; 서울중앙지법 2007. 6. 11.자 2007카합1213 결정.

효력정지형은 해고의 의사표시가 일응 무효라고 인정되는 경우 그 효력을 정지시킴으로써 당사자 간에 해고의 의사표시가 없었던 것과 같은 상태, 즉 해고의 의사표시 이전과 같은 고용계약관계가 여전히 존속하고 있는 상태를 잠정적으로 형성하여 사용자에 대하여 이러한 잠정적인 법률관계에 따를 의무를 지우는 형식을 취한다.[185] 지위보전가처분은 처음 이러한 형태로 출발하였다.[186]

이에 대하여는 해고의 무효를 전제로 가처분을 발령하면서 주문의 표현이 마치 해고가 일응 유효하되 효력을 일시 정지시키는 것처럼 보여 모순된다는 비판이 있다.[187]

2) 취급명령형

— 채무자는 채권자를 채무자의 종업원으로서 임시로 취급하라.

취급명령형은 해고가 무효이고 근로계약관계가 여전히 존속한다는 잠정적 형성상태를 전제로 하여 사용자에 대하여 근로자를 종전과 같이 종업원으로 취급할 것을 명하는 것이다.[188] 그 표현이 취급하라고 되어 있어 일견 작위를 명하는 것으로 보여 간접강제를 할 수 있지 않은가 하는 의문이 생기나, 본안판결인 해고무효 또는 고용관계존재확인판결이 강제집행의 집행권원이 될 수 없고, 또한 종업원으로 취급하라는 것은 그 구체적인 내용이 특정되지 아니하여 직접강제이든 간접강제이든 할 수 없기 때문에

---

185) 김광년, 앞의 논문, 83면; 松野嘉貞, 앞의 논문, 37면; 民事執行法(7), 160면.
186) 萩澤淸彦, 앞의 논문, 225면; 加藤俊平, 앞의 논문, 263~264면; 民事執行法(7), 160면.
187) 유원석, 앞의 논문, 625면; 松野嘉貞, 앞의 논문, 37면; 民事執行法(7), 161면; 이에 대하여는 비록 해고의 의사표시가 무효라 할지라도 외관상 유효한 모습으로 존재하고 있으므로 그 효력을 정지시킬 필요가 있기 때문에 그 효력을 정지시킨다고 하여 논리상 모순이라고 할 수 없다는 반박이 있다(김광년, 앞의 논문, 83면 참조).
188) 김광년, 앞의 논문, 84면; 松野嘉貞, 앞의 논문, 38면.

결국 다른 주문형태와 마찬가지로 임의의 이행을 명하는 가처분이다.189)

취급명령형이나 지위설정형 가처분의 주문에서 "총무과장으로 취급하라"와 같은 형태로 근무장소나 직위를 특정할 수 있는지가 문제되는바, 이는 당사자 사이의 근로계약내용에 따라 결정되는 것으로서 근로의 장소, 부서, 직종이 계약내용으로 되어 있다면 그 필요성이 인정되는 한 가능할 것이나, 근무장소나 직제상의 지위는 사용자의 재량에 맡겨져 있는 경우가 많을 것이다.190)

3) 지위설정형

– 채권자가 채무자에 대하여 근로계약상의 권리를 가지고 있음을 임시로 정한다.191)

– 채권자가 채무자에 대하여 피용자로서의 지위에 있음을 임시로 정한다.192)

지위설정형 가처분에 있어 사용자는 근로계약상 인정된 근로자의 권리에 대응하는 의무를 이행하면 족하다.193) 이는 효력정지형과 취급명령형에 대한 비판에서 지적되는 약점을 극복하기 위한 형태이며 그 내용이 명확하고 근로계약상의 권리확인으로서 가장 적절한 표현이라고 평가되고 있고,194) 가장 널리 사용되는 주문례이다.195)

위 세 가지 중 어느 것을 취하더라도 사용자가 임금지급의무를 부담한다는 점은 동일하나 취업청구권 부정설을 취하는 경우 해고전 근로를 수

---

189) 유원석, 앞의 논문, 625면; 松野嘉貞, 앞의 논문, 38면; 民事執行法(7), 161면.
190) 松野嘉貞, 앞의 논문, 41면.
191) 서울중앙지법 2008. 12. 2.자 2008카합3449 결정.
192) 부산지법 1998. 10. 9.자 98카합5827 결정; 창원지법 2005. 9. 30.자 2004카합283 결정.
193) 松野嘉貞, 앞의 논문, 39면.
194) 김광년, 앞의 논문, 84면; 松野嘉貞, 앞의 논문, 39면; 民事執行法(7), 161면.
195) 민사집행 (Ⅳ), 367면; 유원석, 앞의 논문, 625면.

령하고 있던 사용자가 이를 거부하는 것이 가처분위반이 아닌가 하는 문제에 있어서는 의문이 생긴다. 지위설정형에서는 사용자는 근로자의 권리에 대응하는 의무를 이행하면 족한 것이기에 가처분위반이 아니라는 점이 명백하나 다른 유형에 있어서는 이 점이 명백하지 않다. 그러나 권리가 아닌 것을 권리로서 보전하고, 의무가 아닌 것을 설사 임의라고 해도 그 이행을 구할 수는 없기에 취업청구권 부정설을 취하면 과거에 사용자가 근로수령을 하였다고 하더라도 가처분에 의해 사용자에게 근로수령을 구할 수는 없으므로 그 효력은 동일하다.196)

4) 동시발령시의 주문

지위설정형의 지위보전가처분과 임금지급가처분이 동시에 발령되는 경우에는 다음과 같은 형태가 될 것이다.197)

- 채권자가 채무자에 대하여 (상무직으로 근무하는) 근로계약상의 권리를 가지고 있음을 임시로 정한다. 채무자는 채권자에게 2008. 5. 1.부터 본안판결 확정에 이르기까지 매월 1일에 2,000,000원씩을 임시로 지급하라.198)

5) 일부 배척시의 주문

지위보전가처분과 임금지급가처분을 함께 신청하였을 때 그 일부를 배척하는 경우의 주문에 관하여 일본에서는, 법원은 신청의 목적을 달성하기에 필요한 처분을 할 수 있고 신청취지에 구속되는 것은 아니지만 이는

---

196) 松野嘉貞, 앞의 논문, 39~40면; 취업청구권 긍정설을 취하면 어떤 형태를 취하든 사용자의 근로수령은 의무로서 이행이 기대되는 것임에 의문이 없다(위 논문, 40면).
197) 노동특수이론, 104면 참조.
198) 서울중앙지법 2007. 6. 11.자 2007카합1213 결정; 서울중앙지법 2008. 5. 27.자 2008카합1386 결정; 서울중앙지법 2008. 9. 30.자 2008카합2678 결정.

피보전권리에 대한 소명이 있는 경우에 그 보전방법에 관한 것이므로, 병행신청 중 일부의 피보전권리가 없다고 판단되거나 피보전권리가 인정되지만 전부에 관한 보전의 필요성이 없다고 판단되는 경우에는 그 신청부분을 각하나 기각해야 하고, 피보전권리를 인정하지만 필요성의 관점에서 신청의 취지와 다른 보전방법을 택한 경우에만 각하나 기각주문이 불필요하다고 한다.[199]

하지만, 우리나라에서는 신청의 취지보다 양적으로나 질적으로 적게 인용하는 경우에는 일괄하여 "나머지 신청을 기각한다."는 주문을 내고 있다.[200]

Ⅳ. 취업방해금지가처분

1. 취업청구권의 인정 여부

해고된 근로자가 지위보전가처분명령을 얻어 계속하여 근로를 제공하려고 하여도 사용자가 그 수령을 거부하는 경우에 사용자에게 근로수령의무가 있음을 근거로 하여 사용자에게 근로수령을 명하는 가처분을 발하는 것을 취업방해금지가처분이라 한다.[201] 그런데 사용자에게 근로수령의무가 있는지, 즉 근로자가 실체법상의 권리로서 사용자에 대하여 취업을 청구하고 취업거부로 인하여 입은 정신적 손해를 임금지급과는 별도로

---

199) 松野嘉貞, 앞의 논문, 54면(하지만, 현실적으로는 신청의 취지보다 적게 인용하는 경우에는 대개 일부 각하의 선언을 하고 있다고 한다); 일본에서의 각하 주문은 가처분의 필요를 본안소송에 있어서의 소의 이익에 대응하는 보전소송의 형식적 요건으로 이해하는 견해에 입각한 것으로 보인다[强制執行法(4), 557면].
200) 서울중앙지법 2008. 12. 2.자 2008카합3449 결정; 서울중앙지법 2008. 9. 30.자 2008카합2678 결정; 대구지법 서부지원 2008. 9. 9.자 2008카합113 결정 등 참조.
201) 民事執行法(7), 203면.

청구할 수 있는지가 소위 취업청구권의 문제로서 견해가 대립하고 있다.

부정설은 근로제공은 근로자의 의무이지 권리가 아니고 근로제공의 거부는 채권자 지체에 지나지 않는다고 한다. 다만, 예외적으로 주방장의 지도를 받아 조리기술을 연마하는 요리사의 경우와 같이 직장에서 배제되면 기량이 현저히 저하될 것으로 인정되는 경우, 즉 일의 성질상 근로의 제공에 대하여 합리적인 특별한 이익이 기대되는 경우에만 취업청구권이 긍정된다고 한다.202)

이에 대하여 긍정설은 근로계약은 기본적으로 근로자의 근로제공과 이에 대한 사용자의 임금지급을 내용으로 하는 쌍무계약이기는 하나 근로의 제공은 사용자에 의하여 조직된 경영질서 내에서 사용자의 지시에 따라 이루어지는 근로계약의 본질적인 특성에 비추어 근로계약상 사용자가 근로자에 대하여 부담하는 의무는 주된 의무인 임금지급의무에 한정되지 아니하고 그 외에 부수적 의무로서 자신의 지배하에서 근로를 제공하는 근로자의 이익을 보호할 배려의무를 부담하며, 이러한 배려의무에 기하여 근로계약상 사용자는 근로자의 근로를 제공받는 것이 권리이기는 하나 그와 동시에 이를 수령하여 적절히 사용함으로써 근로자의 이익을 배려하여야 할 의무가 있다고 한다.203)

대법원은 사용자가 자신의 업무지휘권·업무명령권의 행사와 조화를 이루는 범위 내에서 근로자가 근로제공을 통하여 참다운 인격의 발전을 도모함으로써 자신의 인격을 실현시킬 수 있도록 배려하여야 할 신의칙상의 의무를 부담한다고 하여 사용자의 일반적인 근로수령의무에 대하여 긍정적인 입장을 취하고 있다.204)

이와 같이 근로자의 취업청구권이 인정된다면, 부당해고된 근로자의 사

202) 노동특수이론, 107면.
203) 정진경, "부당해고와 불법행위", 노동법의 쟁점과 과제(김유성교수화갑기념), 법문사, 2000, 248~249면.
204) 대법원 1996. 4. 23. 선고 95다6823 판결(삼익악기사건).

용자를 상대로 한 취업방해금지가처분을 인용할 수 있을 것이나,205) 현재
까지 우리나라에서 취업청구권에 기한 취업방해금지청구권은 이론적으로
만 논의되고 있을 뿐, 실제 이러한 성격의 가처분이 발령된 사례를 찾기
는 쉽지 않다.

이와 관련하여 부수적 의무로서의 사용자의 근로수령의무를 인정하면
서도, 민사집행법 제300조 제2항이 현저한 손해를 피하거나 급박한 위험
을 막기 위하여, 또는 그 밖의 필요한 이유가 있을 경우에 한하여 임시의
지위를 정하는 가처분을 인정하고 있으므로, 취업방해금지가처분을 받을
수 있는 근로자는 현저한 손해를 피하거나 기술의 습득·유지 또는 향상
을 위한 근로관계와 같이 사용자의 근로수령의무가 근로자에게 현저한
불이익을 야기하는 경우로 제한하여 해석하여야 하기에 극히 예외적으로
만 인정될 수 있다는 주장이 있다.206)

하지만, 사용자의 부수적 의무로서의 근로수령의무를 일반적으로 인정
하는 견해는 근로계약의 특수성에 비추어 근로자의 근로제공과 관련한
이익이 기술의 습득·유지 또는 향상을 위한 근로관계에 한정되지 않고
통상적으로 인정된다는 것이고, 이러한 판단은 이미 근로제공에 관한 근
로자의 이익의 중대성과 이러한 이익은 사후의 소급임금의 지급만으로는
회복이 어렵다는 사고를 전제로 하고 있다.

사용자의 부수적 의무로서의 일반적인 근로수령의무를 인정하고자 하
는 현실적인 이유 중의 하나가 근로자의 취업청구권을 피보전권리로 한
가처분을 인정하고자 하는 것이며, 근로제공과 관련한 기술의 습득·유
지 또는 향상은 정도의 차이는 있겠지만 대부분의 근로관계에 존재하는
것이고 그렇지 않은 근로관계와의 질적 차이를 발견하기는 어렵다.207)

---

205) 이홍재, "해고제한에 관한 연구", 법학박사학위논문, 서울대학교, 1988, 194면.
206) 유성재, "해고의 효력을 다투는 자의 계속근로청구권", 법학논문집 22집, 중앙대학
　　　교 법학연구소, 1997. 12., 416~417면.
207) 이러한 이유로 일본의 판결례를 검토하여 보면 제한적 긍정설을 취하는 경우에는

사용자의 근로수령의무를 인정한다면 해고당한 근로자의 취업방해금지
가처분을 인용할 것인지의 여부는 취업과 관련한 금전으로 회복되기 어
려운 근로자의 일반적인 취업이익을 인정하면서, 근로자의 승소가능성208)
과 사용자의 이해관계와의 조절이라는 측면에서 법원이 구체적으로 결정
하면 충분한 것이라 생각한다.

오히려 판례상 예외적 긍정설209)이 대세인 일본의 경우에는 최고재판
소의 판단은 없지만 1948년 이래 취업청구권에 기한 취업방해금지가처분
사례가 다수 존재하고 있으며 1960년 전후까지 그 사례가 집중되어 있다.
다만, 초기에는 취업청구권을 인정하는 긍정설이 우위를 점하고 있었으나
1952년 이후로는 부정설 내지 예외적 긍정설이 주류를 점하게 되었고, 특
히 1958년 동경고등재판소가 근로계약에 있어서 근로자는 지휘명령에 따
라 일정한 근로를 제공할 의무를 부담하고, 사용자는 이에 대하여 일정한
임금을 지불할 의무를 부담하는 것이 가장 기본적인 법률관계이기에 근
로계약 등에 특별한 정함이 있거나 업무의 성질상 근로자가 근로의 제공
에 관하여 특별한 합리적인 이익을 갖는 경우를 제외하고는 근로자의 취
업청구권은 인정되지 않는다는 취지의 결정210)을 한 이래 그전에 압도적
다수를 점하고 있던 긍정설이 감소되고 이에 대신하여 위와 같은 취지의

사실상 취업청구권을 부정하는 결론에 도달하게 된다.
208) 현저한 손해를 피하기 위한 경우에 추가하여, 명백히 무효인 해고의 경우에만 취업
방해금지가처분을 허용하여야 한다는 견해가 있으나(유성재, 앞의 논문, 421면), 해
고를 명백한 무효로 보기는 어렵더라도 근로자에게 충분한 승소가능성이 있음이
소명되고, 근로자의 손해가 소급임금만으로는 회복되기 곤란한 것이며, 가처분과
관련한 근로자의 이익이 근로자의 복직과 관련한 사용자의 불이익을 능가한다면
법원이 취업방해금지가처분을 발하지 못할 이유가 없다.
209) 이 입장의 선례 중에 신청을 인용한 것은 조리사의 기능저하 위험을 인정한 1건의
사례가 있을 뿐이어서 사실상 부정설이라고 보아도 좋다[民事執行法(7), 203면].
210) 東京高決 1958. 8. 2. 昭和 31年(ラ)897號 讀賣新聞事件, 勞民集 9-5호, 831면
(제일법규 D1-Law.com 판례 ID 27611027에서 인용).

결정이 대세를 이루게 된다.[211]

2. 주문례

취업청구권을 인정하는 경우의 주문례는 다음과 같다.[212]

- 채무자는 채권자의 취업을 거부(또는 방해)하여서는 아니 된다.
- 채무자는 채권자에 대하여 출근정지 기타 취업을 방해하는 행위를 하여서는 아니 된다.
- 채무자는 채권자가 채무자회사 소속 시내버스 서울 70가OOOO호의 운전기사로 근무하는 것을 방해하여서는 아니 된다.

와 같은 방해금지형이 있고,

- 채무자는 채권자에게 취업의 기회를 제공하여야 한다.
- 1. 채무자는 별지 목록 기재 채권자들에 대하여 채무자회사의 OO작업장의 하역작업에 종사하게 하여야 한다.
- 2. 채무자는 제1항의 하역작업의 배분에 관하여 다른 사용근로자와 차별하여 불이익하게 취급하여서는 아니 된다.

와 같은 지휘명령형이 있다.

이에 대하여는 사용자의 근로수령의무가 근로자의 근로제공이 있는 경우 이를 수인 내지 방임할 의무가 아니라, 근로자의 근로제공에 대하여 적절한 지휘명령을 발하고 업무를 부여하여 기업의 근로질서에 편입시킬 의무를 말하는 것이기에 지휘명령형이 더 적절하다는 평가가 있다.[213]

---

211) 大藤敏, "就勞請求權", 裁判實務大系 5卷(勞働訴訟法), 靑林書院, 1985, 143~145면; 民事執行法(7), 203면.
212) 노동특수이론, 108면.
213) 民事執行法(7), 204면.

V. 소 결

과거 노동가처분에 있어서는 그 결과의 중대성과, 또한 임금지급가처분과 같은 경우에 있어서의 그 실질적 종국성으로 인하여 법원은 피보전권리의 존부를 심리함에 있어 본안소송에 준하는 확신에 가까운 심증을 원하여 오랜 시간을 들여 심리를 하였고, 그 후에 가처분의 필요성이 없다하여 신청을 기각할 수는 없으므로 보전의 필요성에 대하여는 형식적으로 심리하고 해고 전 임금의 전액에 대해 판결확정시까지 임시지급을 명하였다. 이러한 가처분제도의 운영모습이 가처분 원래의 모습으로부터 현저히 일탈한 것임은 명백한 사실이다.

이에 대하여 이는 노동법의 특성을 반영하여 경제적 약자인 근로자를 보호하려는 것으로서 긍정적으로 평가하여야 한다는 반론이 있을 수 있다.

하지만, 임금을 유일한 생활의 원천으로 하는 근로자의 경제적 곤궁을 고려한다면 분쟁의 신속한 해결이라고 하는 소송의 목적은 노동사건에 있어서 더욱 그 중요성이 강조되어야 하며, 노동분쟁에 있어서는 지체된 절차에 의한 승소는 신속한 절차에 의한 패소보다도 못한 경우가 허다하다. 또한, 이런 원칙으로부터 벗어난 제도 운영은 많은 부작용을 초래하게 된다. 종래 위와 같은 가처분제도의 운영으로 인하여 반드시 정치한 심리가 필요 없는 사안에 관해서까지 본안에 가까운 심리를 함으로써, 가처분 원래의 심리에 의하면 신속한 구제가 가능하였을 근로자에 대한 구제마저 늦어지게 되고, 이러한 신속한 구제의 지연은 생활의 곤궁에 처한 근로자로 하여금 사실상 소송을 포기하게 만드는 중요한 원인으로 작용하였음을 인식하여야 한다.

이러한 점을 고려한다면 가처분제도의 운영은 본래의 모습으로 돌아가 필요성의 판단을 엄격히 하여 임시로 지급되어야 할 임금액 및 지급기간을 제한하는 대신 피보전권리의 대한 판단을 간이화하고 신속화함으로써 해고된 근로자에 대하여 초래된 생활상의 곤궁을 조속히 해소하고 본안소송의 제기 및 수행에 있어서의 장애를 제거하여야 한다. 임시로 지급되어야 할 임금액 및 지급기간의 제한은 만족적 가처분에서 오는 문제점을 해소하고 노동분쟁이 신속하게 사건화되어 해결될 수 있도록 함에 기여할 것이다.

임시로 지급되어야 할 임금의 지급기간을 본안판결확정시까지로 하는 것은 법 논리적으로도 문제가 있다. 사용자가 본안재판에서 해고의 정당한 이유를 증명함으로써 소명에 의한 가처분의 피보전권리가 존재하지 아니함이 일응 밝혀진 경우까지도 길게는 수년이 걸릴지도 모르는 대법원 판결에 이르기까지 사용자에게 반환이 사실상 불가능한 금액의 지급을 강요하는 불합리함을 야기한다. 가처분이의나 취소에 의하여 이 문제에 대한 해결이 가능하다고 하더라도 원칙은 아니며, 임금의 임시지급기간을 일정한 기간으로 제한하여 근로자가 1심에서 승소하였다면 승소판결에 기한 가집행을 하게하고, 패소하였다면 근로자가 그럼에도 피보전권리가 존재한다는 점에 대한 소명을 하여 새로운 가처분을 받도록 하여야 할 것이다. 임시지급기간은 구체적인 사안에 따라 달라질 것이나, 최근 조기기일지정과 집중심리로 인하여 판결에 이르는 기간이 짧아지고 있고 노동분쟁의 경우 송달에 어려움이 없어 제소시로부터 6개월 이내에 충분히 판결이 가능하므로 위와 같은 재판제도가 정착된다면 6개월 이내의 기간 또는 본안사건 1심 판결 선고시까지로 하여 임시지급 기간을 정할 수 있을 것이다.

이와 같이 임금지급가처분과 관련한 필요성에 대하여 심리가 엄격해진다면 같은 차원에서 지위보전가처분의 필요성에 대한 심리도 강화되어야 한다. 임금지급가처분과 함께 지위보전가처분이 신청된 경우에 해고로 인한 임금지급의 중단에서 오는 생활상의 곤궁을 가처분신청 이유로 드는 것이라면 임금지급가처분만으로 충분하며 지위보전가처분을 인용하기 위해서는 그 이외의 가처분의 필요성에 대한 소명이 있어야 한다. 삼익악기사건[214]에서 인정된 취업청구권을 적극적으로 해석하여, 해고된 근로자의 즉시 복직이 필요한 경우에 한정적으로 취업청구권을 피보전권리로 한 취업방해금지가처분을 인정함이, 간접강제에 의한 집행이 가능하고 그 내용이 구체적인 점에서 그 내용이 추상적이고 사용자의 임의의 이행을 기대하는 지위보전가처분을 인정하는 것보다 나을 것이다.

이러한 다양한 방법에 의하여 근로자의 생존권보장과 밀접하게 관련된 부당해고구제의 구체적 필요성에 따른 적절한 보전처분의 길을 열어야 한다.

---

214) 대법원 1996. 4. 23. 선고 95다6823 판결.

제7절 부당해고와 형사처벌[1]

I. 개 설

우리나라에서는 근로기준법에서 사용자가 정당한 이유 없이 근로자를 해고할 수 없도록 규정하여[2] 근로자를 부당해고로부터 보호함으로써 그 생존권적 기본권을 보장하고 있으나, 이러한 입법목적은 근로자에 대한 해고가 부당해고로 판정되었을 때 그 구제가 실효성 있게 확보됨으로써 달성이 가능한 것이다.

그런데 2007. 1. 26. 근로기준법의 개정으로 부당해고 구제신청과 관련하여 금전보상제와 이행강제금제, 확정된 구제명령 불이행에 대한 형사처벌 규정이 도입되기 이전에는 근로기준법은 부당해고의 구제의 실효성 확보와 관련한 별다른 규정을 두고 있지 않았고, 부당해고에 대한 형사처벌 규정을 두고 있었을 뿐이다.

일반적인 부당해고죄는 부당해고를 사전에 예방하여 근로자의 근로권과 생존권을 보장하기 위한 것이었지만 그와 동시에 사용자가 근로자를 부당하게 해고한 사실을 알게 된 경우에는 신속히 부당해고를 철회하게 하여 근로자를 복귀시키게 하는 효과도 갖는 것이었기에[3] 개정되기 전의 근로기준법상 부당해고구제의 실효성 확보와 관련한 중요한 수단이었다.

---

1) 이 부분은 정진경, "부당해고와 형사처벌"(노동법연구 24호, 서울대학교 노동법연구회, 2008, 221면 이하)을 수정·보완한 것이다.
2) 근로기준법 제23조 제1항.
3) 이정, "부당해고처벌규정의 실효성에 관한 연구", 외법논집 15집, 한국외국어대학교 법학연구소2003. 12., 20~21면.

비록 일반적인 부당해고죄는 현재의 근로기준법에서는 삭제되었으나 개정된 근로기준법의 시행일인 2007. 7. 1. 이전의 행위에 대하여는 여전히 효력이 있으며, 근로기준법상의 형벌규정 중에서도 그 법정형이 가장 무거웠던 범죄로서 이에 대한 분석은 현재까지 노동관계법에 산재하여 있는 각종 형벌규정의 해석과 관련하여 중요한 의미가 있으므로 일반적인 부당해고에 대한 처벌규정의 적용실태와 그 문제점에 대하여 검토하기로 한다.

II. 규 정

2007. 1. 26. 개정되기 전의 근로기준법 제30조 제1항(이하 구 근로기준법이라 한다)은 사용자는 근로자에 대하여 정당한 이유 없이 해고, 휴직, 정직, 전직, 감봉 기타 징벌을 하지 못한다고 규정하고 있었고, 같은 법 제110조에서는 제30조 제1항에 위반한 자는 5년 이하의 징역 또는 3000만 원 이하의 벌금에 처하도록 규정하고 있었다. 이러한 규정은 1953. 5. 10. 법률 제286호로 근로기준법이 제정될 때 같은 법 제110조 제1호, 제27조 제1항으로 규정된 이래 수차에 걸쳐 근로기준법이 개정 및 제정되어 오면서 조문의 순서가 바뀌고 법정형의 형량이 강화되었을 뿐 기본 틀은 그대로 유지되어 왔던 것이다.

위 조항은 부당해고가 근로자의 생존권을 직접 위협하는 것이기에 그에 대한 사회적 반감을 고려하여 사용자가 사회통념에 반하여 근로자를 정당한 이유 없이 해고하는 것을 형벌로 응징함으로써 행위자에게 징벌을 가하고 그 피해자의 피해감정을 완화, 회복시키며, 나아가 널리 사용자에게 부당해고를 경고하며 이를 예방하고자 하는 데에 입법목적이 있는 조항이다.[4]

사용자의 의미에 관하여 대법원은 근로기준법은 사업주 또는 사업경영 담당자 기타 근로자에 관한 사항에 대하여 사업주를 위하여 행위하는 자를 말한다고 규정[5]하고 있고, 여기에서 사업경영담당자라 함은 사업경영 일반에 관하여 책임을 지는 자로서 사업주로부터 사업경영의 전부 또는 일부에 대하여 포괄적인 위임을 받고 대외적으로 사업을 대표하거나 대리하는 자를 말하는바, 근로기준법이 같은 법 각 조항에 대한 준수의무자로서의 사용자를 사업주에 한정하지 아니하고 사업경영담당자 등으로 확대한 이유가 노동현장에 있어서 근로기준법의 각 조항에 대한 실효성을 확보하기 위한 정책적 배려에 있는 만큼, 사업경영담당자란 원칙적으로 사업경영 일반에 관하여 권한을 가지고 책임을 부담하는 자로서 관계 법규에 의하여 제도적으로 근로기준법의 각 조항을 이행할 권한과 책임이 부여되었다면 이에 해당한다고 할 것이고, 반드시 현실적으로 그러한 권한을 행사하여야만 하는 것은 아니라고 판시하여,[6] 법인등기부상 대표이사직에서 사임했으나 실제로는 회장으로서 회사를 사실상 경영하여 온 경우 근로기준법상의 사용자에 해당한다고 보았다.[7]

주식회사의 대표이사는 특별한 사정이 없는 한 근로기준법 소정의 사업경영담당자로서 사용자에 해당한다고 할 것이나 탈법적인 목적을 위하여 특정인을 명목상으로만 대표이사로 등기하여 두고 그를 회사의 모든 업무집행에서 배제하여 실질적으로 아무런 업무를 집행하지 아니하는 경우에 그 대표이사는 사업주로부터 사업경영의 전부 또는 일부에 대하여 포괄적인 위임을 받고 대외적으로 사업주를 대표하거나 대리하는 자라고 할 수 없으므로 사업경영담당자인 사용자라고 볼 수 없다고 판시하였다.[8]

---

4) 헌법재판소 2005. 3. 31. 선고 2003헌바12 결정.
5) 현 근로기준법 제2조 제2호도 동일하게 규정하고 있다.
6) 대법원 1997. 11. 11. 선고 97도813 판결.
7) 대법원 1997. 11. 11. 선고 97도813 판결.
8) 대법원 2000. 1. 18. 선고 99도2910 판결.

또한, 대법원은 법인의 범죄능력과 관련하여 근로기준법(1997. 3. 13. 법률 제5305호로 폐지) 제112조 제1항9) 본문은 "이 법의 위반행위를 한 자가 당해 사업의 근로자에 관한 사항에 대하여 사업주를 위하여 행위한 대리인, 사용인 기타 종업자인 경우에는 사업주에 대하여도 각 본조의 벌금형을 과한다."라고 규정하고 있으므로, 당해 사업의 근로자에 관한 사항에 대하여 사업주의 대리인, 사용인 기타 종업자가 같은 법 위반행위를 한 경우에는 사업주인 법인에 대하여도 벌금형을 부과할 수 있다고 판시하여 범죄능력을 인정하였다.10)

근로자에 관하여는 근로기준법의 적용을 받는 근로자란 사용자로부터 근로의 대가를 받고 사용자에게 근로를 제공하는 자를 말하므로, 회사의 이사 등이 회사로부터 위임받은 사무를 처리하는 이외에 사장 등의 지휘·감독 하에 일정한 근로를 담당하고 그 대가로 일정한 보수를 지급받아 왔다면 근로기준법상의 근로자라고 볼 수 있다고 하여 회사의 이사직에 있었다는 이유만으로 근로자가 아니라고 단정할 수는 없다고 판시하였다.11)

III. 헌법재판소의 결정과 그에 대한 비판

1. 헌법재판소 결정12)

1) 사안의 개요

공중전화기 판매 및 보수·관리업체의 대표이사인 청구인이 동 회사의

---

9) 현 근로기준법 제115조에 해당함.
10) 대법원 1997. 5. 7. 선고 96도3461 판결.
11) 대법원 1997. 11. 11. 선고 97도813 판결.
12) 헌법재판소 2005. 3. 31. 선고 2003헌바12 결정.

영업직 수습사원들이 회사의 유류비 지급 방침에 반발하여 집단으로 근로제공을 거부하고 항의하자 집단적으로 근로제공을 거부하여 회사의 정상적 운영을 저해하였다는 등의 사유를 들어 이들을 해고하였던 것이 부당해고행위에 해당한다는 이유로 2002. 4. 30. 부산지방법원에 근로기준법위반죄로 기소되었다. 청구인은 재판을 받던 중 2003. 1. 6. 사용자는 근로자에 대하여 정당한 이유 없이 해고하지 못하도록 규정한 구 근로기준법 제30조 제1항의 규정에 위반한 자를 처벌하는 동법 제110조의 부분이 헌법에 위반된다는 이유로 위헌법률심판제청을 신청하였으나, 2003. 2. 4. 위 법원이 이를 기각하자 2003. 2. 11. 헌법재판소법 제68조 제2항에 의하여 헌법소원심판을 청구하였다.

2) 명확성원칙 위배 여부

(1) 명확성 판단의 기준

① 법률 명확성의 원칙은 법치주의와 신뢰보호의 원칙에서 비롯되는 것이다. 불명확한 법률이 무효가 되어야 하는 것은 그것이 준법정신을 가진 사회 평균적 일반인인 수범자에 대하여 '공정한 경고'를 흠결하기 때문인데, 법령 특히 형벌법규의 내용은 일반인에게 명확한 고지가 이루어져야 하는 것이나, 당해 법령의 특성에 맞추어 그 일반인이 어떤 행위를 결정할 때 통상 어느 정도 법적 전문지식에 의한 보완을 받게 된다는 점을 감안하여 명확성 여부를 판단하여야 한다.

② 명확성 원칙의 준수 여부는 문제된 법령의 문구가 확실하지 않음으로써 자의적이고 차별적인 적용을 가져올 수 있는지 여부에 의하여서도 판별될 수 있으나, 법령이 그 집행자에게 어느 정도의 재량을 부여한다는 이유만으로 바로 무효로 할 것은 아니고, 집행자에게 신뢰할 수 있는 확고한 기초를 제시하여 그 법령이 원래 의미하고 목적하는 것 이상의 자의

적 적용을 방지할 수 있으면 된다.

③ 당해 법령의 성질 및 규제대상 등에 비추어 입법기술상 최고의 상태로 작성되었는지 여부가 명확성 판단의 기준이 될 수 있다. 일반 추상적 표현을 불가피하게 사용한다 하더라도 더 구체적 입법이 가능함에도 불구하고 이러한 입법적 개선을 하지 아니하고 있는지 여부가 헌법위반의 판단기준이 될 수 있다.

(2) '정당한 이유'에 대한 해석

무엇이 정당한 이유인가에 대하여는 오랜 기간 학문적 연구의 성과가 쌓이고 행정해석 및 관련 판례들이 집적되어 다음과 같은 요지의 해석이 이루어져 있다.

정당한 이유의 유무는 개별적 사안에 따라 구체적으로 결정될 일이지만 그 일반적 내용은 해당 근로자와 사용자 사이의 근로관계를 계속 유지할 수 없을 정도의 이유, 즉 해당근로자와의 근로관계의 유지를 사용자에게 더 이상 기대할 수 없을 정도의 것이 되어야 한다.

이와 같이 해석에 의한 기준이 확립되어 있기는 하나 해고가 정당한가의 여부는 항상 개별적 사례에 따라 구체적으로 판단되어야 하며, 근로자가 직장을 상실함으로써 받게 되는 손해와 근로관계를 종료시킴으로써 얻게 되는 사용자의 이익 사이의 이해 형량이 이루어져야 한다. 대법원에 의하면 형사처벌의 대상이 되는 사회적 정당성의 개념 범위는 구체적 사안에 따라 문제된 해고행위를 형사처벌하는 것이 사회적 통념에 비추어 합당한가 여부에 의하여 결정되고 있다.

(3) 판 단

이 사건 법률조항은 그 수범자를 제재하는 처벌조항인데 '정당한 이유'에 대하여는 오랜 기간의 경험과 사례의 축적에 의하여 이제는 그 의미

내용의 전체적 윤곽이 형성되고 구체적 사안들에서 특히 법률전문가들에게는 무엇이 여기에 해당하고 무엇이 해당되지 않는 것을 판단하기에 그다지 어려움을 느끼지 아니할 정도에까지 이르렀다.

따라서 이 사건 법률조항이 형사처벌의 대상이 되는 해고의 기준을 일반추상적 개념인 '정당한 이유'의 유무에 두고 있기는 하지만, 그 의미에 대하여 법적 자문을 고려한 예견가능성이 있고, 집행자의 자의가 배제될 정도로 의미가 확립되어 있으며, 입법 기술적으로도 개선가능성이 있다는 특별한 사정이 보이지 아니하므로 헌법상 명확성의 원칙에 반하지 아니한다.

3) 과잉금지원칙 위배 여부

(1) 처벌규정의 과잉금지원칙 위배 여부 판단의 기준

어떤 행위를 범죄로 규정하고 이를 어떻게 처벌할 것인가 하는 문제 즉, 범죄의 설정과 법정형의 종류와 범위의 선택은 여러 가지 요소를 종합적으로 고려하여 입법자가 결정할 사항으로서 광범위한 입법재량이 인정되어야 할 분야이다.

따라서 어느 행위를 범죄로 규정하고 그 법정형을 정한 것이 그 범죄의 죄질 및 이에 따른 행위자의 책임에 비하여 지나치게 가혹한 것이어서 현저히 형벌체계상의 균형을 잃고 있다거나 그 범죄에 대한 형벌 본래의 목적과 기능을 달성함에 있어 필요한 정도를 일탈하였다는 등 헌법상의 평등의 원칙 및 비례의 원칙 등에 명백히 위배되는 경우가 아닌 한, 쉽사리 헌법에 위반된다고 단정하여서는 아니 된다.

(2) 판 단

고용의 유지는 근로자들의 경제적 생활의 기반이 되므로 사용자에 의하여 일방적으로 노동관계를 종식시키는 해고는 근로자의 생활에 중대한 타격을 주게 된다. 우리나라와 같이 실업에 대비한 직업소개제도나 실업보험제도 등의 사회안전망이 제대로 완비되지 못한 사회에서는 근로자의 생존권을 보장하기 위하여 부당해고를 사전에 방지할 수 있는 예방적 기능의 제도화가 절실히 요구되며, 부당해고에 대하여 처벌규정을 두는 것은 이와 같은 예방적 기능의 실현에 특히 그 효과가 크다. 그리고 부당해고의 여부를 둘러싼 분쟁이 빈발하고 있으며 노동시장의 유연성이 부족하여 일단 해고된 근로자는 재취업이 제대로 이루어지지 아니하는 우리나라의 노동현실을 볼 때, 부당해고를 근로자의 생존권을 위협하는 사회적 해악으로서 처벌의 대상으로 할 것이 현실적으로 요구되고 있다.

또한, 이 사건 법률조항은 서로 관련된 다른 처벌조항들과 그 법정형을 비교하여 보아도 특별히 자의적인 입법이라고 판단할 만큼의 형벌체계상의 현저한 불균형이 발견되지 않으며, 그 법정형의 상한이 징역 5년으로 설정되어 있으나 법정형의 하한은 별도로 정하여져 있지 않아 구체적 사건에서 법원 및 법집행당국은 이를 사안에 맞게 탄력적으로 형량하고 집행해나가는데 불합리할 정도로 장애를 주지 아니하므로 이 점에서 형량이 가혹한 것도 없다.

그렇다면, 이 사건 법률조항은 자의적이고 불균형한 처벌로서 형벌체계의 정당성을 해친다고 볼 하등의 근거가 없으며, 과잉금지의 원칙에 위배되지 않는다.

2. 비 판

위와 같이 일반적인 부당해고죄에 대하여 헌법재판소가 합헌판정을 하였음에도 불구하고 이에 대하여는 많은 비판이 계속되었다.

1) 비교법적 관점에서의 비판

근로기준법이 부당해고를 명시적으로 금지하고 이에 위반하는 경우에 처벌규정까지 둔 것은 사회적·경제적 약자인 근로자를 사용자의 자의적인 해고로부터 보호하여 그 생존권을 확보하고자 하는 것이며, 많은 선진국에서도 부당한 해고를 규제하는 입법을 두고 있다.

영국이나 독일, 프랑스를 비롯한 유럽의 여러 나라에서는 일찍부터 부당해고를 금지하는 입법이 이루어졌고, 일반적 해고제한 규정을 두고 있지 않았던 일본13)에서는 장기간에 걸친 하급심판례의 축적으로 인하여 현재는 '객관적으로 합리적인 이유가 없고 사회통념상 상당한 것으로 인정하기 곤란한 해고의 경우'에는 권리남용으로서 무효가 된다는 해고권남용의 법리가 확립되어 있다.14)

또한, 임의고용의 원칙, 해고자유의 원칙이 지배하여 왔던 미국에서조차도 부당해고를 금지하는 통일적인 연방법의 제정에는 이르지 못하였으나 단체협약에 의한 임의고용원칙의 수정, 공공정책이론, 묵시적 계약이론, 선의의 부수의무 이론 등에 의한 판례에 의한 임의고용원칙의 수정, 내부고발자보호법 또는 보복금지법, 각종의 고용차별금지법, 민권법 등에 의한 임의고용원칙의 수정을 통하여 근로자를 부당한 해고로부터 보호하고 있다.15)

이와 같이 많은 선진국에서 부당해고를 금지하면서도 개별적으로 특정한 이유로 인한 해고를 제외하고 일반적인 해고제한규정에 대한 위반을

---

13) 2003. 7. 4.의 노동기준법의 개정으로 현재는 노동기준법 제18조의 2에서 "해고는 객관직으로 합리적인 이유를 결하고 사회통념상 상당하다고 인정되지 않는 경우에는 그 권리를 남용한 것으로서 무효로 한다."라고 규정하여 기존 판례의 태도를 수용하였다.
14) 이정, 앞의 논문, 1~2면.
15) 이에 대한 자세한 논의는 정진경, "미국의 해고자유원칙의 수정과 부당해고의 제한", 노동법연구 8호, 서울대학교 노동법연구회, 1999, 262면 이하 참조.

이유로 사용자를 형사처벌하는 나라는 그 예를 찾을 수가 없다.[16]

2) 과잉형벌

해고제한의 법리는 입법연혁으로 볼 때 계약자유 내지 해고자유의 원칙에서 예외를 인정하며 나온 수정이론이다.

부당해고가 인정될 경우에는 그 효과는 먼저 이에 대한 보상이 주가 되며 더 발전하여 해고처분을 사법적으로 무효화하고 복직의 기회를 부여하는 데까지 이르렀다. 그리고 이와는 별도로 노동위원회에 의한 구제절차를 병행하여 인정함으로써 부당해고로 권리의 침해를 받은 근로자가 신속한 구제를 받을 수 있도록 하여 근로자 보호에 충실을 기하고 있다.

나아가 우리 법제는 부당해고의 행위유형 중 특별한 경우에는 처벌규정을 별도로 설치하여 이를 형사처벌의 대상으로까지 하고 있다. 그렇다면, 이와 같이 중첩적으로 정비된 법제도 내에서 또다시 부당해고행위 일반을 포괄적으로 형사처벌의 대상으로 삼는 것은 대등관계가 유지되어야 할 노사관계에서 사용자를 일방적으로 처벌함으로써 근로자의 이익을 지나치게 보호하는 것이 되어 형평을 잃은 것이다.[17]

부당해고에 대하여는 사법상의 효력을 인정하지 아니하는 것으로서 충분히 목적을 달성할 수 있다. 벌칙규정을 통하여 사용자의 해고권행사에 관여하는 것은 사법질서의 기본원리에 부합하지 않으며, 경우에 따라서는 정당한 해고권의 행사까지 제약하게 된다.[18]

오늘날 우리나라의 산업이 급격히 발전하면서 노동조합의 영향력이 강해짐으로 인하여 기업운영에 애로를 느낀 고용주들이 국내투자를 꺼리고

---

16) 「노사관계법·제도 선진화방안」(이하 '선진화방안'이라 한다), 노사관계제도 선진화연구위원회, 2003. 11., 140면; 김형배, 「노동법」, 신판 제4판, 박영사, 2007, 602면; 김도윤, "부당해고죄에 관한 연구", 법학석사학위논문, 고려대학교, 2005, 70면.
17) 헌법재판소 2003헌바12 결정의 권성, 김경일, 이상경 재판관의 반대의견.
18) 김형배, 앞의 책, 602면.

국내산업을 노동력이 값싼 해외로 이전하려고 하는 등 투자의욕 감퇴의 현상까지 심각하다. 전반적으로 사용자에 대한 근로자의 힘의 열세가 더 는 대세가 아닌 사회적 현실에서 국가가 포괄적인 형사처벌로 사용자를 위축시켜 근로자로 하여금 해고의 위험으로부터 면하게 해주고자 하는 취지의 이 사건 법률조항은 더 이상 존재할 가치가 없다.

결국, 이 사건 법률조항이 정당한 이유 없는 해고행위 일반을 널리 처벌의 대상으로 삼는 것은 과잉된 형벌에 해당하여 헌법에 위반된다.[19]

3) 민사분쟁의 형사사건화

현실적으로 볼 때, 해고를 둘러싼 분쟁이 발생하면 노동부의 지방노동사무소에서 부당해고에 대한 행정감독업무로 노동위원회가 발한 구제명령을 이행하도록 행정지도를 하고, 이를 사용자가 이행하지 아니할 경우 부당해고와 관련한 사건처리지침에 의거 근로감독관이 특별사법경찰권을 행사하여 사용자를 조사한 다음 부당해고에 대한 처벌을 구하는 의견으로 검찰에 송치하고, 검사가 이를 검토하여 기소하는 방식으로 구체적인 분쟁이 처리되고 있다.[20]

이에 따라 사용자의 근로계약 해지의 효력이 확정적으로 판단되지 않은 시점에서 형사절차가 개시되어 근로자와 사용자 간의 근로관계가 사용자의 해지로 종료되었는지의 근본적으로 민사적인 법률분쟁이 모두 형사사건화하는 결과를 초래하고 있으며, 이것은 부당해고 중 본질적으로 민사적 분쟁에 불과하여 형사처벌의 가치가 없는 많은 사건이 형사처벌에 의하여 다스려진다는 것을 의미한다.[21]

---

19) 헌법재판소 2003헌바12 결정의 권성, 김경일, 이상경 재판관의 반대의견.
20) 김재호·김홍영, "부당해고구제명령 불이행에 대한 이행강제금 부과", 노동법연구 21호, 2006, 117면; 선진화방안, 140면.
21) 선진화방안, 140~141면; 헌법재판소 2003헌바12 결정의 권성, 김경일, 이상경 재판관의 반대의견.

4) 법률 명확성의 원칙 위배[22]

법률은 명확한 용어로 규정함으로써 적용대상자에게 그 규제내용을 미리 알 수 있도록 공정한 고지를 하여 장래의 행동지침을 제공하고, 동시에 법집행자에게 객관적 판단지침을 주어 차별적이거나 자의적인 법해석을 예방할 수 있다.

법률은 되도록 명확한 용어로 규정하여야 한다는 이러한 명확성의 원칙은 민주주의·법치주의 원리의 표현으로서 모든 기본권제한입법에 요구되는 것이며, 죄형법정주의, 조세법률주의, 포괄위임금지와 같은 원칙들에도 명확성의 요청이 이미 내재되어 있다.

명확성의 원칙은 어떤 법률에 있어서나 동일한 정도로 요구되는 것은 아니고 개개의 법률이나 법조항의 성격에 따라 요구되는 정도에 차이가 있을 수 있는 것이나, 일반론으로 법규를 민사법규와 형사법규로 나누어 볼 때, 양자는 모두 재판규범이면서 동시에 행위규범이지만 형벌법규는 재판규범이기 이전에 행위규범인 측면이 강조되는데 비하여 민사규범은 기본적으로 재판규범의 측면이 훨씬 강조된다.

따라서 민사규범에서는 '신의성실', '선량한 풍속', '불공정한', '정당한 사유' 등의 표현이 법원에서 적용되기에 적합한 언어적 표현으로 문제가 없지만, 만약 형벌법규에서 그와 같은 표현이 사용되었다면 명확성의 원칙에 반하는 것이 아닌지 곧바로 문제될 수 있다.

또한, 형벌법규는 그 내용과 효력이 개인의 자유와 신체에 바로 영향을 미치기 때문에 대부분 재산상 효력에 그치는 민사법규에 비하여 더 명확하여야 한다. 이와 같이 형사법규 혹은 국민의 이해관계가 첨예하게 대립되는 법률에 있어서는 법률 불명확성의 심사는 특히 더 엄격하여야 하는 것이다.[23]

---

22) 헌법재판소 2003헌바12 결정의 권성, 이상경 재판관의 반대의견.
23) 법다원주의의 관점에서 형법전문가와 법적용자들의 실무기준을 직접적으로 부당해

부당해고죄의 처벌의 대상이 되는 구성요건은 '사용자가 근로자에 대하여 정당한 이유 없이 해고하는 것'이다.

그런데 여기서 부당해고를 판별하는 기준이 되어있는 '정당한 이유'의 개념은 너무나 불명확하고 애매하다. 정당하다 혹은 정당하지 않다고 하는 개념은 문제된 주제에 관련된 제반 상황을 종합적으로 고려하여 선악의 가치판단을 하는 것으로서 매우 주관적이고 추상적인 개념이어서 어떠한 해고가 정당한 이유가 있고, 어떠한 해고가 정당한 이유를 가지지 아니하는 것인지 여부는 사람마다 가치관과 윤리관에 따라 크게 달라질 수 있고, 법집행자의 통상적 해석을 통하여 그 의미내용을 보다 구체화하거나 객관적으로 확정하기도 어렵다.

이러한 까닭에 대법원도 해고의 정당한 이유의 존부를 해석함에 있어서 문제된 해고행위를 처벌하는 것이 '사회통념상 적합한 것'이 되어야 함을 요구하고 있는 것이다.

그러나 여기서 '사회통념상 적합하다'는 것도 매우 주관적이고 추상적인 개념인 것은 마찬가지이고, 이러한 기준으로도 일반인에게 공정한 경고를 줄 만큼 '정당한 이유'의 구체적 의미를 확정하여준 것이라고 하기에 충분하지 않다.

또한, 해고의 '정당한 이유'는 비록 판례와 학설이론에 의하여 그 내용이 다각도로 조명되어 전체적 윤곽과 한계가 제시되어 있다고는 하지만, 해고행위의 실태는 유동하는 사회 내에서 발생하는 각종 고용관계의 구체적 경우에 따라 항상 다양하고 새롭게 나타나는 것이다. 현대사회와 같이 기업활동이 빠르게 발전하고 사회적·경제적 여건도 급격히 변화되는 상황에서는 해고의 유형과 형태도 이러한 사회변화에 따라 변모될 것이기 때문이다. 따라서 기존의 사례에 대한 이론과 판례의 집적도 미래에 발생

고를 규제하는 실정법상의 논리로 일반화하는 것은 위험하다는 주장이 있다(김도윤, 앞의 논문, 78면).

하는 다양한 형태의 새로운 해고행위에 관하여 수범자인 국민에게 완전한 행위기준을 제시하고 공정한 경고의 기능을 다한다고 보기 어렵다.

그렇다면, 이 사건 법률조항은 준법정신을 가진 사용자가 실제상황에서 해고행위를 할 경우 처벌을 각오하여야만 하는 결과를 초래하고 있으며, 행위자에게 공정한 사전 예고기능을 발휘하지 못하여 법률 명확성의 원칙에 위반된다.

Ⅳ. 구체적 분석

1. 판례의 검토

1) 부당해고로 인한 형사처벌과 관련하여 대법원은 1994. 5. 27. 형법 제13조가 "죄의 성립요소인 사실을 인식하지 못한 행위는 벌하지 아니한다. 단, 법률에 특별한 규정이 있는 경우에는 예외로 한다."라고 규정하여 법률에 특별한 규정이 없는 한 고의범만을 처벌하도록 하고 있고 이는 형법 제8조에 의하여 특별형벌법규에도 적용되는 것인데 단서에서 말하는 특별한 규정이 있는 경우라 함은 다른 형벌법규에 의하여 처벌하는 죄의 성립에 고의를 요하지 아니한다는 명문의 규정이 있거나 그 법률규정 중에 그러한 취지를 명백하게 알 수 있는 경우를 의미하므로, 이와 같은 특별한 규정이 있는 경우에 해당하는 것으로 인정되지 아니하는 폐지되기 전의 근로기준법 제107조(구 근로기준법 제110조)에 의하여 처벌되는 같은 법 제27조 제1항(구 근로기준법 제30조 제1항)24) 위반죄에 있어서는 일반형벌의 원칙에 따라 고의를 필요로 한다고 판시하면서25) 어떤 징계

---

24) 현재의 근로기준법 제23조 제1항.
25) 대법원 1994. 5. 27. 선고 93도3377 판결; 대법원 1996. 12. 10. 선고 95도830 판결.

사유가 존재하고 당시 사정으로 보아 사용자가 당해 징계처분을 할 만한 정당한 이유가 있다고 판단한 것이 무리가 아니었다고 인정되는 경우에는 설사 그 징계처분이 사후에 사법절차에서 정당한 사유가 없는 것으로 인정되어 무효로 되었다 하더라도 사용자에게 위 근로기준법 제27조 제1항을 위반하여 정당한 이유 없이 근로자에 대하여 해고 등의 불이익처분을 한다는 인식 즉 부당해고의 고의를 인정할 수 없다고 하였다.[26]

이를 전제로 대법원은 근로자의 각 비위행위는 회사의 취업규칙 또는 징계규정상의 해고사유에 해당하고, 파업기간 중 민·형사사건에 계류된 자에 대하여 책임을 묻지 않기로 한 면책약정은 회사가 광주지역 택시운송사업조합에게 명시적으로 위임한 것이 아니어서 면책약정의 효력이 회사에 대하여 미치는가에 관하여 논란이 있을 수 있고, 이 사건 징계해고가 징계위원회의 해고결의에 따라 이루어진 점 등에 비추어 사용자가 회사의 취업규칙 또는 징계규정 소정의 해고사유에 해당하는 비위행위를 한 근로자에 대하여 징계해고를 할 만한 정당한 이유가 있다고 판단한 것이 무리가 아니라고 보이므로 사용자에게 폐지되기 전의 근로기준법 제27조 제1항을 위반하여 정당한 이유 없이 근로자를 해고한다는 인식, 즉 고의가 있었다고 보이지는 않는다고 하여 유죄를 인정한 원심을 파기하였다.[27]

2) 그 후의 판결들도 같은 입장을 견지하고 있으며 특히 절차위배의 해고 등의 징계처분에 관하여 사용자가 근로자에게 어떠한 징벌을 가함에 있어 소정의 절차를 밟지 아니하여 징벌의 효력이 인정될 수 없는 경우라 하더라도, 사용자가 부당한 징벌을 가할 의사로 징벌의 절차를 의도적으로 무시하였다는 등의 특별한 사정이 없는 한, 그와 같은 절차위배의 사유만으로 곧바로 폐지되기 전의 근로기준법 제107조, 제27조 제1항에 의

---

26) 대법원 1994. 5. 27. 선고 93도3377 판결; 대법원 2007. 6. 14. 선고 2007도2710 판결.
27) 대법원 1994. 5. 27. 선고 93도3377 판결.

한 형사처벌의 대상이 된다고는 할 수 없고, 여기에서 나아가 그와 같은 징벌이 그 내용에 있어 징벌권을 남용하거나 또는 그 범위를 벗어난 것으로 인정되고 또 이것이 사회통념상 가벌성이 있는 것으로 평가되는 경우에 한하여 형사처벌의 대상이 된다고 하여 절차위배의 경우 특별한 사정이 없는 한 형사책임이 인정되지 않는다고 판시하였다.28)

민사상으로 볼 때 근로자에게 징벌사유가 있는지 여부 즉 사용자의 징벌행위가 정당한 이유가 있는 것인지 여부는 사용자 측에서 증명해야 할 것이므로 근로자에게 징벌사유가 있음이 밝혀지지 아니하는 한 사용자의 징벌행위는 부당한 것으로 인정되어 그 효력이 부인된다. 이렇게 민사상 효력이 부인된 징벌인 경우 위 처벌조항의 문언상으로는 특단의 사정이 없는 한 형사처벌까지도 면할 수 없는 것으로 볼 여지가 있으나 이는 심히 부당하다. 결국, 사안에 따라 징벌조치의 민사상 효력이 부정된다고 하더라도 형사처벌 대상이 되지 않을 수도 있는 것으로 제한적으로 해석함이 상당하다 할 것인데 그 이론적 근거는 형사범죄 성립 여부는 그 일반적 기준이 될 수 있는 사회통념에 따른 가벌성 여부에 따라 판단되어야 한다는 것이다. 따라서 위 판결은 그와 같은 징벌이 그 내용상 위법성이 있는 경우 즉 징계권을 남용하거나 또는 그 범위를 벗어난 것으로 평가되어 사회통념상 가벌성이 있는 것으로 인정되는 경우에 한하여 형사처벌의 대상이 된다고 해석함으로써 형사범죄성립 여부에 대한 일응의 판단기준을 밝혀주고 있다는 평석이 있다.29)

위 판결 중 부당해고죄의 성립에 있어 사회통념상 가벌성이 있어야 한

---

28) 대법원 1994. 6. 14. 선고 93도3128 판결; 대법원 1995. 11. 24. 선고 95도2218 판결; 대법원 1996. 12. 10. 선고 95도830 판결; 대법원 2004. 3. 25. 선고 2003도7119 판결; 대법원 2005. 10. 7. 선고 2005도3763 판결; 대법원 2007. 1. 11. 선고 2005도8291 판결; 대법원 2007. 6. 14. 선고 2007도2710 판결.

29) 송홍섭, "근로기준법 제27조 제1항 위반(정당한 이유 없는 징벌)과 형사처벌", 대법원 판례해설 21호, 1994. 11., 604~605면.

다는 뒷부분의 판시는 후에 대법원 및 하급심 법원에서 부당해고죄의 일
반적 요건으로 인정되고 있다.[30]

2. 사례의 분석

1) 부당해고관련 송치사건 처분결과(2005년)

부당해고와 관련한 형사사건이 검찰에서 어떻게 처리되고 있는지에 관
하여 2005년의 통계를 중심으로 살펴본다.

2005년에 검찰에 송치된 525건의 사건 중 445건이 처리되었는데, 그
중 무혐의가 105건, 기소유예가 204건, 벌금이 135건, 징역형의 집행유예
가 1건이었다.

총 계	유 형					처리 중
	소 계	기소유예	벌 금	집행유예	무혐의	
525	445	204	135	1	105	80

무혐의 및 기소유예의 비중이 대단히 높고, 거기에 100만 원 이하의 벌
금을 받은 처리건수를 합하면 총 처리건수 445건 중 418건을 차지하여
93.9%에 달한다.[31]

2) 부당해고 형사사건 1심 판결분석

부당해고와 관련하여 문서관리시스템을 통하여 '정당'과 '해고'를 주제

---

30) 대법원 2007. 1. 11. 선고 2005도8291 판결; 서울동부지법 2006. 4. 20. 선고
2005노1207 판결; 부산지법 2005. 12. 15. 선고 2005노3367 판결; 춘천지법
2007. 3. 14. 선고 2007노65 판결.
31)「노사관계선진화입법 설명자료」, 노동부, 2007. 1., 88면.

어로 '근로기준법위반'을 사건명으로, 근로기준법의 개정으로 부당해고죄가 폐지된 2007. 7. 1.의 전날인 2007. 6. 30.까지의 형사사건을 검색하여 그 중 부당해고에 관한 판결이 아닌 것을 제외한 240건의 1심 판결례를 접수된 연도를 기준으로 분석하면 다음의 표와 같다.[32]

형벌 연도	50만원 이하	100만원 이하	200만원 이하	300만원 이하	300만원 초과	무죄	선고 유예	집행 유예	실형	계
1997	1		1							2
1998	2	1		1	1	1	1			7
1999	4	1	2			1	1	3[33]		12
2000	1		2	1		1				5
2001	2	4		2	2	3	1	1[34]		15
2002	4	6	8	2	5	2	2	2[35]		31
2003	5	7	6	5	3	6	5	1[36]		38
2004	5	8	6	3		7	5	4[37]	1[38]	39
2005	4	5	4	3	1	5	4	2[39]		28
2006	11	16	5	1	2	9	8	1[40]		53
2007		5	2	1			1	1		10
계	39	53	36	19	14	36	28	14	1	240

총 240건 중 무죄가 36건으로서 15%에 달하며, 100만 원 이하의 벌금이 92건, 벌금형의 선고유예가 28건 등으로 무죄를 포함하여 100만 원 이

---

32) 피고인이 2인 이상인 경우에는 그 중 가장 중한 형이 선고된 사람을 기준으로 1건으로 처리하였다.
33) 징역 4월에 집행유예 1년, 징역 8월에 집행유예 1년, 징역 10월에 집행유예 2년이 선고되었다.
34) 징역 1년에 집행유예 2년이 선고되었다.
35) 징역 6월에 집행유예 2년과 징역 1년에 집행유예 2년이 선고되었다.
36) 징역 6월에 집행유예 2년이 선고되었다.
37) 징역 4월에 집행유예 1년, 징역 8월에 집행유예 2년, 징역 10월에 집행유예 2년, 징역 1년에 집행유예 2년 등이 선고되었다.
38) 징역 1년 및 벌금 1,000만 원이 선고되었다.
39) 2건 모두 징역 8월에 집행유예 2년이 선고되었다.
40) 징역 1년에 집행유예 2년이 선고되었다.

하의 벌금형이 전체의 65%에 달하였다. 100만 원이 넘는 벌금형이 선고된 사건은 대부분 다수의 근로자를 해고하였거나 다른 범죄와의 경합범으로 기소된 사건이었다. 이와 같이 근로자의 생존권에 대한 위협으로서 비난가능성이 크리라는 예상과는 달리 부당해고죄의 유죄가 인정된다고 하더라도 거의 벌금으로 처리되고 있으며, 이러한 현상은 약식명령에 대한 정식재판청구 사건에 대하여 '고정'이라는 사건번호를 부여하기 시작한 2003년 이후의 '고정' 사건의 비율을 보아도 알 수 있다.

즉, 2003년에는 총 38건의 부당해고 형사사건 중 12건만이 '고정'사건이었음에 비하여 2004년에는 39건 중 30건, 2005년에는 28건 중 22건, 2006년에는 53건 중 45건, 2007년에는 10건 중 9건으로 갈수록 '고정' 사건의 비율이 높아지고 있다. 약식명령이 그대로 확정된 경우가 압도적일 것이므로 부당해고죄의 경우 대부분 약식사건으로 처리되고 있는 셈이다.

무죄판결이 선고된 36건을 구체적으로 분석하여 보면, 해고에 정당한 이유가 인정된다고 한 것이 18건으로 가장 많고, 그 외 부당해고죄의 고의를 인정할 수 없다고 한 것이 4건, 상시 5인 이상의 근로자를 사용하는 사업이 아니라고 한 것이 2건, 징벌절차를 의도적으로 무시한 것이 아니라고 한 것이 1건, 노사 간의 합의서의 법적 효력을 인정할 수 없어 그에 따른 징계절차를 이행하지 않았다고 하여 부당해고로 볼 수 없다는 것이 1건이었으며, 나머지 10건은 해고사실을 인정할 수 없다는 것이었다.

해고사실을 인정할 수 없는 이유로는 사직의 의사표시가 유효하여 근로계약이 합의 종료되었다고 한 것이 4건, 근로계약기간이 만료되었다고 한 것이 2건, 고용계약이 포괄적으로 승계되지 않아 고용승계를 거부한 것을 해고로 볼 수 없다는 것이 1건, 해고의 의사표시가 없었다고 한 것이 1건, 해고사실을 인정할 수 없다고 한 것이 2건이었다.

'고정' 사건이 생겨난 이후 부당해고사건이 본격적으로 '고정' 사건으

로 처리된 2004년 이후의 통계를 보면, 2004년 이후 무죄가 선고된 22건
의 사건 중 대부분인 18건이 '고정' 사건에서 무죄가 선고되었다.

유죄판결 사례 중에서 집행유예 이상의 형이 선고된 사건은 15건에 불
과하였고 그 중 실형이 선고된 사건은 단 1건에 불과하였다.

실형이 선고된 유일한 사례는 운수업을 하는 피고인이 30명의 근로자
를 해고한 외에도 임금 및 퇴직금의 미지급, 명예훼손, 강제집행면탈 등
많은 범죄사실로 기소된 사안이었다.[41] 하지만, 피고인이 위 판결에 불복
하여 항소한 항소심에서는 피해자들이 지입차주들로서 근로자가 아니라
는 이유로 무죄가 선고되었다.[42]

그 외에 징역형의 집행유예가 선고된 사안 중 징역 8월에 집행유예 2년
이상이 선고된 사건에 관하여 본다.

2006년 사건으로서 징역 1년에 집행유예 2년이 선고된 사건은 피고인
이 택시회사의 대표이사로서 부당해고 외에 노동조합의 조직 또는 운영
에 개입하고 단체교섭요구를 정당한 이유 없이 거부하였으며 단체협약을
준수하지 아니하는 등 부당노동행위 등을 자행하였고 그 외에도 자동차
운수사업법위반죄가 추가된 사안에 관한 것이다.[43]

2005년 사건으로서 징역 8월에 집행유예 2년이 선고된 사건은 피고인
이 수련원의 대표로서 근로자 2명에 대한 부당해고 외에도 노동조합 가입
을 이유로 근로자들에게 불이익을 준 사안에 관한 것이며,[44] 피고인이 항
소하여 퇴직금 미지급으로 인한 근로기준법위반죄가 추가로 병합되었음

---

41) 창원지법 2005. 10. 11. 선고 2004고단380, 2005고단74, 2004고정110, 111, 1624,
    1625, 2325, 2639, 2640 판결.
42) 창원지법 2006. 9. 28. 선고 2005노2004, 2006노561 판결.
43) 대전지법 천안지원 2006. 12. 21. 선고 2006고단847, 2006고정521 판결.
44) 전주지법 2005. 10. 20. 선고 2005고단641 판결.

에도 벌금 1,000만 원으로 형이 감경되었다.[45] 징역 10월에 집행유예 2년
이 선고된 또 다른 2005년 사건은 근로자 10명을 부당해고하고 그 외에
임금 미지급, 해고예고수당 미지급 등이 추가된 사안에 관한 것이다.[46]

2004년 사건 중 징역 1년에 집행유예 2년이 선고된 사건은 부당해고
외에도 퇴직 근로자 169명의 임금 11억 원 이상을 지급사유 발생일로부
터 14일 이내에 지급하지 아니하고, 근로자 137명의 임금 7억 5,000만 원
이상을 정기지급일에 지급하지 아니한 사안에 관한 것이다.[47]

또 다른 사건에서는 징역 10월 및 벌금 300만 원에 처하되 징역형에 대
하여는 2년간 그 형의 집행이 유예되었는데, 피고인이 관광서비스업을 경
영하는 사용자로서 6인의 근로자를 노동조합을 조직하려 한다는 등의 이
유로 해고한 것 외에도 해고예고수당 미지급, 근로자 폭행, 퇴직한 근로자
에 대한 수당 미지급, 임금 미지급, 무동의 휴일근로 등 여러 가지 범죄사
실이 추가된 사안에 관한 것이며,[48] 그 후 피고인이 항소하여 수당 미지
급, 무동의 휴일근로 등에 관하여는 무죄를, 나머지에 대하여는 벌금
1,000만 원을 선고받았다.[49]

나머지 징역 8월에 집행유예 2년이 선고된 사건은 노동조합활동을 이
유로 3명의 근로자를 해고하고 노동조합의 조직 또는 운영에 지배·개입
한 사안에 관한 것인데,[50] 피고인이 항소한 항소심에서는 근로자들에 대
한 해고가 정당하다고 하여 무죄가 선고되었다.[51]

2002년의 사건으로서 징역 1년에 집행유예 2년이 선고된 것은 부당해
고 외에 근로자 143명의 임금 및 퇴직금 5억 6,000만 원 이상을 미지급한

---

45) 전주지법 2007. 7. 12. 선고 2005노979, 1384 판결.
46) 광주지법 2005. 6. 17. 선고 2005고단1086 판결.
47) 대전지법 천안지원 2004. 5. 28. 선고 2004고단280 판결.
48) 전주지법 정읍지원 2005. 1. 27. 선고 2004고단52 판결.
49) 전주지법 2005. 6. 14. 선고 2005노195 판결.
50) 서울남부지법 2005. 11. 1. 선고 2004고단2934 판결.
51) 서울남부지법 2006. 9. 29. 선고 2005노1714 판결.

사안에 관한 것이다.52)

2001년의 사건으로서 징역 1년에 집행유예 2년이 선고된 것은 노조를 와해하기 위하여 피고인 6인이 공모하여 근로자 7명을 해고한 것 외에도 위법한 근로자파견사업 영위, 최저임금 이하의 임금지급, 임금지급에 있어 성차별 등 여러 가지의 범죄사실이 추가된 사안에 관한 것으로서 피고인들에게 모두 징역 1년에 집행유예 2년이 선고되었다.53)

1999년 사건으로서 징역 10월에 집행유예 2년이 선고된 것은 신문사의 대표이사가 근로자들이 노동조합 설립을 주도하자 이를 이유로 그들을 해고하기로 마음먹고 그들이 부당전보에 대한 항의표시로 업무를 거부하면서 대자보 등을 통하여 경영진을 비판한 사실을 문제 삼아 3명을 해고하고, 합리적이고 공정한 해고의 기준 없이 8명을 정리해고한 외에도 부당전직, 부당노동행위와 임금 미지급 등의 행위를 저지른 사안에 관한 것이다.54)

벌금형이 선고된 사건으로는 2001년과 2002년의 사건으로서 각 1,000만 원의 벌금이 선고된 것이 가장 중한 것이다.

2002년 사건은 운수업자인 피고인이 노동조합가입을 이유로 12명의 근로자를 해고한 외에도 노동조합활동을 혐오하여 노동조합의 조직·운영에 지배·개입하고, 임금을 미지급하는 등의 행위를 한 사안에 관한 것이다.55)

2001년의 사건은 사회복지법인의 대표인 피고인이 4명의 근로자를 부당해고한 외에도 근로자의 노동조합 조직·운영에 지배·개입하고, 정당

---

52) 인천지법 2003. 6. 13. 선고 2002고단7740, 8359 판결.
53) 광주지법 2002. 1. 9. 선고 2001고단2938, 3011, 4468 판결(다만, 일부 피고인들에 대하여는 위 범죄사실 이외에도 정기적으로 노사협의회를 개최하기 아니하였거나 근로자명부를 작성하지 아니한 사실, 또는 취업규칙을 신고하지 아니한 사실 등의 범죄사실이 병합되어 벌금형이 병과되었다).
54) 서울지법 2000. 3. 16. 선고 99고단11953 판결.
55) 부산지법 2004. 4. 16. 선고 2002고단850, 1834, 3291, 8018, 2003고단9695, 9700 판결.

한 이유 없이 단체교섭을 해태하였으며, 각종의 수당을 미지급한 사안에 관한 것이다.[56]

대체적으로 보아 중한 형이 선고된 사건들은 부당해고에 관한 사건으로 보기 어려울 정도로 다른 중대한 범죄사실이 함께 기소된 사안들이고, 특히 노동조합활동과 관련한 부당노동행위가 저질러진 사안에서 중한 형이 선고된 점이 주목할 만하다.

3) 부당해고 형사사건 2심 판결분석

앞서 본 1심 형사판결과 같은 방법으로 검색하여 정리한 71건의 부당해고사건 형사항소심 판결을 정리하면 다음 표와 같다.

연도\\결과	1999년 이전	2000	2001	2002	2003	2004[57]	2005	2006	2007[58]	계
유죄		3	3		7	7	6	6	1	33
무죄 (파기)[59]	1	1	2(1)	2	5(1)	6(1)	9(5)	10(4)	4(1)	40(13)
계	1	4	5	2	12	13	15	16	5	73[60]

총 73건(실제 사건은 71건) 중 50%가 넘는 40건이나 무죄 판결이 선고되었다.

---

56) 인천지법 2004. 1. 2. 선고 2001고단8327, 2002고단2055, 3133 판결.
57) 일부 무죄, 일부 유죄의 1심 판결에 대한 쌍방의 항소를 기각한 판결 1건이 무죄와 유죄에 각 산입됨.
58) 일부 무죄, 일부 유죄의 1심 판결에 대한 쌍방의 항소를 기각한 판결 1건이 무죄와 유죄에 각 산입됨.
59) 괄호 안의 수치는 피고인의 무죄주장을 받아들여 원심을 파기하고 무죄를 선고한 사건 수이다.
60) 유죄와 무죄로 각 산입된 사건이 2건이므로 실제 사건 수는 71건이다.

무죄 판결의 이유로는 근로자성을 부인하거나 기간만료로 인하여 근로계약이 종료된 것일 뿐 해고가 없었다고 한 것, 유효한 사직의 의사표시가 있다고 본 것 등 다양하나 해고가 정당하다고 본 것과 부당해고의 고의를 부인한 것이 가장 많다. 피고인의 항소를 받아들여 원심을 파기하고 무죄를 선고한 13건의 사건을 구체적으로 분석하면 부당해고죄의 고의를 부인한 것이 5건,[61] 사회통념상 가벌성이 없다고 판단한 것이 2건,[62] 고의와 사회통념상 가벌성을 함께 부인하고 무죄로 판단한 것이 2건,[63] 해고가 정당하다고 판단한 것이 2건,[64] 근로자성을 부인한 것이 1건,[65] 근로계약이 기간만료로 종료되어 해고처분이 있었다고 볼 수 없다고 한 것이 1건[66]이다.

검사의 항소를 받아들여 무죄의 원심을 파기한 사건은 한 건도 없는 반면에 피고인의 항소를 받아들여 원심을 파기하고 무죄를 선고한 사건이 13건에 달하며 특히 2005년 이후의 사건에 있어서는 무죄가 선고된 23건의 사건 중 10건이 원심을 파기하고 무죄를 선고한 사건이다.

4) 부당해고 형사사건 최종심 판결분석

앞서 본 1심 형사판결과 같은 방법으로 검색하여 정리한 29건의 부당

---

61) 대전지법 2001. 12. 14. 선고 2001노314 판결; 전주지법 2004. 1. 16. 선고 2003노844 판결; 대전지법 2004. 11. 26. 선고 2004노2338 판결; 서울북부지법 2007. 5. 10. 선고 2006노834 판결; 서울남부지법 2007. 3. 30. 선고 2006노879 판결.
62) 부산지법 2005. 12. 15. 선고 2005노3367 판결; 대구지법 2007. 3. 29. 선고 2006노2912 판결.
63) 서울동부지법 2006. 4. 20. 선고 2005노1207 판결; 춘천지법 2007. 3. 14. 선고 2007노65 판결.
64) 부산지법 2006. 1. 12. 선고 2005노363 판결; 서울남부지법 2006. 9. 29. 선고 2005노1714 판결.
65) 창원지법 2006. 9. 28. 선고 2005노2004, 2006노561 판결.
66) 서울서부지법 2007. 5. 4. 선고 2006노631 판결.

해고사건 형사상고심 판결을 정리하면 다음과 같다.

대법원에서도 총 29건의 사건 중 50%가 넘는 16건의 사건에서 무죄가 선고되었다. 대부분 검사나 피고인의 상고를 기각하고 원심을 확정한 것이나 3건의 사건은 원심을 파기한 것이다. 항소심 판결과 마찬가지로 검사의 상고를 받아들여 유죄취지의 파기환송을 한 사건은 없고 3건 모두 피고인의 상고를 받아들여 무죄 취지로 파기환송한 사건이다.

결과＼연도	1999년 이전	2000	2001	2002	2003	2004	2005	2006	2007	계
유죄	3	1		2	1	4		2		13
무죄 (파기)[67]	6(1)		1	2		3	2(2)		2	16(3)
계	9(1)	1	1	4	1	7	2(2)	2	2	29(3)

원심을 파기한 이유로는 정당한 이유 없이 근로자에 대하여 해고 등의 불이익처분을 한다는 고의를 인정할 수 없다는 것이 1건이고,[68] 피고인의 행위를 사회통념상 가벌성이 있는 것으로 평가하여 형사범죄가 성립하는 것으로 단정하기 어렵다고 한 것이 2건이다.[69]

5) 개정 근로기준법 시행 이후의 판결분석

개정 근로기준법이 시행된 2007. 7. 1. 이후 2007. 9. 30.까지의 사건 분석결과도 크게 다르지 않다.

---

67) 괄호 안의 수치는 피고인의 무죄주장을 받아들여 원심을 파기하고 파기환송한 사건 수이다.
68) 대법원 1994. 5. 27. 선고 93도3377 판결.
69) 대법원 2005. 10. 7. 선고 2005도3763 판결; 대법원 2007. 1. 11. 선고 2005도8291 판결.

50만 원 이하	100만 원 이하	100만 원 초과	무죄	선고유예	집행유예	면소	계
2	3	2	2	3	1	1	14

전체 1심판결 14건 중 집행유예나 100만 원이 넘는 벌금이 선고된 사건은 3건에 불과하였고, 무죄, 벌금형의 선고유예, 100만 원 이하의 벌금이 10건으로서 대부분을 차지하였다. 가장 무거운 형이 선고된 사건은 병원의 대표자인 피고인이 4인의 근로자를 부당해고하고 42명의 근로자의 임금 3억 원 이상을 체불한 사안에서 징역 1년 6월을 선고하면서 2년간 그 형의 집행을 유예한 것이다.[70] 벌금형 중에서는 회사의 대표이사인 피고인이 근로자 10명을 부당해고하고, 약 1억 5,500만 원의 퇴직금을 지불하지 아니하였으며 해고 예고수당도 지급하지 아니한 사안에서 벌금 1,000만 원을 선고한 것이 가장 중한 것이다.[71]

특이한 것은 개정 근로기준법이 부칙 제1항(시행일)에서 이 법은 2007. 7. 1.부터 시행한다고 규정하고, 제4항(벌칙에 관한 경과조치)에서는 이 법 시행 전에 행한 행위에 대한 벌칙의 적용에 있어서는 종전의 규정에 의한다고 규정할 뿐, 종전의 제30조 제1항의 규정을 위반한 행위에 대한 벌칙의 적용에 관하여 아무런 규정을 두고 있지 아니하여 그 부분에 대한 형이 폐지되었다고 보아 형사소송법 제326조 제4호에 따라 면소판결을 한 사건이다.[72] 하지만, 위 판결의 항소심은 신법에 의하여 구법의 일부 조항을 폐지 내지 변경하면서 부칙에서 구법 시행 당시의 행위에 대한 벌칙의 적용에 있어서 종전의 예에 의하도록 규정한 경우에는 이와 같은 조항의 변경은 형의 폐지 내지 변경에 해당한다고 볼 수 없다고 한 대법원

---

70) 전주지법 2007. 8. 7. 선고 2006고단1645 판결.
71) 서울중앙지법 2007. 7. 13. 선고 2007고단1674 판결.
72) 창원지법 2007. 9. 6. 선고 2007고단1451 판결.

판결73)을 인용하면서, 피고인에 대하여 형이 폐지되었음을 이유로 면소판결을 선고한 원심판결에는 법리를 오해하여 판결에 영향을 미친 위법이 있다하여 파기하고, 피고인을 벌금 50만 원에 처하면서 그 형의 선고를 유예하였다.74)

항소심 사건으로는 유죄가 2건, 무죄가 4건이 선고되었으나, 원심을 파기하고 유·무죄의 결론을 바꾼 경우는 없었다. 상고심 사건으로는 검사의 상고를 기각하고 무죄의 원심을 확정한 사례가 있다.75) 항소심과 상고심을 합하면 7건의 사건 중 5건에서 무죄판결이 선고되었다.

전반적으로 보아 부당해고로 인한 형사사건은 2002년 이후 많이 증가하였으나 무죄율이 높다는 것, 전반적인 양형이 매우 낮다는 것이 눈에 띈다. 법원의 판결뿐만 아니라 수사기관의 처리상황도 이와 유사하다.

이것은 부당해고 중 본질적으로 민사적 분쟁에 불과하여 형사처벌의 가치가 없는 많은 사건이 형사사건화 되었음을 보여주는 것이다. 즉, 형사처벌 가치가 없는 많은 사건은 근로자의 생존권의 보호라는 중대한 보호법익과는 달리 부당해고죄에 대하여 판사가 가벼운 형을 선고하게 하였다.

특히 정당하다는 개념은 매우 주관적이고 추상적인 개념이어서 어떠한 해고가 정당한 이유를 가지고 있는지의 여부를 구체화하거나 객관적으로 확정하기가 어렵다는 사정은 이러한 현상을 심화하였다. 이러한 문제점으로 인하여 대법원은 부당해고로 인정되는 경우 중에서도 사회통념상 처벌할 가치가 있는 것에 한하여 형사처벌의 대상으로 한다고 하면서 사용자가 지나치게 광범위하게 처벌되는 것을 막아 보고자 하였으나, 사회통념상 적합하다는 것도 매우 주관적이고 추상적인 개념으로서 규범의 안정성과 예측가능성을 확보하기는 여전히 곤란하였고, 형사처벌규정을 통

---

73) 대법원 1994. 11. 11. 선고 94도811 판결.
74) 창원지법 2008. 1. 31. 선고 2007노1655 판결(확정됨).
75) 대법원 2007. 9. 6. 선고 2007도4933 판결.

하여 사용자의 자의적인 해고를 방지하여 근로자의 생존권을 보장하려는 입법목적의 달성을 어렵게 하였다.76)

상급심에서의 높은 무죄율은 위와 같은 규정의 추상적 개념으로 인하여 수범자뿐 아니라 1심 판사가 혼란을 겪고 있는 모습을 여실히 보여주는 것이라 생각한다.

V. 현행 법규정

1. 개 요

개정 해고법제의 가장 큰 변화는 일반적인 부당해고에 대한 형사처벌을 폐지하고 구제명령의 실효성을 확보하기 위해 금전보상제와 이행강제금제를 도입한 것이다.

앞서 본 바와 같이 일반적인 부당해고에 대한 형사처벌은 많은 비난을 받아왔고 그 효율성도 의문시되었다. 그리하여 2003년 노사관계제도선진화연구위원회는 부당해고에 대한 벌칙조항의 삭제를 제안하였고, 개정된 근로기준법은 이를 받아들여 벌칙조항을 삭제하는 대신 부당해고 구제제도의 효율성 확보를 위하여 금전보상제와 이행강제금제를 도입하였다.77)

2. 부당해고죄의 삭제

2007. 1. 26. 개정된 근로기준법은 제110조에서 제30조 제1항을 삭제하

---

76) 김도윤, 앞의 논문, 53면.
77) 이철수, "개정 해고법제의 주요 내용과 그 평가", 2006~2007 개정 노동법의 법리적 검토(서울대학교 노동법연구회 2007년 춘계공개학술대회 발표 논문), 서울대학교 노동법연구회, 2007, 6~7면.

여 일반적인 부당해고에 대한 처벌규정을 삭제하였고, 부칙에서 그 시행일은 2007. 7. 1.로 하고 법 시행 전에 행한 행위에 대한 벌칙의 적용에 있어서는 종전의 규정에 의하도록 하였다.

2007. 4. 11. 전문개정된 현 근로기준법은 제23조 제1항에서 사용자는 근로자에게 정당한 이유 없이 해고, 휴직, 정직, 전직, 감봉, 그 밖의 징벌(이하 "부당해고등"이라 한다)을 하지 못한다고 규정하고 있는바, 제107조의 벌칙에서 제23조 제1항을 배제하여 2007. 1. 26. 개정된 근로기준법과 같이 일반적인 부당해고에 대한 형사처벌규정을 삭제하였고, 부칙 제1조에서 현 근로기준법은 공포한 날로부터 시행하되 제23조 제1항과 제107조는 2007. 7. 1.부터 시행하며, 부칙 제15조에서 이 법 시행 전의 행위에 대하여 벌칙 규정을 적용할 때에는 종전의 규정에 따르도록 하여 2007. 1. 26. 개정된 근로기준법과 동일하게 규정하고 있다.

그리하여 현재 우리의 근로기준법은 일반적인 부당해고의 처벌규정은 두고 있지 않으나 2007. 6. 30.까지의 부당해고에 대하여는 종전의 법률이 적용되도록 되어 있고, 그 외의 개별적인 부당해고에 대한 처벌규정은 그대로 유지되고 있다.

3. 개별적 부당해고에 대한 처벌규정

① 근로기준법 제6조(균등한 처우) : 사용자는 근로자에 대하여 남녀의 성을 이유로 차별적 대우를 하지 못하고, 국적·신앙 또는 사회적 신분을 이유로 근로조건에 대한 차별적 처우를 하지 못한다.

벌칙: 500만 원 이하의 벌금(근로기준법 제114조 제1호)

② 근로기준법 제23조(해고 등의 제한) 제2항 : 사용자는 근로자가 업무상 부상 또는 질병의 요양을 위하여 휴업한 기간과 그 후 30일 동안 또는 산전·산후의 여성이 이 법에 따라 휴업한 기간과 그 후 30일 동안은

해고하지 못한다. 다만, 사용자가 제84조에 따라 일시보상을 하였을 경우 또는 사업을 계속할 수 없게 된 경우에는 그러하지 아니한다.

벌칙: 5년 이하의 징역 또는 3,000만 원 이하의 벌금(근로기준법 제107조)

③ 근로기준법 제26조(해고의 예고) 제1항 : 사용자는 근로자를 해고(경영상 이유에 의한 해고를 포함한다)하려면 적어도 30일 전에 예고를 하여야 하고, 30일 전에 예고를 하지 아니하였을 때에는 30일분 이상의 보상임금을 지급하여야 한다. 다만, 천재·사변 기타 부득이한 사유로 사업계속이 불가능한 경우 또는 근로자가 고의로 사업에 막대한 지장을 초래하거나 재산상 손해를 끼친 경우로서 노동부령이 정하는 사유에 해당하는 경우에는 그러하지 아니한다.

벌칙: 2년 이하의 징역 또는 1,000만 원 이하의 벌금(근로기준법 제110조 제1호)

④ 근로기준법 제104조(감독기관에 대한 신고) 제2항 : 사용자는 제1항[78]의 통보를 이유로 근로자에게 해고나 그 밖에 불리한 처우를 하지 못한다.

벌칙: 2년 이하의 징역 또는 1,000만 원 이하의 벌금(근로기준법 제110조 제1호)

⑤ 노동조합 및 노동관계조정법 제81조(부당노동행위) : 사용자는 다음 각 호의 어느 하나에 해당하는 행위(이하 "부당노동행위"라 한다)를 할 수 없다.

1. 근로자가 노동조합에 가입 또는 가입하려고 하였거나 노동조합을 조직하려고 하였거나 기타 노동조합의 업무를 위한 정당한 행위를 한 것을 이유로 그 근로자를 해고하거나 근로자에게 불이익을 주는 행위

---

78) 근로기준법 제104조 제1항은 "사업 또는 사업장에서 이 법 또는 이 법에 따른 대통령령을 위반한 사실이 있으면 근로자는 그 사실을 노동부장관이나 근로감독관에게 통보할 수 있다."라고 규정하고 있다.

5. 근로자가 정당한 단체행위에 참가한 것을 이유로 하거나 또는 노동 위원회에 대하여 사용자가 이 조의 규정에 위반한 것을 신고하거나 그에 관한 증언을 하거나 기타 행정관청에 증거를 제출한 것을 이유로 그 근로 자를 해고하거나 그 근로자에게 불이익을 주는 행위

벌칙: 2년 이하의 징역 또는 2,000만 원 이하의 벌금(노동조합 및 노동 관계조정법 제90조)

⑥ 남녀고용평등법 제11조(정년·퇴직 및 해고) 제1항 : 사업주는 근로 자의 정년·퇴직 및 해고에 있어서 남녀를 차별하여서는 아니 된다.

벌칙: 5년 이하의 징역 또는 3,000만 원 이하의 벌금(남녀고용평등법 제37조 제1항)

⑦ 남녀고용평등법 제14조(직장내 성희롱 발생시 조치) 제3항 : 사업주 는 직장내 성희롱과 관련하여 피해주장을 제기한 근로자 또는 피해를 입 은 근로자에게 해고 그 밖의 불이익한 조치를 취하여서는 아니 된다.

벌칙: 3년 이하의 징역 또는 2,000만 원 이하의 벌금(남녀고용평등법 제37조 제2항)

⑧ 남녀고용평등법 제19조(육아휴직) 제3항 : 사업주는 제1항의 규정에 의한 육아휴직을 이유로 해고 그 밖의 불리한 처우를 하여서는 아니 되 며, 육아휴직 기간 동안은 당해 근로자를 해고하지 못한다. 다만, 사업을 계속할 수 없는 경우에는 그러하지 아니하다.

벌칙: 3년 이하의 징역 또는 2,000만 원 이하의 벌금(남녀고용평등법 제37조 제2항)

4. 금품 미청산에 대한 형사처벌

구 근로기준법[79] 제36조는 사용자는 근로자가 사망 또는 퇴직한 경우 에는 그 지급 사유가 발생한 때로부터 14일 이내에 임금·보상금 기타

일체의 금품을 지급하여야 한다. 다만, 특별한 사정이 있을 경우에는 당사자 사이의 합의에 의하여 기일을 연장할 수 있다고 규정하고 있었고, 같은 법 제112조 제1항은 위 규정에 위반한 자는 3년 이하의 징역 또는 2천만 원 이하의 벌금에 처한다고 규정하고 있었다. 위 처벌규정도 민사책임을 형사화 한 것이라는 비난을 받을 소지가 있음에도 일반적인 부당해고죄와는 달리 현재의 근로기준법에도 처벌규정의 위치만 제109조 제1항으로 바뀌어 그대로 존속하고 있다.

이와 관련하여 대법원도 위 규정을 문리대로 해석하는 경우 처벌범위가 지나치게 확대되는 문제점을 고려하여 근로기준법에서 규정하는 임금 등의 기일 내 지급의무위반죄는 사용자가 경영부진으로 인한 자금사정 등으로 지급 기일 내에 임금 등을 지급할 수 없었던 불가피한 경우뿐만 아니라 기타의 사정으로 사용자의 임금부지급에 고의가 없거나 비난할 수 없는 경우에도 그 죄가 되지 않는다고 해석하여 왔다.[80]

불가피성에 관하여는 사용자가 그 지급을 위하여 최선의 노력을 다하였으나, 경영부진으로 인한 자금사정 등으로 지급기일 내에 지급할 수 없었던 불가피한 사정이 사회통념에 비추어 인정되는 경우에만 면책되는 것이고, 단순히 사용자가 경영부진 등으로 자금압박을 받아 이를 지급할 수 없었다는 것만으로는 그 책임을 면할 수 없으며, 임금이나 퇴직금을 기일 안에 지급할 수 없었던 불가피한 사정이 있었는지 여부를 판단함에 있어서는, 사용자가 퇴직 근로자 등의 생활안정을 도모하기 위하여 임금이나 퇴직금 등을 조기에 청산하기 위해 최대한 변제노력을 기울이거나 장래의 변제계획을 분명하게 제시하고 이에 관하여 근로자 측과 성실한 협의를 하는 등, 퇴직 근로자 등의 입장에서 상당한 정도 수긍할 만한 수준이라

---

79) 2007. 4. 11. 법률 제8372호로 개정되기 전의 것.
80) 대법원 1998. 6. 26. 선고 98도1260 판결; 대법원 2004. 12. 24. 선고 2004도6969 판결.

고 객관적으로 평가받을 수 있는 조치들이 행하여졌는지 여부도 하나의 구체적인 징표가 될 수 있다고 판시하여 그 판단기준을 제시하였다.[81]

고의의 인정 여부와 관련하여서는 임금 등 지급의무의 존재에 관하여 다툴 만한 근거가 있는 것이라면 사용자가 그 임금 등을 지급하지 아니한 데에는 상당한 이유가 있다고 보아야 할 것이어서 사용자에게 위 구 근로기준법 제112조, 제36조 위반죄의 고의가 있었다고 인정하기 어렵고, 임금 등 지급의무의 존부 및 범위에 관하여 다툴 만한 근거가 있는지 여부는 사용자의 지급거절이유 및 그 지급의무의 근거, 그리고 사용자가 운영하는 회사의 조직과 규모, 사업 목적 등 제반 사항, 기타 임금 등 지급의무의 존부 및 범위에 관한 다툼 당시의 제반 정황에 비추어 판단하여야 할 것이며, 사후적으로 사용자의 민사상 지급책임이 인정된다고 하여 곧바로 사용자에 대한 같은 법 제112조, 제36조 위반죄의 고의가 인정된다고 단정해서는 안 된다고 판시하고 있다.[82]

VI. 소 결

앞서 본 바와 같이 일반적인 부당해고죄가 많은 문제점이 있는 것임을 고려하면 이를 폐지한 것은 긍정적으로 받아들일 수 있다. 그러나 현재에도 2007. 7. 1. 이전의 사건들에 대하여는 일반적인 부당해고죄가 적용되며, 민사책임의 형사책임화의 위험성이 있다는 점에서 유사한 문제점이 있는 임금 등의 기일 내 지급의무 위반죄 등은 그대로 존속하고 있으므로 향후 이와 관련한 법 해석을 함에 있어서는 일반적인 부당해고죄가 폐지

---

81) 대법원 2006. 2. 9. 선고 2005도9230 판결.
82) 대법원 2007. 6. 28. 선고 2007도1539 판결; 대법원 2005. 6. 9. 선고 2005도1089 판결.

되게 된 이유를 이해하고 제한해석하려는 노력이 요구된다 할 것이다. 일반적인 부당해고죄보다는 노동위원회의 구제명령이 확정되었음에도 이를 이행하지 않는 사용자를 형사처벌하는 것과 같이 법원의 확정판결에도 불구하고 이를 이행하지 않는 사용자를 제재하는 방법을 마련할 필요가 있다. 이와 관련하여 구체적인 상황에 맞는 다양한 부당해고 구제수단에 대한 검토가 필요하다.

개별적인 부당해고와 관련한 처벌규정은 외국에도 그러한 입법례가 있으며83) 일반적인 부당해고죄와는 달리 해고의 이유가 구체적으로 특정되어 있어 큰 문제는 없다고 판단된다.84) 하지만, 본 논문 목차 뒤에 첨부된 근로기준법상 부당해고관련규정표에서 보는 바와 그 법정형이 강화되어 왔는바 전반적으로 형량을 조정할 필요가 있다.85)

일반적인 부당해고죄의 형사처벌규정은 사용자에게 심리적 긴장을 기대할 수 있을지는 모르나 근로자에게는 별 실질적인 도움이 되지 않는다.86) 이와 같이 많은 문제점에도 불구하고, 근로자에게 별 도움이 되지 않는 사용자에 대한 형사처벌에 집착하기보다는, 차라리 해고의 실질적 폐단을 막고 사용자의 악의적 해고를 차단하기 위하여 미국의 징벌적 손해배상제도와 같은 사법과 공법의 중간영역에 위치하는 제재수단을 도입하는 것이 더 효과적일 것이다.87)

---

83) 김도윤, 앞의 논문, 71면.
84) 이정, 앞의 논문, 19면.
85) 이정, 앞의 논문, 22면(일본의 경우 특별한 해고제한규정에 위반하면 처벌의 대상이 되나 그 제재의 내용이 통일되어 6개월 이하의 징역 또는 30만엔 이하의 벌금형으로 규정되어 있다).
86) 강황수, "보통법상 부당해고와 형사책임 - 미국법상 부당해고 판례를 중심으로 -", 법학박사학위논문, 원광대학교, 2002, 81면.
87) 강황수, 앞의 논문, 81면; 김도윤, 앞의 논문, 73면; 김소영·조용만·강현주, 「부당해고구제의 실효성 제고방안」, 한국노동연구원, 2002, 48면.

제3장 행정적 구제

[개요] 제3장 행정적 구제는 총 5개의 절로 구성되어 있으며, 우리나라의 특수한 부당해고 구제제도인 노동위원회를 통한 부당해고 구제신청에 관하여 다루고 있다.

제1절의 부당해고 구제신청제도에서는 부당해고 구제신청제도의 전반에 관해 소개하는데, 제도의 의의, 신청절차, 심사와 판정, 구제명령에 대하여 법규정을 중심으로 검토하고, 해고의 효력을 다투는 근로자의 지위에 대하여는 별도의 항목으로 기존 판례를 중심으로 검토한다.

제2절에서는 먼저 노동위원회의 구제명령에 대한 불복절차에 대하여 소개하고, 특히 부당해고구제 재심판정취소소송은 소의 이익을 중심으로 별도의 항목으로 기존의 판례를 살펴보며, 이어서 2007. 1. 26. 근로기준법 개정으로 신설된 확정된 구제명령 불이행에 대한 형사처벌에 관하여 법규정 및 법리적 문제점을 검토한다.

제3절 및 제4절에서는 2007. 1. 26. 근로기준법 개정으로 노동위원회를 통한 부당해고 구제명령의 실효성 확보를 위해 도입한 금전보상제와 이행강제금에 대하여 조문을 중심으로 살펴보고, 그 실행과 관련하여 예상되는 문제점들을 검토하며, 금전보상제와 관련하여서는 정확한 이해를 위하여 외국의 사례를 소개한다.

끝으로 제5절에서는 노동위원회의 문제점과 노동법원이라는 제목으로 노동위원회를 통한 부당해고 구제제도의 근본적 문제점과 현재의 부당해고 구제제도에 대한 대안으로 모색되고 있는 노동법원 도입론을 비판적으로 검토하며, 부당해고의 구제와 관련하여 노동위원회와 법원의 관계를 어떻게 설정할 것인지를 살펴본다.

제1절 부당해고 구제신청제도

Ⅰ. 의 의

1. 제도의 도입과 그 성격

부당하게 해고당한 근로자는 통상 법원에 해고무효확인 및 부당해고 기간의 임금을 청구하는 소를 제기하여 구제받게 되며, 근로계약관계는 사법관계로서 이와 관련된 부당해고에 대하여는 일반법원에 관할권이 있으므로 이러한 일반법원에 의한 구제는 당연한 것이다.[1] 즉, 부당해고에 해당하는지의 여부를 판단하고 그에 대한 적절한 구제조치를 명령하는 것은 권리분쟁의 해결절차에 관한 것으로서 전형적인 사법작용에 속하는 것이다.[2]

그런데 우리나라는 1980년대 말 노동사건이 급증하게 된 것을 계기로 1989년 일반법원에 의한 부당해고 구제제도 외에 노동위원회에 대한 부당해고 구제신청제도라는 특이한 행정적 구제제도를 입법에 의하여 도입하였다. 즉, 1989. 3. 29. 법률 제4099호로 근로기준법이 개정되면서 제27조의3을 신설하여 사용자가 근로자에 대하여 정당한 이유 없이 해고 등을 한 때에는 노동위원회에 그 구제를 신청할 수 있도록 하였다. 다만 그 구제신청과 심사절차 등에 대하여는 별도의 규정을 두지 않고 부당노동행위에 관한 구 노동조합법 제40조 내지 제44조의 규정을 준용하도록 하

---

1) 김형배, 『노동법』, 신판 제4판, 박영사, 2007, 608~609면.
2) 김선수, "노동위원회의 역할과 과제-심판기능을 중심으로-"(이하 '노동위원회의 역할'이라 한다), 노동위원회의 역할과 과제, 한국노동법학회 2008년도 동계 학술대회, 2008. 12., 45~46면.

였다.

이러한 노동위원회에 대한 부당해고 구제신청제도는 그 후 수차례의 변화를 겪게 된다. 먼저, 사회·경제적 여건의 변화로 기존의 근로기준법을 폐지하고 1997. 3. 13. 법률 제5309호로 새롭게 제정된 근로기준법은 구 노동조합법의 폐지와 노동조합 및 노동관계조정법의 제정에 따라 근로기준법 제33조에서 부당해고 구제신청에 관한 규정을 두면서 구제신청과 심사절차에 관한 준용규정을 노동조합 및 노동관계조정법 제82조 내지 제86조로 변경하였다. 그 후 우리나라 노사관계법과 제도를 국제적인 기준과 우리의 현실여건에 부합하도록 개선하여야 한다는 사회적 요구에 따라 2007. 1. 26. 법률 제8293호로 개정되고, 2007. 4. 11. 법률 제8372호로 조문의 위치가 조정된 현재의 근로기준법3)은 부당해고 구제신청절차에 대하여 종전의 부당노동행위 구제신청에 관한 노동조합 및 노동관계조정법 관련조문을 준용하도록 한 태도를 버리고, 제28조에서 부당해고 구제신청에 관하여 규정하면서 제29조부터 제32조까지 부당해고에 관한 조사, 구제명령 등과 그 확정, 효력 등에 관하여 직접 상세히 규정하고 있다. 제30조 제3항에서는 노동위원회가 구제명령을 할 때 근로자가 신청하면 근로자를 직장에 복직시키도록 명령하는 대신 금전보상을 명할 수 있도록 하는 금전보상제를 도입하였고, 제33조에서는 구제명령을 사용자가 이행하지 않는 경우의 이행강제금, 제111조에서는 확정된 구제명령을 이행하지 아니한 자에 대한 처벌규정을 도입하였으며 대신 일반적인 부당해고에 대한 형사처벌 규정은 삭제하였다.

이러한 노동위원회를 통한 부당해고 구제제도는 입법례로 보아 매우 특이한 제도라고 할 수 있으나,4) 부당해고 구제신청제도가 도입된 1989

---

3) 2007. 4. 11. 법률 제8372호로 전문 개정된 것은 기왕의 근로기준법을 알기 쉽게 정리한 것에 불과하므로 조문의 위치만이 바뀌었을 뿐 내용은 동일하다.

4) 김선수, 노동위원회의 역할, 51~52면(김선수 변호사는 선진국에서 노동위원회와 같은 행정위원회에 부당해고 구제신청사건을 맡기지 않는 것은 행정위원회에 사법적

년 이후 노동위원회의 심판사건 중 부당해고 구제신청이 차지하는 비중
이 갈수록 높아져 현재 많은 부당해고사건이 노동위원회의 판정을 거쳐
이에 불복하는 경우 행정소송의 형태로 진행되고 있다.

대법원은 구제신청제도가 사용자의 정당한 이유 없는 해고 등에 대하
여 일반 법원에 의한 사법적인 구제방법 외에 노동위원회에 의한 행정적
인 구제제도를 따로 마련하여 불이익처분을 받은 당해 근로자가 보다 간
이, 신속하고 저렴한 비용으로 정당한 이유 없는 해고 등에 대한 구제를
받을 수 있도록 하는 데 그 취지가 있다고 판시하였다.[5] 즉, 소송을 통한
구제는 오랜 시간이 걸리고 비용이 많이 들며, 그 엄격한 절차로 인하여
근로자들이 이용하기 어렵기 때문에 행정적 구제절차를 통하여 더 쉽게
근로자가 구제받을 수 있도록 하자는 것이다.[6]

현재 우리의 부당해고 구제절차는 근로자의 신청에 의하여 개시되며,[7]
신청을 취하하면 사건이 종결되는[8] 신청주의를 취하고 있다.
이와 같이 구제절차의 개시와 유지가 당사자의 의사에 맡겨져 있으
며,[9] 그 결과 심사 및 판정의 대상도 근로자가 구제를 신청한 범위에 한

판단과 강제집행에 준하는 구제명령을 허용함이 권력분립원칙과 조화하기 어렵기
때문이라고 한다).
5) 대법원 1992. 11. 13. 선고 92누11114 판결.
6) 임종률, 「노동법」, 제7판, 박영사, 2008(이하 '7판 노동법'이라 한다), 528~529면;
김형배, 앞의 책, 609면; 김선수, "한국에서의 노동분쟁 처리기구로서의 법원의 구조
및 운영실태, 노동법원의 도입방향", 노동과 법 4호, 전국금속산업노동조합연맹 법
률원, 2004, 310면; 이원희, "부당노동행위 또는 부당해고 등에 대한 구제내용 심사
에 있어서 노동위원회의 판단범위", 1999 노동판례비평, 민주사회를 위한 변호사모
임, 2000, 234면.
7) 근로기준법 제28조 제1항.
8) 노동위원회 규칙 제75조 제2항.
9) 민중기, "부당노동행위에 대한 행정적 구제절차", 대법원 노동법실무연구회 2008.
6. 13. 발표문(미공간), 5면.

정된다.10)

현행법이 부당해고 구제절차와 관련하여 당사자주의와 직권주의 중 어느 것을 원칙으로 하는지는 분명하지 아니하나, 일반 민사소송절차와는 달리 노동위원회에 의한 구제절차에는 노동위원회의 재량이 인정되고 당사자가 청구하는 구제내용에 엄격히 구속되지도 않는다.11) 2007. 1. 26.의 노동위원회법의 개정과 이에 따른 2007. 5. 29. 노동위원회 규칙의 개정으로 부당해고 구제절차의 직권주의적 요소가 강화되었다고 평가받고 있다.12)

노동위원회에 접수되는 사건 수의 증가와 심사의 지연으로 인하여 2007. 1. 26. 노동위원회법을 개정하여 위원의 정원을 확대하고13) 공익위원을 부문별, 위원회별로 세분화하여 위촉함으로써 전문성을 꾀하였으며,14) 심판위원회에 위원장 또는 상임위원 1인이 포함되도록 하여 충실한 심사가 이루어지도록 하였고,15) 조사관제도를 신설하여 조사관이 위원장, 부문별 위원회의 위원장 또는 주심위원의 지휘를 받아 노동위원회의 소관 사무 수행에 필요한 조사를 하고 부문별 위원회에 출석하여 의견을 진술할 수 있도록 함으로써 조사절차의 실효성을 확보하였다.16)

---

10) 노동위원회 규칙 제58조.
11) 이원희, 앞의 논문, 239~240면.
12) 민중기, 앞의 논문, 6~8면.
13) 노동위원회법 제6조; 기존의 근로자위원 및 사용자위원 각 10인 이상 30인 이하, 공익위원 10인 이상 50인 이하를 근로자위원 및 사용자위원 각 10인 이상 50인 이하, 공익위원 10인 이상 70인 이하로 확대하였다.
14) 중앙노동위원회의 경우 2006. 12. 31.을 기준으로 위원장 및 상임위원 각 1인, 조정담당 공익위원 10인, 심판담당 공익위원 18인이었는데(「2006년도 노동위원회 연보」, 노동위원회연보 9호, 중앙노동위원회, 2007. 6., 82면 참조), 2008. 7. 29.을 기준으로 위원장 1인, 상임위원 3인, 조정담당 공익위원 16인, 심판담당 공익위원 30인, 차별담당 공익위원 12인으로 대폭 확대되고 세분화되었다(중앙노동위원회 웹사이트인 http://www.nlrc.go.kr/ 참조).
15) 노동위원회법 제15조 제3항. 다만, 제5항에서 부득이한 사유가 있는 경우에는 위원장 또는 상임위원을 제외한 심판담당 공익위원 3인으로 심판위원회를 구성할 수 있도록 하는 예외규정을 두었다.

이에 따라 2007. 5. 29. 전면 개정된 노동위원회 규칙은 구제절차와 관련한 규정을 대폭 늘리고, 노동위원회에 사실조사 의무와 권한을 부여하는 등으로 직권주의적 요소를 강화하여 그 후의 구제절차의 진행에 상당한 영향을 미칠 것으로 보인다.[17]

2. 실효성의 확보

위 1989. 3. 29. 개정된 근로기준법 제27조의 3이나 그와 동일한 내용을 규정한 1997. 3. 13. 법률 제5309호로 제정된 근로기준법 제33조는 정당한 이유 없는 해고 등과 관련하여 당해 근로자는 노동위원회에 그 구제를 신청할 수 있고, 이러한 구제신청과 심사절차에 관하여는 노동조합 및 노동관계조정법 제85조 제5항의 이행명령에 관한 부분을 제외한 노동조합 및 노동관계조정법 제82조 내지 86조의 규정을 준용한다고만 규정하여 노동조합 및 노동관계조정법상의 구제신청 및 심사절차 등에 관한 규정에 대하여만 준용규정을 두었을 뿐 구제명령에 위반한 경우의 처벌규정을 준용하고 있지 아니하였기에 사용자가 구제명령을 이행하지 아니함에도 이에 대한 제재수단이 없었다.

그런데 구제명령이 내려져도 사용자가 이를 이행하지 않는다면 구제명령은 의미가 없게 되므로 구제명령의 이행을 강제할 제도적 장치가 필요하였다.

그 제도적 장치로서 노동조합 및 노동관계조정법에 있어서와 같은 확정된 부당노동행위 구제명령 불이행에 대한 형사처벌규정의 도입만으로는 소기의 성과를 거두기가 어렵다. 왜냐하면, 사용자가 구제명령에 불복

---

16) 노동위원회법 제14조의 3.
17) 민중기, 앞의 논문, 6~7면.

하여 재심 또는 취소소송을 제기하는 경우 구제명령이 확정되기까지는 너무나 많은 시간이 소요되기 때문이다.

부당해고 구제명령은 그 이행이 지체되면 지체될수록 구제명령의 의미는 감소하게 되며, 결국에는 구제명령이 이행되더라도 사실상 구제가 불가능하게 되어 근로자가 그 이행의 효과 자체를 포기하게 될 수도 있는 것이다.[18]

다음으로, 확정된 구제명령 불이행에 대한 처벌조항과 함께 노동조합 및 노동관계조정법에 있어서의 이행명령제도를 도입하는 방안을 생각해볼 수 있다. 그런데 이행명령제도는 잠정적 이행확보수단으로서 불복절차마다 잠정적 이행의 필요성을 다시 판단하는 구조이며, 재판부가 잠정적이행의 필요성을 어떻게 판단하느냐에 따라 즉시 이행의 확보가 이루어지지 아니할 수도 있다.[19]

그리하여 구제명령의 즉시 이행확보를 위하여는 구제명령에 대해 확정·미확정을 구분함이 없이 적법하게 취소되기 전까지는 사용자의 이행의무를 인정하고, 이에 따라 노동위원회가 노사 당사자로부터 구제명령의 이행상태를 파악하여 불이행한 사용자에 대하여 신속하게 구제명령을 임의이행하도록 적극적으로 행정지도 및 감독을 하며, 사용자의 이행거부에 대하여는 구제명령 위반으로서 즉시 과태료 또는 이행강제금을 부과하여 제재함으로써 구제명령이 전체적으로 실효성 있게 이행될 수 있도록 하여야 한다는 견해가 제시되었다.[20]

2003년의 노사관계법·제도 선진화방안에서는 부당해고 등에 대한 벌

---

18) 김재호·김홍영, "부당해고구제명령 불이행에 대한 이행강제금 부과", 노동법연구 21호, 서울대학교 노동법연구회, 2006, 118면.

19) 김재호 등, 앞의 논문, 118면; 하지만, 필자는 이행강제금에 관한 절에서 고찰될 여러 문제점을 고려하면 현재의 근로기준법이 이행명령제도 대신에 이행강제금제도를 도입한 것이 바람직한 것인지에 관하여 의문이 있다.

20) 김재호 등, 앞의 논문, 119면.

칙 삭제 여부를 검토하면서 부당해고 처벌조항을 폐지할 경우 별도의 실
효성 확보수단을 강구할 필요가 있다고 제안하면서 그 예로서 확정된 구
제명령 불이행에 대한 제재를 들었을 뿐, 확정되지 아니한 구제명령의 이
행확보에 관하여는 구체적인 제안이 없었다.[21]

하지만, 2006. 9.의 노사정대표자 합의에서 부당해고 벌칙조항을 삭제
하되, 노동위원회가 구제명령에 대해 이행을 명하도록 하고 그 이행을 확
보하기 위하여 이행강제금을 부과하며, 확정된 이행명령을 이행하지 않을
경우에는 형사처벌 또는 과태료를 부과하기로 합의하였다.[22]

이러한 합의를 수용하여 2007. 1. 26. 법률 제8293호로 개정된 근로기
준법은 구제명령의 실효성 확보수단으로서 앞서 본 이행강제금 제도와
확정된 구제명령 불이행에 대한 형사처벌규정을 신설하였다.

3. 부당노동행위 구제신청과의 관계

노사관계법상의 부당노동행위 구제제도는 집단적 노사관계질서를 침해
하는 사용자의 행위를 예방·제거함으로써 근로자의 근로 3권을 보장하
여 노사관계의 질서를 신속하게 정상화하고자 하는 것이고, 근로기준법상
의 부당해고 구제제도는 개별적 근로계약관계에 있어서 근로자에 대한
권리침해를 구제하기 위한 것이므로 양자는 별개의 제도이다.[23] 그렇지
만, 부당노동행위로서의 해고는 결국 정당한 이유를 결한 것으로서 사법
상의 효력도 부정되므로 부당노동행위로서의 해고는 부당해고의 요건도
갖추게 된다.

판례는 노동조합 및 노동관계조정법 제81조의 부당노동행위 금지규정

---

21)「노사관계법·제도 선진화방안」, 노사관계제도 선진화연구위원회, 2003. 11., 140~
143면.
22) 김재호 등, 앞의 논문, 120면 참조.
23) 대법원 1998. 5. 8. 선고 97누7448 판결.

은 헌법이 규정하는 근로 3권을 구체적으로 확보하기 위한 것으로서 이에 위반하는 행위에 대하여 처벌규정을 두고 있는 한편, 부당노동행위에 대하여 신속한 권리구제를 받을 수 있도록 같은 법 제82조, 제83조에서 행정상의 구제절차까지 규정하고 있는 점에 비추어 이는 효력규정인 강행법규라고 풀이되므로 위 규정에 위반된 법률행위는 사법상으로도 그 효력이 없고, 근로자에 대한 불이익취급행위로서의 법률행위가 부당노동행위로서 무효인 이상 그것이 근로기준법 제23조 소정의 정당한 이유가 있는지 여부는 더 나아가 판단할 필요가 없다고 하고 있다.[24)]

따라서 부당노동행위로서의 해고를 당한 근로자가 노동조합 및 노동관계조정법이 규정하고 있는 부당노동행위 구제신청 외에 근로기준법이 규정하고 있는 부당해고 구제신청을 제기할 수 있는가가 문제되는바, 양 제도는 목적과 요건은 물론 그 구제명령의 내용 및 효력 등에 있어서도 서로 다른 별개의 제도이므로 사용자로부터 해고된 근로자가 그 해고처분이 부당노동행위에 해당함을 이유로 부당노동행위 구제신청을 하면서 그와는 별도로 그 해고처분이 근로기준법상 부당해고에 해당함을 이유로 같은 법에 의한 부당해고 구제신청을 할 수 있다.[25)]

근로자가 자신에 대한 해고처분이 위 2가지 요건에 모두 해당한다고 주장하여 부당노동행위 구제신청과 더불어 부당해고 구제신청을 동시에 또는 별도로 제기하면, 이 경우 노동위원회는 2개의 신청에 대하여 별개의 사건번호를 부여하여 심리하고 그에 대한 판정도 따로 하여야 하고, 소송상으로도 부당노동행위 부분과 부당해고 부분에 대한 중앙노동위원회의 각 재심판정은 별개의 청구로 취급된다.[26)] 다만, 노동위원회는 절차상 양자를 병합하여 처리할 수 있다.[27)]

---

24) 대법원 1993. 12. 21. 선고 93다11463 판결.
25) 대법원 1998. 5. 8. 선고 97누7448 판결; 이상윤, 「노동법」, 제2판, 법문사, 2007, 432~433면; 이원희, 앞의 논문, 235면.
26) 서울고법 1998. 5. 1. 선고 97구41945 판결.

이와 관련하여 근로자가 제출한 신청서에 그 제목이 부당노동행위 구제신청서라고만 되어 있었음에도 중앙노동위원회가 그 내용까지도 살펴 부당노동행위 구제신청에 부당노동행위뿐만 아니라 부당해고의 구제신청도 포함되어 있다고 보고 판단한 것에 대하여, 구제신청서에는 '부당노동행위 또는 정당한 이유가 없는 해고 등을 구성하는 구체적인 사실'과 '청구할 구제의 내용' 등을 기재하도록 되어 있으나, '청구할 구제의 내용'은 민사소송의 청구취지처럼 엄격하게 해석할 것은 아니고 신청의 전취지로 보아 어떠한 구제를 구하고 있는지를 알 수 있을 정도면 되는 것으로서, 노동위원회는 재량에 의하여 신청하고 있는 구체적 사실에 대응하여 적절·타당하다고 인정하는 구제를 명할 수 있는 것이므로, 구제신청서에 구제의 내용이 구체적으로 특정되어 있지 않다고 하더라도 해당 법규에 정하여진 부당노동행위 또는 정당한 이유가 없는 해고·휴직·정직·전직·감봉 기타 징벌 등을 구성하는 구체적인 사실을 주장하고 있다면 그에 대한 구제도 신청하고 있는 것으로 보아야 한다고 판시하여, 이를 인정한 예가 있다.[28]

해고에 대한 부당노동행위 구제신청제도와 부당해고 구제신청제도는 각 신청에 대한 노동위원회의 구제명령이 모두 "부당해고로 인정되므로 해고된 근로자를 원직에 복직시키고 해고 기간 중 받을 수 있었던 임금상당액을 지급하라."라는 형태의 부당해고에 대한 복직명령과 임금 소급지급명령을 주된 내용으로 하고, 확정된 구제명령을 이행하지 아니하는 경우에는 모두 형벌이 부과된다는 점에서 공통점이 있다.[29]

부당노동행위 구제신청에 대한 확정된 구제명령은 이를 이행하지 아니하는 경우에 노동조합 및 노동관계조정법 제89조 제2호에 의하여 형벌이

27) 노동위원회 규칙 제48조 제1항.
28) 대법원 1999. 5. 11. 선고 98두9233 판결.
29) 이상윤, 앞의 책, 433면.

부과되었으나, 부당해고 구제신청에 대한 구제명령은 2007. 1. 26. 법률 제8293호로 개정되기 전의 근로기준법 제33조 제2항이 노동조합 및 노동관계조정법 제82조 내지 제86조만을 준용하도록 규정하고 위 처벌규정은 준용하도록 규정하고 있지 아니하여 근로기준법상의 부당해고 구제명령에 위반하는 경우에도 형벌을 부과할 수 있는지에 관하여 의문이 있었다.

대법원은 구 근로기준법 제27조의3 제2항[30]에서는 제1항에 따른 구제신청 및 심사절차 등에는 구 노동조합법 제40조 내지 제44조[31]의 규정을 준용한다고 규정하고 있을 뿐 같은 법 제42조[32]의 규정에 의한 구제명령에 위반하거나 같은 법 제43조 제4항[33]의 규정을 위반한 경우의 처벌규정인 같은 법 제46조[34]를 준용하고 있지 아니하고, 달리 구 근로기준법 제27조의 3 제1항에 따른 구제신청에 관하여 발하여진 구제명령을 위반한 경우에 이를 처벌하는 별도의 규정은 없는 바, 형벌법규는 그 규정내용이 명확하여야 할 뿐만 아니라 그 해석에 있어서도 엄격함을 요하고 유추해석은 허용되지 않으므로, 구 노동조합법 제46조의 규정이 구 근로기준법 제27조의 3 제1항에 따른 구제신청에 관하여 발하여진 구제명령을 위반한 경우까지 처벌하는 것으로 해석할 수 없다고 판시하였다.[35]

하지만, 2007. 1. 26. 개정된 근로기준법 제113조의 2[36]는 명문으로 확정된 부당해고 구제명령을 이행하지 아니한 자를 처벌할 수 있도록 하는 규정을 신설하였다.

---

30) 현재의 근로기준법 제33조 제2항.
31) 현재의 노동조합 및 노동관계조정법 제82조 내지 제86조.
32) 현재의 노동조합 및 노동관계조정법 제84조.
33) 현재의 노동조합 및 노동관계조정법 제85조 제4항.
34) 현재의 노동조합 및 노동관계조정법 제89조 제2호(다만, 구 노동조합법 제46조의 규정 중 제42조의 구제명령에 위반한 것을 처벌하는 부분은 헌법재판소 1995. 3. 23. 선고 92헌가14 결정으로 위헌이 선언되어 현재는 확정된 구제명령에 대한 처벌규정만이 남게 되었다).
35) 대법원 1995. 7. 28. 선고 95도497 판결.
36) 현재의 근로기준법 제111조.

그러나 양 제도는, 부당노동행위 구제신청의 경우에는 노동조합도 신청인이 될 수 있다는 점과, 노동조합 및 노동관계조정법 제85조 제5항이 규정하고 있는 이행명령제도는 부당노동행위 구제신청에 있어서만 적용된다는 점,[37] 이에 반하여 이행강제금제도는 부당해고 구제신청에만 적용된다는 점에 있어서 서로 차이가 있다.[38]

II. 신청절차

1. 개 요

부당해고 구제신청을 하고자 하는 근로자는 근로자의 성명, 주소, 사업주의 성명, 주소와 함께 부당해고를 구성하는 구체적인 사실(근로자가 구제받고자 하는 사항)과 신청 이유(부당해고 등의 경위와 부당한 이유)를 기재한 구제신청서를 제출하는 방식으로 구제신청을 하게 된다.[39]

노동위원회 위원장은 신청서에 기재사항이 누락되거나 기재 내용이 명확하지 아니한 경우에 기간을 정하여 보정을 요구할 수 있으며,[40] 근로자는 구제신청 후 신청취지를 추가하거나 변경하고자 하는 경우에는 새로운 구제신청을 하는 대신 노동위원회의 승인을 얻어 신청취지를 추가·

---

37) 이행명령제도는 2007. 1. 26.의 근로기준법 개정 전에도 근로기준법 제33조 제2항에서 부당노동행위 구제신청에 관한 노동조합 및 노동관계조정법 규정을 준용하도록 하면서, 단서에서 이행명령제도에 관한 규정인 노동조합 및 노동관계조정법 제85조 제5항의 규정을 제외하여 부당해고 구제신청에 있어서는 적용되지 못하였는데, 개정 후에도 근로기준법 내에 부당해고 구제신청에 관한 절차규정을 신설하면서 이행명령제도에 관한 규정을 두지 아니하였고, 대신 이행강제금제도를 도입하였다.
38) 이상윤, 앞의 책, 433면.
39) 노동위원회 규칙 제39조.
40) 노동위원회 규칙 제41조.

변경할 수 있다.[41)]

신청인은 사용자를 피신청인으로 하여 관할 지방노동위원회에[42)] 해고
된 날로부터 3월 이내에 구제신청을 하여야 한다.[43)] 구제신청기간을 제한
하는 이유는 기간의 경과에 따라 사실관계의 증명과 구제명령의 실효성
확보가 어렵기 때문이고, 노사관계의 안정과 노동위원회의 부담을 완화하
고자 하는 정책적 고려도 반영된 것이다.[44)]

위 3월의 구제신청기간은 제척기간이므로, 그 기간이 경과하면 그로써
행정적 권리구제를 신청할 권리는 소멸하고, 신청인이 책임질 수 없는 사
유로 그 기간을 준수하지 못하였다는 등 그 기간을 해태함에 정당한 사유
가 있다고 하여 그 결론을 달리할 수 없다. 정당한 사유가 있는 경우에는
행정심판법 제18조 제3항 본문의 행정심판청구기간이 경과하여도 행정심
판청구를 제기할 수 있다는 같은 항 단서는 행정처분에 대한 행정심판을
구하는 경우에 적용되는 규정인데, 부당해고 구제신청은 행정청의 위법
또는 부당한 처분 등에 대한 행정심판절차가 아니라 단지 행정처분인 노
동위원회의 구제명령을 구하는 행위에 불과하여 행정처분 등에 대한 행
정쟁송절차로서의 행정심판절차와는 그 법률적 성격이 전혀 상이하므로,
행정심판법의 위 규정을 부당해고 구제신청의 경우에 유추 적용할 수는
없다는 것이 판례의 태도이다.[45)]

신청기간의 기산일은 해고통지서에 기재된 해고일이지만, 해고통지서
에 기재된 해고일이 해고통지서를 받은 날보다 이전인 때에는 해고통지
서를 받은 날이 된다.[46)] 다만, 해고를 예고하는 경우와 같이 해고 등의 불

---

41) 노동위원회 규칙 제42조.
42) 근로기준법시행규칙 제5조.
43) 근로기준법 제28조 제2항.
44) 민중기, 앞의 논문, 40면.
45) 대법원 1997. 2. 14. 선고 96누5926 판결.
46) 노동위원회 규칙 제40조.

이익처분이 일정한 기간이 경과한 후에 그 효력을 발생하는 경우에는 위 기간은 그 효력발생일부터 기산하는 것으로 보아야 한다.[47]

장기결근 중인 근로자에 대한 해고통지서 발송 등으로 인하여 근로자가 해고통지서를 수령하였는지의 여부가 불확실한 경우에는 근로자가 해고 사실을 알았다고 볼 수 있는 시점을 기산일로 삼을 수도 있을 것이다.[48]

2. 신청대상 및 적용법규

근로기준법은 사용자가 부당해고 등을 하면 구제신청을 할 수 있도록 규정하여, 해고 외에도 휴직·정직·전직·감봉, 그 밖의 징벌도 구제신 청의 대상으로 명시하고 있다.[49] 그 외에 이와 유사한 성질을 가진 전 출·전적·휴직자의 복직거부 등도 구제신청의 대상에 포함되는 것으로 해석된다.[50]

정당한 이유 없는 해고는 근로기준법 제23조 제1항이 규정하고 있는 해고의 일반적 제한규정에 위반한 경우뿐만 아니라 제도의 취지에 비추 어 근로기준법 제24조의 경영해고의 제한규정에 위반한 해고[51]나 근로기 준법 제23조 제2항의 해고의 시기와 절차의 제한규정에 위반한 해고, 단 체협약이나 취업규칙에 정한 절차를 위반한 해고[52]도 포함된다고 해석된 다.[53] 그러나 단순한 임금의 체불, 근로계약이나 취업규칙 위반 등은 구 제신청의 대상이 되지 않는다.[54]

---

47) 대법원 2002. 6. 14. 선고 2001두11076 판결.
48) 대법원 1992. 12. 24. 선고 92누15390 판결.
49) 근로기준법 제23조 제1항 참조.
50) 임종률, 7판 노동법, 529면.
51) 대법원 2002. 6. 14. 선고 2001두11076 판결.
52) 대법원 1991. 11. 26. 선고 91누4171 판결; 대법원 1995. 3. 10. 선고 94다33552 판결.
53) 임종률, 7판 노동법, 529면.

부당해고 등에 대한 구제신청과 심사절차 등에 관하여는 근로기준법 제28조 내지 제33조가 적용되고, 그 외에 근로기준법 시행령과 시행규칙에도 관련규정이 있다. 근로기준법 제29조 제4항은 근로기준법 제29조 제1항에 따른 노동위원회의 조사와 심문에 관한 세부절차는 노동위원회법에 따른 중앙노동위원회가 정하는 바에 따른다고 규정하여 조사와 심문에 관하여는 노동위원회법과 노동위원회 규칙도 적용된다.

3. 신청인 및 피신청인

1) 신청인

노동조합 및 노동관계조정법상의 부당노동행위 구제신청의 신청인은 당해 근로자뿐 아니라 노동조합도 포함되나,[55] 근로기준법상의 부당해고 구제신청의 신청인은 해고 등의 불이익처분을 당한 당해 근로자뿐이고 노동조합은 구제신청을 할 수가 없다.[56]

대법원은 구 근로기준법 제33조 제2항이 정당한 이유 없는 해고 등의 구제신청과 심사절차 등에 관하여 노동조합 및 노동관계조정법 제82조 내지 제86조의 규정을 준용하도록 규정하고 있으나 그 준용의 범위는 노동위원회에 구제를 신청하고 노동위원회가 이를 심사하는 '절차'에 국한된다고 보아야 하므로 부당해고 등에 대한 구제신청에 있어, 신청인이 될 수 있는 자는 바로 해고 등의 불이익처분을 받은 '당해 근로자'뿐이고, 노동조합은 이에 포함되지 않는다고 판시하였다.[57]

---

54) 임종률, 7판 노동법, 529면.
55) 노동조합 및 노동관계조정법 제82조 제1항.
56) 임종률, 7판 노동법, 529면; 하갑래, 「근로기준법」, 전정21판, 중앙경제사, 2009, 722면.
57) 대법원 1992. 11. 13. 선고 92누11114 판결; 대법원 1993. 5. 25. 선고 92누12452 판결.

따라서 근로자에 대한 해고가 노동조합의 조직이나 정당한 조합활동을 이유로 한 경우에도 노동조합은 부당해고 구제신청을 할 수 없다.[58] 근로 기준법 제23조의 해고 등의 제한규정이 사용자와 개개근로자 사이의 개별적 근로계약관계를 중심으로 근로자의 직장보호를 목적으로 하는 것이며, 노동조합의 존재와 활동을 전제로 하고 있지 않기 때문이다.[59]

현재의 근로기준법 제28조 제1항도 근로자가 노동위원회에 구제를 신청할 수 있다고 규정하고 있으므로 노동조합은 부당해고 구제신청을 할 수 없는 것으로 해석된다.

2) 피신청인

피신청인은 구제신청의 상대방 당사자로서의 능력을 갖추어야 하며 노동위원회의 구제명령에 따라 시정할 수 있는 지위에 있어야 하고, 원칙적으로 사업주인 사용자가 된다.[60]

근로계약의 상대방은 사용자이고 내부기관이나 업무담당자의 행위는 사업주인 사용자의 행위로 평가되며, 원직 복귀나 백 페이(back pay) 지급 등의 구제명령을 수행할 주체도 사용자일 수밖에 없으므로 사용자 이외의 실제로 부당해고를 행한 자는 상대방이 될 수 없다고 보아야 할 것이다.[61]

부당해고나 부당노동행위에 대하여 지방노동위원회 또는 특별노동위원회의 구제명령이 발하여진 경우 그 명령에 따라 이를 시정할 주체는 사업주인 사용자가 되어야 하므로 그 구제명령이 사업주인 사용자의 일부조직이나 업무집행기관 또는 업무담당자에 대하여 행하여진 경우에는 사업

---

58) 임종률, 7판 노동법, 529면.
59) 최진갑, "노동조합이 한 부당해고구제신청의 적법 여부", 대법원 판례해설 18호, 법원도서관, 1992. 11., 789면.
60) 민중기, 앞의 논문, 22∼23면.
61) 민중기, 앞의 논문, 23면 참조.

주인 사용자에 대하여 행하여진 것으로 보아야 하고, 따라서 이에 대한 중앙노동위원회에의 재심 신청이나 그 재심판정 취소소송 역시 당사자능력이 있는 당해 사업주만이 원고적격자로서 소송을 제기할 수 있다는 판결이 있다.[62]

3) 승 계

구제절차의 진행 중에 사용자 측에 사업인수나 합병 등의 사유가 발생한 때에는 사업인수자나 합병 후 신설 또는 존속하는 법인이 당사자의 지위를 승계하며, 채무자 회생 및 파산에 관한 법률에 따른 채무자 회생절차나 파산절차가 개시된 경우에는 관리인이나 파산관재인이 그 지위를 승계한다.[63]

부당해고 구제신청 중 신청인이 사망한 경우에는 지위승계 규정이 없고, 근로자로서의 지위는 일신전속적이며 부당해고 구제신청의 구제명령의 가장 기본적인 형태는 근로관계의 존속을 전제로 한 복직과 백 페이(back pay)의 지급이므로 지위승계에 대하여 부정적으로 해석하고 싶다.[64] 다만, 지방노동위원회의 부당해고 금전보상 명령에 대한 재심 신청 후 재심피신청인인 근로자가 사망한 경우에는 그 상속인이 재심피신청인의 지위 승계를 중앙노동위원회에 신청할 수 있다.[65]

---

62) 대법원 2006. 2. 24. 선고 2005두5673 판결.

63) 노동위원회 규칙 제34조 제2항.

64) 민중기, 앞의 논문, 25면; 일본의 경우 부당노동행위의 구제신청과 관련하여 구제신청을 한 근로자 개인이 사망하면 그 근로자가 속한 노동조합이 승계인이 된다는 데에 이론이 없으며, 그 승계의 범위만이 문제로 된다고 하나(위 논문, 25면), 부당노동행위에 대한 구제는 단결권 보장과 관련된 것으로서 부당해고의 구제신청과는 차이가 있다.

65) 노동위원회 규칙 제91조.

4) 선정대표자와 심판대리인

근로자는 사건의 당사자가 여러 명인 경우에는 3인 이내의 대표자를 선정할 수 있으며, 노동위원회는 필요하다고 인정할 때에 당사자에게 대표자의 선정을 권고할 수 있다.[66]

대표자가 선정된 경우에 나머지 당사자들은 그 대표자를 통해서 당해 사건에 관한 행위를 하여야 하며, 필요하다고 인정할 때에는 선정대표자를 해임하거나 변경할 수 있다.[67]

선정대표자는 당해 심판사건 처리에 관한 행위를 할 수 있으나 구제신청을 취하하는 경우에는 나머지 당사자들의 동의서를 붙인 취하서를 제출하여야 한다.[68]

당사자인 근로자는 그 배우자, 직계존·비속이나 형제자매를 대리인으로 선임할 수 있고, 변호사, 공인노무사와 다른 법률에 따라 심판사건을 대리할 수 있는 자를 대리인으로 선임할 수 있으며, 그 외의 자는 노동위원회 위원장의 승인을 받아야 대리인 선임이 가능하다.[69]

당사자는 위임사실과 범위 등을 직접 또는 대리인을 통하여 서면으로 증명하여야 하며, 대리권을 수여받은 자는 지체없이 대리인 선임 신고서를 노동위원회에 제출하여야 한다.[70] 당사자들이 대리인 선임을 철회하거나 다른 대리인으로 변경한 경우에는 그 사실을 노동위원회에 서면으로 통보한 후에야 그 효력이 발생한다.[71]

심판대리인은 당사자를 위하여 심판사건에 대한 사실관계와 주장, 노동

---

66) 노동위원회 규칙 제35조 제1, 2항.
67) 노동위원회 규칙 제35조 제4, 5항.
68) 노동위원회 규칙 제35조 제3항.
69) 노동위원회 규칙 제36조 제1항.
70) 노동위원회 규칙 제36조 제2항.
71) 노동위원회 규칙 제36조 제3항.

위원회에서 송달한 문서의 수령 등 일체의 행위를 할 수 있으나, 대리권의 범위를 명시한 경우에는 그 범위 안에서 대리행위를 할 수 있다.[72] 대리권에 흠이 있는 대리인의 행위에 대하여는 대리권을 수여한 당사자가 추인할 수 있다.[73]

Ⅲ. 해고의 효력을 다투는 근로자의 지위

1. 개 요

1987. 11. 28. 법률 제3966호로 개정된 노동조합법은 근로자가 아닌 자의 가입을 허용하는 경우를 노동조합에서 제외한 제3조(노동조합의 정의) 제4호에 단서를 추가하여, 해고의 효력을 다투고 있는 자를 근로자가 아닌 자로 해석하여서는 아니 된다고 규정하였다. 해고의 효력을 다투는 자는 해고된 때로부터 상당한 기간 내에 그 해고가 부당노동행위이거나 무효라고 주장하고 노동위원회나 법원에 부당노동행위의 구제신청이나 해고무효확인의 소를 제기하여 그 해고의 효력을 다투는 자를 말한다.[74]

위 단서조항이 신설되기 전에는 사용자가 노동조합활동을 혐오하여 노동조합의 임원이나 조합원을 부당하게 해고하는 사례가 적지 않았으며, 이 경우 이러한 부당해고로 인하여 노동조합이 결격요건에 해당하게 되어 노동조합의 존속 여부가 문제되었다.[75] 즉, 노동조합이 설립되면 사용자는 노조위원장을 비롯한 노조의 임원을 해고함으로써 일단 근로관계를

---

72) 노동위원회 규칙 제37조.
73) 노동위원회 규칙 제38조.
74) 대법원 1990. 11. 27. 선고 89도1579 전원합의체 판결(충남택시사건).
75) 장원찬, "해고효력을 다투는 자의 노동법상 지위", 판례연구 5집, 서울지방변호사회, 1990, 398면; 김유성, "해고의 효력을 다투고 있는 근로자의 지위", 법률신문 2017호, 법률신문사, 1991. 1. 31., 15면.

단절시키고 이에 따라 노동조합 설립신고서를 접수한 행정관청은 해고된
임원이 가입되어 있는 노동조합으로서 근로자가 아닌 자의 가입을 허용
하는 경우라고 하여 그 설립신고서를 반려하거나, 신고수리 후라도 노동
조합이 부적법한 조직으로 인정되어 해산되는 경우가 많았고, 이러한 경
우에는 해고가 후에 부당노동행위로 인정되어 구제된다고 하더라도 노동
조합의 설립 및 그 유지 자체의 보호에는 미흡한 것이었다.[76]

이러한 문제점을 해결하기 위하여 소위 6·29 민주화 선언을 계기로 하
여 위 조항을 신설하게 되었는데, 위 신설규정의 법적 의미에 관하여는
견해가 나뉘었다.

먼저, 위 규정은 기본적으로 노동조합 자체를 보호하기 위한 것이므로
개별근로자의 신분유지는 위 규정과는 무관한 것으로 이해하는 견해이다.
이 견해에 의하면 위 규정은 노동조합 조직 자체를 보호하기 위해 마련된
예외적 내지 주의적인 의제규정이므로 노동조합이 해고의 효력을 다투고
있는 자를 노조원으로 간주하고 있더라도 그 노동조합을 노동조합법상의
적법한 노동조합이 아닌 것으로 취급할 수 없다는 의미이며, 사용자의 해
고조치로 인하여 사법상의 근로계약은 일단 단절되고 해고된 자는 더는
근로자가 아니며, 조합원 자격도 없다고 한다.[77]

다음은 위 규정의 취지가 노동조합의 법적 지위를 보전하기 위한 것임
과 동시에 노동조합원으로서의 법적 지위도 인정한 것으로 해석하는 견
해이다.[78] 다만, 이 견해는 노조원으로서의 지위를 전면적으로 인정할 것
인가, 아니면 제한적으로만 인정할 것인가에 관하여 견해가 나뉜다.[79]

76) 김원정, "해고의 효력을 다투는 자의 법적 지위", 노동법률 28호, 중앙경제사, 1993,
15~16면.
77) 김원정, 앞의 논문, 16면 참조; 이봉구, "해고무효를 다투고 있는 근로자와 제3자의
노동쟁의개입금지", 법률신문 2001호, 법률신문사, 1990. 11. 27., 11면; 장원찬, 앞
의 논문, 397~398면.
78) 김유성, 앞의 논문, 15면.
79) 김원정, 앞의 논문, 16면 참조.

이와 같이, 위 규정이 노동조합의 정의와 관련된 규정들로서 노동조합의 설립 존속의 보호와 관련하여 마련된 점은 분명하나, 그것이 노동조합의 구성원이 될 수 있는 자격도 인정하는 것인지, 인정한다면 어느 범위에서 인정할 수 있는 것인지가 문제된다. 특히, 위 조항의 신설 당시에 노동조합법80)과 노동쟁의조정법81)에는 제3자 개입금지 규정82)을 두고 있었는데, 근로자로 근무하며 노동쟁의에 참여해 오던 사람이 해고된 직후부터 제3자에 해당하여 처벌받게 된다는 것은 이해하기 어렵고, 이와 같이

80) 제12조의2(제3자 개입금지)에서 "직접 근로관계를 맺고 있는 근로자나 당해 노동조합 또는 법령에 의하여 정당한 권한을 가진 자를 제외하고는 누구든지 노동조합의 설립과 해산, 노동조합에의 가입·탈퇴 및 사용자와의 단체교섭에 관하여 관계당사자를 조종·선동·방해하거나, 기타 이에 영향을 미칠 목적으로 개입하는 행위를 하여서는 아니 된다. 다만, 총연합단체인 노동조합 또는 당해 노동조합이 가입한 산업별 연합단체인 노동조합의 경우에는 제3자 개입으로 보지 아니한다."라고 규정하고 있었고, 제45조의2(벌칙)는 이에 위반한 자는 3년 이하의 징역 또는 500만 원 이하의 벌금에 처하도록 하였다.
81) 제13조의2(제3자 개입금지)에서 "직접 근로관계를 맺고 있는 근로자나 당해 노동조합 또는 사용자 기타 법령에 의하여 정당한 권한을 가진 자를 제외하고는 누구든지 쟁의행위에 관하여 관계당사자를 조종·선동·방해하거나 기타 이에 영향을 미칠 목적으로 개입하는 행위를 하여서는 아니 된다. 다만, 총연합단체인 노동조합 또는 당해 노동조합이 가입한 산업별 연합단체인 노동조합의 경우에는 제3자 개입으로 보지 아니한다."라고 규정하고 있었고, 제45조의2(벌칙)는 이에 위반한 자는 5년 이하의 징역 또는 1,000만 원 이하의 벌금에 처하도록 하였다.
82) 제3자 개입금지 규정은 1997. 3. 13. 법률 제5310호로 노동조합 및 노동관계조정법이 제정·시행되면서 그 규정이 삭제되고, 대신 제40조(노동관계의 지원) 제1항이 노동조합과 사용자가 단체교섭 또는 쟁의행위와 관련하여 지원을 받을 수 있는 대상을 열거하고, 제2항이 그 외의 자는 단체교섭 또는 쟁의행위에 간여하거나 이를 조종·선동할 수 없도록 규정하였으며, 제89조에서 이에 위반한 자는 3년 이하의 징역 또는 3천만 원 이하의 벌금에 처하도록 규정하였다. 그러나 노사 당사자, 상급단체 이외의 제3자가 행정관청에 신고 없이 단체교섭 또는 쟁의행위에 간여하거나 이를 조종·선동하는 경우 형사처벌하도록 하는 것이 노사 자율성을 침해하고 국제노동기준에 배치되는 문제가 있어 국제기준에 맞는 법제도를 구축하고 노사 자율성을 강화하고자 2006. 12. 30. 법률 제8158호로 노동조합 및 노동관계조정법이 개정되면서 완전 폐지되었다.

해고된 직후부터 제3자로 보아야 한다면 해고권 악용에 의한 단체행동권
의 침해라는 문제가 생기므로[83] 이러한 경우에 위 단서규정의 취지를 유
추적용하여 근로자로 파악할 수 있을 것인지, 나아가 개별적 근로관계에
까지 해고의 효력을 다투는 자를 근로자로 인정할 수 있을 것인지가 문제
된다.

또한, 위 규정을 해고의 효력을 다투는 자의 근로자성을 인정하는 규
정으로 보는 경우 위 규정이 신설되기 전에 발생한 사건에 관하여도 적용
될 수 있는 확인적 규정인지, 아니면 위 규정이 생긴 후에만 적용될 수
있는 창설적 규정인지의 여부도 불분명하다. 이러한 문제는 위 노동조합
법상의 단서규정이 마련되기 전에 발생한 제3자 개입금지와 관련한 노동
쟁의조정법 위반사건에 대하여 무죄판결을 선고한 원심 판결[84]의 취지
를 받아들인 대법원 전원합의체 판결[85]을 계기로 본격적으로 논의되게 되
었다.

2. 충남택시사건[86]

먼저, 위 판결에 있어서는 노동조합법상의 조합원 자격이 아닌 구 노동
쟁의조정법상의 개입이 금지되는 제3자와 관련하여서도 위 노동조합법의
단서규정이 적용될 수 있는 것인지가 문제되었다. 즉, 위 노동조합법 제3
조 제4호 단서조항은 사용자가 노동조합의 설립이나 존속을 저지하는 것
을 방지하기 위한 장치로 규정된 것인데 노동관계의 공정한 조정과 노동
쟁의의 예방 또는 해결을 입법목적으로 하는 노동쟁의조정법에까지 그대

---

83) 이봉구, 앞의 논문, 11면.
84) 대전지법 1989. 4. 14. 선고 88노357 판결(필자가 주심판사로 관여한 판결이다).
85) 대법원 1990. 11. 27. 선고 89도1579 전원합의체 판결(충남택시사건; 다만, 유죄 부
　　분에 대한 법률이 피고인에게 유리하게 개정되어 원심판결을 파기하였다).
86) 대법원 1990. 11. 27. 선고 89도1579 전원합의체 판결.

로 유추적용할 수 있는 것인지가 문제된 것이다.

대법원은 다수의견으로 위 노동조합법 단서규정을 유추적용하여 노동쟁의조정법 제13조의2[87])에서 개입을 금지하는 제3자에는 직접 근로관계를 맺고 있는 근로자가 사용자에 의하여 해고되었다 하더라도 상당한 기간 내에 그 해고의 효력을 다투고, 그가 근로자의 신분이나 당해 노동조합의 조합원 또는 임원의 신분을 계속 보유함을 주장하면서, 당해 노·사 관계 내부에서 쟁의행위를 하는 근로자는 포함되지 아니하는 것으로 보아야 한다고 판시하였다.

다수의견에 대하여는 해고의 효력을 다투고 있는 근로자가 쟁의행위에 참여하는 경우에는 그 재판이 확정될 때까지는 직접 근로관계를 맺고 있는 근로자와 마찬가지로 제3자로서 쟁의행위에 개입한 것이라고 보지 아니하는 것이 헌법 제33조 제1항의 규정에 따른 근로 3권을 보장하는 노동조합법이나 노동관계의 공정한 조정을 도모하려는 노동쟁의조정법의 올바른 해석이며, 이는 노동조합법을 무리하게 원용하거나 제3자 아닌 자의 범위를 지나치게 확장해석하는 것은 아니고, 또한 형사재판에서 위와 같은 해고의 유·무효 여부를 심리한다는 것은 적절하지 아니하며 형사재판에서 궁극적으로 심리확정될 성질의 것도 아니라는 보충의견이 있다.[88])

---

87) 제3자 개입금지에 관한 규정으로, 노동쟁의조정법이 1980. 12. 31. 법률 제3351호로 개정되면서 신설된 조항이다.

88) 대법관 배만운의 보충의견이다; 형사재판에서 해고의 유·무효 여부를 심리한다는 것은 적절하지 않다는 부분에 대해 이것이 범죄의 성부에 직접 연관된다면 이를 심리확정하는 것이 당연하다는 비판이 있으나(장원찬, 앞의 논문, 402~403면), 해고의 유·무효는 그 판단이 쉬운 것이 아니며 오랜 심리를 거쳐 민사소송에 의하여 결정되게 되는데, 신속한 재판이 요구되는 형사재판에서 섣불리 해고의 유·무효를 판단할 수 있을 것인지, 해고를 유효로 보고 피고인을 유죄로 인정하여 그 판결에 따른 형이 집행되었는데 후에 민사재판에서 무효로 판단하는 경우 피고인을 어떻게 구제할 수 있을 것인지 등 여러 복잡한 문제들이 야기된다. 해고의 유·무효에 대한 판단은 단순한 사실인정의 문제가 아닌 정당한 이유라는 가치판단의 문제가 개입되

이에 대해 유추적용을 반대하면서 사용자가 근로자를 해고한 때에는 근로자의 지위는 상실하게 되는 것이므로 그 해고처분이 당연무효인 경우는 별론으로 하고 법원의 가처분 등에 의하여 그 해고의 효력이 정지되지 않는 한 노동위원회에 그 구제를 신청하거나 법원에 해고무효소송 등을 제기하여 해고의 효력을 다투고 있다는 것만으로는 사용자에 대하여 근로자의 지위가 그대로 존속하고 있는 것이라고 할 수 없으니 이러한 자도 노동쟁의조정법 제13조의2에서 개입을 금지하는 제3자에 해당한다는 반대의견[89]이 있다.

이와 같은 반대의견에 찬성하면서, 위 노동조합법 단서조항은 그 체계상의 위치나 입법목적으로 보아 적극적으로 해고 근로자의 지위를 규정하려는 것이 아니라 노동조합이 그 소속원 일부의 해고 여부에 따라 실질적 존립이 좌우되는 것을 방지하여 그 자주성을 확보해 줌과 아울러 사용자에 의한 조합활동에 대한 방해를 미연에 방지하려는 규정이므로 직접 근로관계를 맺고 있는 근로자라는 법문을 해석함에 있어 어떠한 지침도 제공할 수 없는 것이며, 근로 3권에 관한 우리의 법체계가 노동쟁의에 관하여 노동조합법과 별도의 체계를 이루고 있음에 비추어 노동조합법의 규정이 근거 조항 없이 노동쟁의조정법에 유추적용될 수 없다는 비판이 있다.[90]

하지만, 반대의견이 사용자의 해고에 의하여 근로자의 지위는 상실된다고 하면서 그 해고처분이 당연무효인 경우를 제외하고는 법원의 가처분 등에 의하여 그 해고의 효력이 정지되지 아니하는 한 근로자의 지위는 존속될 수 없다고 하는 것은 의문이다.

법원의 가처분은 해고된 근로자의 지위를 잠정적으로 보전하는 효력만

므로 사람에 따라 그 판단이 달라질 수 있는 위험성이 내재되어 있다.

89) 대법관 김덕주, 안우만, 김주한, 김용준의 반대의견.

90) 이봉구, 앞의 논문, 11면.

있을 뿐이지 그 때문에 해고의 유·무효가 확정적으로 가려지는 것은 아니기에 해고가 정당하다면 근로자가 아무리 해고의 효력을 다투더라도 근로자의 지위는 그 해고에 의하여 당연히 종료되는 것으로 보아야 하기 때문이다. 또한, 형사사건에서 법원이 범죄의 주체를 확정하기 위하여 그 해고의 효력을 판단함에 있어 그와 같은 가처분에 따라야 한다는 것도 이해하기 어렵다.[91]

또한, 다수의견에 대한 비판에 대하여도 위 노동조합법의 단서규정이 과거 노동조합의 설립요건을 악용하여 사용자가 부당하게 노조설립을 방해하였던 점에 대한 비판과 반성적 고려에서 마련된 주의적·확인적 규정으로 보아야 함을 지적하고 싶다.[92] 즉, 위 규정이 생기기 전에도 근로3권을 보장한 우리의 헌법 규정과 이를 구체화한 노동조합법의 입법정신으로부터 노조설립에 즈음하여 사용자가 조합간부나 조합원을 해고한 경우에 조합원자격을 인정하는 것은 노동조합의 자주성을 보장하고자 하는 위 노동조합법 제3조의 규정과는 무관한 것임을 쉽게 알 수 있으므로 얼마든지 노동조합의 적법한 설립을 인정할 수 있었다. 그럼에도, 행정관청이 위 조항을 기계적으로 해석하여 근로3권을 보장하는 헌법정신에 반하는 결과를 초래하게 된 것이므로 위와 같은 단서규정을 주의적으로 삽입하여 단결권이 침해되는 것을 막기 위한 것에 불과하다.

이러한 해석은 쟁의행위와 관련한 제3자 개입금지 규정의 해석에도 그대로 유추적용될 수 있다. 즉, 제3자 개입금지 규정 자체가 노사관계의 자율성에 반하는 것이므로 제한적으로 해석되어야 하는 점[93]과 노동쟁의가 극히 급박한 상황 속에서 유동적으로 전개되는 점을 고려하면 쟁의행위 중에 사용자가 근로자를 해고하면 제3자로 취급하여 형사처벌할 수 있다

는 것은 근로 3권을 보장한 헌법정신에 정면으로 반하는 위헌적인 해석이
다. 쟁의행위 자체를 범죄행위로 보려는 시각은 곤란하며 쟁의행위 중에
근로자가 다른 범죄행위를 저질렀다면 그것을 이유로 처벌하면 족한 것
이다.

그리고 근로 3권은 근로자의 근로조건의 유지 향상을 위한 기본권으로
서 단일한 목적을 지향하면서 상호 유기적인 연계성을 갖고 있는 것이므
로 노동조합법을 쟁의행위와 별개의 법체계로 파악하는 것은 이해하기
어렵고,[94] 노동조합법과 노동쟁의조정법이 통합되어 노동조합 및 노동관
계조정법이 된 현재의 상황에 있어서는 더욱 그러하다.

다만, 다수의견이 상당한 기간 내에 해고의 효력을 다투어야 한다는 요
건을 요구한 것은 법적인 안정성과 관련하여 문제의 소지가 있다. 해고무
효확인소송과 관련한 제소기간에 제한이 없어 해고 후 수년이 지난 후에
도 해고의 효력을 다투면서 소를 제기할 수 있는 현실을 고려한 불가피한
판단이라고 이해할 수 있으나,[95] 형벌법규의 해석과 관련하여 혼란을 피
하기 어렵다.

대법원은 그 후 상당한 기간의 기준과 관련하여 상당한 기간 내라고 함
은 부당노동행위의 경우에는 노동조합법 제40조 제2항에 부당노동행위가
있은 날로부터 3월 이내에 구제신청을 하여야 하도록 규정되어 있으므로
그 법정기간 내를 의미하는 것으로 해석될 수도 있지만, 해고무효확인의
소의 경우에는 그 제소기간이 우리 법에 규정되어 있지 아니하므로 그 기

---

94) 김유성 교수는 노동법의 통일적 운용, 특히 집단적 노사관계법의 통일적 운용이 법
　　자체에 예정되어 있기 때문에 노동조합법의 목적 조항을 제외한 통칙적 규정들은
　　집단적 노사관계법의 총칙적 규정들로서 노동쟁의조정법 등 다른 법에 준용규정이
　　없다고 하더라도 특별규정이 없는 한 그대로 적용된다고 한다(김유성, 앞의 논문,
　　15면).
95) 이봉구, 앞의 논문, 11면.

간을 일률적으로 정할 수는 없고, 해고된 근로자가 그 해고의 무효사유를 알게 된 시기, 해고무효확인의 소를 제기하거나 그 소송을 수행하는 데에 장애가 되는 사유가 있었는지의 여부, 소를 제기할 것인지의 여부를 결정하고 준비하는 데에 필요한 기간 등을 두루 참작하여 사회통념에 따라 상당한 기간 내에 해고무효확인의 소가 제기된 것인지의 여부를 합리적으로 판단하여야 한다고 하였으나,96) 입법적 해결이 요구되는 부분이었다. 결국, 이 문제는 뒤에서 보는 바와 같이 1997. 3. 13. 법률 제5310호로 노동조합 및 노동관계조정법이 제정됨으로써 해결되었다.

위 판결에 있어서는 노동조합법상의 단서규정이 마련되기 전에 발생한 노동쟁의조정법 위반사건에 관하여 위 단서규정이 적용될 수 있는지도 문제되었다.

원심판결은 앞서 본 바와 같이 위 단서규정이 헌법상의 근로 3권과 이를 구체화한 노동관계법의 정신에 비추어 노동조합을 파괴하거나 쟁의행위를 탄압하기 위한 수단으로 해고를 이용하는 것을 막기 위해서 만들어진 주의적·확인적 규정으로 보아 당연 적용된다고 보았으나, 대법원은 피고인의 쟁의행위가 노동조합법 제3조 제4호 단서가 신설되기 전인 행위시에는 범죄가 되고, 위 단서가 신설된 후 비로소 범죄를 구성하지 아니하게 된 것이라고 본다고 할지라도, 형법 제1조 제2항에 의하여 신법에 따라야 한다고 하여 신법 우선의 원칙에 따라 위 단서규정을 유추적용하였다.

이와 같이 대법원이 위 노동조합법상의 단서규정을 노동쟁의와 관련한 제3자 개입금지규정을 해석함에 있어 유추적용하게 되자 근로관계 당사자들에게 큰 반향을 일으켰고, 일부에서는 해고근로자의 지위 일반의 문제를 직접 해결해주는 사법적 선언으로 보려는 시각도 나타나게 되었는

---

96) 대법원 1992. 2. 11. 선고 91도1342 판결.

바,[97] 해고의 효력을 다투는 근로자의 법적 지위와 관련한 법원의 입장은
그 이후의 일련의 판례들을 통하여 정립되게 된다.

3. 충남택시사건 판결의 의미 및 한계

대법원은 위 전원합의체 판결로서 해고의 효력을 다투고 있는 근로자
가 노동쟁의조정법상의 제3자 개입금지 조항이 규정한 제3자에 포함되지
아니함을 명백히 하였고, 이 판시는 노동조합법상의 제3자 개입금지 조항
이 규정한 제3자에도 그대로 적용될 수 있을 것이다.[98] 대법원은 그 후
근로자가 해고의 효력을 다투고 있는 경우에는 조합원의 자격으로 회사
내 노조사무실에 들어가는 것은 정당한 행위로서 회사 측에서 이를 제지
할 수 없는 것이고, 따라서 노조사무실 출입목적으로 경비원의 제지를 뿌
리치고 회사 내로 들어가는 것을 건조물침입죄로 벌할 수는 없다고 판시
하였다.[99]

대법원은 나아가 노조원의 지위와 관련하여, 해고의 효력을 다투고 있
는 자를 근로자가 아닌 자로 해석하여서는 아니 된다는 위 노동조합법 제
3조 제4호 단서 규정은 노동조합의 설립 및 존속을 보호하고 사용자의 부
당한 인사권의 행사에 의하여 노동조합의 활동이 방해받는 것을 방지하
기 위한 규정임을 전제로,[100] 해고된 근로자가 해고의 효력을 다툰 경우
에는 조합원으로서의 지위를 상실하는 것이라고 볼 수 없어 조합의 위원
장이 될 수 있는 자격이 있고, 조합의 선거관리위원장이 해고된 근로자의
위원장 입후보등록을 거부한 것은 위 노동조합법 제3조 제4호 단서의 규

---

97) 이봉구, 앞의 논문, 11면.
98) 김원정, 앞의 논문, 16면.
99) 대법원 1991. 11. 8. 선고 91도326 판결.
100) 대법원 1997. 5. 7. 선고 96누2057 판결; 대법원 1993. 6. 8. 선고 92다42354 판
　　결; 대법원 1994. 9. 30. 선고 93다26496 판결.

정과 조합원의 균등한 권리와 의무를 정한 같은 법 제22조의 규정에 위반한 것이라고 판시하게 된다.[101]

회사가 조합장인 근로자를 해고하였다고 하더라도 근로자가 상당한 기간 내에 해고무효확인의 소를 제기하여 그 해고의 효력을 다툰 이상 근로자는 노동조합의 설립이나 존속뿐만 아니라 노동조합원으로서의 활동의 점에 있어서도 조합원의 지위를 유지하게 되므로 회사가 조합장의 복귀통지문을 반려하고, 그가 아닌 다른 조합원의 명의로 조합비 등의 일괄공제 요구를 할 것을 요청한 것은 조합장의 노동조합활동을 방해하려는 의도에서 이루어진 것으로서 비록 이로 인하여 근로자의 단결권 침해라는 결과가 발생하지 아니하였다고 하더라도 지배·개입으로서의 부당노동행위에 해당한다는 판결도 있다.[102]

해고된 후 상당한 기간 내에 법률적 쟁송으로 해고의 효력을 다투고 있는 근로자는 쟁의행위에 개입이 금지되는 제3자에는 해당하지 않아 쟁의행위에 가담할 수 있는 근로자 또는 조합원으로서의 지위를 그대로 가지는 것이므로, 그 한도 내에서는 해고된 근로자라 하더라도 쟁의행위에 관련된 회사의 규정이나 법령의 규정을 준수하여야 할 의무가 있고, 따라서 불법쟁의행위에 가담한 경우에는 그에 대한 책임을 지지 않을 수 없으므로 불법적인 쟁의행위에 참여한 행동은 후에 해고가 무효로 되어 근로자의 신분을 회복한 경우에는 징계사유가 될 수 있다고 하였다.[103]

대법원이 해고의 효력을 다투고 있는 근로자를 제3자 개입금지 조항에서 말하는 제3자로 보지 않는 것은 노동조합의 자주단체로서의 본질을 존중하고 노·사 쌍방이 서로 대립되는 관계에 있는 노동쟁의는 양 당사자가 대등한 지위에서 교섭과 조정에 의하여 자주적, 독립적으로 해결하여

101) 대법원 1992. 3. 31. 선고 91다14413 판결.
102) 대법원 1997. 5. 7. 선고 96누2057 판결.
103) 대법원 1994. 9. 30. 선고 93다26496 판결.

야 하므로, 사용자의 일방적인 해고에 의하여 근로자가 근로자로서의 지위를 잃게 되어 쟁의행위에 개입할 수 있는 신분도 상실하게 되는 결과를, 적어도 그 해고의 효력이 다투어지고 있는 동안에는 막아주어서 노동쟁의에 있어서 노·사간의 대등한 지위를 보장하려는 데에 있는 것이지, 사용자와 직접 근로관계를 맺지 않고 있는 근로자 일반에 대하여 쟁의행위 개입을 허용하려는 취지는 아니라고 하였다.104) 그리하여 대법원은 피고인이 회사를 사직한 후 상당한 돈을 퇴직금과 위로금의 명목으로 받고 잠적하였다가, 이미 1년 4개월여가 지난 다음에 조합의 상근자로 근무하게 되자 노동조합원으로 활동하면서 쟁의행위에 참여하려고 해고무효확인의 소를 제기한 경우에, 피고인이 해고된 후 상당한 기간 내에 해고의 효력을 다투었다고는 볼 수 없으므로, 피고인을 사용자와 직접 근로관계를 맺고 있는 근로자와 마찬가지로 취급하여 쟁의행위에 참여할 수 있는 자라고 볼 수는 없다고 판시하였다.

위 노동조합법 제3조 제4호 단서 규정은 기본적으로 노동조합의 구성원이 될 수 있는 자격에 관하여 규정한 것일 뿐 사용자와 근로자와의 근로관계에 관한 규정은 아니므로, 노동조합의 조합원으로서의 지위와 관련하여서만 적용이 되어야 할 것이고, 근로자와 사용자와의 개별적인 근로계약 일반의 효력에 확대적용될 수는 없다.105) 따라서 징계해고된 근로자가 해고의 효력을 다투고 있다는 이유만으로는, 회사의 사택관리 규정에 사원 아파트에 입주중인 사원이 해고되면 1월 이내에 그 사원아파트에서 퇴거하도록 규정되어 있는 경우에 회사의 사택명도를 거부할 수는 없다.106)

---

104) 대법원 1992. 2. 11. 선고 91도1342 판결.
105) 대법원 1993. 6. 8. 선고 92다42354 판결; 대법원 1994. 9. 30. 선고 93다26496 판결; 그리하여 위 노동조합법 단서 규정은 노동조합과 관련하여서만 근로자 및 노조원으로서의 신분을 계속 보유하는 것으로 보아 균등대우가 요구되는 것이라고 해석함이 상당하다고 한다(김영란, "해고의 효력을 다투는 근로자의 개별 근로계약상의 지위, 대법원 판례해설 19-2호, 법원도서관, 1993. 6., 342면).

위 노동조합법 단서 규정의 의의와 적용범위에 관하여 논의가 분분하였으며 위 판결이 나오기까지의 판결들은 주로 해고의 효력을 다투는 근로자의 노동조합법 내지는 노동쟁의조정법상의 지위에 관련된 것들이었는데, 위 판결을 계기로 해고의 효력을 다투는 자의 근로기준법상의 지위에 관한 법원의 입장이 정립되게 된다.[107]

이와 같이 위 노동조합법의 단서규정을 둘러싼 논란은 판례의 정립과 그 후 노동조합법과 노동쟁의조정법이 폐지되고 1997. 3. 13. 법률 제5310호로 제정된 노동조합 및 노동관계조정법 제2조 4호 라목 단서에서 해고된 자가 노동위원회에 부당노동행위의 구제신청을 한 경우에는 중앙노동위원회의 재심판정이 있을 때까지는 근로자가 아닌 자로 해석하여서는 아니 된다고 규정함으로써[108] 상당부분 해결된다.

근로자로서의 자격보유기간을 단축하고, 법원에 해고무효확인의 소를 제기하여 해고의 효력을 다투는 경우를 제외하여, 부당노동행위 구제신청을 한 근로자에 대하여만 적용된다.[109] 다만, 해고자에 관한 경과조치로

---

106) 대법원 1993. 6. 8. 선고 92다42354 판결; 위 판결에 대하여는 해고가 당연무효가 아니라면 피고가 해고의 유·무효를 다투고 있다는 것만으로는 원고 회사의 근로자로서의 지위를 계속 보유하여 사원아파트에서의 퇴거의무가 없다고 할 수 없으므로, 해고의 유·무효는 사택의 명도의무를 판단함에 있어 선결문제가 되는 것이며, 피고가 해고가 부당하여 이를 다투고 있는 중이라고 주장함에는 해고를 다투는 자의 지위의 문제만이 아니라 해고가 무효라는 주장도 포함하는 것이라고 보아야 함에도 원심이 이를 간과하여 선결문제를 판단하지 않은 채 해고를 다투는 자의 지위에 관하여만 판단한 잘못이 있으나, 기록에 의하면 해고는 유효라고 판단되므로 피고에게 사원아파트의 명도의무가 있다고 한 판례 평석이 있다(김영란, 앞의 논문, 343~344면).

107) 김원정, 앞의 논문, 14면(그리하여 위 판결로서 해고의 효력을 다투고 있는 근로자라도 사용자와의 관계에 있어서 근로자로서 누릴 수 있는 근로제공 및 그에 따른 임금청구 등을 할 수 없음이 명확히 되었다고 한다.); 김영란, 앞의 논문, 344면.

108) 1996. 12. 31. 법률 제5244호로 처음 제정되었던 노동조합 및 노동관계조정법은 1997. 3. 13. 폐지되었다.

109) 「해고와 임금」, 사법연수원, 2009, 483~484면; 유성재, "해고의 효력을 다투는

서 위 법 시행 당시 해고의 효력을 다투고 있는 자는 제2조 제4호 라목 단서의 규정에 불구하고 근로자가 아닌 자로 해석하여서는 아니 된다고 규정하였다.110)

IV. 심사와 판정

1. 조사와 심문

노동위원회는 부당해고 구제신청을 받은 때에는 지체없이 필요한 조사를 하여야 하며 관계 당사자를 심문하여야 한다.111)

부당해고 구제신청은 심판담당 공익위원 중 위원장이 지명하는 3인으로 구성된 심판위원회에서 처리한다.112) 심판위원회에는 위원장 또는 상임위원 1인이 포함되어야 하나,113) 위원장 또는 상임위원의 업무가 과도하여 정상적인 업무수행이 곤란하게 되는 등 부득이한 사유가 있는 경우에는 위원장이나 상임위원 없이 심판위원회를 구성할 수 있고,114) 특정 부문별 위원회에 사건이 과도하게 집중되는 등 부득이한 사유가 있는 경우에는 위원장은 심판담당, 차별시정담당, 조정담당 등 공익위원의 담당 분야와 관계없이 심판담당위원으로 지명할 수 있다.115)

자의 계속근로청구권", 법학논문집 22집, 중앙대학교 법학연구소, 1997. 12., 414~415면; 노동조합 및 노동관계조정법이 제정되기 전의 제한해석 주장에 대하여는 이봉구, 앞의 논문, 11면; 장원찬, 앞의 논문, 401~402면 참조.
110) 부칙 제4조.
111) 근로기준법 세29조 제1항.
112) 노동위원회법(2007. 4. 11. 법률 제8372호로 개정된 것, 이하 같다) 제15조 제3항, 노동위원회 규칙(2007. 5. 29. 전부 개정된 것, 이하 같다) 제16조 제2호, 제44조 제2항.
113) 노동위원회법 제15조 제3항.
114) 노동위원회법 제15조 제6항.

구제신청이 신청기간을 넘기는 등 신청의 요건을 명백하게 갖추지 못한 경우나 관계 당사자 쌍방의 신청이 있거나 동의를 얻은 경우에는 위원장은 심판담당 공익위원 1인을 지명하여 단독으로 심판사건을 처리하게 할 수 있다.116) 이 경우 당사자 쌍방이 합의하여 추천한 공익위원이 있는 경우에는 그 공익위원을 단독심판위원으로 지명하여야 하며,117) 노동위원회는 노동위원회 위원장이나 위원장이 지명하는 상임위원을 단독심판위원으로 하여 단독심판회의를 상시적으로 운영할 수도 있다.118)

심판위원회 위원장은 다른 법률에 특별한 규정이 있는 경우를 제외하고는 심판위원회의 위원 중에서 호선하고 심판위원회의 의장이 되며,119) 심판위원회 위원장은 심판위원회의 원활한 운영을 위하여 필요하다고 인정하는 경우에는 주심위원을 지명하여 사건의 처리를 주관하도록 할 수 있다.120)

구제신청서가 접수되면 위원장이 노동위원회 사무처나 사무국에서 심판·차별시정 또는 조정 등에 관한 업무를 담당하는 직원인 조사관을 지정하여 조사관이 조사를 담당하게 된다.121)

조사는 조사관이 심판위원회 위원장 또는 주심위원의 지휘에 따라 행하게 되는데,122) 필요하다고 인정하는 때에는 당사자와 증인 또는 참고인의 출석을 요구하여 진술을 듣고 사실조사를 할 수 있다.123) 노동위원회가 조사를 함에 있어서는 당사자에게 주장의 기회를 충분히 주어야 하고

---

115) 노동위원회법 제15조 제7항.
116) 노동위원회법 제15조의 2.
117) 노동위원회 규칙 제67조 제2항.
118) 노동위원회 규칙 제67조 제4항.
119) 노동위원회법 제16조 제1항.
120) 노동위원회법 제16조의 2.
121) 노동위원회 규칙 제45조.
122) 노동위원회법 제14조의 3 제2항.
123) 노동위원회 규칙 제2조 제8호, 제46조 제2항.

사실조사, 증거자료의 확보 등을 통하여 진실을 규명하도록 노력하여야 한다.[124)

조사는 민사소송의 준비절차와 유사한 성격을 갖지만 직권으로 사실을 조사하고 증거를 수집하여야 하는 점에서 민사소송과는 차이가 있다.[125)

조사관은 사실조사 등을 통하여 쟁점이 정리되고 증인심문을 제외한 관련 자료가 수집되면 조사를 종결한 다음 조사보고서를 작성하여 심문회의 개최일 7일 전까지 기록과 함께 당해 심판위원회 위원에게 송부한다.[126) 조사보고서를 통하여 심판위원들은 사건의 경위와 쟁점사항을 파악하고 효율적인 심문과 정확한 판정을 할 수 있게 되는데, 조사보고서는 판정서의 판단 및 결론을 제외하면 기재항목과 내용이 판정서와 거의 일치한다.[127)

심문은 심판위원회가 심문회의를 열어서 하게 되는데, 노동위원회는 사건 접수일로부터 60일 이내에 심문회의를 개최하여야 하며,[128) 심판위원회는 심문회의 일자를 정하여 심문회의 개최일 7일 전까지 당사자에게 송부하여야 한다.[129) 심문은 신청요건 등을 구비하지 못하여 각하 사유에 해당되지 않는 한 필수적이다.[130)

심문회의는 심판위원회 구성위원 전원의 출석으로 개의하게 되며,[131) 노동위원회 위원장은 단독심판의 경우를 제외하고는 심문회의에 근로자위원과 사용자위원 각 1인을 참여하게 하여야 한다.[132) 심문회의는 당사자 쌍방이 출석한 가운데 진행하되, 당사자 일방이 정당한 이유없이 참석

---

124) 노동위원회 규칙 제43조.
125) 민중기, 앞의 논문, 54면.
126) 노동위원회 규칙 제54조 제1항.
127) 민중기, 앞의 논문, 58면.
128) 노동위원회 규칙 제51조.
129) 노동위원회 규칙 제52조 제1항.
130) 근로기준법 제29조 제1항, 노동위원회 규칙 제57조.
131) 노동위원회법 제17조 제2항.
132) 노동위원회 규칙 제54조 제4항.

하지 아니한 경우에는 일방 당사자만을 상대로 진행할 수 있다.[133] 대표
자가 선정된 경우에는 선정대표자가 당사자로서 심문회의에 참석하여야
하며,[134] 선정자나 기타 이해관계인들은 참고인으로서 노동위원회 위원장
의 승인을 얻어 참석할 수 있다.[135]

위원장은 심문회의를 진행하며 심문에 참여한 위원은 관계 당사자를
심문하여야 한다.[136] 당사자에 대한 심문은 공익위원, 근로자위원, 사용자
위원의 순으로 하며, 공익위원 중 주심위원으로 지명된 위원이 있는 경우
에는 주심위원이 먼저 심문한다.[137] 당사자는 위원의 심문사항에 대하여
성실하게 답변하여야 하고, 심문사항 이외의 진술을 하고자 할 때에는 심
판위원회 위원장의 승인을 얻어야 한다.[138]

조사관은 심판위원회 위원장의 지시에 따라 조사결과를 보고하며, 필요
한 경우에는 심판위원회 위원장의 승인을 얻어 의견을 진술할 수 있다.[139]

노동위원회는 심문을 할 때에는 관계 당사자의 신청이나 직권으로 증
인을 출석하게 하여 필요한 사항을 질문할 수 있다.[140]

당사자의 증인신청은 심문회의 개최일을 통보받기 전까지 증인신청서
에 의하여 하여야 하며,[141] 증인으로 채택되면 당사자는 채택된 증인과
함께 심문회의에 출석하여야 한다.[142] 심판위원회 위원장은 필요한 경우
직권으로 증인으로 지정하여 심문회의에 출석하게 할 수 있다.[143] 증인으

---

133) 노동위원회 규칙 제54조 제2항.
134) 민중기, 앞의 논문, 62~63면.
135) 노동위원회 규칙 제54조 제3항.
136) 근로기준법 제29조 제1항, 노동위원회 규칙 제55조 제1항.
137) 「심판업무 처리요령」(이하 '처리요령'이라 한다), 중앙노동위원회, 2007, 95면.
138) 노동위원회 규칙 제55조 제3항.
139) 노동위원회 규칙 제55조 제2항.
140) 근로기준법 제29조 제2항.
141) 노동위원회 규칙 제56조 제1항.
142) 노동위원회 규칙 제56조 제3항.

로 소환된 자가 소환에 불응하는 경우 이를 강제하거나 제재하는 규정이 없으므로 당사자의 자발적인 협력을 기대하는 수밖에 없다.[144]

증인에 대한 심문은 증인을 신청한 당사자, 그 상대방, 위원의 순으로 심문한다.[145] 심문을 할 때에는 관계 당사자에게 증거 제출과 증인에 대한 반대심문을 할 충분한 기회를 주어야 한다.[146]

심판위원회 위원장은 심문을 종결하고자 할 때에는 당사자가 최종진술을 할 수 있는 기회를 주어야 한다.[147]

심판위원회는 조사 과정이나 심문회의 진행 중에 판정·명령, 결정이 있기 전까지 관계 당사자의 신청 또는 직권에 의하여 당사자에게 화해를 권고하거나 화해안을 제시할 수 있다.[148] 원만하고 신속한 분쟁해결 내지 구제조치의 이행이라는 측면뿐만 아니라 노동분쟁의 예방을 위해서라도 당사자 사이의 합의에 따라 분쟁을 조기에 해결하는 것이 바람직하므로 노동위원회는 화해를 통하여 분쟁을 해결하기 위한 지속적 노력이 요구된다.[149]

심판위원회는 심문의 결과 사건이 판정을 하기에 충분할 정도로 성숙하였다고 인정하는 때에는 심문을 종결하게 되며, 심문이 종결된 다음에는 원칙적으로 새로운 주장과 증거를 제출할 수 없으나,[150] 새로운 주장에 대한 사실 확인이나 증거의 보완 등이 필요하다고 판단되거나 화해만을 위한 회의진행으로 추가적인 사실심문이 필요한 경우에는 심판위원회는 추후에 심문회의를 재개할 수 있다.[151]

---

143) 노동위원회 규칙 제56조 제4항.
144) 민중기, 앞의 논문, 65면.
145) 처리요령, 95면.
146) 근로기준법 제29조 제3항, 노동위원회 규칙 제56조 제5항.
147) 노동위원회 규칙 제55조 제4항.
148) 노동위원회법 제16조의 3 제1항, 노동위원회 규칙 제69조.
149) 김홍영, "노동분쟁에 대한 노동위원회의 역할과 개선과제", 노동법학 21호, 한국노동법학회, 2005, 123~124면.
150) 민중기, 앞의 논문, 68면.

2. 판 정

심판위원회는 심문을 종결하면 판정회의를 개최하여 부당해고 성립 여
부에 대하여 판정하게 된다.152)

판정회의는 심문의 종결 후에 심판위원회 위원장이 소집하고153) 공익
위원 전원의 참석으로 개의한다.154) 판정회의에 앞서 심문회의에 참석한
근로자위원과 사용자위원에게 의견진술의 기회가 주어지지만,155) 이들은
합의에는 참여할 수 없다.156) 근로자위원 또는 사용자위원이 출석요구를
받고 정당한 이유없이 출석하지 아니하는 경우에는 의견을 들을 필요가
없다.157)

사실인정과 구제신청의 인용 여부에 대한 판단은 심판위원회의 판정회
의에서 위원 3인의 과반수 찬성으로 의결한다.158) 합의는 주심위원이 지
명된 경우에는 주심위원이, 그렇지 않은 경우에는 담당 조사관이 심판위
원회 위원장의 지시에 따라 심사의 결과를 보고하고 의견을 제시하는 것
으로부터 시작하여, 사실인정, 법률의 적용, 주문의 확정 순으로 토론을
거쳐 의결을 하게 된다.159)

심판위원회는 구제신청이 신청요건을 갖추지 못하였다고 판정하는 때
에는 신청을 각하하고,160) 부당해고 등이 성립한다고 판정하면 사용자에
게 구제명령을 하여야 하며, 부당해고 등이 성립하지 아니한다고 판정하

---

151) 노동위원회 규칙 제59조 제3항.
152) 노동위원회 규칙 제51, 59, 60조.
153) 노동위원회법 제16조 제2항.
154) 노동위원회법 제17조 제2항.
155) 노동위원회 규칙 제59조 제2항.
156) 민중기, 앞의 논문, 70면.
157) 노동위원회법 제18조 제2항.
158) 노동위원회법 제17조 제2항.
159) 민중기, 앞의 논문, 70면.
160) 노동위원회 규칙 제60조 제1항.

면 구제신청을 기각하는 결정을 하여야 한다.[161]

조사관은 토의사항의 요지, 근로자위원과 사용자위원의 의견, 의결사항의 요지와 의견 등을 기재한 회의록을 작성하여야 하며,[162] 주심위원은 당해 사건에 대한 판단요지를 작성하여야 하고,[163] 심판사건에 참여한 공익위원은 그 의결사항에 대한 회의록에 서명이나 날인하여야 한다.[164]

심판위원회는 의결사항을 토대로 사건명, 당사자, 판정일, 주문, 신청취지, 이유(당사자 개요, 구제신청 경위, 당사자 주장요지, 인정사실, 판단), 결론, 위원회 명칭과 심판위원이 기재된 판정서를 작성하여야 한다.[165]

노동위원회는 판정서 정본을 판정일로부터 30일 이내에 당사자에게 교부하여야 하며,[166] 위 통보에는 판정결과에 불복하면 재심신청이나 행정소송을 제기할 수 있다는 내용이 포함되어야 한다.[167]

판정서가 당사자에게 교부된 후 당사자 표시나 내용의 오기, 누락 등 표현상의 잘못이 명백한 경우에는 노동위원회 위원장은 사건 당사자의 신청이나 직권으로 당해 심판위원회의 의결을 거쳐 경정할 수 있다.[168] 판정서 경정은 판정서 작성 과정에서의 과실에 의한 표현상의 잘못에 한정되고, 그 내용을 추가·보완하는 등으로 내용을 변경하는 것은 허용되지 않는다.[169]

---

161) 근로기준법 제30조 제1항, 노동위원회 규칙 제60조 제2항.
162) 노동위원회 규칙 제61조 제1항.
163) 노동위원회 규칙 제61조 제2항; 주심위원이 지명되지 않은 때에는 공익위원 중 한 사람이 작성하여야 하고, 주심위원 또는 공익위원이 구술하는 내용을 조사관이 기재하고 주심위원 또는 공익위원이 이를 확인·서명하는 방법으로도 할 수 있다(처리요령, 103면).
164) 노동위원회 규칙 제61조 제3항.
165) 노동위원회 규칙 제62조 제1, 2항.
166) 근로기준법 제30조 제2항, 노동위원회 규칙 제62조 제4항, 제74조 제2항.
167) 노동위원회 규칙 제74조 제3항.
168) 노동위원회 규칙 제63조.
169) 민중기, 앞의 논문, 81면.

노동위원회 위원장은 경정한 판정서를 지체없이 당사자에게 송부하여
야 하며,170) 판정서 경정은 구제명령 이행기간, 재심신청기간, 행정소송
제기기간의 산정에 영향을 미치지 않는다.171)

V. 구제명령

1. 개 요

노동위원회는 사용자의 행위가 부당해고에 해당한다고 의결하게 되면
그러한 행위를 부당해고로 인정하고 이를 시정하기 위한 조치로서 구제명
령을 발하게 되는데, 이중 부당해고가 성립하는지 여부에 대한 판단은 원
칙적으로 확인행위에 속한다고 볼 것이며, 사용자에게 일정한 행위를 명
하는 부분은 형성적 효력이 있는 하명으로서의 행정처분에 해당한다.172)

구제명령의 내용에 대하여는 특별한 규정이 없으므로 노동위원회가 합
리적 재량에 의하여 정할 수 있으며 구제신청의 취지에 반드시 구속되어
야 하는 것은 아니지만,173) 근로자가 구제를 신청한 범위 안에서 판정을
하여야 하므로174) 신청취지에 반하거나 신청하지 않은 사실을 인정하여
구제명령을 발할 수는 없다.175)

---

170) 노동위원회 규칙 제63조 제2항.
171) 노동위원회 규칙 제63조 제3항.
172) 민중기, 앞의 논문, 81~82면.
173) 이원희, 앞의 논문, 237면.
174) 노동위원회 규칙 제58조.
175) 민중기, 앞의 논문, 82~83면; 대법원 1995. 4. 7. 선고 94누1579 판결(부당노동행
　　　위에 대한 구제절차는 관할노동위원회에 구제신청을 함으로써 개시되고, 그 심사
　　　의 대상도 구제신청의 대상이 된 부당노동행위를 구성하는 구체적 사실에 한정된

통상은 원직 복귀의 구제명령(복직명령)과 함께 해고시부터 원직에 복귀할 때까지의 기간에 해고가 없었더라면 받을 수 있었던 소급임금을 지급하라는 구제명령이 내려진다.[176)]

구체적으로는 예를 들면,

1. 이 사건 사용자가 2007. 12. 1. 이 사건 근로자에 대하여 한 해고는 부당해고임을 인정한다.

2. 이 사건 사용자는 이 사건 근로자를 이 판정서를 송달받은 날부터 15일 이내에[177)] 원직에 복직시키고, 해고기간 동안 근로하였다면 받을 수 있었던 임금상당액을 지급하라.

는 형태가 된다.[178)]

구제명령을 기각하거나 각하하는 경우에는 "이 사건 근로자의 신청을 기각(각하)한다."는 형태가 될 것이다.[179)]

원직 복귀는 근로관계의 계속을 인정하는 원상회복조치로서 원직 복귀를 재고용의 형식으로 하는 것은 원상회복의 취지에 어긋나며, 해고 이후의 조직개편으로 원직으로 복귀할 수 없는 때에는 원직에 상응하는 직으로의 복귀를 명하여야 한다.[180)]

제도의 성질상 부당노동행위의 경우와 같이 문제된 행위의 중지나 공고문 게시 등의 구제명령은 할 수 없다.[181)]

다고 판결하였다).
176) 정인섭, "부당해고와 소급임금의 산정", 노동법연구 5호, 서울대학교 노동법연구회, 1996, 304면; 임종률, 7판 노동법, 530면.
177) 전에는 통상 즉시 원직에 복직시킬 것을 명하였으나 이행강제금 제도가 시행됨으로써 해고가 2007. 7. 1. 이후에 발생한 경우에는 이행기한을 명시하여야 한다(처리요령, 중앙노동위원회, 2007. 108면 참조).
178) 처리요령, 108면 참조.
179) 처리요령, 108면 참조.
180) 민중기, 앞의 논문, 84~85면.
181) 임종률, 7판 노동법, 530면.

개정된 근로기준법은 노동위원회가 해고에 대한 구제명령을 할 때에 근로자가 원직 복직을 원하지 아니하면 원직 복직을 명하는 대신 근로자가 해고기간 동안 근로를 제공하였더라면 받을 수 있었던 임금상당액 이상의 금품을 근로자에게 지급하도록 명할 수 있는 금전보상제를 도입하였다.182) 종전에는 노동위원회의 부당해고 구제절차의 주된 목적이 근로자를 원직에 복직시키는 것으로 보아 부당해고가 인정되어도 근로자가 원직 복직을 원하지 아니하는 경우에는 통상 각하결정을 하였으나, 금전보상제의 도입으로 근로자가 복직을 원하지 않아도 소급임금의 지급을 명하는 구제명령을 내릴 수 있게 되었다.183)

또한, 사용자가 부당해고 등에 대한 구제명령을 이행기한까지 이행하지 않는 경우에는 이행강제금이 부과되므로, 구제명령을 하는 경우에는 주문에 30일 이내에서 정한 이행기한을 명시하여야 한다.184)

2. 백 페이(back pay) 명령과 중간수입

부당노동행위로 인정되는 경우의 노동위원회의 가장 일반적인 구제명령이었던 원직 복귀와 백 페이(back pay) 명령, 그중에서도 백 페이(back pay) 명령과 관련한 중간수입공제의 문제와 관련하여 많은 학설상의 대립이 있었던바,185) 부당해고 구제명령에 있어서 중간수입공제를 어떻게 볼 것인지가 문제된다.

이에 대하여는 부당노동행위에 대한 노동위원회의 구제명령은 단순한

---

182) 근로기준법 제30조 제3항.
183) 임종률, 「노동법」, 제6판, 박영사, 2007(이하 '6판 노동법'이라 한다), 545면.
184) 임종률, 7판 노동법, 531면; 노동위원회 규칙 제62조 제3항.
185) 미국의 경우에는 백 페이(back pay) 산정에 있어서 중간수입공제가 관례화되어 있을 뿐 아니라 손해경감의무도 인정하고 있으나, 일본의 경우에는 심한 의견대립을 보이고 있다[윤성천, "Back Pay 명령과 중간수입공제문제 – 일본에 있어서의 쟁점을 중심으로 –", 노동법의 제문제(김치선박사 화갑기념), 박영사, 1983, 104~105면].

피해자 개인의 피해회복만을 목적으로 한 것이 아니라 단결활동 전반에
걸친 피해회복까지도 포함하여 재량을 가지고 개개의 사안에 따라 적절
한 시정조치를 명하는 것이므로 중간수입공제의 문제는 노동위원회의 재
량에 속하고 구제명령의 취소소송에 있어서 법원은 노동위원회의 이러한
재량권을 존중하여야 하며,186) 이러한 사정은 부당해고 구제신청에 있어
서도 본질적인 차이는 없으므로 역시 노동위원회의 재량으로 중간수입을
공제하지 않을 수 있고, 백 페이(back pay) 명령을 함에 있어서 노동위원
회는 오히려 근로자 보호의 견지에서 중간수입을 공제하지 아니함이 타
당하다는 견해가 있다.187) 그러나 이러한 견해에 대하여는 다음과 같이
비판할 수 있다.

① 근로기준법 제23조의 규정은 개개의 근로자를 직장상실로부터 보호
하는 것으로서 개별적 근로관계의 내용을 중심으로 해고의 무효 여부를
판단하여야 하며 그 구제는 개별근로자의 피해구제에 있는 것이지만, 부
당노동행위로서의 해고는 근로자 또는 노동조합이 정당한 근로 3권을 행
사하는 것을 방해할 목적으로 행해진 반사적 결과로서 파악되는 것에 지
나지 않기 때문에 그 구제도 헌법상 보장된 근로 3권에 대한 침해를 구제
하는 데 목적이 있는 것이므로,188) 부당노동행위에 대한 구제명령에 관한
논의를 부당해고에 관한 논의에 그대로 적용하여 백 페이(back pay) 명령
에서의 중간수입공제를 부정할 수는 없다.

---

186) 김유성, 「노동법 Ⅱ－집단적 노사관계법－」, 법문사, 1996, 366~369면; 스게노
　　가즈오(이정 역), 「일본노동법의 이론과 실제」, 한국경영자총협회, 2004, 728면;
　　윤성천, 앞의 논문, 122면; 김형태, "BACK PAY 명령과 중간수입공제", 재판자료
　　40집, 법원도서관, 1987, 501면.
187) 이우진, "부당해고 근로자의 중간수입공제에 관한 연구", 법학연구 12집, 한국법학
　　회, 2003, 510면; 김형태, 앞의 논문, 508면; 이에 대하여 백 페이(back pay) 명령
　　에서의 중간수입공제에 대한 언급 유무에 불구하고 사용자는 중간수입을 공제할
　　수 있으며 오히려 중간수입을 공제하지 않거나 공제할 수 있는 액의 일부만 공제
　　할 것을 명하는 것은 위법하다는 주장도 있다(임종률, 6판 노동법, 291면).
188) 김형배, 앞의 책, 612~613면.

오히려 부당노동행위에 대한 구제가 근로 3권에 대한 침해를 구제하는 데 목적이 있다고 하더라도, 백 페이(back pay)는 그로 인하여 해고당한 근로자 개인에게 지급되는 것으로서 그 개인에 대한 피해구제에 중점을 두는 것이므로, 부당해고로 인한 일실수입산정에 있어서의 중간수입공제가 부당노동행위로서의 해고에 대한 백 페이(back pay) 명령에도 적용된다고 봄이 상당하다.

② 부당노동행위 구제명령이라고 하더라도 노동위원회의 구제명령은 원상회복을 목적으로 하는 것일 뿐 사용자에 대한 징벌을 과하는 것을 목적으로 하는 것은 아니다.[189]

따라서 원상회복의 한 수단으로서의 백 페이(back pay) 명령은 부당노동행위로 인하여 근로자가 사실상 입은 손실액을 한도로 하므로 중간수입은 공제되어야 하고, 공제하지 않는다면 원상회복의 범위를 일탈하여 사용자에게 징벌을 과하는 것이 된다.[190]

③ 노동위원회의 사용자에 대한 구제명령은 사용자에게 이에 복종하여야 할 공법상의 의무만을 부담시킬 뿐이므로[191] 사용자가 노동위원회의 부당해고 구제명령을 이행하지 아니하는 때에는 근로자는 별도의 민사소송을 제기하여야 한다.[192] 이 경우 법원은 중간수입을 공제할 수밖에 없고, 결국 노동위원회가 근로자를 보호하기 위하여 중간수입을 공제하지 아니하는 것은 당사자들에게 혼란과 불편만을 초래하게 될 뿐이다.[193]

---

189) 이에 대하여는 부당노동행위에 대한 구제로서의 원상회복은 사법상의 원상회복과는 달리 근로자 개인의 피해뿐만 아니라 단결활동상의 피해까지도 부당노동행위가 없었던 상태로 회복시킴으로써 공정한 집단적 노사관계질서를 유지·확보하려는 데 목적이 있는 것으로서 동적·탄력적, 정책적인 것이라는 반론이 있다(김형태, 앞의 논문, 483~484면).

190) 윤성천, 앞의 논문, 109~110면 참조.

191) 대법원 1996. 4. 23. 선고 95다53102 판결; 대법원 1976. 2. 11. 75마496 결정.

192) 정진경, "부당해고구제소송에서의 소의 이익", 노동법연구 12호, 서울대학교 노동법연구회, 2002, 37~38면.

따라서 노동위원회가 구제명령을 함에 있어 그 구제가 근로자 개인에게 주어지는 것으로서 근로자 개인의 피해회복에 중점을 두어야 하는 경우에는 법원의 판단을 따르는 것이 바람직하다.

3. 구제명령의 효력

구제명령은 판정서가 당사자에게 교부된 날로부터 효력이 발생하고, 관계 당사자는 행정처분인 구제명령에 따라야 할 공법상의 의무가 있다.[194)]

사용자의 중앙노동위원회에 대한 재심신청이나 행정소송의 제기에 의하여 구제명령은 그 효력이 정지되지 않으며,[195)] 중앙노동위원회가 재심판정으로 이를 취소하거나 변경한 경우 및 행정소송에서 이를 취소하는 판결이 확정된 경우에 한하여 구제명령이 실효되고 공법상 의무가 소멸되게 된다.[196)] 행정소송을 제기한 경우 행정소송법 제23조 제2항에서 정하고 있는 집행정지를 구할 수 있을 것인지가 문제된다. 집행정지를 위해서는 처분이나 그 집행 또는 절차의 속행으로 인하여 생길 회복하기 어려운 손해를 예방하기 위한 긴급한 필요가 있어야 하는데, 구제명령 자체로서는 아무런 집행력이 없으며 구제명령의 불이행으로 인하여 사용자가 부담하게 되는 이행강제금은 재산상 손해에 해당하고 노동위원회의 구제명령이 취소되는 경우 납부한 이행강제금의 반환을 받을 수 있는 점 등을 고려하면, 경영상의 해고와 같이 대규모의 해고가 이루어져 거액의 이행강제금이 부과되어 그로 인하여 도산의 염려가 있는 경우와 같은 특별한

---

193) 법원과 노동위원회의 기능에 차이가 있다고 하더라도 쟁송방법의 차이로 말미암아 결론이 달라진다는 것은 바람직하지 못한 현상이다(김형태, 앞의 논문, 503면; 윤성천, 앞의 논문, 131면 참조).
194) 민중기, 앞의 논문, 90면.
195) 근로기준법 제32조.
196) 민중기, 앞의 논문, 90면.

사정이 없는 한 '회복하기 어려운 손해'를 인정하기는 어려울 것이다.197)

구제명령에 의하여 사용자는 공법상 그에 따를 의무를 부담할 뿐 민사 집행절차에 의하여 사용자에게 그 의무를 강제할 수는 없다.198)

소정의 기간 내에 재심신청을 하지 않거나 행정소송을 제기하지 않는 경우에는 지방노동위원회의 판정 또는 중앙노동위원회의 재심판정은 확정된다.199)

2007. 1. 26. 근로기준법의 개정 전에는 부당해고에 대하여 준용할 노동조합 및 노동관계조정법의 규정이 제84조 내지 제86조로 한정되어, 위 법 제89조에서 규정하고 있는 벌칙을 적용할 수는 없었으나,200) 구제명령이 확정되면 사용자의 해고가 정당한 이유 없이 행해진 데 대한 강력한 증거가 되므로 구 근로기준법 제110조에 의한 부당해고죄 처벌의 문제가 남게 되어, 이로써 사실상 사용자의 이행을 강제하는 효과가 있었다.

현재의 근로기준법은 제31조 제3항에 따라 확정되거나 행정소송을 제기하여 확정된 구제명령 또는 구제명령을 내용으로 하는 재심판정을 이행하지 아니한 자를 1년 이하의 징역 또는 1,000만 원 이하의 벌금에 처할 수 있도록 하는 명문의 규정을 두고 있다.201)

4. 구제이익202)

부당해고구제를 신청한 근로자가 노동위원회에서 구제를 받으려면 명

---

197) 서울행정법원 2008. 10. 8.자 2008아2323 결정.
198) 민중기 앞의 논문, 90면.
199) 근로기준법 제31조 제3항.
200) 대법원 1995. 7. 28. 선고 95도497 판결.
201) 근로기준법 제111조.
202) 구제이익은 재심판정취소소송의 소의 이익과 밀접한 관련이 있으므로 상세한 논의는 다음 절 해당 부분에서 검토하기로 한다.

령을 발할 당시 구제와 관련한 구체적 이익인 구제이익이 있어야 한다.[203] 구제이익은 부당해고의 구제신청인이 자신의 구제신청의 당부에 관하여 노동위원회의 공권적 판단을 구할 수 있는 구체적 이익 내지 필요를 뜻하며, 민사소송(행정소송)에 있어서의 소의 이익의 개념을 부당해고 구제절차에 이입해 놓은 것으로서 민사소송의 소송요건에 대응하는 신청요건이다.[204] 구제명령을 발하는 시점에서 신청인에게 구제이익이 없는 경우에는 구제명령을 발하지 아니하고 구제신청을 각하하게 된다.[205]

노동위원회 규칙은 신청기간이 도과하여 신청한 경우,[206] 신청서의 보정요구에 불응하거나 당사자 적격을 갖추지 못한 경우, 구제신청의 내용이 노동위원회의 구제명령 대상이 아닌 경우, 같은 당사자가 같은 취지의 구제신청을 거듭하여 제기하거나 같은 당사자가 같은 취지의 확정된 판정이 있음에도 구제신청을 제기한 경우, 판정이 있은 후 신청을 취하하였다가 다시 제기한 경우, 신청하는 구제의 내용이 실현할 수 없는 것이거나 신청의 이익이 없는 경우에는 구제신청을 각하하도록 규정하고 있다.[207] 또한, 위 규정은 신청인이 2회 이상 출석통지를 받고도 불응하거나 주소불명 등으로 2회 이상 출석통지서가 반송되거나 그 밖의 사유로 신청의사를 포기한 것으로 인정될 경우에도 심판사건을 각하하도록 하여, 신청인이 2회 이상 출석통지를 받고도 불응한 것을 신청의사를 포기한 것으로 보고 있는바, 위 규정의 적법 여부가 다투어진 사안에서 대법원은,

---

203) 민중기, 앞의 논문, 91면; 김민기, "부당노동행위의 구제절차와 구제이익", 노동법의 쟁점과 과제(김유성교수 화갑기념), 법문사, 2000, 562면.

204) 김민기, 앞의 논문, 562~563면; 김치중, "노동위원회의 처분에 대한 쟁송에 있어서의 소송법적 제문제", 특별법연구 5권, 법문사, 1997, 538면.

205) 민중기, 앞의 논문, 91면; 김민기, 앞의 논문, 563면; 민사소송규칙 제60조 제1항.

206) 근로기준법 제28조 제2항은 부당해고 구제신청은 부당해고가 있었던 날로부터 3개월 이내에 하도록 규정하고 있고, 이러한 권리구제 신청기간은 제척기간이므로, 그 기간이 경과하면 부당해고 구제신청을 할 권리는 소멸하고 그 후의 구제신청은 부적법하여 각하된다(서울행정법원 2002. 5. 9. 선고 2002구합1137 판결).

207) 노동위원회 규칙 제60조 제1항.

신청인이 2회 이상 출석통지를 받고도 이에 응하지 아니하는 경우에는 그의 책임 없는 사유로 인하여 심문기일에 출석하지 못한 경우가 아닌 한, 노동위원회는 신청을 각하할 수 있다고 판시하여, 이를 정당한 각하사유로 인정하였다.208)

근로기준법 제28조의 규정에 의하여 사용자의 근로자에 대한 해고가 정당한 이유가 없음을 이유로 구제신청을 하여 구제절차가 진행 중에 근로자가 별도로 사용자를 상대로 제기한 해고무효확인소송에서 패소 판결을 선고받아 확정된 경우에는 구제의 이익이 없다.209)

또한, 부당해고를 한 회사가 폐업하여 없어진 경우,210) 기간제 근로자에 대하여 계약기간 중에 부당해고를 하였으나 판정 이전에 그 기간이 만료되고 사용자가 그 계약을 갱신하지 않았을 것으로 추정되는 경우 등에는 판정의 시점에는 구제의 이익이 없게 된 경우로서 각하의 대상이된다.211)

임금상당액의 지급과 관련하여 구제의 이익을 인정하여야 한다는 견해에 대해서는, 부당해고 구제이익의 판단기준과 대상은 근로자가 해고로 인하여 상실하게 된 근로관계를 회복하여 주는 원직 복직이며, 근로자가 부당해고 구제신청을 하면 해고가 부당하다는 판단을 먼저 하고 그에 따라 임금상당액의 지급명령을 할 것인지의 여부를 결정하며, 만약 어떤 사유에 의해 부당해고 부분에 관하여 판단을 하지 않는다면 임금상당액의 지급을 독립하여 판단할 필요가 없으므로, 임금상당액의 지급명령은 부당해고 구제명령에 종속된 것이고, 따라서 유기계약에 있어 근로자의 권리구제는 구제이익을 확대함으로써 해결하여야 한다는 견해가 있다.212)

---

208) 대법원 1990. 2. 27. 선고 89누7337 판결.
209) 대법원 1992. 7. 28. 선고 92누6099 판결.
210) 대법원 1991. 12. 24. 선고 91누2762 판결.
211) 임종률, 6판 노동법, 545면 각주 1).

사용자가 스스로 근로자를 복직시킨 경우는 구제의 이익이 부정되나,[213] 사용자가 구제명령에 복종하여야 할 공법상 의무에 따라 근로자를 우선 복직시킨 경우에는 잠정적으로 해임처분의 효력을 정지시키고 근로자를 복직시킨다는 뜻이지 근로자에 대한 해임처분을 종국적으로 취소한다는 뜻이라고는 볼 수 없으므로 회사는 여전히 구제명령의 취소를 구할 소의 이익이 있다.[214] 따라서 사용자는 공법상의 의무를 면할 목적으로 구제명령을 이행한 경우에도 얼마든지 재심신청 내지 취소소송을 제기하여 구제명령을 다툴 수 있다.[215]

근로자가 금전보상을 신청하였는데 사용자가 해고의 의사를 철회하고 원직 복직을 명한 경우에 근로자가 이를 받아들이지 아니하면 구제신청을 각하하여야 할 것인가. 이에 대하여 해고는 사용자의 일방적 의사표시이며 근로자에게 도달한 이후에는 효력이 발생하므로 사용자가 이를 일방적으로 철회할 수 없다는 견해가 있으나,[216] 근로자의 부당해고 구제신청 자체가 해고처분이 무효임을 전제로 한 것이므로 무리한 해석이다. 그러나 근로자의 금전보상 청구 자체를 사용자의 근로계약 해제의 의사표시에 대한 동의로 보게 되면, 그 시점에서 근로관계는 종료되는 것이고 사용자는 복직을 명할 여지가 없게 될 것이다.

구제명령에 따라 근로자를 복직시킨 후 사유를 보완하여 다시 해고한다면 그러한 제2차 해고는 법적으로 어떤 의미가 있는가.

대법원은 피고인 회사가 지방노동위원회의 복직명령에 따라 원고인 근

---

212) 박수근, "근로계약의 유기화 현상에 따른 부당해고 구제절차에 있어 구제이익", 조정과 심판 10호, 중앙노동위원회, 2002 여름, 15면.
213) 임종률, 6판 노동법, 545면 각주 1).
214) 대법원 2004. 2. 13. 선고 2003두8876 판결.
215) 김민기, 앞의 논문, 575면.
216) 김홍영, "부당해고 구제절차에서의 금전보상 제도 및 이행강제금 제도", 노동법학 25호, 한국노동법학회, 2007, 58면.

로자를 복직시켰다가 다시 새로운 징계사유를 추가하여 해고한 사안에서 피고 회사가 지방노동위원회의 복직명령에 대한 공법상의 의무를 이행하기 위하여 원고인 근로자를 복직시키는 조치를 취하였다고 하더라도 피고 회사가 그에 불복하여 중앙노동위원회에 재심신청을 하였다면, 피고 회사는 제1차 해고를 취소함이 없이 제1차 해고가 받아들여지지 않을 것에 대비하여 예비적으로 제2차 해고를 한 것이라고 보아야 한다고 판시하였다.217) 즉, 제2차 해고는 실질적인 복직조치 없이 내려진 근로계약관계가 없는 자에 대한 해고로서 당연 무효가 되는 것은 아니지만, 그렇다고 하여 지방노동위원회의 복직명령에 따라 피고 회사가 복직조치를 취함으로써 원고가 해고근로자의 지위를 벗어나게 되고 제2차 해고는 회복된 근로관계를 해소하기 위한 목적에서의 새로운 해고가 되는 것도 아니라는 것이다.

현재의 근로기준법 제28조는 사용자가 근로자에게 부당해고 등을 하면 근로자는 노동위원회에 구제를 신청할 수 있다고 규정하여 별다른 예외를 두고 있지 않지만, 근로기준법 제11조 제1항이 근로기준법의 적용범위에 관하여 원칙적으로 상시 5명 이상의 근로자를 사용하는 사업장에 적용하도록 규정하고 있고, 동조 제2항에서는 상시 4명 이하의 근로자를 사용하는 사업 또는 사업장에 대하여는 대통령령에 정하는 바에 따라 근로기준법의 일부규정을 적용할 수 있도록 되어 있는데, 이에 따른 근로기준법 시행령 제7조와 별표 1은 근로자를 정당한 이유 없이 해고할 수 없도록 한 근로기준법 제23조 제1항과 부당해고 등의 구제신청에 관한 근로기준법 제28조를 적용 법규정에 포함시키지 않고 있으므로, 상시 4명 이하의 근로자를 사용하는 사업장에 근무하다가 해고당한 근로자는 노동위원회에 부당해고 구제신청을 할 수 없다는 하급심 판결이 있다.218)

---

217) 대법원 1996. 4. 23. 선고 95다53102 판결.

또한, 노동조합과 그 소속 조합원 사이에 발생한 제명처분 등의 경우는, 부당해고 구제신청이 사용자의 근로자에 대한 부당해고 등에 한정되어 있고 노동조합장이 노조사무 전반을 사실상 통할하고 조합원 제명 등의 권한을 행사한다고 하여도 노동조합 또는 노동조합장을 근로기준법상 사용자로 볼 수는 없으므로 부당해고 구제신청 대상이 되지 않는다.219)

---

218) 서울행정법원 2005. 1. 21. 선고 2004구합7344 판결(지방노동위원회가 구제신청을 각하하였다).
219) 박은정, "노동분쟁해결제도연구", 법학박사학위논문, 이화여자대학교, 2005, 90면.

제2절 구제명령에 대한 불복 및 불이행에 대한 처벌

Ⅰ. 노동위원회 판정에 대한 불복

1. 지방노동위원회 판정에 대한 불복

지방노동위원회의 구제명령이나 기각결정에 불복하는 사용자나 근로자는 구제명령이나 기각결정을 통지받은 날부터 10일 이내에 중앙노동위원회에 재심을 신청할 수 있다.[1]

당사자의 재심 신청은 초심에서 신청한 범위를 넘어서는 아니 되며, 중앙노동위원회의 재심 심리와 판정은 당사자가 재심신청한 불복의 범위 안에서 하여야 한다.[2] 조사관은 당사자 주장이 초심에서의 주장과 다른 부분이 있는 경우 이를 추가하여 조사보고서를 작성하여야 한다.[3]

중앙노동위원회는 재심신청이 요건을 충족하지 못한 경우 재심신청을 각하하고, 재심신청이 이유 없다고 판단하는 경우에는 기각하며, 이유 있다고 판단하는 경우에는 지방노동위원회의 처분을 취소하고 구제명령이나 각하 또는 기각결정을 하여야 한다.[4] 다만, 중앙노동위원회는 근로관계의 소멸이나 사업장 폐쇄 등으로 초심의 구제명령 내용을 그대로 유지하는 것이 적합하지 않다고 판단하는 경우에는 그 내용을 변경할 수 있다.[5]

---

1) 근로기준법 제31조 제1항.
2) 노동위원회 규칙 제89조.
3) 노동위원회 규칙 제93조.
4) 노동위원회 규칙 제94조 제1항.
5) 노동위원회 규칙 제94조 제2항.

2. 중앙노동위원회 판정에 대한 불복

중앙노동위원회의 재심판정에 대하여 불복이 있는 경우에는 사용자나 근로자는 재심판정서를 송달받은 날부터 15일 이내에 행정소송법의 규정에 따라 소를 제기할 수 있다.[6]

노동위원회의 구제명령은 행정소송법 제2조에서 말하는 처분에 해당하며 구제명령에 대한 재심신청을 기각 또는 각하하는 판정은 어느 것이나 사용자에 대하여 구제명령의 내용을 이행하여야 할 의무를 부과하기 때문에 같은 조 소정의 재결에 해당하는 점에 대하여는 이론이 없으며, 구제신청을 기각 또는 각하하는 결정, 그 결정에 대한 재심신청을 기각 또는 각하하는 결정 및 구제명령에 대한 재심신청을 인용하는 결정의 처분성에 대하여는 의문이 있을 수 있으나, 노동위원회는 그 심사에 따라 부당해고의 존재를 인정하는 경우에는 구제이익이 없는 경우를 제외하고는 반드시 구제명령을 하여야 하므로 위 결정들이 잘못 내려진 때에는 신청인의 구제를 받을 권리가 침해되었다고 할 수 있으므로 위 결정들도 같은 조 소정의 처분 또는 재결에 해당하다고 할 것이다.[7]

사용자가 지방노동위원회의 구제명령에 대하여 재심을 청구하거나 중앙노동위원회의 재심판정에 대하여 행정소송을 제기한 경우에도 구제명령이나 재심판정의 효력은 정지되지 않는다.[8]

근로기준법은 이행명령에 관한 규정을 두고 있지 않으므로 부당해고에 대한 중앙노동위원회의 재심판정에 대하여 사용자가 행정소송을 제기하고 그 구제명령을 이행하지 않더라도 노동조합 및 노동관계조정법 제85조 제5항이 규정하고 있는 이행명령제도를 이용할 수는 없으며, 대신 개

---

6) 근로기준법 제31조 제2항.
7) 조한중, "부당노동행위구제명령 중 일부의 취소를 구하는 소의 취급", 대법원 판례해설 23호, 법원도서관, 1995. 4., 375면.
8) 근로기준법 제32조.

정 근로기준법은 노동위원회가 구제명령을 받은 후 이행기한까지 구제명령을 이행하지 아니한 사용자에게 2,000만 원 이하의 이행강제금을 부과할 수 있는 제도를 신설하였다.[9]

법원이 취소를 구하는 행정소송에서 노동위원회 판정의 위법성에 대해 심사할 수 있는 범위에 관하여는 행정소송법이나 근로기준법에 특별히 제한하는 규정이 없으므로, 노동위원회의 부당해고에 관한 사실인정 및 법적 판단, 구제조치 및 심사절차의 적법성 등에 대하여 전면적으로 새로이 심리할 수 있으며, 따라서 당사자는 노동위원회의 심사절차에서 주장 내지 제출되지 아니한 새로운 증거를 제출할 수 있고 법원도 직권으로 증거조사를 할 수 있으며, 이러한 증거조사에 기초하여 노동위원회와 다른 사실을 독자적으로 인정할 수 있다.[10]

이러한 현행의 체계를 비판하면서, 부당해고는 단순한 계약위반과는 달리 부당해고인지를 판단하기 위해서나 해고된 근로자를 원직에 복직시키기 위해서는 해고된 근로자 이외의 근로자를 포함한 유동적이고도 집단적인 근로관계 전체를 살펴보아야 하는 특이성이 있으므로, 미국식의 실질적 증거의 법칙을 도입하기 이전이라도 법원은 노동위원회를 통한 신속하고도 탄력적인 구제가 실현될 수 있도록 전문적인 지식과 경험에 기초하여 행하여지는 노동위원회의 판단을 존중하여, 명백한 채증 상의 잘못이나 이유의 불비 등의 중대한 결함이 없는 한 사법심사에서 그것을 받아들여야 한다는 견해가 있다.[11] 그리하여 취소소송에서 새로운 증거의 제출을 제한하고, 사실인정뿐만 아니라 노동위원회의 법적 판단과 관련해서도 그 전문적인 판단을 존중하여야 한다고 주장한다.[12]

---

9) 근로기준법 제33조.
10) 김유성, 「노동법 Ⅱ-집단적 노사관계법-」, 법문사, 1996, 377면.
11) 김홍영, "노동위원회의 판정에 대한 사법심사"(이하 '사법심사'라 한다), 노동법의 쟁점과 과제(김유성교수 화갑기념), 법문사, 2000, 591~594면.

그러나 부당해고에 대한 판단은 부당노동행위에 대한 판단과 달리 개개의 근로자를 해고로부터 보호하기 위한 것으로서 순수한 사법판단의 영역에 속하는 것이다. 근로관계의 특수성을 강조한다고 해도 법원이 다루는 다른 수많은 사건과 비교하여 질적인 차이를 발견하기는 어렵다. 아무런 명문의 규정도 없이 소송제도가 우리와는 완전히 다른 미국의 예를 들어, 그것도 순수한 사법판단의 영역인 부당해고에 있어 노동위원회의 사실인정 및 법적 판단을 존중하여야 한다는 주장은 이해하기 어렵다.[13]

중앙노동위원회의 재심판정에 대한 취소청구를 기각하는 판결이 확정된 때에는 재심판정대로 구제명령·기각결정 또는 각하결정이 확정된다.[14] 법원의 취소판결은 중앙노동위원회를 기속한다.[15]

구제신청을 각하 또는 기각한 중앙노동위원회의 처분이 취소되면, 중앙노동위원회는 취소판결의 취지에 따라 부당해고의 성립 여부를 판단하여 명령 또는 결정을 하며, 중앙노동위원회의 명령이 절차의 위법을 이유로 취소된 경우에도 같다.[16] 중앙노동위원회는 재심판정을 취소하는 법원의 판결이 확정되면, 소송 당사자의 신청이나 직권으로 심사를 재개하여 심판위원회의 의결을 거쳐 해당사건을 재처분하여야 한다.[17] 재개 후의 심

---

12) 김홍영, 사법심사, 594~595면.
13) 미국은 통상 항소심부터가 법률심으로서 사실인정 문제에 있어서는 1심 판결에 명백한 오류가 있는 경우를 제외하고는 1심의 사실판단이 존중되고, 법적 판단에 있어서는 1심의 판단에 대한 아무런 존중 없이 복심적(de novo)으로 판단한다. 우리의 경우 민사 항소심의 구조는 속심으로서 항소심에서 새로운 증거조사를 할 수 있고, 1심 법관이 엄격한 법적 절차에 따라서 행한 사실인정 및 법적 판단에도 기속되지 아니하고 독자적인 판단을 하고 있는 점을 고려하면, 행정기관인 노동위원회의 판단에 대한 사법심사에 한계를 설정하기는 쉽지 않을 것이다.
14) 김유성, 앞의 책, 380면.
15) 행정소송법 제30조 제1항.
16) 행정소송법 제30조 제2, 3항.
17) 노동위원회 규칙 제99조 제1항.

사의 범위는 판결에 의하여 취소된 부분에 한정된다.[18] 재처분 신청이 있는 경우 신청서 접수일로부터 30일 이내에 당해 사건에 대한 취소판결의 취지에 따라 재심신청에 대한 재처분을 하여야 하며, 재처분결정서를 당사자에게 송부하여야 한다.[19]

중앙노동위원회의 구제명령이 부당해고가 성립되지 않는다는 이유로 취소된 경우에는 취소판결의 확정으로 명령의 효력이 상실된다.[20]

II. 부당해고 재심판정취소소송
(소의 이익을 중심으로)

1. 개 요

부당해고를 당하였을 때 근로자는 일반법원에 민사소송으로 해고무효확인의 소를 제기함이 원칙이나, 노동위원회에 부당해고 구제신청을 하는 경우에는 지방노동위원회 또는 특별노동위원회의 구제명령 또는 기각결정이 있게 되며, 이에 대하여 중앙노동위원회에 재심이 신청되어 중앙노동위원회가 내린 재심판정에 대하여 불복이 있는 경우에는 관계당사자는 중앙노동위원회 위원장을 피고로 하여 행정소송을 제기할 수 있다.

부당해고 구제신청제도는 1989. 3. 29. 신설된 구 근로기준법 제27조의 3에 의하여 도입된 제도로서 그 절차는 부당노동행위의 구제신청절차를 준용하도록 하고 있었는데, 2007. 1. 26. 개정된 근로기준법은 제도는 그대로 유지하면서 다만 그 절차에 관하여 제29조부터 제32조까지 직접 규

---

18) 김형배, 「노동법」, 신판 제4판, 박영사, 2007, 979~980면.
19) 노동위원회 규칙 제99조 제2항.
20) 김유성, 앞의 책, 381면.

정하고 있다.

이러한 부당해고 구제신청절차는 많은 문제가 있음에도 부당해고 구제신청제도가 도입된 1989년 이후 노동위원회의 심판사건 중 부당해고 구제신청이 차지하는 비중이 갈수록 늘어 1991년에는 이미 부당노동행위 구제신청건수를 넘어섰으며 1997년 이후로는 부당노동행위 구제신청건수의 약 4배에 달하고 있다.[21] 또한, 2006년에는 1,165건의 중앙노동위원회의 판정 중 396건에 대하여 행정소송이 제기되어 34%의 소송제기율을 보이고 있는바[22] 노동위원회 심판사건 중 약 80% 정도가 부당해고 구제신청 사건인 점을 감안하면 상당한 수의 부당해고구제 재심판정취소소송이 제기되고 있는 것으로 생각된다.

부당해고구제 재심판정취소소송은 행정소송의 형식을 취하며, 따라서 소의 이익도 행정소송 중 취소소송에 있어서의 소의 이익의 일반론을 따르게 된다. 소의 이익의 유무가 문제되는 것은 대부분 구제절차에서는 구제이익이 인정되었으나 노동위원회의 명령이나 결정 후에 구제명령의 이행이 불가능하게 되거나 구제의 필요성이 소멸하는 등의 사정이 발생하여 당해 명령이나 결정의 위법성을 다툴 실익이 없게 된 경우이다.[23]

---

21) 연도별 노동위원회 심판사건 종합통계 ≪초심≫ 표 참조[「2006년도 노동위원회 연보」, 노동위원회연보 9호, 중앙노동위원회, 2007. 6., 54면에서 전재, 부당노동행위와 부당해고 심판사건만 발췌].
22) 연도별 행정소송 통계표 참조(위 「2006년도 노동위원회 연보」, 73면에서 전재).
23) 김민기, "부당노동행위의 구제절차와 구제이익", 노동법의 쟁점과 과제(김유성교수 화갑기념), 법문사, 2000, 564면.

연도별 노동위원회 심판사건 종합통계 ≪초심≫

사건별 처리별 / 연도별	계24)	부당노동행위 신청건수 소계	전부인정	일부인정	화해	기각	각하	취하	이월	부당해고25) 신청건수 소계	전부인정	일부인정	화해	기각	각하	취하	이월
1974	199	68	11	1		11	2	43									
1975	253	100	16	1		18	6	56	3								
1976	241	93	14			13	8	54	4								
1977	262	103	10	6		11	8	63	5								
1978	230	75	6	3		16	4	42	4								
1979	167	79	14	3		7	3	49	3								
1980	262	163	29	3		27	13	89	2								
1981	251	133	26			22	9	76									
1982	369	168	18	3	49	34	9	51	4								
1983	364	160	30	5	27	31	8	52	7								
1984	440	238	25	4	36	56	5	106	6								
1985	552	322	54	2	33	79	22	119	13								
1986	511	323	38	9	20	70	19	141	26								
1987	795	522	69	10	16	110	21	215	81								
1988	1,707	1,439	154	15	34	264	190	640	142								
1989	4,477	1,721	173	21	28	352	94	878	175	706	107	3	20	88	71	317	100
1990	4,203	1,160	131	18	25	341	89	484	72	1,134	189	3	18	270	54	517	83
1991	3,579	784	60	15	6	311	43	311	38	1,138	181	12	12	289	74	496	74
1992	3,213	744	70	15	10	287	53	263	46	1,395	178	8	21	347	109	628	104
1993	3,226	619	70	17	15	189	24	274	30	1,608	226	5	24	360	73	834	86
1994	2,991	548	59	3	5	189	17	231	44	1,566	238	11	21	287	86	834	89
1995	2,940	566	47	14	9	205	39	220	32	1,578	225	12	20	348	59	834	80
1996	2,866	539	45	10	6	129	36	267	46	1,632	207	6	16	243	82	958	120
1997	2,767	495	48	4	4	120	20	248	51	1,928	275	8	15	263	70	1,121	176
1998	4,787	787	66	10	13	216	25	370	87	3,670	543	15	47	556	221	1,915	373
1999	4,751	950	46	9	4	305	60	416	110	3,801	620	30	51	658	183	1,802	457
2000	5,200	1,040	77	4	4	269	38	443	205	3,918	568	9	64	643	193	1,800	64
2001	6,765	1,502	137	26	18	352	140	557	272	5,037	853	30	68	755	287	2,443	601
2002	6,393	1,355	216	15	13	443	52	433	183	4,169	781	68	84	710	206	1,871	449
2003	5,254	947	65	12	9	359	43	336	123	4,102	672	40	186	591	166	1,944	503
2004	5,892	908	62	20	17	308	27	282	192	4,816	771	37	188	682	194	2,318	626
2005	6,284	968	65	13	26	384	20	287	173	5,119	801	77	314	741	182	2,403	601
2006	6,334	1,134	49	64	24	563	49	243	142	5,002	666	144	212	860	259	2,384	477

연도별 행정소송 통계(단위 : 건)

구분\연도별	중노위 판정건수 (소송대상)	소송제기건수			소송 제기율 (%)	승소	패소	승소율 (%)	계류중		
		계	근로자	사용자					행정 법원	고등 법원	대법원
1991	725	160	129	31	22.1	38	6	86.4		103	40
1992	474	94	74	20	19.8	56	3	94.9		61	29
1993	543	102	69	33	18.8	92	9	91.1		68	27
1994	407	160	96	64	39.3	79	9	89.8		124	30
1995	427	140	93	47	32.8	91	26	77.8		119	42
1996	325	93	52	41	28.6	93	30	75.6		97	47
1997	267	92	47	45	34.5	52	19	73.2		75	20
1998	493	155	91	64	31.4	40	9	81.6	83	31	34
1999	636	228	132	96	35.8	44	19	69.8	189	49	33
2000	644	231	129	102	35.9	74	14	84.1	179	67	47
2001	622	253	139	114	40.7	94	22	81.0	161	120	57
2002	801	297	178	119	37.1	113	27	80.7	162	129	41
2003	719	258	142	116	35.9	134	39	77.5	192	118	22
2004	747	286	151	135	38.3	156	32	83.0	234	164	43
2005	829	355	206	149	42.8	148	44	77.1	257	196	59
2006	1,165	396	247	149	34.0	161	65	71.2	315	221	72

취소소송의 소의 이익과 관련하여 법원은 원칙적으로 소익을 엄격히 해석하여 권리에 대해서만 원고적격을 인정하려는 입장이었으나, 1984년 행정소송법의 제정[26]으로 인하여 소익은 '법률상 이익'의 구체적 판단의 문제가 되었다.[27]

---

24) 해고예고예외, 기준미달 휴업수당 지급승인, 휴업보상 및 장해보상의 예외 등 심판 사건까지 포함한 심판사건 총 합계.
25) 근로기준법 제27조의3 신설(1989. 3. 29.)로 부당해고란 신설.
26) 행정소송법 제12조는 "취소소송은 처분 등의 취소를 구할 법률상 이익이 있는 자가 제기할 수 있다."라고 규정하고 있다.
27) 최봉석, "취소소송의 소익에 관한 이론과 판례의 검토", 토지공법연구 11집, 한국토지공법학회, 2001. 2., 97~98면.

노동위원회의 구제명령시를 기준으로 하는 구제이익과 달리 소의 이익의 존부에 대한 판단의 기준시기는 일반의 취소소송에 있어서와 같이 사실심 변론종결시이다.[28]

이하에서는 소의 이익이 문제되는 경우를 유형별로 검토하여 보기로 한다.

2. 사정변경된 경우

1) 개 설

위법한 행정처분의 취소를 구하는 소는 위법한 처분에 의하여 발생한 위법상태를 배제하여 원상으로 회복시키고 그 처분으로 인하여 침해된 권리나 이익을 보호·구제하고자 하는 소송이므로 그 처분을 취소하더라도 원상회복이 불가능하거나 행정처분에 의한 집행이 종료된 경우, 또는 행정처분 자체에 정하여져 있는 효력기간이 경과하여 행정처분이 효력을 상실한 경우 등에는 그 처분이 외형상 잔존함으로 인하여 어떠한 법률상 이익이 침해되고 있다고 볼 만한 다른 사정이 없는 한 그 처분의 취소 또는 무효확인을 구할 법률상의 이익이 없다.[29]

부당해고구제 재심판정취소소송도 행정소송에 해당하므로 그 소의 이익을 판단함에 있어서는 어떠한 경우에 노동위원회의 구제명령이 발하여진 후의 사정변경으로 인하여 그 구제명령의 실현이 무의미하거나 객관적으로 불능으로 되었다고 볼 것인지가 문제된다.

---

28) 김민기, 앞의 논문, 565면.
29) 김치중, "부당해고구제재심판정 후에 사업장이 없어진 경우 사용자가 재심판정취소를 구할 소의 이익이 있는지 여부"(이하 '판례해설'이라 한다), 대법원 판례해설 19-2호, 1993. 12., 312~313면.

2) 사업장의 소멸

사업장이 소멸하는 경우와 같이 구제명령의 실현이 객관적으로 불능이 된 경우에는 구제명령이 실효되어 사용자에 의한 구제명령위반의 문제는 생기지 아니하고 부당해고구제 재심판정취소소송은 소의 이익이 없다.[30] 근로자를 해고한 회사가 실질적으로 폐업하여 법인격까지 소멸됨으로써 복귀할 사업체의 실체가 없어졌다면 기업의 존재를 전제로 하는 구제신청의 이익도 없다는 대법원 판결이 있다.[31]

사업체의 소멸로 원직 복귀를 명하는 내용의 구제명령은 실현이 불가능하게 된다고 하더라도 임금상당액의 지급을 명하는 내용의 구제는 가능한 경우의 소의 이익이 문제되는바, 이러한 경우의 구제제도를 이용할 근로자의 이익을 법률상 이익으로 보기 어렵고 현실적으로도 집행력도 없는 구제명령을 받기 위하여 구제절차를 계속하게 하는 것이 근로자에게 이익이 된다고 보기 어렵기 때문에 임금상당액의 지급을 명하는 부분에 관하여도 구제이익이나 소의 이익이 소멸한다고 봄이 상당하다는 견해가 있다.[32]

하지만, 민사소송에 비하여 신속하게 판정을 받을 수 있는 구제제도를 이용할 구체적인 이익이 있고, 집행력은 없다고 하여도 이행강제금제도의 신설 등으로 충분히 사실상의 강제가 가능한 점을 고려하면 임금상당액의 지급을 명하는 구제명령이나 판결을 받을 필요성을 부정하기는 어려울 것이다.[33]

---

30) 김치중, 판례해설, 313면.
31) 대법원 1991. 12. 24. 선고 91누2762 판결; 대법원 1990. 2. 27. 선고 89누6501 판결.
32) 김치중, "노동위원회의 처분에 대한 쟁송에 있어서의 소송법적 제문제"(이하 '소송법적 문제'라 한다), 특별법연구 5권, 법문사, 1997, 550면.
33) 김민기, 앞의 논문, 571면.

이와 관련하여, 근로자를 징계해고한 회사가 해산등기 이후 청산절차가 종료되어 청산절차 종결등기를 마친 경우, 위 근로자는 부당해고 구제신청에 따른 구제명령을 얻는다고 하더라도 위 회사와의 근로관계 회복이 객관적으로 불가능하게 되었고, 그 외 법령 등에서 재취업의 기회를 제한하는 규정을 두고 있는 등의 특별한 사정이 없고 위 회사에 분배되지 아니한 잔여재산이 남아 있지 않다면 해고 이후 복직이 가능하였던 기간 중의 임금상당액도 변제받을 수 없게 되었다고 할 것이므로 부당해고구제 재심판정의 취소를 구할 소의 이익이 없다고 판시한 대법원 판결[34]이 있는바, 이 판결이 회사에 분배되지 않은 잔여재산이 남아 있는 경우와 같이 임금상당액을 받을 수 있는 경우라면 구제이익이나 소의 이익을 인정할 수 있다는 취지인지 주목된다.[35]

3) 사직이나 해고에 대한 동의

노동위원회는 구제를 신청한 근로자가 사직원을 제출하고 퇴직금, 해고수당 등을 지급받은 사안에서 구제신청의 이익이 없다거나 취업의사를 포기하여 구제의 실익이 없다, 신청의 의사를 명백히 포기한 것으로 인정된다는 등의 이유를 들어 신청을 각하하는 것이 일반적이다.[36]

해고의 효력을 다투어 지방노동위원회로부터 구제명령을 받은 근로자가 복직 후 중앙노동위원회의 재심판정이 있기 전에 자의로 사직원을 제출하였음에도 취업규칙 소정의 14일이 경과하도록 사용자가 이를 수리하지 않고 있던 상태에서 중앙노동위원회로부터 지방노동위원회의 구제명령을 취소하는 재심판정이 내려진 경우, 사직원 제출일로부터 14일이 경

---

34) 대법원 2000. 8. 22. 선고 99두6910 판결.
35) 민중기, "부당노동행위에 대한 행정적 구제절차", 대법원 노동법실무연구회 2008. 6. 13. 발표문(미공간), 98면.
36) 김민기, 앞의 논문, 568면.

과한 날짜에 사직원 제출에 의한 해지의 효력이 생김으로써 근로자는 그 날짜로 사용자의 직원으로서의 신분을 상실하였다고 보아야 한다.

이와 같이 근로자와 사용자 사이의 근로계약관계가 종료되었다면 근로자로서는 비록 이미 지급받은 해고기간 중의 임금을 부당이득으로 반환하여야 하는 의무를 면하기 위한 필요가 있거나 퇴직금 산정시 재직기간에 해고기간을 합산할 실익이 있다고 하여도, 그러한 이익은 민사소송절차를 통하여 해결될 수 있는 것이므로, 중앙노동위원회의 재심판정을 다툴 소의 이익이 없다는 대법원 판결이 있다.[37]

이와 유사하게 근로자가 제기한 부당해고구제 재심판정취소소송 도중 근로자가 당해 해고에 대하여 동의 또는 승인한 경우에는 재심판정의 취소를 구할 소의 이익은 없게 된다.[38]

현실적으로 볼 때 근로자는 해고 후 퇴직시까지의 임금 등을 지급받는 등의 내용으로 사용자와 합의를 하고 퇴직하는 경우가 대부분일 것이며, 이러한 경우에는 근로자의 퇴직이 자신의 의사에 기초한 것이고 어떠한 유보를 붙이지 아니한 이상 구제의 이익은 소멸하였다고 봄이 상당하다.[39] 하지만, 퇴직 등의 사유로 근로관계가 종료하였다고 하여 일률적으로 구제의 실익이 없다고 보기는 어려우며, 원직 복귀를 명하는 내용의 구제명령은 실현이 불가능한 것으로 되었다고 하더라도 해고가 없었더라면 받을 수 있었던 임금의 지급을 명하는 내용의 구제명령을 받을 필요성은 남아 있고, 사용자는 구제명령을 받으면 이에 따라야 할 공법상의 의무가 있기에 구제명령을 통하여 근로자를 구제할 필요성이 있으므로 구제명령 자체에 집행력이 인정되지 않는다고 하더라도 구제의 이익을 인정함이 타당하다.[40] 대법원이 사업장이 소멸한 사안에서 사용자에게 임금지급의

---

37) 대법원 1997. 7. 8. 선고 96누5087 판결.
38) 대법원 1998. 2. 27. 선고 97누18202 판결.
39) 김민기, 앞의 논문, 568면.

무와 관련하여 재심판정의 취소를 구할 법률상의 이익을 인정한 것41)과
의 균형상 근로자에게도 구제이익을 인정함이 상당하다는 견해가 있다.42)

이러한 취지에 따라 구제이익을 인정한 다음의 하급심 판결들이 주목
된다.

먼저, 참가인인 근로자들이 재심판정 전에 사직한 사안에서, 재심판정
당시 이미 참가인들은 원직 복직명령에 의한 구제의 이익을 상실하였기
에 지방노동위원회의 구제명령 중 원직 복직명령 부분을 취소하지 아니
한 중앙노동위원회의 재심판정은 원직 복직명령에 관한 부분은 위법하지
만, 사용자인 원고가 이 사건 재심판정 당시까지 참가인들에게 이 사건
근로관계종료 이후의 임금상당액을 지급하지 아니한 이상, 참가인들은 이
사건 재심판정 당시 임금상당액 지급명령에 의한 구제의 이익이 있고, 참
가인들이 원고에 대하여 그 임금을 민사소송으로 청구할 수 있다는 사정
만 가지고는 이러한 판단을 뒤집을 수 없으므로 재심판정 중 임금상당액
지급명령에 관한 부분이 적법하다고 판단한 행정법원 판결이 있다.43)

다음으로, 근로계약 종료와 관련된 사안에서, 재심판정 당시에는 근로
계약관계가 존속하고 있었는데 그 후 근로계약관계가 종료되었다고 하더
라도, 이 사건 재심판정으로써 그 효력이 유지되고 있는 전남지방노동위
원회의 구제명령 중에 원직 복귀명령 외에도 해고기간 동안의 임금지급
명령이 포함되어 있어, 참가인인 근로자와 원고인 사용자 사이에서의 과
거의 근로계약관계 존재가 현재도 위 구제명령의 정당성의 전제가 되고
있기에 참가인의 이 사건 부당해고 및 부당노동행위 구제신청은 여전히

---

40) 민중기, 앞의 논문, 97면; 김민기, 앞의 논문, 568∼569면.
41) 대법원 1993. 4. 27. 선고 92누13196 판결.
42) 김민기, 앞의 논문, 569면.
43) 서울행정법원 2007. 9. 7. 선고 2006구합34845 판결(그리하여, 중앙노동위원회의
    재심판정 중 원직 복직명령에 관한 부분만을 취소하였다); 위 판결은 항소가 기각되
    고 확정되었다.

구제이익이 있다는 고등법원 판결이 있다.[44]

4) 계약기간의 만료

대법원은 부당해고구제 재심판정취소소송 중 근로자가 임용권자의 임기 만료에 따라 당연 퇴직된 경우에는 재심판정의 취소를 구할 법률상 이익이 없다고 판시하였다.[45] 임원, 대의원 등으로 선출되는 데 아무런 장애가 없다면, 그 근로자로서는 재심판정이 취소되어 구제명령을 얻는다고 하더라도 근무하던 협회의 사무총장으로서 복귀하거나 사무총장의 직무를 수행할 지위를 회복하는 것이 불가능하게 되었다고 할 것이므로, 재심판정의 취소를 구하는 소는 소의 이익이 없다. 재심판정의 취소를 구하는 이유가 단순히 재심판정으로 입은 사회적인 명예의 손상을 회복하기 위한 것이라면 이는 사실상의 이익에 불과한 것이고, 노동위원회에서 근로자에 대하여 임금의 지급명령을 한 바 없음이 명백한 경우, 그 근로자는 직원으로서의 지위 회복이 불가능하게 된 이상 임금 부분에 대하여 임금청구소송 등 민사소송을 제기하여 그 전제로서 면직이 무효임을 주장하여 구제받을 수 있는 것이므로, 명예회복을 위한 것이라거나 임금을 지급받기 위한 것이라는 등의 사유는 재심판정의 취소를 구할 법률상 이익에 해당된다고 볼 수 없다.

이와 유사한 취지의 판결로서, 근로계약기간을 정한 경우에 있어서 근로계약 당사자 사이의 근로관계는 특별한 사정이 없는 한 그 기간이 만료함에 따라 사용자의 해고 등 별도의 조처를 기다릴 것 없이 당연히 종료되고, 근로자가 부당해고 구제신청을 하여 해고의 효력을 다투던 중 근로계약기간의 만료로 근로관계가 종료되었다면 근로자로서는 비록 이미 지급받은 해고기간 중의 임금을 부당이득으로 반환하여야 하는 의무를 면

---

44) 서울고법 2007. 7. 19. 선고 2006누27979 판결(심리불속행 상고기각으로 확정됨).
45) 대법원 1995. 12. 5. 선고 95누12347 판결.

하기 위한 필요가 있거나 퇴직금 산정시 재직기간에 해고기간을 합산할 실익이 있다고 하여도, 그러한 이익은 민사소송절차를 통하여 해결될 수 있어 더는 구제절차를 유지할 필요가 없게 되었으므로 구제이익은 소멸한다고 한 것이 있다.[46)

하급심 판결로서도 이와 같은 취지의 판결들이 발견된다.[47)

다만, 근로계약이 반복갱신 등으로 인하여 그 기간의 정함이 형식에 불과해진 경우에는 계속하여 부당해고를 다툴 수 있다 할 것이다.[48)

그런데 위와 같은 판례의 태도는 부당해고에 대한 구제명령이 반드시 원직 복직을 전제로 한다고 파악하는 것인데 금전보상제도가 도입됨으로써 구제이익과 관련한 상당한 변화가 있으리라 예상된다.[49)

3. 구제명령 중 복직명령부분만이 실효된 경우의 사용자의 소익

지방노동위원회가 교량철물공사를 수급받아 공사하던 사용자의 근로자들에 대한 해고를 부당해고로 인정하고 원직 복귀 및 복직시까지의 임금 지급을 명하였고 중앙노동위원회가 이에 대한 사용자의 재심신청을 기각하였는데, 그 후 부당해고구제 재심판정취소소송의 계속 중에 교량철물공사의 완공으로 사업장이 소멸되어 당초의 근로계약기간이 종료한 사안에서, 원심[50)은 근로계약기간의 만료로 근로자들이 복귀할 사업장이 없어졌

---

46) 대법원 2001. 4. 24. 선고 2000두7988 판결.
47) 서울행정법원 2000. 2. 29. 선고 99구18851 판결; 서울행정법원 2006. 3. 24. 선고 2005구합32149 판결.
48) 박은정, "노동분쟁해결제도연구", 법학박사학위논문, 이화여자대학교, 2005, 90면.
49) 김홍영, "부당해고 구제절차에서의 금전보상 제도 및 이행강제금 제도"(이하 '금전보상 및 이행강제금'이라 한다), 노동법학 25호, 한국노동법학회, 2007, 44~45면.
50) 서울고법 1992. 7. 24. 선고 91구24214 판결.

으므로 위 구제명령 중 원직 복귀를 명하는 부분은 실현불가능한 것을 내용으로 하는 것이 되었고, 급여 상당액의 지급을 명하는 부분도 원직 복귀명령에 필연적으로 따르는 성질의 것이고 그 구체적 수액도 궁극적으로는 민사소송절차에 의하여 확정되어야 할 것이므로, 결국 재심판정은 그 취소를 구할 이익이 없다고 하여 부당해고구제 재심판정취소의 소를 부적법한 것이라고 각하하였다.

이에 대하여 대법원은 재심판정의 취소를 구할 법률상의 이익이 있다고 판시하면서 원심판결을 파기환송하여, 구제명령 중 복직을 명하는 부분이 실효되었다고 하더라도 그것만으로 부당해고구제 재심판정취소를 구하는 소의 이익이 없게 되는 것이 아님을 분명히 하였다.[51] 피고의 재심결정 중 원직 복귀를 명하는 부분이 사정변경으로 인하여 이행불가능한 것이 되었다 할지라도, 이는 노동위원회의 결정이 위법한 처분이라 하여 그 결정 당시에 소급하여 무효로 되는 경우와는 달리 사정변경으로 인하여 위 근로계약 종료일 이후부터만 효력이 없게 되는 것이어서, 해고 다음날부터 위 복직명령이 이행가능하였던 위 근로계약종료시까지의 기간 동안에 위 임금지급명령에 기하여 발생한 구체적인 임금지급의무는 위와 같은 사정변경으로 복직명령이 실효되더라도 소급하여 소멸하는 것은 아니므로, 원고로서는 사업장이 폐쇄되어 근로계약이 종료한 이후에도 여전히 위 임금상당액의 지급명령을 포함하는 노동위원회의 결정에 따를 공법상의 의무를 부담하고 있는 상태라 할 것이어서, 원고로서는 그 의무를 면하기 위하여 피고의 위 재심판정의 취소를 구할 법률상의 이익이 있다.
또한, 피고의 구제명령 중 과장 보직해임 및 대기발령이 부당인사로 인정되어 승급 누락 등 불이익조치를 금지한 부분이 소외인의 자진 퇴직이란 사정변경으로 인하여 더는 원고 회사에 대한 구속력이 없어져 무의미

---

51) 대법원 1993. 4. 27. 선고 92누13196 판결.

한 것으로 되었다 하더라도, 대기발령기간 중의 직무수당 등 임금 차액의
지급을 명한 구제조치에 대하여는 그 임금 차액이 이미 지급되었지만 이
사건 소송에서 그 구제명령이 취소된다면 원고가 소외인에게 지불한 임
금상당액은 법적 근거가 없게 되어 부당이득이 되고, 원고는 소외인에 대
하여 그 반환을 청구할 수 있게 되는 것이기 때문에 그 한도에서 원고는
이 사건 구제명령의 취소를 구할 법률상 이익이 있다고 보아야 한다는 판
결이 있다.[52] 위 판결은 원심이 구제명령의 이행으로서 지급된 임금의 반
환 여부는 별도의 부당이득 반환을 구하는 민사소송에서 확정될 것이라
고 하여 민사소송에 미루고 있지만, 위 명령이 취소되지 아니하는 경우에
는 사용자가 사후에 별도로 제기한 민사소송에서 이 사건 대기발령의 적
법함이 증명되더라도, 공정력 있는 위 구제명령에 따라 지급된 임금상당
액은 그 명령이 당연무효가 아닌 한 법률상 원인 없이 지급된 것이 아니
어서 부당이득 반환을 받을 수 없게 될 것이므로 원심[53]의 위와 같은 설
시는 부당하다고 하여 원심을 파기하였다.

사용자가 행한 해고처분에 대하여 이를 부당해고로 인정하면서 해고된
근로자를 원직에 복직시키고 해고기간 동안 임금상당액의 지급을 명하는
내용의 노동위원회의 구제명령에 관한 재심판정 후에 사업장이 폐쇄된
사안에서도, 해고 다음날부터 복직명령의 이행이 가능하였던 사업장 폐쇄
시까지의 기간 동안의 임금상당액의 지급의무는 소급하여 소멸하는 것이
아니라고 하여 재심판정의 취소를 구할 법률상 이익을 인정하였다.[54]

대법원은 이와 같이 원고에게 적어도 임금지급명령부분과 그 전제가
되는 부당해고 인정부분에 대하여는 그 취소를 구할 법률상의 이익이 있
다고 본 것인데 만일 원고가 구제명령에 따라 임금지급의무를 이행하였

---

52) 대법원 1993. 9. 14. 선고 93누1268 판결.
53) 서울고법 1992. 12. 10. 선고 92구18902 판결.
54) 대법원 1994. 4. 29. 선고 93누16680 판결.

다면 어떻게 볼 것인가.

원직 복귀 등 임금지급명령부분을 제외한 구제명령의 주된 부분이 명령 후의 사정변경으로 인하여 이행이 불가능하게 되어 소의 이익이 없게 된 경우에 사용자가 이미 구제명령에 따라 임금을 지급하였다면 해고 후의 임금지급명령부분은 원직 복귀를 전제로 한 것인데 원직 복귀가 불가능하여짐으로써 임금 상당의 지급을 명한 부분에 대하여도 구제명령위반의 문제가 생길 여지가 없으며 이미 지급한 임금은 별도의 부당이득반환을 구하는 민사소송을 통하여 반환받아야 한다는 견해가 있으나, 구제명령이 취소되지 아니하는 경우에는 별도의 민사소송에서 해고가 유효로 인정되더라도 사용자가 공정력 있는 구제명령에 따라 지급한 임금이 법률상 원인 없이 지급한 것이라고 볼 수는 없다 할 것이므로 구제명령에 임금지급명령이 포함되어 있는 경우에는 언제나 그 취소를 구할 소의 이익이 있다고 보아야 한다.[55]

임금지급명령부분만이 문제되는 경우 취소의 범위는 어떻게 될 것인가.

먼저, 부당해고 구제제도는 근로자가 부당해고라고 주장하는 구체적 사실에 대하여 그것이 부당해고에 해당하는지 여부를 심리하고 그것이 부당해고인 경우에 적절한 구제방법을 결정·명령하는 제도이므로, 부당해고라고 주장되는 구체적 사실이 심사의 대상이 되는 것이고, 따라서 부당해고라고 주장된 구체적 사실이 1개인 이상 그에 대하여 노동위원회가 발한 구제방법이 수개이고 또 각 구제방법이 독립하여 이행될 수 있는 것이라고 하더라도 행정처분으로서의 구제명령은 1개라고 보아야 한다.[56]

이와 같이 행정처분으로서의 구제명령은 1개이나 외형상 하나의 행정처분이라고 하더라도 가분성이 있거나 그 처분대상의 일부가 특정될 수 있다면 그 일부만을 취소할 수 있고, 그 일부의 취소는 처분의 일부에 관

---

55) 김치중, 판례해설, 317~320면.
56) 대법원 1995. 4. 7. 선고 94누1579 판결 참조.

해서만 효력이 미친다.[57] 법원은 원고가 취소를 구하지 않은 부분에 대하여는 비록 그 부분이 위법하다고 하더라도 취소할 수 없고, 노동위원회도 취소판결이 확정되어 그 내용에 따라 변경하여 명령을 하는 경우에도 취소소송에서 원고가 취소를 구하지 않은 부분에 대하여는 이를 취소, 변경할 수 없다.[58]

노동위원회의 구제명령에 포함된 여러 구제수단이 서로 유기적 관계에 있는 경우에는 일부만을 취소하는 경우에 노동위원회가 적절한 구제수단을 찾기 어려울 것이므로 일부취소를 허용하기 곤란하다 할 것이지만, 구제명령 상호 간에 유기적 관계가 인정되지 않는 경우라면 구제명령 중의 일부만을 취소할 수 있을 것이다.[59]

4. 민사소송과의 관계

노동위원회의 사용자에 대한 구제명령은 사용자에게 이에 복종하여야 할 공법상의 의무를 부담시킬 뿐, 직접 노사 간의 사법상의 법률관계를 발생 또는 변경시키는 것은 아니다.[60] 따라서, 근로자는 위 권리구제절차와는 별도로 민사소송으로 해고처분이 부당해고에 해당함을 이유로 그 사법상 효력을 다툼으로써 권리구제를 구할 수 있다.[61]

그런데 근로자가 부당해고 구제신청을 하여 그 구제절차가 진행되는 중에 자신이 별도로 구하던 해고무효확인소송에서 근로자 패소판결이 확정된 경우에 소의 이익을 인정할 것인지가 문제된다.

---

57) 김치중, 소송법적 문제, 565~566면.
58) 조한중, 앞의 논문, 377~378면.
59) 김치중, 소송법적 문제, 567면.
60) 대법원 2006. 11. 23. 선고 2006다49901 판결; 대법원 1994. 6. 28. 선고 93다 33173 판결.
61) 대법원 1991. 7. 12. 선고 90다9353 판결.

　대법원은 1989. 3. 29 개정된 근로기준법 제27조의 3의 규정[62]에 의하여 사용자의 근로자에 대한 해고가 정당한 이유가 없음을 이유로 구제신청을 하여 구제절차가 진행 중에 근로자가 별도로 사용자를 상대로 같은 사유로 해고무효확인청구의 소를 제기하였다가 청구가 이유없다 하여 기각판결을 선고받아 확정되었다면, 부당해고가 아니라는 점은 이미 확정되어 더는 구제절차를 유지할 필요가 없게 되었으므로 구제이익이 소멸한 것으로 보아야 한다고 판시하였다.[63]

　이와는 달리 근로자가 해고에 대한 구제신청을 하여 구제절차가 진행되거나 구제신청을 기각한 재심판정에 대한 취소소송이 제기되어 진행중에 근로자가 별도로 제기한 해고무효확인소송에서 승소판결이 선고·확정된 경우에는 구제이익 내지 소의 이익을 부정할 수는 없다. 해고무효확인소송에서 승소확정판결을 받음으로써 근로계약관계의 존속이 확인되어도 사용자가 원직 복직을 거절하고 있다는 등의 사정이 있는 경우에는 근로자로서는 노동위원회의 구제명령을 통하여 사용자로 하여금 그 시정조치를 취하게 할 필요가 있고,[64] 노동위원회에 의한 행정상의 구제는 사용자에게 정상적인 근로관계를 침해하는 일체의 행위에 대한 시정조치를 하게 할 공법상의 의무를 부담시켜 사실상 정상적인 근로계약관계를 조속히 회복시키려는 제도이기 때문이다.[65]

　또한, 지방노동위원회의 부당해고 구제명령이 있은 후 사용자가 그 취

---

62) 현재의 근로기준법 제28조.
63) 대법원 1992. 7. 28. 선고 92누6099 판결(대법원은 원심의 변론종결 후에 사용자가 근로자가 제기한 해고무효확인 등 소송사건에서 원고 패소판결이 선고되어 확정된 사실을 뒷받침하는 참고자료를 제출하였으므로, 구제이익의 유무에 관하여 당사자에게 증명을 촉구하고 이를 심리판단하여야 한다는 이유로 원심판결을 파기환송하였다); 同旨 대법원 1992. 11. 24. 선고 92누9766 판결(정직처분과 관련한 사례).
64) 김치중, 소송법적 문제, 543면; 성기문, "부당해고, 부당노동행위, 해고등무효확인청구의 소의 관계", 행정소송실무연구, 서울고등법원, 1998. 12., 373면.
65) 김치중, 소송법적 문제, 543~544면.

소를 구하는 재심절차나 재심판정에서 지방노동위원회의 구제명령이 유지되거나 새로이 구제명령이 발하여지고 사용자가 위 재심판정의 취소를 구하고 있는 중에, 해고무효확인소송이 확정된 경우에는 해고의 유·무효 판단과 무관하게 사용자는 계속 구제이익이나 소의 이익이 있다. 구제명령이나 재심판정이 그대로 확정될 경우 민사재판의 결과와는 관계없이 사용자는 구제명령에 따른 공법상의 의무를 부담하고 이를 면하려면 구제명령을 취소하여야 하기 때문이다.[66]

이와는 반대로 근로자가 해고무효확인소송을 진행 중에 근로자가 부당해고 구제신청을 하여 구제신청이 기각되고 그 취소를 구하는 행정소송을 제기하였으나 청구기각의 판결을 받아 확정되었다면 민사소송에서 법원은 그 불이익처분이 정당한 것이라는 점에 관하여 기속을 받아 당해 소송을 부적법하다고 보아야 하는지가 문제된다.

이에 관하여는 부당해고구제 재심판정을 다투는 소송에 있어서도 해고의 정당성에 관한 주장·증명책임은 이를 주장하는 자가 부담하고 근로자가 부당해고구제신청을 기각하는 내용의 중앙노동위원회의 재심판정을 다투는 행정소송에서 청구기각의 판결을 받아 확정된 경우에는 법원의 실질적인 심리를 통하여 사용자가 근로자에 대하여 한 해고가 부당한 불이익처분이 아니라는 점이 확정되었다 할 것이어서 당해 민사소송은 부적법하여 각하하여야 한다는 견해가 있다.[67]

대법원은 나아가 부당노동행위 구제제도에 의하여 보호하려는 법익은 해고무효확인소송에 의하여 보호하려는 근로자 개인의 권리와는 상이한 것임에도, 부당노동행위구제 재심판정취소를 구하던 중 해고무효확인소송에서 근로자 패소판결이 확정된 경우에, 근로자의 부당노동행위 구제신

---

66) 김치중, 앞의 논문, 544면, 성기문, 앞의 논문, 373~374면.
67) 성기문, 앞의 논문, 374면.

청을 기각한 지방노동위원회의 결정을 유지하여 재심신청을 기각하거나 구제명령을 발한 지방노동위원회의 결정을 취소하여 구제신청을 기각하는 내용의 중앙노동위원회의 재심판정의 취소를 구하는 소송은 그 소의 이익이 없어 부적법하다고 판시하여 근로자인 원고의 상고를 기각하였다.68) 근로자가 자신에 대한 해고 등의 불이익처분이 부당노동행위에 해당한다고 주장하여 부당노동행위 구제신청을 하여 그 구제절차가 진행 중에 자신이 별도로 사용자를 상대로 제기한 해고 등 무효확인청구의 소에서 청구기각 판결이 선고되어 확정된 경우에 있어서는 사용자의 근로자에 대한 해고 등의 불이익처분이 정당한 것으로 인정되었다 할 것이어서 노동위원회로서는 그 불이익처분이 부당노동행위에 해당한다고 하여 구제명령을 발할 수 없게 되었으므로 구제이익은 소멸한다고 판시하였다.

구제이익 소멸설을 취한 위 대법원 판결에 대하여 해고 등 불이익취급에 정당사유가 인정되는 경우 부당노동행위가 성립될 수 있는지에 관하여 대립하고 있는 부당노동행위 성립부인설(정당사유설), 부당노동행위 긍정설, 결정적 원인설, 상당인과관계설 중에서 불이익처분을 함에 족한 정당한 사유가 있는 경우에는 부당노동행위가 성립되지 않는다는 정당사유설의 입장에 기울어 있음을 강하게 시사하고 있다고 하면서,69) 불이익처분에 근로기준법 제23조 제1항 소정의 정당한 이유가 없다는 주장과 불이익처분이 부당노동행위에 해당한다는 주장은 단순한 공격방어 방법

---

68) 대법원 1996. 4. 23. 선고 95누6151 판결.
69) 김민기, 앞의 논문, 577면; 하지만, 처분이유의 경합과 관련한 논쟁은 결국 해고의 정당성 인정에 관한 논의에 불과하다. 형사처벌까지 뒤따르는 부당노동행위의 성립을 인정하면서 부당노동행위로서의 해고를 정당한 해고로 인정할 수는 없기 때문이다. 부당노동행위가 성립되면 해고의 정당성은 부정될 것이고, 해고의 정당성이 인정되면 부당노동행위의 성립은 부정될 것이다(대법원 1997. 9. 29. 선고 96누12672 판결; 대법원 1997. 12. 26. 선고 97누11126 판결; 대법원 1992. 11. 13. 선고 92누9425 판결; 김형진, "정당화사유와 부당노동행위의사의 경합에 관한 몇 가지 문제", 대법원 판례해설 26호, 법원도서관, 1996. 4., 260~261면 등 참조).

의 차이가 아닌 소송물 자체를 달리하는 것이며,[70] 부당해고 구제신청에 대한 구제명령이 있는 경우의 부당노동행위 구제신청의 구제이익에 관하여 대법원이 판시[71]한 바와 같이 부당노동행위 구제제도와 근로기준법에 의한 부당해고 등 구제제도는 그 목적과 요건에 있어서 뿐만 아니라 그 구제명령의 내용 및 효력 등에 있어서도 서로 다른 별개의 제도로서 관련 민사소송에서 불이익처분에 근로기준법 제23조 소정의 정당한 이유가 있는 것으로 확정되었다고 하더라도 제도의 취지가 다른 부당노동행위 구제신청의 구제이익을 부정할 수는 없다는 비판이 있다.[72]

이론적으로는 경청할 만한 주장이나, 부당해고 구제소송에 있어서도 사용자가 내세우는 해고사유는 형식적인 것일 뿐 실은 근로자의 노동조합 활동을 혐오한 부당한 해고라는 등의 주장이 근로자 측에서 나와 이에 대한 심리 및 판단이 이루어질 것이므로,[73] 대법원은 해고무효확인의 소에 있어서 부당노동행위 주장은 해고의 정당성을 부인하는 주장의 하나의 공격방어방법에 불과한 것으로 파악한 것으로 보이고, 이러한 입장에 따르면 해고무효확인소송에서 정당한 이유 없는 해고라는 주장만을 하고 명확하게 부당노동행위로서 무효라는 주장을 하지 않았다고 하더라도 부동노동행위의 구제신청에 있어 해고무효확인소송에서의 청구기각 판결의 기판력이 미친다고 보아야 할 것이다.[74]

---

70) 이러한 주장은 부당해고와 부당노동행위는 증명책임과 요건사실을 달리하는 별개의 제도로서 해고의 정당성이 인정되어도 부당노동행위로서의 해고가 성립될 수 있음을 전제로 한 것이나(박상훈, "부당노동행위의사와 해고이유의 경합", 1997 노동판례비평, 민주사회를 위한 변호사모임, 1998, 312~314면), 판례는 해고의 정당성을 인정하는 경우에는 부당노동행위의 성립 자체를 부정하고 있다.

71) 대법원 1998. 5. 8. 선고 97누7448 판결.

72) 김민기, 앞의 논문, 577~578면; 김치중, 소송법적 문제, 543면; 성기문, 앞의 논문, 375~376면.

73) 처분이유가 경합되는 경우 부당해고의 판단기준에 관한 대법원 판결로는 대법원 1997. 7. 8. 선고 96누6431 판결이 있다.

74) 성기문, 앞의 논문, 376면.

노동법의 이념을 달성하기 위하여 현실적인 근로관계에 있어서의 근로
조건 등을 직접적으로 규율하는 근로기준법 등의 개별적 근로관계법과
아울러 그와 같은 근로조건 등의 유지개선 등을 자주적으로 실현할 수 있
는 근로 3권을 실질적으로 보장하기 위하여 단체적 근로관계를 규율하는
집단적 노사관계법이 존재하나, 그 규율방법의 차이에도 불구하고 양자는
근로조건의 유지개선을 통한 근로자의 지위향상을 목적으로 하는 것이
고,75) 부당노동행위 구제신청이라고 하더라도 근로자 개인이 신청한 것은
개인적인 권리구제가 주된 목적이다. 해고무효확인소송에서 근로자 패소
판결이 확정되어 해고가 정당하고 사용자와의 근로관계가 해고에 의하여
종료된 것임이 밝혀졌음에도 사용자에 대하여 사법상 아무런 의무가 없
는 근로자의 원직 복직 등의 구제명령을 따르도록 하는 공법상의 의무를
부과하는 것은 부당하다.76) 나아가 처분이유의 경합과 관련한 논쟁을 해
고의 정당성 인정 여부에 관한 논쟁으로 보게 되면 해고무효확인소송에
서 해고가 정당한 것으로 인정된 경우에는 부당노동행위가 성립할 수 없
으므로, 해고된 근로자가 신청한 부당노동행위 구제신청을 담당하는 노동
위원회나 법원이 확정된 민사판결에 반하여 부당노동행위의 성립을 인정
하고 구제명령을 발할 수는 없을 것이다.

5. 부당노동행위 구제제도와의 관계

대법원은 노조활동으로 징계해고된 근로자가 별도로 제기한 부당해고
구제신청과 관련하여 중앙노동위원회 위원장이 위 근로자에 대한 해고를
부당해고로 인정히여 위 근로자의 복직을 명하는 재심판정을 하였다는
이유만으로 위 근로자의 당해 부당노동행위 구제신청의 목적이 달성되었

---

75) 김형진, 앞의 논문, 255면.
76) 김형진, 앞의 논문, 264~265면.

다고 하여 당해 재심판정의 취소를 구할 소의 이익이 없다고 판단한 원심[77]을 부당노동행위 구제신청에 관한 취소소송에서의 소의 이익에 관한 법리를 오해한 위법이 있다 하여 파기환송하였다.[78] 대법원은 부당노동행위 구제제도와 부당해고 등 구제제도는 그 목적과 요건에 있어서 뿐만 아니라 그 구제명령의 내용 및 효력 등에 있어서도 서로 다른 별개의 제도임을 전제로, 부당해고에 대한 구제명령이 있었다는 사정만으로 부당노동행위 구제신청에 대한 구제이익 또는 그 구제신청을 받아들이지 않은 중앙노동위원회의 재심판정에 대한 취소소송에서의 소의 이익마저도 없게 되었다고 할 수 없는 바, 이는 구 근로기준법 제27조의3 제2항, 구 노동조합법 제44조가 부당해고 등 구제신청에 따른 구제명령의 효력이 중앙노동위원회에의 재심신청이나 행정소송의 제기에 의하여 정지되지 아니한다고 규정하고 있다고 하여 달리 볼 것이 아니라고 하였다.

위 판결은 소의 이익이 인정되어야 하는 근거를 부당해고 구제절차와 부당노동행위 구제절차의 차이점에서 찾고 있는데, 부당노동행위와 관련하여 원상회복주의를 취하는 경우에는 사용자의 행위가 부당노동행위에 해당되는지의 여부와 함께 부당노동행위가 인정되는 경우에 그에 적합한 구제명령의 내용을 결정하는 것이 실질적으로 매우 중요한 의미가 있고, 노동위원회는 부당노동행위의 구제절차를 통하여 노사관계에 직접적으로 개입하여 단결권침해상태의 배제에 필요한 조치를 취하게 되는데, 근로생활상의 불이익까지도 원상회복의 구제가 부여되어야 하는 것이기에 구제이익의 범위가 넓다.[79] 이와 같이 부당노동행위구제의 경우 근로자 개인의 신분보장에 그 취지가 있는 것이 아니어서, 근로자는 부당해고의 구제수단인 원직 복귀와 소급임금의 지급 이외에 단결권 침해에 따른 부작위

---

77) 서울고법 1997. 3. 27. 선고 96구77 판결.
78) 대법원 1998. 5. 8. 선고 97누7448 판결.
79) 정인섭, "부당해고 구제명령이 내려진 경우 부당노동행위 구제이익의 존부", 노동법률 86호, 중앙경제사, 1998. 5., 14~15면.

명령이나 공고문 게시명령 등의 여러 가지 구제수단을 청구할 수 있으므로 부당노동행위의 성립을 부인한 중앙노동위원회 판정의 취소를 구할 법률상 이익이 있다고 봄이 상당하다.[80]

하지만, 중앙노동위원회의 부당해고에 대한 구제명령에 대하여 사용자가 제기한 재심판정취소의 소에서 사용자가 승소하여 재심판정이 취소, 확정된 경우에도 해고무효확인소송에서 청구기각판결이 확정된 경우와 같이 사용자의 근로자에 대한 해고가 정당한 것으로 인정되었다고 보고 노동위원회로서는 그 불이익처분이 부당노동행위에 해당한다고 하여 구제명령을 발할 수 없게 되어 근로자의 부당노동행위에 대한 구제이익이나 소의 이익이 없다고 할 것인지가 문제인데, 해고무효확인소송에서 청구기각 판결이 선고 확정된 경우에 부당노동행위에 대한 구제이익 내지 소의 이익이 소멸한다는 대법원 판례[81]에 따르면 위와 같은 경우도 같이 해석하여 구제이익 또는 소의 이익을 부정하여야 할 것이다.[82]

6. 해고 이전의 처분에 대한 구제신청

대법원은 근로자들이 전보명령 이후 해고되었다고 하더라도 그 해고의 효력을 둘러싸고 법률적인 다툼이 있어 그 해고가 정당한지 여부가 아직 확정되지 아니하였고, 그 해고가 전보명령에 따른 무단결근 등을 그 해고 사유로 삼고 있어서 전보명령의 적법성 여부가 해고의 사유와도 직접 관련이 있다면, 그 전보명령에 대한 구제의 이익이 있다고 판시하였다.[83]

또한, 근로자가 승진 및 배치전환 이후 해고되자 지방노동위원회에 부당해고 구제신청을 하였으나 신청기간 도과를 이유로 각하되었고 이에

---

80) 김민기, 앞의 논문, 579면.
81) 대법원 1996. 4. 23. 선고 95누6151 판결.
82) 성기문, 앞의 논문, 376~377면.
83) 대법원 1995. 2. 17. 선고 94누7959 판결.

중앙노동위원회에 재심신청을 하였으나 기각되어 위 각하 결정이 확정되었다고 하더라도 이로써 그 해고가 정당한지 여부가 아직 확정되지 아니하였다고 할 것이고, 더구나 위 해고가 승진 및 배치전환에 따른 무단결근 등을 그 해고사유로 삼고 있어서 승진 및 배치전환의 부당노동행위 해당 여부가 위 해고의 사유와도 직접 관련이 있다면, 승진 및 배치전환에 대한 구제의 이익이 있다고 하였다.[84]

하지만, 전보처분 이후에 근로자들이 이에 불응하여 장기간 결근하였을 뿐 아니라 연좌시위를 하거나 집단적으로 생산현장에 난입하여 업무방해 행위를 하고 관리직 사원에게 폭력을 행사하여 경영질서를 문란하게 하였다는 등의 이유로 해고된 사안에서, 전보처분이 인사권의 남용에 해당하여 무효라고 판단하면서도 해고가 정당한 것으로 인정되는 이상 부당 전보에 관한 부분은 구제신청의 이익이 없다고 하면서, 이 부분에 대한 재심신청을 받아들이지 아니한 재심판정[85] 부분은 그 결론에 있어 정당하다고 하여 원고들의 청구를 기각한 하급심판결이 있다.[86] 부당전보처분과 관련한 무단결근 외에 폭력 및 업무방해행위가 추가되었다는 점에서 앞서 본 대법원 판결들의 사안과는 다소 차이가 있는 것으로 짐작되나, 문면상으로는 해고가 정당한 것으로 인정된다면 부당전보에 관하여는 구제이익이 없다고 단정적으로 판단하여 위 대법원 판시와 충돌할 여지가 있어 보인다. 다만, 구제의 이익이 없다고 판단하는 경우의 주문에 있어, 노동위원회가 신청을 각하하지 않고 기각하였다고 하여도 기판력이 인정되는 법원의 판결과는 달리 그 법적 효력에 있어 별다른 차이가 있는 것은 아니므로 원고들의 청구를 기각한 것은 타당하다고 생각한다.

이에 대한 항소심에서는 원심판결을 인용하면서도 구제이익과 관련하

---

84) 대법원 1998. 12. 23. 선고 97누18035 판결.
85) 근로자들의 부당전보, 부당해고 및 부당노동행위 구제신청을 지방노동위원회는 모두 기각하였고, 중앙노동위원회는 근로자들의 재심신청을 모두 기각하였다.
86) 서울행정법원 2007. 8. 23. 선고 2006구합28376 판결.

여서는 전보의 정당성 여부가 해고의 정당성 여부와 별도의 절차에서 다투어지면서 해고의 정당성 여부가 확정되지 아니한 경우에는 근로자에게 부당전보에 관한 구제의 이익이 있을 것이나, 이와 달리 전보 및 해고의 정당성 여부가 하나의 절차에서 함께 판단되면서 해고가 정당한 것으로 인정되는 경우에는 부당전보에 관한 구제의 이익을 판단함에 있어서 해고가 정당함을 전제로 하여야 할 것이지 해고의 정당성 여부가 확정되지 않았음을 전제로 할 것은 아니므로 근로자에게 부당전보에 대한 구제의 이익이 없다고 하면서 근로자들의 항소를 기각하였다.[87] 앞서 본 대법원 판결과의 충돌을 피하기 위하여 위 판시 부분을 추가한 것으로 보이는데, 그 내용은 수긍할 수 있다고 하여도, 해고가 정당한 것으로 인정되어 결과적으로 부당전보를 다툴 이익이 없다는 것은 법원 단계의 판단이고,[88] 따라서 엄밀히 말하면 구제의 이익이 아닌 소의 이익의 문제로서 부당전보에 대한 재심판정취소소송에 있어서는 소를 각하하여야 하는 것이 아닌가 하는 의문이 든다.

Ⅲ. 확정된 구제명령 불이행에 대한 처벌

1. 법 규정

개정전 근로기준법은 부당해고의 구제신청에 있어 노동조합 및 노동관계조정법 제82조 내지 제86조의 규정만을 준용하고 확정된 구제명령에 대한 처벌조항을 준용하는 규정을 두지 아니하여[89] 구제명령의 실효성에

---

87) 서울고법 2008. 5. 14. 선고 2007누25710 판결(심리불속행 상고기각으로 확정됨).
88) 노동위원회에 부당전보 및 부당해고에 대한 구제신청이 함께 접수되었다고 하더라도 노동위원회 단계에서 해고의 정당성 여부에 대한 확정문제를 이야기할 수는 없을 것이다.

의문이 있었다.

현 근로기준법은 구제명령의 실효성 확보를 위하여 근로기준법 제31조 제3항에 따라 확정되거나 행정소송을 제기하여 확정된 구제명령 또는 구제명령을 내용으로 하는 재심판정을 이행하지 아니한 자는 1년 이하의 징역 또는 1천만 원 이하의 벌금에 처한다는 규정을 신설하였다.[90] 다만, 이를 노동위원회의 고발이 있어야 공소를 제기할 수 있는 죄로 규정하면서 검사는 이 죄에 해당하는 위반행위가 있음을 노동위원회에 통보하여 고발을 요청할 수 있도록 하였다.[91] 이와 같이 고발권한을 노동위원회만 갖도록 한 것은 원직 복직을 이행하지 않는 경우 이행강제금제도와 연계하여 운영하기 위한 것이다.[92]

노동위원회는 위와 같은 경우에 심판위원회의 결정에 따라 일정한 서식에 의하여 관할 지방노동관서에 고발하여야 하고,[93] 고발을 하기 전에 당해 사용자에게 고발 예정일 등을 알리고 부당해고 등 구제명령의 이행을 촉구할 수 있다.[94]

2. 이행강제금과 처벌과의 관계

위 벌칙과 이행강제금은 구제명령의 실효성 확보를 목적으로 도입된다는 공통점이 있으나, 벌칙은 확정된 구제명령을 이행하지 않은 자에게 부과가 가능한 것이고 이행강제금은 구제명령이 확정되거나 확정되지 않은 단계에서 모두 부과가 가능하므로, 확정된 구제명령을 이행하지 않은 자에

---

89) 구 근로기준법(2007. 1. 26. 법률 제8293호로 개정되기 전의 것) 제33조 제2항.
90) 근로기준법 제111조.
91) 근로기준법 제112조.
92) 「노사관계선진화입법 설명자료」(이하 '설명자료'라 한다), 노동부, 2007. 1., 94면; 김형배, 「노동법」, 신판 제4판, 박영사, 2007, 610면.
93) 노동위원회 규칙 제84조 제1, 2항.
94) 노동위원회 규칙 제84조 제3항.

게는 벌칙과 이행강제금의 부과가 모두 가능하다는 결론에 이르게 된다.

그리하여 노동부는 향후 제도의 운영시에 구제명령을 이행하지 않는 자에게는 우선적으로 이행강제금을 부과하고 부과 이후에도 이행하지 않는 경우에 벌칙을 부과할 예정이라 한다.[95]

하지만, 확정된 구제명령에 대하여 벌칙과 이행강제금의 부과가 병행된다면 이중처벌금지원칙에 위반하는 것은 아닌지의 여부가 문제될 수 있다.[96]

일반적으로는 이행강제금은 동일한 사건에 있어서 과태료 또는 형사벌과 병과될 수 있으며 이러한 경우 헌법 제13조 제1항에서 규정하고 있는 이중처벌 금지의 원칙에 위반하지 않는다고 보고 있고,[97] 헌법재판소도 헌법 제13조 제1항이 정한 이중처벌금지의 원칙은 동일한 범죄행위에 대하여 국가가 형벌권을 거듭 행사할 수 없도록 함으로써 국민의 기본권 특히 신체의 자유를 보장하기 위한 것이므로, 그 처벌은 원칙적으로 범죄에 대한 국가의 형벌권 실행으로서의 과벌을 의미하는 것이고, 국가가 행하는 일체의 제재나 불이익처분이 모두 그에 포함된다고 할 수는 없다고 판시하였다.[98]

그리하여, 헌법재판소는 위 결정에서

첫째, 구 건축법[99] 제54조 제1항에 의한 형사처벌의 대상은 당국의 허

---

95) 설명자료, 95면; 이에 대하여는 경제적 제재를 우선적으로 활용하고 최후수단으로서 형벌제재를 가한다는 점에서 올바른 방향이라는 의견이 있다(김재호·김홍영, "부당해고구제명령 불이행에 대한 이행강제금 부과", 노동법연구 21호, 서울대학교 노동법연구회, 2006, 139면 참조).

96) 김홍영, 금전보상 및 이행강제금, 75면.

97) 이철수, "개정 해고법제의 주요 내용과 그 평가", 2006~2007 개정 노동법의 법리적 검토(서울대학교 노동법연구회 2007년 춘계공개학술대회 발표 논문), 서울대학교 노동법연구회, 2007, 16면.

98) 헌법재판소 1994. 6. 30. 선고 92헌바38 결정.

99) 1991. 5. 13. 법률 제4381호로 개정되기 전의 것.

가 없이 건축행위 또는 건축물의 용도변경행위를 한 것임에 반하여, 동법 제56조의2 제1항에 의한 과태료는 건축법령에 위반되는 위법건축물에 대한 시정명령을 받고도 건축주 등이 이를 시정하지 아니할 때 과하는 것으로서 처벌 내지 제재대상이 되는 기본적 사실관계로서의 행위가 다르며,

둘째, 전자가 무허가건축행위를 한 건축주 등의 행위 자체를 위법한 것으로 보아 처벌하는 것인 데 대하여, 후자는 위법건축물의 방치를 막고자 행정청이 시정조치를 명하였음에도 건축주 등이 이를 이행하지 아니한 경우에 행정명령의 실효성을 확보하기 위하여 제재를 과하는 것이므로 양자는 그 보호법익과 목적에도 차이가 있고,

셋째, 무허가건축행위에 대한 형사처벌시에 위법건축물에 대한 시정명령의 위반행위까지 평가된다고 할 수 없으므로 시정명령 위반행위가 무허가건축행위의 불가벌적 사후행위라고 할 수도 없다는 이유로 구 건축법 제54조 제1항에 의한 무허가건축행위에 대한 형사처벌과 동법 제56조의 2 제1항에 의한 과태료의 부과는 헌법 제13조 제1항이 금지하는 이중처벌에 해당한다고 할 수 없다고 판시하였다.

하지만, 헌법재판소는 행정질서벌로서의 과태료는 행정상 의무의 위반에 대하여 국가가 일반통치권에 기하여 과하는 제재로서 형벌(특히 행정형벌)과 목적·기능이 중복되는 면이 있으므로, 동일한 행위를 대상으로 하여 형벌을 부과하면서 아울러 행정질서벌로서의 과태료까지 부과한다면 그것은 이중처벌금지의 기본정신에 배치되어 국가 입법권의 남용으로 인정될 여지가 있음을 부정할 수 없다고 하였다.

헌법재판소는 위법건축물의 시정을 위하여 과태료에 대신하여 도입된 건축법상의 이행강제금과 관련하여 또 하나의 결정을 하게 된다.[100]

이 사안에서는 행정상 간접적인 강제집행수단의 하나로서 집행벌에 해

---

100) 헌법재판소 2004. 2. 26. 선고 2001헌바80, 84, 102, 103, 2002헌바26 결정.

당하는 이행강제금은 과거의 행정법상 의무위반사실에 대한 제재수단의 의미가 강한 행정질서벌로서의 과태료와는 그 법적 성격에 있어 차이가 있으나, 위법건축물의 시정이라는 동일한 행정목적 달성을 위하여 국가가 선택할 수 있는 수단의 차이에 불과한 것이고, 개인에게 있어서는 국가의 일반통치권에 기한 제재로서의 성질에 있어서 동일하므로, 건축법 제78조에서 벌금형 또는 징역형을 규정하고 있음에도 건축법 제83조 제1항에서 이행강제금을 부과하는 것이 이중처벌금지원칙 위반이 아닌지가 문제되었다.

이에 대하여 헌법재판소는 헌법 제13조 제1항에서 말하는 처벌에 국가가 행하는 일체의 제재나 불이익처분을 모두 포함시킬 수는 없다고 한 앞서의 원론적인 입장을 견지하면서도, 건축법 제78조에 의한 무허가 건축행위에 대한 형사처벌과 건축법 제83조 제1항에 의한 시정명령 위반에 대한 이행강제금의 부과는 그 처벌 내지 제재대상이 되는 기본적 사실관계로서의 행위를 달리하며, 또한 그 보호법익과 목적에서도 차이가 있으므로 헌법 제13조 제1항이 금지하는 이중처벌에 해당한다고 할 수 없다고 결론지었다.

그런데 위 건축법상의 이행강제금과 형사처벌은 위와 같이 그 처벌 내지 제재대상이 되는 기본적 사실관계가 법률의 규정상 다른 것으로 볼 수 있지만, 부동산 실권리자명의 등기에 관한 법률(이하 부동산실명법이라 한다) 제5조 제1항 제1호에 규정된 과징금과 제7조 제1호의 형사처벌, 그리고 제6조 제2항의 이행강제금의 관계는 이와는 다소 차이가 있다.

부동산실명법 제5조 제1항 제1호는 누구든지 부동산에 관한 물권을 명의신탁약정에 의하여 명의수탁자의 명의로 등기하여서는 아니 된다는 위법 제3조 제1항의 규정을 위반한 명의신탁자에 대하여 당해 부동산가액의 100분의 30에 해당하는 금액의 범위 안에서 과징금을 부과하도록 규정함과 동시에 위 법 제7조 제1항은 제3조 제1항의 규정을 위반한 명의신탁자에 대하여 5년 이하의 징역 또는 2억 원 이하의 벌금에 처하도록 규정하고 있어 동일한 부동산실명법 제3조 제1항 규정위반에 대하여 형사처벌과 함께 과징금을 부과하고 있기 때문이다.

또한, 위 법 제6조 제2항은 이와는 별도로 제5조 제1항 제1호의 규정에 의한 과징금을 부과받은 자가 지체없이 당해 부동산에 관한 물권을 자신의 명의로 등기하지 아니한 경우에는 과징금부과일부터 1년이 경과한 때에 부동산평가액의 100분의 10에 해당하는 금액을, 다시 1년이 경과한 때에 부동산평가액의 100분의 20에 해당하는 금액을 각각 이행강제금으로 부과하도록 하는 이행강제금에 관한 규정을 두고 있다.

헌법재판소는 부동산실명법상의 과징금은 명의신탁이라는 행위를 한 자에 대하여, 행정청이 명의신탁행위라는 일정한 법률위반행위로 인한 불법적인 이익을 박탈하거나, 혹은 부동산실명법상의 실명등기의무의 이행을 강제하기 위하여 의무자에게 부과 · 징수하는 금전이라고 설명하면서, 부동산실명법이 형사처벌과 함께 과징금을 부과하는 것이 이중처벌금지의 원칙에 위배되는지의 여부에 관하여 이중처벌금지에 관한 헌법 제13조 제1항에서 말하는 처벌은 원칙적으로 범죄에 대한 국가의 형벌권 실행으로서의 과벌을 의미하는 것이고, 국가가 행하는 일체의 제재나 불이익처분을 모두 그 처벌에 포함시킬 수는 없다는 기존의 입장을 되풀이하면서 부동산실명법상의 의무위반에 대하여 처벌을 함과 동시에 과징금 또는 이행강제금을 부과하는 것이 바로 이중처벌에 해당하여 헌법에 위반한다고 보기는 어렵다고 하였다.[101]

이에 따라 대법원도 부동산실명법 제5조에 규정된 과징금은 그 취지와 기능, 부과의 주체와 절차 등에 비추어 행정청이 명의신탁행위로 인한 불

---

101) 헌법재판소 2001. 5. 31. 선고 99헌가18, 99헌바71, 111, 2000헌바51, 64, 65, 85, 2001헌바2 결정.

법적인 이익을 박탈하거나 부동산실명법상의 실명등기의무의 이행을 강제하기 위하여 의무자에게 부과·징수하는 것일 뿐 그것이 헌법 제13조 제1항에서 금지하는 국가형벌권 행사로서의 처벌에 해당한다고 할 수 없으므로 부동산실명법에서 형사처벌과 아울러 과징금의 부과처분을 할 수 있도록 규정하고 있다 하더라도 이중처벌금지 원칙에 위반한다고 볼 수 없다고 판시하였다.102)

　하지만, 헌법재판소는 과징금은 이와 같이 형사처벌이나 행정벌과는 그 성격을 달리하는 것이기는 하나, 위반자에 대하여 금전지급채무를 부담시킨다는 측면에서 실질적으로는 제재로서의 성격이 있으므로, 동일한 행위를 대상으로 하여 형벌을 부과하면서 아울러 과징금이나 이행강제금을 부과하여 대상자에게 거듭 처벌되는 것과 같은 효과를 낳는다면 이중처벌금지의 기본정신에 배치되어 국가 입법권의 남용이 문제될 수 있고, 이는 이중처벌금지 원칙의 문제는 아니나 그러한 중복적 제재가 과잉에 해당하는지 여부에 따라 과잉금지의 원칙에 위배될 수 있다고 하였다.103)
　이를 전제로 헌법재판소는 형사처벌은 공소시효가 있어 부동산실명법의 실효성을 확보하는 데에 한계가 있는데 비하여, 과징금은 시효가 적용되지 않으므로 명의신탁이 장기간 후 적발되는 경우 유일한 제재수단이 된다고 할 것이고, 또한 과징금은 명의신탁으로 인하여 발생하였을 이익을 박탈하고 실명등기의 이행을 강제한다는 점에서 국가의 형벌권행사인 처벌과는 다른 기능을 가지는 측면이 있으므로, 과징금이라는 제재 규정을 두는 것 자체는 입법목적을 달성하기 위하여 필요하고 적절해 보인다고 판시하였다.
　이행강제금에 관하여는, 실명등기의무 미이행자에 대하여 처벌이나 과

---

102) 대법원 2007. 7. 12. 선고 2006두4554 판결.
103) 헌법재판소 2001. 5. 31. 선고 99헌가18, 99헌바71, 111, 2000헌바51, 64, 65, 85, 2001헌바2 결정.

징금 부과처분만 있고 달리 이를 강제할 방법이 없다면, 일단 위반행위로 인하여 처벌이나 부과처분을 받은 사람은 장래에 더는 의무를 이행하려 하지 않을 것이고, 이 경우 의무이행을 강제할 수단이 없게 되어 궁극적으로는 부동산실명법의 목적을 달성할 수 없게 된다는 점, 이행강제금은 기본적으로 과거의 사실에 대한 제재인 처벌 또는 과징금과 그 목적이나 기능면에서 차이가 있는 점 등에 비추어, 과징금 이외에 이행강제금을 부과할 수 있는 규정을 두었다 하더라도 과잉의 제재라고 하기는 어렵다고 하였다.

다만, 부동산실명법상의 과징금은 실명등기의무 이행확보 수단의 측면도 강하므로, 이를 이행강제금과 더불어 이중적으로 부과하는 것이 비례의 원칙에 위배될 수 있다는 의문이 생길 수 있으나, 위 과징금과 이행강제금은 동시에 부과되는 것은 아니고 시기에 따라 차례로 부과되는 것이므로, 결국 이는 이행을 확보하고 강제하기 위한 성격의 부과금을 어느 단계에서 얼마만큼 부과할 수 있는지, 그 한도가 헌법에 위반될 정도로 과잉 제재에 해당하는지의 판단 문제로 귀결된다고 결론지었다.104)

3. 소 결

이러한 헌법재판소의 결정을 종합적으로 검토하면 확정된 구제명령을 이행하지 않은 경우에 적용되는 이행강제금은 헌법 제13조 제1항에서 금

---

104) 위 헌법재판소 결정은 부동산실명법 시행 후 법을 위반한 명의신탁자 및 법 시행일로부터 1년 이내에 실명등기를 하지 아니한 기존 명의신탁자 등에 대하여 부동산가액의 100분의 30에 해당하는 과징금을 부과할 수 있도록 규정한 구 부동산실명법(1995. 3. 30. 법률 제4944호로 제정된 것) 제5조 제1항이 과잉금지의 원칙이나 평등의 원칙에 위배되는지 여부에 관한 것이었다. 헌법재판소의 헌법불합치 결정에 따라 부동산실명법은 2002. 3. 30. 법률 제6683호로 제5조 제1항이 당해 부동산가액의 100분의 30에 해당하는 금액의 범위 안에서 여러 사정을 고려하여 탄력적으로 과징금의 액수를 부과할 수 있도록 개정되었다.

지하는 국가형벌권의 행사로서의 처벌에는 해당하지 아니하므로, 근로기준법 제111조의 형사처벌과 별도로 이행강제금을 부과하는 것이 이중처벌금지의 원칙에 위반한다고 보기는 어렵다. 하지만, 무허가 건축행위에 대한 형사처벌과는 규정의 내용상 그 처벌 내지 제재대상이 다른 건축법상의 시정명령 위반행위에 대한 이행강제금의 부과나, 규정상 처벌대상이 동일한 것으로 보이지만 과거의 명의신탁행위에 대한 처벌과는 달리 행정청이 명의신탁행위로 인한 불법적인 이익을 박탈하거나 부동산실명법상의 실명등기의무의 이행을 강제하기 위한 과징금은 형사처벌과는 그 취지와 기능이 다른 것이다.

이와는 달리 확정된 구제명령을 이행하지 않은 경우에 적용되는 이행강제금과 근로기준법 제111조의 처벌은 그 제재의 대상인 사실관계가 동일하고 노동위원회 구제명령의 이행을 확보하고자 하는 점에서는 그 목적도 동일하므로, 설사 이행강제금은 장래의 구제명령의 이행을 확보하고자 하는 것으로서 양자의 기능에 다소의 차이가 있다고 하더라도 확정된 구제명령불이행에 대한 형사처벌 외에 별도로 이행강제금을 부과하는 것은 이중처벌금지의 기본정신에 반하여 과잉금지의 원칙에 위반할 위험성이 있다.[105]

그리고 구제명령이 확정되었음에도 이미 실효성이 없음이 드러난 이행강제금을 계속하여 부과하는 것은 무모한 일이다. 사용자가 이행강제금의 반복된 부과에도 불구하고 노동위원회의 구제명령을 이행하지 않는 때에는 구제명령은 공법상의 효력밖에 없으므로 근로자는 별도의 민사소송에 의하여 권리를 구제받아야 하고, 민사소송에 의하는 경우에는 보전소송이

---

105) 同旨 이철수, 앞의 논문, 17면; 김홍영, 금전보상 및 이행강제금, 76~77면(그리하여 김홍영 교수는, 행정상 의무는 형벌에 의한 강제보다는 이행강제금과 같은 경제적 제재에 의한 강제가 더 바람직하다고 하면서, 이행강제금 제도가 도입된 현 시점에서는 형사처벌이 불필요하므로, 입법론적으로는 형사처벌규정을 삭제하고 이행강제금 제도로 통일할 것을 제안하고 있다).

나 강제집행을 통한 권리구제가 가능하며, 해고의 정당성 여부에 대한 사법적 판단이 필요한 부당해고에 있어서는 오히려 이것이 원칙적인 구제수단이다.

근로자의 민사소송제기가 가능하고 보전소송 등을 통한 권리구제의 수단이 있음에도 소송을 제기하지 아니하고 노동위원회가 계속하여 이행강제금을 부과하는 것은 위법상태를 시정하는 행정강제의 수단으로서 그 적정성을 인정받기 어려울 것이다.[106]

구제명령이 확정된 뒤에는 근로기준법 제111조에 의한 형사처벌을 하여야 하고 그 후로는 과잉금지위반에 관한 시비를 피하기 위하여 더 이상의 이행강제금의 부과는 하지 아니함이 바람직하다.[107] 또한, 필자와는 달리 취업청구권에 대하여 소극적인 입장에 선다면 아무런 계약상의 의무 없는 사용자에게 국가가 원직 복직을 강제하기 위하여 이행강제금을 부과하고 국가의 형벌권을 발동하는 것이 가능한 것인지에 대한 근본적인 의문이 있다.

---

106) 위 헌법재판소 2004. 2. 26. 선고 2001헌바80, 84, 102, 103, 2002헌바26 결정의 윤영철, 권성 재판관의 반대의견 참조.
107) 同旨 「2006~2007 개정 노동법의 법리적 검토」, 서울대학교 노동법연구회 2007년 춘계공개학술대회, 서울대학교 노동법연구회, 2007, 41면(유성재 교수의 토론문).

제3절 금전보상제

Ⅰ. 도입과정

2007. 1. 26. 근로기준법이 개정되기 전에는 부당하게 해고당한 근로자는 개정 전 근로기준법 제33조에 따라 노동위원회에 구제신청을 하거나 일반법원에 해고무효확인의 소를 제기하여 사법적 구제를 받을 수 있었다. 이 경우 노동위원회는 원직 복직과 백 페이(back pay)의 지급을 명하는 것이 일반적이었다.

이러한 노동위원회의 구제명령은 근로관계의 지속을 객관적으로 기대할 수 있는지의 여부를 고려하지 않고 원직 복직과 임금지급을 명하는 것이어서 실효성 측면에서 한계가 있었다.[1] 즉, 이러한 기존의 제도는 당사자 간에 근로관계의 지속을 객관적으로 기대하기 어려운 경우에도 일률적으로 해고무효에 따른 근로관계의 존속을 인정하는 경직된 결과를 초래하였고,[2] 해고무효판결이 있어도 복직 자체를 강제하거나 실력으로 실현시킬 수 있는 것인가에 관하여 의문이 있었다.[3]

그리하여, 우리나라에서도 부당해고시의 원직 복귀와 임금지급이라는 일률적인 구제제도에서 탈피하여 해고분쟁의 내용과 성격, 당사자의 의사

---

1) 조상균, "부당해고와 금전보상제도", 노동정책연구 7권 2호, 한국노동연구원, 2007, 3면.
2) 특히 중소기업의 경우 당사자 간의 신뢰관계의 심각한 손상으로 근로자가 원직에 복직하더라도 근무하기 어려운 경우가 상당하다고 한다(권오상, "부당해고에 대한 금전보상제도의 시행에 따른 실무적용", 노동법률 200호, 중앙경제사, 2008. 1., 81면 참조).
3) 「노사관계법·제도 선진화방안」(이하 '선진화방안'이라 한다), 노사관계제도 선진화 연구위원회, 2003. 11.,135면.

등을 고려하여 더욱 다양한 구제내용과 방식을 인정할 필요가 있고, 특히 복직이 현실적으로 기대될 수 없는 경우에까지 원직 복직명령을 내리는 것은 근본적인 문제가 있다는 의견이 제시되었다.[4]

이에 따라 노사관계제도 선진화연구위원회는 부당해고임을 전제로 노사당사자의 신청에 의하여 보상금을 지급하고 고용관계를 종료할 수 있도록 하는 금전보상제의 도입을 제안하였고 결국 2007. 1. 26. 근로기준법의 개정을 통하여 근로자가 복직을 원하지 않는 경우에는 노동위원회가 금전보상 구제명령을 할 수 있는 금전보상제를 도입하게 되었다.

이하에서는 먼저 부당해고와 관련한 외국의 금전보상제도에 관하여 살펴보고, 이어서 비록 입법에는 실패하였으나 새로 도입된 금전보상제의 운영과 관련하여 우리에게 상당한 시사점을 줄 수 있는 일본의 금전해결제도 도입과 관련한 논의를 검토한 후 우리의 금전보상제에 대하여 살펴보기로 한다.

II. 외국의 예

1. 개 설

해고의 자유가 업무에 부적격한 근로자를 배제함으로써 일정한 사회적 기능을 수행하는 것은 사실이지만, 한편 해고권의 자유로운 행사는 사회적으로 심각한 불안을 초래하므로, 해고의 자유에 대한 제한은 어느 나라에 있어서나 노동법의 기본적 과제의 하나이고, 각국은 다양한 방법으로 해고권과 그 행사를 제한하기 위한 법리와 법제를 형성하여 왔다.[5] 그리

4) 선진화방안, 136면.
5) 「註釋 勞働基準法(上卷)」[이하 '勞働基準法(上)'이라 한다], 東京大學 勞働法研

하여 대부분의 나라에서 해고를 제한하고 부당해고로부터 근로자를 보호하고 구제하는 제도를 두고 있으나, 부당해고의 법적 효력이 무효임을 전제로 원직 복직을 부당해고 구제의 원칙적인 방법으로 선택하고 있는 것은 아니다.[6]

ILO의 고용종료협약 제10조는 제8조에 규정된 법원 등의 중립적인 기관이 고용종료가 부당하다고 인정하면서 법률이나 관행에 의하여 고용종료가 무효라고 선언하거나 근로자의 복직을 명하거나 제안하는 것이 불가능하거나 실행될 수 없다고 판단할 때에는 적당한 보상의 지급이나 기타 적절한 구제수단을 명할 권한이 주어져야 한다고 규정하여,[7] 복직을 명하거나 제안할 수 없는 경우에는 부당해고의 구제에 대신하여 금전으로 보상할 수 있는 길을 열어두고 있으며, 대부분의 국가에서 금전해결제도를 포함한 다양한 구제제도가 마련되어 있다.[8]

영국이나 프랑스의 경우 부당해고라도 해고를 통해 근로관계가 해제된 것으로 인정하며, 부당해고의 구제로서 근로자의 신청(영국)이나 법원의 제안(프랑스)에 따라 원직 복직이나 재고용이 이루어질 수 있으나 현실적으로 복직판결은 매우 드물며 통상 금전보상을 통해 근로자를 구제한다.[9]

독일에서는 부당해고는 무효이며 원직 복직을 통한 부당해고의 구제가 원칙이나 근로자뿐 아니라 사용자의 신청에 의해서도 법원이 원직 복직 대신에 금전보상을 명할 수 있고 해고예고기간의 경과일부터 법원의 판결일까지의 기간에 대해서는 근로자의 임금청구를 인정하지 않는다.[10]

다만, 일반적인 부당해고에 대해서는 금전보상제를 활용하지만, 근로자

究會, 有斐閣, 2003, 323면.

6) 장은숙, "유럽국가의 부당해고에 대한 금전보상제도", 조정과 심판 2008 봄, 중앙노동위원회, 2008. 4., 12면.
7) ILO, C158 Termination of Employment Convention, 1982.
8) 조상균, 앞의 논문, 14면.
9) 장은숙, 앞의 논문, 31면.
10) 장은숙, 앞의 논문, 31면.

대표기구의 회원이나 노동조합의 대표에 대한 해고, 노조활동을 이유로 한 해고 등 특별해고보호대상자에 대한 해고에 대해서는 금전보상제의 활용을 제한하여 원직 복직을 강제하거나(프랑스), 보상금의 수준을 확대(영국)하여 해고의 남용을 규제하고 있다.

2. 영 국

1) 부당해고 구제제도의 정비

영국에서 해고규제입법이 정비되기 시작한 것은 1960년대 이후로서 그 전에는 사용자가 적정한 예고기간을 두거나 그에 상응하는 보상을 행하면 코먼 로(common law) 상 언제든지 근로자를 해고할 수 있었다.[11]

비조합원까지 포괄하는 최초의 근로자보호입법인 노사관계법(Industrial Relations Act)이 1971년 제정되었으며 위 법은 부당해고(unfair dismissal)를 일반적으로 금지하는 규정을 두었고, 부당해고의 경우 복직(reinstatement) 내지 재고용(re-engagement), 그리고 금전보상(compensation)을 명하도록 규정하였으며, 이러한 판정은 1964년 설립되어 1998년 고용법원(Employment Tribunal)으로 이름이 변경된 노동법원(Industrial Tribunal)에서 담당하도록 하였다.[12] 노사관계법의 부당해고 구제제도의 내용은 그 후의 입법에 의해 수정을 거쳐 현재에 이르고 있으며, 특히 1996년의 고용권법(Employment Rights Act 1996)이 부당해고 및 그 구제제도에 관한 현 제도의 골간을 이루고 있다.[13] 현 제도는 구제절차와 관련하여 본안 소송에 앞서 행정적

---

11) 강현주, "영국의 부당해고 구제제도", 노동법연구 14호, 서울대학교 노동법연구회, 2003, 92면; 김소영·조용만·강현주, 「부당해고구제의 실효성 제고방안」, 한국노동연구원, 2002, 66면.
12) 강현주, 앞의 논문, 92면; 김소영 등, 앞의 책, 66면.
13) 강현주, 앞의 논문, 93면; 김소영 등, 앞의 책, 67면.

조정기관인 조정중재국(ACAS: Advisory Conciliation and Arbitration Service)을 두어 화해절차를 거치도록 함으로써 해고분쟁이 소송이전에 원만하게 해결될 수 있는 장치를 마련하였다.14)

조정중재국은 정부의 예산으로 운영되는 행정기구이나 정부로부터 독립된 기구로서 운영되며, 이러한 독립성은 노사관계에서 노·사 어느 한 쪽에 치우치지 않는 공정성을 유지하게 해 준다.15) 조정중재국의 기능 중 가장 중요한 것은 고용법원에 제소된 사건 및 제소의 가능성이 있는 사건들에 대한 조정을 담당함으로써 고용법원의 판결을 대신하는 대체적 분쟁해결 기능을 수행하는 것인데, 고용법원에 제소된 사건 중에서 조정에 적합한 사건에 대하여는 조정중재국에 회부하여 조정하도록 하고 있다.16)

2) 해고의 정의 및 구제

고용권법은 근로자는 사용자에 의하여 부당하게 해고되지 아니할 권리가 있다고 규정하고 있으며,17) ① 예고의 유무와 무관하게 고용계약이 사용자에 의하여 종료된 경우, ② 근로자가 기간을 정하여 고용되고 그 기간이 동일한 계약에 따라 갱신되지 아니하고 종료된 경우, ③ 사용자의 행위로 인하여 예고 없이 근로자가 근로계약을 종료시킬 수 있는 상황에서 예고를 하거나 하지 아니하고 근로자가 근로계약을 종료시킨 경우를 해고라고 정의하고 있다.18) 일반적으로 부당해고와 관련한 근로자의 권리는 근속기간이 2년 미만인 근로자,19) 정년에 도달하거나 65세 이상의 근

---

14) 강현주, 앞의 논문, 93면; 김소영 등, 앞의 책, 67면.
15) 박은정, "노동분쟁해결제도연구", 법학박사학위논문, 이화여자대학교, 2005, 145~146면.
16) 박은정, 앞의 논문, 147~148면.
17) 고용권법 제94조 제1항.
18) 고용권법 제95조 제1항.
19) 고용권법 제108조 제1항.

로자20)에게는 보장되지 않는다.

사용자는 정당한 해고사유를 증명할 책임을 지며,21) 근로자가 직무를 수행함에 있어 능력이나 자격이 부족하거나, 근로자의 행태가 문제가 있거나, 근로자가 잉여인력이거나, 법률에 의하여 부과된 의무나 제한에 위반하지 않고는 근로자를 계속고용할 수 없는 경우, 또는 다른 근로자의 해고를 정당화할 만한 상당한 이유를 증명하여야 한다.22) 부당해고된 근로자는 고용법원이 인정하는 특별한 경우가 아닌 한 해고일로부터 3개월 이내에 고용법원에 구제를 신청하여야 한다.23)

3) 복직 및 재고용명령

부당해고로 판단되는 경우에 고용법원은 신청인에게 복직이나 재고용에 대하여 설명하고 그 희망 여부를 물어야 하며 신청인이 이를 희망하는 경우에는 복직이나 재고용을 명할 수 있고, 그러한 명령을 하지 않는 경우에 고용법원은 사용자에게 금전보상금을 지급하도록 하여야 한다.24)

복직명령은 사용자로 하여금 신청인을 모든 측면에서 해고되지 않았던 것과 같은 상태로 취급할 것을 명하는 것이다.25) 재량권을 행사함에 있어 고용법원은 먼저 복직명령을 할 것인지를 검토하여야 하며, 이때에는 신청인이 복직을 희망하는지, 사용자가 복직명령을 따르는 것이 현실적으로 가능한지, 신청인이 해고를 유발하거나 해고에 기여한 바는 없는지, 신청인의 복직을 명하는 것이 정당한지 등을 고려하여야 한다.26)

---

20) 고용권법 제109조 제1항.
21) 고용권법 제98조 제1항.
22) 고용권법 제98조 제1항 (b), 제98조 제2항.
23) 고용권법 제111조 제2항.
24) 고용권법 제112조.
25) 고용권법 제114조 제1항.
26) 고용권법 제116조 제1항.

복직명령을 하는 경우에는 미지급임금을 포함하여 신청인이 해고일로
부터 복직일까지 해고가 없었더라면 받을 수 있었으리라고 합리적으로
예상되는 이익으로서 사용자가 지급하여야 할 금액, 선임권과 연금권을
포함한 근로자에게 회복되어야 할 권리와 특권, 명령이 이행되어야 할 기
한이 특정되어야 한다.27)

재고용명령은 사용자나 사용자의 승계인, 혹은 계열 사용자가 신청인을
그가 해고되기 전의 업무와 비견될만한 업무나 기타 적절한 업무에 고용
법원이 정하는 조건으로 근무하게 할 것을 명하는 것이다.28) 고용법원이
복직명령을 하지 않기로 결정한 때에는 재고용명령을 할 것인지를 검토
하여야 하며, 이때에도 고용법원은 신청인이 원하는 명령의 본질이 무엇
인지, 사용자나 승계인, 계열 사용자가 재고용명령을 따르는 것이 현실적
으로 가능한지, 신청인이 해고를 유발하거나 해고에 기여한 바는 없는지,
신청인의 재고용을 명하는 것이 정당한지 등을 검토하여야 한다.29) 재고
용명령을 하는 경우에는 고용법원은 사용자의 특정, 업무의 본질, 근로의
대가, 미지급임금을 포함하여 신청인이 해고기간 동안 받을 수 있었으리
라고 합리적으로 예상되는 이익으로서 사용자가 지급하여야 할 금액, 선
임권과 연금권을 포함한 근로자에게 회복되어야 할 권리와 특권, 명령이
이행되어야 할 기한을 포함한 재고용의 조건이 명시되어야 한다.30)

4) 금전보상명령

금전보상명령은 복직 또는 재고용이 불가능하다고 판단되어 고용법원
이 이를 명하지 않는 경우와 고용법원이 그러한 명령을 하였음에도 사용

---

27) 고용권법 제114조 제2항.
28) 고용권법 제115조 제1항.
29) 고용권법 제116조 제2, 3항.
30) 고용권법 제115조 제2항.

자가 이를 이행하지 않는 경우에 내려진다.[31]

고용법원이 복직이나 재고용명령을 내리지 않는 경우에는 기초적 금전
보상(basic award)과 보상적 금전보상(compensatory award)으로 구성된 금
전보상을 명하게 된다.[32] 기초적 금전보상은 해고된 근로자의 직업상실에
대한 보상으로서 근로자의 연령, 근속연수 및 주급을 기초로 산정된다.[33]
기초적 금전보상은 부당해고로 인하여 근로자가 실제로 입은 피해액은
고려하지 않고 법에 따라 산정한다.[34]

근속연수 1년에 대하여, 근로자가 41세 이상의 경우에는 1.5주의 급여,
22세 이상 41세 미만인 경우에는 1주의 급여, 22세 미만의 경우에는 0.5
주의 급여가 기초적 금전보상액으로 산정되며, 근속기간의 상한은 20년이
다.[35] 기초적 금전보상액은 잉여인력감원 사건에서 피해고 근로자를 선택
함에 있어서의 이유나, 그 밖의 해고의 이유가 근로자의 직장 내에서의
건강 및 안전에 대한 위험을 방지하기 위한 활동, 직장연금의 수탁자로서
의 활동, 사업장의 근로자대표로서의 활동 등을 이유로 한 부당해고(이하
'근로자대표로서의 활동 등을 이유로 한 부당해고'라 한다)인 경우에는
최소한 4,200파운드가 인정된다.[36] 법원은 근로자가 사용자의 복직제의를
불합리하게 거절하거나 근로자가 해고와 관련하여 일정한 책임이 있는
경우에는 기초적 금전보상액을 적절히 감액하여야 한다.[37]

보상적 금전보상은 부당해고로 인하여 근로자가 실제로 입은 순수한

---

31) 강현주, 앞의 논문, 108면.
32) 고용권법 제118조 제1항.
33) 고용권법 제119조.
34) 장은숙, 앞의 논문, 27~28면.
35) 고용권법 제119조 제2, 3항; 주급은 최고 310파운드까지 인정되어 보상금의 최고수
    준은 현재 9300파운드라고 한다[장은숙, 앞의 논문, 14면 각주 14) 참조].
36) 장은숙, 앞의 논문, 28면; 고용권법 제120조 제1항은 근로자대표로서의 활동 등을
    이유로 한 부당해고의 경우 기초적 금전보상액을 2770파운드 이상으로 규정하고 있
    고, 2항에서는 국무장관은 영(order)으로 그 금액을 증액할 수 있다고 규정하고 있다.
37) 고용권법 제122조 제1, 2항.

금전적 손해를 보상하는데 그 목적이 있다.[38] 금전적 손해에는 해고시부터 통상적인 재취업시점까지의 기본급을 비롯한 근로계약상의 급부, 민간 의료보험, 기업연금, 주식에 대한 청구권 등이 포함되며, 그 증명책임은 근로자에게 있다.[39] 보상적 금전보상액은 고용법원이 사용자의 귀책사유로 인한 해고의 결과 신청인이 입은 손해와 관련된 모든 정황을 고려하여 정당하고 형평에 맞는 것으로 인정될 수 있어야 하며, 해고의 결과 발생한 합리적인 신청인의 비용과 해고가 없었더라면 얻을 수 있었을 것으로 합리적으로 예견되는 이익의 상실을 포함하여야 한다.[40]

보상적 금전보상액을 산정함에 있어서는 코먼 로(common law)에 따른 구제에 적용되는 손해경감의무가 적용되어 근로자가 해고기간 동안 얻었거나 얻을 수 있었던 수입이 공제되며, 고용법원이 해고가 신청인의 행위에 의하여 야기되었거나 신청인의 행위가 기여하였다고 인정하는 경우에는 인정사실에 비추어 정당하다고 인정되는 비율만큼 보상적 금전보상액을 감액하여야 한다.[41] 보상적 금전보상액의 최저기준은 법에 규정되어 있지 않고 최고액은 11,300파운드로 하되, 국무장관이 영으로 그 금액을 증액할 수 있다.[42] 실제로 보상적 금전보상액의 수준은 그다지 높지 않으며 평균 몇 개월분의 임금에 불과하다. 고용법원의 연간보고에 따르면 2006. 4.부터 2007. 3.까지의 보상적 금전보상액의 평균액은 7,974파운드이고 중간액은 3,800파운드이다.[43]

근로자대표로서의 활동 등을 이유로 한 부당해고의 경우에는 부당해고에 따른 보상금에 추가하여 특별보상금(special award)을 지급하여야 한

---

38) 장은숙, 앞의 논문, 28면.
39) 장은숙, 앞의 논문, 28면.
40) 고용권법 제123조 제1, 2항.
41) 고용권법 제123조 제4, 6항.
42) 고용권법 제124조 제1, 2항.
43) 「유럽국가의 부당해고에 대한 금전보상제도」(이하 '유럽국가의 부당해고'라 한다), 중앙노동위원회(연구책임자: 장은숙), 2007. 12., 79면.

다.[44] 특별보상금은 104배의 주급과 13,775파운드 중 큰 금액으로 하되 27,500파운드를 초과할 수 없다.[45] 특별보상금은 근로자가 고용법원에 복직이나 재고용을 요청하지 않거나 잉여인력의 감축과 관련된 사안에는 인정되지 않는다.[46]

사용자에게 복직이나 재고용명령을 내렸음에도 사용자가 이를 이행하지 않는 경우에도 사용자는 금전보상을 행하여야 하는데, 이 경우는 그 명령을 전혀 이행하지 않는 경우와 불완전하게 이행한 경우로 나누어 볼 수 있다.[47]

사용자가 고용법원이 명한 복직이나 재고용명령을 이행하였지만 명령의 구체적 내용을 완전히 준수하지 아니한 경우에는 고용법원은 금전보상을 명하게 되는데, 이 경우의 금전보상액은 사용자가 명령의 구체적 내용을 완전히 준수하지 아니함으로 인하여 신청인이 입은 손해를 고려하여 고용권법 제124조의 규정에 따라 적정한 액수를 산정하게 된다.[48] 이 경우의 금전보상액은 복직이나 재고용명령시에 사용자에게 지급을 명한 금액을 반영하기에 충분한 보상수준까지 최고기준액을 넘어 보상액의 수준을 높일 수 있다.[49]

사용자가 고용법원의 복직명령이나 재고용명령을 이행하지 않는 경우에는 사용자가 고용법원의 명령에 따를 수 없었음을 증명하지 못하면 사용자에게 기초적 금전보상과 보상적 금전보상 외에 부가적인 금전보상금이 부과되는데, 그 금액은 통상 13주 내지 26주의 주급이지만, 성차별이나 인종차별로 인한 해고의 경우에는 26주 내지 52주의 주급상당으로 늘

---

44) 고용권법 제118조 제3항; 장은숙, 29면.
45) 고용권법 제125조 제1항.
46) 고용권법 제118조 제2항.
47) 강현주, 앞의 논문, 109면.
48) 고용권법 제117조 제1, 2항.
49) 고용권법 제124조 제3항.

어나게 된다.50) 보상적 금전보상액과 부가적 금전보상액의 합산액은 복직
이나 재고용명령시에 사용자에게 지급을 명한 금액을 반영하기에 충분한
보상수준까지 보상적 금전보상의 최고기준액을 넘어 보상액의 수준을 높
일 수 있다.51)

그러나 근로자대표로서의 활동 등을 이유로 한 부당해고에 해당하는
경우에는 부가적인 금전보상금은 부과되지 않고,52) 기초적 금전보상과 보
상적 금전보상에 더하여 특별보상금이 추가로 부과된다.53) 고용법원이 근
로자대표 등의 근로자에 대하여 복직이나 재고용명령을 하였음에도 사용
자가 명령을 이행하지 아니하여 보상적 금전보상을 명하는 경우에 사용
자가 복직이나 재고용명령이 실행할 수 없는 것임을 증명하지 못하면 고
용법원은 부가하여 사용자에게 특별보상금의 지급을 명하여야 하며, 그
금액은 156주의 주급과 20,600파운드 중 큰 금액으로 한다.54)

이와 같이 영국에서는 부당해고로 판단되는 경우 고용법원이 1차적으
로 복직 또는 재고용을 명하고 그것이 불가능한 경우에는 2차적 구제로서
금전보상을 명하도록 되어 있어 금전보상이 복직 또는 재고용보다 우선
할 수 없음에도 불구하고, 실제로는 부당해고 근로자의 5% 미만이 복직
또는 재고용의 구제를 받고 있을 정도로 금전보상이 압도적이다.55)

50) 고용권법 제117조 제5, 6항.
51) 고용권법 제124조 제4항.
52) 고용권법 제117조 제4항 (b).
53) 고용권법 제118조 제2, 3항; 다만 앞서 본 바와 같이 특별보상금은 근로자가 복직이나
    재고용을 요청하지 않거나 잉여인력감축과 관련된 사안에서는 부과되지 않는다(고용권
    법 제118조 제2항).
54) 고용권법 제125조 제2항.
55) 강현주, 106면; 장은숙, 23면 각주 53)참조.

5) 임시구제명령

근로자대표로서의 활동 등을 이유로 한 부당해고에 있어서는 고용종료일로부터 7일 이내에 고용법원에 임시구제를 신청할 수 있다.[56]

고용법원은 신청이 요건을 갖춘 경우 심문을 열어 사용자에게 근로자의 구제신청에 대한 결정시나 화해시까지 근로자를 복직시키거나 해고 전의 고용조건 이상의 조건으로 근로자를 재고용할 의사가 있는지를 물어야 한다.[57] 사용자가 근로자에 대한 복직의사를 밝힌 경우에는 고용법원은 그러한 취지의 명령을 발하여야 한다.[58] 사용자가 재고용의 의사와 고용조건을 밝혔을 때에는 고용법원은 근로자가 그러한 조건의 업무를 받아들일 것인지를 물어야 한다.[59] 근로자가 그러한 조건의 업무에 동의하면 고용법원은 그러한 취지의 명령을 하여야 하며,[60] 근로자가 그러한 조건의 업무에 부동의하는 경우에 고용법원이 그러한 거절이 합리적이라고 판단하면 고용계약계속명령을 하여야 하고, 그렇지 아니하면 명령을 발하지 아니한다.[61] 사용자가 심문기일에 출석하지 아니하거나 복직이나 재고용을 거부할 때에는 고용법원은 근로계약계속명령을 발하여야 한다.[62]

고용계속명령은 고용종료일부터 구제신청에 대한 결정시 또는 화해시까지 고용에 기인하는 임금 및 수당, 선임권, 연금권 등에 있어서와 근로자의 계속근로기간을 산정함에 있어서 고용계약이 계속하여 효력을 갖도록 하는 명령이다.[63] 명령시부터 구제신청에 대한 결정 또는 화해시까지 사용자나 근로자는 고용법원에 사정변경을 이유로 고용계속명령의 취소

---

56) 고용권법 제128조 제1, 2항.
57) 고용권법 제129조 제3항.
58) 고용권법 제129조 제5항.
59) 고용권법 제129조 제6항.
60) 고용권법 제129조 제7항.
61) 고용권법 제129조 제8항.
62) 고용권법 제129조 제9항.
63) 고용권법 제130조 제1항.

나 변경을 신청할 수 있다.[64)]

사용자가 복직이나 재고용의 조건을 준수하지 않았다고 판단하는 경우에는 고용법원은 근로자의 신청에 따라 근로자의 고용계약계속명령을 발하고 사용자에게 근로자에 대한 보상을 명하여야 한다.[65)] 보상금은 명령에 따라 복직이나 재고용되어야 할 근로자의 권리에 대한 침해와 명령 불준수의 결과로 근로자에게 야기된 손실을 고려하여 고용법원이 적정하다고 인정하는 금액이 되어야 한다.[66)]

사용자가 근로계약계속명령의 조건을 준수하지 않았다고 판단하는 경우에는 고용법원은 근로자의 신청에 따라 다음과 같이 처리한다.[67)]

명령에 특정된 급여액을 지급하지 않은 경우에는 고용법원은 결정일에 사용자가 지급하여야 할 금액을 결정하여야 하며, 그 외의 경우에는 불준수의 결과 근로자가 입은 손해를 고려하여 사용자에게 고용법원이 적정하다고 생각하는 보상액의 지급을 명하여야 한다.[68)]

3. 독 일

1) 민법상의 해고

독일의 민법상의 해고는 통상해고와 즉시해고로 구분할 수 있다.

통상해고는 기간의 정함이 없이 계속되는 근로관계를 해지하는 경우에 적용되나, 기간의 정함이 있더라도 근로관계의 양 당사자가 통상해고를 할 권리에 관하여 합의한 경우에는 통상해고가 가능하다.[69)]

---

64) 고용권법 제131조 제1항.
65) 고용권법 제132조 제1항.
66) 고용권법 제132조 제2항.
67) 고용권법 제132조 제4항.
68) 고용권법 제132조 제5, 6항.
69) 이철수, "독일의 해고구제제도에 관한 소묘", 법학 48권 3호(통권 144호), 서울대학

통상해고의 경우 독일 민법에 의하여 근로관계의 당사자는 4주의 해지 기간을 두어 역월의 15일 또는 그 월말로 효력이 발생하는 해지를 할 수 있다.[70] 다만, 사용자의 경우에는 그 사업장 또는 기업에서의 근로자의 근속기간에 따라 해지 기간이 달라지는데 근속기간이 각 2, 5, 8, 10, 12, 15, 20년 이상인 경우에 각 1, 2, 3, 4, 5, 6, 7개월의 해지 기간을 두어 해지할 수 있다.[71]

즉시해고는 개별 사안의 모든 사정을 고려하고 계약당사자 쌍방의 이익을 형량할 때 해지 기간의 경과시 또는 고용관계의 약정된 종료시까지 고용관계를 유지하는 것을 해지자에게 기대할 수 없게 하는 사실이 존재하는 때에 각 계약 당사자가 이러한 중대한 사유를 이유로 해지 기간을 두지 아니하고 고용을 해지하는 것을 말한다.[72]

즉시해고에 대하여는 비례성의 원칙이 적용되어 즉시해고가 불가피한 최후의 선택이어야 한다.[73] 또한, 즉시해고는 해지권자가 해지의 기초를 이루는 사실을 안 때로부터 2주 이내에만 행할 수 있다.[74]

2) 해고제한법(Kündigungsschutzgesetz)에 의한 일반적 해고제한

독일에 있어서 근로자는 원하는 경우에 민법상의 조항, 근로계약이나 단체협약상의 규정 등에 근거하여 자유롭게 근로계약을 해지할 수 있다.[75] 그러나 사용자의 경우에는 해고가 자유롭지 못하다. 개별 법률에

교 법학연구소, 2007. 9., 102면.
70) 독일 민법 제622조 제1항.
71) 독일 민법 제622조 제2항.
72) 독일 민법 제626조 제1항.
73) 이철수, 앞의 논문, 104면.
74) 독일 민법 제626조 제2항.
75) 이철수, 앞의 논문, 107면.

의하여 직업훈련생이나 병역의무자와 같은 일정한 근로자에 대하여 해고를 제한하는 경우가 있으며 단체협약이나 근로계약에 의하여 통상해고가 제한되기도 하나,[76] 가장 중요한 것은 1951. 8. 13. 제정된 해고제한법에 의한 일반적인 해고의 제한이다.[77]

해고제한법은 해고되기 전에 그 사업장 또는 기업에서 6개월 이상 근로한 근로자에게 적용된다.[78] 일반적 해고제한 규정은 직업훈련생을 제외한 통상 근로자가 5인 이하인 사업장에는 적용되지 않으며, 10인 이하의 사업장의 경우 2003. 12. 31. 이후에 고용된 근로자에게는 적용되지 않는다.[79] 2004. 1.부터 적용사업장을 통상 근로자가 10인이 넘는 사업장으로 변경하면서, 그전부터 5인이 넘는 사업장에 고용되어 있던 근로자들을 계속 보호하고자 하는 것이다.[80] 사업장의 근로자 수 산정은 주당 근로시간이 20시간 이하의 근로자는 0.5명으로, 30시간 이하의 근로자는 0.75인으로 계산한다.[81]

위와 같은 사업장에 근로하는 근로자에 대한 해약고지가 사회적으로 부당(sozial ungerechtfertigt)한 경우에는 무효(rechtsunwirksam)이며, 사회적으로 부당한 해약고지로서는 근로자 개인에 관한 사유, 근로자의 행태상의 사유, 근로자의 계속 고용이 불가능한 긴박한 경영상의 필요에 근거하지 아니한 해약고지를 들고 있다.[82]

근로자의 신체적, 정신적 능력의 결여, 질병 등이 근로자의 일신상 사

---

76) 이정, "부당해고에 대한 사법구제 및 법적 효력", 노동법학 13호, 한국노동법학회, 2001, 51면.
77) 유럽국가의 부당해고, 7면.
78) 해고제한법 제1조 제1항.
79) 해고제한법 제23조.
80) 이철수, 앞의 논문, 107~108면.
81) 해고제한법 제23조 제4문.
82) 해고제한법 제1조 제2항 본문.

유에 해당될 수 있으며, 근로자의 근로계약 위반행위, 사내질서 또는 규정 위반행위, 근로관계와 밀접한 범죄행위 등이 근로자의 행태 상의 사유에 해당될 수 있다.[83]

긴박한 경영상의 사유는 사용자의 경영상의 결정에 따른 노동조직의 변경과 같은 기업내부적 사정으로 인한 경우와 매출감소, 신용대출 중단 과 같은 기업외부적 사정으로 인한 경우로 나눌 수 있는데,[84] 해고대상자 의 선발에 있어서는 근로자의 근속기간, 연령, 생계의무, 중증장애 여부를 충분히 고려하여야 한다.[85]

3) 변경해약고지 제도

사용자가 근로관계를 해지하면서, 근로자에게 해지와 결합하여 변경 된 근로조건하에서의 근로관계의 존속을 제안하는 것을 변경해약고지 (Änderungskündigung)라고 한다.

변경해약고지는 해고와 새로운 계약의 제안인 두 개의 의사표시이며, 따라서 해고에 관한 모든 법원칙이 적용되어 비례의 원칙 및 최후수단의 원칙이 지켜져야 하고, 계약의 청약으로서 근로자가 단순한 동의의 의사표 시만으로 이를 수락할 수 있을 정도로 내용이 명확하게 특정되어 있거나 또는 적어도 특정할 수 있는 변경된 근로조건이 수반되어야 한다.[86]

사용자의 변경해약고지에 대해 근로자는 제안 그대로 수락하거나, 거절 하거나 혹은 근로조건의 변경이 사회적으로 정당화될 것을 조건으로 하 여 유보적으로 수락하는 세 가지 중의 하나를 선택할 수 있다.

근로자가 근로조건 변경제안을 조건 없이 수락하는 경우 변경된 근로

---

83) 이철수, 앞의 논문, 108~109면.
84) 이철수 앞의 논문, 109면.
85) 해고제한법 제1조 제3항 제1문.
86) 이철수, 앞의 논문, 110~112면.

조건 하에서 근로관계가 지속되며, 근로자가 변경제안을 거절하거나 기간 내에 수락하지 않고도 해고무효확인소송을 제기하지 않으면 근로관계는 종료되고, 해고무효확인소송을 제기하면 그 결과에 따라 처리된다.[87]

변경해약고지의 제안을 받은 근로자는 근로조건의 변경이 해고제한법 제1조에 따라 사회적으로 부당하다는 유보하에 수락할 수 있는데, 이러한 유보는 해고예고기간 내에, 늦어도 해고의 의사표시가 도달한 때로부터 3 주 내에 사용자에게 표시하여야 한다.[88] 근로자가 유보하에 제안을 수락 하고도 제소기간 내에 소송을 제기하지 않은 경우에는 유보는 효력을 상 실하며, 법적으로 유보 없이 근로조건변경을 수락한 것과 같은 상태가 되 어 근로관계는 변경된 새로운 근로조건에 따라 존속한다.[89]

변경해약고지의 사회적 정당성 판단에 있어서는 근로조건의 변경이 사 회적으로 정당한지의 여부가 문제되며, 먼저 근로조건변경 사유 그 자체 가 존재하는지 여부가 검토되고, 이어서 근로자가 새로운 근로조건을 감 내해야 하는지의 여부를 검토하게 된다.[90]

4) 사업장협의회에 의한 보호

독일의 사업장조직법(Betriebsverfassunsgesetz)은 근로자 대표기구인 사 업장협의회에 공동결정권을 정점으로 하는 강력한 참가권을 보장하고 있 다. 인사계획, 배치전환, 해고 등의 인사적 사항에 대하여는 이의신청권 및 각종 관여권이 주로 규정되어 있다.[91]

구체적으로 살펴보면 채용, 배치전환, 직군변경 및 해고의 선정기준의

---

87) 이철수, 앞의 논문, 113면.
88) 해고제한법 제2조.
89) 이철수, 앞의 논문, 113면.
90) 이철수, 앞의 논문, 114면.
91) 이숭욱, "독일에 있어서 경영상 해고와 관련된 법적 문제에 대한 집단법적 해결",
    판례실무연구[Ⅵ], 박영사, 2003. 8., 27면.

책정은 사업장협의회의 동의를 요하는 공동결정사항이다.[92] 해고는 공동결정사항은 아니나 사업장협의회의 청문권이 인정된다. 사업장협의회는 통상해고, 즉시해고, 변경해약고지 등 모든 해고에 대하여 청문권이 인정되며, 사업장협의회의 청문 없이 행하여진 해고는 무효이다.[93]

특정한 근로조건을 변경할 때에는 위와 같이 사업장협의회의 동의를 얻어야 하고, 동의를 얻지 못한 경우에는 법원에서 그 동의에 갈음하는 결정을 받아야 사용자가 근로자에게 변경된 근로조건의 적용을 요구할 수 있게 되므로 사용자는 변경해약고지를 통보하기 전에 사업장협의회의 공동결정이 필요한 사항인지를 명확히 확인하여야 한다.[94]

5) 부당해고 구제소송

해약고지가 사회적으로 부당하거나 다른 근거에서 무효라고 주장하는 근로자는 해고고지를 받은 후 3주 내에 고용관계가 해고고지로 인하여 종료되지 아니하였음의 확인을 구하는 소를 노동법원에 제기하여야 한다.[95]

2004년부터 적용되는 개정 해고제한법에 따라 근로자는 해고의 사회적 부당성뿐만 아니라 그 외의 모든 해고무효사유에 대하여 제소할 수 있게 되었다.[96] 근로자가 해고무효를 기간 내에 주장하지 않은 경우 해고는 처음부터 유효한 것으로 된다.[97] 근로자가 기대되는 모든 주의를 다하였음에도 제소기간 내에 소를 제기하지 못한 경우에는 제소기간 경과 후에도 소제기가 허용되나,[98] 신청은 제소할 수 없었던 상태가 소멸한 후 2주 내

---

92) 사업장조직법 제95조 제1항.
93) 사업장조직법 제102조 제1항.
94) 이철수, 앞의 논문, 116면.
95) 해고제한법 제4조.
96) 이철수, 앞의 논문, 117면.
97) 해고제한법 제7조.
98) 해고제한법 제5조 제1항.

에 하여야 하며, 제소기간 종료시로부터 6개월이 지난 때에는 제소기간 경과 후의 제소가 허용되지 않는다.[99]

법원이 해고의 사회적 상당성을 인정하여 근로자의 청구를 기각하면 근로관계는 해고에 의하여 종료된 것으로 되며, 근로관계의 종료시점은 통상해고의 경우 해고예고기간이 종료한 때이고, 즉시해고의 경우 해고의 의사표시가 도달한 때이다.[100]

해고의 사회적 정당성이 인정되지 않아 무효인 해고로 확인되면 근로관계는 존속하는 것으로 되며, 해고시로부터의 소급임금이 지급된다.[101] 이 경우 ① 근로자가 다른 곳에서 일하여 얻은 소득, ② 근로자가 기대가능한 근로를 악의적으로 하지 아니함으로써 상실하게 된 소득, ③ 실업으로 인하여 받게 된 사회보험금, 실업보험금, 사회부조금 등의 공법상 급부는 소급인정 산정시 공제되어야 한다.[102]

6) 금전보상에 의한 구제

이와 같이 독일에서 부당해고는 무효이며 노동법원이 근로관계가 해고로 인하여 종료되지 않았음을 판결함으로써 근로자는 기존의 일자리에서 근로조건의 변경 없이 계속 근로할 권리가 있다. 사용자가 원직 복직을 거부하는 경우에는 근로자는 법원에 강제집행을 신청할 수 있는데, 법원은 사용자에게 최고 25,000유로까지의 벌금형을 가하여 원직 복직 의무를 수행하게 한다.[103]

하지만, 독일은 이러한 원칙적인 방법 외에 해고소송으로부터 근로자를 보호하고 해고분쟁을 효율적으로 해결하기 위한 특별한 제도가 있으며

---

99) 해고제한법 제5조 제3항.
100) 이철수, 앞의 논문, 119면.
101) 이철수, 앞의 논문, 119면.
102) 해고제한법 제11조.
103) 장은숙, 앞의 논문, 22면.

이와 관련하여 금전보상이 의미 있는 역할을 하고 있다.

먼저, 독일은 영국의 ACAS(Advisory Conciliation and Arbitration Service) 와 같은 별도의 조정기관이나 프랑스의 노동법원과 같이 법원 내에 조정부를 두고 있는 것은 아니나 1심의 경우 80% 이상, 2심의 경우 60% 정도가 화해 또는 소송취하로 해결될 정도로 많은 화해가 이루어지고 있으며, 특히 해고소송의 경우 해고가 무효로 판정되어도 직장에 복귀하지 않고 사용자가 소정의 금전적 보상을 함으로써 고용관계가 종료되는 경우가 많다.104)

독일 노동재판의 또 하나의 특징은 해고무효의 효과로서 근로관계를 확인하는 판결과는 별도로 당해 근로자에게 근로관계의 지속을 기대할 수 없다고 판단하는 경우에 근로자의 신청에 따라 근로관계를 해소시키고 대신 사용자에게 적절한 보상금의 지급을 명하는 해소판결(Auflösungsurteil)을 인정하고 있다는 점이다.105) 사용자도 사업목적상 당해 근로자와의 계속적인 공동작업을 기대할 수 없는 경우에는 법원에 해소판결을 신청할 수 있다.106)

해고제한법의 근본목적이 근로관계의 유지이며 금전보상을 보장하기 위한 것이 아니므로, 소송의 보상금은 소송의 일방당사자 또는 쌍방이 요구하는 때에만 인정된다.107) 해소판결은 통상해고나 즉시해고가 부당하여 해고가 무효로 된 경우 및 해고가 양속이나 신의칙에 반하여 무효로 된 경우에도 할 수 있으나,108) 사용자의 신청은 사회적으로 부당한 통상해고에 한정된다.109) 해소판결을 신청할 수 있는 종기는 항소심 구두변론 종결시이다.110)

---

104) 이정, 앞의 논문, 55면.
105) 해고제한법 제9조 제1항 제1문.
106) 해고제한법 제9조 제1항 제2문.
107) 장은숙, 앞의 논문, 22면; 이정, 앞의 논문, 55면.
108) 이정, 앞의 논문, 55면.
109) 이정, 앞의 논문, 55면.

해고제한법의 근본목적이 근로관계의 유지라 하나, 이미 오래전부터 해고된 근로자가 해고구제소송에 승소하여 근로관계의 존속이 확인되어도, 많은 근로자가 과거의 일자리로 돌아가기보다는 보상금을 받는 것을 선택하여 독일의 해고제한법은 보상금법으로 변해버렸다는 평가를 받기도 한다.[111]

노동법원은 근로관계 해제를 판정하면서 해제시점을 정하여야 하는데,[112] 근로관계 해제일은 판결일과는 다른 해고예고기간의 경과로 근로관계가 종료된 날이며, 따라서 해고예고기간이 경과한 날부터 판결일까지의 기간에 대하여는 근로자는 임금청구권이 없다.[113]

7) 금전보상의 수준

노동법원은 부당해고에 대하여 금전보상지급을 판결할 때에는 적절한 수준의 보상금액을 산정하여야 한다.[114]

해고제한법은 보상금의 상한을 12개월분의 임금으로 하되,[115] 근로자의 나이가 50세 이상이고 근속기간이 15년 이상인 경우는 15개월분의 임금, 근로자의 나이가 55세 이상이고 근속기간이 20년 이상인 경우는 18개월분의 임금을 보상금액의 상한으로 한다.[116] 법원은 보상금의 상한에 기속되는데 이와 같이 보상금의 수준을 달리하는 이유는 고령의 근로자의 경우 일자리 상실로 인한 피해가 더 크고 신규취업이 어렵기 때문이며, 다만 법원이 근로관계를 해제한 시점에 근로자의 나이가 이미 65세를 초과하여 법정연금수급권이 있는 때에는 보상금지급규정은 적용되지 않는다.[117]

---

110) 해고제한법 제9조 제1항 제3문.
111) 이철수, 앞의 논문, 130~131면.
112) 해고제한법 세9조 제2항.
113) 장은숙, 앞의 논문, 22면(이와는 달리 법원이 근로관계의 존속을 판결하면 해고예고기간의 경과일부터 복직일까지 사용자는 근로자에게 정상임금을 지급하여야 한다).
114) 해고제한법 제9조 제1항.
115) 해고제한법 제10조 제1항.
116) 해고제한법 제10조 제2항.

보상금 상한의 범위 내에서 구체적으로 보상금을 정하는 것은 노동법원의 재량이며, 법이 정한 근로자의 나이, 근속기간, 임금액 외에 연방노동법원의 판례에 따라 해고 및 해고사유의 부당한 정도, 기업연금의 대기기간을 채우지 못함에 따른 피해, 재취업가능성, 근로자가 원직에 복직하는 경우의 노사가 감수해야 하는 고통의 정도, 사용자가 상급심에서 패소하였을 때의 부담 등을 고려하고 있고, 사용자의 경제적 상황은 통상 고려되지 아니하나, 보상금지급으로 인하여 사업장 존립에 위험이 있거나 다른 근로자가 긴박한 경영상의 이유로 해고될 수 있는 경우라면 고려될 수 있다.118)

이와 같이 구체적 보상금액에 대하여는 별도의 규정은 존재하지 않으나, 실제로는 근속연수에 따라 대체로 그 금액이 정해져 있어 그에 따라 처리되며, 통상 근속연수 × 월 임금 × 0.5의 방식에 의하여 보상금을 산정하는 것이 재판실무상 정착되어 있다.119) 근로자의 근속연수와 월 임금은 정해진 수치이나, 마지막 0.5의 수치는 제반 사정을 고려하여 변경될 수 있는 수치로서, 근로자가 젊고 재취업을 하였다면 0.5 이하로 내려갈 수도 있고, 해고가 지극히 부당한 경우나 근로자가 큰 손해를 입은 경우 등에는 0.5 이상으로 올라갈 수도 있다.120)

4. 프랑스

1) 1973년의 입법

프랑스는 원래 해고제한입법이 부재하였으며 기간의 정함이 없는 근로

---

117) 장은숙, 앞의 논문, 26면.
118) 장은숙, 앞의 논문, 26～27면.
119) 이정, 앞의 논문, 55면; 장은숙, 앞의 논문, 27면.
120) 장은숙, 앞의 논문, 27면(해고가 지극히 부당하다고 판단한 경우에 노동법원이 2.25로 인정한 사례도 있다고 한다).

계약을 일방적으로 해지할 권한이 있는 사용자가 해고사유에 대한 유일한 판단자로 간주되었고, 근로자에 대한 유일한 보호책은 사용자의 일방적 해지권이 남용되었을 때 그에 대한 불법행위책임을 인정하는 것이었으며, 이 경우 손해배상을 구하는 근로자는 사용자의 고의·과실 및 손해에 대한 증명책임을 부담하여야 했다.[121]

프랑스에서의 해고는 그 성질에 따라 인적 이유에 의한 해고[122]와 경제적 이유에 의한 해고로 구분되며, 해고를 제한하는 최초의 입법은 1973. 7. 13.에 이루어졌다.[123]

1973년의 법률은 인적 이유에 의한 해고를 제한하는 법률로서 기존의 해고 법리에 일대 전환을 가져와, 우선 실체적 측면에서 사용자에게 주어졌던 일방적 근로계약 해지권은 진실하고 중대한 사유가 없는 한 사용자가 행사할 수 없는 권리로 변화되었고, 절차적 측면에서 근로자의 방어권 보장을 위해 사전청문절차, 청문과정에서 제3자의 조력을 받을 권리, 해고통지절차, 해고사유제시제도 등이 확립되었다.[124]

또한, 위 법률은 소송당사자를 증명책임으로부터 해방하여 증명책임에 관한 중립주의를 채택하고 소송당사자주의를 직권주의로 대체하였다.[125] 그리하여 소송당사자인 근로자와 사용자는 자신에게 유리한 사실을 법관에게 제시하면 충분하며, 법관은 소송당사자들이 주장하는 사실에 기초하여 경우에 따라서는 직권조사를 거쳐 해고이유의 진실성과 중대성을 판단하여야 한다.[126] 다만, 소송당사자들이 주장하는 사실과 직권조사로 밝

---

121) 김소영 등, 앞의 책, 85면.
122) 경제적 이유에 의한 해고에 해당하지 않는 모든 해고가 인적 이유에 의한 해고가 되는데, 능력부족, 질병 등 근로자의 개인적 사정을 이유로 하는 해고와 근로자의 비행을 이유로 하는 해고가 이에 해당한다[조용만, "프랑스 해고법제와 노동법원 구제제도", 노동법의 존재와 당위(김유성교수 정년기념), 박영사, 2006, 225면].
123) 조용만, 앞의 논문, 224면.
124) 김소영 등, 앞의 책, 85~86면.
125) 김소영 등, 앞의 책, 86면.

혀진 사실에 의해서도 해고이유의 진실성과 중대성에 대한 증명에 이르지 못할 때에는 1989. 8. 2.의 법률에 의해 신설된 노동법전 L.122-14-3조 제2항이 의심이 계속되는 경우 근로자에게 유리하다고 규정함으로써 사용자가 그 위험을 부담한다는 점을 명확히 하였다.[127]

프랑스에서는 경영상 이유에 의한 해고는 인적 이유에 의한 해고에 대비하여 경제적 이유에 의한 해고로 불리며, 1975. 1. 3.의 경제적 이유에 의한 해고에 관한 법률에 의해 독자적인 법제도로 형성되었다.[128] 경제적 이유에 의한 해고는 해고사유가 근로자에게 있지 아니하며 경제적인 어려움 또는 기술변경으로 인하여, 일자리가 폐지 또는 변경되거나 근로계약에서 정한 근본적인 근로조건의 변경을 근로자가 거부하여 사용자가 행하는 해고이고,[129] 해고규모에 따라 해고절차가 달라진다.[130]

경제적인 이유로 근로자를 해고하기 전에 사용자는 직업향상교육과 적응조치에 대한 노력을 선행하여야 하며, 사업장뿐만 아니라 사업장이 소속된 기업차원에서 근로자에게 근로자의 기존 일자리와 같은 가치를 갖는 일자리, 이러한 일자리가 없는 경우에는 그보다 낮은 가치의 일자리를 제공하여야 하며, 사용자는 이러한 일자리에 대하여 근로자에게 서면으로 상세하게 알려야 한다.[131] 또한, 경제적인 이유로 해고할 경우 사용자는 특별한 사정이 없는 한 근로자대표 또는 직장위원회의 의견을 청취한 후 해고대상자의 선정기준을 정하여야 하며, 선정기준을 정할 때에는 가족상황, 가장으로서의 부양의무, 사업장 또는 기업근속기간, 장애인이나 고령자 등 신규취업에 어려움이 있는지의 여부, 전문적 직업수행능력 등을 고

---

126) 조용만, 앞의 논문, 226면.
127) 김소영 등, 앞의 책, 86면; 조용만, 앞의 논문, 227면.
128) 김소영 등, 앞의 책, 86~87면.
129) 노동법전 L.321-1조 제1항.
130) 조용만, 앞의 논문, 232면.
131) 노동법전 L.321-1조 제2항.

려한다.[132]

이하에서는 인적 이유에 의한 해고를 중심으로 해고의 제한 및 그 구제에 관하여 검토하기로 한다.

2) 해고의 제한

프랑스 노동법은 위법한 해고를 '무효인 해고'와 '진실하고도 중대한 사유 없는 해고'(부당해고)로 구분하고 그에 따라 구제제도를 달리하고 있으며, 무효인 해고는 해고로부터 특별히 보호되는 근로자에 대한 해고나 공서에 반하거나 기본권을 침해하는 해고처럼 특별한 경우에만 인정된다.[133]

임신 중이거나 출산 후의 여성근로자에 대한 해고 및 산업재해를 입어 요양중인 근로자에 대한 해고, 출신, 성별, 품행, 가족상황, 민족, 국적, 인종, 정치적 견해, 조합활동, 종교적 신념, 건강상태, 신체적 장해, 연령, 정당한 파업권의 행사를 이유로 한 차별적 해고, 직장 내에서 직무권한을 남용하여 이루어진 성적인 요구의 거부 등을 이유로 한 해고, 남녀의 차별적 대우에 대한 소 제기를 이유로 한 해고는 공서에 관한 법규정에 반하는 해고로서 무효임이 노동법전에 명시되어 있다.[134]

노동법전이 금지하고 있는 행정기관의 사전승인 없이 이루어진 종업원대표위원, 기업위원회위원, 조합대표위원, 노동법원 근로자법관 등 해고보호대상자에 대한 해고는 파기원의 1948. 6. 3. 레이몽디 사건 판결 이후 무효로 보고 있다.[135] 또한, 판례는 노동법전에서 해고의 금지와 무효를 명시하고 있지 않음에도 해고가 헌법상의 권리를 침해하여 이루어진 경우에는 무효라고 판시하였다.[136]

---

132) 노동법전 L.321-1-1조.
133) 김소영 등, 앞의 책, 92면.
134) 김소영 등, 앞의 책, 92~93면; 조용만, 앞의 논문, 239~240면.
135) 김소영 등, 앞의 책, 92면; 조용만, 앞의 논문, 239면.
136) 김소영 등, 앞의 책, 93면; 조용만, 앞의 논문, 240면.

진실하고도 중대한 사유가 없는 해고(부당해고)는 무효는 아니지만 부당한 것이기 때문에 그 구제가 인정되는 해고영역에 속하는 것으로서 해고의 효력이 부정되지 않는다.[137]

진실하고도 중대한 사유가 없는 해고의 적법성은 해고이유의 진실성과 중대성에 의하여 판단된다. 해고이유가 진실하다는 것은 그 이유가 객관적이고 사용자의 선악의 감정과는 무관하다는 의미로서, 해고이유가 객관적이기 위해서는 확인할 수 있게 외부로 드러나야 하므로, 단지 사용자의 주관적 감정에 기초한 신뢰상실 그 자체는 해고이유가 될 수 없고 신뢰상실이 객관적 사실로서 인정되는 경우에만 해고의 정당한 이유로 인정된다.[138] 해고이유의 중대성은 사용자와의 관계에서 근로자의 계속고용이 불가능하고, 해고가 불가피한가를 판단하는 것으로서, 특히 근로자의 비행에 근거한 해고의 경우 비행의 정도가 중한 비행 이상이 되어야 해고이유의 중대성이 인정된다.[139]

구제내용은 실체위반의 해고인가 절차위반의 해고인가와 기업규모 및 근로자의 재직기간에 따라 달라지며, 기본적으로는 금전배상을 원칙으로 하면서 사용자에 대한 징벌적 제재를 병행하고 있다.[140]

3) 부당해고 구제기관

프랑스에서는 개별적 근로관계와 관련한 권리분쟁은 전국적 선거에서 5년마다 노사에 의하여 직접 선출되는 노사대표가 동수로 참여하는 특별법원인 노동법원에 의하여 해결된다.[141] 프랑스에서는 권리분쟁사항에 대

137) 김소영 등, 앞의 책, 93면.
138) 조용만, 앞의 논문, 225~226면.
139) 조용만, 앞의 논문, 226면(비행은 그 정도에 따라 경한 비행, 중한 비행, 심각한 비행, 매우 심각한 비행의 4단계로 구분된다고 한다).
140) 김소영 등, 앞의 책, 93면.
141) 김소영 등, 앞의 책, 94면; 조용만, 앞의 논문, 243~244면(프랑스의 노동법원은

해서도 쟁의행위가 가능하고 집단분쟁의 경우 권리분쟁이든 이익분쟁이
든 조정절차가 적용되며, 단지 권리분쟁에 대해서는 알선·조정(調停)·
중재의 3가지 조정(調整)제도 중에서 조정(調停)절차가 적용될 수 없는 정
도의 차이밖에 없기 때문에 권리분쟁과 이익분쟁의 구별보다는 개별분쟁
과 집단분쟁의 구별이 중요하며, 노동법원은 사용자와 개별 근로자 간의
분쟁인 개별분쟁으로서 특히 근로계약과 관련된 권리분쟁을 제1심으로
관할한다.142)

　노동법원은 업종 및 직종에 따라 구분되는 5개의 부와 가처분을 담당
하며 근로자법관과 사용자법관 각 1인으로 구성되는 1개의 신속심리부로
구성되며, 각 부에는 화해를 통한 분쟁해결을 담당하며 근로자법관과 사
용자법관 각 1인으로 구성되는 조정과와 판결에 의해 사건을 해결하며 근
로자법관과 사용자법관 각 2인으로 구성되는 재판과가 있다.143)

　근로계약과 관련하여 생길 수 있는 분쟁은 노동법원이 1차적으로 화해
에 의하여 해결하고, 화해가 성립되지 않는 경우에 판결에 의하여 해결
한다.144)

　화해는 조정과에서 필수적으로 행해지며, 화해가 성립되지 않은 경우에
는 재판과로 이송되어 재판이 이루어지게 되는데, 재판에서도 당사자 간
의 화해가 성립되지 않으면 다수결원칙에 따라, 법관들의 의견이 가부동
수로 나누어지는 경우에는 1개월 내에 해당 노동법원이 소재하는 지역을
관할하는 소법원 판사의 주재하에 다시 의결하여 결정한다.145)

　1906. 3. 18. 법률에 의하여 창설되어 2005년 현재 프랑스 본토에 264개, 해외
　　프랑스령에 7개가 설치되어 있다고 한다).
142) 김소영 등, 앞의 책, 94～95면; 조용만, 앞의 논문, 243～244면(노동법원의 재판에
　　대한 상급심은 직업법관으로 구성된 일반법원인 항소원과 파기원이 담당한다).
143) 조용만, 앞의 논문, 245면(5개의 부에는 공업부, 상업부, 농업부, 기타 직종부, 간부
　　직원부가 있으며 어느 부에 속하는가는 기업의 주된 활동에 따라 결정된다고 한다).
144) 김소영 등, 앞의 책, 95면.
145) 조용만, 앞의 논문, 246～248면(직업법관이 개입하여 재판이 재개되는 경우에는

4) 무효인 해고의 구제

법규정이나 판례에 의해 해고무효가 인정되는 경우에는 해고는 존재하지 않았던 것으로 간주되므로 근로자는 해고기간 중의 임금[146]을 청구할 수 있고, 원직이나 원직이 부존재하는 경우에는 그에 상응하는 직에 복귀할 수 있는 권리가 있다.[147]

이러한 원칙은 현재 판례에 의하여 일반화되어 있으며, 임산부에 대한 해고와 같이 노동법전에 그 해고가 무효라고 하면서도 금전배상만을 규정하고 있는 경우에도 판례는 복직을 인정하고 있다.[148]

하지만, 근로자가 복직을 신청하지 않는 경우에는 금전배상에 의한 해결이 가능하고, 법이나 단체협약이 정하고 있는 각종 수당 외에도 해고로 인하여 입게 된 모든 손해의 배상을 받을 수 있다.[149]

5) 실체위반의 부당해고의 구제

진실하고도 중대한 사유가 없는 해고의 구제로 노동법전은 복직 또는 금전배상, 실업보험기관에 대한 사용자의 실업수당 상환을 규정하고 있다.[150]

근로자의 복직은 법원이 이를 명할 수 없고 제안만 할 수 있을 뿐이며,[151] 사용자나 근로자는 이유를 밝히지 아니하고 복직제안을 거부할 수

사건 해결기간이 통상 배로 늘어나는데 90% 이상의 사건은 직업법관의 개입 없이 해결된다고 한다).

146) 해고기간 중 중간수입이 존재하는 경우에는 그 금액이 공제된다(조용만, 앞의 논문, 240면).

147) 김소영 등, 앞의 책, 93면; 조용만, 앞의 논문, 240면.

148) 조용만, 앞의 논문, 240면.

149) 조용만, 앞의 논문, 240면(학설에 의하면 법이 예정하고 있는 금전배상은 근로자가 복직을 신청하지 않은 경우나 복직에 의해 근로자가 입은 손해 전부가 전보될 수 없는 경우에 대비한 부차적이고 보충적인 것으로 해석된다고 한다).

150) 노동법전 L.122-14-4조.

151) 법관이 복직을 제안할 의무는 없다(조용만, 앞의 논문, 229면).

있으므로, 복직을 위해서는 법원의 제안과 노사의 의사합치가 이루어져야 한다.[152] 이와 같이 근로자의 복직은 노사 양 당사자의 합의가 있어야만 인정되는 임의적인 것이기에 일방 당사자가 복직을 거부하는 경우에는 금전배상이 인정될 뿐이다.[153] 법원이 복직을 제안하는 경우에는, 거부시의 법적 결과를 당사자에게 알려주고 보상금의 수준에 따라서는 사용자로 하여금 복직제안을 받아들이도록 하는 압력이 될 수 있도록 복직제안이 받아들여지지 않을 경우에 사용자가 지급하여야 할 보상금액을 확정하여 고지한다.[154]

복직의 임의성은 무효인 해고와 정당성이 없는 해고를 구분하여 해고로부터 특별히 보호되는 근로자에 대한 해고나 공서에 반하거나 기본권을 침해하는 해고의 경우에만 예외적으로 해고의 무효를 인정하고, 그렇지 않은 일반적인 경우에는 비록 정당성이 없어서 실체위반의 해고라 할지라도 무효는 아니며 법이 규정하는 특별한 구제만이 인정된다고 보기 때문이다.[155] 그리하여, 복직을 통한 부당해고 구제는 드물며, 복직이 된다 하더라도 해고를 통해 기존의 근로관계는 해제된 것으로 인정되므로 노사는 새로운 근로계약을 체결하여야 하고, 근로자는 해고일부터 복직일까지의 임금을 청구할 수 없다.[156]

근로자에 대한 사용자의 금전배상은 실손해액과 관계없이 일정액의 법정배상이 인정되는 경우와 민법상의 원칙에 따라 일반 손해배상이 인정되는 경우의 두 가지가 있으며, 이와 같이 배상책임을 법정배상과 일반 손해배상으로 구분하는 이유는 일정규모 이상의 기업에서 일정한 재직기

---

152) 장은숙, 앞의 논문, 24면.
153) 노동법전 L.122-14-4조 제1항; 김소영 등, 앞의 책, 96면; 조용만, 앞의 논문, 229~230면.
154) 장은숙, 앞의 논문, 30면.
155) 김소영 등, 앞의 책, 96~97면.
156) 장은숙, 앞의 논문, 24~25면.

간 이상 근로한 근로자에 대한 부당해고에 대하여는 그 구제를 강화하고자 함에 있다.157)

사용자의 법정배상책임은 통상 11인 이상의 근로자를 사용하는 기업에서 2년 이상 재직한 근로자를 정당한 이유 없이 해고한 경우에 인정되며158) 배상의 최저한도액은 해고 이전 6개월분 임금상당액이다.159) 따라서, 해고 후 근로자가 즉시 재취업하여 현실적으로 어떠한 손해도 발생하지 않았다고 하더라도 6개월분 임금상당액의 배상은 보장되며, 근로자의 손해에 대한 증명도 불필요하다.160)

근속기간은 실제의 근무수행 여부와 무관하게 근로계약에 의하여 근로관계가 유지된 기간이며,161) 종기는 해고통지서의 발송일을 기준으로 하고,162) 산정의 기초가 되는 임금은 근로계약 종료일 이전 6개월간의 사회보장갹출금을 공제하기 전의 총 임금액이다.163)

보상금에 대한 법정최고수준은 정하고 있지 않으며 근로자가 입은 실제 피해와 무관하게 최저 수준의 보상금만 규정하고 있으므로, 법원은 부당해고로 인하여 근로자가 입은 물질적, 정신적 피해 등을 고려하여 보상금의 수준을 높일 수 있다.164) 근로자도 해고로 인한 손해가 장기실업 등으로 인하여 6개월분의 임금을 초과하는 경우에는 그 초과분에 대한 손해의 전보를 구할 수 있는데, 이 경우에는 증명이 필요하다.165)

근로자의 실손해와 무관하게 배상액의 최저한도를 설정하고 있는 이러한 법정배상은 사용자의 부당행위에 대한 징벌적 제재와 근로자가 입은

---

157) 김소영 등, 앞의 책, 97면.
158) 노동법전 L.122-14-5조.
159) 노동법전 L.122-14-4조 제1항.
160) 조용만, 앞의 논문, 230면.
161) 장은숙, 앞의 논문, 21면.
162) 김소영 등, 앞의 책, 97면.
163) 김소영 등, 앞의 책, 97면.
164) 장은숙, 앞의 논문, 30면.
165) 조용만, 앞의 논문, 230면.

손해를 전보하려는 손해배상이라는 이중적 성질이 있으며, 징벌적 손해배
상을 부정하고 있는 민법과 달리 노동법에서 실손해의 전보를 넘어서는
법정배상을 인정하는 것은 부당해고를 사회 일반이익에 대한 침해행위로
파악하기 때문이다.[166]

실손해에 따라 산정되는 일반 손해배상책임은 통상 10인 이하의 근로
자를 사용하는 기업에서의 해고 또는 재직기간 2년 미만인 근로자를 해고
한 경우에 인정된다.[167] 영세한 소기업이나 재직기간이 짧은 근로자의 경
우에 사용자의 과중한 배상책임을 경감시키기 위하여 법정배상이 아닌
일반손해배상을 인정하고 있지만, 차별적 배상제도라는 비판이 있다.[168]
근로자는 자신이 입은 금전적, 정신적 손해를 증명해야 하며, 특히 법원은
정신적 손해에 대한 배상의 경우 사용자의 고의·과실 및 손해와의 사이
의 인과관계에 대하여 매우 엄격하게 해석하고 있다.[169]

실업수당 상환은 금전배상 이외에 부가적으로 인정되는 사용자에 대한
특별제재이며, 실체위반의 해고의 경우 법원이 해고일로부터 판결선고일
까지 해고된 근로자에게 지급된 실업수당의 전부 또는 일부를 실업수당 6
개월분의 한도 내에서[170] 실업보험기관에 상환할 것을 사용자에게 명하여
야 한다.[171] 실업수당상환제도는 해고된 근로자에게 직접적인 이익을 부
여하는 것은 아니지만 위법한 해고를 억제함으로써 근로자집단 전체에 이
익을 주고 간접적으로 근로자의 지위를 향상시킬 수 있는 장점이 있다.[172]

---

166) 김소영 등, 앞의 책, 97~98면; 조용만, 앞의 논문, 230면.
167) 노동법전 L.122-14-5조 제1항.
168) 김소영 등, 앞의 책, 98면; 조용만, 앞의 논문, 231면.
169) 김소영 등, 앞의 책, 98면.
170) 1973년 법률에 의해 실업수당상환제도가 신설되었을 때에는 상환액수에 대한 법
    관의 재량이 인정되지 않았고, 법관은 근로자가 수령한 실업수당 전액의 지급을
    명하여야 하였으나, 1986년 법개정을 통하여 상환 최고한도액이 6개월분의 실업
    수당으로 제한되고 사용자의 고의·과실의 정도에 따라 법관이 재량으로 상환액
    수를 결정할 수 있도록 변경되었다(조용만, 앞의 논문, 230~231면).
171) 노동법전 L.122-14-4조 제2항.

6) 절차위반의 부당해고의 구제

절차위반의 해고의 경우 사용자가 위반한 절차의 내용이 개별절차위반 인가 또는 집단절차위반인가에 따라 그 구제의 내용에 차이가 있다.173)

사전청문, 해고통지 등 해고대상자와의 관계에서 이루어지는 개별절차 위반의 해고의 경우 노동법전은 구제수단으로 절차이행, 최고 1개월분 임 금상당액의 금전배상, 실업수당 상환을 규정하여, 금전배상의 경우 실체 위반시에 인정되는 법정배상과는 달리 최고한도액을 설정하고 있다.174)

하지만, 절차위반의 내용과 성질에 따라 판례는 법이 규정하고 있는 구 제를 부인하거나 법이 예정하지 않은 구제를 인정하고 있는바,175) 판례는 위 구제수단 중에서 금전배상 외의 절차이행이나 실업수당의 상환을 부 인하고 있고, 사용자가 해고통지서에 해고사유를 명시할 의무를 이행하지 아니한 때에는 절차위반임에도 실체위반의 해고와 동일한 구제를 인정하 고 있다.176)

이러한 법정구제가 인정되기 위해서는 기업규모가 통상 11인 이상의 근로자들을 사용하는 기업이어야 하고 재직기간이 2년 이상이어야 하 며,177) 실체적으로는 정당한 사유가 있어야 한다.178) 기업규모 및 재직기 간의 요건이 결여된 경우에는 통상 법정구제가 인정되지 않고 근로자가

---

172) 조용만, 앞의 논문, 230~231면.
173) 김소영 등, 앞의 책, 100~101면.
174) 노동법전 L.122-14-4조 제1, 2항; 김소영 등, 앞의 책, 101면; 조용만, 앞의 논문, 231면.
175) 김소영 등, 앞의 책, 101면.
176) 김소영 등, 앞의 책, 103~104면; 조용만, 앞의 논문, 231면.
177) 노동법전 L.122-14-5조 제1항.
178) 노동법전 L.122-14-4조 제1항 참조; 김소영 등, 앞의 책, 101~102면(다만, 청문시 타인의 조력을 받을 권리는 기업규모나 재직기간에 관계없이 보호되어야 할 중요 한 법익이므로 근로자의 변명권을 보장하기 위한 청문절차에서 근로자의 조력받을 권리에 관한 절차에 위반한 해고의 경우에는 기업규모 및 재직기간의 요건이 적용 되지 않는다); 조용만, 앞의 논문, 232면.

입은 피해에 따라 산정되는 손해배상이 인정되며, 실체위반과 절차위반이 동시에 존재하는 경우에는 실체위반에 대한 구제만이 인정되고 절차위반에 대한 구제가 별도로 인정되지는 않는다.[179]

5. 일 본

1) 법제도

일본에서는 사용자의 해고의 자유에 관하여 늦어도 1950년경부터 약 15년간 해고자유설,[180] 해고권남용설,[181] 정당사유설[182] 등이 대립하면서 치열하게 논의되었다.[183]

통상 종신고용제로 상징되는 일본의 장기고용제도는 기업사회에 있어

---

179) 김소영 등, 앞의 책, 102면; 조용만, 앞의 논문, 232면.
180) 安枝英訷 등, 「勞働基準法(勞働法 Ⅱ)」, 現代法律學講座 31, 靑林書院, 1996, 442면 참조.
181) 해고권남용설은 해고의 자유를 원칙으로 인정한 후에 사권의 행사 일반에 통용되는 원리인 권리남용의 법리를 적용하여 해고의 자유를 감축하려고 하는 견해이다. 다만, 권리남용설도 해고의 자유를 중시하여 예외적으로만 남용법리를 적용하여야 한다는 견해부터 직접 근로자의 생존을 위협하는 해고에 대하여 생존권의 이념에 의하여 영향을 받은 신의칙에 근거하여 해고권남용을 대폭적으로 용인하는 견해까지 있으며, 전자는 해고자유설에 가깝고 후자는 정당사유설에 가까운 것인데 후자가 지배적인 견해이다(安枝英訷 등, 앞의 책, 444면 참조).
182) 정당사유설은 해고에는 정당한 사유가 필요하다고 하는 설로서 해고의 자유라고 하는 시민법 원리가 생존권을 법원리로 하는 노동법에 의하여 수정되었다고 하는 점을 공통의 전제로 하고 있다. 그러나 그 논거에는 상당한 차이가 있으며, 헌법에 의해 생존권과 노동권이 보장되어 있는 이상 근로자의 생존·노동권에 가장 중대한 위협이 되는 정당사유 없는 해고가 금지되는 것은 당연하다는 견해가 다수설을 이루고 있다(安枝英訷 등, 앞의 책, 443면 참조).
183) 安枝英訷 등, 앞의 책, 442~444면; 片岡昇 저(송강직 역), 「노동법」(이하 '일본 노동법'이라 한다), 삼지원, 1995, 452~453면; 野田進, "解雇", 現代勞働法講座 10卷, 日本勞働法學會, 總合勞働研究所, 1986, 202면.

서의 일종의 고용관행에 불과한 것이며, 정년 이전에 해고를 금지하는 실정법이 존재하는 것은 아니었다.[184] 따라서 일본의 경우 법률상의 특별한 규정이나 단체협약 등의 제한에 위반하지 않는 한 사용자는 정당한 사유의 존재 유무와 상관없이 언제든지 근로자를 해고할 수 있는 해고자유의 원칙이 법적으로 유지되어,[185] 고용의 기간을 정하지 않은 경우에는 각 당사자는 언제든지 해약할 수 있으며 이 경우 고용은 해약일로부터 2주가 경과되면 종료하게 되므로[186] 사용자는 2주일간의 예고기간을 두거나 2주일분의 임금을 지불함으로써 언제든지 근로자를 해고할 수 있었다.[187]

해고권의 자유로운 행사는 업무에 적격성이 없는 근로자를 배제하고, 노동력의 적정 규모를 가능하게 하며 근로자가 해고를 피하기 위하여 자신의 직무능력을 향상시키기 위해 노력하게 하는 등의 긍정적인 역할을 수행한다고 하지만 이러한 해고의 기능은 자유롭고 투명한 노동시장을 전제로 하는 것이어서 현실적으로는 사회에 심각한 재앙을 초래하는 것이었다.[188] 노동의 양의 조정과 질의 유지향상수단으로서 해고의 필요성을 인정한다고 해도 해고의 근로자의 생활에 대한 심각한 위협에 비추어 해고를 어떻게 적정히 억제할 것인지가 해고제한의 문제이며,[189] 일본에서는 해고제한 입법이 제정된 것은 아니었지만 그 흠결을 보정하고 해고에 의한 폐해를 제거하기 위하여 판례에 의하여 먼저 해고권남용 법리가 성립되었고, 학설이 이를 승인하는 형태로 되었다.[190]

노동기준법의 시행 후에 잠깐 해고에는 정당사유가 필요하다는 정당사

---

184) 이정, 앞의 논문, 40면; 萩澤清彦, 「勞働基準法(上卷)」, 現代法律學全集 30, 靑林書院, 1996, 257면; 일본 노동법, 450면; 김소영 등, 앞의 책, 122면.
185) 安枝英訷 등, 앞의 책, 442면; 勞働基準法(上), 322～323면; 이정, 앞의 논문, 40면.
186) 일본 민법 제627조 제1항.
187) 이정, 앞의 논문, 40～41면.
188) 勞働基準法(上), 323면.
189) 萩澤清彦, 앞의 책, 256면; 野田進, 앞의 논문, 202면; 吾妻光俊, "不當解雇の效力", 法學協會雜誌 67卷 6號, 1949. 12., 481면.
190) 勞働基準法(上), 329면; 이정, 앞의 논문, 45면; 野田進, 앞의 논문, 202면.

유설이 주장되었지만 이는 민법상의 해고자유를 기초로 한 일본법에 있어 무리한 주장이었기에,[191] 곧이어 권리남용의 법리를 응용한 해고권남용 법리가 다수의 판례로 집적되어 확립되었다.[192] 해고권남용 이론은 일반의 권리남용이론의 한 형태이지만 해고에는 노동법상 다수의 법령상 제한이 있는 것과 근로자의 생존보장을 위하여 정당한 이유가 없는 해고를 제한하여야 한다는 사회적 요청을 배경으로 독자적인 발전을 하였다.[193] 하지만, 해고권남용 이론은 해고제한 법리의 발전단계에 있어서는 과도기적 단계의 법리로 평가받고 있다.[194]

해고권남용의 법리는 해고권 행사의 유효요건으로서 객관적으로 합리적인 이유를 결한 것이 아닐 것, 사회통념상 상당하다고 인정될 수 있을 것을 필요로 하고, 이러한 요건을 결한 해고의 법적 효과는 해고가 권리의 남용으로서 무효로 된다는 것이어서, 부당해고의 효과에 관하여 권리남용이라는 문언을 사용하고 있지만, 해고의 요건의 면에 있어서는 합리적이고 사회적으로 상당한 것을 해고의 정당요건으로 하는 정당사유설에 입각한 것이라고 할 수 있다.[195] 즉, 양설은 이론적으로도 양립 가능한 것임과 동시에 거의 같은 결론에 이르고 있고, 단지 본래의 논의영역이 정당사유설은 해고요건론에, 해고권남용설은 부당해고의 법적 처리 내지 효과론에 있는 것이기에 양설이 상호배척적인 것은 아니어서, 해고를 정당

---

191) 헌법이 보장한 근로의 권리 등이 사용자에게 구체적인 의무를 부과하는 것이라고 해석될 수는 없다는 등의 이유로 많은 지지를 받지 못하였다[小宮文人, "解雇權の濫用"(이하 '解雇權の濫用'이라 한다), 別冊 ジュリスト No. 134, 勞働判例百選 6版, 1995. 10., 151면 참조].

192) 菅野和夫, 「勞働法」, 第7版, 弘文堂, 2005, 420면; 일본 노동법, 453~454면; 唐津博, "長期雇用慣行の變容と勞働契約法理の可能性", 雇用の流動化と勞働法の課題, 日本勞働法學會誌 87號, 日本勞働法學會, 1996. 5., 113면.

193) 萩澤清彦, 앞의 책, 276~277면.

194) 野田進, 앞의 논문, 202~203면.

195) 勞働基準法(上), 329면.

화하기에 충분한 이유가 없다면 권리남용으로 된다는 견해는 양설의 어디에도 속할 수 있는 것이다.196)

하급심에 의하여 확립된 해고권남용설은 마침내 최고재판소에 의해서도 받아들여졌다.

일본 최고재판소는 해고사유가 있는 경우에도 사용자가 항상 해고할 수 있는 것은 아니고 당해 구체적인 사정하에서 해고에 처하는 것이 현저히 불합리하고 사회통념상 상당한 것으로서 시인될 수 없는 경우에는 당해 해고의 의사표시는 해고권의 남용으로서 무효로 된다고 판시하여,197) 해고권이 유효하게 행사되기 위해서는 ① 객관적으로 합리적인 이유를 결하여서는 안 되고, ② 사회통념상 상당하다고 시인될 수 있어야 한다는 권리남용의 법리에 있어서의 상당성의 원칙을 명확히 하였다.198)

이러한 해고권남용의 판례 법리는 그대로 입법화되어 2003. 7. 4. "해고는 객관적으로 합리적인 이유를 결하고 사회통념상 상당하다고 인정되지 않는 경우에는 그 권리를 남용한 것으로서 무효로 된다."라는 형태로 노동기본법에 규정되기에 이르렀다.199)

---

196) 野田進, 앞의 논문, 203면.
197) 最高裁二小判 1975. 4. 25. 昭和 43年(才)499號 日本食鹽製造事件(제일법규 D1-Law.com 판례 ID 27000376에서 인용); 最高裁二小判 1977. 1. 31. 昭和 49年(才)165號 高知放送事件(「判例 勞働法 3-A」, 勞働法判例研究會, 新日本法規, 1972, 1116-50-2~4면); 이 두 판결은 하급심의 실무를 추인하고 해고권남용의 법리를 정식화 내지 집대성한 것이지만, 특히 高知放送事件은 취업규칙 소정의 해고사유의 존재가 인정되어도 당해 사유에 기하여 해고하는 것이 그 구체적 사정하에서 사회적으로 상당하다고 시인되지 않으면 역시 해고권의 남용에 해당한다는 점을 명확히 한 것이다(小宮文人, 解雇權の濫用, 150~151면 참조).
198) 菅野和夫, 앞의 책, 420면; 勞働基準法(上), 329면; 本久洋一, "違法解雇の效果", 勞働契約(講座21世紀の勞働法 4卷), 日本勞働法學會, 有斐閣, 2000, 202면; 小宮文人, "損害賠償で解雇救濟"(이하 '損害賠償で解雇救濟'라 한다), 法學セミナー, 日本評論社, 1995. 10., 99면; 野田進, 앞의 논문, 204~205면; 김소영 등, 앞의 책, 122면.
199) 노동기준법 제18조의 2.

해고권남용의 법리는 권리남용이라는 단어가 갖는 예외적인 이미지와는 달리 합리적인 이유가 없는 한 해고의 정당성이 인정되지 않는다는 대단히 광범위하고 강력한 규제로 확대되었고, 그 결과 일본에서 해고에 정당한 사유를 요구하는 규정은 없지만 해고권남용의 법리가 실질적으로 이와 동일한 효과를 발휘하고 있다.200)

2) 부당해고의 효과

일본의 경우 해고를 제한하는 일반적 규정을 두고 있지 않았지만 법원은 민법 제1조 제3항의 일반적인 권리남용 금지 규정에 기초하여 '해고권남용의 법리'를 실무상 정착시켰고, 이에 따르면 사용자의 해고권의 행사도 객관적으로 합리적인 이유가 없거나 사회통념상 상당하다고 인정할 수 없는 경우에는 권리남용이 되어 무효가 된다.201) 또한, 재판 실무례는 해고의 구체적 사유를 사용자가 먼저 주장·증명하여야 한다고 하여 사실상 증명책임을 전환하고 있다.202)

법리적으로는 해고가 남용으로서 무효로 된 경우에는 해제되었다고 주장되는 계약의 효력이 그대로 인정되면 되는 것이기에 효과로서 특별히 논해야 할 것은 없다는 것으로서, 무효라고 하는 효과에 관하여 특히 파고든 논의는 없었으며, 오히려 주목되는 것은 객관적으로 합리적인 이유를 결하고 사회통념상 시인할 수 없는 경우라고 하는 해고제한 사유가 무효라고 하는 효과를 전제로 형성되었으며, 판례의 축적에 의해 현재에는 해고제한규범으로서 일정한 객관성을 구비하기에 이르렀다는 것이다.203)

---

200) 이정, 앞의 논문, 46면; 勞働基準法(上), 329면; 김소영 등, 앞의 책, 122면.
201) 菅野和夫, 앞의 책, 424~425면; 이정, 앞의 논문, 46면; 勞働基準法(上), 338면; 김소영 등, 앞의 책, 122면.
202) 野田進, 앞의 논문, 216면; 학설은 일반적으로 피해고자가 재판상 일정한 이유를 들어 해고권남용을 주장함에도 사용자가 반론하지 않는 때에 남용이 사실상 추정되는 것으로 해석하고 있다(위 논문, 216면).

법원은 합리적 이유가 없는 해고에 관하여는, 사용자에게 근로관계의 계속을 일률적으로 강제하여야 하고, 근로계약상의 권리를 갖는 지위를 확인하거나(본안소송), 또는 임시로 정한다(가처분).204)

이러한 무효론에 대하여는, 근로계약관계가 기업과 근로자의 관계로서 유형적 특질이 있는 것이기에 기업경영으로서 합리적인 해고권행사 외에는 허용되지 않는다는 신의칙상의 규범설정이 가능하고, 권리남용적 해고는 이러한 계약규범에 반한다고 하는 의미에서 신의칙위반이라는 측면(해고권의 내재적 제약)과 함께, 사회적으로 보아 근로자의 근로하여 생활할 권리를 침해하고, 해고의 위협으로 인한 근로자의 인격적 종속과 근로자의 직업외적 영역에서의 자유를 침해할 위험이 있으며, 정신적 고통을 야기하고 사회적 평가를 현저히 저하시킨다고 하는 의미에서 근로자의 절대권에 대한 침해로서 공서위반이라고 하는 측면(해고권과 인격권의 조정)을 동시에 갖는 것으로서, 이를 무효로 하는 것은 적절하고 타당하다는 견해가 있다.205)

또한, 벌칙을 수반한 금지된 행위가 사법상 무효인가를 판단함에 있어서는 첫째, 벌칙에 의하여 금지되는 행위가 법체계 전체로서의 구조로 보아 당연히 위법하다고 판단되는가, 둘째, 이를 무효로 하는 것이 그 금지의 목적을 달성함에 필요하고 타당한 것인가의 관점에서 고찰되어야 한다면서, 금지규정이 이를 고립적으로 고찰하는 경우에 당연히 효력규정으로 보기는 어렵다고 하여도, 이 규정이 근로 3권을 보장한 헌법상의 규정을 구체화한 것으로서 헌법규정과 관련하여 고찰하면 부당해고를 무효로 해석할 수 있고, 그 사회적 효과의 측면을 검토하여 보더라도 부당노동행위에 의하여 희생된 근로자의 구제에 있어 벌칙이 갖는 예방적 효과와 병행하여 부당해고를 무효로 함으로써 피해고자의 근로자로서의 신분과 그 임금청

---

203) 本久洋一, 앞의 논문, 202~203면.
204) 菅野和夫, 앞의 책, 425면.
205) 本久洋一, 앞의 논문, 203~204면.

구권을 본안 및 가처분에 의하여 보전하는 것이 실질적 구제의 의미를 갖는 것이기에, 부당노동행위에 대한 과벌주의를 취하였던 구 노동조합법[206] 하에서 부당해고를 사법적으로 무효로 해석함이 옳다는 견해가 있었다.[207]

3) 무효론에 대한 비판

이와 같이 부당해고의 법적 효과로서 해고가 무효로 된다는 것이 현재까지의 확립된 법리이나, 최근 비교법적 연구의 성과로 일반적으로 권리남용의 효과는 권리의 작용에 따라 동일한 것이 아니고 그 특성에 따라 결정되어야 하는 것으로서 형성권인 해고권남용의 법적 효과가 논리필연적으로 무효라고 해석되는 것은 아니라는 점이 지적되고 있고,[208] 이에 따라 해고를 무효로까지는 볼 수 없어도 위법성이 인정될 여지가 있는 경우가 있을 수 있다는 주장이 제기되고 있다.[209] 이러한 견해는 부당해고 무효론은 권리남용법리의 이론적 요청이라기보다는 주로 법정책적인 견지에서의 요청에 의한 것이었다고 주장한다.[210] 즉, 근로자 보호 및 고용관행의 관점에서 ① 근로자보호에 비중을 두어 해고권남용을 무효로 해석하자는 견해, ② 권리남용적 해고를 무효로 해석하는 것이 종신고용이

---

206) 1945. 12. 22. 법률 제51호로 제정되어 1949. 6. 1. 법률 제174호로 전문개정되기 전의 노동조합법이다. 전후의 일본 노동조합법의 제정 및 개정과정과 그 법안의 내용에 관하여는 「勞働組合法 勞働關係調整法」, 四訂新版, 勞働省勞政局勞働法規課, 1999, 64~165면 참조.
207) 吾妻光俊, 앞의 논문, 485~488면; 이와 같이 吾妻光俊은 구 노동조합법하에서의 부당해고에 대한 법해석에 있어서 결론적으로는 무효론에 찬성하면서도, 노사관계의 실체를 잘 알지 못하는 법원이 가처분명령을 통하여 실질적인 노사관계에 개입하는 것은 매우 위험한 것임을 경고하고 있다(위 논문, 487~488면).
208) 勞働基準法(上), 341면; 이정, 앞의 논문, 47면; 本久洋一, 앞의 책, 202면; 小宮文人, 損害賠償で解雇救濟, 100면; 野田進, 앞의 논문, 216면; 김소영 등, 앞의 책, 123면.
209) 이정, 앞의 논문, 47면; 小宮文人, 解雇權の濫用, 151면.
210) 野田進, 앞의 논문, 216면.

나 연공임금 등의 일본적 관행에 적합하다는 견해, ③ 양자를 포함한 법
정책적 견지에서 해고권남용을 무효로 보는 것이 타당하다는 견해 등이
주장되었다는 것이다.211)

　　해고권남용이 일부에서 남용이론의 남용이라는 평가를 받을 만큼 발전
한 것은 근로관계에 있어서 근로자의 약자로서의 입장, 특히 전후의 핍박
한 노동시장에서 고용이 곤란하여 근로자의 이익을 옹호한다고 하는 각
도에서였다. 게다가 부당노동행위제도와 관련하여 과벌주의를 취하고 있
었던 구 노동조합법은 부당노동행위에 해당하는 해고, 나아가 부당해고의
사법상 효과를 당연무효로 보게 하였으며, 특히 법원이 가처분에 의하여
근로자에게 신속한 구제를 부여하기 위해서는 부당해고의 무효가 필연적
전제로 되었다.212) 다만, 그것이 오늘날까지 당연시되어 온 것은 그것이
종신고용, 연공임금 및 승진이라고 하는 일본의 고용관행에 적합한 것으
로서 받아들여졌기 때문이다.213)

　　따라서 법제도와 노동시장의 정세가 변화한다면 당연히 해고제한의 이
론도 영향을 받지 않을 수 없는 것인데,214) 특히 1965년 이후에 젊은 근
로자를 중심으로 한 노동력을 사는 시장에서 파는 시장으로의 변화, 노동
력의 이동성의 증대를 배경으로 고용형태의 다양화 및 장기고용을 전제
로 하지 않는 근로자가 증가함으로 인해 해고권남용 이론을 한정적으로

---

211) 이정, 앞의 논문, 47면; 小宮文人, 損害賠償で解雇救濟, 100면; 野田進, 앞의
　　논문, 216면.
212) 吾妻光俊, 앞의 논문, 484면; 「注解 民事執行法(7)」[이하 ‘民事執行法(7)’이라
　　한다], 第一法規, 1984, 73면.
213) 小宮文人, 解雇權의 濫用, 151면; 野田進, 앞의 논문, 216면; 唐津博, 앞의 논문,
　　111～112면.
214) 唐津博, 앞의 논문, 114면; 吾妻光俊은 노동조합법의 개정으로 원상회복주의를 취
　　한 현재에 있어서 부당해고를 무효로 하여 가처분을 인정하고자 함에 의문을 제기
　　하면서 개입은 지배를 그 대가로 하는 것임을 경고하고 있다(吾妻光俊, 앞의 논문,
　　490～491).

받아들이려는 견해가 생겼다.215) 집단적, 연공적 인사노무관리로부터 개별적, 능력주의적 인사노무관리로 전환하고 있고 노사관계의 현실이 크게 변화하는 현재에 있어, 근로관계를 중심으로 하면서도 사회생활 전반에까지 미치는 노사 쌍방의 과도한 상호의존관계와 기업사회논리의 개인에 대한 우선의식에서 벗어나, 노사관계 당사자로서의 근로자 상을 사용자에 의한 결정에 복종하고 의존하는 타율적인 존재로 고정적으로 이해하는 것을 탈피하여 사용자로부터 독립하여 근로자 자신의 의사에 기하여 결정하고 행동하는 자율적 존재로서 상정하고, 노사의 자립적이고 자율적인 계약의사에 기한 경제적 거래관계로서의 측면도 고려한 노동계약론의 전개가 필요하다고 한다.216)

이와 관련하여 미용원의 기술자인 근로자를 근무태도불량을 이유로 해고한 사안에서, 해고권남용의 법리가 해고에는 정당사유를 요한다고 하는 설과 마찬가지로 근로자보호의 관점에서 구성된 것임을 전제로, 구인자수가 구직자수를 훨씬 상회하는 상황에 있는 미용사에게 있어서 해고에 의하여 받을 타격은 다른 일반근로자의 경우에 비하여 훨씬 적은 사정이 있기 때문에 사소한 것을 이유로 한 해고라도 부당한 동기 혹은 신의칙 위반이 없는 이상 해고권의 남용에는 해당하지 않는다는 판결이 있다.217)

사용자의 해고권의 한계는 이와 같이 해고사유 외에도 고용제도와 고용제도가 전제로 하는 사회경제환경의 상황 내지 변화에 응하여 달라져야 하는 것이다.218)

---

215) 萩澤淸彥, 앞의 책, 279면; 本久洋一, 앞의 논문, 202면; 小宮文人, 損害賠償で 解雇救濟, 100면; 김소영 등, 앞의 책, 140면.

216) 唐津博, 앞의 논문, 145~146면.

217) 東京地判 1968. 7. 18. 昭和 41年(ㅋ)2316號 マーガレット美容院解雇事件, 勞 民集 19-4호, 831면(제일법규 D1-Law.com 판례 ID 27611912에서 인용).

218) 納谷肇, "解雇權の濫用", 新裁判實務大系 16 勞働關係訴訟法(Ⅰ), 靑林書院, 2001, 137면; 唐津博, 앞의 논문, 114면.

또한, 해고권남용의 법리에 의한 해고무효, 원직 복귀라는 일률적인 사법구제가 불가역적이고 다양한 특징을 갖는 해고분쟁에 적합한 것인지, 또한 취업청구권이 부정되고 있는 일본에서 이러한 사법적 구제가 효과적인지는 의문이며 근로자도 원직에 복직하기를 희망하지 않는 경우도 있으므로, 강행규정에 반하는 위법해고 및 공서양속에 반하는 해고는 논외로 하더라도 그 외의 부당해고에 대하여는 경우에 따라 손해배상에 의한 유연한 조정적 해결방법을 도입하는 것이 분쟁당사자의 의사에 합치되는 현실적 구제가 될 수 있다는 견해가 있다.219)

현실적으로도 해고사건 중에는 해고과정에서 노사 간의 신뢰관계가 상실되어 원상회복이 불가능한 경우 해고가 부당하더라도 사용자가 임금을 지급하는 한 근로자의 근로제공을 거부할 수 있기에 해고사건이 화해로 종결되는 경우가 대부분이며,220) 아직 많은 수는 아니나 해고를 위법한 것으로 주장하여 원상회복을 전제로 한 해고무효소송이 아닌 불법행위에 기한 손해배상을 요구하는 소송도 제기되고 있다.221) 즉, 과거에는 주로 위자료 청구사건을 염두에 두고 불법행위로서의 해고가 이론적으로 검토되었으나, 최근에는 해고무효확인을 청구하지 아니하고 위법한 해고가 없었다면 근무를 계속할 수 있었던 일정기간의 임금상당액을 일실이익으로서 배상을 구하거나, 퇴직 강요행위나 성적 괴롭힘에 의하여 어쩔 수 없이 퇴직한 근로자가 일실이익 손해배상청구를 하는 사례가 잇따르고 있다.222)

---

219) 이정, 앞의 논문, 47~48면; 野田進, 앞의 논문, 217면; 本久洋一, 앞의 논문, 202면; 唐津博, 앞의 논문, 115면; 김소영 등, 앞의 책, 123~124면.

220) 이정, 앞의 논문, 48면; 唐津博, 앞의 논문, 115면; 小宮文人, 損害賠償で解雇救濟, 100면.

221) 大阪地判 2000. 6. 30. 平成 11年(ワ)9555號 わいわいランド事件, 勞働判例 793호, 49면(제일법규 D1-Law.com 판례 ID 28060230에서 인용); 東京地判 1999. 3. 12. 平成 9年(ワ)13805號 東京セクシュアル・ハラスメソト事件, 勞働判例 760호, 23면(제일법규 D1-Law.com 판례 ID 28041216에서 인용); 東京地判 1992. 9. 28. 平成 3年(ワ)10231號 吉村商會事件, 勞働判例 617호, 31면(제일법규 D1-Law.com 판례 ID 27819825에서 인용) 등.

4) 불법행위로서의 해고의 입론

해고에 있어서 사용자는 법령 및 공서, 신의칙 등의 법의 일반원칙에 반하여 해고해서는 안 되는 위법해고 피지의무를 부담하고,[223] 그 목적은 근로자는 그 의사에 반하여 합리적 이유 없이 직장을 상실하지 않는다는 것이며 이것이 불법행위법상의 보호법익인 직장보유권이다.[224]

불법행위로서의 해고는 사용자의 위법해고 피지의무위반에 해당함을 알면서 근로자에 대하여 해고의 의사표시를 하거나(고의행위), 사용자가 통상의 사용자로서 일반적으로 요구되는 정도의 주의를 결하였기 때문에 위법해고 피지의무에 위반함을 인식하지 못하고 근로자에 대하여 해고의 의사표시를 하는 것(과실행위)이고,[225] 그 행위로 인하여 근로자의 직장보유권이 침해된 것이라고 정의할 수 있으며, 해고권남용으로서의 해고와는 그 판단의 틀만을 달리하는 것이다.[226] 고의·과실은 사업주 자신이나 대표이사, 혹은 이사회 등을 기준으로 하되 사용자의 수족으로서의 노무담당직원이나 대표이사에 준하는 이사 등의 행위는 사용자 본인의 행위로 볼 수 있다.[227]

불법행위로서의 해고가 성립하는 경우에, 첫째 이유 없는 해고는 본인

---

222) 本久洋一, 앞의 논문, 208~209면; 小宮文人, 損害賠償で解雇救濟, 99면; 唐津博, 앞의 논문, 114면; 김소영 등, 앞의 책, 137면.

223) 小西國友, "違法な解雇と損害賠償", 解雇と勞働契約の終了, 有斐閣, 1995, 61~63면.

224) 本久洋一, 앞의 논문, 210면; 김소영 등, 앞의 책, 139면.

225) 사용자가 위법해고 피지의무에 위반하여 근로자에 대하여 해고의 의사표시를 한 것이므로 개념필연적으로 위법한 것이어서 위법성을 따로 논할 필요는 없다(小西國友, 앞의 논문, 87면).

226) 本久洋一, 앞의 논문, 210~211면; 小西國友, 앞의 논문, 84~85면[小西國友는 위법해고 피지의무를 근로계약상의 의무로서 부담하는 것으로서 사용자가 이에 위반한 경우에는 불법행위뿐 아니라 계약위반에 기한 손해배상청구도 가능하다고 한다(위 논문, 73~74면)].

227) 小西國友, 앞의 논문, 84~86면.

에게 예상 밖의 정신적 고통인 동시에 사회적 평가를 저하시키고 수입의
중단으로 인한 생활불안, 심적 고통, 소송계속으로 인한 노고 등의 심대한
정신적 고통을 야기하므로 정신적 손해를 손해항목[228]으로 함에는 문제
가 없고, 둘째 근로자는 위법한 해고가 없었다면 근로를 제공하고 임금을
받을 수 있는 근로계약관계를 상실하게 된 것이기에 얻을 수 있었던 임금
상당의 손해배상을 청구할 수 있고,[229] 그 근거는 역시 일본 민법 제536
조 제2항[230]이다.[231]

일실임금에 대한 청구는 해고무효확인에 의한 소급임금청구로 충분하
다는 견해가 있을 수 있으나, 부당해고로 인하여 인적 관계인 근로계약관
계에 있어서의 신뢰관계가 결정적으로 파괴되어 근로자가 이미 근로관계
의 존속을 희망하지 않는 경우에는 불법행위를 원인으로 한 손해배상청
구가 독자적인 존재이유가 있다.[232] 또한, 불법행위에 기한 손해배상은
노사의 이익조정을 꾀하기 용이하다는 장점이 있다.[233]

---

228) 이에 더하여 근로자는 일반적으로 현실로 근로하는 것 자체에 대한 이익이 있기에
    사용자의 위법한 해고는 근로자의 이러한 취업이익을 침해하는 것으로서 이런 관
    점에서도 근로자는 정신적 손해를 입은 것으로 인정된다는 견해가 있다(小西國友,
    앞의 논문, 84면).
229) 小西國友, 앞의 논문, 87~89면.
230) 우리 민법 제538조에 해당한다.
231) 本久洋一, 앞의 논문, 211면; 本久洋一은 문제는 직장보유권의 보호범위로서 합리
    적인 고용계속기간을 언제까지로 볼 것인가 하는 문제인데, 법원은 6개월 정도로
    보는 일정한 경향이 간취되나 이는 근거가 없는 것이고, 당해 근로자의 근속연수,
    당해 기업의 동종의 근로자의 평균고용계속기간 등 제반 사정을 참작하여 결정해
    야 하며 입법에 의한 최저기간의 설정이 요망된다고 한다(위 논문, 212면).
232) 本久洋一, 앞의 논문, 212면; 小宮文人, 損害賠償で解雇救濟, 100면 참조.
233) 小宮文人, 解雇權の濫用, 151면.

6. 미 국

1) 임의고용의 원칙

미국에 있어서 오랜 기간 근로관계를 규율하던 기본적인 원칙은 임의고용의 원칙, 해고자유의 원칙이었다.[234] 이 원칙은 근로자와 사용자 간에 근로의 제공 이외의 다른 약인(約因)이 없는 한 일정한 기간의 정함이 없는 근로관계를 지배하는 원칙으로서 H. Wood가 1877년 노사관계에 관한 논문집에서 이를 주장한 이래[235] 약 1세기간 미국 법원에 의하여 인정되어 왔다.[236] 이 원칙하에서 사용자는 근로자를 법적 책임 없이 어떤 사유로든지, 혹은 아무런 사유 없이 뿐만 아니라 심지어 부적절한 사유로까지도 자유롭게 해고할 수 있었다.[237] 비평가들이 Wood가 그 주장을 뒷받침하는 것으로 인용한 판례들이 잘못 인용된 것이라고 비판하고 있으나 그럼에도 임의고용의 원칙은 당시 19세기 말 미국의 발전하는 산업사회의 요구에 적합한 것으로서 미국법원에 의하여 받아들여졌다.[238]

이러한 원칙의 사상적 기반은 자유방임주의철학이다.[239] 미국의 자유방임주의 철학은 제과업소 근로자의 근로시간을 주 60시간, 일 10시간으로 제한한 New York의 주법을 헌법 제14수정[240]에 의하여 보장되는 계

---

234) 정진경, "미국의 부당해고구제제도 – 사법적 구제를 중심으로 –", 법학석사학위논문, 서울대학교, 1998. 8., 139면.

235) H. G. WOOD, LAW OF MASTER AND SERVANT, John D. Parsons, Publisher, New York 1877, 272면.

236) Cornelius J. Peck, *Penetrating doctrinal Camouflage: Understanding the Development of the Law of Wrongful Discharge*, 66 WASH. L. REV. 719 (1991) 720면.

237) Hinrichs v. Tranquilaire Hosp., 352 So. 2d 1130, 1131 (Ala. 1977); Pine River State Bank v. Mettille, 333 N.W.2d 622, 626~627 (Minn. 1983).

238) Cornelius J. Peck, 앞의 논문, 722면.

239) Ronald Weisenberger, *Remedies for Employer's Wrongful Discharge of an Employee from Employment of an Indefinite Duration*, 21 IND. L. REV. 547, 548 (1988).

약의 자유에 대한 침해라고 판시한 Lochner[241] 판결을 계기로 그 정점에
달한다.[242] 그 무렵부터 1937년까지의 기간은 흔히 Lochner 시대라고 불
리고 있으며 그동안 미국의 연방대법원은 임의고용근로자를 해고할 사용
자의 권리는 헌법 제5수정[243]와 제14수정에 의하여 보호되는 기본적인
재산권 혹은 계약권이라고 판시하였고,[244] 다수의 노동보호입법이 위헌이
라고 선언하였다.[245]

그러나 Lochner 기간 동안의 자유방임주의 철학은 많은 비판을 받게 되
었고, 특히 불황은 경제적인 생존을 위하여 정부의 경제적인 규제와 간섭
이 필수적이라는 인식을 낳게 된다.[246] 이러한 시대상황의 변천으로 연방
대법원도 수십 년간을 지배하여온 자유방임주의철학을 포기하고 1937년
여성근로자에 대하여 최저임금을 규정한 주법을 합헌이라고 판정하면서
Lochner 시대는 종언을 고하게 된다.[247] 이러한 시대상황의 변천은 전통

---

240) 헌법 제14수정 Section 1.은 "어느 주 정부도 어느 사람으로부터 적법절차에 의하
지 아니하고 그 생명, 자유 혹은 재산을 박탈하여서는 안 된다."라는 규정을 포함
하고 있으며 일반적으로 헌법 제14수정은 연방정부에 대한 국민의 기본권을 주 정
부에 대하여서까지 확장한 것이다.

241) Lochner v. New York, 198 U.S. 45 (1905).

242) ERWIN CHEMERINSKY, CONSTITUTIONAL LAW, 2d ed., Aspen Law &
Business, 2002, §8.2.2. 참조.

243) 헌법 제5수정은 "어느 누구도 적법절차(due process of law)에 의하지 아니하고는
생명, 자유 혹은 재산을 박탈당하지 아니한다."라는 규정을 포함하고 있으며 연방
정부에 대한 국민의 기본권을 보장한 것이다.

244) Adair v. United States, 208 U.S. 161 (1908)(헌법 제5수정 위반선언), Coppage
v. Kansas, 236 U.S. 1 (1915)(헌법 제14수정 위반선언).

245) 앞의 *Lochner, Adair*(州間運送業者가 黃犬契約을 체결하거나 노조원이라는 것을
이유로 한 해고 등의 차별을 금지하고 위반시의 처벌을 규정한 연방법을 州間의
상업을 규제할 수 있는 의회의 권한에 속하지 아니한다는 이유로 위헌이라고 판
시), *Coppage*(고용조건으로서의 黃犬契約을 금지하고 위반시의 처벌을 규정한 주법
을 헌법 제14수정에 의하여 보장된 개인의 자유권과 재산권을 적법절차에 의하지
아니하고 침해한 것이라 하여 위헌이라고 판시) 등 판례 참조.

246) ERWIN CHEMERINSKY, 앞의 책, 597면.

적인 임의고용의 원칙에 대하여도 영향을 미쳐 여러 방면에서 임의고용
원칙에 대한 수정이 이루어지게 된다.

2) 임의고용원칙의 수정

(1) 단체교섭에 의한 수정

미국의 임의고용원칙은 1935년 연방노동관계법(National Labor Relation
Act) 일명 Wagner 법[248] 제정을 계기로 본격화된 노조의 사용자와의 단
체교섭을 통하여 제한받게 된다. 노동조합은 단체교섭과정을 통하여 해고
를 위한 요건으로서 정당한 이유(just cause)[249]를 사실상 모든 단체협약의
일부로서 규정하기에 이르렀고,[250] 이는 단체협약상의 고충처리제도나 중
재절차를 통하여 확보되었다.

(2) 코먼 로(common law) 상의 수정

여러 가지 사회적인 변화는 법원의 판결에도 영향을 미쳐 마침내 1959
년 진보적 경향의 선두주자인 California의 항소법원[251]에 의하여 임의고
용의 원칙에 대한 수정이 시작되게 된다.[252]

---

247) West Coast Hotel v. Parrish, 300 U.S. 379 (1937).
248) 법전화하면서 29 U.S.C. §§151-169로 편찬됨. 정식명칭은 National Labor Relation
    Act(NLRA)이고 몇 차례에 걸쳐 개정되는데, 1947년의 대폭적인 개정법은 일명
    Taft-Hartley법으로 불리고, 1959년의 대폭적인 개정법은 일명 Landrum-Griffin법
    으로 불린다.
249) 단체협약상 해고의 정당한 이유에 관한 논의로는 Roger I. Abrams, Dennis R.
    Nolan, *Toward a Theory of "Just Cause" in Employment Discharge Cases*, 1985 DUKE
    L.J. 594 (1985) 참조.
250) MARK A. ROTHSTEIN 외 4인 공저, EMPLOYMENT LAW(Practitioner Treatise
    Series), Vol 2, West Publishing Co., 1994 & Supplement 1998, 263면.
251) Petermann v. International Bhd. of Teamsters Local 396, 344 P.2d 25 (Cal. Ct.
    App. 1959).

현재 대부분의 법원에서 명백히 의무화된(clearly mandated), 널리 받아
들여진(well-accepted) 혹은 헌법이나 법률상 보장된 권리로부터 유래하는
공공정책을 인정하고, 사용자가 근로자를 부당한 이유(bad reason)로 해고
하는 경우에는 입법목적과 일반적인 사회정책이 좌절될 수 있음을 논거
로 공공정책(public policy) 이론을 임의고용 원칙에 대한 수정으로서 인정
하고 있다.253)

구체적으로는 위법행위 가담거부를 이유로 한 해고, 시민으로서의 의무
이행으로 인한 해고, 법률상의 권리주장을 이유로 한 해고, 사회적으로 바
람직한 행위로 인한 해고, 기타 사회적으로 비난받을 만한 해고 등에 대
한 제한이 이에 해당한다.254)

또한, 근로자의 해고를 제한하는 명시적인 근로계약상의 규정이 없더라
도 다수의 법원에서 handbook, manual, 인사정책설명서 등 여러 상황으로
부터 묵시적인 계약상의 의무를 추론할 수 있다고 하여 임의고용의 원칙
을 제한하고 있으며,255) 이를 묵시적 계약이론이라 한다.256)

그 외에 비록 논란의 대상이 되고 있지만 일부 주에서는 사용자는 계약
을 선의로(in good faith) 이행할 묵시적인 계약상의 의무가 있으며, 이러
한 묵시적인 부수의무에 따라 어떠한 당사자도 상대방의 계약상의 권리
를 침해하여서는 아니 된다고 하고 있고,257) 이것이 임의고용원칙에 대한
예외로서 선의(good faith)와 공정거래(fair dealing)의 묵시적 부수의무

---

252) Cornelius J. Peck, 앞의 논문, 723면 이하 참조.

253) 정진경, 앞의 논문, 17～18면 참조.

254) 정진경, 앞의 논문, 19～25면 참조.

255) Foley v. Interactive Data Corp., 765 P.2d 373, 383～389 (Cal. 1988), 일반적으로
Frank C. Morris, Jr. & Peter S. Gray, *Current Development in Wrongful Discharge*,
C517 ALI-ABA 1, 12 (1990) 참조.

256) 정진경, 앞의 논문, 25～28면 참조.

257) Wagenseller v. Scottsdale Memorial Hospital, 710 P.2d 1025, 1038～1041 (Ariz.
1985).

(implied covenant)이론이다.258)

그런데 코먼 로(common law) 상의 임의고용원칙의 수정과 관련하여 문제되는 것은 사용자가 위와 같은 제한에 위반하여 근로자를 해고하였을 경우의 법적 책임의 성질에 관한 것이다.

일부의 법원은 이를 불법행위청구로 보는 반면 다른 법원에서는 이를 계약위반청구로 인정하고 있다. 불법행위소송과 계약위반소송의 가장 중요한 실제상의 차이는 적용되는 구제방법상의 차이이다.

만일 법원이 위와 같은 제한에 위반한 부당해고소송을 불법행위소송으로 보게 되면 불법행위 구제방법으로서 부당해고로부터 야기되는 경제적인 손해에 대한 배상뿐만이 아니라 정신적 고통에 대한 배상과 징벌적 의미의 손해배상(punitive damages)까지도 인정받을 수 있다. 그러나 법원이 이를 계약위반소송으로 보게 되면 정신적인 고통에 대한 배상이나 징벌적 의미의 손해배상이 배제된 부당해고로 인한 경제적인 손해만을 인정받게 된다.259)

(3) 입법에 의한 수정

미국에는 부당해고와 관련하여 많은 연방법과 주법들이 존재하고 있으나, 근로자의 직업에 대한 이익을 보호하고 부당한 해고를 통일적으로 규율하기 위한 필요성이 제기되어 1991. 8. 8. 통일주법(Uniform State Laws)을 만들기 위한 모범해고법안(Model Employment Termination Act)이 채택되었다.260) 그러나 이를 받아들인 주는 하나도 없으며,261) 현재 위 모범안

---

258) 정진경, 앞의 논문, 28~34면 참조.

259) 정진경, 앞의 논문, 18면 참조.

260) Todd H. Girshon, *Wrongful Discharge Reform in the United States: International & Domestic Perspectives on the Model Employment Termination Act*, 6 EMORY INT'L L. REV. 635, 646면 (1992).

의 채택에 앞서 입법을 한 Montana 주262)와 그 외 Virgin Islands, Puerto Rico에서 임의고용원칙을 폐지하고 해고에 있어 정당한 이유를 요구하고 있을 뿐이다.263) Montana 주는 1987년에 부당해고법(Wrongful Discharge from Employment Act)을 제정하여 1987. 7. 1.부터 이를 시행하고 있다.264)

이와 같이 해고를 제한하는 통일적인 입법에는 실패하였으나 현재 미국의 연방과 주에서는 각종의 내부고발자보호법 또는 보복금지법을 두어 해고를 제한하고 있으며, 그 외에 인종, 피부색, 국적, 성별, 종교로 인한 차별에 대한 1964년의 민권법인 Title Ⅶ, 연령으로 인한 차별에 대한 Age Discrimination in Employment Act (ADEA), 장애로 인한 차별에 대한 Americans with Disability Act (ADA) 등 각종의 고용차별금지법이 해고와 관련하여 전통적인 임의고용의 원칙을 수정하고 있다.265)

3) 코먼 로(common law) 상의 구제

부당해고가 인정되는 경우 코먼 로(common law) 상의 전통적인 접근방식은 부당해고로 인한 사용자의 법적 책임을 손해배상으로서 해결하려는 것이었다.266)

코먼 로(common law) 하에서 부당하게 해고된 근로자는 소송의 청구원

---

261) Joseph E. Slater, *The "American Rule" that Swallows the Exceptions*, 11 Employee Rts. & Emp. Pol'y J. 53, 107면 (2007).

262) Donald C. Robinson, *The First Decade of Judicial Interpretation of the Montana Wrongful Discharge from Employment Act(WDEA)*, 57 MONT. L. REV. 375, 376면 (1996).

263) Joseph E. Slater, 앞의 논문, 103면.

264) Mont. Code Ann. §39-2-901에서 §39-2-915 (1997), 이 법률은 해고에 있어서 정당사유를 요건으로 규정하는 대신에 배상액의 상한을 제한하고 있어 위헌 여부가 문제되었으나 주 대법원에서 합헌으로 판정되었다. Meech v. Hillhaven W. Inc., 776 P.2d 488 (Mont. 1989).

265) 이에 대한 자세한 논의는 정진경, 앞의 논문, 40~54면 참조.

266) 정진경, 앞의 논문, 105면.

인이 불법행위이든 계약위반책임이든 관계없이 그 손해를 증명할 수만 있다면 일실수입을 배상받을 수 있었다.[267] 부당하게 해고된 근로자는 사용자로부터 해고시부터 소송시 또는 새로운 직업을 구하거나 복직시까지의 일실수입을 배상받을 수 있다. 일실수입은 통상 일실 임금과 각종 수당을 포함하며 경우에 따라서는 일실 특별급여, 장래수입, 판결 전 이자와 판결 후의 이자 등이 포함된다.[268]

근로의 대가로서의 임금에 배상기간을 곱하여 얻은 금액에서 근로자가 그 기간에 실제로 얻었거나 상당한 주의를 기울였으면 얻을 수 있었던 금액을 공제한 잔액이 배상받을 수 있는 순수한 일실수입이 된다.

임금은 직접적인 임금뿐만 아니라 상여금, 휴가급여, 연금이나 건강보험과 같은 특별급여, 과거의 근무에 대한 지체된 보수를 포함한 일체의 근로의 대상을 포함하며, 일실수입을 계산함에 있어서는 근로시간의 변동, 전보, 승진 기타 근로자가 해고되지 아니하였다면 수령하였을 부수입 등도 반영되어야 한다.[269] 부당하게 해고된 근로자가 통상 일시적인 직업으로부터 얻은 수입, 퇴직수당 기타 해고 후 다른 곳에서 얻은 수입 등은 일실수입 배상금액에서 중간수입으로서 공제된다.[270] 또한, 장래의 일실수입은 현재의 가치를 반영하기 위하여 중간이자가 공제된다.[271]

특정한 계약기간이 있는 근로자가 해고된 경우에는 그 일실수입의 산정이 비교적 용이하다. 계약위반소송에 있어서의 배상은 일반적으로 계약의 잔여기간 동안의 수입을 기준으로 한다.[272] 그러나 근로계약이 기간의

---

267) Sterling Drug, Inc., 743 S.W.2d 380, 386~387 (Ark. 1988); Brockmeyer 335 N.W.2d 834, 841(Wis. 1983); Hayes v. Trulock, 755 P.2d 830 (Wash. Ct. App. 1988).

268) Diggs v. Pepsi-Cola Metropolitan Bottling Co., 861 F.2d 914 (6th Cir. 1988).

269) MACK A. PLAYER 외 2인 공저, EMPLOYMENT DISCRIMINATION LAW — Cases and Materials, 2d ed., West Publishing Co., 1995, 751면.

270) Rasimas v. Michigan Dep't of Mental Health, 714 F.2d 614, 623 (6th Cir. 1983).

271) Diggs, 861 F.2d 926 (Michigan법 적용).

정함이 없는 계약인 경우 배상기간을 정하는 것은 매우 어려운 문제이다. 일반적으로 기간의 정함이 없는 계약의 위반소송이나 공공정책위반 불법행위소송에 있어서 해고시부터 소송시까지의 일실수입은 인정함이 보통이고,[273] 그 이후의 장래일실수입 문제는 법원에 따라 큰 차이를 보이고 있다.

복직명령과 같은 형평법상의 특수한 이행명령은 코먼 로(common law)상의 구제수단이 부적절한 경우에 허용되는 것인데[274] 근로관계에 있어서는 일반적으로 손해배상을 통한 완전한 보상이 가능하다고 하여 형평법원은 일반적으로 해고를 금지하거나 해고당한 근로자의 복직을 명하는 것을 거부하였다.[275]

4) 고용차별금지법상의 구제

각종의 고용차별금지법은 이와는 달리 다른 어떤 구제수단도 근로자의 부당한 직업상실로 인한 손해를 완전히 보상할 수 없기 때문에 보복적 해고에 대한 가장 적절한 구제수단으로서 복직을 선호하고 있다.[276]

복직은 법원의 장래의 일실수입에 대한 평가의 어려움을 제거하여 줄 수 있으며, 근로자의 입장에서는 다른 사용자가 근로자를 전 사용자를 상

---

272) Amaducci v. Metropolitan Opera Ass'n, Inc., 304 N.Y.S.2d 322, 323 (N.Y. App. Div. 1969); Pratt v. Board of Educ. of Uintah County Sch. Dist., 564 P.2d 294 (Utah 1977).

273) *Sterling Drug*, 743 S.W.2d 386~387.

274) Zahler v. Niagara County Chapter of the New York State Ass'n for Retarded Children, Inc., 491 N.Y.S.2d 880, 881 (N.Y. App. Div. 1985); Seaescape, Ltd., Inc. v. Maximum Marketing Exposure, Inc., 568 So. 2d 952, 954~955 (Fla. Dist. Ct. App. 1990).

275) 82 Am. Jur. 2d *Wrongful Discharge*, Lawyers Cooperative Publishing Co. 1992 & Supp. 1997, §246, 954면.

276) Skirpan v. United Air Lines, Inc., 1989 WL 84463 (N.D. Ill. 1989), 3면.

대로 소송을 제기한 경력이 있는 문제 있는 근로자로 생각하여 고용을 기피할 것이기 때문에 손해배상보다는 복직을 선호할 수 있고, 사용자의 입장에서도 적어도 법원이 지급을 명할 대가에 상응하는 근로를 제공받을 수 있는 장점이 있으며, 사회적인 견지에서 보더라도 복직은 사회, 경제적 손실을 막을 수 있어 양 당사자나 사회의 입장에서도 유리한 점이 있으므로, 계약위반으로 인한 코먼 로(common law) 상의 소송에 있어서도 그 도입에 대한 검토가 필요한 것으로 평가받고 있다.[277]

각종의 고용차별금지법이 사용하고 있는 문구를 보면 그 구체적인 사례에 맞게 구제를 인용할 것인가의 여부와 구제를 인용한다면 어떠한 구제수단을 택할 것인가와 관련하여 법원에 상당한 재량을 허용하고 있는 것으로 보이나, 미국의 연방대법원은 "지방법원의 재량은 Title Ⅶ의 목적과 비교하여 결정되어야 한다. 위 법의 기본적인 목적은 예방적인 것이고 고용기회의 평등을 달성하고자 하는 것이다. 또한, 고용차별로 인하여 입은 손해를 완전히 원상회복하고자 하는 것도 Title Ⅶ의 목적이다. 인종적인 차별이 문제되는 경우 장래의 가능한 차별행위를 막는 것과 함께 과거의 차별행위로 인한 효과를 가능한 한 제거하는 명령을 발하는 것은 법원의 단순한 권한이 아니라 의무인 것"이라고 판시하여,[278] 법원의 재량은 법원의 자의를 허용하는 것이 아니라 입법목적을 달성하기 위하여 가장 적절한 조치를 취하여야 할 일종의 의무라고 표현하고 있다.

고용차별과 관련한 대부분의 경우에 법원은 사용자로 하여금 차별적인 고용과 관련된 행위를 중지할 것을 명하고 그러한 차별행위로 인하여 손해를 입은 근로자들이 입은 피해를 원상회복하는 보상을 명하는 것으로 충분하지만, 사용자가 특별히 장기간동안 극심한 차별행위를 계속하고 있

---

277) Ronald Weisenberger, *"Remedies for Employer's Wrongful Discharge of an Employee from Employment of an Indefinite Duration"*, 21 IND. L. REV. 547 (1988), 575~576면.
278) Alvemarle Paper Co. v. Moody, 422 U.S. 405, 418~419 (1975).

는 경우에 예외적으로 평등한 고용기회의 부여라고 하는 입법목적을 달성하기 위하여 법원이 사용자로 하여금 일정비율의 소수인종을 의무적으로 고용하도록 하는 것과 같은 구제명령을 발하는 것이 법률상 가능할 것인지가 문제된다.

이것이 적극적인 행위(Affirmative Action)명령의 문제로서[279] 이와 관련한 가장 중요한 법률인 Title Ⅶ의 구제명령의 유효성에 대하여 이를 인정한 연방대법원 판결이 있다.[280]

5) 복직의 거부

복직명령이 항상 의무적인 것은 아니고 법원은 전 경제영역을 통하여 차별을 근절하고 과거의 차별행위로 인하여 피해자가 입은 손해를 원상회복하고자 하는 기본적인 입법목적을 훼손하지 아니하는 이유에 근거할 때에는 복직을 거부할 수 있다.[281] 그러나 차별로 인한 소송의 제기로 발생하게 된 적대감 때문에 차별로 인한 피해자에 대하여 복직을 거부하는 것은 차별금지법의 원상회복 목적을 훼손하는 것이 된다. 당사자 간의 적대감은 어떠한 소송에 있어서든지 자연적인 부산물로서 나타나는 것이며 따라서 법원이 소송으로부터 야기되는 적대감을 복직을 거부하는 이유로 삼게 된다면 사실상 모든 경우에 복직을 거부할 수 있게 되기 때문이다.[282]

법원은 ① 근로자가 상대적으로 높은 직위의 일자리를 원한다거나 일자리가 친밀하고 개인적인 인간관계를 요구하는 데 양 당사자의 적대감과 불신으로 인하여 그러한 인간관계가 더는 유지될 수 없는 경우,[283] ② 일자리가 유일하여 현재의 근로자가 대체되거나 다른 일자리로 밀려나야

---

279) 이에 대한 자세한 논의는 정진경, 앞의 논문, 116~125면 참조.
280) United States v. Paradise, 480 U.S. 149 (1987).
281) 정진경, 앞의 논문, 111면.
282) Taylor v. Teletype Corp., 648 F.2d 1129, 1138~1139 (8th Cir. 1981).
283) McIntosh v. Jones Truck Lines, Inc., 767 F.2d 433, 435 (8th Cir. 1985).

하는 경우,[284] ③ 근로자가 소송의 자연적인 결과로서 나타나는 정도를 넘어 대결적인 태도를 보임으로써 사용자의 악의 유발에 근본적으로 기여한 경우[285] 등 특별한 경우에는 부당해고를 인정하면서도 복직명령을 인용하지 아니하고 있다.[286]

6) 예비적 구제명령(Preliminary Relief)에 의한 복직[287]

예비적 구제명령은 근로자 주장의 타당성이 결정될 때까지 현재의 상태를 보전하여 회복불가능한 손해를 막기 위한 잠정적인 처분이다. 복직은 의무적인 금지명령(mandatory injunction)의 한 형태이므로 전제조건이 충족된다면 법원은 예비적 구제명령에 의하여 복직을 명할 수 있다.[288]

하지만, 예비적 구제명령의 기초는 회복불가능한 손해이고 코먼 로(common law) 상의 구제수단의 부적합성이다.[289] 일반적으로 원고는 구제명령이 없으면 회복불가능한 손해를 입게 됨을 소명하여야 하는데, 법원이 부당해고소송이 법원에 계속중인 동안의 수입의 상실이나 심지어 평판에 대한 손상조차도 후일에 적절한 보상적 손해배상이나 다른 적절한 방법에 의하여 구제될 수 있다고 보기 때문에[290] 그 엄격한 요건으로

---

284) Easley v. Anheuser-Busch, Inc., 758 F.2d 251, 264 (8th Cir. 1985); 그러나 차별행위가 극심하고 반복적이며, 피해자에게 거부되는 일자리가 피해자의 경력에 회복할 수 없는 손상을 주게 되고 현재의 근로자가 취업할 당시에 원고의 고용차별로 인한 소송제기사실을 알았으며 사용자가 현재의 근로자에게 다른 직업을 줄 수 있는 경우에는, 복직을 위하여 현재의 근로자를 밀어내는 것은 허용될 뿐만 아니라 요구된다고 한다[Walters v. City of Atlanta, 803 F.2d 1135, 1149 (11th Cir. 1986)].

285) Robinson v. Southeastern Penn. Transp. Auth., 982 F.2d 892 (3d Cir. 1993).

286) 정진경, 앞의 논문, 111~112면.

287) 이에 대한 자세한 논의는 정진경, 앞의 논문, 125~128면 참조.

288) Middleton-Keirn v. Stone, 655 F.2d 609, 610 (5th Cir. 1981).

289) Sampson v. Murray, 415 U.S. 61, 88 (1974).

290) 위 판결, 89~90면.

인하여 예비적 구제명령에 의한 복직은 인용되기 어렵다.

다만, Title Ⅶ 소송에 있어서는 특히 Equal Employment Opportunity Commission(E.E.O.C.)이 원고가 될 때의 보전처분이 명문으로 규정되어 있다. 즉, 위 위원회는 신청이 접수되고 위원회가 예비적인 조사에 의해 위법의 목적을 수행하기 위하여 신속한 법원의 조치가 필요하다고 인정할 때에는 그러한 신청에 대한 최종적인 처분이 있기까지 적절한 구제명령을 구하기 위한 소를 제기할 수 있다고 규정하고 있다.291) 그러나 위 법률은 사인인 원고가 직접 그러한 처분을 구할 수 있는가에 관하여는 아무런 언급이 없다.292)

Ⅲ. 최근 일본에서의 논의

1. 개 요

1) 노동조건분과회의 설치

해고가 무효인 경우에 원직 복직 외에 구제수단으로서 금전적인 해결이 필요한지에 대한 일본에서의 구체적인 논의는 2001년 후생노동성 산하의 노동정책심의회에 노동조건분과회를 설치하면서 시작되었다.293)

일본에서는 종래 법원에 의해 해고권남용의 법리가 확립되어 부당해고는 무효로 보았으나, 실제에 있어서는 해고과정에서 이미 노사 간의 신뢰관계가 상실되어 원상회복이 불가능한 경우에는 해고가 부당하더라도 복직보다는 금전적 화해의 형태로 분쟁이 종결되는 경우가 적지 않았고, 심지

---

291) 42 U.S.C. §2000e-5(f)(2).
292) 42 U.S.C. §2000e-5(g) 참조.
293) 조상균, 앞의 논문, 4면.

어는 부당해고에 대하여 원상회복을 전제로 하는 해고무효소송이 아닌 불법행위를 원인으로 한 금전적 보상을 요구하는 소송도 제기되고 있다.[294]

그리하여 위 노동조건분과회에서 금전적 해결방법에 의한 부당해고 구제의 실효성 확보 등에 대한 논의가 이루어져, 2002. 12. 26. 노동정책심의회의 후생노동대신에 대한 건의가 행해지는데 그 중 재판에 있어서의 구제수단에 관해서는, "해고의 효력이 재판에서 다투어진 경우에 있어 법원이 당해 해고를 무효로 하여 해고된 근로자의 근로계약상의 지위를 확인한 경우에 있어서도 실제로는 원직 복귀가 원활히 행해지지 않는 경우도 많은 것을 감안하여 법원이 당해 해고가 무효라고 판단한 때에는 노사당사자의 신청에 기하여, 사용자가 신청한 경우에는 당해 해고가 공서양속에 반하여 행해지지 않은 것과 고용관계를 계속하기 어려운 사유가 있는 것 등의 일정한 요건 하에 당해 근로계약을 종료시키고, 사용자에 대하여 근로자에게 일정한 금액의 금전지불을 명할 수 있도록 하는 것이 필요하다."라고 하면서, 이 경우 일정한 금액에 관해서는 근로자의 근속연수, 기타의 사정을 고려하여 후생노동대신이 정하는 금액으로 할 것을 건의하고 있다.[295]

2) 후생노동성의 법개정작업

후생노동성은 위 건의에 기초하여 해고가 무효로 판단된 경우에 금전보상을 제도화하는 노동기준법 개정작업에 착수하였으나 노사가 의견합치를 이루지 못하여 결국 노동기준법 개정안에 포함되지 못하였는바, 특히 전노동성노동조합은 위 건의에 대하여 직장복귀를 근로자가 희망하지

---

294) 이정, 앞의 논문, 48면.
295) "勞働政策審議會建議-今後の勞働條件に係る制度の在り方について-", 厚生勞働省發表, 2002. 12. 26.; 이 건의문은 판례에 의해 확립된 해고권남용 법리를 노동기준법에 명기할 것도 건의하고 있다.

않는 경우에 근로자 측이 이러한 금전지불을 요구할 수 있도록 하는 것은 합리성이 있으나 해고한 사용자 측이 일정한 금전을 지불하고 근로관계를 종료시키는 것은 심각한 도덕적 해이의 위험이 있으며, 해고가 무효라는 확정판결을 받은 후에 다시 금전적 지불을 요구한다면 해결이 장기화되어 실효성이 없다고 비판하였다.296)

3) 노동계약법제연구회와 보고서의 제출

2003. 6. 일본 참의원과 중의원은 노동기준법 개정안을 심의하면서 근로계약에 대한 포괄적인 법률을 제정하기 위해 전문적인 조사연구의 장을 만들어 적극적으로 검토하여 법령상의 조치를 포함한 필요한 조치를 강구할 것을 부대결의로 요청하였고, 이에 후생노동성은 2004. 4. 관야화부 교수를 회장으로 한 노동계약법제연구회를 발족시켰으며, 위 위원회는 총 28회의 논의를 거친 끝에 2005. 9. 15. 최종보고서297)를 후생노동성장관에게 제출하였다.298)

연구회에서는 해고분쟁 구제수단의 선택지를 확대하는 관점에서 해고의 금전해결제도를 도입하는 경우에 실효성이 있으면서도 남용이 행해지지 않도록 하는 제도설계가 가능한가에 관하여 법이론상의 검토를 행하였다.299)

해고의 금전해결제도를 도입하는 경우에는 재판절차상 해고의 유·무효의 판단과 금전해결의 신청을 2단계로 하면 신속한 해결이라는 본래의 취지에서 보아 문제가 있으며, 문제의 신속한 해결의 관점에서는 해고의 유·무효의 판단과 금전해결의 판단을 같은 법원에서 하는 것을 검토해

---

296) 조상균, 앞의 논문, 6면.
297) "今後の勞働契約法制の在り方に關する研究會報告書"(이하 '최종보고서'라 한다), 厚生勞働省發表, 2005. 9. 15.
298) 조상균, 앞의 논문, 7면.
299) 최종보고서, 60면.

야 하며,[300] 해결금의 성질은 고용관계를 해소하는 대가이고 화해금이나 손해배상과 일치하는 것은 아니라는 의견제시가 있었다.[301]

최종보고서의 금전해결제도에 관한 검토는 근로자로부터의 금전해결신청과 사용자로부터의 금전해결신청으로 나누어 볼 수 있다.

2. 근로자로부터의 금전해결신청

1) 개 요

근로자의 금전해결신청은 현실적으로 해고에 관해 근로자가 원직 복귀를 구하지 않고 손해배상을 청구하는 경우 근로관계를 계속할 의사가 없는 것이므로 임금상당액이 손해로서 인정되지 않는다는 하급심판결이 있기에 근로자 측에 해고의 금전해결에 대한 필요가 있다. 근로자는 재판상 화해나 노동심판제도에 있어서 금전해결을 구하는 것이 가능하기 때문에 근로자 측에 금전해결의 필요가 없다는 지적도 있으나 해고된 근로자가 해고는 납득할 수 없지만 직장에 돌아가고 싶지는 않다고 생각하는 경우에 해결금을 청구할 수 있는 권리가 보장된다는 이익이 있다.[302]

근로자가 신청한 해고의 금전해결제도를 도입하는 경우에는 해고무효의 주장과 금전해결에 의한 고용관계의 해소와의 관계에 관한 이론적 문제와 특히 중소영세기업의 문제로서 금액을 일률적으로 정하는 것의 폐해에 관하여 정리할 필요가 있다.[303]

---

300) 최종보고서, 60면.
301) 최종보고서, 60~61면.
302) 최종보고서, 61면.
303) 최종보고서, 61면.

2) 일회적 해결에 관한 이론적 사고

해고무효를 다투는 소송에서 원고인 근로자가 종업원으로서의 지위확인을 구하면서 한편으로 같은 법원에서 종업원으로서의 지위의 해소를 주장하는 것은 일응 모순되는 것으로 보인다. 이에 관하여는 종업원으로서의 지위확인을 구하는 소와 그 소를 인용하는 판결이 확정된 경우에 당해 확정시점 이후에 하는 본인의 사직신청과 상환으로 한 해결금의 급부를 구하는 소를 동시에 하는 것으로 정리하는 방안을 생각해 볼 수 있다.[304]

위와 같이 정리하는 경우에는 금전해결을 인정하는 판결확정일로부터 일정기간(예를 들면 30일) 이내에 근로자가 사직의 의사표시를 하지 않으면 금전 청구권을 상실하게 되고, 다만 그 경우에는 근로자로서의 지위를 갖게 된다.[305]

3) 해결금액의 기준

해고가 무효인 경우의 해결금액은 해고의 태양, 근로자의 대응, 사용자의 책임의 정도 등 외에도 각 기업에 있어서의 지불능력에도 좌우되는 것이기에 전기업을 통하여 일률적으로 정하기 어려운 점이 있다. 이에 관해서는 현재 각 기업에서 사전에 노사 간에 집단적으로 희망퇴사제도를 만들어 퇴직금의 할증률 등을 정하는 사례가 많이 있는 점을 감안하여, 해고의 금전해결 신청을 해결금액의 기준에 관해서 개별기업에서 사전에 단체협약이나 노사위원회의 결의로 집단적 노사합의를 한 경우에 한하여 인정하여, 그 기준에 의하여 해결금액을 결정하는 방법을 고려할 수 있다.[306]

---

304) 최종보고서, 61면.
305) 최종보고서, 61면.

3. 사용자로부터의 금전해결신청

1) 개 요

특히 논란이 많은 부분으로서 찬성론과 반대론이 팽팽히 대립하고 있으며 주로 사용자 측은 찬성하고, 노동조합 측은 제도의 도입에 강하게 반대하고 있다.[307]

이러한 논란과 관련하여 위법한 해고는 무효로 되고 판결시나 구두변론 종결시까지의 위법상태는 시정되는 것을 전제로 하여, 그 후의 문제로서 현실적으로 직장에 복귀할 수 없는 근로자에게 있어서는 위법한 해고를 행한 사용자의 신청에 의해서라도 해결금을 얻는 편이 이익이 되는 경우가 실제로 있을 수 있고, 이러한 조치는 분쟁의 조기해결에도 도움이 되므로 이를 고려하여 사용자로부터의 금전해결신청도 인정될 여지가 있다는 주장이 있다.[308]

2) 위법한 해고가 금전에 의하여 유효로 된다, 해고를 유발한다는 등의 비판에 관하여

해고의 금전해결제도에 관하여는 사용자로부터 해고시에 금전이 지불된 경우에 이를 해고권남용의 판단요소로 하는 관점도 있지만 금전을 지불하면 해고가 유효로 된다고는 생각하기 어렵다. 사용자로부터의 금전해결신청은 근로자가 신청한 경우와 같이 해고가 무효로 인정될 수 있는 경우에 근로자의 종업원인 지위가 존속하고 있는 것을 전제로 해결금을 지불하는 것에 의해 그 후의 근로계약관계를 해소함이 가능하다는 것으로

---

306) 최종보고서, 61~62면.
307) 최종보고서, 62면.
308) 최종보고서, 62면.

서 위법한 해고가 금전에 의해 유효로 되는 것은 아니다.[309)]

또, 금전해결을 인정하는 것은 금전만 지불하면 해고할 수 있다는 풍조를 확산시킨다는 우려가 있지만, 어떠한 해고에 있어서도 사용자의 금전해결신청이 가능한 것은 아니고, 인종, 국적, 신조, 성별 등을 이유로 한 차별적 해고나, 근로자가 연차유급휴가를 얻는 등의 정당한 권리를 행사한 것을 이유로 하는 해고 등의 경우에는 사용자에 의한 금전해결신청은 인정하지 않는 것이 타당하다. 사용자의 고의나 과실에 의하지 않은 사정으로 근로자의 직장회복이 곤란하다고 인정되는 특별한 사정이 있는 경우로 한정함에 의하여 금전만 지불하면 해고할 수 있는 제도가 아닌 것임이 명확해진다.[310)]

3) 사용자에 의한 해고의 금전해결제도남용 우려에 관하여

위와 같은 조치를 적절히 강구하면 많은 우려는 불식될 수 있다고 생각되나, 당초부터 사용자의 신청의 전제로서 단체협약이나 노동위원회의 결의와 같은 개별기업에 있어서의 사전적인 집단적 노사합의가 되어 있는 것을 요건으로 하는 것도 생각해 볼 수 있다. 이에 의하여 노사대등의 입장에서 미리 합의한 내용에 따른 신청만 가능하게 되므로 많은 우려는 불식될 수 있다.[311)]

4) 해결금액의 기준

해결금액의 기준에 관하여는 근로자로부터의 신청과 마찬가지로 전기업을 통한 일률적인 기준을 적용하는 경우에 중소영세기업을 중심으로

---

309) 최종보고서, 62~63면.
310) 최종보고서, 63면.
311) 최종보고서, 63면.

실시가 곤란하게 되는 문제가 있다.

　이 해결방법도 근로자로부터의 신청과 같이 개별기업에 있어서 노사 간에 집단적으로 해결금액기준의 합의가 미리 이루어진 경우에만 신청할 수 있는 것으로 하고 그 기준에 따라 해결금액을 결정하는 것이 타당하지만, 사용자로부터의 금전해결신청의 경우에 정해진 금전액 기준이 근로자로부터의 금전해결신청의 경우에 정해진 금전액 기준보다도 낮은 경우에는 사용자로부터의 금전해결신청에 의해서 근로계약관계를 해소하는 것은 균형을 결한 것이기에 이러한 경우에는 사용자로부터의 금전해결신청이 불가능하다고 함이 상당하다.[312]

　또, 해결금액이 부당하게 낮아지는 것을 피하기 위해 사용자가 신청한 금전해결의 경우에 그 최저기준을 두는 것도 고려할 필요가 있다.[313]

5) 쌍방 신청의 관계

　해고의 금전해결신청을 인정할 것인가에 관해서는 노사 간의 자주적인 교섭에 의하여 정해져야 하는 것이기에 어느 기업에 있어서 근로자로부터의 금전해결신청을 인정하면서 사용자로부터의 금전해결신청을 인정하지 않는 것은 노사 간의 자주적 교섭의 결과로서 문제가 없다. 그러나 근로자로부터의 금전해결신청을 인정하기 아니함에도 사용자로부터의 금전해결신청을 인정하는 것은 현저히 노사 간의 균형을 결한 것으로서 허용되지 않는다.[314]

---

312) 최종보고서, 63~64면.
313) 최종보고서, 64면.
314) 최종보고서, 64면.

4. 최종보고서 이후의 논의

최종보고서 이후에도 금전해결제도의 필요성에 관하여 사용자 측에서는 개별노동분쟁을 조기에 타결하고 분쟁해결에 있어서 선택의 폭을 넓힌다는 측면에서 해고의 금전해결제도 도입을 원칙적으로 찬성하고 있으나, 노동계 측에서는 우선은 근로자의 취업청구권을 인정하는 것이 선결문제로서 다루어져야 하며, 해고무효로 된 근로자가 복직할 수 있는 법적 시스템을 정비하여야 함에도 이 점에 관하여는 검토하지 않은 채 해고를 조장할 수 있는 제도만을 검토하는 것은 납득하기 어렵다거나, 해고에 대하여 근로자가 원직 복귀를 구하지 않고 손해배상을 청구하는 경우 근로관계를 계속할 의사가 없기 때문에 손해도 인정되지 않는 경우도 있을 수 있으나 이 경우에도 불법행위에 해당한다면 손해배상의 청구가 가능하기 때문에 금전해결제도가 정말로 필요한 것인가에 대해 의문을 제기하고 있다.315)

해결금액에 대하여는 해고가 무효인 경우의 해결금액의 기준을 개별기업의 노사가 집단적으로 결정한다면 중소기업의 경우에 3개월분의 급여액의 화해금조차 지불하기 어려운 경우가 많기 때문에 입법으로 객관적 기준을 정해야 한다는 견해와, 금전해결에 의한 해결의 저액화를 방지하기 위해 법률로 최저액과 최고액을 설정하여야 한다는 견해 등이 제시되었다.316)

이와 같이 최종보고서가 나온 후로도 노사 간의 의견이 대립되자, 2006. 12. 21.에 개최된 제71회 노동정책심의회 노동조건분과회에서 해고에 관한 노동관계분쟁의 해결방법에 관하여 2006. 4. 시행되는 노동심판제도의 조정, 개별근로관계 분쟁제도의 알선 등의 분쟁해결수단의 동향도

---

315) 조상균, 앞의 논문, 10∼11면.
316) 조상균, 앞의 논문, 12면.

살펴보면서 계속하여 검토함이 적당하다고 보고하였고,[317] 후생노동성은 2007년 일본 국회에 제출된 노동계약법 입법안에서 금전해결제도를 제외하게 된다.[318]

Ⅳ. 금전보상제의 검토

1. 규정 및 의의

현 근로기준법 제30조 제1항은 노동위원회가 부당해고 등의 구제신청에 대하여 심문을 끝내고 부당해고 등이 성립한다고 판정하면 사용자에게 구제명령을 하여야 하며, 부당해고 등이 성립하지 아니한다고 판정하면 구제신청을 기각하는 결정을 하여야 한다고 규정하고 있으며, 제3항은 노동위원회가 제1항에 따른 구제명령(해고에 대한 구제명령만을 말한다)을 할 때에 근로자가 원직 복직을 원하지 아니하면 원직 복직을 명하는 대신 근로자가 해고기간 동안 근로를 제공하였더라면 받을 수 있었던 임금상당액 이상의 금품을 근로자에게 지급하도록 명할 수 있다고 규정하고 있다.

부당해고에 대한 금전보상은 부당해고 구제명령에 대해 근로자가 복직을 희망하지 않는 경우에 노동위원회가 원직 복직에 대신하여 금전보상 지급의 구제명령을 할 수 있는 제도로서 정당한 이유 없는 해고에 대한 구제방식을 다양화함으로써 권리구제의 실효성을 제고하고 근로관계 단절상태의 장기화를 방지하여 근로관계를 조속히 안정시키기 위한 것

---

317) "今後の勞働契約法制及び勞働時間法制の在り方について(報告)", 第71回勞働政策審議會勞働條件分科會, 2006. 12. 21.
318) 조상균, 앞의 논문, 12면.

이다.319)

　대부분의 나라에서 부당해고로 판명된 경우에도 사용자가 복직을 수용
하지 않으면 금전적 배상과 함께 근로관계를 종료시키고 있으며 이는 계
속적 계약관계로서의 성격을 지니고 있는 근로관계의 본질에 비추어 상
당성이 인정되는 것으로 평가받고 있다.

　우리나라의 금전보상제는 노동위원회의 구제명령의 하나로서 공법상의
구제조치이기에 근로자와 사용자 간의 사법상의 권리의무관계에 직접 영
향을 미치는 것은 아니므로,320) 노동위원회의 보상금 지급명령을 사용자
가 이행하지 않는다면 근로자가 지급명령에 기하여 민사법상의 직접 집
행을 할 수는 없을 것이다.321)

2. 요 건

　노동위원회의 보상금 지급명령을 위해서는 우선 노동위원회가 부당해
고가 성립한다고 판정하여야 하며 근로자가 원직 복귀를 원하지 아니하
는 경우에만 인정된다. 부당해고에 대한 구제방법으로 원직 복직 대신에
금품을 지급하고 근로관계를 종료시키고자 하는 것이므로 부당해고 이외
의 휴직, 정직, 전직, 감봉 기타의 징벌에 대한 구제명령에는 적용되지 않
는다.322)

---

319)「노사관계선진화입법 설명자료」(이하 '설명자료'라 한다), 노동부, 2007. 1., 83면.
320) 대법원 1996. 4. 23. 선고 95다53102 판결.
321) 同旨 이철수, "개정 해고법제의 주요 내용과 그 평가", 2006~2007 개정 노동법의
　　 법리적 검토(서울대학교 노동법연구회 2007년 춘계공개학술대회 발표 논문), 서울
　　 대학교 노동법연구회, 2007, 8면; 권창영, "근로기준법상 이행강제금제도에 관한
　　 연구", 법학박사학위논문, 서울대학교, 2008, 81면; 김홍영, "부당해고 구제절차에
　　 서의 금전보상 제도 및 이행강제금 제도"(이하 '금전보상 및 이행강제금'이라 한
　　 다), 노동법학 25호, 한국노동법학회, 2007, 44~45면.
322) 김홍영, "부당해고에 대한 금전보상제의 도입에 따른 쟁점사항"(이하 '쟁점사항'이

선진국에서는 사용자의 신청 또는 사회통념상 근로관계의 유지가 객관적으로 어려운 경우 등 폭넓게 금전보상제를 운영하고 있으나 우리나라는 노사관계 여건상 사용자에게 금전보상 신청권을 부여할 경우 복직을 회피하기 위한 수단으로 금전보상제도를 악용하는 등 남용이 우려된다는 지적이 있어 근로자가 원직 복직을 희망하지 않는 경우에 한하여 금전보상제를 제한적으로 운영하게 되었다.[323]

3. 보상금액

노동위원회가 보상금 지급명령을 내리는 경우에는 보상금액을 기재하여야 하는데 현 근로기준법 제30조 제3항에는 "근로자가 해고기간 동안 근로를 제공하였더라면 받을 수 있었던 임금상당액 이상의 금품"이라고만 규정되어 있고, 더 상세한 금품산정 기준에 대하여 근로기준법 시행령이나 시행규칙 등에 위임하고 있지도 않아 구체적으로 보상금액을 어떻게 정할 것인지가 문제된다.[324]

보상금 결정에 대한 구체적인 기준을 법령에 명시하지 아니한 것은 보상금의 내용 중 해고기간 동안의 임금상당액은 객관적으로 계산될 수 있지만 위로금은 단순한 위반인지 중대한 위반인지의 여부, 근로자의 귀책사유 등 다양한 변수를 고려하여야 하는데 이러한 다양한 변수를 포괄하는 하나의 기준을 마련하기는 쉽지 않으며 오히려 획일적인 기준의 마련이 구체적 타당성을 결할 수 있으므로 판정기관이 개별 사안에 따라 적절하게 보상금 액수를 결정할 수 있도록 하기 위함이다.[325]

───────────

라 한다), 조정과 심판 28호, 2006, 8면; 권오상, 앞의 논문, 81면.
323) 설명자료, 82~84면; 권오상, 앞의 논문, 81면; 김홍영, 금전보상 및 이행강제금, 48면.
324) 김홍영, 쟁점사항, 8~9면.
325) 설명자료, 84~85면.

해고기간 동안의 임금상당액의 산정과 관련하여서는 기존의 부당해고 기간 중의 임금산정에 관한 대법원 판례가 축적되어 있어 이를 준용하여 산정하면 될 것이고, 통상 근로자가 해고일로부터 판정일까지 정상적으로 근로를 제공하였더라면 받을 수 있었던 금액이 된다.[326]

하지만, 임금상당액을 넘어서는 위로금은 우선 그 성격이 문제된다.

이를 위자료로 보게 되면 판례가 부당해고로 인한 위자료청구권을 불법행위가 성립되는 예외적인 경우에 한하여 매우 제한적으로 인정하고 있으므로 판례가 인정하는 불법행위를 구성하지 아니하는 부당해고에서 일률적으로 위로금을 인정하는 것은 판례의 태도에 맞지 않는다. 그리하여 위로금을 위자료가 아닌 근로관계정산에 대한 대가로서 청산금으로 해석하여야 하며, 노동위원회는 앞서 든 여러 사정을 고려하여 적절하게 청산금을 결정할 수 있다는 견해가 있다.[327] 노동위원회는 결국 해고기간의 임금상당액에 추가되는 금액을 산정함에 있어서는 상당한 재량권을 갖게 된다.[328]

4. 금전보상명령

1) 신 청

근로자는 부당해고 구제신청 사건에서 원직 복직을 원하지 아니하는 경우에 금전보상명령을 신청할 수 있으며, 금전보상명령을 신청하고자 하는 근로자는 심문회의 개최일을 통보받기 전까지 금전보상명령신청서를 제출하여야 한다.[329]

---

326) 「심판업무 처리요령」(이하 '처리요령'이라 한다), 중앙노동위원회, 2007, 119면.
327) 권창영, 앞의 논문, 79면.
328) 김홍영, 금전보상 및 이행강제금, 43면.
329) 노동위원회 규칙 제64조.

근로자가 금전보상을 신청한다는 의사를 심판절차의 진행 중에 철회할 수 있는지에 관하여는 노동위원회 규칙상 명문의 규정은 없으나 판정시까지는 신청의사를 철회할 수 있다고 해석함이 무방하다는 견해가 있다.[330]

금전보상명령신청서에는 임금상당액과 그 산출근거, 비용과 그 산출근거, 기타 요구금액 및 그 산출근거 등 신청인이 구하는 보상금 요구금액을 기재하도록 되어 있다.[331]

2) 보상금액의 산정

노동위원회는 근로자가 금전보상명령을 신청한 경우에는 당사자에게 근로계약서, 임금대장 등 금액 산정에 필요한 자료를 제출하도록 명할 수 있다.[332]

보상금액 산정의 종기를 민사소송의 변론종결시와 같이 당사자의 의사 및 복직 여부를 최종적으로 확인할 수 있는 심문종결시를 기준으로 하여야 한다는 견해가 있으나,[333] 노동위원회 규칙은 보상금액의 산정기간을 해고일로부터 당해 사건의 판정일까지로 규정하여 그 종기를 판정일로 명시하고 있다.[334] 다만, 해고 기간 동안에 기간 만료나 정년 도달 등 근로계약 관계의 종료 사유가 별도로 존재한다면, 보상금액이 산정되는 기간은 그 사유의 발생시점까지로 단축된다고 보아야 할 것이다.[335]

이론적으로는 근로자의 금전보상금 신청의 법적 의미를 사용자의 해고

---

330) 권오상, 앞의 논문, 81~82면.
331) 노동위원회 규칙 별지 제17호 서식 참조.
332) 노동위원회 규칙 제65조 제1항.
333) 김홍영, 생점사항, 10면.
334) 노동위원회 규칙 제65조 제2항.
335) 권오상, 앞의 논문, 83면(권오상 박사는 근로자가 기간 만료 등의 사유에도 불구하고 계약 갱신 등으로 계속 고용될 가능성도 있으나 이는 보상금산정에 있어 해고 기간의 임금상당액이 아니라 그 이상으로 추가되는 금액에 관련된다고 한다); 김홍영, 금전보상 및 이행강제금, 43면.

에 의한 근로계약 해지의 의사표시를 받아들이는 것으로 본다면 임금상
당액의 계산은 그 시점까지로 제한되어야 하는 것이 아닌가 하는 의문이
생길 수 있다. 이를 판정일 이후의 장래의 계약해지의 의사표시로 본다면
노동위원회 규칙과 같이 보상금액을 산정함에 무리가 없으나, 적어도 근
로자가 그 시점에서 자신의 근로제공의 의사가 없음을 명시적으로 표시
한 것으로 보아야 하므로 민사소송에 의한 임금청구시에는 문제가 될 수
있다.

3) 금전보상명령의 방법

노동위원회가 금전보상명령을 하는 때에는 그 보상금액과 구제명령을
한 날로부터 30일 이내에서 정한 이행기한을 명시하여야 한다.[336] 보상금
액은 임금상당액을 포함한 총금액을 기재한다.[337]

구체적인 주문의 형태는

1. 이 사건 사용자가 2007. 12. 1. 이 사건 근로자에 대하여 한 해고는
부당해고임을 인정한다.

2. 이 사건 사용자는 이 사건 근로자에게 해고일부터 이 사건 판정일까
지 이 사건 근로자가 정상적으로 근로하였더라면 받을 수 있었던 임금상
당액을 포함한 금 ○○원을 이 판정서를 송달받은 날부터 ○○일 이내에
지급하라.

는 형태가 된다.[338]

보상금액과 이행기한을 명시하는 것은 이행강제금의 부과와 관련된 것
이며, 나아가 확정된 구제명령에 대한 형사처벌 문제와도 연관이 있다.

---

336) 노동위원회 규칙 제66조.
337) 권오상, 앞의 논문, 83면.
338) 처리요령, 119면.

4) 불 복

노동위원회의 금전보상명령은 구제명령의 일부이므로 사용자가 이에 불복할 수 있는 것은 당연하나, 근로자가 노동위원회가 산정한 보상액이 근로자가 청구한 금액보다 적다하여 판정에 불복할 수 있는 것인지, 또는 사용자가 금전보상에는 동의하나 다만 그 보상액이 잘못되었다고 하여 불복할 수 있는 것인지에 관하여는 아무런 규정이 없다.

사용자는 노동위원회의 판정에 대해 부당해고로 판정되었다는 점과 금전보상명령이 내려졌다는 점 양 측면에 대해 불복하여 재심 또는 행정소송을 제기할 수 있을 뿐 아니라, 부당해고라는 판정에는 불복하지 않으나 금전보상명령의 보상액 산정이 적절하지 못하다는 이유로도 불복할 수 있으며, 근로자도 금전보상명령의 보상액 산정이 적절하지 못하다는 이유로 불복하여 재심 또는 행정소송을 제기할 수 있다고 보아야 한다.339) 금전보상을 신청한 근로자의 불복에 관하여는, 보상액 산정은 노동위원회가 직권으로 산정하는 것이므로 노동위원회가 산정한 보상액이 적다하여 근로자가 노동위원회의 판정에 불복할 수는 없다는 견해가 있을 수 있으나, 근로자에게 있어서 부당해고의 인정 못지않게 금전보상금의 액수가 중요한 것이므로 불복할 수 있다고 봄이 상당하다.340)

보상액의 산정이 현저히 부당한 경우 중앙노동위원회의 재심에서는 중앙노동위원회가 판정으로 직접 적절한 보상금액을 결정하여 그 지급을 명할 수 있으나,341) 행정소송에서 법원은 중앙노동위원회의 판정을 취소함에 그치고 중앙노동위원회가 취소판결의 취지에 따라 재처분을 하도록 하여야 한다.342)

---

339) 권오상, 앞의 논문, 83면; 김홍영, 금전보상 및 이행강제금, 45면.
340) 同旨 권창영, 앞의 논문, 79면.
341) 노동위원회법 제26조 제1항.
342) 노동위원회 규칙 제99조.

5. 중간수입공제

중간수입의 공제와 관련하여 금전보상금을 산정함에 있어서 근로자에게 중간수입이 있더라도 공제하여서는 안 된다는 견해가 있다.[343]

금전보상금 중 백 페이(back pay)와 기타의 위로금이 명확히 구분될 수 있다면 이러한 견해는 문제가 될 수 있다. 즉, 해고기간 동안의 임금상당액은 근로자가 해고기간 동안 근로를 제공하였더라면 지급받을 수 있었던 임금에 상당하는 금액으로서 실제로 근로한 것은 아니므로 근로의 대가인 임금은 아니고[344] 사용자의 위법한 해고로 인한 임금 상당의 손해액이라고 봄이 상당하므로, 손해배상에 있어서의 기본 원리인 손해의 공평한 부담원리에 기초한 중간수입공제를 보상금 산정에 있어 고려하지 못할 이유가 없다. 또한, 노동위원회의 구제명령은 사용자에게 공법상의 의무만을 부담시킬 뿐이어서 사용자가 이행을 거부하는 한 민사소송을 할 수밖에 없는데 사용자가 중간수입공제와 관련한 증명자료를 갖고 있다면 구제명령의 이행을 거부하고 민사소송에 의한 판결을 받고자 할 것이고, 민사소송에서는 중간수입공제를 인정하고 있으므로 노동위원회의 구제명령에서 이를 공제하지 않는 것은 구제명령의 권위만을 약화시키고 당사자의 번거로움만을 초래할 것이기 때문이다.

하지만, 현재의 근로기준법 제30조 제3항이 보상금액을 근로자가 해고기간 동안 근로를 제공하였더라면 받을 수 있었던 임금상당액 이상의 금품이라고 명문으로 규정하고 있고, 그 금품 속에는 뒤에서 보는 바와 같이 근로자가 새로이 취업하기까지의 장래의 수입상실에 대한 보상, 부당해고로 인한 고통 등에 대한 위자의 의미가 모두 포함된 것이므로 보상액 산정에 있어 중간수입을 공제하지 않았다고 하더라도 위법이라고 단정하

---

343) 김홍영, 쟁점사항, 11~12면.
344) 同旨 김홍영, 쟁점사항, 10면.

기 어렵다.

오히려 위와 같은 의미가 포함된 금전보상액이 중간수입을 공제함으로써 결과적으로 근로자가 해고기간 동안 근로를 제공하였더라면 받을 수 있었던 임금 상당에도 미치지 못하게 된다면 법 위반의 문제가 생길 수 있을 것이므로, 노동위원회로서는 이러한 명령을 할 수는 없을 것이고, 법원으로서도 가급적 노동위원회의 재량을 존중함이 바람직하다.[345]

다만, 근로자의 금전보상금 청구를 사용자의 해고의 의사표시를 수용한 것으로 본다면 그 시점에서 근로관계는 합의해지된 것으로 보아야 하고, 중간수입이 있는 경우는 근로자가 부당해고기간 동안 다른 직장을 얻은 경우가 많을 것인데 민사소송을 제기하는 경우에는 법원은 근로계약의 합의해지시까지의 임금에서 중간수입을 공제하여야 한다.

현재 판례는 예외적인 경우에 부당해고의 불법행위 성립을 인정하고 그 경우가 아니면 위자료를 인정하지 아니하고 있는바, 위자료가 인정되지 않는 경우에는 사용자가 지급하여야 할 임금이 중간수입을 공제한 금액이 되어 노동위원회의 금전보상액과 차이가 생길 수밖에 없는데 이 불일치를 어떻게 해결할 것인지가 문제이다.

6. 임금상당액 초과액의 산정

해고기간 동안의 임금상당액을 초과하는 금액을 산정함에는 아무런 규정이 없이 노동위원회의 재량에 일임하고 있어 오히려 어려움이 발생한다.

근로자가 새로이 취업하기까지의 장래의 수입상실, 부당해고로 인한 정신적·육체적 고통, 해고에 있어서의 사용자의 악의성, 근로자의 과실 정

---

345) 김홍영, 금전보상 및 이행강제금, 45면.

도, 사용자의 자력 등 모든 요소를 고려하여 합리적으로 산정하여야 할 것이다.[346]

금전보상제도는 부당해고에 따른 실제의 손해를 산정하여 그에 대한 배상을 하겠다는 것이 아니라, 원직에 복직하지 않음으로써 발생하는 고용상의 손실을 적절하게 보상하려는 제도이므로, 이러한 임금상당액을 초과하는 금액을 산정함에 있어 민사법상의 법리에 기속될 이유는 없으나,[347] 민사소송을 통한 구제에 있어서는 현재 특별한 경우에만 위자료를 인정하는 판례의 태도로 인하여 임금상당액을 초과하는 금액을 인정하기가 쉽지 않으므로 민사소송결과와의 괴리가 생길 수 있다.

노동위원회의 금전보상명령에 의하여 사법상의 권리의무관계가 정해지는 것은 아니므로 노동위원회의 금전보상명령에 따라 사용자가 보상금을 지급하고 근로자가 이를 수령한 후에, 다시 근로자가 금전보상액이 손해에 미치지 못한다는 이유로 민사소송을 제기할 수 있는지가 문제된다.

이에 대하여 금전보상명령에 의하여 민법상의 손해배상청구권이 소멸되는 것은 아니므로, 근로자는 금전보상명령의 이행으로 지급된 금액을 공제한 나머지 손해액에 대하여 손해배상청구가 가능하다는 견해가 있다.[348]

법리적으로는 가능한 견해이나, 금전보상명령에 대하여 양 당사자가 이의를 제기하지 않고 수긍하여 사용자가 지급한 보상금을 근로자가 수령까지 한 후, 부당해고 구제절차가 확정되었음에도 다시 민사소송을 제기하여 다툰다는 것은 절차의 중복과 이로 인한 시간과 비용의 낭비를 초래하며, 신속한 구제를 위한 부당해고 구제신청제도의 취지를 몰각시키는 것이다. 양 당사자가 재심이나 행정소송을 제기하지 않고 근로자가 금전

---

346) 처리요령, 119면은 심판위원회는 해고의 부당성 정도, 근로자의 귀책 정도, 근로자가 해고일로부터 판정일까지 얻은 중간수입, 근로계약의 형태 등을 종합적으로 고려하여 결정하여야 한다고 하고 있다.
347) 김홍영, 금전보상 및 이행강제금, 51~52면.
348) 김홍영, 금전보상 및 이행강제금, 51~52면.

보상금을 수령한 경우에는 해고 및 그로 인한 금전적 보상에 대한 합의가 있었다고 보는 것이 타당할 것이다.

　장기적으로는 부당해고 구제절차를 일원화함으로써 문제를 근원적으로 해결하여야 한다.[349]

---

349) 조상균, 앞의 논문, 18면 참조.

제4절 이행강제금

I. 도입과정

노사관계제도 선진화연구위원회에서는 2003. 11. 부당해고에 대한 일반적 벌칙규정을 삭제하는 대신 확정된 노동위원회의 구제명령을 정당한 이유 없이 위반한 경우에는 제재가 가능하도록 할 것을 예시하면서 구제명령의 실효성 제고 방안을 강구할 것을 제안하였으나 구체적인 방안은 제시하지 못하였다.[1]

그 후 2006. 9. 11. 민주노총을 제외한 노사정대표자들이 부당해고의 벌칙조항을 삭제하되, 노동위원회의 구제명령에 대해 이행을 명하도록 하고 이행담보 수단으로 이행강제금을 부과하며, 확정된 이행명령을 이행하지 않을 경우 형사처벌 또는 과태료를 부과하기로 합의하였다.[2]

이에 의하여 현 근로기준법은 제33조에서 이행강제금에 관하여 규정하고 제111조에서 확정된 구제명령에 대한 벌칙을 규정하기에 이르렀다.

종래 정당한 이유가 없는 해고 등에 관하여 노동위원회가 구제명령을 하였음에도 사용자가 이를 이행하지 아니하는 경우 적절한 이행확보수단이 마련되지 않아 구제의 실효성이 적다는 비판이 있었는데[3] 이를 수용하여 사용자에게 이행강제금을 부과함으로써 구제명령의 신속한 이행을

---

1) 「노사관계법·제도 선진화방안」, 노사관계제도 선진화연구위원회, 2003. 11., 140~141면.
2) 이철수, "개정 해고법제의 주요 내용과 그 평가", 2006~2007 개정 노동법의 법리적 검토(서울대학교 노동법연구회 2007년 춘계공개학술대회 발표 논문), 서울대학교 노동법연구회, 2007, 4면.
3) 김형배, 「노동법」, 신판 제4판, 박영사, 2007, 609면.

확보하는 방안이 마련된 것이다.[4] 즉, 구제명령의 확정 여부를 불문하고 적법하게 취소되기 전까지는 사용자의 이행의무를 인정하여, 노동위원회가 노사 당사자로부터 구제명령의 이행상태를 파악하여 불이행한 사용자에 대하여는 조속히 임의이행하도록 적극적으로 행정지도 및 감독을 하되, 사용자의 이행거부에 대하여는 구제명령 위반으로서 즉시 이행강제금을 부과하여 제재함으로써 구제명령의 실효성을 확보하려는 것이다.[5]

II. 이행강제금 제도

1. 행정의 실효성 확보수단

1) 전통적 실효성 확보수단

행정목적의 달성을 위하여 행정법규, 행정처분에 의하여 개인에게 의무가 부과되는 경우가 많다. 이 경우에 개인이 의무를 자발적으로 이행하지 않는 경우에는 행정목적의 실현을 확보하고 행정법규의 실효성을 담보하기 위한 법적 수단이 필요하다.[6]

행정법상 의무 불이행에 대한 전통적인 실효성 확보수단으로는

① 현재의 의무불이행 상태에 대하여 직접적으로 실력을 행사하여 장래에 그 의무이행의 실현을 확보하려는 행정강제와,

---

4) 이철수, 앞의 논문, 12면.

5) 김재호·김홍영, "부당해고구제명령 불이행에 대한 이행강제금 부과", 노동법연구 21호, 서울대학교 노동법연구회, 2006, 119면.

6) 박윤흔, 「최신 행정법강의(상)」, 개정29판, 박영사, 2004, 589면; 석종현, 「일반행정법(상)」, 제11판, 삼영사, 2005, 503면; 김성수, 「일반행정론」, 제3판, 법문사, 2007, 491면; 박균성, 「행정법론(상)」, 제6판, 박영사, 2007, 462면.

② 과거의 의무나 명령위반에 대하여 일정한 제재를 가함으로써 행정법규위반에 대한 제재를 직접적인 목적으로 하면서, 간접적으로 위반자에게 심리적 압박을 가하여 의무이행을 확보하려는 행정벌이 있다.[7]

행정강제와 행정벌은 행정목적의 실현을 확보함을 목적으로 하는 강제수단인 점에서는 궁극적으로 동일하나, 행정강제는 행정목적의 실현 자체를 직접의 목적으로 함에 반하여 행정벌은 과거의 의무위반에 대한 제재가 직접 목적으로서 행정법상의 의무이행의 확보는 그 간접적인 효과에 지나지 않고,[8] 행정강제는 실력행사를 수단으로 함에 반해, 행정벌은 형벌 또는 질서벌을 수단으로 하는 점에서 차이가 있다.[9]

행정강제는 행정목적을 실현하기 위하여 사람의 신체 또는 재산에 실력을 가하여 행정상 필요한 상태를 실현하는 행정권의 사실상의 작용이라고 정의되며, 행정상 강제집행과 즉시강제로 구분된다.[10]

행정상 강제집행은 행정법상의 의무불이행에 대하여 행정청이 장래에 향하여 그 의무를 이행시키거나 또는 이행이 있었던 것과 같은 상태를 실현하는 작용을 말하며,[11] 행정상의 즉시강제는 행정법상의 의무의 이행을 강제하기 위한 것이 아니라, 행정위반에 대처하여 목전의 긴박한 행정상의 장해를 제거하기 위하여, 또는 미리 의무를 명할 시간적 여유가 없거나 성질상 의무를 명함에 의해서는 그 목적을 달성하기 어려운 경우에 즉

---

7) 석종현, 앞의 책, 459면.
8) 김남진·김연태, 「행정법 I」, 제11판, 법문사, 2007, 440면; 박윤흔, 앞의 책, 591면; 장태주, 「행정법개론」, 개정3판, 현암사, 2006, 491면; 석종현, 앞의 책, 463면; 홍정선, 「행정법원론(상)」, 제15판, 박영사, 2007, 536면; 김성수, 앞의 책, 493면; 김철용, 「행정법 I」, 제10판, 박영사, 2007, 405면.
9) 박윤흔, 앞의 책, 591면.
10) 박윤흔, 앞의 책, 591면; 김남진 등, 앞의 책, 435면.
11) 김동희, 「행정법 I」, 제13판, 박영사, 2007, 429면; 장태주, 앞의 책, 491면; 석종현, 앞의 책, 463면; 홍정선, 앞의 책, 549면.

시 사람의 신체 또는 재산에 실력을 가함으로써 행정상 필요한 상태를 실현하는 작용을 의미한다.[12]

양자는 실력으로 필요한 상태를 실현시키는 사실행위인 점에 있어서는 동일하나, 행정상 강제집행은 선행하는 의무의 불이행을 전제로 함에 반하여, 행정상 즉시강제는 선행하는 의무 자체가 존재하지 않고 따라서 의무의 불이행을 전제로 하지 않는다는 점에서 차이가 있다.[13]

행정상 강제집행은 집행되는 의무에 따라 대체적 작위의무에 대한 대집행, 금전급부의무에 대한 행정상 강제징수, 비대체적 작위의무에 대한 직접강제와 집행벌(이행강제금)로 구분된다.[14] 행정법상 의무의 대부분을 차지하는 비대체적 작위의무, 부작위의무 및 수인의무에 대한 직접강제 또는 집행벌이라는 직접적 강제수단은 개별법률에 의하여 예외적으로만 인정되며, 따라서 비대체적 작위의무, 부작위의무 및 수인의무의 강제는 대부분 간접적 강제수단인 행정벌에 의존한다.[15]

행정벌은 행정법상의 의무위반에 대하여 일반통치권에 근거하여 일반 사인에게 제재로서 과하는 벌을 말하며,[16] 형법에 형명이 있는 벌칙이 과하여지는 행정형벌과 형법에 없는 과태료가 과하여지는 행정질서벌로 구분된다.[17]

---

12) 박윤흔, 앞의 책, 591~592면; 김남진 등, 앞의 책, 435면; 장태주, 앞의 책, 512면; 석종현, 앞의 책, 486면; 김성수, 앞의 책, 510면.
13) 김동희, 앞의 책, 429면; 박윤흔, 앞의 책, 592면; 김남진 등, 앞의 책, 439면; 장태주, 앞의 책, 491면; 석종현, 앞의 책, 463면; 홍정선, 앞의 책, 549면; 김성수, 앞의 책, 511면.
14) 석종현, 앞의 책, 459면; 홍정선, 앞의 책, 551면; 김성수, 앞의 책, 492면.
15) 박윤흔, 앞의 책, 589면.
16) 박윤흔, 앞의 책, 637면; 김남진 등, 앞의 책, 461면; 석종현, 앞의 책, 503면; 홍정선, 앞의 책, 536면; 김성수, 앞의 책, 547면.
17) 박윤흔, 앞의 책, 654면; 김남진 등, 앞의 책, 463면; 장태주, 앞의 책, 520면; 석종현, 앞의 책, 507면; 김성수, 앞의 책, 550면.

행정형벌에 대해서는 원칙적으로 형법총칙이 적용되며 과벌절차는 원칙적으로 형사소송절차에 의하나, 행정질서벌의 경우에는 형법총칙이 적용되지 않으며 과벌절차는 특별한 규정이 없는 한 비송사건절차법에 의하여 규율된다.18)

전통적인 견해에 의하면 행정형벌은 행정목적을 직접 침해한 행위에 대해 과하고, 행정질서벌은 신고, 등재, 장부비치의무위반 등 간접적으로 행정목적의 달성에 장해를 미칠 위험성이 있는 행위, 즉 행정상의 질서를 문란하게 하는 행위에 대한 제재라고 보았다.19)

그러나 오늘날에는 종래 행정형벌이던 벌칙을 대거 행정질서벌인 과태료로 전환하고 있으므로, 행정질서범은 행정법규에 위반되는 행위로서 간접적으로 행정목적의 달성에 장해를 미칠 위험이 있는 행위 또는 행정목적을 직접 침해하는 행위라 하더라도 그 침해의 정도가 경미하여 과태료로서 충분히 그 제재목적을 달성할 수 있는 행위라 할 수 있고, 행정형벌과 행정질서벌은 처벌수단의 면에 있어서는 질적인 차이가 있다고 하더라도 처벌되는 위반행위의 면에 있어서는 상대화되어 가고 있다.20)

헌법재판소는 무릇 어떤 행정법규 위반행위에 대하여, 이를 단지 간접적으로 행정상의 질서에 장해를 줄 위험성이 있음에 불과한 경우(단순한 의무태만 내지 의무위반)로 보아 행정질서벌인 과태료를 과할 것인가, 아니면 직접적으로 행정목적과 공익을 침해한 행위로 보아 행정형벌을 과할 것인가, 그리고 행정형벌을 과할 경우 그 법정형의 형종과 형량을 어떻게 정할 것인가는, 당해 위반행위가 위의 어느 경우에 해당하는가에 대한 법적 판단을 그르친 것이 아닌 한 그 처벌내용은 기본적으로 입법권자

---

18) 김남진 등, 앞의 책, 463면; 장태주, 앞의 책, 521면; 석종현, 앞의 책, 507면; 김성수, 앞의 책, 550면.
19) 박윤흔, 앞의 책, 658면; 김남진 등, 앞의 책, 463면; 장태주, 앞의 책, 521면.
20) 박윤흔, 앞의 책, 658~659면; 김남진 등, 앞의 책, 463면.

가 제반 사정을 고려하여 결정할 그 입법재량에 속하는 문제라고 하여, 행정형벌과 행정질서벌의 구별이 상대적인 것으로서 그 선택이 입법권자의 재량에 속한다고 판시하였다.[21]

2) 새로운 실효성 확보수단

그러나 오늘날 사회가 복잡·다양해짐에 따라 전통적인 행정법상 의무이행확보수단의 기능이 약화되는 문제가 발생하였다. 즉, 전통적인 의무이행확보수단으로서의 대집행제도가 무력화되어 가고 있고,[22] 금전급부불이행에 대한 이행강제수단인 행정상 강제징수가 부족한 행정력과 복잡한 절차규정으로 인하여 강제권 발동이 사실상 어려우며, 간접적인 행정벌의 경우[23] 행정법상의 의무실현이 제3의 기관에 맡겨져 행정적 판단을 관철하기 어렵고, 예외 없이 행정법상의 의무위반을 처벌하는 경우 많은 경우에 반사회성이 약한 의무위반행위로 인하여 전 국민이 전과자가 될 수 있는 문제가 발생하였다.[24]

그리하여 전통적인 의무이행확보수단을 보완 내지 대체할 새로운 의무이행확보수단으로 등장한 것이 과징금, 위반사실의 공표, 공급거부, 관허

---

21) 헌법재판소 1994. 4. 28. 선고 91헌바14 결정.
22) 대집행은 원래 위법건축물의 철거 등에 많이 활용되었는데 건축물의 대형화로 일단 완성되면 철거가 사실상 불가능한 경우가 많고, 위법한 공해방지시설의 개선과 같이 그 이행에 고도의 전문기술성이 요구되어 대체성을 잃어가고 있으며, 대체성이 있는 경우에도 긴급성을 요구하는 경우에는 그 기능을 발휘할 수 없는 등의 한계를 드러내고 있다고 한다(박윤흔, 앞의 책, 663면).
23) 현행법하에서는 행정강제수단 중 행정벌을 이용한 의무이행의 확보가 일반적으로 되었으나, 행정벌의 경우 간접적인 강제수단에 불과하고, 계속적 위반행위에 대하여 이중처벌금지의 원칙으로 인하여 반복처벌이 불가능하며, 위반행위에 의한 이득이 큰 경우에는 제재로서의 효과가 없고, 모든 위반행위에 대한 적발과 처벌이 사실상 불가능하다는 문제점도 있다고 한다(석종현, 앞의 책, 460면; 박윤흔, 앞의 책, 597면 참조).
24) 박윤흔, 앞의 책, 663~665면; 장태주, 앞의 책, 489~490면.

사업의 제한 등의 간접적인 의무이행확보수단이다.[25]

이러한 새로운 수단을 통하여 행정주체는 간편하게 의무의 이행을 확보하게 되었으나, 상대방인 사인의 입장에서는 공권력의 지나친 행사가 우려되며, 이론적으로도 위와 같은 여러 수단이 행정상의 강제집행 수단을 법정하고 그 종류를 한정한 의미를 몰각시키는 것이 아닌가 하는 의문이 제기되게 되었다.[26]

헌법 제12조 제1항의 적법절차의 원리는 형사절차상의 영역에 한정되지 않고 입법·행정 등 국가의 모든 공권력 작용에 적용되는 헌법상의 기본원리이다.[27]

행정의사의 실효성 확보수단은 행정권력의 강제적 성격이 직접적으로 표출되는 영역이므로 그 남용으로부터 국민의 기본권을 보장하기 위해서는 그 발동에 대한 법치주의적 안전장치가 마련되어야 하는 점을 고려하면, 전통적인 협의의 행정벌 이외에도 수익적 행정행위의 철회 등 새로운 의무이행확보수단을 포함한 간접적 강제수단인 광의의 행정벌의 부과에도 모두 헌법상의 적법절차원리가 적용되어야 한다.[28]

2. 이행강제금(집행벌)제도

1) 의 의

이행강제금은 행정법상의 부작위의무 또는 비대체적 작위의무를 이행

---

25) 김동희, 앞의 책, 427면; 박윤흔, 앞의 책, 590면; 김남진 등, 앞의 책, 436~437면; 석종현, 앞의 책, 461면; 홍정선, 앞의 책, 586면; 김성수, 앞의 책, 493면.
26) 김남진 등, 앞의 책, 437면.
27) 헌법재판소 1992. 12. 24. 선고 92헌가8 결정.
28) 박윤흔, 앞의 책, 590면.

하지 않는 경우에 그 의무를 강제적으로 이행시키기 위하여, 일정한 기한 까지 의무를 이행하지 않을 때에는 일정한 금전적 부담을 과할 뜻을 미리 계고함으로써 의무자에게 심리적 압박을 주어 장래에 그 의무를 이행하 게 하려는 행정상 간접적인 강제집행수단이다.[29]

이행강제금에 관한 일반법은 존재하지 않는다.[30] 과거 일제하의 행정 집행령에 일반적 규정이 있었으나 현행법하에서는 대체로 행정벌로 대체 되어 그 실정법상의 근거가 없다가 최근에 건축법 등에서 다시 도입되어 개별법에서 이를 규정하고 있다.[31]

이행강제금은 과거에는 이른바 집행벌(Exekutivstrafe)이라 지칭되었던 것으로서, 집행벌은 그 명칭 및 제도가 독일에서 유래된 것인데, 독일에서 는 집행벌이 (이행)강제금(Zwangsgeld)으로 명칭이 바뀐 지 오래되었을 뿐 아니라, 집행벌이라는 명칭은 행정벌의 일종으로 혼동될 위험이 있어 적 합한 명칭으로 보기 어렵다.[32]

2) 필요성

종래의 비대체적 작위의무 또는 부작위의무의 이행을 확보하기 위한 수단으로는 이행강제금보다 행정벌에 의한 제재가 활용되었다.[33] 하지만, 사회적 변화와 국민의 인권의식 고양에 따라 행정법규위반에 대하여 행 정벌의 제재로 대응하는 것이 한계가 있을 뿐만 아니라 행정법규의 실효

---

29) 헌법재판소 2004. 2. 26. 선고 2001헌바80, 84, 102, 103, 2002헌바26 결정; 김동 희, 앞의 책, 439면; 박윤흔, 앞의 책, 609면; 김남진 등, 앞의 책, 448면; 석종현, 앞의 책, 474면; 김성수, 앞의 책, 502면; 심철용, 앞의 책, 413면.
30) 김동희, 앞의 책, 440면.
31) 석종현, 앞의 책, 475면; 김재호 등, 앞의 논문, 123면.
32) 김남진 등, 앞의 책, 448면; 박윤흔, 앞의 책, 609면; 장태주, 앞의 책, 503면; 석종 현, 앞의 책, 474면.
33) 석종현, 앞의 책, 475면.

성 확보를 위하여 대부분의 국민을 전과자로 만드는 것도 바람직한 것이
아니다.[34]

그런데 사후적 제재인 처벌로서의 행정형벌은 엄격한 사법절차가 요구
되며 공소제기는 검찰의 판단을 거쳐야 하는 등 신속한 처리가 어려운
경우가 많으나, 이행강제금은 행정위반상태가 계속되는 한 행정청 스스
로의 판단에 따라 반복적인 부과가 가능하므로 신속한 효과를 기대할 수
있다.[35]

또한, 과거 위법건축물에 대한 철거 등에는 대집행이 많이 활용되어 왔
으나, 건축물의 대형화로 인하여 대집행에 엄청난 비용이 들거나 고도의
전문기술이 요구됨으로 인해 대집행에 의한 강제가 부적절한 경우 혹은
의무자와의 마찰로 대집행이 어려운 경우에는 의무자에게 금전적인 제재
를 부과하여 심리적인 압박을 가함으로써 자발적으로 의무를 이행하게
하는 이행강제금이 더욱 효과적인 강제수단이 될 수 있다.[36]

이와 같이 사회현상과 국민의식의 변화에 순응하면서 행정법규의 실효
성도 확보할 수 있는 방안의 하나로서 이행강제금의 필요성이 대두하게
되었다.[37]

3) 부과대상

전통적으로 이행강제금은 비대체적 작위의무 또는 부작위의무를 불이
행하는 경우에 그 의무를 강제적으로 이행시키기 위하여 이용되었으며,
이런 종류의 의무는 의무자 자신에 의하지 않으면 이행될 수 없으므로 의
무자를 심리적으로 압박하여 자발적으로 이행하게 하려는 것이었다.

---

34) 석종현, 앞의 책, 475면.
35) 김재호 등, 앞의 논문, 127면.
36) 헌법재판소 2004. 2. 26. 선고 2001헌바80, 84, 102, 103, 2002헌바26 결정.
37) 석종현, 앞의 책, 475면.

그러나 이행강제금은 대체적 작위의무에 있어서도 대집행이 부적절한 경우에 행사할 수 있는 것으로서 대체성 여부가 이행강제금의 성립에 본질적인 요소는 아니며, 행정의 실효성 확보라는 기능적 측면에서 볼 때 대체적 작위의무나 수인의무의 불이행에 대하여도 적용될 수 있다.[38]

헌법재판소도 이행강제금을 행정상 강제집행의 일반적 수단으로 채택하면서 비대체적 작위의무, 수인의무, 부작위의무뿐만 아니라 대체적 작위의무를 이행강제금 부과대상으로 하고 있는 입법례[39]에서 볼 수 있듯이, 종래 부작위의무나 비대체적 작위의무만이 이행강제금의 대상이 된다고 보아온 것은 이행강제금제도의 본질에서 오는 제약은 아니고, 이행강제금은 대체적 작위의무의 위반에 대하여도 부과될 수 있다고 판시하였다.[40]

행정상 의무이행을 확보하기 위하여 어떠한 행정상 강제집행 수단을 활용할 것인지는 국가마다 역사, 사회·경제적 사정, 기본권 보장의 상황 등에 따라 달라질 수 있으며, 국가가 다양한 행정상 의무이행 확보수단을 마련해두고 구체적인 사정에 따라 보다 합리적이고 유효한 강제집행수단을 활용하는 것은 입법적으로 충분히 가능한 일이다. 현행법상 위법건축물에 대한 이행강제수단으로 인정되는 대집행과 이행강제금을 비교하면, 대집행은 위반 행위자가 위법상태를 치유하지 않아 그 이행의 확보가 곤란하고 또한 이를 방치함이 심히 공익을 해할 것으로 인정될 때에 행정청 또는 제3자가 이를 치유하는 것인 반면, 이행강제금은 위반행위자 스스로가 이를 시정할 수 있는 기회를 부여하여 불필요한 행정력의 낭비를 억제하고 위반행위로 인한 경제적 이익을 환수하기 위한 제도로서 양 제도는

---

38) 박윤흔, 앞의 책, 609면; 홍정선, 앞의 책, 566~567면; 김철용, 앞의 책, 413면; 박균성, 앞의 책, 472면.
39) 독일 행정집행법 제11조.
40) 헌법재판소 2004. 2. 26. 선고 2001헌바80, 84, 102, 103, 2002헌바26 결정.

각각의 장·단점이 있다.

따라서 개별사건에 있어서 위반내용, 위반자의 시정의지 등을 감안하여 행정청은 대집행과 이행강제금을 선택적으로 활용할 수 있고, 이처럼 그 합리적인 재량에 의해 선택하여 활용하는 이상 행정대집행이라는 수단이 있음에도 불구하고 이행강제금을 부과한다고 하여 중첩적인 제재에 해당한다고 볼 수는 없다.[41]

하지만, 이행강제금은 그 자체만으로도 강력한 행정 강제수단임에도 강제징수나 과징금 등 다른 행정수단과 결합 또는 병행하여 규정된 경우가 많아, 목적달성을 위한 수단으로서의 비례관계를 유지하지 못하는 경우 위헌·위법의 시비를 불러일으킬 가능성이 크므로 법적 규율에 있어 신중함을 요한다.[42]

3. 다른 유사제도와의 관계

1) 행정벌과의 관계

근로기준법상의 이행강제금의 법적 성격을 명확히 하기 위해서는 먼저 확정된 구제명령 불이행에 대한 처벌규정인 근로기준법 제111조의 행정벌과 비교해 볼 필요가 있다.

이행강제금과 행정벌은 모두 궁극적 제재라는 심리적 압박을 통하여 행정상 의무이행을 확보하는 것이라는 점에서 공통성이 있으나,[43] 이행강제금은 행정상 강제집행수단의 하나라는 점에서 과거의 의무위반에 대한 제재로서의 벌인 행정벌과 구별된다.[44]

---

41) 헌법재판소 2004. 2. 26. 선고 2001헌바80, 84, 102, 103, 2002헌바26 결정.
42) 김성수, 앞의 책, 503면
43) 김동희, 앞의 책, 470면.
44) 김동희, 앞의 책, 439면; 석종현, 앞의 책, 474면; 홍정선, 앞의 책, 538면; 김성수,

따라서 이행강제금은 장래의 의무이행을 심리적으로 강제하기 위한 것이므로 의무이행이 있기까지 반복하여 부과할 수 있으나 행정벌은 과거의 위반에 대한 제재로서 일사부재리의 원칙이 적용되어 하나의 위반에 대하여 반복하여 부과할 수 없다.[45] 반대로 행정벌은 과거의 의무위반에 대한 제재이므로 그 위반상태가 현재 소멸되어 있어도 부과할 수 있으나, 이행강제금은 현재의 위반상태를 장래를 향하여 해소하는 것을 목적으로 하므로 의무자에 의하여 요구된 행위가 이행되었거나 요구된 상태가 실현된 경우에는 부과할 수 없다.[46]

그리고 이행강제금은 강제집행수단이므로 원칙적으로 행정형벌이나 과태료와의 병과가 허용된다.[47]

행정형벌은 의무위반에 대한 제재로서 위반자의 주관적인 인식인 고의·과실이 필요하나 이행강제금은 행정상의 의무 불이행이 있는 경우에 장래에 의무의 이행을 강제하는 수단이므로 의무 불이행이라는 객관적 사실만을 전제로 할 뿐 주관적 요건이 불필요하다는 점에서 차이가 있다.[48]

행정질서벌로서의 과태료의 경우에는 특별한 규정이 없는 한 비송사건절차법에 의하여 과벌되며,[49] 의무위반자가 이의하는 경우 법원에 통보하여 비송사건절차법에 의한 과태료의 재판을 하게 되는 점에서, 개별법률

앞의 책, 548면.

45) 박윤흔, 앞의 책, 609면; 장태주, 앞의 책, 504면; 홍정선, 앞의 책, 567면; 김철용, 앞의 책, 414면.

46) 김남진 등, 앞의 논문, 449면; 장태주, 앞의 책, 504면; 김철용, 앞의 책, 414면.

47) 김동희, 앞의 책, 439면; 장태주, 앞의 책, 504면; 홍정선, 앞의 책, 567면; 김철용, 앞의 책, 414면; 박성균, 앞의 책, 472면.

48) 이철수, 앞의 논문, 13면; 김재호 등, 앞의 논문, 127~128면.

49) 오늘날에는 벌금으로 되어 있는 많은 처벌규정을 과태료로 전환하면서 과태료를 주무행정기관에서 부과하도록 하는 입법이 급격히 늘고 있다. 이 경우 상대방이 주무행정기관의 부과처분에 대하여 이의를 제기한 때에는 주무행정기관의 처분은 효력을 상실하며, 주무행정기관의 통고에 의하여 비송사건절차법에 따른 지방법원의 결정으로 과태료가 부과된다. 이와 같은 주무행정기관의 부과결정은 상대방의 이의제기를 해제조건으로 하는 행정처분이 된다(박윤흔, 앞의 책, 661면 참조).

에 따라 부과되고 불복하는 경우에 통상 당해 부과처분에 대한 행정심판 또는 행정소송을 제기50)하여야 하는 이행강제금과 차이가 있다.51)

2) 행정대집행과의 관계

행정대집행은 의무자가 대체적 작위의무를 이행하지 않는 경우 행정청이 그 의무를 스스로 행하거나 제3자로 하여금 이를 행하게 함으로써 의무의 이행이 있었던 것과 같은 상태를 실현시킨 후, 그 비용을 의무자로부터 징수하는 것을 말한다.52)

이행강제금은 먼저 일정한 강제금을 부과할 것을 의무자에게 예고함으로써 심리적 압박을 가하여 의무자가 스스로 의무를 이행하도록 하는 간접적·심리적 강제라는 점에서 행정청이나 제3자가 직접 실력을 가하여 그 의무를 실현하는 직접적·물리적 강제인 대집행과 구별된다.53)

현행 건축법상 위법건축물에 대한 이행강제수단으로 대집행과 이행강제금이 인정되고 있는데 양 제도는 각각의 장·단점이 있으므로 행정청은 개별사건에서 위반내용, 위반자의 시정의지 등을 감안하여 대집행과 이행강제금을 선택적으로 활용할 수 있으며, 이와 같이 합리적인 재량에 의하여 선택하여 활용하는 이상 양자는 중첩적인 제재에 해당하지 않는다.54) 의무자가 거듭된 이행강제금의 부과에도 불구하고 위반상태를 시정

---

50) 농지법과 같이 이행강제금 부과처분에 대하여 비송사건절차법에 의한 특별한 불복절차가 마련되어 있는 경우에는 이행강제금부과처분은 항고소송의 대상이 되는 행정처분이 아니며, 따라서 행정심판 또는 행정소송을 제기할 수 없다(박균성, 앞의 책, 473~474면 참조).

51) 김남진 등, 앞의 책, 469~470면; 석종현, 앞의 책, 520~521면; 김재호 등, 앞의 논문, 129면.

52) 행정대집행법 제2조; 박윤흔, 앞의 책, 600면; 김남진 등, 앞의 책, 441면; 장태주, 앞의 책, 493면; 석종현, 앞의 책, 467면; 홍정선, 앞의 책, 552면; 김성수, 앞의 책, 494면.

53) 김성수, 앞의 책, 502면; 김철용, 앞의 책, 413면.

하지 않는 경우에는 종국적으로 대집행에 의하여야 할 것이다.[55]

3) 과징금과의 관계

과징금이란 행정법상의 의무불이행으로 인하여 발생한 경제적 이익을 상쇄하거나 의무불이행에 대하여 행정처분에 갈음하여 부과하는 제재적 금전부담이며, 넓은 의미에서 보면 행정벌적 성격의 실효성 확보수단으로서 행정형벌, 행정질서벌 이외의 변형된 행정벌이라 할 수 있다.[56]

원래의 과징금은 경제법상의 의무위반행위로 인하여 얻은 불법적 이익을 박탈하는 행정제재금으로서 독점규제 및 공정거래에 관한 법률에 의하여 도입되었으나, 그 후 변형되어 인허가 사업에 있어 그 사업정지를 명할 위법사유가 있음에도 공익의 보호 등을 이유로 그 사업 자체는 계속하게 하고 다만 그에 따른 이익을 박탈하는 내용의 행정제재금으로서의 과징금이 대기환경보전법 및 축산법, 여객자동차운수사업법 등에 규정되어 있다.[57] 즉 변형된 형태의 과징금은 위반행위 자체로 인한 이익을 박탈하는 것이 아니고 위반행위로 인하여 마땅히 정지되어야 할 사업을 당해 사업의 이용자의 편의 등을 고려하여 정지시키지 아니하고 사업을 계속하게 함으로써 얻은 이익을 박탈하는 제도라는 점이 원래의 과징금과 다르다.[58]

과징금은 행정법상 실효성 확보를 위한 수단이라는 점에서 행정벌로서의 과태료와 차이가 없으나 행정법상 의무위반이나 불이행에 대하여 가

---

54) 홍정선, 앞의 책, 567면.
55) 김재호 등, 앞의 논문, 128면.
56) 김성수, 앞의 책, 559면.
57) 김동희, 앞의 책, 447~448면; 박윤흔, 앞의 책, 667면; 김철용, 앞의 책, 432~433면; 박성균, 앞의 책, 502~503면.
58) 박윤흔, 앞의 책, 667~668면.

해지더라도 그것은 성질상 처벌이 아니며 부당이득의 환수 또는 영업정지처분에 갈음하는 금전의 납부 등의 불이익의 부과라는 점에서 행정벌과 구별된다.[59] 과징금은 행정행위의 형식으로 부과되고 그에 대한 권리구제는 취소소송에 의한다는 점에서도 행정벌과는 차이가 있다.[60]

이행강제금은 새로운 실효성 확보수단으로서의 과징금과는 그에 비하여 심리적 압박을 통한 행정목적의 달성이 더욱 직접적이고 구체적이라는 점에서 간접적 강제수단인 과징금과 구별된다.[61]

4) 이행명령제도와의 관계

현재 이행강제금 제도는 부당해고 구제명령에 대하여만 적용되고 부당노동행위 구제명령에 대하여는 기존의 이행명령제도가 그대로 적용된다. 이에 대하여는 부당노동행위 구제명령이나 부당해고 구제명령 모두 구제명령이 내려진 즉시 신속히 이행되어야 구제명령으로서의 실효성이 유지된다는 점에서 동일하고 잠정적 이행확보보다 즉시 이행확보가 적절하다는 점에서 향후 이행강제금 제도로의 일원화가 요청된다는 견해가 있다.[62] 하지만, 이행명령의 경우 본안사건을 다루게 되는 법원이 여러 사정을 종합적으로 고려하여 직접 명하는 것이므로 한 번 발령되면 쉽게 정지되기 어려울 것이나, 이행강제금의 경우에는 노동위원회가 일정한 기준에 의하여 일정한 경우에 획일적으로 부과할 것이므로 제반 사정을 고려하여 탄력적으로 대응하기 어렵다는 근본적인 문제가 있고 구제명령의 내용도 법원에서 궁극적으로 받아들일 수 있는 구제내용과의 사이에 차이가 있을 수 있다. 이러한 문제들에 대하여 향후 법원이 어떻게 대응할

---

59) 홍정선, 앞의 책, 587면.
60) 김동희, 앞의 책, 449면; 장태주, 앞의 책, 533면; 유지태, 「행정법신론」, 제11판, 신영사, 2007, 334~335면.
61) 김성수, 앞의 책, 502면.
62) 김재호 등, 앞의 논문, 122면.

것인지 주목된다.

4. 제도에 대한 비판

이행강제금 제도의 도입은 구제명령이 확정되기 이전에도 이행될 필요가 있고 구제명령의 이행을 확보하기 위하여 형벌이 아닌 경제적 제재 수단을 우선적으로 이용한다는 점에서 긍정적으로 평가하는 견해도 있으나,[63] 다음과 같은 점을 들어 부당해고 구제수단에 대한 치밀하고 체계적인 검토 없이 구제명령의 실효성 확보를 명분으로 해고의 무효가 확정되지도 않은 상태에서 이행강제금을 부과하는 것은 행정편의적인 발상으로서 위헌적 요소가 있다는 비판이 있다.[64]

첫째, 이행강제금 제도는 행정관계법에서 일반적인 규정이 존재하지 않을 뿐 아니라 몇 개의 개별법에서만 도입되어 매우 드물게 이용되고 있는 제도이다.[65] 그만큼 국민의 권익과의 충돌이 예상되는 것이므로 행정목적의 실현이 공익을 위하여 필수불가결하고 전통적인 행정적 제재수단이 유명무실하게 되어 이를 대체할 수단이 필요한 경우에 한하여 제한적으로 도입되어야 하는 것으로서, 그렇지 않으면 헌법상의 과잉침해금지원칙을 위반한 것으로 평가될 수 있다.

둘째, 부당해고에 관한 분쟁은 사법관계인 근로계약관계에서 발생하는 분쟁으로서 원칙적으로 일반법원이 관할권을 갖는 권리분쟁이다. 따라서 부당해고에 대한 판단은 처음부터 행정적 처분의 대상이 될 수 없는 것이나, 다만 소송경제적 이유에서 행정위원회인 노동위원회에 예외적으로 부당해고 구제절차를 운영할 권한을 부여한 것이다. 부당해고에 관한 노동

---

63) 김재호 등, 앞의 논문, 122면.
64) 김형배, 앞의 책, 611~612면.
65) 김재호 등, 앞의 논문, 141면.

위원회의 결정에 대하여 행정적 강제집행수단을 인정하는 것은 허용될 수 없다.

셋째, 원칙적으로 사법상의 권리분쟁에 대하여는 민사상의 강제집행제도가 마련되어 있고, 이 경우에도 채무자의 이행의무가 먼저 확정되어야 한다. 그런데 사용자의 이행의무가 확정되지도 않은 상태에서 행정적 강제수단으로 이행을 강제하는 것은 법치주의 원칙에 부합하지 않는다.

Ⅲ. 부 과

1. 개 요

1) 부과주체

이행강제금은 노동위원회가 구제명령(구제명령을 내용으로 하는 재심판정을 포함한다)을 받은 후 이행 기한까지 구제명령을 이행하지 아니한 사용자에게 부과한다.

부과주체는 구제명령을 발령한 노동위원회이므로 근로자의 초심청구를 인용한 경우에는 지방노동위원회가, 근로자의 재심청구를 인용한 경우에는 중앙노동위원회가 이행강제금을 부과할 수 있다.

노동위원회가 아닌 노동부는 부과주체가 될 수 없다.66)

노동위원회법 제2조 제1항은 특별노동위원회도 노동위원회의 하나로 규정하고 있으며, 특별노동위원회로서 선원법 제4조 제1항에 의하여 선원노동위원회가 설치되어 있으므로 선원노동위원회가 부당해지 등 구제명

---

66) 김재호 등, 앞의 논문, 133면(구제명령을 내리는 노동위원회가 그 이행을 감독하도록 하는 것이 구제명령의 실효성 확보를 위하여 효과적이라 한다).

령을 이행하지 아니한 선박소유자에게 근로기준법 제33조 소정의 이행강
제금을 부과할 수 있는지가 문제된다.

선원법 제5조 제1항이 근로기준법 중 선원의 근로관계에 적용될 조문
을 열거하고 있는데 이행강제금에 관한 근로기준법 제33조를 포함하고
있지 않으며, 선원법 제34조의 3 제2항이 노동조합 및 노동관계조정법상
의 부당노동행위 구제명령에 관한 규정을 준용하도록 규정하고 있는 점
에 비추어 보면 선원노동위원회는 이행강제금을 부과할 수 없다고 봄이
상당하다.[67]

2) 부과대상

이행강제금의 부과대상이 되는 사용자의 개념에 사업주 외에 근로기준
법 제2조 제1항 제2호에서 말하는 사업경영담당자, 그밖에 근로자에 관한
사항에 대하여 사업주를 위하여 행위하는 자도 포함되는지 여부도 문제
된다.

대법원은 "부당해고나 부당노동행위에 대하여 지방노동위원회 또는 특
별노동위원회의 구제명령이 발하여진 경우 그 명령에 따라 이를 시정할
주체는 사업주인 사용자가 되어야 한다. 그러므로 그 구제명령이 사업주
인 사용자의 일부조직이나 업무집행기관 또는 업무담당자에 대하여 행하
여진 경우에는 사업주인 사용자에 대하여 행하여진 것으로 보아야 한다.
따라서 이에 대한 중앙노동위원회에의 재심 신청이나 그 재심판정 취소
소송 역시 당사자능력이 있는 당해 사업주만이 원고적격자로서 소송을
제기할 수 있다."라고 판시하였는바,[68] 그 취지에 비추어보면 이행강제금
의 부과객체인 사용자는 구제명령의 이행의무자인 사업주에 한정된다 할

---

67) 권창영, "근로기준법상 이행강제금제도에 관한 연구", 법학박사학위논문, 서울대학
　　교, 2008, 29면.
68) 대법원 2006. 2. 24. 선고 2005두5673 판결.

것이다.69)

이행강제금의 부과대상이 되는 구제명령은 초심 구제명령과 재심 구제명령을 모두 포함한다. 또한, 구제명령의 확정 여부를 묻지 않는다. 2006. 9.의 근로기준법 개정안 입법예고에 따르면 확정된 구제명령과 당사자의 행정소송제기 여부를 불문하고 중앙노동위원회의 구제명령에 대하여 불이행시 이행강제금을 부과할 수 있었다.70)

이에 대하여는 2005년의 통계에 의하면 구제명령에 걸리는 시간이 평균 초심 2개월, 재심 5개월로서 약 7개월이 경과하여야 재심결정을 받을 수 있고 그 후에도 이행강제금 예고기간 1개월이 필요하므로 처음 구제신청 후 총 8개월가량이 경과하여야 이행강제금이 부과되어 구제명령의 이행을 강제할 수 있다는 것은 지나치게 늦어 노동위원회를 통한 구제의 실효성에 의문이 생기며, 앞의 노사정대표자 합의의 내용과도 어긋난다는 지적이 있어, 정부는 2006. 11. 국회에 제출한 법안에서 이행강제금의 대상이 되는 구제명령에 초심 구제명령과 재심 구제명령이 모두 포함되는 것으로 수정하였다.71)

따라서, 예를 들어 당사자의 일방이 구제명령에 불복하여 행정소송을 제기한 경우에도 이행강제금 부과대상이 되며, 초심구제명령이 내려진 시점부터 구제명령의 즉시 이행확보가 가능하다.72)

2. 재량행위 여부

근로기준법 제33조 제1항이 "노동위원회는 구제명령을 받은 후 이행기

---

69) 권창영, 앞의 논문, 32면.
70) 김재호 등, 앞의 논문, 133~134면.
71) 김재호 등, 앞의 논문, 134면.
72) 김재호 등, 앞의 논문, 141면.

한가지 구제명령을 이행하지 아니한 사용자에게 2천만 원 이하의 이행강
제금을 부과한다."라고 규정하여 노동위원회의 이행강제금부과가 기속행
위인지의 여부가 문제될 수 있다.

이에 대하여는 근로기준법 제33조 제5항이 노동위원회는 최초의 구제
명령을 한 날을 기준으로 매년 2회의 범위에서 구제명령이 이행될 때까지
반복하여 이행강제금을 부과·징수할 수 있다고 규정하고 있고, 근로기
준법 시행령 제14조가 일정한 경우 이행강제금의 부과를 유예할 수 있도
록 규정하고 있으며, 근로기준법 시행령 제13조 별표 3에서 이행강제금의
범위를 규정하면서 비고란에서 여러 가지 사정을 고려하여 이행강제금의
금액을 결정하도록 규정한 점을 들어 이행강제금 부과처분이 재량행위라
는 견해가 있다.[73]

하지만, 근로기준법 제33조 제1항의 문언이 이행강제금을 부과한다고
하여 일의적으로 규정되어 있을 뿐만 아니라, 노동위원회 규칙 제80조와
제81조는 노동위원회는 구제명령을 이행하지 아니한 사용자에게 이행강제
금 부과 예고를 하여야 하며, 노동위원회 위원장은 부과예정일 10일 전까
지 이행강제금 부과 결정을 위한 심판위원회를 소집하여야 하고, 심판위원
회는 근로기준법 제13조 별표 3의 산정기준에 따라 부과금액을 결정하여
야 하도록 규정한 점을 고려하면 이행강제금 액수의 결정과 관련하여서
는 노동위원회에 위 별표 3의 범위 내에서 재량의 여지가 있으나, 이행강
제금 부과 자체에 대하여는 재량의 여지가 없는 것이 아닌가 생각된다.

이행강제금부과 여부와 관련하여 노동위원회의 재량이 현실적으로 필
요하다는 점은 인정하나, 노동위원회는 이행강제금의 부과유예규정을 활
용하여 합리적인 운영을 도모하여야 하며, 법적인 근거도 없이 이행강제
금의 부과 여부를 행정기관의 임의에 맡기는 것은 부당하고, 법 적용과

---

73) 권창영, 앞의 논문, 104면; 김홍영, "부당해고 구제절차에서의 금전보상 제도 및 이
    행강제금 제도", 노동법학 25호, 한국노동법학회, 2007, 74면.

관련한 형평성 시비를 일으킬 소지가 있다. 다만, 이행강제금의 추가 부과에 대하여는 근로기준법 제33조 제5항에서 이행강제금을 부과·징수할 수 있다고 규정하고 있을 뿐 아니라, 노동위원회 규칙 제83조 제1항도 사용자가 계속하여 부당해고 등 구제명령을 이행하지 아니할 경우 총 4회까지 이행강제금을 부과할 수 있다고 규정하여 노동위원회의 재량을 인정하고 있다.

3. 부과절차

1) 구제명령

먼저, 노동위원회는 일정한 이행기한을 정하여 구제명령을 발한다.[74) 이 경우 이행기한은 구제명령을 한 날부터 30일 이내로 한다.[75)

종래 노동위원회가 근로자의 부당해고가 성립한다고 판정하는 경우에 해 오던 구제명령의 주문례는 통상 다음과 같았다.

1. 이 사건 사용자가 2007. 12. 1. 이 사건 근로자에 대하여 한 해고는 부당해고임을 인정한다.

2. 이 사건 사용자는 이 사건 근로자를 즉시 원직에 복직시키고, 해고기간 동안 근로하였다면 받을 수 있었던 임금상당액을 지급하라.

그런데 개정된 근로기준법에 따라 이행강제금을 부과하기 위해서는 구제명령에 이행기한을 정하여야 하므로, 위 주문 제2항은 "이 사건 사용자는 이 사건 근로자를 이 판정서를 송달받은 날부터 15일 이내(30일 이내의 기간으로 노동위원회에서 정함)에 원직에 복직시키고, 해고기간 동안 근로하였다면 받을 수 있었던 임금상당액을 지급하라."의 형태로 변경되

---

74) 근로기준법 제33조 제1항.
75) 근로기준법 시행령 제11조.

어야 한다.76)

또한, 2007. 1. 26. 근로기준법의 개정으로 신설된 금전보상을 명하는 경우에는 위 주문 제2항이 "이 사건 사용자는 이 사건 근로자에게 해고일부터 이 사건 판정일까지 이 사건 근로자가 정상적으로 근로하였더라면 받을 수 있었던 임금상당액을 포함한 300만 원을 이 판정서를 송달받은 날부터 15일 이내에 지급하라."라는 형태가 된다.77)

사용자가 구제명령을 송달받았음에 관한 증명책임은 노동위원회가 부담한다.78)

2) 이행지도 및 확인

노동위원회 위원장은 사용자에게 부당해고 등 구제명령의 이행결과보고서를 제출하도록 할 수 있으며, 이 경우 이행기간까지 부당해고 등 구제명령을 이행하지 아니하면 이행강제금이 부과됨을 알려 주어야 한다.79)

근로자는 구제명령을 받은 사용자가 이행기한까지 구제명령을 이행하지 아니하면 이행기한이 지난 때부터 15일 이내에 그 사실을 노동위원회에 알려줄 수 있으나,80) 근로자의 미이행통지는 노동위원회에 대하여 이행강제금처분의 발령을 촉구하는 것에 불과하고,81) 노동위원회는 부당해고 등 구제명령의 이행기간이 지나면 지체 없이 그 이행 여부를 확인하여야 한다.82)

---

76) 권창영, 앞의 논문, 58면; 「심판업무 처리요령」(이하 '처리요령'이라 한다), 중앙노동위원회, 2007, 108면.
77) 처리요령, 108면.
78) 권창영, 앞의 논문, 61면.
79) 노동위원회 규칙 제77조.
80) 근로기준법 제33조 제8항.
81) 권창영, 앞의 논문, 82면; 구제명령의 이행에 대하여 사실상 이해관계가 있는 근로자가 노동위원회에 이행강제금의 부과를 촉구할 수 있도록 하여 제도의 실효성을 높이고자 한 것이다(김재호 등, 앞의 논문, 136~137면).

구제명령의 이행기준은 원직 복직의 경우에는 당해 근로자에게 해고 등을 할 당시와 같은 직급과 같은 종류의 직무를 부여하였거나 당해 근로자의 동의를 얻어 다른 직무를 부여하였는지의 여부가 기준이 된다. 다만, 같은 직급이나 직무가 없는 등 불가피한 사유가 발생한 때에는 유사한 직급이나 직무를 부여하였는지가 기준이 된다.[83]

하지만, 이에 대하여는 통상 사용자가 근로자를 해고한 다음에는 다른 근로자를 해고근로자의 직위에 발령하는 것이 일반적이며, 사용자의 인사권·노무지휘권·직장질서유지 등 비교 형량의 대상이 되는 법익의 중요성을 감안하면, 포괄적으로 해고 전에 근로자가 담당하였던 직무·직급과 유사한 직무·직급을 부여하여도 원직 복직이 되었다고 해석함이 상당하다.[84]

임금상당액 지급의무 이행은 구제명령의 이행기한까지 그 금액을 전액 지급하였는지의 여부이며, 금전보상을 내용으로 하는 구제명령은 주문에 기재된 금액을 전액 지급하였는지의 여부이다.[85]

이와 관련하여 이행강제금 부과의 전제가 되는 구제명령은 종전과 같이 해고기간 동안 근로하였다면 받을 수 있었던 임금상당액을 지급하라는 표현을 쓸 수는 없으며, 사용자가 근로자에게 지급하여야 할 구체적인 액수를 특정하여야 한다는 견해가 있으나,[86] 노동위원회가 현실적으로 근로자가 수령하여야 할 임금을 계산하는 것은 쉽지 않을 것으로 보이고 현재의 노동위원회 실무지침에도 임금상당액으로만 표시하고 있다.

또한, 구제명령의 이행기준이 구제명령의 이행기한까지 그 금액을 전액

---

82) 노동위원회 규칙 78조.
83) 노동위원회 규칙 제79조 제1호.
84) 권창영, 앞의 논문, 66면.
85) 노동위원회 규칙 제79조 제2, 3호.
86) 권창영, 앞의 논문, 68면.

지급하였는지의 여부이기 때문에 판정일 이후의 장래를 향하여 원직 복직시까지 매달 임금상당액의 지급을 명하는 구제명령을 발령할 수는 없다는 주장이 있으나,[87] 노동위원회가 예시하고 있는 판정 주문은 해고기간 동안 근로하였다면 받을 수 있었던 임금상당액으로 되어 있어 원직 복직시까지의 임금지급을 명하는 것으로 보인다. 이행강제금의 추가부과와 관련하여 원직 복직시점까지의 임금상당액의 지급을 계속 강제할 수 있다는 취지로 생각된다.

다만, 이와 같이 지급할 금액이 특정되지 아니한 경우에 국민의 재산권과 직접 관련된 이행강제금에 의한 이행강제가 법리적으로 가능할지 의문이다.[88] 노동위원회의 지침에 따라 지급하여야 할 구체적인 임금상당액이 구제명령에 명시되지 않는다면, 연봉제에 있어서와 같이 노사 간에 지급되어야 할 임금액에 대하여 아무런 다툼이 없다면 모르겠으나 그렇지 않은 경우에는 사용자가 지급하여야 할 임금상당액과 관련하여 잦은 시비가 있을 것으로 예상된다.

구제명령에서 지급할 임금상당액을 특정하여야 함을 전제로 구제명령에서 명하는 임금상당액이 민사소송에 의하여 근로자가 사용자에게 청구할 수 있는 금액을 초과할 수 있는지에 관하여, 노동위원회의 구제명령이 공법상의 의무만을 부담시킨다고 하더라도 사용자가 공법상의 의무불이행에 따른 행정상·형사상 책임을 면하기 위하여 공법상의 의무를 일응 이행하게 되면 공법상 의무가 사후에 사용자가 부담하도록 확정된 사법상의 의무를 초과하는 경우에도 그 차액을 회복하기가 곤란하고, 공법상의

---

87) 권창영, 앞의 논문, 69면.
88) 이와 관련하여 서울행정법원 2008. 10. 31. 선고 2008구합19598 판결은 구체적인 액수를 특정하지 아니하고 임금상당액의 지급을 명한 구제명령을 사용자가 이행하지 않았다고 하여 이행강제금을 부과할 수는 없다고 하면서 이행강제금의 부과처분을 취소하였다.

의무는 사법상의 법률관계를 발생 또는 변경시키는 것이 아니므로 사법상의 의무를 초과하는 임금상당액의 지급명령은 위법하다는 견해가 있다.[89]

노동위원회가 법률전문가로 구성된 것은 아니며, 구제명령이 취소되는 경우에는 이행강제금을 반환하도록 규정한 것은 공법적인 효력밖에 없는 구제명령에 일응의 이행력을 확보하기 위한 것으로서 최종적인 사법적 판단과는 차이가 있을 수 있음을 전제로 한 제도일 뿐 아니라, 해고기간 동안 근로하였다면 받을 수 있었던 임금상당액의 계산이 해고기간 동안 근로하였다고 가정하고 그 경우에 받을 수 있었던 임금상당액을 추산하는 것이므로 판단하는 사람의 주관이 개입할 수밖에 없는 것이어서 사법상의 의무를 초과하는 임금상당액의 지급을 명하였다고 하여 일률적으로 지급명령이 위법하다고 단정할 수 있을지 의문이다. 계산에 있어 다소의 차이가 있는 것에 불과하다면 노동위원회의 재량을 인정함이 타당하지 않을까 생각한다. 다만, 중간수입의 공제문제나 금전보상금 신청의 법적 의미의 문제와 같은 법리적인 판단과 관련하여서는 위와 같은 법원의 노력을 통한 해결에는 근본적인 한계가 있으리라 예상된다.

구제명령의 이상과 같은 이행 기준은 당사자가 부당해고 등 구제명령과 다른 내용으로 합의한 경우에는 적용되지 않고 그 경우에는 그 구제명령을 이행한 것으로 보게 된다.[90]

3) 부과의 예고

이행기간이 도과한 후에도 사용자가 구제명령을 이행하지 아니하면 노동위원회는 이행강제금을 부과하기 30일 전까지 이행강제금을 부과·징수한다는 뜻을 사용자에게 미리 문서로써 알려 주어야 한다.[91]

---

89) 권창영, 앞의 논문, 74면.
90) 노동위원회 규칙 제79조 단서.
91) 근로기준법 제33조 제2항.

즉, 이행기간의 종료시점과 이행강제금의 부과시점은 일치하지 않는 다.[92] 이와 같은 이행강제금의 부과예고는 일정한 서식의 이행강제금 부 과 예고서에 따라 하게 된다.[93] 이때에는 10일 이상의 기간을 정하여 구 술 또는 서면(전자문서를 포함한다)으로 의견을 진술할 수 있는 기회를 주어야 하며, 이 경우 지정된 기일까지 의견진술이 없는 때에는 의견이 없는 것으로 본다.[94]

노동위원회의 규칙에는 의견의 제출은 서면으로 하도록 규정하고 있 다.[95]

4) 이행강제금의 부과

예고기간이 지나면 이행강제금을 부과한다.[96]

노동위원회 위원장은 부과예정일 10일 전까지 이행강제금 부과 결정을 위한 심판위원회를 소집하여야 하며,[97] 이와 같이 회의소집을 통보하는 때에는 일정한 서식의 부당해고 구제명령 이행결과 조사보고서와 사용자 의 의견서를 위원들에게 송부하여야 한다.[98]

이행강제금을 부과할 때에는 이행강제금의 액수, 부과사유, 납부기한, 수납기관, 이의제기방법 및 이의제기기관 등을 명시한 문서로써 하여야 하며,[99] 납부기한은 이행강제금의 부과통지를 받은 날부터 15일 이내로 한다.[100]

---

92) 김형배, 앞의 책, 610면.
93) 노동위원회 규칙 제80조 제1항.
94) 근로기준법 시행령 제11조 제3항.
95) 노동위원회 규칙 제30조 제2항.
96) 근로기준법 제33조 제1항.
97) 노동위원회 규칙 제81조 제1항.
98) 노동위원회 규칙 제81조 제2항.
99) 근로기준법 제33조 제3항.
100) 근로기준법 시행령 제12조 제1항, 노동위원회 규칙 제81조 제4항.

심판위원회는 천재·사변, 그 밖의 부득이한 사유가 발생하여 위 납부 기한 내에 이행강제금을 납부하기 어려운 경우에는 그 사유가 없어진 날 로부터 15일 이내의 기간을 납부기한으로 할 수 있다.[101]

이행강제금의 액수는 2천만 원 이하이다.[102]

이행강제금을 부과하는 위반행위의 종류와 위반 행위에 따른 구체적인 금액은 대통령령으로 정하게 되어 있는바,[103] 2007. 6. 29. 전문개정된 근 로기준법 시행령 제13조는 법 제33조 제4항에 따른 위반행위의 종류와 위반 정도에 따른 이행강제금의 부과는 아래의 별표 3에 따라 정당한 이 유 없는 해고에 대한 구제명령을 이행하지 아니한 자는 500만 원 이상 2,000만 원 이하의 이행강제금을 부과하도록 규정하고 있다.

[별표 3] 이행강제금의 부과기준(제13조 관련)

위반행위	해당 법조문	금액
정당한 이유 없는 해고에 대한 구제명령을 이행하지 아니한 자	법 제33조 제1항	500만 원 이상 2,000만 원 이하
정당한 이유 없는 휴직, 정직(停職)에 대한 구제명령을 이행하지 아니 한 자	법 제33조 제1항	250만 원 이상 1,000만 원 이하
정당한 이유 없는 전직(轉職), 감봉에 대한 구제명령을 이행하지 아니 한 자	법 제33조 제1항	200만 원 이상 500만 원 이하
정당한 이유 없는 그 밖의 징벌(懲罰)에 대한 구제명령을 이행하지 아니 한 자	법 제33조 제1항	100만 원 이상 500만 원 이하

다만, 구체적인 이행강제금의 금액은 심판위원회가 부당해고 등 구제명 령 이행결과 조사보고서를 토대로 위반행위의 종류에 따른 부과금액의 범위에서 위반행위의 동기, 고의·과실 등 사용자의 귀책 정도, 구제명령 이행을 위한 노력의 정도, 구제명령을 이행하지 아니한 기간 등을 고려하

---

101) 근로기준법 시행령 제12조 제2항, 노동위원회 규칙 제81조 제5항.
102) 근로기준법 제33조 제1항.
103) 근로기준법 제33조 제4항.

여 결정하도록 규정하고 있다.104)

5) 독촉 및 징수

이행강제금 납부의무자가 납부기한까지 이행강제금을 내지 아니하면 노동위원회는 기간을 정하여 독촉을 하며,105) 독촉에도 불구하고 사용자가 지정된 기간에 이행강제금을 내지 아니하면 국세 체납처분의 예에 따라 징수할 수 있다.106)

이행강제금의 징수절차는 국고금관리법 시행규칙을 준용하며, 이 경우 납입고지서에는 이의제기 방법 및 기간을 함께 적어야 한다.107) 노동위원회는 구제명령을 받은 자가 구제명령을 이행하면 새로운 이행강제금을 부과하지 아니하되, 구제명령을 이행하기 전에 이미 부과된 이행강제금은 징수하여야 한다.108) 이행강제금은 과거의 불법을 응징하려는 제도가 아니라 의무의 이행을 장래에 강제하는 제도이기 때문이다.109)

납부의무자가 지불능력이 없거나 재산을 은닉하여 납부의무자에 대한 강제징수가 의미가 없는 경우에는 이행강제금제도는 그 효용성에 있어 한계가 있다.

이러한 경우에 독일에서는 행정청의 신청에 따라 의무자에 대한 심문을 거친 후 법원이 강제금 징수에 대체하여 1일 이상 2주일 이내의 기간 동안 구금을 명함으로써 의무이행을 강제하는 대체 강제구류제도를 시행하고 있다고 한다.110)

---

104) 노동위원회 규칙 제81조 제3항.
105) 근로기준법 제33조 제7항 전단.
106) 근로기준법 제33조 제7항 후단.
107) 근로기준법 시행규칙(2007. 7. 24. 전문개정) 제6조.
108) 근로기준법 제33조 제6항.
109) 김재호 등, 앞의 논문, 136면.
110) 김재호 등, 앞의 논문, 139면.

6) 이행강제금의 부과유예

노동위원회의 심판위원회는 첫째, 구제명령을 이행하기 위하여 사용자가 객관적으로 노력하였으나 근로자의 소재불명 등으로 구제명령을 이행하기 어려운 것이 명백한 경우나, 둘째, 천재·사변, 그 밖의 부득이한 사유로 구제명령을 이행하기 어려운 경우에는 직권 또는 사용자의 신청에 따라 이행강제금의 부과를 유예하고, 그 사유가 없어진 뒤에 이행강제금을 부과할 수 있다.111)

이 경우에 노동위원회 위원장은 일정한 서식의 결정서에 따라 사용자에게 그 사실을 통보하여야 한다.112)

7) 이행강제금의 추가부과

최초의 구제명령을 한 날을 기준으로 매년 2회의 범위 내에서 구제명령이 이행될 때까지 반복하여 이행강제금을 부과·징수하되 2년을 상한으로 한다.113)

이러한 상한 설정에 대하여 노동위원회의 구제명령을 이행하지 아니한 사용자에게 불이행 상태를 고착시킬 수 있는 길을 열어주게 되므로 궁극적인 목적인 원상회복을 달성하기까지 불이행상태가 존재하는 한 계속하여 부과하는 것이 타당하다는 견해가 있다.114)

하지만, 확정된 구제명령에 대한 처벌규정이 별도로 있을 뿐만 아니라 구제명령은 공법상의 효력밖에 없지만 근로자가 민사소송을 하는 경우에는 법원의 판결에 따라 강제집행이 가능하다.

또한, 장기에 걸쳐 이행명령을 이행하지 아니하는 경우는 사용자가 나

---

111) 근로기준법 시행령 제14조, 노동위원회 규칙 제82조 제2항.
112) 노동위원회 규칙 제82조 제3항.
113) 근로기준법 제33조 제5항.
114) 이철수, 앞의 논문, 14면; 김홍영, 앞의 논문, 71~72면 참조.

름대로 이유가 있어 구제명령에 불복하여 해고의 정당성을 다투고 있을 것인데 계속하여 이행강제금을 부과하는 것이 어떤 의미가 있는지 의문이다.

즉, 이행강제금의 액수가 적지 않고 복직 및 백 페이(back pay) 지급명령의 경우 근로자를 복직시키면 사용자는 근로제공을 받을 수 있어 후에 해고가 부당해고로 판정되어도 손해가 없으며, 금전보상금의 경우 부당해고를 전제로 한 것으로서 후에 해고의 정당성이 인정되면 이론상 근로자로부터 지급한 금전보상금을 돌려받을 수 있는 것이므로 특별한 사정이 없는 한 사용자는 구제명령을 이행하려고 할 것이다.

그럼에도 불구하고 사용자가 구제명령을 이행하지 않는 경우는, 복직명령의 경우에는 해고된 근로자의 업무가 보안업무나 전산업무 등과 같이 사용자와의 신뢰관계가 깨어진 근로자가 마음만 먹으면 얼마든지 사용자에게 회복불가능한 손해를 가할 위험성이 있는 경우가 많을 것이고, 금전보상금의 경우에는 사용자가 해고의 정당성에 대하여 확신이 있거나 근로자에게 중간수입이 있어 설사 부당해고로 인정되어도 민사소송에서 일부 승소가 가능함에도 일단 금전보상금을 지급하면 그 회수가 불가능하다고 판단하는 경우가 많을 것이다. 이러한 경우 노동위원회의 지침에 따른 경직된 일률적인 이행강제금의 계속부과는 바람직하지 못할 뿐만 아니라 부작용을 야기할 수 있다.

사용자가 근로자가 제기한 부당해고무효확인소송에서 승소한 경우, 구제명령이 취소되지 않았다고 하여 이행강제금을 계속하여 부과할 수 있을 것인지에 관하여는 명문의 규정은 없으나, 사법상의 의무가 부존재함이 확정적으로 밝혀졌음에도 계속하여 공법상 그 이행을 강제한다는 것은 부당하므로 불가능하다고 보아야 할 것이다.

최초의 이행강제금부과 이후 새로 부과되는 이행강제금의 경우에 근로기준법이 구제명령을 받은 자가 구제명령을 이행하면 새로운 이행강제금을 부과하지 못하도록 규정하고 있으므로[115] 새로운 이행강제금의 부과 전까지 사용자가 구제명령을 이행하면 노동위원회는 새로운 이행강제금을 부과할 수 없다.[116]

이행강제금의 반복 부과는 이전 이행강제금 납부종료일로부터 6월 이내에 하여야 하며, 이 경우의 이행 여부의 확인, 이행결과 조사 보고, 심판위원회 개최, 이행강제금 부과 결정 등 부과 절차에 대하여는 당초의 이행강제금 부과에 관한 규정을 준용한다.[117]

4. 반 환

노동위원회는 중앙노동위원회의 재심판정이나 법원의 확정판결에 따라 노동위원회의 구제명령이 취소되면 직권 또는 사용자의 신청에 따라 이행강제금의 부과·징수를 즉시 중지하고 이미 징수한 이행강제금을 반환하여야 한다.[118]

이행강제금을 반환하는 때에는 이행강제금을 납부한 날부터 반환하는 날까지의 기간에 대하여 노동부령으로 정하는 이율을 곱한 금액을 가산하여 반환하여야 하는바,[119] 그 이율은 국세기본법 시행규칙 제13조의 2에 따른 국세환급금가산금의 이율로서,[120] 은행법에 의한 은행업의 인가를 받은 금융기관으로서 서울특별시에 본점을 둔 금융기관의 1년 만기 정

---

115) 근로기준법 제33조 제6항.
116) 권창영, 앞의 논문, 62면; 권창영 판사는 위 근로기준법 규정과 이행강제금의 성질에 비추어 이행강제금 부과처분시까지 사용자가 구제명령을 이행하면 최초의 이행강제금도 부과할 수 없다고 한다(위 논문, 62면).
117) 노동위원회 규칙 제83조 제2항.
118) 근로기준법 시행령 제15조 제1항.
119) 근로기준법 시행령 제15조 제2항.
120) 근로기준법 시행규칙 제7조 제1항.

기예금 이자율의 평균을 감안하여 국세청장이 정하여 고시하는 이자율을 말한다. 이행강제금의 반환절차에 관하여도 국고금관리법 시행규칙을 준용한다.[121]

2009. 5. 1. 현재는 2007. 10. 15.부터 시행되고 있는 국세청장이 고시한 이자율이 적용되며 그 이자율은 1일 10만분의 13.7로서 연 5% 정도의 수준이다.

IV. 불 복

1. 개 요

불복절차는 개별법에 이행강제금에 대하여 특별한 불복절차가 정해져 있는 경우에는 그에 의할 것이나, 그러한 절차가 마련되어 있지 않다면 일반 행정 불복절차에 따라 행정쟁송을 제기하게 된다.[122]

근로기준법상의 이행강제금에 관한 불복절차에 관하여 살펴보기에 앞서 구 건축법(1991. 5. 31. 법률 제4381호로 전문개정된 후 2005. 11. 8. 법률 제7696호로 개정되기까지의 것)상의 이행강제금 부과에 대한 불복절차를 검토하기로 한다.

구 건축법의 시행 전에는 위법건축물의 건축주에 대하여 건축법은 과태료에 처할 수 있다고 규정하고 있었는데, 구 건축법에 의하여 이행강제금 제도가 도입되었다. 헌법재판소는 이에 대하여 행정질서벌로서의 과태료는 과거의 행정법상 의무위반사실을 포착하여 그에 대하여 사후에 과하는 제재수단의 의미가 강한 것이므로 위법건축물의 시정이라는 행정목

---

121) 근로기준법 시행규칙 제7조 제2항.
122) 박윤흔, 앞의 책, 610면; 김남진 등, 앞의 책, 449면.

적 달성을 위하여 위와 같은 사후의 제재수단을 거듭하는 것은 적절하다고 할 수 없는 바, 위법건축물에 대한 1회의 시정명령과 그 불응에 대한 과태료부과 후 위법건축물을 그대로 방치하는 것도 바람직하지 않다는 점에서 위법건축물의 시정을 위하여 구 건축법이 이행강제금 제도를 채택한 것은 타당한 입법적 개선이라고 판시하였다.[123]

하지만, 구 건축법은 제83조 제6항에서 이행강제금의 징수 및 이의절차에 관하여는 과태료에 관한 제82조 제3항 내지 제5항을 준용하도록 규정하고 있었다.

그리하여 대법원은 구 건축법 제82조 제3항, 제4항, 제83조 제6항에 의하면, 같은 법 제83조 소정의 이행강제금 부과처분에 불복하는 자는 그 처분의 고지를 받은 날로부터 30일 이내에 당해 부과권자에게 이의를 제기할 수 있고, 이의를 받은 부과권자는 지체없이 관할법원에 그 사실을 통보하여야 하며, 그 통보를 받은 관할법원은 비송사건절차법에 의한 재판을 하도록 규정되어 있는바, 위 법규정에 의하면 건축법 제83조의 규정에 의하여 부과된 이행강제금 부과처분의 당부는 최종적으로 비송사건절차법에 의한 절차에 의해서만 판단되어야 한다고 보아야 할 것이므로 위와 같은 이행강제금 부과처분은 행정소송의 대상이 되는 행정처분이라고 볼 수 없다고 하였다.[124]

그러나 위 판결에 대하여는 이행강제금은 과거비행에 대하여 제재를 가하는 것이 아니라 장래 의무이행을 강제하는 수단으로서 행정벌과는 근본적으로 그 성격을 달리하며 그 부과는 행정행위의 성격을 가지므로 불복은 일반적 행정쟁송절차에 따르는 것이 바람직하다는 비판이 있었다.[125]

2005. 11. 8. 개정된 건축법은 이러한 비판을 수용하여 구 건축법 제83

---

123) 헌법재판소 1994. 6. 30. 선고 92헌바38 결정.

124) 대법원 2000. 9. 22. 선고 2000두5722 판결.

125) 조태제, "행정집행제도의 문제점과 그 개선방안", 법조 577호, 2004. 10., 114면; 장태주, 앞의 책, 504면.

조에 해당하는 제69조의 2에서 제6항을 삭제함으로써 이행강제금에 대한 불복시에 비송사건절차법에 의한 재판을 하도록 하는 근거가 없어져 이행강제금에 대한 불복은 행정소송의 대상이 되었다.[126]

2. 불복절차

이행강제금 부과처분에 대하여는 아직도 농지법[127] 제62조 제7항과 같이 비송사건절차법에 따른 과태료재판의 준용규정을 두어 이행강제금부과처분에 대한 불복을 과태료재판에 준하여 처리하도록 하는 경우도 있으나, 근로기준법상의 이행강제금 부과처분에 대하여는 별도의 불복절차에 대한 규정이 없으므로 일반적인 행정소송절차에 따라 처리되어야 할 것이다.[128]

구제명령의 적법성은 중앙노동위원회의 재심판정취소소송에서 다루어질 성질의 것이므로 이행강제금 취소소송에서는 구제명령의 적법성은 다툴 수 없고 부과금액과 부과절차 등 이행강제금 부과처분 자체의 적법성만을 다툴 수 있다고 한다.[129]

하지만, 이행강제금은 구제명령의 이행을 강제하는 것인데, 법원이 구제명령에 대하여 전혀 검토하지 아니하고 이행강제금에 대한 불복사건을 처리하기는 어려울 것이다. 금전보상금의 액수가 앞서 본 바와 같은 이유로 근로자가 민사소송을 통하여 받을 수 있는 금액을 과도하게 초과하는

---

126) 김남진 등, 앞의 책, 449면.
127) 2007. 4. 11. 법률 제8352호로 전문개정되었다.
128) 김재호 등, 앞의 논문, 138면.
129) 김재호 등, 앞의 논문, 138면; 권창영 판사는 이는 행정법에서 위법성 승계의 문제로 다루어지는 것으로서 구제명령이 당연무효가 아닌 한, 사용자는 구제명령의 위법사유를 가지고 이행강제금 부과처분의 당부에 대하여 다툴 수 없다고 한다(앞의 논문, 22~23면).

경우에 이행강제금에 의하여 사법상의 의무를 초과하는 금액의 지급을
강제하는 것이 적법한지에 관하여 의문이 든다.

제5절 노동위원회의 문제점과 노동법원[1]

Ⅰ. 문제점

부당해고 구제의 문제는 개인의 사법상의 권리구제를 목적으로 하는 것이며, 따라서 사법적 판단의 문제이다.

노동문제와 관련하여 준사법기관인 노동위원회를 두고 있는 나라는 소수에 불과하며, 그러한 나라들에서조차도 위와 같은 이유로 부당노동행위에 관한 분쟁만을 노동위원회에 맡기고 있을 뿐 사법적 구제의 문제인 부당해고구제를 노동위원회에 맡기고 있는 국가는 없다.

이와 같이 부당해고구제를 노동위원회에 맡김으로써 어떠한 문제가 있는지에 대한 기존의 논의를 살펴보고, 이어서 법원에 의한 민사적 구제와의 관계에서 일어나는 문제점들을 짚어 본 후, 끝으로 현재의 노동위원회에 의한 부당해고 구제문제와 관련하여 중앙노동위원회에 의한 재심절차의 생략, 노동위원회 판정에 불복시에 행정법원의 절차를 생략하고 고등법원에 제소하는 방안 등과 함께, 노동위원회의 심판기능을 없애는 전제로서 종종 논의되고 있는 노동법원 도입론에 대하여 검토해 보기로 한다.

1. 법리적 문제

부당해고에 대한 심판은 순수한 사법기능에 속하는 것인데 행정위원회

---

1) 이 부분은 정진경, "부당해고 구제기관으로서의 노동위원회의 문제점과 그 대안에 대한 검토"(노동법연구 26호, 서울대학교 노동법연구회, 2009, 1면 이하)를 수정 · 보완한 것이다.

인 노동위원회가 담당하는 것 자체가 근본적인 문제이다.[2]

　해고무효확인의 소를 부당노동행위 구제절차와 같은 평면에서 이해하는 것은 노동법의 구조적 성격을 오해한 것이다. 노동조합 및 노동관계조정법 제81조 이하의 규정은 집단적 근로 3권의 보장을 위한 것으로서 부당노동행위의 존부에 대한 판단은 헌법이 보장한 근로 3권에서 생성되는 질서가 사실상 침해되었느냐의 여부에 따라 판단되고,[3] 그 구제도 동적인 노사관계의 특색을 반영하여 유동적이고 다양한 방법으로 행해져야 하며 구제의 내용도 현재의 상태에 대한 징벌적·금전적 구제보다는 원상의 회복과 침해의 반복을 예방할 수 있는 소급적인 동시에 장래적인 구제이어야 하므로 이를 전문기관인 노동위원회에 맡기는 것이 합리적이라고 할 수도 있다.[4] 하지만, 근로기준법 제23조는 개개의 근로자를 해고 또는 기타 근로관계상의 불이익으로부터 보호하고자 하는 것으로서 법원에 의한 엄격한 법의 해석·적용·집행을 통하여 실현되어야 하며, 부당해고 구제신청제도는 법률분쟁을 정책적 판단에 의하여 해결하게 할 우려가 있다.[5]

　이와 같이 부당해고에 대한 심판은 권리분쟁으로서 순수한 사법기능에 속하는 것인데 행정위원회인 노동위원회가 담당하는 것은 근본적인 문제가 있으며,[6] 우리와 같이 노동위원회 제도를 두고 있는 미국과 일본에서도 노동위원회가 부당해고 구제신청사건에 대한 심판을 담당하지는 않는

---

2) 김선수, "노동위원회의 역할과 과제 - 심판기능을 중심으로 -"(이하 '노동위원회의 역할'이라 한다), 노동위원회의 역할과 과제, 한국노동법학회 2008년도 동계 학술대회, 2008. 12., 47면.
3) 김형배, 「노동법」, 신판 제4판, 박영사, 2007, 612~613면.
4) 박은정, "노동분쟁해결제도 개선방향의 모색"(이하 '노동분쟁 개선방향'이라 한다), 노동법학 22호, 한국노동법학회, 2006. 6., 104~105면.
5) 김형배, 앞의 책, 612~613면.
6) 유성재, "해고의 효력을 다투는 자의 계속근로청구권", 법학논문집 22집, 중앙대학교 법학연구소, 1997. 12., 423면.

다.[7] 소송이 근로자에게 시간과 비용에 있어 부담을 준다는 이유로 구제
신청제도를 만든 것은 논리의 선후가 뒤바뀐 것이다.[8]

2. 노동위원회의 구성

중앙노동위원회의 심판담당 공익위원의 자격요건은 ① 노동문제와 관
련된 학문을 전공한 자로서 공인된 대학에서 부교수 이상으로 재직한 자
② 판사·검사·군법무관·변호사 또는 공인노무사의 직에 7년 이상 재
직한 자 ③ 노동관계업무에 7년 이상 종사한 자로서 2급 또는 2급 상당
이상의 공무원이나 고위 공무원단에 속하는 공무원으로 재직한 자 ④ 기
타 노동관계업무에 15년 이상 종사하여 전문적 지식과 경험을 갖춘 자로
서 심판담당 공익위원으로 적합하다고 인정되는 자로 되어 있고, 지방노
동위원회의 심판담당 공익위원의 자격요건은 ① 노동문제와 관련된 학문
을 전공한 자로서 공인된 대학에서 조교수 이상으로 재직한 자 ② 판
사·검사·군법무관·변호사 또는 공인노무사의 직에 3년 이상 재직한
자 ③ 노동관계업무에 3년 이상 종사한 자로서 3급 또는 3급 상당 이상의
공무원이나 고위 공무원단에 속하는 공무원으로 재직한 자 ④ 노동관계
업무에 10년 이상 종사한 자로서 4급 또는 4급 상당 이상의 공무원으로
재직한 자 ⑤ 기타 노동관계업무에 10년 이상 종사하여 전문적 지식과
경험을 갖춘 자로서 심판담당 공익위원으로 적합하다고 인정되는 자로
되어 있다.[9]

이러한 자격을 갖춘 자로서 노동문제에 관한 지식과 경험이 있는 자 중

---

7) 김선수, "한국에서의 노동분쟁 처리기구로서의 법원의 구조 및 운영실태, 노동법원
　의 도입방향"(이하 '노동법원 도입방향'이라 한다), 노동과 법 4호, 전국금속산업노
　동조합연맹 법률원, 2004, 310면.
8) 김형배, 앞의 책, 613면.
9) 노동위원회법 제8조 제1, 2항.

에서 공익위원을 위촉하되, 당해 노동위원회 위원장·노동조합 및 사용자 단체가 각각 추천한 자 중에서 노동조합과 사용자단체가 순차적으로 배제하고 남은 자를 위촉대상 공익위원으로 하도록 되어 있다.[10]

노동위원회에서 권리분쟁에 해당하는 심판기능은 본질적으로 법률의 해석과 적용에 관해 판단하는 사법기능에 속하는 것으로서 3인의 공익위원이 최종적인 결정을 하는데, 3인의 공익위원에 법률전문가가 참여하는 경우도 있으나 법률전문가가 전혀 참여하지 않는 경우도 있다.[11] 이와 같이 법관의 자격이 없거나 심지어 법학을 전공하지도 아니한 사람들까지도 포함된 노동위원회가 권리분쟁을 해결할 수 있는 자질을 갖춘 기관이라고 보기 어렵다는 비판이 있다.[12]

---

10) 노동위원회법 제6조 제4항; 2007. 1. 26. 노동위원회법의 개정 전에는 공익위원을 당해 노동위원회 위원장, 노동조합 및 사용자단체가 각각 추천한 자 중에서 근로자위원과 사용자위원의 투표로 선출하였는데 위와 같이 공익위원 선출방식이 배제방식으로 변경되면서 노사 어느 한 쪽의 입장에 서서 그 이해를 대변해 온 노동관련 전문가들이 상대방 쪽으로부터 우선적으로 배제대상이 됨으로써 노동위원회가 갖추어야 할 전문성은 오히려 떨어지는 부작용이 발생하였다는 평가가 있다(김선수, 노동위원회의 역할, 63면).

11) 김선수, 노동법원 도입방향, 310면; 유성재, "노동분쟁에서 권리구제절차의 문제점과 개선방안"(이하 '개선방안'이라 한다), 법학논문집 29집 1호, 중앙대학교 법학연구소, 2005. 8., 232~233면; 박은정, "노동분쟁해결제도연구"(이하 '노동분쟁해결제도'라 한다), 법학박사학위논문, 이화여자대학교, 2005, 124면.

12) 임종률, 「노동법」, 제7판, 박영사, 2008, 529면 각주 2); 김형배, 앞의 책, 613면; 김기덕, "노동자 권리구제의 실효성 확보 및 노동자(대표)의 참여보장을 위한 노동법원의 도입방향", 노동과 법 4호, 전국금속산업노동조합연맹 법률원, 2004, 406면; 이러한 비판에 대하여는 노동위원회가 법원과 달리 존재하는 법의 해석기능에 머물러서는 안 되고, 법해석의 범위를 일탈하지 아니하는 한 새로운 사회현상으로서 발생할 수밖에 없는 노동분쟁을 적극적으로 해결하려는 의식이 필요하며, 이것은 전문가의 성격과 반드시 일치하지 않을 수 있다고 하여 회의적인 시각이 있다[박수근, "노동분쟁해결기관으로서의 노동위원회의 구조 및 운영실태의 문제점"(이하 '노동위원회의 문제점'이라 한다), 노동과 법 4호, 전국금속산업노동조합연맹 법률원, 2004, 255면].

2005. 6. 현재의 중앙노동위원회 심판담당 공익위원 18명을 포함하여 위원장 및 상임위원 17명을 제외한 전국의 182명의 심판담당 공익위원 중 대학교수가 51.7%인 94명을 차지하고 있고, 변호사 및 공인노무사가 32.9%인 60명, 기타 공무원 또는 노동관계인사 등이 15.4%인 28명을 차지하고 있으며, 절반 이상을 차지하는 대학교수 가운데, 법학 전공자는 31명 정도에 불과하다.13)

2008. 6.을 기준으로 하는 경우 중앙노동위원회의 위원장과 상임위원을 제외한 심판담당 공익위원의 수가 46명이며, 그 중 교수가 63%인 29명을 차지하고 있고, 판사, 변호사 및 공인노무사가 21.8%인 10명, 기타 공무원 및 노동관계 인사 등이 15.2%인 7명을 차지하고 있으며, 교수 중 법학 전공자는 15명이다. 지방노동위원회의 공익위원을 분석하지 아니하여 확실한 변화는 알 수 없으나 심판담당 공익위원의 수가 대폭 늘었다는 점과 교수의 비중은 높아졌으나 노동사건을 전문적으로 취급하는 변호사와 노동법 전문가의 비중에는 큰 변화가 없는 것으로 보인다.14)

이러한 사실로 인하여 법원의 판결과 다른 판정이 많아 노동위원회를 통한 평화적이고 자주적인 분쟁해결절차가 정립되지 못하고 있으며, 당사자들로부터 판정에 대한 법적인 권위를 인정받지 못하는 문제점이 발생하고 있다.15)

3. 판정에 대한 불복과 구제의 지연

1) 5심제의 문제

부당해고 구제신청이 있으면 지방노동위원회에서 그 사건을 조사·심

---

13) 박은정, 노동분쟁해결제도, 123면.
14) 김선수, 노동위원회의 역할, 61면; 박수근. 노동위원회의 문제점, 272면.
15) 유성재, 개선방안, 233면; 김선수, 노동법원 도입방향, 310면.

문하여 부당해고 성립 여부를 판단하게 되고 이에 불복이 있으면 관계 당
사자는 중앙노동위원회에 재심을 신청하게 되며, 중앙노동위원회의 재심
판정에 불복이 있는 당사자는 행정소송법이 정하는 바에 따라 중앙노동
위원회의 위원장을 피고로 하여 서울행정법원에 행정소송을 제기하게 된
다. 행정법원 판결에 대한 항소심은 고등법원, 상고심은 대법원이 담당하
게 된다. 그리하여, 부당해고 구제신청은 총 5번의 심사절차를 거쳐야 비
로소 확정되게 되며,[16] 대법원 판결까지는 장기간이 소요된다.[17] 이러한
경우에는 일반민사소송을 제기하여 3심의 판단을 받는 것에 비하여 오히
려 기간이 더 걸리는 것이 보통이다.[18]

신속한 구제를 위하여 노동위원회에 대한 부당해고 구제신청제도를 신
설하였음에도, 위와 같은 근본적인 문제로 인하여 분쟁의 해결이 지연되
고 있다.

2) 사건 과다로 인한 절차의 지연

현재 지방노동위원회나 중앙노동위원회는 원칙적으로 구제신청서나 재
심신청서를 접수한 때로부터 3개월 이내에 판정을 한다는 방침이나 노동
위원회에 대한 부당해고 구제신청건수의 지속적인 증가[19]로 인하여 현실

---

16) 박은정, 노동분쟁해결제도, 118~119면; 5심도 행정소송으로 대법원 확정판결을 받
    으면 분쟁이 종결됨을 전제로 한 것으로서 당사자가 불복하여 다시 민사소송을 제기
    하면 8심으로 운용되는 경우도 적지 않다고 한다(김선수, 노동위원회의 역할, 49면).
17) 과거에는 약 3년의 기간이 걸리는 것으로 조사되었으나(유성재, 개선방안, 231~
    232면), 현재는 2007. 1. 26.의 노동위원회법 개정에 따른 위원의 정원확대와 전문
    화로 인하여 노동위원회에서의 처리 기간이 많이 단축되었다고 한다.
18) 김선수, 노동위원회의 역할, 57면.
19) 부당해고 구제신청건수는 처음 신설된 1989년에는 706건이었는데 2006년에는
    5,002건으로 증가하였다[「2006년도 노동위원회 연보」(이하 '2006 노동위원회 연
    보'라 한다), 노동위원회연보 9호, 중앙노동위원회, 2007. 6., 54면의 연도별 노동위
    원회 심판사건 종합통계표 참조].

적으로는 지켜지지 못하고 있다.[20] 노동위원회가 부당해고 구제신청사건에 대한 심판을 담당함으로써 사건이 늘어나, 특히 중앙노동위원회는 접수한 후 6개월 정도가 지나야 판정이 이루어지고 있다.

1998년부터 2003년까지의 구체적인 통계를 분석하여 보면, 접수 후 60일 이내에 처리된 사건은 지방노동위원회의 경우 60.1%이나 중앙노동위원회의 경우 19.1%에 불과하고, 61일 이상 90일 이내에 처리된 사건도, 지방노동위원회가 21.1%, 중앙노동위원회는 17.8%로서 방침대로 접수후 3개월 내에 판정에 이른 사건의 비율이 지방노동위원회는 81.2%로서 그런대로 지켜지고 있으나, 중앙노동위원회의 경우 36.9%에 불과하여 반에도 미달하고 있다. 중앙노동위원회의 경우 91일 이상 150일 이하가 44.8%로서 가장 다수를 점하고 151일 이상이 걸린 사건도 18.3%에 이르고 있다.[21]

2006년의 통계를 분석하여 보면, 접수 후 60일 이내에 처리된 사건은 지방노동위원회의 경우 58.7%로서 비교적 기존의 상태를 유지하고 있으나 중앙노동위원회의 경우 7.7%에 불과하고,[22] 61일 이상 90일 이내에 처리된 사건도, 지방노동위원회가 29.9%, 중앙노동위원회는 4%로서, 중앙노동위원회의 경우 불과 11.7%의 사건만이 3개월 내에 처리되었다.

중앙노동위원회는 절대다수인 76%의 사건이 150일을 초과하여 처리되고 있어 갈수록 절차의 지연이 심각해짐을 보여주고 있다.[23]

그리하여, 평균처리일수가 지방노동위원회의 경우 노동위원회에 따라 39일(인천)에서 61일(부산 및 전남)이 소요되었고, 중앙노동위원회는 183일이 소요되었는데, 부당노동행위사건을 제외한 부당해고사건만을 분석

---

20) 김선수, 노동법원 도입방향, 311면.
21) 박은정, 노동분쟁해결제도, 86면 <표Ⅲ-24> 참조.
22) 중앙노동위원회는 처리된 1682건 중 130건이 60일 이내에 처리되었고, 지방노동위원회는 처리된 5696건 중 3342건이 60일 내에 처리되었다
23) 2006년도 심판사건 처리기간별 현황(총괄)표 참조(2006 노동위원회 연보, 50면에서 전재).

하여도 지방노동위원회의 평균처리일수가 노동위원회에 따라 35일(인천)에서 60일(전남) 정도임에 비해, 중앙노동위원회는 182일로서 크게 다르지 않다.[24]

3) 소송구조의 문제

노동위원회의 판정에 대한 불복은 행정소송으로 이어지는데, 근로계약관계에서 발생하는 권리분쟁이 행정소송의 대상이 되어 해고처분의 유·무효에 대하여 직접 판단을 구하지 않고 해고된 근로자의 구제를 명한 처분의 취소를 구하는 것은 불합리하다.[25]

【 2006년도 심판사건 처리기간별 현황(총괄) 】

〈표 2-2-9〉　　　　　　　　　　　　　　　　　　　　　　（단위 : 건）

구분 위원회별	처리 건수	평균 처리일수	60일 이내	61일~ 90일	91일~ 150일	150일 초과
계	7,378	82	3,472	1,767	818	1,321
중 앙	1,682	183	130	66	207	1,279
서 울	1,671	49	1,107	330	212	22
부 산	503	61	206	210	86	1
경 기	961	53	504	379	69	9
충 남	375	57	173	142	60	0
전 남	336	61	143	157	31	5
경 북	423	50	292	114	15	2
경 남	283	53	153	117	13	0
인 천	453	39	333	81	39	0
강 원	166	60	91	41	31	3
충 북	154	48	108	29	17	0
전 북	232	59	122	78	32	0
제 주	139	53	110	23	6	0

---

24) 2006년도 부당해고사건 처리기간별 현황표 참조(2006 노동위원회 연보, 51면에서 전재).
25) 김형배, 앞의 책, 613~614면.

【 2006년도 부당해고사건 처리기간별 현황 】

〈표 2-2-10〉   (단위 : 건)

구분 위원회별	처리건수	평균 처리일수	60일 이내	61일~ 90일~	91일~ 150일~	150일 초과
계	5,835	79	2,956	1,307	546	1,026
중 앙	1,310	182	98	49	159	1,004
서 울	1,379	45	974	259	136	10
부 산	373	58	175	144	53	1
경 기	800	50	457	290	48	5
충 남	298	53	155	105	38	0
전 남	240	60	105	111	21	3
경 북	326	48	241	76	8	1
경 남	223	50	130	85	8	0
인 천	370	35	290	60	20	0
강 원	117	58	66	29	20	2
충 북	128	44	97	21	10	0
전 북	191	55	105	64	22	0
제 주	80	48	63	14	3	0

행정소송은 행정기관의 위법한 처분에 의하여 발생한 위법상태를 배제하여 원상으로 회복시키고 그 처분으로 침해된 권리와 이익을 보호·구제하고자 하는 소송인데, 부당해고재심판정 취소소송은 형식상 소송의 대상은 행정기관의 처분이지만, 실질적 소송의 대상은 근로계약과 관련한 부당해고의 정당성 판단이다.[26] 이와 같이 민사소송으로 처리되어야 할 사건이 행정사건으로 처리됨으로써 중앙노동위원회가 소재하고 있는 서울행정법원이 모든 소송을 관할하게 되며, 피고가 분쟁의 상대방이 아닌 중앙노동위원장이 되어 실질적 당사자인 근로자나 사용자는 피고인 중앙노동위원회 위원장의 보조참가인으로 소송에 참여하게 되어, 실질적 당사자에게 상당한 불편을 주게 된다.[27]

---

26) 박은정, 노동분쟁해결제도, 231면.
27) 박은정, 노동분쟁해결제도, 232면.

4. 민사절차와의 중복

　노동위원회의 사용자에 대한 구제명령은 사용자에게 이에 복종하여야 할 공법상의 의무만을 부담시킬 뿐 직접 노사 간의 사법상의 법률관계를 발생 또는 변경시키는 것이 아니다.[28] 따라서, 사용자가 노동위원회의 부당해고 구제명령을 이행하지 아니하는 때에는 근로자는 사법상의 지위를 확보하거나 권리를 구제받기 위하여 사용자를 상대로 별도의 민사소송을 제기하여야 하는데,[29] 노동위원회와 법원은 별개의 조직이며 노동위원회를 통한 행정적 구제는 소송절차에 의한 것이 아니기 때문에 민사소송절차에서 법원은 이미 구제명령을 내린 노동위원회의 판단에 구속되지 않는다.[30] 이와 관련하여서는 노동위원회의 사용자에 대한 구제명령은 노사 간의 사법상의 법률관계를 발생 또는 변경시키는 것은 아니므로, 노동위원회로부터 부당해고라는 구제명령이 있었고 이것이 확정되었다는 사정만으로 새로이 제기된 민사소송에서 사용자가 이를 다투는 것이 신의칙이나 금반언의 원칙에 반하여 허용될 수 없는 것이라고 하기 어렵다는 대법원 판결이 있다.[31]

　이와 같이 근로자가 노동위원회를 통한 구제절차와 병행 또는 별도로 직접 소송을 제기할 수 있게 하는 것은, 양자가 보호방식과 구제내용이 다른 것이므로 근로자에게 있어 충분한 권리구제 수단이 된다고 볼 수도 있겠으나, 사용자 측에서 보면 같은 사실관계로 인한 분쟁임에도 불구하고 이중의 절차를 거쳐야 하고 양 절차에서 판단이 달라질 수도 있으며,

---

28) 대법원 1996. 4. 23. 선고 95다53102 판결; 대법원 1976. 2. 11. 75마496 결정.
29) 김선수, 노동위원회의 역할, 56면(김선수 변호사는 실제로 그와 같은 사례가 자주 발생하고 있다고 한다); 김기덕, 앞의 논문, 406면.
30) 대법원 2006. 11. 23. 선고 2006다49901 판결; 김재호 · 김홍영, "부당해고구제명령 불이행에 대한 이행강제금 부과", 노동법연구 21호, 서울대학교 노동법연구회, 2006, 117면.
31) 대법원 2006. 11. 23. 선고 2006다49901 판결.

분쟁의 해결이 지연되어 노동분쟁의 신속한 해결을 통한 노사관계의 안정이라는 측면에서 보면 불합리한 것이고,[32] 권리구제의 방법은 가능한 한 가지 형태로 통합되는 것이 바람직하다.[33] 동일한 사안에 대한 상이한 결정은 당사자의 입장에서는 법해석에 있어서의 혼란을 야기하고 준사법 기관인 노동위원회의 심판에 대한 불신을 초래한다.[34]

5. 공정성 및 독립성

1) 인사 및 예산의 독립

노동위원회법은 노동위원회는 그 권한에 속하는 업무를 독립적으로 수행하고, 중앙노동위원회 위원장은 중앙노동위원회 및 지방노동위원회의 예산·인사·교육훈련 기타 행정사무를 총괄하며, 소속 공무원을 지휘·감독하도록 규정하여 그 독립성을 보장하고 있다.[35]

그러나 실제에 있어서는 노동부 소속 공무원들이 노동부장관의 인사명령에 의하여 노동위원회에 배치되면 중앙노동위원회 위원장의 권한은 그들에 대하여 노동위원회 내부에서 직무를 부여하는 정도에 불과하여 실질적인 의미에서의 인사권을 행사할 대상이 거의 없으며, 예산의 편성에 있어서도 노동위원회가 독자적으로 수립하여 제출하는 것이 아니라 노동부를 통하여 예산편성 등이 이루어지고 있어, 노동부로부터의 독립성에 있어 문제가 있다.[36]

---

32) 박수근, "노동법원과 노동위원회의 관계정립"(이하 '관계정립'이라 한다), 노동과 법 4호, 전국금속산업노동조합연맹 법률원, 2004, 299면; 김기덕, 앞의 논문, 406면; 김선수, 노동위원회의 역할, 56면.

33) 김선수, 노동위원회의 역할, 47면; 박은정, 노동분쟁해결제도, 227면.

34) 박은정, 노동분쟁해결제도, 119면.

35) 노동위원회법 제4조 제1, 2항.

36) 박수근, 노동위원회의 문제점, 270면.

2) 상임위원제도

노동위원회의 상임위원은 노사의 추천과 투표 없이 당해 노동위원회의 공익위원 자격을 가진 자 중에서 중앙노동위원회 위원장의 추천과 노동부 장관의 제청으로 대통령이 임명하며, 공익위원이 되도록 규정하고 있다.[37]

그런데 상임위원의 대부분은 노동부에서 장기간 근무한 고급 행정공무원으로 임용되고 있고, 이러한 상임위원들은 노사문제에 대한 전문가들이기는 하나 노동위원회가 심판기능을 수행하는 준사법적 기관인 점을 고려하면 행정부인 노동부로부터의 독립과 관련하여 공정성에 의문이 제기될 가능성이 있으므로 공정성을 확보할 수 있는 임명방식이 마련되어야 한다.[38]

6. 심리의 불철저

노동위원회에서의 심문은 조사관에 의한 조사결과를 토대로 하여 당사자 심문을 중심으로 이루어지고 필요한 경우에 한하여 증인신문을 하는 방식으로 행한다. 따라서, 엄격한 증거조사를 진행하지 못하여 사실관계에 대한 확정이 불완전한 상태에서 판단이 내려지는 경우가 많다.[39]

또한, 노동위원회별로 상근 공익위원이 위원장을 포함하여 1~2명에 불과한 경우가 많아, 특정 사건을 담당한 심판위원회의 공익위원 3명이 모두 비상근인 경우가 허다하고, 이러한 비상근 공익위원들 만에 의한 심문과 판정의 경우 충실한 심리를 기대하기는 무리이다.[40]

그런데 2007. 1. 26. 노동위원회법의 개정으로 심판위원회에 위원장 또

---

37) 노동위원회법 제11조 제1, 2항.
38) 박수근, 노동위원회의 문제점, 272면.
39) 김선수, 노동법원 도입방향, 311면.
40) 김선수, 노동법원 도입방향, 311~312면.

는 상임위원 1인이 포함되도록 함으로써[41] 심사의 계속 및 집중이 가능하도록 하였다. 그리하여 2006. 12. 31. 현재에는 상임위원이 중앙노동위원회와 서울, 부산, 경기 지방노동위원회에만 각 1인이 있었음에 비하여,[42] 2008. 7. 29. 현재의 상임위원은 중앙노동위원회와 서울지방노동위원회가 각 3인, 경기지방노동위원회가 2인, 부산지방노동위원회와 경북지방노동위원회가 각 1인으로 되어[43] 그 수가 늘어나기는 하였으나 2006년의 중앙노동위원회의 심판사건이 총 2,297건[44]이었음을 고려하면 충실한 심리에는 한계가 있는 것으로 보인다.

노동위원회법도 심판위원회에 위원장 또는 상임위원 1인이 포함되도록 한 위 규정에도 불구하고 위원장은 위원장 또는 상임위원의 업무가 과도하여 정상적인 업무수행이 곤란하게 되는 등 부득이한 사유가 있는 경우에는 위원장 또는 상임위원을 제외한 심판담당 공익위원 3인으로 심판위원회를 구성할 수 있다고 규정하여 예외를 인정하고 있다.[45]

7. 실효성의 문제

2007. 1. 26. 근로기준법의 개정으로 이행강제금제가 도입되기 전에는 1997. 3. 13. 제정된 근로기준법 제33조 제2항이 노동조합 및 노동관계조정법 제85조 제5항의 이행명령제도[46]를 준용규정에서 제외하여 구제명령

---

41) 노동위원회법 제15조 제3항; 노동위원회법은 심판위원회뿐 아니라 차별시정위원회도 위원장 또는 상임위원 1인이 포함되도록 규정하고 있다(노동위원회법 제15조 제4항).

42) 2006 노동위원회 연보, 79면.

43) 중앙노동위원회의 웹사이트인 http://www.nlrc.go.kr/ 참조.

44) 2006 노동위원회 연보, 68면 참조(이 중 부당해고심판사건이 1784건, 부당노동행위심판사건이 495건에 달한다).

45) 노동위원회법 제15조 제6항.

46) 사용자가 중앙노동위원회의 재심판정에 불복하여 행정소송을 제기한 경우에 관할법

의 이행을 강제할 아무런 수단이 없었으므로, 시간과 비용의 절약이라는 측면에서 보더라도 근본적인 한계가 있다는 많은 비판이 있었다.[47] 현재는 근로기준법의 개정으로 구제명령의 이행확보문제는 상당부분 해소된 상태이다.

II. 노동위원회와 법원의 관계

1. 개 설

부당해고에 대한 판단은 해고의 정당성을 인정할 수 있는지에 관한 사법적 판단임에도, 개정된 근로기준법은 노동위원회 구제명령에 있어서의 금전보상제 도입과 구제명령에 대한 이행강제금 및 확정된 구제명령 불이행에 대한 형사처벌규정을 신설함으로써 오히려 부당해고의 구제와 관련한 노동위원회의 역할을 강화하였다.[48]

하지만, 법원의 구제수단에 있어서의 다양성을 확보하지 아니한 채 이와 같이 노동위원회의 역할만을 확대하는 것은 무의미할 뿐만 아니라 오히려 법원과 노동위원회의 구제수단에 있어서의 차이를 확대시켜 문제가 악화될 가능성이 더 커졌다.

원이 중앙노동위원회의 신청에 의하여 발하는 이행명령에 관하여 규정하고 있다.
47) 유성재, 개선방안, 223면; 김선수, 노동법원 도입방향, 311면; 박은정, 노동분쟁해결제도, 121면; 이흥재, "해고제한에 관한 연구", 법학박사학위논문, 서울대학교, 1988, 194면.
48) 김선수, 노동위원회의 역할, 48면; 김선수 변호사는 대통령 자문위원회인 사법제도개혁추진위원회가 1심 단계의 준참심형 노동법원 도입을 위한 관련 법안을 성안하였으나 노동부와 노동위원회, 법원과 검찰 등 법조 실무계, 경영계의 반대로 입법을 추진하지 못하였고, 오히려 노동위원회의 심판기능에 문제가 있으므로 노동법원 제도를 도입해야 한다는 주장을 제기한 결과 역설적으로 노동위원회의 심판기능이 강화되는 방향으로 법률이 개정되었다고 한다(위 논문, 48~49면).

노동위원회의 구제명령은 법원의 민사소송과는 그 제도의 목적과 취지가 다른 것이므로 노동위원회 구제명령의 내용이 법원의 판결내용과 같을 필요는 없으며 그 효력도 공법상의 효력밖에 없으므로 그 제도의 취지에 맞게 탄력성 있게 운영하면 된다는 견해가 있을 수 있으나, 국가가 보장하고 있는 근로 3권에 대한 사용자의 침해를 배제함으로써 노사 당사자의 힘의 균형을 신속히 확보해 주고자 노동조합의 구제신청을 인정하는 부당노동행위 구제신청제도와는 달리, 부당해고는 근로자 개인에 대한 피해의 구제를 목적으로 하는 것이므로, 그 구제의 내용도 노동위원회의 구제명령과 법원의 민사판결에 있어 차이가 있을 이유가 없다. 오히려 차이가 있다면 당사자 간의 법률관계는 종국적으로 민사소송에 의하여 결정될 수밖에 없는데 판결의 내용과 다른 구제명령을 법원이 수용하기는 힘들 것이다.

2. 구제명령과 판결과의 괴리

개정 근로기준법은 노동위원회의 구제명령에 있어서만 금전보상제를 도입하면서 법원의 구제수단에 대하여는 아무런 규정을 두지 아니하여, 법원은 종전과 같이 부당해고로 판단하는 경우에 그 사법상 효력을 무효로 하고 해고기간 동안의 임금청구를 인용하는 방식으로 제도를 운영할 것이다. 근로자의 금전보상금 신청의 법적 의미를 사용자의 해고에 의한 근로계약 해지의 의사표시를 받아들이는 것으로 본다면, 민사소송시의 임금상당액 계산은 그 시점까지로 제한되어야 하는 것이 아닌가 하는 의문이 생긴다. 이를 판정일 이후의 장래의 계약해지의 의사표시로 본다고 하여도 적어도 근로자가 그 시점에서 자신의 근로제공 의사가 없음을 명시적으로 표시한 것으로 보아야 한다. 금전보상금 신청을 해고된 근로자가 희망하는 보상금을 전부 지급받는 것을 조건으로 한 조건부 의사표시로 해석할 수도 있겠으나, 근로자가 금전보상금을 신청하는 경우는 다른 직장을 구했거나 사용자와의 인적 관계의 손상으로 인하여 근무를 원하지 않는 경우가 많을 것인데 일률적으로 그와 같이 해석함은 현실성이 없어 보인다.

이와 같이 근로자가 금전보상금을 신청하는 것을 적어도 그 시점에서 근로제공의 의사가 없음을 표시한 것으로 보게 되면, 그 후로는 사용자의 임금지급의무를 인정할 근거가 없어져, 법원의 민사판결과 노동위원회의 금전보상명령 사이의 괴리가 불가피하다.

또한, 민사소송에 있어서는 근로자가 부당해고기간 동안 다른 직장에서 중간수입을 얻은 경우 이를 공제하여야 하고 현재 판례가 예외적인 경우에만 사용자의 부당해고로 인한 위자료책임을 인정하고 있으므로, 이 점에 있어서도 민사소송에서 법원이 인정하는 금액이 해고기간 동안의 임금상당액 이상을 인정하는 노동위원회의 금전보상액과의 사이에 차이가 생길 수밖에 없다.

사용자가 구제명령의 이행을 거부하여 민사소송이 제기되고,49) 민사판결금액이 노동위원회가 지급을 명한 금전보상액보다 적은 경우에 법리상 금전보상금의 지급을 이행강제금에 의하여 강제할 수 있는지는 의문이다. 사법상의 의무가 없는 것을 공법상 강제할 수는 없다고 보아야 하는데, 이 경우 행정법원이 관련법령에 따라 이루어진 금전보상명령을 위법하다고 판단하여 취소할 수 있는 것인지, 그럴 수 없다면 사용자는 사법상의 의무가 없음에도 공법상의 강제에 의하여 이미 납부한 이행강제금을 반환받을 수 없는 것인지의 난제들이 산적하여 있다.

노동위원회 단계에서의 집행을 위하여 서두르기보다는 부당노동행위에

---

49) 과거와 달리 근로자의 경우 이행강제금에 의하여 구제명령을 강제할 수 있고 금전보상명령에 지급할 금액이 특정되므로, 근로자가 아닌 사용자가 채무부존재확인소송 등의 형태로 소를 제기하는 것도 예상할 수 있다.

있어서와 같이 사용자가 행정법원에 제소한 경우에 법원의 이행명령의 형식을 빌려 구제명령의 이행을 확보하는 것이 방법론상 나았으리라고 생각한다. 이 경우 법원은 본안에 있어서의 결과와 민사소송으로 가게 되는 경우의 결과를 예상하여 적정한 범위에서 구제명령의 이행을 명할 수 있는 장점이 있다.

또한, 개정 근로기준법은 노동위원회를 거침으로 인한 종국적인 구제의 지연과 노동위원회가 부당해고에 대한 판정기능을 수행함으로써 양 기관의 견해차이로 인하여 발생하는 문제, 구제명령이 공법상의 효력밖에 갖지 못함으로써 사용자가 구제명령을 따르지 않는 경우 근로자는 집행을 위하여 다시 민사소송을 하여야 하는 문제 등 종전부터 지적받아온 문제들에 대하여는 아무런 해결도 하지 못하였다.[50]

Ⅲ. 노동법원 도입론에 대한 검토

1. 노동법원 설치주장

1) 근 거

노동위원회의 부당해고와 관련한 심판기능의 문제점에 대하여는 많은 학자가 공감하면서도 중복된 기능의 제거 및 법원으로의 단일화에 대하여는 의견의 일치를 보지 못하고 있고 상당수의 학자는 노동법원의 설치를 전제로 이에 찬동하고 있다.[51]

---

50) 개정 근로기준법에 의하여 새로 도입된 구제명령의 실효성 확보수단에 대한 소개와 그 비판은 정진경, "부당해고 구제명령의 실효성 확보수단에 대한 검토", 노동법연구 25호, 서울대학교 노동법연구회, 2008, 151면 이하에 정리되어 있다.

51) 유성재, 개선방안, 236면; 박은정, 노동분쟁해결제도, 233면; 김홍영, "노동분쟁에 대한 노동위원회의 역할과 개선과제", 노동법학 21호, 한국노동법학회, 2005, 133∼

입법례로 보아 노동위원회와 노동법원 두 기관을 모두 설치하여 운영하는 나라는 존재하지 않으나, 두 기관의 양립가능성은 법리적인 문제라기보다는 두 기관의 구성 및 기능, 관할을 어떻게 정하여 운영할 것인지에 관한 입법정책의 문제이므로, 노동위원회가 존재함에도 노동법원을 설치하는 것 자체가 잘못되었다고 볼 것은 아니다.[52]

노동법원의 설치를 주장하는 논거는, 민법의 원리를 수정하면서 발전하여 온 노동법의 특수성에 비추어 노동권리분쟁은 민법원리와 독립된 분쟁해결절차를 필요로 하며,[53] 이러한 노동권리분쟁의 특수성과 전문성을 반영할 수 있는 쟁송절차를 담당할 법원으로서 노동법원을 설치하여야 한다는 것이다.[54]

이러한, 노동법원설치 주장의 이면에는 현재의 노동사건재판에 대한 불만이 깔려 있다.[55] 노동법원의 도입을 주장하는 구체적인 근거는 다음과 같다.

① 현재 법관이 젊은 나이에 임용되어 노동현실에 대한 이해와 노동법에 대한 전문성을 갖추지 못한 경우가 많은데, 법원의 정기적인 인사이동으로 임용 후에도 전문성을 갖추지 못하여 대부분의 판사가 시민법원리에 익숙해져 있어 노동권리분쟁사건 처리에 필요한 전문성과 공정성을 확보하기 어렵다.[56]

② 노동법은 근로자의 노동종속성을 직시하여 노사 간의 불평등을 시정하기 위한 것인데, 이러한 노동실체법의 사회법원리를 구현하기 위해서

134면; 김선수, 노동위원회의 역할, 47면; 정인섭, "노동분쟁의 특수성과 노동법원의 전문성", 노동법연구 19호, 서울대학교 노동법연구회, 2005, 15~23면.

52) 박수근, 관계정립, 292~293면.
53) 박은정, 노동분쟁해결제도, 125~126면.
54) 유성재, 개선방안, 236면.
55) 박수근, 노동위원회의 문제점, 276~277면.
56) 김선수, 노동법원 도입방향, 319면; 이흥재, 앞의 논문, 193면; 박은정, 노동분쟁해결제도, 226면.

는 노동절차법에도 사회법원리가 일관되게 적용되어야 함에도, 소송상의
절차가 노동사건의 특수성을 전혀 반영하지 못하고 있다.[57]

③ 노동사건은 시급한 판단을 요하는 경우가 많고 대부분의 근로자는
경제적 사정이 어려워 장기간의 소송을 감당하기 어려움에도 소송에는
많은 시일과 비용이 소요된다.[58]

④ 노동소송의 영역에서 가처분제도가 제 역할을 수행하지 못하고 있
다.[59]

그리하여, 현재의 법원은 노동현장으로부터 신뢰를 상실하였고 법률과
법원 판단은 규범력을 상실하였으며, 산업평화를 달성하는데 전혀 기여하
지 못하고 오히려 장애요인으로 인식되고 있다고 비판한다.[60]

2) 참심제

그리하여 현재의 법원에 대한 불신을 근간으로 한 노동법원 도입 주장
은 근로자와 사용자의 대표를 재판에 참여시키는 참심제의 도입을 전제
로 하는 경우가 많다.[61]

참심제 도입주장은 노동사건과 같이 이해관계가 첨예하게 대립하는 영
역에서는, 일반적인 시민의 건전하고 상식적인 판단보다는 당사자의 이해
관계를 대변하는 사람들의 참여를 보장하여 전문성과 직능대표성을 도모
하는 것이 더 바람직하고 효과적인 결과를 도출할 수 있고 법원이 사회적
변화에 적응할 수 있도록 해 준다는 점을 그 이유로 하고 있다.[62] 그 외

---

57) 이흥재, 앞의 논문, 192~193면; 김선수, 노동법원 도입방향, 320면; 박은정, 노동분
쟁 개선방향, 92면.
58) 이흥재, 앞의 논문, 193~194면; 김선수, 노동법원 도입방향, 320~321면; 정인섭,
앞의 논문, 12~13면.
59) 김선수, 노동법원 도입방향, 321면.
60) 김선수, 노동법원 도입방향, 321면.
61) 박은정, 노동분쟁해결제도, 239~241면; 김홍영, 앞의 논문, 133면.

에도 참심형 노동법원은 분쟁해결절차에서 양쪽 대표가 법관으로 참여함
으로써 자주적인 분쟁해결을 촉진하고 사법민주화에 기여하여 판결의 정
당성과 신뢰성을 높인다고 한다.[63]

2. 노동법원 도입론의 문제점

1) 근거에 대한 비판

먼저, 노동법원 도입론의 제안 근거가 되고 있는 현재의 법원에 대한
비판을 보면 반드시 노동법원이 도입되어야만 해결되는 문제라고 보기는
어렵고, 노동전담재판부를 강화함에 의해서도 대부분의 문제는 해결될 수
있다.

전문성 부족이나 가처분제도가 역할을 못하는 문제는 전담재판부를 어
떻게 운영할 것인지에 따라 얼마든지 해결할 수 있는 것이고, 소송절차의
문제도 노동사건을 전담부에 전속시킨 후 노동사건에 적용되는 절차법규
를 만든다면 해결할 수 있다.

소송에는 많은 시간과 비용이 소요된다는 것도 편견에 불과하다.

현재 대법원의 방침이 적극적으로 소송구조를 해 주도록 독려하고 있
고 변호사 선임비용까지도 소송구조로 해결되는 경우가 허다하다. 특히,
근로자인 경우 경제적인 자력이 없는 것이 보통이므로 법원에 소송구조
신청을 내게 되면 쉽게 인용될 수 있을 것이다.

또한, 우리나라의 특수한 역사적 경험으로 인하여 근로자의 입장을 대
변하는 많은 법률전문가가 있어서 근로자들은 비교적 저렴한 비용으로
법적 조력을 얻는 경우가 많은 반면, 사용자의 입장을 전문적으로 대리하

---

62) 유성재, 개선방안, 240면.
63) 김선수, 노동위원회의 역할, 58면.

는 노동사건 전문변호사는 수가 많지 않아 사용자가 평소에 노무관리를 철저히 하고 법정에서 충분한 법적 조력을 받을 수 있다면 승소할 수 있으리라고 보이는 사건에서도, 사용자가 법정에서 열세에 몰리는 경우도 어렵지 않게 볼 수 있다.

소송에 소요되는 시간도 민사 신모델의 시행과 구술심리의 도입으로 재판부마다 편차는 있으나 충분히 신속한 처리가 가능하다. 소장부본이 송달되면 상대방이 1개월 내에 답변서를 내게 하고, 답변서가 없는 경우 변론 없이 원고 승소 판결을 하고 있다. 답변서가 들어오면 즉시 기록이 재판장에게 인계되고 재판장은 소장과 답변서를 검토하여 신속하게 변론준비기일, 또는 변론기일을 지정하고 있다. 통상적인 다투는 사건의 경우 준비절차에 회부하여 첫 기일에 쟁점을 정리하고 향후의 증명방법과 재판진행에 대하여 논의하며, 그 다음 준비기일에 주장과 증거를 정리하고 준비절차를 종결하고, 제1회 변론기일을 정하여 구술변론과 집중증거조사를 한 후 변론을 종결하며 약 1∼2주 후에 판결을 선고한다.

노동사건의 경우 상대방이 1명인 경우가 보통이고 다투는 사건의 경우 송달에도 문제가 없어 2∼3개월 이내에 첫 준비기일을 잡을 수 있고, 3주 단위로 다음 준비기일과 변론기일을 잡는다면 5∼6개월 이내에 판결선고가 가능하다. 판결문에는 가집행 선고가 붙게 되므로 판결문을 받는 즉시 집행할 수 있다. 노동가처분을 본래의 취지에 따라 운영한다면 더욱 신속한 해결이 가능할 것이다.

필자는 2009. 2. 22.까지 서울북부지방법원의 노동전담부인 민사 13부에서 2년간 근무하였다. 필자가 다음 재판부에 인계한 민사합의 미제사건 수는 148건인데 그 중 6개월 이하의 사건이 139건, 6개월 이상 1년 이하의 사건이 9건이었음을 고려하면 대부분의 사건이 접수된 때로부터 6개월 내에 종결되었다고 할 수 있고, 접수시로부터 6개월이 넘게 걸리는 사건은 상당수가 피고가 다수이어서 소장송달에 많은 시간이 걸리는 사건들로서 소장 송달과 관련하여 별다른 어려움이 없는 노동사건의 경우 거의 전부가 6개월 이내에 종결되었다고 보아도 좋다.[64]

노동전담재판부를 대폭 강화하여 법관의 전문성을 확보하고, 노동사건에 관한 특별한 절차법을 마련하여[65] 해고일로부터 3개월 내[66]에 소장을 내게 하고 피고가 소장을 송달받은 때로부터 1주 내에 답변서를 내게 하는 등으로 절차를 신속화하고 항소사유를 제한하며 대리인들이 절차진행에 협조해 준다면, 대부분의 해고 사건이 해고시로부터 6개월 이내에 종결될 수 있을 것이다. 사건의 신속한 처리는 재판장의 의지와 당사자의 협조에 딸려 있을 뿐 특별법원을 만든다고 해결되는 것은 아니다.[67]

오히려, 현재 법원에 대한 근본적인 불만은 대법원의 보수성과 경직성에 대한 불만인 것으로 보이는데,[68] 이러한 문제는 대법관의 임용방식을 개선함으로써 해결할 문제이지 노동법원 도입으로 해결할 수는 없다. 특히 노동법원 도입 주장자들도 최고법원까지 노동법원을 설치하는 것은 개헌사항임을 자인하는바,[69] 하급심에 노동법원을 도입하는 것으로 위와

---

64) 프랑스의 경우 2002년의 경우 노동법원에서 사건이 종결되기까지 소요된 평균기간은 10.2개월, 2003년의 경우에는 11.8개월이었으며, 2002년 직업법관이 개입하여 사건이 해결된 경우 소요된 평균기간이 20.1개월이었다고 한다[조용만, "프랑스 해고법제와 노동법원 구제제도", 노동법의 존재와 당위(김유성교수 정년기념), 박영사, 2006. 247~248면].

65) 김기덕, 앞의 논문, 396~397면.

66) 김선수 변호사는 현재의 부당해고 구제신청기간과 같이 해고일로부터 3개월로 규정하는 방안을 제안하고 있다(김선수, 노동법원 도입방향, 352면).

67) 김기덕 변호사는 독일 법원이 근로관계의 존부에 관한 사건을 3개월 이내에 절반 이상을 처리하고, 1년 내에 대부분을 처리하는 것을 노동법원의 운용으로 인한 성과로 파악하는 듯하나(김기덕, 앞의 논문, 397면), 약 1100명의 전문법관과 별도의 노사대표 법관이 있는 점을 고려하면 놀라운 성과로는 보기 어렵다.

68) 김선수, 노동법원 도입방향, 321~333면 참조.

69) 김선수, 노동법원 도입방향, 337면; 김기덕, 앞의 논문, 375면; 박은정, 노동분쟁해결제도, 241면.

같은 경직된 대법원 노동판결로 인한 불만이 해소될 수는 없다.[70] 또한, 현재는 대법원의 인적구성이 바뀌어 노동사건과 관련하여서도 전향적인 판례의 발전이 있을 것으로 생각한다.

2) 참심제의 문제

국민의 사법참여 형태로 대표적인 것은 배심제와 참심제가 있다.

우리의 경우 국민의 형사재판참여에 관한 법률이 제정·공포되고 2008. 1. 1. 실시되게 됨으로써, 국민의 사법참여형태가 비록 확정적인 것은 아니나 참심제적 요소를 가미하면서도 기본적으로 배심제의 형태를 취하였다. 배심제적 형태를 기본으로 하게 된 것은 배심제가 운영에 있어 부담은 더 크지만 국민의 사법참여 형태로서 우수하다고 판단하였기 때문일 것이다.

그런데 배심제와 참심제는 다 같이 국민의 사법참여 형태로서의 의미가 있는 것이나 그 제도의 연원 및 특성은 현저하게 다르다.

노동재판에 있어 참심제를 채택하여 상당한 성과를 거두고 있는 나라들이 있다고 하여도 우리와는 현실적 여건이 다른 나라들이다. 우리의 경우는 참심제를 받아들이고 있는 대부분의 나라에 비하여 직업법관에 대한 사회적 인정도가 매우 높은 반면, 노동분쟁과 관련하여서는 사회적으로 찬반양론이 격렬하게 대립하고 있음을 고려하여야 한다.

현재 노동법원 도입을 주장하는 사람들이 현재와 같은 전문법관만으로 구성되는 노동법원을 받아들일 가능성은 크지 않다.[71] 하지만 노동법원의 특수성을 강조한다고 하더라도 소송당사자와 사회 모든 세력으로부터 독

---

70) 김기덕 변호사는 우리의 경우 대법원의 태도가 근본적인 문제라고 하면서 헌법 개정을 통해 최종심으로서의 노동법원을 도입해야 한다고 주장한다(김기덕, 앞의 논문, 374~375면).

71) 김기덕, 앞의 논문, 369면.

립하여 재판하여야 하는 법관을 임명함에 있어 노사가 관여하는 것은 헌
법상의 문제가 발생하므로 이를 실행하기가 쉽지 않다.[72] 따라서 노동법
원 도입주장이 앞서 본 바와 같이 참심원인 명예법관을 두는 것을 필수적
내용으로 하고 있는 이유는 이러한 참심원들을 통하여, 노동분쟁에 있어
서 노사의 입장을 충분히 재판에 반영하려고 하는 것이므로 적어도 노동
재판부의 참심원은 노사 각자가 자신의 이익을 대변할 수 있는 사람으로
구성하려고 할 것이다.[73]

이러한 현실에서 노동사건에 있어서만 참심제가 채택되는 경우 노사
간의 이해관계가 첨예하게 대립하는 사안에서 직업법관은 노사를 대표한
참심원들로 인하여 상당한 심리적 부담을 느낄 수밖에 없음에도 그 판결
결과에 대하여는 모든 책임을 져야 한다. 이러한 문제점에도 불구하고 참
심제를 채택하려는 이유는 노사의 대표가 재판에 참여함으로써 노동현장
의 실상을 재판에 반영할 수 있고 그리하여 현재의 노동판례에 상당한 변
화를 가져올 수 있으리라는 기대감 때문일 것이나, 노사의 대표로 참여한
참심원은 각자가 속한 직역의 이해를 대표하는 자로서 위와 같은 사안에
있어서는 상반되는 주장을 할 것이고, 이 경우 직업법관은 기존의 판례에
따를 수밖에 없으므로 참심제로 인하여 어느 정도의 판례변화를 이끌어
낼 수 있는지도 의문이다.

오히려 현재 일부 형사사건에만 도입하고 있는 배심원재판을 민사사건
에도 확대하여 중요 노동사건에 있어 일반 배심원들이 재판에 참여하게
하는 것이 판사의 심적 부담을 줄이면서도 노동 현실과 동떨어진 불합리
한 판례들을 바꾸어 나감에 효과적일 것이라 생각한다.[74] 상급심이라고

---

72) 박수근, 관계정립, 304~306면.
73) 박수근, 관계정립, 301~302면; 김선수, 노동법원 도입방향, 341~342면; 김기덕,
    앞의 논문, 384~387면; 이흥재, 앞의 논문, 209면.
74) 김기덕 변호사는 참심제를 전제로 한 노동법원을 도입할 경우 합의부로만 재판부를
    구성하여야 한다고 하나(김기덕, 앞의 논문, 381면), 판례가 확립되어 당사자 사이에
    별다른 다툼이 없는 간단한 임금사건 등에 있어서는 인력낭비가 심할 것이다.

하더라도 일반 시민의 대표들이 한 판단을 직업법관이 바꾸기는 힘들 것이기 때문이다.

이와 같이 노사 양측의 대표가 참심원으로 참여하여 자신의 견해를 고집하는 데서 오는 재판부담은, 일반 법관들로 하여금 노동법원 근무를 기피하게 하여 노동법원이 2급 법원으로 전락하는 상황을 초래할 가능성도 있다.

IV. 대안의 검토

1. 노동위원회의 조정기관화

노동위원회를 통한 부당해고 구제제도는 개별적인 근로관계에서 발생한 분쟁인 부당해고의 정당성 여부에 관한 판단을 사법기관이 아닌 노동위원회에서 할 수 있도록 한 점에서 근본적인 문제가 있을 뿐 아니라 현실적으로도 그 실효성을 확보하기가 쉽지 않다. 장기적으로는 노동위원회에 대한 부당해고 구제신청 자체가 갖는 앞서 본 여러 가지 문제를 고려하면 부당해고사건에 관한 노동위원회의 심판기능 자체에 대하여 재검토할 필요가 있다.[75]

노동사건은 신속히 해결되는 것이 바람직하고 엄격한 사법판단보다는 당사자 간의 합의에 의하여 종결되는 것이 이상적이다.

따라서 부당해고와 관련하여서는 노동위원회를 판정기관이 아닌 노동관계에 대한 전반적이고 현실적인 시각을 가진 구성원들이 전문적인 자문을 통하여 분쟁을 조정하거나 중재하는 기관으로 만들고, 다툼이 있는 사건에 대하여는 기준을 정하여 법원에 제소하기 전에 전치절차를 거치도록 함이 바람직하다고 생각한다.[76] 노동위원회가 이익분쟁의 조정뿐만

---

75) 김선수, 노동위원회의 역할, 69면.

아니라 권리분쟁을 포함한 노동분쟁의 전반적인 영역에 있어서 조정 역할을 담당하게 하는 것이다.[77]

이러한 일정한 기준에 의한 화해 전치제도의 도입은[78] 노동위원회의 기능을 활성화할 수 있을 뿐 아니라, 분쟁의 초기단계에서 당사자들이 감정을 노출하지 않고 분쟁을 종결시킬 수 있게 되어, 현재 부당해고 구제절차를 이행하는 과정에서 자신의 주장을 이유 있게 하기 위해 상대의 잘못을 강하게 부각시킴으로써 당사자 사이의 감정대립이 야기되어, 결과적으로 근로자의 주장이 이유 있는 것으로 받아들여져도 근로자가 원직에 복귀하기가 어려워지게 되는 점을 해결할 수 있게 된다.[79] 영국의 조정중재국에 의한 화해 전치는 우리에게 상당한 시사점을 줄 수 있을 것이다.

이와 같이 노동위원회를 전문성을 살려 조정을 전담하는 기관으로 만들고, 심판기능은 법원에 이관하여 권리분쟁이 법원에서 해결되도록 하여 중복적인 분쟁처리절차를 일원화함으로써, 노동분쟁을 효율적이고 신속하게 처리할 수 있을 것이다.[80]

2. 노동전담재판부의 강화

노동법원 설치주장에 대한 위와 같은 반박이 가능하다고 하더라도 현

---

76) 김승규, "근로기준법상의 부당해고 구제제도에 있어서의 문제점", 형평과 정의 9집, 대구지방변호사회, 1994, 362~364면; 유성재, 개선방안, 237면; 박은정, 노동분쟁 해결제도, 242면; 김홍영, 앞의 논문, 135면; 김선수, 노동위원회의 역할, 69면.

77) 김홍영, 앞의 논문, 135면.

78) 당사자가 일정한 기준에 해당함에도 조정이 불필요하다고 생각하는 경우에는 법원의 허가를 받아 바로 제소할 수 있도록 하고, 기준에 해당하지 않아 법원에 온 사건도 조정에 적합하고 당사자가 동의하는 경우에는 조정에 회부함으로써 융통성을 부여할 수 있다. 부당해고 제소기간을 3개월 정도로 한정하는 경우에는 조정 신청시를 제소시로 보면 될 것이다.

79) 박수근, 노동위원회의 문제점, 273~274면.

80) 유성재, 개선방안, 239면 참조; 박수근, 관계정립, 294~295면.

재 법원의 노동분쟁 해결실태가 만족스럽지 못한 것도 부인할 수 없는 사실이며,[81] 이를 개선하여 노동사건을 다루는 판사들의 전문성을 확보하고 신속한 해결이 긴요한 노동사건의 요청에 맞는 구제제도를 마련할 필요가 있다.

앞서 본 바와 같이 노동위원회에서 부당해고구제와 관련한 심판기능을 분리하여 노동위원회를 순수한 조정기관으로 만든다면, 그와 유기적으로 연결되어 부당해고와 관련한 노동분쟁을 전문적이고도 신속하게 해결할 수 있는 사법제도의 마련이 필요하며, 필자는 우선 그 첫 단계를 잦은 인사이동으로 현재 유명무실화되어 있는 노동전담부의 강화에서 시작할 것을 제안하고자 한다.

필자의 견해로는 현재의 노동전담부를 강화하여 노동전담부에 배속되는 경우 최소 5년간을 한 법원에서 근무하게 한다면 노동사건에 관심이 있어 계속 연구하고자 하는 판사들 외에는 거의 지원자가 없을 것이고, 이를 통한 법관의 노동사건에 대한 전문성 확보가 가능하리라 생각한다. 이 정도의 근무기간이면 장기적으로 노동분쟁의 실상에 맞는 사건의 신속한 처리 등을 강구할 수 있는 여건이 조성될 것이다.

또한, 필자는 근본적으로 노동권리분쟁이 민법의 원리와 독립된 분쟁해결절차가 필요할 정도로 특수한 것인가에 대하여 의문이 있다. 물론 노동법의 역사가 민법 원리를 수정하면서 발전하여 온 것이고 노동분쟁을 원만하게 해결하기 위해서는 노사관계에 대한 안목이 요구된다는 점은 인정한다. 하지만, 법들이 서로 연관되어 있고 특히 노동법은 민법을 그 모태로 하는 것일 뿐만 아니라 사법시스템 자체가 하나의 통일체를 이루고 있어, 민법을 토대로 하는 가장 일반적인 민사적 사법시스템에 대한 충분한 이해가 전제되어야 합리적인 노동분쟁의 해결이 가능한 것이며, 이러한 일반적인 사법시스템에 대한 이해 없이 노동법의 전문성만을 지나치

---

81) 박은정, 노동분쟁 개선방향, 97~99면.

게 강조하는 것은 또 하나의 독단에 빠질 위험이 있다.

노동전문가들이 다수를 차지하는 노동위원회를 조정전담기관으로 한다면 그곳에서 전문성을 발휘하여 당사자 간의 이해 조정을 시도할 수 있으며, 법원은 그러한 조정이 실패할 경우에 법 원칙에 입각하여 사법적 판단을 하여야 한다는 점과, 노동법원을 설치하고 인사이동을 제한하여 노동사건만 계속하여 전담하게 하는 경우 현재 판사 임용시의 평균연령이 지나치게 낮아 충분한 사법시스템에 대한 이해가 부족한 상태에서 노동전담판사가 되어 노동사건의 특수성만을 강조하는 판결이 양산될 우려도 있다는 점 등을 고려하면 상당한 정도로 운영상의 묘를 기할 수 있는 노동전담재판부가 바람직하다.

법관에게 있어서는 특정 분야에 대한 전문성 못지않게 모든 사건에 관한 판단에 있어 전제가 되는 합리적인 사고를 할 수 있는 보편성이 요구되는 것이다.

V. 소 결

최근 논의된바 있는 노동법원안은 사법부에 대한 불만을 기초로 우리의 재판실태에 대한 면밀한 분석 없이 예단에 근거하여 진행되었다고 하여도 과언이 아니다. 하지만, 현재의 우리 재판제도에 대한 정확한 분석이 선행되지 않고는 노동분쟁 해결에 관한 발전적인 개선논의는 불가능하다.

또한, 제도의 마련만으로 문제가 해결되지는 않는다.[82] 제도란 일단 만들어 놓으면 없애기는 쉽지 않은 것이고, 없앤다고 하여도 그로 인한 부

---

[82] 김선수, 노동법원 도입방향, 363면(김선수 변호사도 제도보다 더 중요한 것은 제도를 운영하는 사람이며, 노동법원제도를 도입한다고 하더라도 이를 담당하는 사람들이 누구이고 어떻게 운영하는가에 따라 도입성과가 달라질 수 있음을 지적하고 있다).

작용이 매우 클 것이므로 충분히 검증되지 않은 제도를 섣불리 만들어 시행하기보다는, 현재의 제도 내에서 다양한 실험을 해 본 후에 그 결과를 반영하여 제도를 만드는 것이 바람직하다.

사법제도의 틀 전체를 생각하면서 개선책을 논의하지 아니하고 당장의 불만을 해소하기 위하여 제도를 바꾸려는 것은 위험한 생각이다. 이런 점에서도 구체적인 구성 및 운영형태에 대하여는 아무런 의견수렴도 이루어지지 않고 있는 특별법원인 노동법원을 곧바로 설립하기보다는 현재의 제도의 틀 내에서 여러 가지의 시도를 해 보면서 장기적으로 우리에게 맞는 제도의 도입을 검토하여야 하고, 이러한 의미에서 노동전담재판부의 강화가 우선 고려될 수 있다고 생각한다.

이러한 시도를 바탕으로 전문법원으로서의 노동법원을 설치할 것인지, 설치한다면 어떠한 방식으로 법관을 임용할 것인지, 국민의 사법참여형태로서 배심제나 참심제를 도입할 것인지, 관할은 어떻게 할 것인지의 문제에 대하여 충분히 검토한 후 일정한 형태의 노동법원 설립이 바람직하다는 국민적 합의에 이르게 된다면 그때 가서 전문법원으로서의 노동법원을 도입하여도 늦지 않을 것이다.

제4장 결론

[**개요**] 제4장 결론 부분에 있어서는 먼저, 제2장과 제3장에서 살펴 본 현재 부당해고의 사법적 구제제도와 행정적 구제제도에 대한 검토를 토대로 노동판례의 전체적인 흐름을 살피고, 그 경직성으로 인한 부당해고 구제제도로서의 한계에 대하여 검토한다.

이어서 이를 바탕으로 부당해고 무효론에 기초한 현재의 부당해고 구제제도의 법리적 문제를 검토하고 이를 바탕으로 합리적인 부당해고구제와 관련한 새로운 해석론을 전개하며, 끝으로 이러한 해석론의 문제점을 검토한 후 혼란을 피하기 위하여 이러한 해석론을 입법에 의하여 뒷받침하는 것이 필요함을 지적한다.

Ⅰ. 노동판례의 흐름과 구제제도로서의 한계

전반적으로 보아 우리나라의 부당해고와 관련한 중요한 판례들은 1980년대 말에서 1990년대를 거치면서 형성되었다. 그 역사적인 원인은 여러 가지가 있을 수 있겠으나 가장 중요한 것은 1980년대 말부터 노동사건이 급격히 증가한 점일 것이다.

현재까지 법원에서는 노동사건에 대한 통계가 따로 집계되지 아니하고 있으나 앞서 본 노동위원회의 자료에 의하면 1989년 이후 부당노동행위와 부당해고 구제신청건수가 폭발적으로 증가하였다. 이는 1987년과 1988년을 계기로 노동운동의 역량이 급격히 증대하였고 이를 바탕으로 근로자들의 사용자를 상대로 한 투쟁이 강화되었으며 그 결과 각종의 노동관계 분쟁이 폭발적으로 증가한 때문인 것으로 보인다. 이러한 새로운 상황하에서 법원은 근로자들과 사용자 간의 분쟁을 합리적으로 해결하기 위하여 노력하게 된다.

이러한 노력은 한편으로는 개별적인 부당해고와 관련한 소송에서 합리적인 법해석을 통한 근로자 보호의 방향으로 나타난다.

부당해고의 법적 효과를 무효로 보는 기존의 태도를 일관되게 유지하면서 부당해고로 인한 임금소송에 있어서 중간수입공제와 관련하여 판례는 중간수입을 해고와 상당인과관계에 있는 수입으로 보면서도 사용자가 지급하여야 할 임금액에서 이를 전액 공제하는 경우에 나타나는 취업하지 아니한 근로자와의 형평성, 부당하게 근로자를 해고한 사용자가 혜택을 보게 된다는 점 등의 문제점을 고려하여 휴업수당을 넘어서는 부분만을 공제의 한도로 설정하였다. 또한, 부당해고가 사회상규상 도저히 용납할 수 없는 경우에 근로계약이 쌍무계약으로서 사용자는 미지급임금을 지급함으로써 족하다는 형식논리를 배격하고 근로계약의 특수성을 들어 위자료청구권을 인정하였고, 이는 사용자가 별다른 이유 없이 부당해고임이 확인된 근로자의 복직을 기피하는 경우에도 적용되어 사용자에게 근로의 수령과 관련한 배려의무까지도 인정하였다. 가처분과 관련하여서도 일응 피보전권리가 소명되는 경우 기존에 지급받아오던 임금을 기초로 산정한 금액을 판결확정시까지 지급하도록 함으로써 근로자를 보호하고자 하였다.

이러한 판례의 태도에서 부당하게 해고된 근로자를 강력히 보호하려는 법원의 의지를 읽을 수 있다. 즉, 해고금지규정에 위반한 해고라고 하여 전부를 일률적으로 무효라고 해석할 논리적 필연성은 없는 것임에도 일관되게 모든 부당해고를 무효라고 해석하여 해고무효확인청구를 인용하여 왔고, 그 경우의 소급임금청구권의 법적 근거인 민법 제538조 제1항도 채권자의 귀책사유로 급부가 불능에 이르게 된 경우에 마치 채무자가 이행한 것처럼 다루어 그 반대급부청구권을 인정하자는 정책적인 규정이므로, 중간수입을 전부 공제함이 문제가 없을 뿐 아니라 독일과 같이 명문의 규정이 없다고 하더라도 채무자의 손해경감의무를 인정하는 것이 무리가 아님에도 중간수입공제와는 무관한 근로기준법상의 휴업수당에 관한 규정을 끌어들여 중간수입공제의 한계를 설정한 것, 피보전권리가 소명된다고 하더라도 보전의 필요성은 별도로 심사하여야 하며, 만족적 가처분이 인정된다고 하더라도 기존에 받던 임금 상당의 금액을 판결확정시까지 지급한다는 것은 일반 민사법상 인정되기 어려운 것임에도 이를 인정하여 왔던 것 등은 노동조건이 열악하였고 사회적으로 실업에 대비한 사회보장제도가 정비되지 아니하여 해고는 곧 근로자의 생존에 절박한 위험을 초래하는 것으로 인식되는 상황하에서 근로자를 보호하기 위한 법원의 노력의 일환으로 평가하기에 충분한다.

하지만, 사회·경제적 여건이 급변한 현재에 있어서 과연 이와 같은 부당해고 구제제도가 합리적인 것인가에 대하여는 근본적인 의문이 제기된다.

즉, 부당해고라고 하여도 사용자가 아무런 이유 없이 근로자를 직장에서 배제하기 위해 해고사유를 조작하는 악의적인 해고에서부터 단순한 절차 위반의 해고에 이르기까지 그 모습이 실로 다양하며, 이를 일률적으로 무효로 보아 기본적으로 동일한 취급을 하는 것 자체가 불합리한 것이다.

현재 누구나가 공감할 정도로 실로 악의적인 해고라고 하더라도 그 기본적인 구제방법은 해고무효확인 및 소급임금의 지급이다. 다만, 이와 같은 악의적 해고의 경우 법원은 불법행위를 구성한다고 하여 위자료청구를 인용하고 있으나 실제 그 금액이 많지 않아 사용자에게 별다른 제재로서의 기능을 하지 못하고 있으며, 사용자가 해고무효확인에 따른 근로자에 대한 복직을 거부하여도 달리 이를 강제하지 못하고 있는 실정이다.

한편, 실체적 정당성은 인정되나 취업규칙 등에서 정한 절차를 준수하지 못한 경우와 같이 단순한 절차위반의 해고나 근로자가 해고에 상당한 원인을 제공한 경우라도 부당해고라고 판단되는 경우에는 그 사법적 효력이 부인되고 사용자는 근로자에게 원칙적으로 해고기간 동안의 임금 전액을 지급하여야 한다는 점에서 앞의 경우와 구제방법에 있어 별다른 차이가 없다. 설사 근로자에게 중간수입이 있었다고 하더라도 사용자가 이를 공제받기란 매우 어렵고, 제소기간에 관한 규정도 없어 근로자가 해고 후 상당한 기간이 경과하여 다른 곳에서 근무하던 중이라도 언제든지 소송을 제기할 수 있다. 해고과정에서 사용자에게 작은 잘못이라도 있어 해고가 정당한 이유가 없는 것으로 판단되면 근로자는 승소하게 되고, 승소하면 막대한 금액의 소급임금을 지급받게 되므로 밑져야 본전이라는 식의 요행을 바라는 근로자로부터의 소송도 제기되고 있다.

판례가 일반 민사소송에서 신의칙을 적용하여 소권이 실효되었다고 판단하는 예는 사실상 찾아보기 어려운 데도 유독 노동사건에 있어서 이를 활발히 적용하고 있는 이유 중의 하나가 바로 이와 같은 부당해고 구제수단의 경직성에 있는 것이다.

요약하자면, 현재와 같은 일률적인 부당해고 무효론에 입각한 해고무효 확인과 소급임금청구의 인정에 의한 부당해고의 구제는 악의적인 해고의 경우에는 과소하고 불충분한 구제가 되고, 단순한 절차위반 등의 해고의 경우에는 과잉 구제가 되는 것이다.

이에 대하여 근로자보호의 관점에서 현재의 구제제도가 부당한 것이 아니라는 반론이 있을 수 있으나, 위와 같은 구제제도가 반드시 근로자에게 유리한 것으로 볼 수만은 없다.

즉, 법원이 해고가 일응 부당하여도 구체적 사안에 비추어 구제가 지나치다고 생각하는 경우에는 해고를 무효라고 선언하기가 쉽지 않다. 우리나라는 법률상 해고의 부자유가 원칙으로 되어 있음에도 해고와 관련한 상당한 재량을 사용자에게 부여하고 가급적 부당해고 인정을 엄격히 하는 방향으로 부당해고 구제제도가 운영될 것이며, 이러한 현상은 장기적으로 부당해고 법리의 왜곡을 초래하게 될 것이다. 또한, 약간의 차이로 인하여 부당해고로 판정받는 것과 해고의 부당성이 부정되는 것 사이에 엄청난 차이가 발생하게 된다면 해고된 근로자들 사이의 형평성도 문제로 된다.

이와 같이 경직된 방식에 의한 불합리한 구제는 여러 가지 문제를 발생시킬 수밖에 없으므로 이제는 구체적인 사안에 맞는 합리적 구제가 가능하도록 다양한 해석론을 전개해 나가야 한다. 기존 판례의 태도 중에서 바람직한 것은 더욱 발전시켜 나가며, 부족한 부분은 해석을 통하여 보완해 나가야 한다.

현재 판례는 근로계약이 쌍무계약으로서 부당해고시에 사용자는 미지급임금을 지급함으로써 족하다는 형식논리를 배격하고 부당해고가 일정한 경우에 불법행위가 되어 근로자에게 위자료청구권이 인정된다고 판시하고 있는바 이를 적절히 활용하여 위자료청구권이 인정되는 경우는 엄격히 해석하되, 일단 인정되는 경우에는 사용자의 악의의 정도에 응하여 위자료의 액수를 산정함으로써 미국에 있어서의 징벌적 손해배상제도와 유사한 역할을 수행하도록 하여야 한다. 또한, 사용자의 복직거부와 관련한 위자료청구 사안에서 판례가 인정한 사용자의 근로수령과 관련한 배려의무를 적극적으로 해석하여, 그것이 부수적 의무에 불과한 것으로서 부당해고로 판단되는 경우에 항상 원직 복직을 명할 수는 없다고 하더라도, 반드시 근로자의 원직 복직이 필요한 사안에 있어서는 사용자의 이익보다 근로자의 근로에 관한 이익이 앞서는 것으로 보아 사용자에게 적극적인 근로수령의무를 인정하여 취업방해금지가처분이나 원직 복직의 이행을 명하는 이행판결을 하고, 사용자가 이를 이행하지 않는 경우 간접강제의 의하여 이행을 강제함으로써 악의적인 해고를 둘러싼 계속되는 분쟁을 막아야 한다.

한편으로는, 새로운 해석론을 도입하여 해고의 정당성을 인정하기 어려운 경우라고 하더라도 그것이 사회질서에 반하여 무효라고까지는 보기 어려운 경우에는 해고처분의 효력을 일응 인정하되 불법행위로 이론 구성하여 근로자에 대한 적절한 보상을 하도록 하고, 현재의 중간수입공제에 있어서의 휴업수당에 의한 한계설정과 같은 제한을 없애고 중간수입의 전면공제 및 채무자의 손해경감의무를 인정하며, 근로자가 해고에 일정한 기여를 한 경우에는 소급임금을 산정함에 있어 이를 근로자의 과실로서 상계함으로써 사용자의 책임에 맞는 합리적인 손해액을 산정할 수 있는 길을 열어야 한다.

그리고 행정기관인 노동위원회에 사법적 판단인 부당해고 구제심판업무를 담당하도록 하는 입법례는 존재하지 않는다. 노동위원회에 부당해고

심판기능을 부여하는 이상 법원과의 기능중복 및 이로 인한 절차의 지연과 혼란을 피할 방법이 없다. 법원의 전문성을 강화하고 노동위원회는 심판기능을 폐지하고 부당해고사건에 관한 조정을 담당하게 함으로써 법원과 노동위원회 간에 부당해고의 구제와 관련한 유기적인 역할분담을 시도할 필요가 있다.

이하에서는 이와 같이 현재의 경직된 부당해고의 구제방법에서 탈피하여 법원에 부당해고의 구제와 관련하여 더 넓은 재량의 여지를 줌으로써 합리적인 부당해고 구제제도를 마련하여야 한다는 문제의식을 바탕으로 부당해고의 구제와 관련한 새로운 해석론을 전개하고자 한다.

II. 새로운 해석론의 전개

1. 부당해고 무효론의 검토

부당해고 구제와 관련하여서는 무엇보다도 정당한 이유가 없는 해고라고 하여 일률적으로 그 사법상 효력을 무효로 보는 현재의 해석방식이 정당한 것인지를 검토하여야 한다.

우리 근로기준법은 제23조 제1항에서 사용자는 근로자에게 정당한 이유 없이 해고하지 못한다는 금지규정만 두고 있을 뿐, 그 규정에 위반하여 부당해고가 이루어진 경우의 법적 효과에 관하여는 아무런 명문의 규정도 두고 있지 아니함에도 학설과 판례가 일치하여 부당해고의 법적 효력을 무효로 보고 있다.

하지만, 학설은 일반적으로 위와 같은 금지규정이 효력규정[1]이어서 그

---

1) 다수설은 강행법규가 효력규정과 단속규정을 포함하는 것으로 보고, 금지규정을 단

에 위반한 경우 그 법적 효과를 무효로 볼 것인지, 아니면 단순한 단속규정으로서 그 사법적 행위에는 영향을 미치지 않는 것인지에 관해서는 법규 자체가 그 법적 효력에 관하여 규정하고 있는 경우를 제외하고는 법규의 성질이나 사회적 의의 등을 고려하여 판단하여야 한다고 하고 있다.[2]

일반적으로는 금지규정에 위반하였다고 하여도 곧바로 그 사법적 효과가 부정되는 것은 아니며,[3] 동일한 행정법규라 하더라도 그 위반행위의 태양에 따라 효력규정이 될 수도 있고 단순한 단속규정이 될 수도 있다는 견해도 존재한다.[4]

우리 법제상 정당한 이유 없는 해고는 실체적 정당성은 있으나 해고절차에 있어 사소한 잘못이 있는 단순한 절차위반의 해고[5]나 근로자의 비위 정도에 비하여 해고는 다소 지나쳐 보이는 정도의 것도 모두 포함되므로 이를 일률적으로 선량한 풍속 기타 사회질서에 위반한 사항을 내용으로 하는 법률행위로 보기는 어렵다 할 것이고, 그렇다면 해고의 내용에

속규정으로 보고 있으나(곽윤직, 「민법개설」, 개정판, 박영사, 1991, 99~100면), 소수설은 금지규정이 강행법규와 단속법규를 포함하는 것으로 보고, 단속법규는 원칙적으로 위반행위를 무효로 하는 것은 아니나 법질서 자기모순금지 원칙의 적용 결과 예외적으로 단속법규위반의 법률행위도 무효로 되는 경우가 있으므로 단속법규위반의 법률효과가 무효로 되는 경우의 단속법규가 효력규정이고, 그렇지 아니한 경우의 단속법규가 단순한 단속규정이라고 한다(이영준, 「민법총칙」, 개정증보판, 박영사, 2007, 215~217면).

2) 김형배, 「민법학 강의」, 제7판, 신조사, 2008, 148면; 이은영, 「민법 Ⅰ」, 제5판, 박영사, 2007, 140면.

3) 이은영, 앞의 책, 140면; 이영준, 앞의 책, 217면은 단속법규는 행위로서의 법률행위를 금지하는 것이므로 단속법규에 위반하는 법률행위는 유효로 되나, 이런 경우 법질서가 특정한 행위를 금하면서 다른 한편 그 행위에 대하여 당사자가 기도한 대로 법률효과를 부여하는 것이 되어 법질서의 자기모순을 노정하게 되며, 이러한 자기모순의 정도가 너무 커서 이를 방치하면 법질서를 해하게 되는 경우에는 단속법규위반의 법률행위도 이를 무효로 하여야 한다고 주장한다.

4) 김형배, 앞의 책, 150면.

5) 이하 '단순한 절차위반의 해고'라 함은 실체적 정당성은 인정되는 해고를 의미한다.

따라 민법 제103조 위반으로 파악되는 경우에는 근로기준법의 해고제한
규정을 효력규정으로 보아 무효로 하고, 그렇지 아니한 경우에는 해고 자
체는 유효로 보되 이를 위법한 행위로 보아 손해배상의 법리로 부당해고
의 문제를 해결하는 방법을 충분히 생각해 볼 수 있는 것이다.

정당한 이유가 없는 해고라고 하더라도 그 사법상 효력이 일률적으로
무효가 될 이유는 없고 이는 입법정책 또는 법 해석의 문제에 불과하다.

사정이 이와 같음에도 학설이나 판례가 일치하여 부당해고의 법적 효
과를 무효로 보는 이유는 무엇일까.

그 이유를 정확히 알기는 어려우나 근로기준법이 최초로 제정된 1953
년의 열악한 근로여건과 사회주의 국가인 북한과 대치하고 있었던 당시
의 상황하에서 강력한 근로자 보호의 필요성이 있었기 때문이었을 것이
며, 이에 더하여 일반적인 부당해고에 대한 형사처벌규정은 부당해고가
근로자의 생존권에 대한 중대한 위협으로서 사용자를 형사처벌하여야 할
정도로 사회적으로 중대한 범죄행위임을 인식시켜 그러한 행위에 사법상
의 효력을 부여할 수는 없다는 해석에 일조를 하였을 것이다.[6] 이러한 상
황하에서 일본에서의 권리남용론(해고권남용론)에 대한 무비판적인 수용
은 부당해고는 일률적으로 무효라는 일반적인 해석을 낳게 하였을 것으
로 짐작된다.

하지만, 일본의 권리남용론이 우리에게 그대로 적용될 수 없음은 부당
해고에 관한 조문의 형식에 비추어 명백하고, 일반적인 부당해고에 대한
형사처벌 규정도 근로기준법의 개정으로 인하여 삭제되었으며, 근로기준

---

6) 일본에서 부당노동행위로서의 해고가 과벌주의 하에서는 무효인 것이 자명한 논리
였으나, 원상회복주의로 이행하면서 무효론에 대한 비판이 제기되었다고 하는바(이
홍재, "해고제한에 관한 연구", 법학박사학위논문, 서울대학교, 1988, 162면), 부당
해고에 대한 형사처벌규정은 부당해고의 효력을 사법상 무효로 보는 데에 상당한
영향을 미쳤을 것으로 보인다.

법의 제정 이후 국가 경제의 엄청난 발전으로 인하여 고용과 해고의 형태가 극히 다양화되었고 근로자의 사회적 지위도 현저하게 변하였다.

이와 같은 상황에서 계속하여 부당해고의 일률적 무효론을 유지할 필요가 있는지 의문이다.

외국의 예를 검토하여 보더라도 정당한 이유가 없다고 하여 해고가 사법상 절대적으로 무효이고 근로자의 임금청구권이 계속하여 존속한다는 것은 오히려 예외에 속한다.

영국이나 프랑스, 미국의 경우 특별한 사정이 없는 한 해고의 효력 자체는 인정하되 금전적 배상을 하도록 하고 있으며, 독일의 경우 부당해고가 무효임이 원칙이나 일정한 금전을 지급하고 근로관계를 해소할 수 있도록 하고 있다. 다만, 일본의 경우에는 부당해고의 사법상 효력을 무효로 하고 있으나, 이는 일본의 노동기준법에 정당한 이유 없이 해고할 수 없다는 일반 규정이 없었기에 판례 및 학설이 해고권남용의 법리에 의하여 부당해고를 제한하였으며, 현재 노동기준법 제18조의 2도 이를 명문화하여 부당해고를 무효라고 규정하고 있기 때문인 것으로 보인다. 권리남용의 경우에는 권리의 행사로서의 효과가 생기지 않으며, 해고권과 같은 형성권의 행사인 경우에는 그 행사로 인한 적극적인 법률효과가 발생하지 않는다고 보기 때문이다.[7] 그리하여 일본의 재판실무에서는 해고권남용에 관해서 해고가 무효라고 하는 처리방법이 일반적으로 통용되고 있다. 하지만, 일본에서조차도 최근에 들어 권리남용의 법적 효과가 논리필연적으로 무효인지에 대하여 상당수의 학자가 이의를 제기하고 있는 형편이다.[8]

---

7) 곽윤직, 앞의 책, 29~30면; 지원림; 「민법강의」, 제4판, 홍문사, 2005, 48면; 이은영, 앞의 책, 24면; 이영준, 앞의 책, 97면.
8) 이정, "부당해고에 대한 사법구제 및 법적 효력", 노동법학 13호, 한국노동법학회, 2001, 47면.

현실적으로도 해고를 다투는 과정에서 이미 노사 간의 갈등이 심화되어 신뢰관계의 회복이 불가능하게 되었거나, 해고소송이 장기화되어 해고된 근로자가 새로운 직장을 얻은 경우, 혹은 해고로 인한 공백이 장기화되어 원직에 복직하더라도 이미 업무수행능력이 현저히 저하되어 정상적인 직장생활이 불가능하게 된 경우, 사용자도 이러한 장기간의 공백으로 인하여 근로자를 채용하여 새로운 직장질서가 수립된 경우 등에는 원직복귀가 불합리하고 비효율적일 수 있으며, 부당해고를 무효로 하기보다는 당해 근로자를 해고되기 전과 다른 조건으로 재고용을 하거나, 고용관계의 해제를 전제로 금전적으로 해결하는 것이 사법적 구제수단으로서 바람직할 수 있다.9) 또한, 근래에 와서 고용형태의 다양화가 진전되어, 예를 들어 파트타임 근로자나 계약사원과 같은 유동성이 높은 고용에서는 위법하게 해고당한 근로자가 다른 회사에 취직하는 경우가 많아 해고의 무효를 전제로 한 지위확인을 희망하지 않는 경우가 증가하고 있을 뿐 아니라,10) 손해배상이 노사 당사자 사이의 이익을 조정하기가 쉽기 때문에 해고에 대하여 불법행위를 이유로 한 손해배상의 법리를 도입할 필요가 가중되고 있다.11)

위와 같이 현실적으로 불합리한 경우가 존재함에도 일률적으로 해고를 무효로 보아 원직 복직을 고집하기보다는12) 근로자의 희망, 사용자에 의

---

9) 이철수, "독일의 해고구제제도에 관한 소묘", 법학 48권 3호(통권 144호), 서울대학교 법학연구소, 2007. 9., 131면; 이정, 앞의 논문, 39면; 김소영·조용만·강현주, 「부당해고구제의 실효성 제고방안」, 한국노동연구원, 2002, 47~48면.

10) 「註釋 勞働基準法(上卷)」[이하 '勞働基準法(上)'이라 한다], 東京大學 勞働法硏究會, 有斐閣, 2003, 342면.

11) 이정, 앞의 논문, 47면.

12) 이와 같은 일률적인 부당해고 무효론에 의한 현재의 부당해고 구제제도는 복직을 유일한 구제수단으로 하면서도 사실상 이를 강제할 수 있는 법적 수단이 현실적으로 존재하지 아니하며 복직이 노사 양 당사자에게 반드시 바람직하다고 보기도 어렵고 복직의 범위를 어느 정도까지 인정할 것인가 하는 등의 문제가 지적되어 왔다 (강현주, "영국의 부당해고 구제제도", 노동법연구 14호, 서울대학교 노동법연구회,

한 복직의 실현가능성, 근로자의 해고원인에 대한 기여와 그 정도를 고려하여 적절한 구제명령을 발하고, 사용자에 의한 근로자의 복직이나 재고용을 현실적으로 기대하기 어려운 경우에는 금전보상에 의한 부당해고의 구제를 모색함으로써 합리적인 구제제도를 마련해 나가야 한다.[13]

2. 무효인 해고

위와 같은 점들을 고려하여 해고의 구체적인 형태에 맞추어 다음과 같이 부당해고 구제수단에 차이를 둘 필요가 있다.

먼저, 부당해고가 근로자의 정당한 노동조합 활동을 혐오한 해고이거나 악질적인 차별행위로 인한 해고와 같이 사회통념상 그 사법상의 효력을 도저히 인정할 수 없는 경우에는, 이를 민법 제103조의 선량한 풍속 기타 사회질서에 위반한 사항을 내용으로 한 법률행위로 보고 근로기준법 제23조 제1항의 규정을 효력규정으로 보아 현재와 같이 그 사법상 효력을 무효로 함이 상당하다.

그 구제수단은 원직 복직 및 일실수입의 배상, 그리고 상당한 액수의 위자료 지급이 되어야 할 것이다.

해고가 부당해고로서 무효로 판단되는 경우 사용자가 그 판결을 존중하여 근로자를 복직시킬 것임에 의문이 없다면 구태여 원직 복직의 판결을 할 필요가 없을 것이나, 사용자의 복직 이행의사가 불분명하고 복직시킨다고 하여도 복직할 직책과 관련하여 분쟁의 소지가 있어 법원의 구체적인 복직판결이 분쟁의 해결에 도움이 되는 경우라면 구체적인 복직판결을 함이 상당하다. 이에 대하어는 근로자의 복직은 사용자가 임의로 이

2003, 91면).

13) 강현주, 앞의 논문, 111~112면 참조; 박은정, "노동분쟁해결제도연구", 법학박사학위논문, 이화여자대학교, 2005, 243~244면.

행하는 것일 뿐 강제할 수 있는 성질의 것이 아니라는 비판이 있을 수 있다. 하지만, 이행강제가 곤란하다고 하여 판결이 불가능한 것은 아닐 뿐만 아니라, 노동위원회의 구제명령은 오히려 사용자에 대한 복직명령이 원칙적인 형태가 되고 있고, 일부 사용자와의 창의적인 협동이 필요한 업무를 제외하고 대부분의 직장에 있어서는 간접강제에 의하여 충분히 복직의 강제가 가능하다는 점에서 동의하기 어렵다.

또한, 근로자가 사용자에 대하여 근로수령을 요구할 권리가 존재하지 아니하므로 구체적인 복직판결은 불가능하다는 견해가 있을 수 있다. 하지만 우리의 복직거부에 대한 대법원 판례는 근로자의 취업청구권을 인정하고 있는 것으로 보기에 충분하며, 다만 그 부수적 성격으로 인하여 그 한계에 대하여 논란이 있을 수 있을 뿐이다. 무엇보다도 개정 근로기준법이 부당해고의 구제에 있어 노동위원회에 구제명령 불이행에 대하여 이행강제금을 부과할 권한을 부여하고 나아가 확정된 구제명령 불이행에 대한 형사처벌규정까지 두고 있는바, 노동위원회의 원직 복직명령 및 국가권력에 의한 그 이행강제가 가능하다면 법원에 의한 원직 복직판결이 불가능하다고 볼 이유가 없다. 부당해고의 구제는 일반적인 근로 3권에 대한 구제와는 달리 근로자 개인의 권리구제를 목적으로 하는 것이므로 노동위원회의 구제수단과 법원의 구제수단에 있어 근본적인 차이가 있을 이유가 없기 때문이다.

해고가 무효라면 근로계약관계는 여전히 존속하는 것이므로 근로자는 임금청구권을 상실하지 않는다. 하지만, 임금의 전형적인 형태는 근로제공에 대한 대가로서 근로를 제공하고 수령하는 것이며 임금에 대한 각종의 근로기준법상의 보호도 이를 전제로 한 것으로 봄이 상당하다. 그런데 해고가 이루어지는 경우 통상 근로자의 근로제공도 중단되므로 이 경우에 근로자가 근로의 대가로서의 임금을 여전히 청구할 수 있는 것인지는 의문이다. 근로자가 근로제공을 할 수 없게 된 것이 부당해고라는 사용자의 귀책사유로 인한 것으로서 민법 제538조 제1항에 의한 임금청구가 가능하다고 하더라도, 위 조항은 급부불능으로 인한 위험을 공평하게 부담시키기 위한 것이므로, 그 명칭은 임금이라고 해도 그 실질은 사용자의 귀책사유로 인하여 근로가 제공되지 못함으로써 근로자가 입게 된 임금상당의 손해를 사용자에게 부담시키려는 조항으로 봄이 상당하다. 이렇게 보아야 해고기간 중의 임금이 실제로 사용자와 약정한 금액이 아닌 근로자가 근로를 제공하였더라면 받을 수 있었던 임금 전부이고, 중간수입의 공제도 가능하다는 대법원의 판례가 합리적으로 해석될 수 있다. 이와 같이 해석하면 근로자는 부당해고가 무효인 경우에 민법 제538조 제1항에 의하여 임금을 청구하거나, 불법행위를 원인으로 한 임금 상당의 손해배상을 청구할 수 있을 것인데, 어느 경우이든 그 실질은 해고로 인하여 상실하게 된 임금 상당의 일실수입에 대한 청구로 봄이 옳다. 부당해고 기간 중의 임금청구를 임금 상당의 손해배상 청구로 본다면 손해배상의 공평부담의 견지에서 중간수입의 전액공제 및 근로자의 손해경감의무의 인정이 가능할 것이다.

위와 같이 예외적인 경우에만 부당해고를 무효로 인정하는 경우 그 인정범위가 문제된다. 필자는 현재 부당해고가 근로기준법이 요구하는 정당한 이유를 갖추지 못하여 효력이 부정되는데 그치는 것이 아니라 근로자에 대하여 불법행위를 구성하여 위자료 지급의무가 발생하는 경우의 부당해고와 일응 같이 볼 수 있으리라 생각한다. 사회통념상 도저히 이를 용인할 수 없다는 논리구조가 유사하고, 이러한 경우 선량한 풍속 기타 사회질서에 반하는 행위로 해석하기가 쉽기 때문이다.

현재 대법원은 해고가 무효라고 하여 곧바로 위자료가 인정되는 것이 아니라 사용자가 근로자를 징계해고할 만한 사유가 전혀 없는데도 오로지 근로자를 사업장에서 몰아내려는 의도하에 고의로 어떤 명목상의 해고사유를 만들거나 내세워 징계라는 수단을 동원하여 해고한 경우나, 해고의 이유로 된 어느 사실이 소정의 해고사유에 해당되지 아니하거나 해고사유로 삼을 수 없는 것임이 객관적으로 명백하고, 또 조금만 주의를 기울이면 이와 같은 사정을 쉽게 알아볼 수 있는데도 그것을 이유로 징계해고로 나아간 경우 등 징계권의 남용이 우리의 건전한 사회통념이나 사회상규상 용인될 수 없음이 분명한 경우에만 제한적으로 불법행위를 구성한다고 하여 위자료를 인정하고 있다.14) 하지만, 앞서 본 바와 같이 해고가 사회통념상 용인되기 어려운 경우에만 무효라고 보게 되면 정당한 이유 없는 해고는 일반적으로 무효이고 그 가운데 한정된 일부만이 불법행위가 성립되어 위자료 청구권이 인정된다는 현재 판례의 태도는 유지될 수 없게 된다. 즉, 사회통념상 용인되기 어려워 지금까지 불법행위로 인한 위자료 책임을 인정하여 왔던 제한된 경우에 한하여 해고의 사법적 효력이 부인되어 무효라고 해석한다면 무효인 해고에 대하여는 일반적으로 불법행위에 기한 위자료 책임이 인정되게 된다. 다만, 이러한 경우 사안에 따라 징벌적 의미의 손해배상이 가미된 다액의 위자료를 인정하는 방안을 검토해 볼 수 있다.15)

　뒤에서 보는 사법적 효력은 인정되는 일반적인 불법행위로서의 해고는 쌍무계약인 근로계약의 일방적 파기와 관련한 재산상의 손해와 직접 관련된 것이며, 이러한 경우 피해자는 재산적 손해를 전보받으면 정신적 고통도 회복되는 것이므로 정신적 고통에 대한 위자료를 논의할 여지가 적다. 이와는 달리 사회통념상 용인되기 어려운 특별한 경우의 부당해고로 인한 정신적 손해에 대한 위자료청구권은, 재산상 손해와는 별개로 직접 근로자의 인격적 법익을 침해한다고 보아 통상손해로서 인정되는 것이므

---

14) 대법원 1993. 12. 24. 선고 91다36192 판결.
15) 김소영 등, 앞의 책, 48면.

로, 앞서의 일반적인 불법행위책임과는 별개의 것이다.

인격적 법익은 재산적 법익에 비하여 강고하지 못한 것이기에 인격적 법익에 대한 침해로 인한 불법행위의 성립은 해고가 사회통념상 용인되기 어려워 그 법적 효력을 부정할 수밖에 없는 제한적인 경우에만 인정된다고 해석하여야 하나, 일단 인정되는 경우의 위자료의 수액은 사용자의 악질적인 행위를 응징하고 그러한 행위를 반복하지 못하도록 하기 위해 사안에 따라 고액이 될 수도 있는 것이다.16)

이와 같이 같은 불법행위라고 하여도 재산적 손해와 관련된 불법행위로서 재산적 손해를 전보받으면 정신적 고통도 회복된다고 보는 경우와, 그것이 직접 근로자의 인격적 법익에 대한 침해로서 정신적 고통에 대한 위자료 청구권이 인정되는 경우는 별개이며, 따라서 위자료 청구권과 관련하여 불법행위로서의 부당해고를 문제 삼는 대법원이 제한된 경우에 한하여 불법행위 책임을 인정한 것은 당연하다.

우리 법제상 징벌적 의미의 손해배상은 불가능하다는 견해가 있을 수 있으나, 징벌적 손해배상제도를 따로 두지 아니한 우리의 경우에는 위자료가 단순한 정신적 고통에 대한 위자의 의미가 아니고, 법원이 가해자에 대한 제재나 가해자의 자력을 고려한 가해행위의 재발의 방지 등 모든 피해자와 가해자의 사정을 고려하여 그 수액을 정하고 있으며,17) 그리하여 대형 언론매체의 의한 명예훼손의 경우 1억 원 이상의 위자료도 인정하고 있음을 고려하면, 사회통념상 용인하기 어려운 악질적인 부당해고에 있어

---

16) 이인호, "부당해고와 위자료청구", 1997 노동판례 비평, 민주사회를 위한 변호사모임, 1998, 217면.
17) 위자료의 성질에 관하여 학설은 그 본질을 손해배상이라고 보는 배상설과 제재적 요소를 강조하는 제재설이 있으나, 판례는 실제 산정요소로서 피해자 측의 사정뿐만 아니라 가해자 측의 사정도 포함한 일체의 사정을 참작함을 인정하고 있어 사실상 위자료가 제재로서의 기능을 하는 것을 인정하고 있다(「민법주해 [ⅩⅧ] 채권(11)」, 박영사, 2005, 351~352면).

징벌적 손해배상의 의미가 담긴 다액의 위자료를 인정함이 불가능한 것은 아니라고 생각한다.[18]

3. 위법한 해고

다음으로, 단순한 절차규정 위반의 해고[19]나 징계의 양정을 다소 잘못한 경우와 같이 해고의 정당한 이유는 인정하기 어렵더라도 앞서 본 기준에 비추어 그 사법상의 효력까지 부정할 정도에는 이르지 못한 경우에는 해고가 단순한 단속규정에 위반한 것으로 보아 해고 자체는 유효로 보되, 그러한 금지규정에 위반한 위법한 해고로 말미암아 근로자가 입은 손해를 배상하여야 한다. 그런데 무효인 해고라고 하더라도 불법행위로 이론구성할 수 있는 것이므로 위법한 해고는 유효이지만 위법한 해고와 무효인 해고를 포괄하는 개념이며, 근로자는 무효인 해고라도 본인이 복직을 원하지 않는 경우에는 불법행위를 원인으로 한 손해배상 청구를 선택적으로 할 수도 있다.

부당해고는 사용자가 금지규정에 위반하거나, 또는 공서양속, 신의칙

---

18) 이와 관련된 하급심 판결로는 교수재임용과 관련한 사안에서 원고의 정신적 고통에 대한 위자와 함께 집요하게 거듭되어 온 피고의 악의적 행위를 제재하고 재발을 막기 위해 그에 상당한 액수의 위자료를 정할 필요가 있다고 하여 원고가 청구한 3억원 전액을 위자료로 인정한 판결이 있다(서울북부지법 2008. 6. 11. 선고 2007가합9997 판결); 일본에서도 위자료 제재설이 세를 얻고 있다고 하며, 이 설에 의하면 공서에 반하는 해고는 강도의 위법성이 있는 것으로서 위자료 산정에 참작되어야 한다고 한다[小宮文人, "損害賠償で解雇救濟", 法學セミナー, 日本評論社, 1995. 10., 101면].

19) 해고사유는 정당한데도 해고절차에 있어 사소한 잘못이 있는 경우 복직을 전제로 한 해고무효확인 및 해고기간 중의 소급임금지급이라는 일률적인 구제는 부당하며, 해고할 수밖에 없는 객관적으로 명백한 정당한 이유가 존재하는 경우에 절차위반을 이유로 실체위반의 해고와 동일한 제재를 가한다고 하더라도 해고 자체를 방지할 수 있는 것도 아니다(김소영 등, 앞의 책, 48면).

등의 일반원칙에 반하여 해고한 것에 권리침해 또는 위법성이 인정되고, 그러한 권리침해 등을 야기하는 것을 예견하고 회피하여야 할 의무를 해태한 것이기에 불법행위의 성립을 인정함에는 별다른 어려움이 없다.[20] 판례도 부당노동행위에 관한 사안이기는 하나, 해고조치가 일응 부당노동행위에 해당하여 무효라고 보이는 이상 신청인은 그 임금 내지는 임금에 준하는 손해배상청구권을 잃지 않는다고 하여,[21] 부당해고로 인한 일반적인 손해배상청구권을 부정하고 있지 않다.

이에 관하여는 피고 회사에 의하여 행해진 해고는 이유 없는 것이기에 다른 특단의 사정이 인정되지 않는 이상 그것은 원고에 대하여 불법행위를 구성한다고 판시한 일본의 판결이 있고,[22] 비록 의제자백 사건이기는 하지만 부당해고를 불법행위로 이론 구성한 주장을 받아들인 우리 판결도 있다.[23] 다만, 같은 금지규정에 위반한 해고를 어느 경우에는 무효로 보고, 어느 경우에는 위법하기는 하나 사법상 효력은 인정된다고 할 수 있을 것인가에 관하여 의문이 있을 수 있으나, 단속규정위반의 법률행위의 유·무효는 그 규정의 취지와 위반행위의 정도의 상관관계를 고려하여 구체적으로 판단해야 하며, 동일한 행정법규라 하더라도 그 위반행위의 태양에 따라 효력규정이 될 수도 있고 단순한 단속규정이 될 수도 있다고 보면[24] 위와 같은 해석이 가능할 것이다..

부당해고를 불법행위로 이론 구성하는 것은 별다른 문제가 없다고 하여도 이 경우 손해를 어떻게 산정할 것인가. 즉, 위법해고와 상당인과관계 있는 재산적 손해를 어떠한 범위에서 인정할지가 문제된다.[25]

---

20) 勞働基準法(上), 342면.
21) 대법원 1978. 2. 14. 선고 77다1648 판결.
22) 東京地判 1992. 9. 28. 平成 3年(ワ)10231號 吉村商會事件, 勞働判例 617호 31면 (제일법규 D1-Law.com 판례 ID 27819825에서 인용).
23) 서울북부지법 2008. 5. 14. 선고 2007가합8680 판결.
24) 김형배, 앞의 책, 150면 참조.

부당해고를 불법행위로 이론 구성한다고 하여 원래 무효인 해고가 유효로 될 수는 없으며, 이유 없이 해고되어 그것이 근로자에 대한 불법행위를 구성하는 경우에 당해 근로자가 사용자에 대하여 입은 손해의 배상을 구할 수 있음은 당연하나, 해고가 불법행위를 구성하는 위법한 것이고 또한 무효라고 인정되는 경우에는, 당해 근로자는 해고무효를 전제로 근로의 제공을 계속하는 한 임금채권을 잃는 것이 아니기에 특단의 사정이 없는 한 임금청구권의 상실을 손해로 할 여지는 없다고 하여 임금청구가 가능한 이상 손해배상청구를 할 수 없다는 취지의 판결이 있다.[26]

이 판결은 해고를 계속적인 사용자의 근로수령거부로 보고 있으나, 사용자는 근로계약관계를 확정적으로 종료시키는 해고의 의사표시에 의해 위법하게 근로자의 근로제공 의사를 상실시킨 것이므로 임금의 상실이 없었다는 이론구성은 문제가 있으며, 객관적으로 합리성이 없는 해고가 신뢰관계의 존재를 전제로 하여서만 유지될 수 있는 근로계약관계를 파괴하는 배신적 행위임을 간과한 것이다.[27] 또한, 해고무효 법리는 그 자체가 합리적인 이유가 없는 해고는 효력이 부정되는 정도의 위법성을 이미 내포한 것임이 전제로 된 것이므로, 근로자가 해고무효확인이 아닌 불법행위에 기한 손해배상을 청구하는 경우에 해고는 무효이기 때문에 그러한 손해가 없다는 것도 부당하다.[28] 부당해고를 무효라고 주장하여 임금청구를 할 것인지, 불법행위로 구성하여 손해배상청구를 할 것인지는 당사자가 선택할 문제로서 법원은 당사자의 청구원인이 이유 있는지의 여부만 판단하면 족한 것이다.

부당해고가 무효가 아니면 안 될 논리적 필연성은 없고, 이는 종신고용의 관행하에서 근로자에게 유리한 구제를 제공하기 위해 판례상 인정된

---

25) 勞働基準法(上), 342면.
26) 앞의 吉村商會事件.
27) 김소영 등, 앞의 책, 140~141면.
28) 김소영 등, 앞의 책, 141면.

것에 불과하며 근로자가 손해배상을 구하는 것을 부정할 이유로 될 수는 없다.[29] 특히 해고가 위법하기는 해도 무효는 아니라고 볼 수 있는 경우도 있을 수 있는데, 해고가 무효인 경우에는 손해배상청구를 할 수 없고 위와 같은 경우에는 손해배상청구를 할 수 있다는 것은 받아들이기 어려우므로, 오히려 처음부터 손해배상에 의한 해고 구제의 장점에 비추어 일실수입의 배상을 인정함이 타당하다는 위 판결에 대한 비판이 있다.[30]

앞서 본 바와 같이 해고가 사회통념상 용인할 수 없어 반사회적 법률행위로서 무효인 경우에 피해고자가 이를 불법행위로 주장하면서 손해배상을 구한다고 하여도, 사용자의 해고처분이라는 불법행위로 인하여 근로자가 근로를 제공하는 것이 사실상 불가능하게 된 것이고, 그 결과 근로자는 사용자로부터 받을 수 있었던 임금을 받지 못하게 된 것이므로, 해고와 임금불지급과의 사이에 인과관계가 인정되며, 근로자는 이 경우 임금상당의 손해배상을 구하는 것도 가능하다고 보아야 한다.[31]

부당해고를 불법행위로 이론 구성하는 것은 특히 유효이지만 위법한 해고의 경우에 노사 간의 미묘한 이익조정과 관련하여 큰 의미가 있다. 지위확인 및 임금지급소송은 전부 아니면 전무의 구제방법이기에 노사의 이익조정을 꾀하기 쉽지 않으나, 손해배상은 배상액의 산정을 통하여 노사의 이해를 조정하는 것이 가능하며, 예를 들어 근로자가 일으킨 폭력행위가 근로자의 전력, 근무성적, 기타 제반 사정에 비추어 해고에 처함은 타당하지 않지만 근로자의 중대한 잘못도 부정할 수 없는 경우에, 해고는 무효는 아니지만 위법하고 과실상계의 법리에 따라 해고에 대한 근로자의 기여도를 손해배상액에 반영함에 의해 타당한 해결이 가능하다.[32] 또

---

29) 小宮文人, 앞의 논문, 102~103면.
30) 小宮文人, 앞의 논문, 103면.
31) 東京地判 1999. 3. 12. 平成 9年(ワ)13805號 東京セクシュアル・ハラスメソト 事件, 勞働判例 760호 23면(제일법규 D1-Law.com 판례 ID 28041216에서 인용).

한, 취업규칙에 정한 징계위원회의 토의 등의 절차를 위반한 해고의 경우에도 무효라고 할 정도로 중대한 하자가 있다고 할 수는 없어도 위법하다고 보아 손해배상을 인정할 수 있을 것이며, 근로자에게 변명의 기회를 주지 않은 경우에도 해고의 위법성 판단에 중요한 요소이기는 하나 그것만으로 해고를 무효로 보는 것은 지나치고 손해배상의 법리를 적용하는 것이 타당하다고 볼 수 있다.[33]

이에 대해 일방적으로 근로자에게 불리한 것으로서 부당하다는 비판이 있을 수 있으나, 실제의 사건을 놓고 구체적 타당성을 지향하는 법원의 입장에서는 구제수단의 경중을 고려하지 않은 채 해고의 유·무효를 판단할 수는 없다. 즉, 징계의 양정에 다소의 잘못이 있거나 절차규정에 위반한 점이 있다고 하더라도 그로 인한 구제가 사용자의 잘못에 비하여 너무 가혹하다고 판단하는 경우에는 오히려 해고가 유효하다고 판단할 가능성이 커진다. 과거와 같이 근로자의 임금이 저임금이어서 사용자의 부담이 큰 것이 아니고, 사회보장망의 미비로 실업은 근로자에게 엄청난 재앙이며 새로운 직장을 구하는 것도 지난하였던 시기에는 위와 같은 해고도 무효라고 판단할 수 있었겠으나, 사회·경제적 여건이 현저하게 변한 현재의 상황에서는 법원이 위와 같은 해고를 무효로 판단하기는 점점 더 어렵게 된다. 차라리, 법원에 합리적으로 노사의 이익조정을 할 수 있는 길을 열어주는 것이 합리적인 구제에 도움이 될 것이다.

다만, 심리를 통하여 근로자가 부당해고를 불법행위로 주장하는 이유가 근로자가 다른 직장을 얻는 등의 사정으로 인하여 복직을 희망하지 않고 단순히 금전적 손해배상만을 구하기 때문인 것으로 드러난 경우에, 이러한 근로자의 의사를 어떻게 해석할 것인지는 어려운 문제이다. 해고가 무효라고 하여도 근로자가 임금을 청구하기 위해서는 적어도 근로제공의

---

32) 小宮文人, 앞의 논문, 101면.
33) 小宮文人, 앞의 논문, 101면.

의사가 있어야 하기 때문이다.

이에 대하여는 임금은 근로계약에 기하여 근로자의 근로제공에 대한 대가로서 지급되는 것이기에, 사용자가 위법한 해고의 의사표시를 하여 근로자에 의한 근로제공을 받는 것을 거부하는 태도를 분명히 한 경우에도 근로자가 임금의 대가인 근로제공의 의사를 상실하여 사용자의 근로 수령거부의 태도가 없어도 근로를 제공할 가능성이 존재하지 않았던 때에는 임금 부지급 상태가 해고를 원인으로 한 것이라고 할 수 없다고 하여, 적어도 새로운 직장에 취직한 시점에 근로제공의 가능성이 없어져 그 이후의 손해배상을 구할 수 없다고 한 일본판결이 있다.[34] 또한, 해고의 무효를 주장하지 아니하고 1년분 임금상당액의 일실이익을 손해배상으로 청구한 사안에서, 해고권의 행사가 남용이라고 할 수 있는 경우에도 근로자가 그 효력을 부정하지 않는 것은 지장이 없으나, 다만 이 경우에는 그 해고의 의사표시는 유효한 것으로 취급되는 것이기에 임금청구권은 발생하지 않으며 복직을 희망하지 않는다는 이유로 해고의 무효를 주장하지 않은 것은 스스로의 의사로 고용관계의 해소를 초래한 것이고 결국 스스로 퇴직한 것과 같은 것이므로, 장래의 임금이 일실이익으로 될 수 없다고 판시한 것이 있다.[35]

결국, 해고된 근로자가 복직을 원하지 아니하여 불법행위에 기한 손해배상을 청구한다면 근로자가 더는 근로제공을 하지 아니할 의사를 밝혔거나, 근로자가 사용자의 근로계약해지의 의사를 받아들여 근로계약이 합의해지 내지는 근로자가 스스로 퇴직하였다고 볼 수 있는 시점까지의 임금 상당의 손해를 재산적 손해로 인정할 수 있을 것이다. 다만, 근로자가 해고의 무효를 주장하지 않는다고 하여 자신의 의사에 의한 사직과 동일시하는 것은 문제가 있고, 형식적으로 근로계약이 근로자의 사직이나 합

---

34) 앞의 吉村商會事件.
35) 大阪地判 2000. 6. 30. 平成 11年(ワ)9555號 わいわいランド事件, 勞働判例 793호, 49면(제일법규 D1-Law.com 판례 ID 28060230에서 인용).

의해지에 의하여 종료된 것으로 보이는 경우에도 그것이 의제해고로 볼 수 있는 경우나, 사용자의 위법한 해고로 인하여 신뢰관계가 파괴되어 근로자가 어쩔 수 없이 복직을 포기하게 된 것이라면 일정한 기간 동안의 임금상당액을 사용자의 불법행위로 인한 손해로 볼 수 있다.[36]

이와 같이 복직을 전제로 하지 않는 불법행위에 기한 손해배상 청구에 있어서는 근로자가 스스로의 의사로 근로제공을 하지 아니할 의사를 밝힌 것인지, 아니면 사용자 측의 위법한 해고로 인하여 어쩔 수 없이 복직을 포기하게 된 것인지를 살펴보아야 하며, 스스로의 의사로 복직을 포기한 것이 아니라면 부당해고가 없었더라면 언제까지 근로할 수 있다고 볼 것인지를 판단하여야 하는 어려운 문제가 생긴다. 고용계속기간의 추정과 관련하여서는 단순한 절차위반으로 해고가 위법한 경우에는 그 절차를 이행함에 필요한 기간으로 하는 것을 생각해볼 수 있고, 해고가 실체적 이유에 위반한 경우에도 파트타임 근로자나 정년 후의 촉탁 등의 경우에는 비교적 추측이 쉬울 것이나, 장기근로를 전제로 한 정규근로자에 대한 해고가 실체적 이유로 위법한 경우에는 그 산정이 곤란하며, 당해 근로자의 근속기간, 근무태도와 성적, 당해 기업의 동종근로자의 평균고용계속기간, 산업과 사회가 처한 경제적 환경 등에 의해 추측하여야 한다.[37]

또한, 불법행위로 이론 구성하는 경우에는 임금 상당의 손해 외에도 해고로 인한 유형·무형의 손해에 대한 배상을 구할 수 있을 것이나, 문제는 그 손해를 어디까지 인정할 것이며 어떻게 이를 증명할 것인가이다.

이 경우 당해 근로자의 근속연수와 해고된 후의 수입이 없던 기간 등 제반 사정을 종합적으로 판단하여야 한다는 견해가 있으나,[38] 그 기준이 너무 추상적이다.

불법행위에 기한 손해배상청구의 경우 근로자의 해고시부터 구두변론

---

36) 김소영 등, 앞의 책, 141~142면.
37) 小宮文人, 앞의 논문, 104면.
38) 勞働基準法(上), 342면.

종결시까지의 태도를 살펴 신의칙상 요구되는 손해경감의무를 다하였는
가를 검토하여야 하며, 중간수입이 있다면 손익상계의 대상으로 공제하여
야 하고, 근로자의 해고에 대한 기여도를 계량화하여 과실상계의 법리를
적용하여야 한다.[39] 미국이나 영국의 실무례가 합리적 고용계속기간의 추
정 등 손해배상액 산정에 좋은 참고가 될 것이다.

이 부분에 대하여는 입법이 된다면 손해전보의 방식과 요건, 금액에 관
한 기준을 명확히 할 필요가 있다.[40] 외국의 예를 참조하여 일정기간의
임금으로 법률에 의하여 규정하는 것이 바람직하다.

해고가 무효로 인정되는 경우에 복직을 원하지 않고 불법행위에 기한
손해배상만을 구하는 경우에는, 무효를 주장하면서 위자료를 구하는 경우
와 달리 취급할 이유가 없으므로 앞서 본 바와 같이 사안에 따라 다액의
위자료가 인정될 수 있을 것이다. 부당해고이기는 하지만 해고의 사법적
효력은 인정되는 경우에는 부당해고로 인하여 근로하지 못하게 됨으로써
임금을 받지 못해 임금 상당의 일실수입과 그 외의 해고로 인한 여러 가
지 유형·무형의 손해를 입게 된 것이므로, 이는 재산상 손해로서 부당해
고와의 인과관계를 증명함으로써 손해를 전보받을 수 있다.

이러한 경우에는 기본적으로 재산상의 손해를 전보받음으로써 정신적
고통은 회복되는 것이고, 회복되지 아니하는 손해는 특별손해로 보아야
하나 사실상 인정되기 어려울 것이며, 특히 절차위반의 해고는 위자료가
인정될 여지가 거의 없을 것이다.[41]

사회통념상 용인되기 어려운 해고가 아닌 일반적인 경우는 그것만으로
부당해고된 근로자의 인격적 법익에 대한 침해로 보기는 어려우므로 통
상손해로서의 위자료 책임을 인정하기는 어려울 것이다.

---

39) 小宮文人, 앞의 논문, 104면.
40) 勞働基準法(上), 342면.
41) 小宮文人, 앞의 논문, 104면.

어떤 경우라도 복직은 해고당한 근로자에게 있어 가장 이상적인 피해 구제수단이므로, 당사자 간에 복직이나 재고용에 합의한다면 법원이 이를 거부할 이유는 없다.

4. 예외적 경우

끝으로, 이와 같이 정당한 사유가 없는 해고라고 하여도 사회통념상 도 저히 받아들이기 어려운 해고는 무효로 하여 근로관계를 유지시키고, 그 외의 해고는 해고의 효력 자체는 인정하되 불법행위로 이론 구성하여 손 해배상의 방법으로 부당해고를 구제하는 것을 원칙으로 하더라도, 사실상 복직이 불가능하거나 당사자 간의 신뢰관계가 완전히 파괴되어 복직이 바람직하지 못한 경우에는, 해고의 사법상 효력이 무효라고 해도 근로관 계의 해소를 인정하되 상당한 배상을 하도록 하는 방법이 있을 것이다. 이 경우의 배상액은 앞서 본 해고가 무효인 경우의 배상액산정 기준과 비 교하여 균형이 맞도록 산정되어야 한다.

사회통념상 도저히 받아들이기 어려운 해고를 자행한 사용자라면 그에 상응하는 책임을 지는 것이 원칙이고 복직은 부당하게 해고당한 근로자 의 피해를 회복하는 가장 적절한 방법이므로, 이러한 방법의 채택은 예외 적인 경우에 한하여야 하며, 사용자가 희망한다고 하여 함부로 인정될 성 질의 것은 아니다.

III. 입법론적 제언 등

필자는 위와 같은 해석이 현재의 법 해석으로도 가능하다고 생각한다. 이에 대하여는 부당해고로 판단되는 사안에서 근로자가 원직 복직을

원하지 않는 경우 일정한 금전보상만으로 근로관계의 종료를 선언하는
것은 형성판결에 해당하며, 형성의 소는 법률에 명문의 규정이 있는 경우
에 한하여 제기할 수 있으므로 명문의 규정이 없다면 법원이 금전보상을
명하는 판결을 할 수 없다는 견해가 있다.[42] 그러나 위와 같은 해석이 임
금상당액 등의 지급을 통하여 유효한 근로관계를 금전보상에 의해 종료
시키는 것을 의미하는 것은 아니다.

　필자의 견해는 모든 정당한 사유가 없는 해고의 사법적 효력을 일률적
으로 부인할 이유가 없다는 것이며, 이는 법해석의 문제로서 법원에 맡겨
져 있는 것이다. 부당해고를 불법행위로 파악하여 손해배상을 명하는 것
이 새로운 법률관계를 형성하는 것은 아니다.

　이러한 부당해고의 구제와 관련한 중요한 문제를 해석에 의하여 해결
함에는 일정한 한계가 있다.

　먼저, 해결하여야 할 법리적 문제들이 존재한다.

　부당해고가 사회통념상 용인하기 어려워 그 사법적 효력이 부정되는
경우의 위자료 산정은 기존의 대법원판례에 따라 해결하면 되므로 큰 문
제가 없으나, 부당해고로 보면서도 해고의 사법적 효력은 유효라고 보는
경우 해고로 인한 임금 상당의 손해배상 청구를 비롯한 재산상 손해에 대
한 배상청구는 할 수 있을 것으로 보이지만, 이를 불법행위로 보면서도
위자료를 청구할 수 없다고 보는 법적 근거가 무엇인지, 부당해고의 사법
적 효력을 무효로 보는 경우 징벌적 손해배상의 의미를 가미한 위자료 인
정이 우리 법제상 가능한 것인지가 문제될 수 있다.

　또한, 부당해고 기간 동안의 임금청구는 회사를 상대로 한 것만 인용되
었는데, 불법행위로 이론 구성하는 경우에는 직접 해고를 한 사람에 대하

---

42) 권창영, "근로기준법상 이행강제금제도에 관한 연구", 법학박사학위논문, 서울대학
　　교, 2008, 79~80면.

여는 직접의 불법행위자로서, 회사에 대하여는 그 사용자로서 연대하여 임금 상당의 손해배상을 구하는 경우가 생길 수 있다.

이때 행위자가 대표이사라면 민법 제750조와 상법 제401조의 관계가 문제되는바, 상법 제401조를 이사의 책임을 경감하기 위하여 일반불법행위의 요건 중 경과실을 제외한 것이라는 불법행위 특칙설의 입장에 서서 고의 또는 중과실의 경우에만 대표이사의 개인책임을 인정한다면 큰 문제는 없겠으나, 상법 제401조를 민법 제750조와 무관한 별개의 조항으로 해석하게 되면 직접의 불법행위자인 대표이사 개인의 책임이 문제되어 근로자가 임금청구를 하는 것과 사이에 차이가 생기게 된다.[43]

행위자가 대표이사나 이사가 아닌 직원인 경우에도 행위자 개인의 불법행위 책임을 인정하는 경우 이러한 문제가 발생하게 된다. 이러한 경우에 행위자 개인이 회사와 연대하여 임금 상당의 손해배상책임을 지는 것인지, 임금을 청구하는 경우와 비교하여 형평상 책임을 제한한다면 그 법적 논거는 어떻게 구성해야 하는지가 매우 어려운 문제이다.[44]

그리고 필자의 새로운 해석은 기존의 부당해고 구제제도의 전반적인 변경을 의미하는 만큼 이러한 해석에 대한 찬반을 둘러싼 격렬한 논쟁이 불가피하고, 재판부 간의 편차를 극복하기 어렵다. 특히 사법상 효력이 부정되지 않는 부당해고에 있어서 사용자가 지급하여야 할 손해배상의 법적 성격 및 그 액수는 법률로 규정하지 않으면 많은 혼란이 야기될 것

---

43) 상법 제401조의 법적 성격에 관하여는 「주석상법 회사(Ⅲ)」, 제4판, 한국사법행정학회, 2003, 289~290면 참조.

44) 서울북부지법 2007. 5. 14. 선고 2007가합8680 판결은 이러한 불균형문제로 인하여 행위자 개인의 책임은 판례가 현재 불법행위책임을 인정하는 악의적이거나 매우 경솔한 경우에 한하여 인정된다고 판시하고 있으나, 판례가 인정하는 불법행위 성립은 근로자의 인격적 법익에 대한 침해와 관련된 위자료청구에 관한 것이므로, 임금 상당의 재산적 손해배상을 구하는 사건에서 그대로 적용되기에는 무리가 있다. 앞으로 해결되어야 할 문제이다.

이다.

금전보상제에 관하여도 법해석에 맡기기보다 명문의 규정으로 도입하여 부당해고 소송시에 사용자나 근로자가 원직 복직을 원하지 않는 경우에 이용하도록 하고, 그 보상기준과 절차, 보상수준을 명확히 하는 것이, 노사 당사자의 예측가능성을 높이고 노동분쟁의 화해적 해결에도 도움이 될 것이다.[45)

또한, 현재 민사소송법 제213조가 재산권의 청구에 관한 판결에 가집행의 선고를 하도록 규정하고 있는데, 근로자가 1심에서 승소하여 해고무효 및 복직판결을 받는 경우에, 1심 법원이 판결의 즉시 이행이 가능하도록 하는 제도를 마련할 필요가 있다. 기업비밀을 보호할 필요가 있거나 근로자의 작업 자체가 사용자에게 오히려 손해만을 야기하는 경우와 같이 근로자의 근로제공이 사용자에게 현저한 불이익을 초래할 위험이 있는 경우는 예외로 하더라도, 근로자의 신청이 있는 경우 가처분에 관한 규정을 준용하여 1심 법원이 계속근로에 관한 명령을 내릴 수 있다면 근로자의 신속한 구제에 큰 도움이 될 것이다.[46)

따라서 장기적으로는 구체적인 입법을 통하여 합리적인 부당해고 구제제도를 마련하여야 하며, 그러한 제도를 마련함에 있어서는 외국의 예를 참고로 하여 구체적 사안에 맞는 합리적인 다양한 구제수단을 모색하여야 한다.

그 외에 부당해고의 구제와 관련하여 소의 이익을 가급적 넓게 해석하여 1회에 분쟁을 종결시키고자 하는 현재 판례의 경향이 노동사건에 있어서도 적용되어야 함을 지적하고자 한다. 과거 해고무효사건의 소의 이익에 관하여, 특히 계약기간의 만료와 관련된 판례가 과거의 법률관계에 관

---

45) 이철수, 앞의 논문, 131면.
46) 유성재, "해고의 효력을 다투는 자의 계속근로청구권", 법학논문집 22집, 중앙대학교 법학연구소, 1997. 12., 422면; 김소영 등, 앞의 책, 47면.

하여도 확인의 이익을 인정하는 범위를 점점 넓혀 가는 시대의 추세와는 반대로 소의 이익에 관한 종래의 관념에 집착하여 그 범위를 엄격하게 해석하여 왔는바, 소의 이익의 범위를 확대하여 국민의 권리구제 기회를 확대하고자 하는 현재 판례의 경향은 권리보호 범위의 확대 경향과 또한 그에 대한 수요가 상존하고 있는 현대사회의 상황에 맞는 적절한 태도이며, 따라서 부당해고 구제소송의 소의 이익에 있어서도 이러한 현대적 추세에 호응하여 계속하여 소송의 문호를 넓혀 근로자가 그 권익을 보호받을 기회를 확대하는 방향으로 발전되어 나가야 한다.

제소기간과 관련한 신의칙, 실효의 원칙의 적용도 현재로서는 부득이한 현상이나 해당부분에서 검토한 바와 같이 심각한 문제가 있으므로 입법에 의하여 제소기간을 제한함으로써 노동관계의 신속한 안정을 도모할 필요가 있다.

필자는 이 책에서 부당해고와 관련한 현재의 경직된 구제수단을 비판하고 새로운 해석론을 전개하면서 입법론적 제언을 시도하였다. 이 책이 앞으로 합리적인 부당해고 구제제도의 마련에 있어 작은 도움이 되기를 희망한다.

참고문헌

1. 한 국

1) 단행본

고상룡, 「민법총칙」, 제3판, 법문사, 2003.

곽윤직, 「민법개설」, 개정판, 박영사, 1991.

곽윤직, 「민법총칙」, 제7판, 박영사, 2003.

곽윤직, 「채권총론」, 신정판, 박영사, 1997.

곽윤직, 「채권각론」, 신정판, 박영사, 1997.

김남진·김연태, 「행정법 Ⅰ」, 제11판, 법문사, 2007.

김동희, 「행정법 Ⅰ」, 제13판, 박영사, 2007.

김성수, 「일반행정론」, 제3판, 법문사, 2007.

김소영·조용만·강현주, 「부당해고구제의 실효성 제고방안」, 한국노동연구원, 2002.

김유성, 「노동법 Ⅰ-개별적 노사관계법-」, 법문사, 2006.

김유성, 「노동법 Ⅱ-집단적 노사관계법-」, 법문사, 1996.

김일수, 「한국형법 Ⅰ(총론上)」, 박영사, 1991.

김지형, 「근로기준법 해설」, 청림출판, 2000.

김철용, 「행정법 Ⅰ」, 제10판, 박영사, 2007.

김치선, 「노동법강의」, 제2전정판, 박영사, 1989.

김형배, 「근로기준법」, 제8판, 박영사, 2002.

김형배, 「노동법」, 신판 제4판, 박영사, 2007.

김형배, 「민법학 강의」, 제7판, 신조사, 2008.

김형배, 「채권총론」, 제2판, 박영사, 1999.

박균성, 「행정법론(상)」, 제6판, 박영사, 2007.

박상필, 「한국노동법」, 대왕사, 1981.

박윤흔, 「최신 행정법강의(상)」, 개정29판, 박영사, 2004.

박홍규, 「노동법론」, 대경문화사, 1996.

박홍규, 「노동법론」, 제2판, 삼영사, 1998.

백태승, 「민법총칙」, 개정판, 법문사, 2004.

석종현, 「일반행정법(상)」, 제11판, 삼영사, 2005.

유지태, 「행정법신론」, 제11판, 신영사, 2007.

이상윤, 「노동법」, 법문사, 2005.

이시윤, 「민사소송법」, 신정4판, 박영사, 2001.

이영준, 「민법총칙(한국민법론 I)」, 박영사, 2005.

이영준, 「민법총칙」, 개정증보판, 박영사, 2007.

이은영, 「민법 I」, 제5판, 박영사, 2007.

이은영, 「민법총칙」, 제4판, 박영사, 2005.

이은영, 「채권각론」, 제5판, 박영사, 2005.

이종복, 「사법관계와 자율」, 이종복교수논문집간행위원회, 지명사, 1993.

임종률, 「노동법」, 제6판, 박영사, 2007.

임종률, 「노동법」, 제7판, 박영사, 2008.

장태주, 「행정법개론」, 개정3판, 현암사, 2006.

지원림, 「민법강의」, 제4판, 홍문사, 2005.

하갑래, 「근로기준법」, 전정21판, 중앙경제사, 2009.

허 영, 「한국헌법론」, 박영사, 1994.

홍정선, 「행정법원론(상)」, 제15판, 박영사, 2007.

「2006년도 노동위원회 연보」, 노동위원회연보 9호, 중앙노동위원회, 2007. 6.

「2006~2007 개정 노동법의 법리적 검토」, 서울대학교 노동법연구회 2007년 춘계
       공개학술대회, 서울대학교 노동법연구회, 2007.

「노동특수이론 및 업무상재해관련소송」, 사법연수원, 2006.

「노사관계법·제도 선진화방안」, 노사관계제도 선진화연구위원회, 2003. 11.

「노사관계선진화입법 설명자료」, 노동부, 2007. 1.

「민법주해 [I] 총칙(1)」, 박영사, 2002.

「민법주해 [IX] 채권(2)」, 박영사, 1995.

「민법주해 [XIII] 채권(6)」, 박영사, 2002.

「민법주해 [XVIII] 채권(11)」, 박영사, 2005.

「법원실무제요 강제집행(下)」, 개정증보판, 법원행정처, 1993.

「법원실무제요 민사집행(IV)-보전처분-」, 법원행정처, 2003.

「심판업무 처리요령」, 중앙노동위원회, 2007.

「유럽국가의 부당해고에 대한 금전보상제도」, 중앙노동위원회(연구책임자: 장은숙),
    2007. 12.
「주석민법 채권각칙(Ⅰ)」, 제3판, 한국사법행정학회, 1999.
「주석상법 회사(Ⅲ)」, 제4판, 한국사법행정학회, 2003.
「주석 채권총칙(上)」, 한국사법행정학회, 1984.
「주석 채권각칙(Ⅰ)」, 한국사법행정학회, 1985.
「주석 채권각칙(Ⅲ)」, 한국사법행정학회, 1986.
「주석 채권각칙(Ⅳ)」, 한국사법행정학회, 1987.
「주석 민사소송법(Ⅱ)」, 한국사법행정학회, 1991.
「주석 형법총칙(상)」, 한국사법행정학회, 1988.
「해고와 임금」, 사법연수원, 2009.
스게노가즈오(이정 역), 「일본노동법의 이론과 실제」, 한국경영자총협회, 2004.
片岡昇 저(송강직 역), 「노동법」, 삼지원, 1995.

2) 논 문

강현주, "영국의 부당해고 구제제도", 노동법연구 14호, 서울대학교 노동법연구회,
    2003.
강황수, "보통법상 부당해고와 형사책임－미국법상 부당해고 판례를 중심으로－",
    법학박사학위논문, 원광대학교, 2002.
곽현수, "해고당한 근로자가 퇴직금을 수령한 경우 해고무효를 주장할 수 있는지 여
    부", 대법원 판례해설 15호, 법원도서관, 1992. 6.
권오상, "부당해고에 대한 금전보상제도의 시행에 따른 실무적용", 노동법률 200호,
    중앙경제사, 2008. 1.
권창영, "개정된 부당해고구제제도가 임금지급·근로자지위보전 가처분에 미치는
    영향", 민사집행법 실무연구 Ⅱ, 재판자료 117집, 법원도서관, 2009.
권창영, "근로기준법상 이행강제금제도에 관한 연구", 법학박사학위논문, 서울대학
    교, 2008.
금동신, "부당해고와 손해배상책임", 노동판례평석집 Ⅰ, 경총신서 45권, 한국경영자
    총협회, 1995.
김광년, "해고무효를 전제로 한 지위보전가처분과 임금지불가처분", 노동법과 현대
    법의 제문제(심태식박사 화갑기념), 법문사, 1983.
김기덕, "노동자 권리구제의 실효성 확보 및 노동자(대표)의 참여보장을 위한 노동법

원의 도입방향", 노동과 법 4호, 전국금속산업노동조합연맹 법률원, 2004.

김도윤, "부당해고죄에 관한 연구", 법학석사학위논문, 고려대학교, 2005.

김동훈, "채권자의 손해경감의무", 고황법학 4권, 2004.

김민기, "부당노동행위의 구제절차와 구제이익", 노동법의 쟁점과 과제(김유성교수 화갑기념), 법문사, 2000.

김상영, "민사소송에서의 신의칙에 관한 판례동향", 법학연구 39권 1호(통권 47호) (김균보교수 정년기념논문집), 부산대학교 법과대학, 1998. 12.

김선수, "교수 재임용거부에 대한 판결례의 검토", 노동법연구 7호, 서울대학교 노동법연구회, 1998.

김선수, "노동위원회의 역할과 과제-심판기능을 중심으로-", 노동위원회의 역할과 과제, 한국노동법학회 2008년도 동계 학술대회, 2008. 12.

김선수, "한국에서의 노동분쟁 처리기구로서의 법원의 구조 및 운영실태, 노동법원의 도입방향", 노동과 법 4호, 전국금속산업노동조합연맹 법률원, 2004.

김선중, "1. 기업분할에 의한 전적에 있어서 재취업약정의 의미, 2. 재취업약정에 의한 고용관계확인 주장과 신의칙 내지 실효의 법리", 대법원 판례해설 22호, 법원도서관, 1995. 5.

김소영, "근로자의 취업청구권", 한국노동연구 5집, 한국노동연구원, 1994.

김소영, "부당해고시 정신적 손해배상 여부", 노동법률 33호, 중앙경제사, 1994. 2.

김승규, "근로기준법상의 부당해고 구제제도에 있어서의 문제점", 형평과 정의 9집, 대구지방변호사회, 1994.

김영란, "해고의 효력을 다투는 근로자의 개별 근로계약상의 지위, 대법원 판례해설 19-2호, 법원도서관, 1993. 6.

김완섭, "직위해제처분을 받았다가 다른 직위를 부여받은 경우에 그 직위해제처분의 무효를 구할 소익의 유무", 대법원 판례해설 8호, 법원도서관, 1988. 12.

김용빈, "근로자가 징계면직처분을 받은 후 임의로 사직원을 제출하여 종전의 징계면직처분이 취소되고 의원면직처리된 경우, 그 사직의 의사표시를 비진의 의사표시로 볼 수 있는지 여부와 해고무효소송에 있어 신의성실(실효)의 원칙", 대법원 판례해설 34호, 법원도서관, 2000. 11.

김용직, "1. 노조와의 사전합의조항에 위배한 징계처분의 효력(무효), 2. 해고가 무효인 경우 근로자가 구속되어 근로를 제공하지 못한 기간 동안의 임금도 청구할 수 있는지 여부(소극)", 대법원 판례해설 22호, 법원도서관, 1995. 5.

김원정, "해고의 효력을 다투는 자의 법적 지위", 노동법률 28호, 중앙경제사, 1993.

김유성, "해고의 효력을 다투고 있는 근로자의 지위", 법률신문 2017호, 법률신문사,

1991. 1. 31.

김재호·김홍영, "부당해고구제명령 불이행에 대한 이행강제금 부과", 노동법연구 21호, 서울대학교 노동법연구회, 2006.

김찬돈, "실효의 원칙", 형평과 정의 7집, 대구지방변호사회, 1992. 12.

김치중, "노동위원회의 처분에 대한 쟁송에 있어서의 소송법적 제문제", 특별법연구 5권, 법문사, 1997.

김치중, "부당해고구제재심판정 후에 사업장이 없어진 경우 사용자가 재심판정취소를 구할 소의 이익이 있는지 여부", 대법원 판례해설 19-2호, 법원도서관, 1993. 12.

김학동, "실효의 원칙(1)", 판례월보 152호, 판례월보사, 1983. 5.

김학동, "실효의 원칙(2)", 판례월보 153호, 판례월보사, 1983. 6.

김학동, "실효의 원칙에 관한 판례분석", 사법연구 7집, 한학문화, 2002. 12.

김형진, "부당노동행위와 불법행위의 성립", 대법원 판례해설 20호, 법원도서관, 1994. 5.

김형진, "정당화사유와 부당노동행위의사의 경합에 관한 몇 가지 문제", 대법원 판례해설 26호, 법원도서관, 1996. 4.

김형태, "BACK PAY 명령과 중간수입공제", 재판자료 40집, 법원도서관, 1987.

김홍영, "노동분쟁에 대한 노동위원회의 역할과 개선과제", 노동법학 21호, 한국노동법학회, 2005.

김홍영, "노동위원회의 판정에 대한 사법심사", 노동법의 쟁점과 과제(김유성교수 화갑기념), 법문사, 2000.

김홍영, "부당해고 구제절차에서의 금전보상 제도 및 이행강제금 제도", 노동법학 25호, 한국노동법학회, 2007.

김홍영, "부당해고에 대한 금전보상제의 도입에 따른 쟁점사항", 조정과 심판 28호, 2006.

문무기, "부당해고의 구제와 취로청구권", 노동법연구 5호, 서울대학교 노동법연구회, 1996.

민중기, "부당노동행위에 대한 행정적 구제절차", 대법원 노동법실무연구회 2008. 6. 13. 발표문(미공간).

박상훈, "교수재임용제에 대한 헌법불합치 결정", 노동법연구 14호, 서울대학교 노동법연구회, 2003.

박상훈, "부당노동행위의사와 해고이유의 경합", 1997 노동판례비평, 민주사회를 위한 변호사모임, 1998.

박상훈, "해고무효의 주장과 실효의 원칙 - 최근 대법원 판례의 경향에 대한 비판적 고찰", 노동법연구 3호, 서울대학교 노동법연구회, 1993.

박상훈, "해고무효확인소송과 신의칙", 1996 노동판례비평, 민주사회를 위한 변호사 모임, 1997.

박성덕, "항고소송의 당사자적격", 행정소송에 관한 제문제(상), 재판자료 67집, 법원 행정처, 1995.

박수근, "근로계약의 유기화 현상에 따른 부당해고 구제절차에 있어 구제이익", 조 정과 심판 10호, 중앙노동위원회, 2002 여름.

박수근, "노동법원과 노동위원회의 관계정립", 노동과 법 4호, 전국금속산업노동조 합연맹 법률원, 2004.

박수근, "노동분쟁해결기관으로서의 노동위원회의 구조 및 운영실태의 문제점", 노 동과 법 4호, 전국금속산업노동조합연맹 법률원, 2004.

박순성, "위법하게 해고된 근로자의 임금청구와 중간수입공제", 민사판례연구 14집, 민사판례연구회, 1992.

박은정, "노동분쟁해결제도연구", 법학박사학위논문, 이화여자대학교, 2005.

박은정, "노동분쟁해결제도 개선방향의 모색", 노동법학 22호, 한국노동법학회, 2006. 6.

백태승, "신의성실의 구체적 원칙에 관한 판례의 태도", 민사법학 16호, 한국사법행 정학회, 1998. 6.

성기문, "부당해고, 부당노동행위, 해고등무효확인청구의 소의 관계", 행정소송실무 연구, 서울고등법원, 1998. 12.

송홍섭, "근로기준법 제27조 제1항 위반(정당한 이유 없는 징벌)과 형사처벌", 대법 원 판례해설 21호, 법원도서관, 1994. 11.

오종한, "해고무효의 주장과 신의칙", 노동법연구 3호, 서울대학교 노동법연구회, 1993.

유성재, "노동분쟁에서 권리구제절차의 문제점과 개선방안", 법학논문집 29집 1호, 중앙대학교 법학연구소, 2005. 8.

유성재, "해고의 효력을 다투는 자의 계속근로청구권", 법학논문집 22집, 중앙대학교 법학연구소, 1997. 12.

유원석, "노동사건에 있어서의 근로자측의 가처분", 근로관계소송상의 제문제(하), 재판자료 40집, 법원행정처, 1987.

윤성천, "Back Pay 명령과 중간수입공제문제 - 일본에 있어서의 쟁점을 중심으로 -", 노동법의 제문제(김치선박사 화갑기념), 박영사, 1983.

윤재식, "해고무효의 주장과 실효의 원칙", 법학논집(김용철선생 고희기념), 박영사, 1993. 12.

윤철홍, "판례에 나타난 실효의 원칙", 민법의 과제와 현대법의 조명(홍천룡박사 화갑기념), 21세기 국제정경연구원, 1997.

이광범, "실효의 원칙의 의의 및 그 원칙의 소송법상 권리에 대한 적용가부", 대법원 판례해설 27호, 법원도서관, 1997. 7.

이봉구, "해고무효를 다투고 있는 근로자와 제3자의 노동쟁의개입금지", 법률신문 2001호, 법률신문사, 1990. 11. 27.

이승영, "직위해제·면직처분을 받은 후 그 임용기간이 만료된 사립학교 교원이 무효확인을 구할 소의 이익이 있는지", 21세기 사법의 전개, 송민 최종영 대법원장 재임기념문집 간행위원회, 2005.

이승욱, "독일에 있어서 경영상 해고와 관련된 법적 문제에 대한 집단법적 해결", 판례실무연구[Ⅵ], 박영사, 2003. 8.

이우진, "부당해고 근로자의 중간수입공제에 관한 연구", 법학연구 12집, 한국법학회, 2003.

이원희, "부당노동행위 또는 부당해고 등에 대한 구제내용 심사에 있어서 노동위원회의 판단범위", 1999 노동판례비평, 민주사회를 위한 변호사모임, 2000.

이윤승, "사용자의 근로자에 대한 해고처분이 무효인 경우에 근로자가 지급받을 수 있는 임금의 범위", 대법원 판례해설 18호, 법원도서관, 1993. 6.

이인호, "부당해고와 위자료청구", 1997 노동판례 비평, 민주사회를 위한 변호사모임, 1998.

이장호, "휴업수당", 근로관계소송상의 제문제(상), 재판자료 39집, 법원행정처, 1987.

이 정, "부당해고에 대한 사법구제 및 법적 효력", 노동법학 13호, 한국노동법학회, 2001.

이 정, "부당해고처벌규정의 실효성에 관한 연구", 외법논집 15집, 한국외국어대학교 법학연구소, 2003. 12.

이재홍, "상급자의 지시에 의한 사직서제출과 진의 아닌 의사표시", 민사판례연구[ⅩⅤ], 박영사, 1993.

이주현, "민법 제673조에 의한 도급계약 해제시 도급인이 수급인에게 배상하여야 할 손해의 범위 및 그 경우 수급인의 손해액 산정에 있어서 손익상계의 적용여부, 위 손해배상액 인정에 있어서 과실상계 및 손해배상의 예정액 감액은 허용되는지 여부와 신의칙 적용 여부", 대법원 판례해설 40호, 법원도서관,

2002. 12.

이지영, "사립학교 교원재임용거부의 위법성을 다투는 소송에 관한 검토", 서울중앙
　　지방법원 노동재판실무연구회 2008. 5. 26. 발표문(미공간).

이철수, "개정 해고법제의 주요 내용과 그 평가", 2006~2007 개정 노동법의 법리적
　　검토(서울대학교 노동법연구회 2007년 춘계공개학술대회 발표 논문), 서울
　　대학교 노동법연구회, 2007.

이철수, "독일의 해고구제제도에 관한 소묘", 법학 48권 3호(통권 144호), 서울대학
　　교 법학연구소, 2007. 9.

이흥재, "해고제한에 관한 연구", 법학박사학위논문, 서울대학교, 1988.

장원찬, "해고효력을 다투는 자의 노동법상 지위", 판례연구 5집, 서울지방변호사회,
　　1990.

장은숙, "유럽국가의 부당해고에 대한 금전보상제도", 조정과 심판 32호, 중앙노동위
　　원회, 2008 봄.

전윤구, "부당해고에 따른 근로자의 손해배상청구에 관한 연구", 법학석사학위논문,
　　고려대학교, 1999.

정인섭, "노동분쟁의 특수성과 노동법원의 전문성", 노동법연구 19호, 서울대학교 노
　　동법연구회, 2005.

정인섭, "부당해고 구제명령이 내려진 경우 부당노동행위 구제이익의 존부", 노동법
　　률 86호, 중앙경제사, 1998. 5.

정인섭, "부당해고와 소급임금의 산정", 노동법연구 5호, 서울대학교 노동법연구회,
　　1996.

정진경, "미국에서의 부당해고의 사법적 구제수단에 관한 연구", 노동법학 10호, 한
　　국노동법학회, 2000.

정진경, "미국의 부당해고구제제도－사법적 구제를 중심으로－", 법학석사학위논문,
　　서울대학교, 1998. 8.

정진경, "미국의 해고자유원칙의 수정과 부당해고의 제한", 노동법연구 8호, 서울대
　　학교 노동법연구회, 1999.

정진경, "복직거부와 위자료－취업청구권의 인정 여부를 중심으로", 노동법연구 6
　　호, 서울대학교 노동법연구회, 1997.

정진경, "부당해고 구제기관으로서의 노동위원회의 문제점과 그 대안에 대한 검토",
　　노동법연구 26호, 서울대학교 노동법연구회, 2009.

정진경, "부당해고 구제명령의 실효성 확보수단에 대한 검토", 노동법연구 25호, 서
　　울대학교 노동법연구회, 2008.

정진경, "부당해고구제소송에서의 소의 이익", 노동법연구 12호, 서울대학교 노동법연구회, 2002.

정진경, "부당해고된 근로자의 임금청구와 중간수입공제", 노동법의 존재와 당위(김유성교수 정년기념), 박영사, 2006.

정진경, "부당해고와 불법행위", 노동법의 쟁점과 과제(김유성교수 화갑기념), 법문사, 2000.

정진경, "부당해고와 위자료", 노동법연구 7호, 서울대학교 노동법연구회, 1998.

정진경, "부당해고와 임금청구", 사법 5호, 사법발전재단, 2008. 9.

정진경, "부당해고와 형사처벌", 노동법연구 24호, 서울대학교 노동법연구회, 2008.

정진경, "해고무효확인소송과 신의칙·실효의 원칙", 사법논집 43집, 법원도서관, 2006.

정태세, "공탁금수령에 있어서 이의유보의 의사표시", 대법원 판례해설 12호, 법원도서관, 1990. 11.

조규창, "소유권침해와 위자료청구권", 판례연구 4집, 고려대학교 법학연구소, 1986.

조규창, "수급인의 중과실책임", 법실천의 제문제(김인섭변호사 화갑기념), 박영사, 1996.

조상균, "부당해고와 금전보상제도", 노동정책연구 7권 2호, 한국노동연구원, 2007.

조용만, "프랑스 해고법제와 노동법원 구제제도", 노동법의 존재와 당위(김유성교수 정년기념), 박영사, 2006.

조태제, "행정집행제도의 문제점과 그 개선방안", 법조 577호, 2004. 10.

조한중, "부당노동행위구제명령 중 일부의 취소를 구하는 소의 취급", 대법원 판례해설 23호, 법원도서관, 1995. 4.

조휴옥, "쟁의행위에 대한 가처분", 노동법연구 1권 1호, 서울대학교 노동법연구회, 1991.

차형근, "해고소송에 있어서의 실효의 원칙", 판례연구 6집, 서울지방변호사회, 1993. 1.

최광준, "신의칙에 관한 민사판례의 동향 - 실효의 원칙을 중심으로", 법학연구 39권 1호(통권 47호)(김균보교수 정년기념), 부산대학교 법과대학, 1998. 12.

최세모, "부당해고된 근로자의 임금 등의 청구소송에 있어 중간수입의 공제", 대법원 판례해설 16호, 법원도서관, 1992. 10.

최진갑, "노동조합이 한 부당해고구제신청의 적법 여부", 대법원 판례해설 18호, 법원도서관, 1992. 11.

최진갑, "부당해고와 위자료청구", 판례연구 제6집, 부산판례연구회, 1996.

최봉석, "취소소송의 소익에 관한 이론과 판례의 검토", 토지공법연구 11집, 한국토지공법학회, 2001. 2.

하경효, "근로자의 취업청구권", 법실천의 제문제(김인섭변호사 화갑기념), 박영사, 1996.

하경효, "부당해고의 구제내용", 노동법강의-기업구조조정과 노동법의 중요과제-, 이흥재·남효순 편저, 법문사, 2002.

하경효, "부당해고시의 정신적 손해에 대한 배상책임", 고려대 판례연구 6집, 고려대학교 법학연구소, 1994.

한삼인, "신의성실의 원칙에 관한 판례분석", 고시계 47권 11호, 국가고시학회, 2002. 11.

2. 일 본

1) 단행본

菅野和夫,「勞働法」, 第7版, 弘文堂, 2005.

小西國友·菅野和夫,「演習 勞働法」, 有斐閣, 1983.

安枝英訷·西村健一郎,「勞働基準法(勞働法 Ⅱ)」, 現代法律學講座 31, 靑林書院, 1996.

萩澤淸彦,「勞働基準法(上卷)」, 現代法律學全集 30, 靑林書院, 1996.

下井隆史,「勞働契約法の理論」, 有斐閣, 1985.

「勞働組合法 勞働關係調整法」, 四訂新版, 勞働省勞政局勞働法規課, 1999.

「註釋 勞働基準法(上卷)」, 東京大學 勞働法硏究會, 有斐閣, 2003.

「註釋 民法(13) 債權(4)」, 新版, 有斐閣, 2003.

「註釋 民法(19) 債權(10)」, 有斐閣, 1967.

「注解 强制執行法(4)」, 第一法規, 1979.

「注解 民事執行法(7)」, 第一法規, 1984.

「判例 勞働法 1-B」, 勞働法判例硏究會, 新日本法規, 1972.

「判例 勞働法 3-A」, 勞働法判例硏究會, 新日本法規, 1972.

2) 논 문

加藤俊平, "地位保全の假處分", 實務民事訴訟講座 9, 行政訴訟 Ⅱ・勞働訴訟, 日本評論社, 1970. 8.

古館淸吾, "賃金・退職金等支拂の假處分の必要性", 新實務民事訴訟講座 11, 勞働訴訟, 日本評論社, 1982. 1.

宮島尙史, "經營指揮權と就勞請求權－聯邦勞働裁判所 1955. 11. 10. 判決", 別冊 ジュリスト No. 23, 1969. 5.

宮島尙史, "就勞權－第一學習社事件を契機に", 勞働法律旬報 No 1156, 1986.

今中道信, "賃金・退職金等支拂の假處分の必要性", 實務民事訴訟講座 9, 行政訴訟 Ⅱ・勞働訴訟, 日本評論社, 1970. 8.

納谷肇, "解雇權の濫用", 新裁判實務大系 16 勞働關係訴訟法(Ⅰ), 靑林書院, 2001.

唐津博, "長期雇用慣行の變容と勞働契約法理の可能性", 雇用の流動化と勞働法の課題, 日本勞働法學會誌 87號, 日本勞働法學會, 1996. 5.

大藤敏, "就勞請求權", 裁判實務大系 5卷(勞働訴訟法), 靑林書院, 1985.

瀧澤孝臣, "賃金假拂假處分の必要性(1)", 裁判實務大系 5卷(勞働訴訟法), 靑林書院, 1985.

飯島健太郎, "賃金假拂假處分の必要性", 新裁判實務大系 16 勞働關係訴訟法(Ⅰ), 靑林書院, 2001.

本久洋一, "違法解雇の效果", 勞働契約(講座21世紀の勞働法 4卷), 日本勞働法學會, 有斐閣, 2000.

本多淳亮, "勞働契約・就業規則論", 一粒社, 1981.

峯村光郎, "經營秩序と團結活動", 勞働法實務大系 1, 總合勞働硏究所, 1969.

山本吉人, "就勞請求權", 新版 勞働法演習 2, 有斐閣, 1982.

三島宗彦, "勞働者・使用者の權利義務", 新勞働法講座 7卷, 日本勞働法學會, 1966.

西迪雄, "就勞請求權－日本電氣大津製作所事件－", ジュリスト 臨時增刊 勞働判例百選, 1962.

小宮文人, "損害賠償で解雇救濟", 法學セミナー, 日本評論社, 1995. 10.

小宮文人, "解雇權の濫用", 別冊 ジュリスト No. 134, 勞働判例百選 6版, 1995. 10.

小西國友, "違法な解雇と損害賠償", 解雇と勞働契約の終了, 有斐閣, 1995.

小西國友, "解雇無效の主張と失效の原則", 實務民事訴訟講座(9), 日本評論社, 1970. 8.

松野嘉貞, "地位保全假處分の諸問題", 新實務民事訴訟講座 11, 勞働訴訟, 日本評論社, 1982. 1.

水谷英夫, "就勞請求權", 勞働法事典, 勞働旬報社, 1979.

水野勝, "就勞請求權", 勞働法の 爭點, 增刊 ジュリスト, 1979. 9.

岸井貞男, "勞働契約論", 基本法コンメンタール, 第3版 勞働基準法, 日本評論社, 1990.

野田進, "解雇", 現代勞働法講座 10卷, 日本勞働法學會, 總合勞働研究所, 1986.

吾妻光俊, "勞働者の權利・義務", 勞働法大系 5 (勞働契約・就業規則), 有斐閣, 1964.

吾妻光俊, "不當解雇の效力", 法學協會雜誌 67卷 6號, 1949. 12.

楢崎二郎, "勞働契約と就勞請求權", 現代勞働法講座 10 (勞働契約・就業規則), 總合勞働研究所, 1986.

柳澤旭, "勞働法にみる勞働權－就勞請求權論をめぐって－" 社會法の現代的課題(林迪廣先生還曆祝賀論文集), 法律文化社, 1983.

長門榮吉, "地位保全假處分の必要性", 裁判實務大系 5卷(勞働訴訟法), 靑林書院, 1985.

淺井淸信, "就勞請求權", 法學セミナ 93號, 1963. 12.

淸正寬, "就勞請求權－讀賣新聞社事件－", 別冊 ジュリスト 134號, 1995. 10.

塚原朋一, "賃金假拂假處分の必要性(2)", 裁判實務大系 5卷(勞働訴訟法), 靑林書院, 1985.

萩澤淸彦, "解雇と假處分", 實務民事訴訟講座 9, 日本評論社, 1970.

沖野威, "勞働事件における本案訴訟と假處分との役割", 新實務民事訴訟講座 11, 勞働訴訟, 日本評論社, 1982. 1.

恒藤武二, "就勞請求權－讀賣新聞見習社員解雇事件－", 別冊 ジュリスト No. 13, 1967. 5.

"今後の勞働契約法制の在り方に關する研究會報告書", 厚生勞働省發表, 2005. 9. 15.

"今後の勞働契約法制及び勞働時間法制の在り方について(報告)", 第71回勞働政策審議會勞働條件分科會, 2006. 12. 21.

"勞働政策審議會建議－今後の勞働條件に係る制度の在り方について－", 厚生勞働省發表, 2002. 12. 26.

3. 영 미

1) 단행본

ERWIN CHEMERINSKY
CONSTITUTIONAL LAW, 2d ed., Aspen Law & Business, 2002.

DAN B. DOBBS
LAW OF REMEDIES Damages-Equity-Restitution (Practitioner Treatise Series), Vol. 3, 2d ed., West Publishing Co., 1993.

MACK A. PLAYER, ELAINE W. SHOBEN, RISA L. LIEBERWITZ, EMPLOYMENT DISCRIMINATION LAW —Cases and Materials, 2d ed., West Publishing Co., 1995.

MARK A. ROTHSTEIN, CHARLES B. CRAVER, ELINOR P. SCHROEDER, ELAINE W. SHOBEN, LEA S. VANDERVELDE
EMPLOYMENT LAW (Practitioner Treatise Series), Vol 1, 2, West Publishing Co. 1994 & Supplement 1998.

H. G. WOOD
A TREATISE ON THE LAW OF MASTER AND SERVANT, John D. Parsons, Publisher, New York 1877.

82 AM. JUR. 2D Wrongful Discharge, Lawyers Cooperative Publishing Co. 1992 & Supp. 1997.

2) 논문 및 기타자료

Achim Seifert, Elke Funken-Hötzel
Wrongful Dismissals In The Federal Republic Of Germany, IUSLabor-UPF (http://www.upf.edu/iuslabor/042005/Artic01.htm)

Roger I. Abrams, Dennis R. Nolan
Toward a Theory of "Just Cause" in Employment Discharge Cases, 1985 DUKE L.J. 594 (1985).

Todd H. Girshon
Wrongful Discharge Reform in the United States: International & Domestic Perspectives on the Model Employment Termination Act, 6 EMORY INT'L L. REV. 635 (1992).

Frank C. Morris, Jr., Peter S. Gray
Current Development in Wrongful Discharge, C517 ALI-ABA 1 (1990).

Cornelius J. Peck
Penetrating doctrinal Camouflage: Understanding the Development of the Law of Wrongful Discharge, 66 WASH. L. REV. 719 (1991).

Donald C. Robinson
The First Decade of Judicial Interpretation of the Montana Wrongful Discharge from Employment Act(WDEA), 57 MONT. L. REV. 375 (1996).

Joseph E. Slater
The "American Rule" that Swallows the Exceptions, 11 Employee Rts. & Emp. Pol'y J. 53 (2007).

Ronald Weisenberger
Remedies for Employer's Wrongful Discharge of an Employee from Employment of an Indefinite Duration, 21 IND. L. REV. 547 (1988).

ILO, C158 Termination of Employment Convention, 1982.

찾아보기

판례색인

정 진 경

서울대학교 법과대학 졸업(법학사)
서울대학교 법과대학원 졸업(법학석사 및 박사)
Duke Law School(LL.M)
미 연방사법센터(Federal Judicial Center) 방문판사
사법연수원 17기 수료
대전지법, 수원지법, 서울지법, 서울고법 등 판사
광주지법, 의정부지법 고양지원, 서울북부지법 부장판사
현 서울중앙지법 부장판사

<주요논문>

"직위해제 후 퇴직한 자의 퇴직금산정", "단체협약의 총회인준을 정한 규약의 효력", "근로조건의 불이익변경", "쟁의행위의 절차적 정당성과 업무방해죄", "경영사항의 단체교섭대상성", "사법권의 독립과 관련한 사법개혁방안", "조기1회기일(조기변론준비기일)의 활용", "고양지원 합의부의 조기기일지정과 구술심리", "'국민의 형사재판 참여에 관한 법률'에 따른 배심원재판의 유의점", "서울북부지방법원 민사13부 사건관리모델", "미국법원에서의 ADR제도의 활용실태", "미국연방법원의 공판전석방과 구금", "미국연방법원에서의 마크만 히어링의 활용실태", "미국법원의 변론준비기일제도", "Employment At-Will Doctrine in the U.S." 등 다수

부당해고의 구제

값 40,000원

2009년 6월 8일	초판 인쇄	
2009년 6월 15일	초판 발행	

저　　자 : 정 진 경
발 행 인 : 한 정 희
발 행 처 : 경인문화사
편　　집 : 김 하 림
　　　　　서울특별시 마포구 마포동 324-3
　　　　　전화 : 718-4831~2, 팩스 : 703-9711
　　　　　이메일 : kyunginp@chol.com
　　　　　홈페이지 : http://www.kyunginp.co.kr
　　　　　　　　　　 : 한국학서적.kr
등록번호 : 제10-18호(1973. 11. 8)

ISBN : 978-89-499-0643-0　94360
ⓒ 2009, Kyung-in Publishing Co, Printed in Korea
* 파본 및 훼손된 책은 교환해 드립니다.